동의수세보원

일러두기

1. 이 책은 『동의수세보원』의 완역 해설서다. 원문은 1901년 함흥의 율동계에서 출간한 『동의수세보원』을 저본으로 삼았다. 한두정이 편집한 『상교현토동의수세보원』도 함께 참조했으며 일부 원문의 차이는 해당 조문에서 밝혔다.
2. 독서의 편의를 위해 전문에 걸쳐 조문 번호를 붙였다. 모두 11장으로 나누고 장과 절의 제목도 다시 간명하게 설정했다.
3. 이 책의 작업에 사용한 이제마의 저서는 다음과 같다.
   1) 『동의수세보원』(초판 영인본), 대성문화사, 1998
   2) 『상교현토동의수세보원』, 한두정 편, 김중서방, 1941
   3) 『함산사촌동의수세보원갑오구본』, 한민갑 필사, 1940
   4) 『동의수세보원사상초본권』, 박성식 역해, 집문당, 2003
   5) 『동무유고』, 량병무·차광석 역, 해동출판사, 1999
   6) 『격치고』, 박대식 역주, 청계출판사, 2002
   7) 『동무유고-동무 이제마가 남긴 글』, 이창일 역주, 청계출판사, 1999
4. 자주 인용한 이제마의 저서는 약어를 사용했다. 3)은 '구'라 칭하고 이 책과 동일한 방식으로 조문 번호를 달았으며, 4)는 '권', 5)는 '보유'라 칭하고 각서의 방식대로 조문 번호를 붙였다. 이외 본서에서 사용한 인용서적의 목록은 부록으로 첨부했다.
5. 『동의보감』은 동의보감출판사에서 간행한 『동의보감』을 바탕으로 한국한의학연구원KIOM에서 엮은 '내 손 안에 동의보감'을 사용했다. 이 책에서 『동의보감』은 '동'이라 약칭했고, 조문 번호는 상기 애플리케이션의 체계를 따랐다.
6. 『상한론』은 채인식 저, 『상한론역전』(고문사)의 조문 번호를 따랐다.
7. 『논어』『맹자』『대학』『중용』 등의 원문은 통나무에서 출간한 동방고전한글역주 시리즈를 따랐다.
8. 이외로도 수많은 논문을 참조했으나 일일이 출처를 밝히지 못한 점 양해 부탁드린다.

알기 쉽게 풀어쓴 체질의학의 원전

동의수세보원

이제마 원저 | 정용재 역해

글항아리

학문의 길은 다른 게 아니다.
흩어지는 마음을 모으는 것일 뿐이다!

_맹자

차 례

추천사

동무 이제마(1837~1900)는 조선 말기의 철학자이자 의학자다. 그의 사상은 『격치고』와 『동의수세보원』에 잘 나타나 있다. 특히 『동의수세보원』은 인간을 태양인, 소양인, 태음인, 소음인으로 구분하고 각 체질에 따라 생리, 병리, 진단, 치료, 섭생법 등을 담고 있어 사상의학의 원전으로 불린다. 현재 사상의학은 한국을 대표하는 독창적인 의학 체계로 한의학의 새로운 장을 개척했다는 평가를 받고 있다.

그간 학계에서는 이제마의 철학과 의학 사상에 대한 연구와 더불어 수많은 임상 연구가 진행되어왔다. 또 최근에는 사상체질이 대중적으로도 널리 알려져 사회적 관심을 받고 있다. 『동의수세보원』은 전문적인 임상서기도 하나 이상적인 삶을 바탕으로 건강과 행복에 대한 통찰이 담겨 있어 일반인에게도 훌륭한 지침서가 될 수 있을 것이다.

하지만 『동의수세보원』 원문에 대한 접근은 그리 쉬운 편이 아니며 그 뜻을 제대로 헤아리기도 쉽지 않다. 『동의수세보원』이 처음 출판된 1901년 이후 여러 형태의 주석서가 나왔지만 각기 장단점을 지니고 있어 늘 아쉬움을 느끼고 있었다. 이러한 때 다행히도 우리 교실에서 석사와 박사학위를 받은 정용재 원장이 그간 연구한 내용을 바탕으로 많은 사람이 읽을 수 있도록 『동의수세보원』 전체를 우리말로 옮기고 해설을 붙였다고 하니 반가운 한편 지도교수로서 고마운 마음이 든다.

이 책은 정용재 원장이 지난 20년간 사상의학에 대한 남다른 열정으로 탐구한 결과물이다. 의학의 전문 영역인 사상인 병증론과 약방에 대해 자세히 설명했고 이제마의 인간학이라 부를 수 있는 「성명론」 「사단론」 「확충론」도 자상하게 풀어놓았다. 그 해설이 전체를 수미관통하면서 부분 부분에도 치밀함을 보여주고 있어 일반인은 물론 사상의학을 체계적으로 이해하고자 하는 한의학도나 전공자들에게 많은 도움이 될 것으로 생각한다. 부디 이 책이 널리 읽혀 사계의 관심을 모으고 사상의학 연구가 한 단계 도약하는 계기가 되기를 바란다.

동국대 한의과대학
사상체질의학교실 주임교수
박성식

동무 이제마의 사상의학은 공·맹에서 출발한 인의예지 사원론을 인체에 대입하여 결국 질병 치료에 성공한 것이라 할 수 있다. 곧 형이하학과 형이상학을 아우르는 학문으로 질병 치료를 위한 의학이고 동시에 인간의 존재를 설명하는 인간학인 것이다.

사상의학이 일견 복잡하고 난해하게 보이지만 실상인즉 그리 어렵지 않다. 먼저 체질을 가린 후 증에 맞는 약물을 선택하면 끝나기 때문이다. 다시 말해서 체질감별의 어려움이 있을 뿐 전통의 증치의학과 전혀 다를 게 없다. 외감병에는 발산약을, 빈혈에는 보혈약을 쓸 뿐이다. 다만 체질에 맞는 약을 골라 써야 한다는 사실이 다르다 하겠다. 그러므로 지금까지 증치의학에서 연구된 약성과 약효는 그대로 유효하고 모두 받아들여야 한다. 증치의학과 사상의학은 서로 배치되거나 모순되지 않는다는 사실을 강조하고 싶다.

그러나 그 결과는 매우 다르다. 굳이 비교하자면 증치의학은 재래식 무기에, 사상의학은 핵무기에 비유해도 과언이 아닐 듯하다. 체질의 존재는 이토록 엄준하고 위대한 사실이다. 우리 민족 가운데 가장 위대한 인물로 충무공 이순신과 동무 이제마를 들 것인데 이두 분은 모두 문보다 무를 숭상하는 실사구시에 투철했고 조선의 문약함과는 거리가 있다. 충무공은 조선을 구했으나 동무공은 세계를 구할 인물이라 감히 상상해본다.

『동의수세보원』이 이 땅에 나온 지 100년이 지났고 몇몇 해설서가 있었으나 아직 동무공의 뜻을 속 시원히 해설한 책은 없었다. 정용재 원장님의 이 책은 동무공의 깊은 뜻을 두루 파악하고 모순됨 없이 일관되게 전한다. 정 원장님은 사상의학을 전공하여 박사학위를 받았을 뿐 아니라 동무공의 발자취를 일일이 추적하여 그의 숨결이 남아 있는 장소나 책, 사진 등의 모든 사료를 수집, 연구한 이제마 전문가이기도 하다.

정 원장님과 인연이 되어 임상사상의학을 함께 연구한 지도 10여 년이 지났다. 소음인 특유의 섬세함과 정밀함이 배어 있는 정 원장님의 『동의수세보원』 완역 해설서가 세상에 나온다고 생각하니 가슴 뿌듯하고 그 누구보다 동무공이 가장 기뻐하시리란 생각이 든다. 이 책이 나옴으로써 동무 이제마의 뜻을 제대로 이해하고 임상에 적용할 수 있는 시대가 왔다. 후학들이 먼 길 돌아가지 않고 핵심에 쉽게 도달할 수 있다고 생각하니 기쁜 마음 감출 길 없다.

사상임상의학회 회장

경희대 동서의학대학원 외래교수

안준철

서-1.

하늘과 땅과 사람의 형성 원리를 살펴보면 오직 하나의 생기에
서 분화된 것일 뿐이다. 우리는 생명 분화의 근원을 원元이라
하고 덕을 세워 근원을 지키는 것保元을 도道라고 한다. 하늘과
땅과 사람의 형성 원리는 합하면 태극이라 부르고, 나누면 삼
극이라 부른다.

觀夫天地人理, 惟一生氣之化機. 而謂其養生之化源, 曰元也. 謂其立德
而保元者, 曰道也. 合而名之, 曰太極. 分而名之, 曰三極.

【해설】

한교연韓教淵은 동무東武의 문하생이었다. 서문을 달게 된 경위에
관해서는 글의 마지막에 밝히고 있다.(서-9) 한교연은 먼저 제목부
터 풀이한다. 동무가 "동의수세보원"의 구체적인 의미를 설명한 적
이 없기 때문이다. "보원保元"의 의미에 대해 매우 철학적인 해설을
가하고 있다. 이건 동무의 글이 아니다. 가벼운 마음으로 살펴보자.

한교연은 하늘과 땅과 사람의 형성 원리가 각각 다르지 않다는
유학의 우주론을 이야기한다. 그것은 일기一氣의 분화일 뿐이며 그
일기는 곧 생기生氣라는 것이다. 태초에 생기가 있었다.

이러한 논리는 우주의 생명성을 그 극한에서부터 인정한 것이다.
유학의 우주는 다름 아닌 생명의 우주다. 그러므로 생명의 근원을

잘 보존하는 것(保元)이야말로 당연히 밟아야 할 길(道)이라 말한다.

하늘도 땅도 사람도 모두 원초적 생명력에서부터 분화해서 구성된 것이다. 같은 뿌리를 공유하면서 서로 다른 가지를 낸 것과 같다. 다른 가지를 만들었다는 측면에서는 삼극이라 말할 수 있지만 같은 뿌리를 공유했다는 측면에서는 태극이라 부를 수 있다.

서-2.

태극은 음양을 낳고 음양은 사상을 낳는다. 이는 삼극 공통의 이리理요, 기氣다. 다시 말해서 하늘에는 춘하추동의 사시가 운행하고 땅에는 동서남북의 사방이 정해지고 사람은 태소음양의 사상이 구분되어 각기 소멸, 성장하고 차고 비는 등의 원리理를 가지게 되며 동시에 1만 가지로 변화하고 생성하는 생기氣를 갖게 되는 것이다.

생명을 낳고 길러가는 도와 덕의 관점에서 연구해보더라도 하나의 근원에서 출발하므로 만수일리, 즉 온갖 서로 다른 것이 하나의 원리에서 비롯된다고 말할 수 있다. 결국 음양, 삼극, 사상, 오행 등의 특성이 비록 서로 다르지만 근원의 생성 원리는 동일하다.

太極生兩儀, 兩儀生四象. 三極大同之理氣也. 所以天行四時, 地定四方,
人殊四象, 而各有消長盈虛之理, 化成應變萬殊之氣.

究其保養生性之道德, 則唯一之元, 故謂之萬殊一理也. 是以兩儀, 三極,
四象, 五行之性雖殊, 而其養生一元之理則一也.

【해설】

앞 조에서 말한 태극을 이어받아 철학적인 논의를 계속한다. 음양, 삼극, 사상, 오행 등 천지인을 설명하는 다양한 개념들이 있으나 결국 근원은 동일하다는 논지다.

태극은 음양, 사상으로 분화하므로 결국 하늘에는 사시四時, 땅에는 사방四方, 사람에는 사상四象의 구조가 생겨난다. 그러므로 사시, 사방, 사상에는 공히 음양소장의 원리理와 변화생성의 생기氣가 내재한다. 이를 "대동지리기大同之理氣"라 말했다. 하늘과 땅과 사람은 형성 원리는 물론 구성원리 또한 다르지 않다는 것이다.

생명生은 탄생과 동시에 각기 고유의 본성性을 품게 된다. 또 나고 자라면서 각자의 길(道)을 만들고 그 길은 쌓여서 덕德을 이룬다. 이를 한교연은 "보양생성지도덕保養生性之道德"이라 말한다. 그럼에도 불구하고 오직 일원一元에서 생성되었다는 사실은 변함이 없다는 것이다. 같은 주장이 반복된다.

한교연은 『동의수세보원』의 이해를 위해 필요하다고 생각되는 유학의 원리를 설명하고 있다. 그러나 과연 동무도 그렇게 생각했을까? 동무는 오행이나 삼극 같은 용어를 쓴 바 없다. 모두 동무의 어휘집에 없는 단어들이다. 동무는 동무만의 새로운 이해방식이 있다. 그것이 바로 「성명론」이다. 한교연의 해설은 그의 방식일 뿐임을 염두에 두고 참조하면 되겠다.

서-3.

그렇다면 이제 인간이 사상으로 나뉘면서 또 근원은 하나인 것을 논해보자. 체용론으로 말한다면 사상으로 나뉘는 것은 용, 근원이 하나인 것은 체라 할 수 있다.

먼저 넷의 성리性理로 나뉜 것으로 말한다면(용의 측면) 사상인의 마음은 희로애락이라는 네 가지 편향된 감정 중 어느 하나를 좇아가게 된다. 그 결과 오행의 내적 순행을 방해한다. 그래서 사상인에 따라 장부의 병근病根이 달라지는 것이다.

반면 하나의 생성 원리인 원元으로 합쳐지는 것으로 말한다면(체의 측면) 하나의 원리인 태극은 오직 잘 지키고 잘 기르는 노력의 우열에 달려 있다. 그 결과 삼극에서도 각각 우열의 차등이 생기게 된다. 그래서 어그러진 기와 형을 바로잡는 방법은 모두 같게 되는 것이다.

以其用之所分性理而論, 則四象之人心, 從殊喜怒哀樂四偏之感情, 竟爲五行之賊. 故臟腑之病根, 所殊也.

以其體之所合生元而論, 則一理之太極, 專係保養優劣二道之修功, 終成三極之級. 故氣形之治法, 大同也.

【해설】

이제 논의는 천지인에서 인간으로 모아지고 있다. 인간 역시 사상으로 분화하기도 하지만 태극으로 합쳐지기도 한다. 그래서 저마다 다른 성리性理를 지니면서 공통의 근원(生元)을 가지기도 한다. 문맥을 보완해서 번역했다.

성리性理는 『동의수세보원』에서 "장부성리臟腑性理" 등의 용례로 사용되고 있지만(5-4) 생원生元은 나타나지 않는다. 한교연이 "보원"이라는 제목에 근거해 성리와 생원의 철학적 논설을 구상한 것이다.

참신한 시도다.

조금만 더 살펴보자면, 희로애락, 장부, 병근을 함께 나열하며 서로 다름을 말한다. 이는 이제마의 논리 그대로다. 사상인은 장리臟理가 서로 다른 데서 기인하며(2-1) 이는 희로애락의 성정性情이 편향된 데서 비롯된다.(2-10) 그래서 희로애락의 편착이 상장傷臟의 직접적인 원인이 된다.(2-22)

그리고 보원, 태극, 치법을 나란히 언급하며 모두 같음을 말한다. 이것이 한교연의 독특한 설명 방식이다. 나는 이러한 한교연의 논리가 『동의수세보원』의 핵심을 간파한 탁월한 안목이라 생각한다. 질병의 원인과 치료법을 잘 설명해주고 있다. 천천히 읽어보고 음미해보기 바란다.

서-4.

사람이 타고난 성정을 바르게 유지하여 중화에 이를 수 있다면 사상인을 막론하고 무병뿐만 아니라 장수와 행복, 나아가 부귀까지 누릴 수 있다. 이를 일컬어 하늘과 함께 한다고 한다. 즉 그 마음은 하늘의 마음이 되고 마음에 신령스러운 그 무엇(神)이 자리잡는 데 곧 하늘의 군주인 것이다. 이것이 성인이 세운 궁극의 기준인 도덕이 마음을 다스리는 훌륭한 의사라 칭송하는 이유다. 그러나 반대로 성정을 올바로 하지 못하면 희로애락의 편향된 감정에서 온갖 병이 생기니 정녕 사상으로부터 비롯되지 않음이 없다. 마침내 온갖 흉흉한 일들이 일어난다.

人能誠正中和其性情, 則無論四象之人, 而不啻無病, 乃亨壽福富貴, 而

名與天齊. 故謂其心, 曰天心, 而心神, 曰天君也. 聖人立極之道德, 所以
謂治心之良醫也. 不能誠正中和其性情者, 其四偏所感之百病, 莫不本乎
四象, 而竟致六極之禍.

【해설】

건강이 풀리면 인생이 풀린다. 건강이 꼬이면 인생이 꼬인다. 이
는 임상에서도 어렵지 않게 목격하는 바다. 이러한 건강의 열쇠가
바로 성정이다! 성정은 곧 희로애락을 말한다.

한교연은 건강과 장수, 부귀와 영화가 모두 성정에 달려 있다고
주장한다. 이는 동무의 사고를 정확히 반영해준 말이다. 동무는 희
로애락의 중절을 지킬 수 있다면 오장이 안정되고 장수와 행복에 이
를 것이라 강조한다.(권3-11)

타고난 성정의 중화中和, 동무는 이것이야말로 건강과 인생의 관건
이라는 파격적인 주장을 하고 있다. 성정론은 『동의수세보원』을 관
통하는 핵심 이론이다. 앞으로 본문을 통해 차근차근 살펴보겠다.

한교연은 여기서 더 나아간다. 성정의 중화 상태에서 하늘과 교감
할 수 있다는 것이다. 건강과 행복은 물론 소명까지 얻게 된다. 참으
로 공감 가는 말이다. 그리고 성인이 세운 "도덕"이 다름 아닌 성정
을 바르게 기르는 이정표라 봤다. 도덕이라는 삶의 기준을 통해 결
국 "치심治心"에 이르게 한다는 것이다.

동무 역시 다르지 않다. 치심은 인생의 가장 중요한 테마였다. 그
리고 『동의수세보원』을 통해 치심의 구체적인 기준을 새롭게 제시하
고 있다.

"육극六極"은 오복五福의 상대어로 온갖 흉한 일을 가리킨다. 『서

경』「홍범」에서 오복은 수壽, 부富, 강녕康寧, 유호덕攸好德, 고종명考
終命이며 육극은 흉단절凶短折, 질疾, 우憂, 빈貧, 악惡, 약弱이라 했
다. 육극은 곧 요절, 병, 근심, 가난, 마음이 악한 것, 몸이 약한 것
이다.

"불시不啻 A, 내乃 B"는 A뿐만 아니라 B 하기도 하다는 중국식
표현이다.

서-5.

그러나 병자는 이미 치병의 핵심이 치심에 있다는 사실을 알지
못하고 병을 고친다는 의사 또한 질병이 인간의 사상에서 비롯
됨을 알지 못한다. 그러니 예나 지금이나 이것이 세상의 참혹한
화를 빚어내고 있는데도 속수무책으로 운명 탓만 하는 것이다.
이것이 동무 이제마 선생님께서 깊이 우려하신 바로 이 책을 저
술하신 큰 뜻이기도 하다.

然病人則既昧治病大要是治心之道, 而治病之醫則又不知病本乎四象.
故釀成古今天下之慘禍, 而無不束手歸咎於命. 此乃東武李公濟馬氏之
所深憂懼, 而著此書之大旨也.

【해설】

환자는 질병 치료가 치심治心에 있음을 절실히 깨달아야 한다. 자
신의 마음을 자책하며 반성하지 않고서는 병에서 구원될 길이 요원
하다. 병을 외부 탓으로만 돌리고 치료를 의사의 몫으로만 생각하
는 사람의 병 구제는 결코 쉽지 않다. 병을 고치려면 마음부터 고쳐

야 한다.

의사는 사상을 알아야 한다. 사상을 알아야 그 원인을 간파할 수 있고 그에 따라 구체적인 치료책을 수립할 수가 있기 때문이다.

그런데 세상은 치심도 모르고 사상도 모른 채 병고 속에서 신음하고 있으니 동무공의 답답함이 오죽했겠는가? 이에 이제마는 『동의수세보원』을 지어 그 내용을 곡진히 설파한 것이다.

『동의수세보원』은 사상인이라는 완전 새로운 주제를 다루고 있으나 심층에 깔린 근본 주제는 곧 마음이다. 동무는 마음이 갖는 의학적 의미를 희로애락이라는 성정의 언어를 중심으로 『동의수세보원』에서 체계적으로 조직해놓고 있다. 이에 한교연은 마음을 강조하여 우리가 놓치지 말아야 할 지점을 짚어준다.

서-6.

아! 13경에 담긴 성현의 도덕이 한결같이 빼어나지만 마음을 다스리지 않는 자의 병은 결국 구하기 어렵다. 의학의 창시자로 칭송받는 신농, 황제로부터 시작하여 삼세를 거쳐 전해 내려온 의약의 기술이 고명하지 않는 것이 없지만 사상인의 병에 대해 한 가지 방법으로만 다 치료할 수 없음은 명백하다. 이것이 고금의 성현들이 아쉬워한 바가 아니었겠는가!

이 『동의수세보원』이라는 책은 그 언어가 비록 간략하지만 치심, 치병의 핵심 내용이 알기 쉽게 서술되어 있다. 세상에 끼친 긍정적인 영향을 생각해 볼 때 어찌 13경이나 신농, 황제로부터 비롯된 삼세의 책 정도에 그치겠는가!

噫! 十三經傳之聖賢道德, 非不巍巍, 而終難救其不能治心者之病矣. 上
自炎軒下至壽三世醫藥之道與術, 非不高明, 而至於四象人病之不可以一
方通治者, 明矣. 豈非古今聖賢之所遺憾者哉!

概『東醫壽世保元』之書, 則其立言雖簡, 而治心治病之大要, 兼以易知,
則究其功澤于世者, 豈止於十三經及炎軒三世之書而已哉!

【해설】

"십삼경十三經"은 유가의 대표적인 경전들이다. "염헌炎軒"은 염제
炎帝와 헌원軒轅을 가리킨다. 염제는 신농, 헌원은 황제로 중국의 전
설 속 제왕들이다. 한의학에서는 의학의 창시자로 추앙한다. 한의학
의 대표적인 경전인『신농본초경』과『황제내경』에 이들의 이름을 붙
여놓았다. 한교연은 먼저 13경에 담겨 있는 성현의 도덕을 극찬하고
신농과 황제로부터 전해진 의도와 의술을 예찬하고 있다.

"삼세三世"란『예기』「곡례」 하에 나오는 구절이다. "군주가 아파
서 약을 드시거들랑 신하가 먼저 맛볼 것이며 부모가 아파서 약을
자시거들랑 아들이 먼저 맛보라. 의업이 삼대를 내려온 집이 아니면
약을 짓지도 말거라.(君有疾飮藥, 臣先嘗之. 親有疾飮藥, 子先嘗之. 醫不三
世, 不服其藥.)" 충효를 강조하는 맥락인데, 의도는 통달하기 어렵고
의술은 숙련되기 어렵다는 뜻이 담겨 있다.

『예기』에 대한 대표적인 주석서인『예기정의』에서 공영달은 다른
해석을 함께 소개한다. 삼세란『황제침구黃帝鍼灸』『신농본초神農本
草』『소녀맥결素女脈訣』이라는 설도 있다는 것이다. 한의학의 대표 영
역인 침구, 본초, 맥진을 통달해야 제대로 된 의사라는 뜻이 담겨
있다. 한교연 역시 이렇게 새겼다.

13경으로도 치심하지 않는 자의 병은 구하기 어렵고 삼세의 서로
도 사상을 모르고는 치료하기 어렵다. 한교연의 스케일이 보통이 아
니다. 이제마를 유가의 성현들과 의학의 창시자에 바로 견주어 말한
다. 『동의수세보원』을 중국 문명 최고의 경전에 대놓고 비교하고 있
다. 치심과 치병의 요체가 담겨 있으니 어찌 그 공덕이 이들만 못하
겠냐고 반문한다.

서-7.

선생은 성인의 지혜를 품고 조선의 마지막 세기에 태어나셨다.
그러나 연로하셔서도 기회를 얻지 못해 성인의 큰 길을 열어가
지는 못하셨다. 그래서 선생의 영향이 비록 이 책에 그치고 말
았으나 세상 사람들이 한결같이 이 가르침을 따를 수 있다면
미래의 억만년까지 인간을 바로 세워 무한한 건강과 행복을 누
리게 할 수 있을 것이다.

이 책을 읽는 자는 부디 그저 흔한 동의학 치료서구나 하며 선
생을 오인하지 말라! 이것이야말로 질병을 치료하는 진정한 동
의東醫의 길이니 책 속에서 건강의 큰길을 탐구한다면 천국이
따로 있는 것이 아님을 깨닫게 될 것이다.

先生以聖智之姿, 生於東國季世, 而老竟不遇, 不能行聖人之大道. 故其
公世之功澤, 雖止于此書, 而若使天下之人人, 一遵此訓, 則亦可以立將
來人極于萬億年, 而永享無量大康福矣.

讀此書者, 愼莫但謂東醫之術書而錯認先生. 是眞治病之東醫, 精究大康
之道于書中, 則可覺天國不在於別處矣.

【해설】

동무가 남긴『동의수세보원』의 가치를 평가하고 있다. 이 책에서 단순히 몇 개의 의학 정보만 얻어가는 것을 경계한다. 동무의 진심을 깨닫기를 간곡히 당부하고 있다.

한교연은 건강과 행복의 답이『동의수세보원』안에 있다고 확신했다. 이것은 "동의東醫"의 길 중 하나가 아니다. 이것은 바로 허준이 개척하고 동무가 완성한 동의의 큰 길이다.

서-8.

선생은 구한말 광무 4년인 경자년(1900)에 돌아가셨다. 이듬해 문인들이 선생이 남기신 밝은 덕을 밝히기 위해 이 책을 처음 출간했다. 이후로도 중간되어 애독자가 갈수록 많아지고 있다. 그러니 이 책이 장차 온 세상에 보급되리라는 것은 지혜가 많지 않더라도 짐작할 수 있을 것이다.

先生沒於舊韓光武四年庚子, 而其翌歲門人諸氏, 爲明先生公世之明德, 而始刊此書. 間復重板, 而永讀者益衆, 則是書之將普及于環球, 不俟智者而可測.

【해설】

『동의수세보원』의 출간사를 간략히 소개한다. 그리고 모든 사람이 읽어주길 희망하고 있다. 비록 얇은 책이지만 세월이 흘러도 퇴색하지 않을 인간에 대한 깊은 통찰이 담겨 있기 때문이다. 그렇기에『동의수세보원』은 정말 한번 읽어봐야 할 책이다.

여기에는 지금 넘어야 할 벽이 있다. 어려운 한자의 문을 통과해야 하고 쉽지 않은 철학적·의학적 개념을 뚫고 나가야 한다. 100년의 시간 동안 너무 많은 게 변했다. 예전엔 당연했던 것일지라도 이젠 아주 낯선 시대가 되어버렸다. 동무 이전의 100년과 동무 이후의 100년은 변화의 차원이 다르다.

20세기를 거치며 인류는 엄청난 문명의 변화를 경험했다. 소위 말해서 패러다임이 전혀 달라진 것이다. 이제 원문만으로 바로 읽어가는 건 불가능에 가깝다. 우리에게 친절한 번역서와 애정 어린 해설서가 필요한 이유가 여기 있다.

서-9.

최근 서울 안국동의 보급서관 사장인 김용준 씨가 평소 노파심을 갖고 이 책이 많이 출간되지 못해 선생의 공덕이 널리 퍼지지 못함을 개탄하다가 출간비가 상당함에도 간행을 추진했다. 그래서 내가 일찍이 선생의 문하에서 훈도받은 적이 있으니 책의 교정과 서문을 부탁한다 했다. 내 어찌 보잘 것 없는 학문에 머물러 있다고 사양할 수 있으랴! 붓을 잡는 것이 외람된 줄 모르는 바 아니나 선생의 유지를 밝히기 위함이니 독자들의 용서를 빈다.

1914년 정월 성당 한교연이 서를 쓰다.

挽近京城小安洞普及書館主金容俊氏, 素以婆心沈慨此書之不能多刊, 而不能廣先生之功澤, 不顧刊費之浩大, 而旣始刊後, 謂余嘗受薰陶之澤於先生之門, 而要余檢定及序其事. 余以何人徒處蔑學, 而敢辭哉! 非不知筆之僭妄, 而爲述先生之遺志耳, 推希僉君子之厚恕焉.

大正三年 上元月 誠堂 韓敎淵 序.

【해설】

보급서관의 사장인 김용준은 1913년, 1914년, 1921년 세 차례에 걸쳐『동의수세보원』을 발행한다. 각각 3판, 4판, 5판이라 부른다. 김용준은 1914년 출간을 앞두고 한교연에게 서문을 부탁한 것이다. 이 책은 2월 28일 발간된다.

한교연이 "성당誠堂"을 호로 삼은 것은 동무의 영향이 얼마나 깊은지 보여준다. 동무는 평생 "진실(誠)"을 추구했고 강조했다.

사실 한교연의 서문은 그간 별로 중시되지 않았다.『동의수세보원』의 이해에 필수적인 개념을 제공하지도 않으며 이제마에 대한 새로운 정보도 없기 때문이다. 그러나『동의수세보원』의 개요를 간략히 짚어주며 그 위상을 드높이고 있다. 특히 마음의 중요성을 강조해준 대목은 평가할 만하다. 이 글은『동의수세보원』에 붙은 최초의 서문으로 부끄럽지 않은 역할을 해주고 있다.

제1장 | 성명론

性命論

『동의수세보원』의 첫 장은 「성명론」, 곧 "인간의 성과 명에 관한 논의"다. 처음부터 성과 명이라는 어려운 주제를 꺼내들고 있다. 이것이야말로 인간 존재의 가장 근원적인 문제라 보았기 때문이다. 동무는 에둘러 말하는 스타일이 아니다. 바로 이야기한다. 인간은 성과 명의 존재다. 쉽진 않겠지만 한번 들어보라!

그런데 "성명"은 『중용』의 용어다. 『중용』의 시작이 "천명지위성天命之謂性", 즉 성명이었다. 유학의 성구聖句라 할 수 있다. 『중용』은 즉 성에 대한 탐색으로 포문을 열고 있는 것이다. 유학은 인성人性의 학문이라 해도 과언이 아니다.

이러한 인성의 문제를 본격적으로 논한 인물이 바로 맹자다. 그러므로 동무의 성과 명에 관한 논의를 읽으려는 지금 우리는 더 이상 맹자의 『맹자』에 맹해선 안 된다. 이걸 읽지 않고 동무의 사고의 배경을 이해할 수가 없기 때문이다.

각 장의 제목을 보자. 「성명론」 「사단론」 「확충론」, 의학과 직접 관계되는 장을 빼고는 모두 『맹자』에서 나온 말들이다. 맹자가 동무의 사유에 끼친 영향은 압도적이라 할 수 있다. 나는 동무의 유학은 『맹자』의 토양에서 영글은 열매며 동무의 의학은 『동의보감』의 대지에서 개화한 꽃이라 생각한다.

동무가 첫 장의 제목을 "성명론"이라 하여 성과 명을 나란히 거론한 것도 나름의 의도가 있다. 『중용』과 달리 성과 명을 동등한 인간학적 과제로 파악한 것이다. 과연 동무는 성과 명이라는 주제를 어떻게 설명하고 있을까?

1-1.

(인간의 드라마가 펼쳐지는) 하늘의 무대는 넷으로 구분할 수 있다. 첫째는 땅이라는 공간, 둘째는 인간이라는 모임, 셋째는 세상이라는 만남, 넷째는 하늘이라는 시간이다.

天機有四. 一曰地方, 二曰人倫, 三曰世會, 四曰天時.

【해 설】

『동의수세보원』의 첫 단어는 "천기天機"다. 하늘에서부터 시작한다. "기機"가 틀, 구조, 뼈대 등을 뜻하므로 천기는 하늘의 틀로 직역할 수 있다.

그러나 하늘의 틀이라는 말은 생소해서 퍼뜩 이해가 안 된다. 실제 한자문명권에서 잘 쓰는 말이 아니다. 이을호는 선천적 구조라 해석한 바 있다.(『사상의학원론』, 5쪽)

천기는 우주다

천기란 무엇일까? 먼저 1조의 천기는 2조의 인사와 대구를 이루고 있음을 파악하자. 그래서 번역도 상관적으로 해야 한다.

천기에 비해 인사는 이해하기 쉽다. "인사人事"는 인간의 일이다.

인간의 활동을 말한다. 인사가 바로 천기에서 벌어진다. 바꿔 말하면 천기는 곧 인사의 무대인 것이다. 인간의 드라마가 펼쳐지는 하늘의 무대. 그래서 천기를 하늘의 무대라 번역했다.

천기라는 단어를 잘 살펴보면 세계라는 표현과 그 구조가 동일하다. 계界가 세世를 한정하듯 기機가 천天을 한정한다. 그러나 천기는 세계보다는 우주에 더 가깝다. 동양에서 하늘天은 지구적인 개념the world보다 우주적인 개념the universe에 더 가깝기 때문이다. 그러므로 천기는 요즘말로 우주로 번역할 수 있을 것이다. 1장 1조는 이름하여 동무의 우주론인 셈이다.

천天은 동서양을 막론하고 고대에는 인격적인 의미를 함축하고 있었다. 그런데 동무가 천天을 기機로 한정한 것은 하늘이 상징하는 우주의 인격적 의미를 탈색하고 온전히 물리적인 의미로만 탐색하겠다는 강력한 의지의 선언이기도 하다.

하늘의 무대는 시회윤방 한다

본문을 다시 보자. 천기는 우주다. 즉 인사가 벌어지는 무대다. 그런데 동무가 보기에 하늘의 무대는 넷으로 나눌 수 있다. 그것이 천시와 세회와 인륜과 지방이다. 곧 하늘과 세상과 인간과 땅인 것이다.

시회윤방時會倫方은 천세인지天世人地의 특징을 설명해주는 술어들이다. 동무는 지금 하늘과 세상과 인간과 땅이 가진 여러 함축 중 가장 중요하게 생각했던 것을 하나씩 말해주고 있다.

하늘은 시간의 세계다. 천시天時라 했다. 세상은 만남의 세계다. 세회世會라 했다. 인간은 모임의 세계다. 인륜人倫이라 했다. 땅은 공간의 세계다. 지방地方이라 했다. 시회윤방이야말로 천세인지를 설명하는 가장 강력한 일언—言이다.

천기의 분류와 성격

	분류	성격
천기天機 (우주)	천天	시時
	세世	회會
	인人	윤倫
	지地	방方

천시와 지방은 그 뜻이 명료하다. 하늘의 특징은 뭘까? 해가 뜨고 지고 달이 차고 기울고 별이 돌고 돌고…… 하늘은 해와 달과 별이 서로 맞물리며 정밀하게 돌아가는 시계의 톱니바퀴와 같다. 동무는 하늘에서 시간적 연속성을 중시하고 있다.

땅은 생명의 터전이다. 모든 것을 실어주고 또 굳건히 지켜준다. 발 아래 견고히 디디고 설 수 있는 땅이 있다는 것은 인간에게 굉장한 안정감을 준다. 땅은 우리에게 그러한 안정적인 공간을 제공한다.

그런데 세회와 인륜은 언뜻 의미가 와닿지 않는다. 세회는 인간의 수평적 만남을 뜻한다. 사회에서 무작위로 마주치는 것이다. 다시 말해서 세회는 사회적이고 공적인 관계를 의미한다. 『격치고』에 나타나는 "중衆"이나 "합合" "취聚" 등이 세회의 의미를 갖고 있다.

인륜은 인간의 수직적 모임을 뜻한다. 개인적이고 사적인 관계를 의미한다. 형, 동생이 있고 위, 아래가 있다. 『격치고』에서는 "국局"

이나 "군群" 등으로 표현되기도 한다.

하늘 극장에 입장하면 복잡한 듯 보여도 넷으로 나뉜다. 천시와 세회, 인륜과 지방이 기본적으로 세팅되어 있는 것이다. 극이 상영되기 위한 최소한의 장치라 할 수 있겠다. 과연 이 무대 위에서 무슨 일이 벌어질까? 그 드라마는 2조에서 상영된다. 드라마를 관람하기 전에 무대를 좀더 살펴보자.

삼재론을 사재론으로

우주를 천, 세, 인, 지로 나누어 보는 것은 매우 특이한 주장같이 보인다. 그런데 이는 사실 유학 천인지 삼재三才 사상의 변형일 뿐이다. 유학의 삼재론은 『주역』에서 유래한다.

> 『역』이라는 책은 넓고 커서 남김없이 갖추어져 있다. 거기에는 하늘의 도가 있고 사람의 도가 있고 땅의 도가 있다. 이 세 가지 근간을 둘로 쌓으면 여섯이 된다. 괘가 여섯으로 구성된 것은 다른 게 아니다. 삼재의 도일 뿐이다.
> 易之爲書也, 廣大悉備. 有天道焉, 有人道焉, 有地道焉. 兼三才而兩之, 故六. 六者, 非他也. 三才之道也.(『주역』「계사전」하)

『주역』의 64괘가 왜 각각 여섯 개의 작대기로 이루어졌는가를 설명한 글이다. 하나의 작대기를 효爻라고 부르는데 효에는 양효(—)와 음효(--)가 있다. 양효와 음효로 여섯 개를 쌓아올려 생길 수 있는 경우의 수가 64개다. 왜 하필 여섯을 쌓아올렸는가? 그 철학적 논의를 천인지 삼재로 풀어가고 있다.

천지는 말 그대로 하늘과 땅을 포함하는 소박한 규모의 우주다. 그 규모가 별로 크지 않다. 우주에서 광활한 지구의 표면 위로 해가 떠오르는 모습을 떠올려보자. 지구 위에 얇은 푸른 막이 생긴다. 우주 공간은 여전히 암흑인데 말이다. 태양이 내뿜는 가시광선 중 파장이 짧은 푸른빛이 대기와 부딪히며 이리저리 흩어져서 생기는 현상이다. 공기와 태양의 합작품인 것이다. 이 푸른 공간이 바로 동양인들이 생각한 하늘이라고 할 수 있다. 대기권 밖의 공간은 해당하지 않는다. 태양이나 별은 푸른 장막에 영사된 화면 같은 것이다. 천지가 말하는 하늘과 땅이란 인간이 숨 쉬고 살아가는 대기권의 정도의 우주를 지칭한다고 보면 된다.

그런데 삼재론에서 놀라운 사실은 인간이 하늘, 땅과 더불어 우주를 구성하는 주체로서 당당히 자리잡고 있다는 것이다. 이것이 삼재론이 여타의 우주론과 차별되는 매우 독특한 성격이다.

더 놀라운 것은 인간이 희로애락의 중화를 지키면 천지가 제자리를 잡고 만물이 바르게 자라난다고 설파한다는 사실이다.(致中和, 天地位焉, 萬物育焉(『중용』1)) 인간의 감정이 천지와 만물에 직접적인 영향을 미친다니? 이건 사실 미치는 얘기다. 매우 매우 독특한 유학의 사고로 동무에게 지대한 영향을 끼친다. 「성명론」에 이어지는 「사단론」은 바로 희로애락장이라 부를 수 있는데, 인류 역사상 동무만큼 희로애락을 중시한 인물은 없을 것이다. 동무의 사고의 원천이 어디에서 유래한 것인지 알 수 있다.

이처럼 삼재론이란 우주를 천지라 칭하고 여기 인간의 주도적 역할을 강조한 유학의 독특한 우주론이라 할 수 있다. 음양론에 근간한 것으로 대략 한대에 형성된 것으로 본다.

그러면 동무의 우주는 어떨까? 별반 다르지 않다. 하늘과 땅을 말하며 인간을 같은 반열로 참여시켰다. 그런데 완전히 같지도 않다. 천인지의 인을 인人과 세世로 세분하고 있는 것이다. 동무의 참 신함은 바로 인을 둘로 나누어 넷으로 만들었다는 데 있다.

이처럼 동무의 우주론은 그 외연에 있어서는 유학의 우주론과 정확히 일치한다. "천기유사天機有四"(4)는 곧 삼재三才(3)의 확장일 뿐이다. "천기유사"는 어렵다는 편견을 버려야 한다. 보라. 새로울 것 전혀 없다!

4의 시대를 열다

천인지를 천세인지로 확장한 것은 인간에 대한 적극적 관심의 표명이라 할 수 있다. 동무는 인人이라는 무대를 공적인 관계會와 사적인 관계倫로 더 나눈다.

자, 이제 문제는 동무의 시도가 성공적인가 하는 것이다. 동무는 늘 4가 필요했다. 3은 그대로 쓸 수가 없었기 때문이다. 그래서 전통의 4는 그대로 차용한 반면, 3은 가운데를 둘로 나누어야 했다. 사람을 네 분류로 나눈 업보라 할까? 사람을 넷으로 구분했기에 이를 설명하는 언어도 넷이 될 수밖에 없었던 것이다. 동무는 유학과 의학을 막론한 전 체계에서 이러한 작업을 집요하게 벌인다.

하나만 예를 들어보자. 한의학에는 인체를 상초, 중초, 하초로 나누는 삼초설三焦說이 있다. 천인지 삼재설을 인체에 적용한 한의학 특유의 개념이다. 그런데 동무는 중초를 둘로 나누어 버린다. 「장부론」은 상초, 중상초, 중하초, 하초를 말한다.(4-1) 유학 삼재설이 사재설로 재구성된 것과 똑같이 한의학 삼초설은 사초설로 재편된 것이다.

동무는 새로이 4의 시대를 열었다. 천기유사는 새로운 시대적 요구에 부응한 우주론이었던 셈이다.

동무의 소박한 우주론이 갖는 의미

끝으로 동무의 우주론이 갖는 의미에 대해 생각해보자. 유학의 우주는 스케일이 정말 보잘 것 없다. 고작해야 천지니까. 인간이 발디딘 땅과 대기권 정도 높이의 하늘을 말한다. 아담하다. 육도윤회를 이야기하는 불교나 빅뱅을 말하는 물리학에 견주어 보지 않더라도 유학의 천지론이 얼마나 협소한 우주를 논하고 있는지 쉽게 알 수 있다. 화이트헤드A. Whitehead는 말한다.

우주론은 현 단계의 우주의 일반적인 특성에 관한 도식을 구축하기 위한 노력이다.
Cosmology is the effort to frame a scheme of the general character of the present stage of the universe.(『이성의 기능』, 302쪽)

우주론은 특정한 우주 시대cosmic epoch라는 한정을 받는다. 유학의 지배를 받은 동무의 우주 시대는 과학의 지배를 받는 우리의 우주 시대와 아주 달랐다. 우주론은 문제의 시대의 쇠퇴와 함께 소명을 다하게 되는 필연적인 운명을 가질 수밖에 없다.

동무는 동무의 우주 시대를 도식화했다. 그것은 유학의 우주, 즉 천지다. 천지는 바로 생명의 우주다. 인간과 만물이 함께 나고 자라는 어머니의 품 같은 곳이다. 동양인은 인간 너머 생명이 자라지 않는 우주에 대해 말하지 않았다.

『동의수세보원』은 철저히 유학의 범주 안에서 구성된다. 천기유사로 구성한 동무의 우주론 역시 천지를 벗어나지 않는다. 동무 또한 인간 너머 생명이 자라나지 않는 우주에 대해 말하지 않았다. 오직 인간, 유학의 우주적 관심은 인간을 위한 과정적 관심일 뿐이라 하겠다.

1-2.

(하늘의 무대에서 벌어지는) 인간의 활동은 넷으로 구분할 수 있다. 첫째 머묾, 둘째 모임, 셋째 만남, 넷째 일함이다.

人事有四. 一曰居處, 二曰黨與, 三曰交遇, 四曰事務.

【해설】

앞 조와 대구를 이룬다. 대구는 『동의수세보원』 전반에 나타나는 기본적인 글쓰기 형식이다.

머물거나 모이거나 만나거나 일하거나

인사는 사람의 일이란 뜻이다. 문자의 이해에는 큰 어려움이 없다. 문제는 과연 무엇이 사람의 일인가 하는 것이다. 인사란 무엇인가? 그것은 바로 거처, 당여, 교우, 사무다. 그러면 거처, 당여, 교우, 사무는 또 무엇인가?

거처, 당여, 교우, 사무는 모두 동사로 새기는 것이 바람직하다. 거처는 머문다는 뜻이다. 당여는 모인다는 뜻이다. 교우는 만난다는 뜻이다. 사무는 일한다는 뜻이다. 모두 주술어와 보조술어의 구조로 이루어져 있다. 곧 앞에 나오는 거, 당, 교, 사가 바로 사람의 일인 것이다. 뒤에 붙은 처, 여, 우, 무는 이를 부연할 뿐 별다른 의미의 확장은 없다.

인사의 분류와 의미

인사人事 (인간의 활동)	분류		의미
	주술어	보조술어	
	사事	무務	일하다
	교交	우遇	만나다
	당黨	여與	모이다
	거居	처處	머물다

동무는 말한다. 인간은 항상 머물거나 모이거나 만나거나 일하거나 그중 하나를 하고 있다.

하늘의 무대에서 펼쳐지는 인간의 드라마

인사란 하늘의 무대에서 펼쳐지는 인간의 드라마다. 거, 당, 교, 사는 지, 인, 세, 천이 있음으로 이루어지는 인간(人)의 활동(事)인 것이다. 지방이 있기에 거처가 존재하며 인륜이 있기에 당여가 존재하며 세회가 있기에 교우가 존재하며 천시가 있기에 사무가 존재한다. 그러므로 천기는 인사의 존재론적인 근거라 할 수 있다. 천기 극장에 인사 드라마가 공연되고 있다.

천기와 인사

천기(하늘의 무대)	인사(인간의 활동)
천시(시간)	사무(일하다)
세회(세상)	교우(만나다)
인륜(인간)	당여(모이다)
지방(공간)	거처(머물다)

천기와 인사가 사상유학의 기반이다. 동무는 천기와 인사의 기반을 먼저 다진 후 그 위에 골조를 일사분란하게 쌓아간다. 기반이 확실해야 한다. 더 이상 천기, 인사에 대한 난독증을 벗어나야 한다.

천기와 인사의 의미는 지극히 소박하다. 정색하고 유학적 언어로 표현해서 그렇지 일상적인 말로 바꾸면 하늘의 지붕 아래 인간의 삶이 펼쳐진다는 이야기일 뿐이다. 그것을 넷으로 구분하여 논의한 것이 동무의 독특처라고 할 수 있다.

1-3.

귀는 천시를 듣고 눈은 세회를 보고 코는 인륜을 냄새 맡고 입은 지방을 맛본다.

耳聽天時, 目視世會, 鼻嗅人倫, 口味地方.

【해설】

기반을 마련한 동무는 이제 철골을 하나하나 세워나간다. 천기의 지반 위에 3조, 4조가, 인사의 지반 위에 5조, 6조가 세워진다.

한두정은 "후嗅" 옆에 작은 동그라미(○)를 붙여 두었다. 이는 『상교현토동의수세보원』 끝에 달아둔 「해자解字」의 낱말풀이를 참조하라는 표시다. "맡을 후"라고 했다. 『동의수세보원』을 통틀어 272개의 글자에 뜻을 달아두고 있다. 원문을 번잡하게 하지 않으면서 뜻을 분명히 알려준 세심한 배려가 느껴진다.

나는 우주를 느낀다

천기는 하늘의 무대라 번역했다. 곧 인사가 펼쳐지는 무대다. 인간과 무관한 우주는 관심의 대상이 아니다. 천기는 인간의 인식이 미치는 범위 안의 소박한 우주임을 기억하자. 그럼 인간은 무엇으로 우주를 인식할까? 3조는 천기를 인식하는 인간의 기관을 말하고 있다!

천기를 감각하는 기관은 바로 이耳, 목目, 비鼻, 구口다. 귀가 듣고 눈이 보며 코가 냄새 맡고 입이 맛보는 것은 지극히 당연한 생리적인 기능이지만 동무는 여기서 나아간다. 귀는 하늘을 듣는다. 눈은 세상을 본다. 코는 인간을 냄새 맡는다. 입은 땅을 맛본다. 이목비구가 천기를 감지하는 인체 센서라는 뜻이다.

이목비구가 우주를 느낀다. 이는 그 누구도 말한 바 없는 동무의 창조적 발상에 속한다. 동무는 이목비구를 단순한 생리적 감각기관으로만 보지 않고 그 우주론적 측면을 이야기하고 있다. 그런데 이런 인식은 동양에서 그리 낯선 것만은 아니었다. 뒤에서 다시 살펴보겠다.

나에게 우주를 느끼는 감각기가 있다는 주장은 나는 나면서부터 우주와 불가분의 관계망에 놓여 있음을 암시한다. 그래서 우리는 너 나 할 것 없이 우주와 소통이 가능하다. 우주와 소통하는 인간, 출발이 예사롭지 않다.

순선의 이목비구로 천기에 접속한다

동무는 여러 저술에서 인간의 부정적인 측면을 참 많이 이야기했다. 맞다. 인간은 참 못난 존재다. 그러나 인간성을 바닥에서부터 부정한 것은 아니다. 오히려 동무는 인간성을 철저히 신뢰한다. 진흙탕 같은 세상을 뒤집어써도 인간의 내면에는 꿋꿋이 연꽃을 피워올리는 본연의 능력이 있다고 믿었다. 이는 맹자 이래 유학의 지론이기도 하다. 성선설이라 부른다.

맹자의 성선설은 『맹자』「고자」 상에 잘 드러난다. 고자가 먼저, "인성이 왜 선하냐? 물도 봐라. 동으로 터놓으면 동으로 흐르고 서로 터놓으면 서로 흐른다. 인성이 선, 불선의 구분이 없는 건 물이 동서의 구분이 없는 것과 같다(性猶湍水也. 決諸東方則東流, 決諸西方則西流. 人性之無分於善不善也, 猶水之無分於東西也)"고 묻는다.

이에 맹자가 되치며 말한다. "너 말 잘했다. 다시 생각해봐라. 물에 좌우는 없지만 상하는 있다! 인성이 선한 것도 물이 아래로 흐르는 것과 같은 자연의 법칙이다.(水信無分於東西. 無分於上下乎? 人性之善也, 猶水之就下也)!" 강력한 반격이다.

인간의 선과 불선은 맹자 시대 이미 논란의 중심이었다. 문제의 핵심은 착한 인간이 왜 나쁜 세상을 만드냐는 것이다. 그래서 맨날 인간이 착하니 못됐니 언쟁이 붙는다. 동무는 누구 편일까? 당연히 맹자 편이다.

성은 순전히 선하다. 성인과 군자, 소인까지 모두 같다. 심은 선할 수도 악할 수도 있다. 성인과 군자, 소인까지 모두 다르다.
性, 純善也. 聖人與君子小人一同也. 心, 可以善惡也. 聖人與君子小人萬殊也.(「반성잠」태잠하절6)

동무 역시 철저한 성선론자다. 성의 순선을 끝까지 보지한다. 그런데 동무는 여기서 나아가 매우 중요한 시도를 한다. 천부적 인성의 근거를 몸의 구조에서 찾은 것이다. 이 성의 순선을 증거할 피할 수 없는 담보를 누구나 똑같은 구조를 갖고 있는 인간의 몸에서 찾았다. 그것이 바로 이목비구와 폐비간신이다. 이목비구, 폐비간신이 누구에게나 동일하기 때문에 인성의 동일성이 확보된다고 말한다. 동무는 「독행편」에서 이 점을 분명히 했다.

혹자가 물었다. "맹자가 인성의 선함을 이야기하면서 말끝마다 요순을 언급하고, 또 사람은 모두 요순처럼 될 수 있다고 합니다. 일반인의 지식이나 현명함은 요순과 만 배 이상 차이가 나는데 그 인성만은 동일하다는 것이 무슨 말입니까?" 내가 말한다. "요순도 이목구비가 있고 일반인도 이목구비가 있다. 요순도 폐비간신이 있고 나도 폐비간신이 있다. 귀는 들을 수 있고 눈은 볼 수 있고 폐는 배울 수 있고 비는 물을 수 있다. 이것이 일반인의 인성이 요순과 같다는 근거가 아니겠는가?"

曰 "孟子道性善, 言必稱堯舜. 又曰人皆可以爲堯舜. 衆人之賢知萬不如堯舜, 而其性之與堯舜同者何耶?" 曰 "堯舜有耳目口鼻, 而衆人亦有耳目口鼻. 堯舜有肺脾肝腎, 而衆人亦有肺脾肝腎. 耳能聽, 目能視, 肺能學, 脾能問. 此衆人之性不與堯舜同乎?"(「독행편」 79)

인간의 인성이 너 나 할 것 없이 모두 선함은 인간의 이목비구와 폐비간신이 선하기 때문이라는 것이다.

인간의 몸이 동일하지 않다는 것이 사상의학의 출발이 되었다. 그런데 인간의 몸이 동일하다는 것이 바로 사상유학의 출발이 된다. 동무가 말한 "이목백체耳目百體, 동야同也."(「독행편」 67)는 이러한 맥락이다. 우리는 인간의 같음만 보아서는 안 된다. 다름도 보아야 한다. 그렇다고 다름만 보아서도 안 된다. 같음도 보아야 한다. 너무나 당연한 상식이건만 감히 같음과 다름을 함께 볼 용기를 내지 못하는 경우가 많다.

동무는 인간이면 누구나 갖고 있는 이목비구, 폐비간신 안에 성선의 가능성이 함장되어 있다고 봤다. 이처럼 인성의 근거를 인간의 몸에서 확정지어 버렸다는데 사상유학의 힘이 있고 사상의학의 깊이가 있다.

그래서 구미지방이 무슨 소린가

천기에 접속할 수 있는 것은 바로 순선의 이목비구다. 귀로 하늘을, 눈으로 세상을, 코로 인간을, 입으로 땅을, 순선의 이목비구로 우리는 온 우주를 온전히 살필 수 있다.

그래도 본문의 구체적인 의미는 여전히 좀 의구심이 든다. 한글 세대만 느낀 당혹스러움은 아니었을지 모른다. 당시에도 동무의 입에서 흘러나오는 오묘한 한자의 조합이 보통 난감한 게 아니었던가 보다. 누군가 동무에게 질문을 던진 적이 있다.

"선생님~ 앞의 두 개는 이해가 되는 것 같은데, 뒤의 두 개는 정말 모르겠습니다."(1-36)

도대체 동무의 말은 무슨 의미일까? 곰곰이 생각해보면 한자문명권에서 "이청천시" "목시세회"가 그리 이상한 표현만은 아니었다. 귀가 얇다, 안목이 좋다 같은 표현을 흔히 쓰지 않는가?

이청천시와 관련해서 이순이라는 말이 있다. "육십이이순六十而耳順!"(『논어』「위정」 4), 이 말은 한자 문명권에서 귀에 대한 상징적 의미를 단적으로 보여준다. 내 나이 육십이 되니 귀가 순해지더라, 귀에 거슬리는 소리가 하나도 없는 것이다. 내 속에 내가 너무도 많아 거슬리는 소리가 너무 많지 않은가? 내가 없어져야 거슬리는 소리가 없어진다. 공자 예순에 가능했던 극상의 경지다.

이순을 동무식으로 해석하면 귀가 천시를 그대로 들을 수 있는 경지라 할 수 있겠다. 이처럼 귀는 하늘과 어렵지 않게 연결된다. 베토벤은 귀먹은 후 소리를 전혀 듣지 못했을까? 그는 육신의 귀를 잃은 대신 하늘의 귀를 얻었다.

목시세회에 대해서 이을호는 세태를 관찰하는 선천적 재능이라 말한다. "세상을 보는 눈" "안목"이라는 표현에도 그 의미가 담겨 있다고 했다.(『사상의학원론』, 9쪽) 눈도 세상과 쉽게 연결해볼 수 있다.

그런데 "비후인륜" "구미지방"은 너무도 생소하다. 혹자의 질문도 여기에 초점이 있다. 동무는 자상하게도 최선을 다해 설명해준다.

> "생각해보자. 모임에 함께하면서 저놈의 재주가 쓸 만한지 어떤지 소리 없이 파악하게 되지. 이걸 냄새 맡는다고 할 수 있지 않겠나? 또 말이다. 인간의 생활이란 땅에 의지해 살아갈 수밖에 없지. 이런 인민의 삶을 골고루 경험해보는 게 맛보는 것 아니겠느냐?"(1-36)

비후인륜의 "후嗅"는 찰察과 통한다. 냄새 맡는다는 것은 살핀다는 뜻이다. 요즘 말로 하면 낌새를 차린다는 의미다. 개가 코를 킁킁거리며 마약 사범 잡아내듯 이놈이 될 놈인지 말 놈인지 알아낸다는 말이다. 비후인륜은 각인各人의 현부賢否를 냄새 맡는 것이다!

구미지방의 "미味"는 상嘗과 통한다. 맛본다는 건 겪어본다는 말이다. 삶은 땅의 구속을 받는다. 내륙은 내륙만의 해안은 해안만의 각각 독특한 삶의 양식이 있게 마련이다. 그래서 저마다 다른 지역 색을 갖게 된다. 땅의 이익을 활용하며 살아가는 인민의 독특한 삶을 골고루 경험해보는 것, 동무는 이것이 땅의 맛을 보는 것이라고 말한다. 구미지방은 각지各地의 생활을 맛보는 것이다.

태양인은 귀가 밝다. 하늘의 소리를 잘 듣는다. 공자가 태양인이다. 소양인은 눈이 맑다. 세상의 흐름을 잘 본다. 관중이 소양인이다. 태음인은 코가 발달한다. 인간의 능력을 잘 냄새 맡는다. 사마천이 태음인이다. 소음인은 입이 발달한다. 땅의 터전을 잘 맛본다. 제갈량이 소음인이다.(권9-4)

1-4.

천시는 매우 거세고 세회는 매우 크고 인륜은 매우 넓고 지방은 매우 아득하다.

天時極蕩也. 世會極大也. 人倫極廣也. 地方極邈也.

【해설】

1조를 부연한다. 이을호는 "탕蕩"이 변화의 4차원이며 "대大"가 부피의 3차원이고 "광廣"이 넓이의 2차원이며 "막邈"이 길이의 1차원이라고 했다.(『사상의학원론』, 9쪽) 계발적인 측면이 있다.

우주는 무한하다

"탕蕩"은 쓸어 없앤다는 뜻이다. 음淫으로 쓸어 없애는 게 음탕이고 방放으로 쓸어 없애는 게 방탕이다. 물수변(氵)이 든 것은 역시 시간성을 함축한다. 싹 쓸어 없애므로 굉장히 크고 넓다는 뜻도 된다. 이런 의미를 담으면서 시간성까지 가진 말을 찾다가 "거세다"로 번역했다. "막邈"은 멀다는 뜻인데, 지방이 멀다는 잘 와닿지가 않아 "아득하다"라는 말을 선택했다.

탕대광막蕩大廣邈은 서로 다른 뜻이 아니다. 결국 우주의 무한함에 대한 찬사일 뿐이다. 하늘도 끝이 없고 땅도 끝이 없으며 그 안에 얽히고 설킨 인간의 삶도 끝이 없다.

여기 동무가 선택한 "극極"이라는 부사가 절묘하다. "매우"로 번역했지만 유학에서는 철학적 의미로도 사용된다. 북송의 유학자 염계濂溪 주돈이周敦頤(1017~1073)의 『태극도설』에 나오는 첫 문장이 바로 "무극이태극無極而太極"이다. 우주의 생성을 논한 249글자의 짧은 글로 성리학의 성전으로 여겨진다. 동무의 말인즉 우주는 너무 커서(太極)끝이 없다(無極)는 것이다.

천기와 태극

천기天機	천시天時	탕蕩	태극太極
	세회世會	대大	
	인륜人倫	광廣	
	지방地方	막邈	

하늘의 무대는 무한하다. 하늘은 인간에게 끝없는 활동의 무대를

제공해준다. 천기의 무한함은 인사의 무한함의 근거가 된다.

세상이 매우 아득하므로 인간의 머묾도 매우 아득하다. 세상이
매우 넓으므로 인간의 모임도 매우 넓다. 세상이 매우 크므로 인
간의 만남도 매우 크다. 세상이 매우 거세므로 인간의 흩어짐도
매우 거세다.

天下極邈, 爲居者, 極邈也. 天下極廣, 爲群者, 極廣也. 天下極大, 爲合
者, 極大也. 天下極蕩, 爲散者, 極蕩也.(「유략」천하1)

천기를 다시 말한다

탕대광막은 천세인지의 두 번째 술어다. 첫 번째 술어는 시회윤
방이었다. 우리는 천기에 관한 이러한 술어들이 오랜 세월의 사색을
거쳐 정련된 것임을 이해해야 한다. 『격치고』 「유략」에서 그 사색의
여정을 엿볼 수 있다.

하늘의 기세는 거침없고 세차다. 세상의 만남은 얼크러져 다툰
다. 사람의 모임은 무성히 불어난다. 땅의 공간은 넓고 아득하다.

天勢浩澣. 世會紛競. 人倫蕃殖. 地方曠邈.(「유략」천세1)

천세인지가 세회윤방勢會倫方으로 기술되고 있다. 시회윤방과 별
반 다르지 않다. 여기서 중요한 것은 호한, 분경, 번식, 광막이다. 시
회윤방을 다시 한번 설명한 것이다.

천세는 거침없이 흘러간다. 천시와 마찬가지로 시간성을 중시하고 있다. 전부 물 수변이다. 세회는 나의 의도와 무관하게 마구 얽히고설킨다. 생소함을 특징으로 하는 사회적 관계가 분명하다. 인륜은 나의 삶의 영역이 확장됨과 동시에 계속해서 불어난다. 친숙함을 특징으로 하는 개인적인 관계임을 알 수 있다. 지방은 아득하게 펼쳐진다. 호한, 분경, 번식, 광막이 「성명론」에서 탕대광막으로 다시 요약된 것이라 할 수 있다. 하나만 더 보자.

> 하늘의 기틀은 늘 회전해야 한다. 세상의 길은 늘 새로워야 한다. 인간의 몸은 늘 삼가야 한다. 땅의 바탕은 늘 견고해야 한다.
> 天機恒轉. 世途恒盪. 人身恒愼. 地址恒固.(「유략」 천세7)

여기서는 천세인지를 새로운 언어로 규정하고 있다. 또 다른 이미지를 파악할 수 있다. 기도신지機途身址는 천세인지의 물리적 측면을 가리킨다. 하늘은 틀이고 세상은 길이고 인간은 몸이고 땅은 터다.

하늘은 쉼 없이 움직여야 한다恒轉. 역시 하늘에서 흐름을 보고 있다. 고대 중국의 철학자 공자는 냇가에 앉아서 "가는 것이 이와 같도다. 밤낮으로 쉼이 없구나(子在川上, 曰 "逝者如斯夫. 不舍晝夜"『논어』「자한」6)라고 탄식한다. 고대 그리스의 철학자 헤라클레이토스는 "같은 강에 두 번 들어갈 수는 없다"며 "만물은 유전한다(Panta rhei)"고 외쳤다. 동무는 흐르고 흐르는 만물유전의 시간성을 해와 달과 별이 한순간도 쉬지 않고 끊임없이 움직이며, 한 치도 틀리지 않고 정밀하게 순환하는 하늘에서 본 것이다.

세상에는 항상 만남이 있다. 그것이 세상에 끊임없이 새로움을 도입시킨다. 세상의 길은 항상 새롭다(恒盪).

인간은 항상 몸을 삼가야 한다(恒愼). 그래야 모임 즉 인륜이 바로 선다.

땅은 반드시 견고해야 한다(恒固). 그래야 생명이 안정을 찾는다. 광막함과 함께 견고함이 땅의 대표적인 속성이다.

「유략」 천세편의 천기

	구성	성격	부연
천기天機	천天	세勢	호한浩澣
		기機	항전恒轉
	세世	회會	분경紛競
		도途	항탕恒蕩
	인人	윤倫	번식蕃殖
		신身	항신恒愼
	지地	방方	광막曠邈
		지址	항고恒固

『동의수세보원』은 번개 같은 예지로 하루아침에 일필휘지한 천재성의 소산이 아니다. 오랜 시간 땀 흘린 노력의 결정체다. 『격치고』의 처절한 고뇌의 시기가 없었다면 『동의수세보원』은 불가능했을 것이다.

1-5.

폐는 일을 이루고 비는 만남을 모으고 간은 모임을 세우고 신은 집을 안정시킨다.

肺達事務, 脾合交遇, 肝立黨與, 腎定居處.

【해설】

인사에 대한 5조, 6조의 설명은 천기에 대한 3조, 4조의 설명과 대구를 이룬다. 5조는 3조와 상통한다. 천기는 이목비구로 접속한다. 그러면 인사는 무엇으로 수행할까? 본문은 인사를 수행하는 인간의 기관을 말한다.

달합입정에 담긴 뜻

사무, 교우, 당여, 거처는 원래 동사다. 그러나 여기서는 동명사화 시키지 않고 바로 명사로 번역했다.

본조에 쓰인 "달達" "합合" "입立" "정定"은 사무, 교우, 당여, 거처의 뜻을 더욱 명확히 해준다. 일은 이루는 것이다. 만남은 합치는 것이다. 모임은 세우는 것이다. 집은 정하는 것이다.

다시 한번 말하지만 만남은 수평의 공적인 관계다. 나이를 따지지 않는다. 고하를 막론하고 서로 존중하는 것이 교우고 합合이다. 모임은 수직의 사적인 관계다. 형, 동생이 있다. 향우회라도 갈라치면 위아래가 깍듯하다. 이것이 당여고 입立이다.

그러니 사무는 잘 이루어져야(達) 하고 교우는 잘 합쳐야(合) 하고 당여는 잘 세워야(立) 하고 거처는 잘 정해야(定) 한다. 인사는 내가 능동적으로 세워가는 세계인 것이다. 그런데 인사를 담당하는 각각의 기관이 따로 있다고 한다.

폐비간신은 인사의 수행기관

인사를 담당하는 기관, 그것이 바로 폐비간신이다. 폐가 사무를 이룬다. 비가 교우를 합친다. 간이 당여를 세운다. 신이 거처를 정한다. 폐비간신의 힘으로 인사가 세워지는 것이다!

그러므로 폐비간신은 인사를 운영하는 수행기관이라 할 수 있다. 내 몸에 감각신경이 있고 운동신경이 있는 것처럼 이목비구가 천기를 살피는 감각신경이라면 폐비간신은 인사를 세우는 운동신경과 같다.(耳目鼻口, 觀於天也. 肺脾肝腎, 立於人也. 1-11)

이목비구는 천기의 감각기, 폐비간신은 인사의 운동기. 고로 이목비구와 폐비간신만 있으면 인간이라고 할 수 있다. 동무는 이것이 인간의 가장 중요한 기능 단위라 보았다. 이목비구와 폐비간신만 있으면 천기를 두루 살필 수 있고 인사를 모두 행할 수 있다. 땅을 딛고 하늘을 이고 인간세를 살아가는 데 부족함이 없다.

폐비간신에서 성리를 찾다

『동의수세보원』은 의서다. 그런데 5조에 와서야 비로소 폐비간신이 등장한다. 그런데 또 기대와 달리 의학적인 내용이 전혀 아니다. 게다가 전통에도 없는 황당한 설명을 하고 있다. 그래서 이제마의 폐비간신이 도대체 무엇이냐 설왕설래가 많다.

본문의 폐비간신은 일방적 선언이다. 전혀 논리적인 설명이 아니다. 처음 보면 무슨 말인지 모르는 게 당연하다. 아무리 동양학에 능통해도 마찬가지다. 사서삼경에 경사자집을 돌돌 외운다고 해본들 이해할 수가 없다. 황당해서 당황하지 않을 수가 없는 것이다. 용례를 찾아볼 수 없는 전무후무한 새 주장이기 때문이다.

동무의 폐비간신은 체계 내적으로 이해할 수밖에 없다. 폐비간신에 대해 동무가 사용한 다양한 개념을 연접해가면서 그 정당한 의미를 찾아가야 한다. 이제 폐비간신을 고민해보자.

먼저 3조에서 말한 바와 같이 동무는 폐비간신을 성선의 근거로 제시했다는 사실에 주목해야 한다. 동무는 '몸 철학자'라 말할 수 있다. 유학을 몸의 지평에서 새롭게 이해하려고 했기 때문이다. 그래서 인성의 근거 역시 몸에서 찾는다. 「독행편」에는 이러한 동무 사고의 원천을 보여주는 중요한 문장이 나온다.

측은지심은 폐에서 나온다. 사양지심은 비에서 나온다. 수오지심은 간에서 나온다. 시비지심은 신에서 나온다. 그러므로 인간의 폐비간신은 닦지 않으면 그만이나 만약 닦으면 모두 뛰어난 덕이 된다.
測隱之心, 出於肺. 辭讓之心, 出於脾. 羞惡之心, 出於肝. 是非之心, 出於腎. 是故凡人之有肺脾肝腎者, 不修則己, 若修之則皆懿德也.(「독행편」 81)

"의덕懿德"은 『시경』 「대아大雅」의 「증민蒸民」에서 인용한 것이며 사단四端은 인의예지가 내 안에 내장되어 있다는 단서로 맹자가 제시한 것이다.(『맹자』 「공손추」 상6)

그런데 동무는 사단이 바로 폐비간신에서 나온다고 주장하고 있다. 이 말은 유학이 말하는 인의예지라는 본성이 폐비간신에 간직되어 있음을 암시하는 것이다. 폐비간신에 인성이 내장되어 있다는 것이다! 이목비구와 마찬가지로 폐비간신에서 인간의 본질적인 측면을 찾고 있다. 폐비간신에서 성性을 발견한다.

『격치고』에 폐비간신의 또다른 의미가 제시되고 있다.

이목비구는 욕구에 의해 잃게 된다. 폐비간신은 원리에 의해 얻게 된다.
耳目鼻口, 失於欲也. 肺脾肝腎, 得於理也.(「반성잠」 이잠 하절 3)

이목비구는 욕欲 때문에 놓칠 수 있다. 당장의 욕구라는 커튼에 가려질 수도 있음을 의미한다. 반면 폐비간신은 이理로 건져내야 한다. 거기 법칙적인 세계가 구현되어 있다는 말이다. 그 법칙적인 측면이 바로 「사단론」에 논의되고 있다.

폐비간신에는 천리天理(2-4)가 담겨 있다. 그래서 이를 장리臟理(2-1)라 부르기도 한다. 폐비간신의 이理적인 측면이야말로 의학의 대상이 된다. 사상의학이란 바로 인품장리人稟臟理에 대한 연구다. 사상의학은 이러한 "득어리得於理"가 없었으면 불가능했을 것이다.

동무는 이처럼 폐비간신에서 무엇보다 먼저 인간의 성性과 이理를 탐구하고자 했다. 장기의 기능에 관한 의학적인 논의는 그다음이다. 동무의 장기 개념이 과연 전통 의학과 또는 현대의학과 어떻게 상응하는가하는 문제는 앞으로 계속해서 탐색해보도록 하자. 그것은 끝없이 해석해나가야 할 미래의 숙제인지도 모른다.

1-6.

일은 잘 가다듬어야 한다. 만남은 잘 이루어야 한다. 모임은 잘
정돈해야 한다. 집은 잘 다스려야 한다.

事務克修也. 交遇克成也. 黨與克整也. 居處克治也.

【해설】

역시 4조와 짝을 이루는 문장이다. 마치 운율을 맞춘 듯 "극極"
과 "극克"이 대구를 이룬다. 천기는 탕대광막蕩大廣邈함을 예찬하고
인사는 수성정치修成整治함을 찬탄한다.

이상으로 1조에서 6조까지 내 몸을 중심으로 천기와 인사의 기
본적인 구조가 완성된다.

인사는 극기다

"극克"은 사람이 갑옷을 입은 모양이라고 한다. 정말 비슷하다. 그
래서 갑옷의 무게를 견디다. 나아가 이기다, 잘한다는 의미가 형성
된다. 적극적 의지가 담겨 있는 용어다.

그러므로 수성정치에는 인간의 당위적 의무가 깃들어 있다. 마땅
히 그러해야 하는 것이다. 천기는 그대로 탕대광막 한 존재의 세계
이지만 인사는 수성정치해야 하는 당위의 세계라 할 수 있다.

극克하라고 했다. 극복하고 달성하라는 것이다. 그럼 과연 무엇을
극克해야 할까? 두말할 것도 없이 자기 자신이다. 인사는 극기로 달
성된다!

"극기복례위인克己復禮爲仁"(『논어』「안연」1)

공자의 이 말씀을 모르시는 사람은 아마 없을 것이다. 공자는 자연으로 돌아가라고 외치지 않고 예로 돌아가라고 말한다. 조금만 더 들어보자.

하루라도 극기복례하면 천하가 인으로 돌아온다. 인을 행함이 자신에게 달렸지 어찌 남으로부터이겠는가?
一日克己復禮, 天下歸仁焉, 爲仁由己, 而由人乎哉?

인을 행한다는 것은 극기복례일 뿐이다. 그러면 어떻게 극기복례할 수 있을까? 공자는 구체적인 실천지침을 계속해서 말해준다.

예가 아니면 보지도 말고 예가 아니면 듣지도 말며 예가 아니면 말하지도 말고 예가 아니면 움직이지도 말라.
非禮勿視, 非禮勿聽, 非禮勿言, 非禮勿動.

극기의 제1방법은 바로 회피요법이다. 야동을 안보면 음행이 줄어든다, 뭐 이런 논리라 할 수 있다.

극克을 쓰면서 동무는 공자의 이러한 말씀을 당연히 떠올리고 있었을 것이다. 동무는 유학을 완전히 재구성한 초고수다. 「반성잠」 서문에서는 직접 극기복례를 언급하기도 했다. 이을호는 공자의 극기가 회피의 소극적 극기이나 동무의 극기는 사교당거를 달성해가는 적극적 극기라 비교한다.(『사상의학원론』, 12쪽)

인사와 극기

인사人事	사무事務	수修	극기克己
	교우交遇	성成	
	당여黨與	정整	
	거처居處	치治	

자, 이제 4조와 함께 보자. 천기는 탕대광막하다. 우주는 태극이라고 했다. 인사는 수성정치해야 한다. 인사는 극기라고 했다. 합쳐보자. 우리는 여기서 동무의 깨달음을 읽어낼 수 있다.

"태극의 우주에 극기의 인간이 살아간다."

1-7.

턱에 주책이 있고 가슴에 경륜이 있고 배꼽에 행검이 있고 아랫배에 도량이 있다.

頷有籌策, 臆有經綸, 臍有行檢, 腹有度量.

【해설】

폐비간신과 이목비구에 대해서는 앞서 살펴보았다. 그것은 천기와 인사에 상응하는 인간의 필연적 생체기관이다. 천기의 무대를 살피며 인간이 활동하는데 없어서는 안될 기관들이다.

그런데 동무는 7조에서 10조까지 함억제복과 두견요둔이라는 새로운 몸의 측면을 도입한다. 천기와도 인사와도 직접적으로는 상관이 없다. 왜 갑자기 이들이 나오는 걸까? 동무는 지금 새로운 주제로 넘어가고 있다. 과연 무엇을 말하고자 하는 걸까?

함억제복의 등장

먼저 함억제복은 『격치고』에 단 한 번 나온다는 사실을 인지할 필요가 있다. 이것은 전혀 존재감 없던 엑스트라가 조연으로 발탁된 것 같은 신분의 상승이라 하겠다. 뒤에 볼 두견요둔은 『격치고』에 아예 나오지도 않는다.

사상의학은 몸에 관한 담론이다. 그래서 동무는 몸에 관한 철학이 필요했다. 『격치고』라는 난고亂藁는 몸이라는 기준점 위에 새로이 구성됨으로써 『동의수세보원』이라는 치고治藁로 거듭난다.

『동의수세보원』의 주연은 단연 폐비간신이다. 이목비구는 폐비간신의 상대역이라고 할 수 있다. 조연급이다. 함억제복은 그래도 아역배우 출신이라 할 수 있겠지만 두견요둔은 완전 신인이다. 그런데 함억제복과 두견요둔은 몸이라는 입각점에서 출발해야 한다는 감독의 요구 조건에 충실한 배우였기 때문에 조연급으로 전격 캐스팅된 것이다. 그러면 감독은 과연 이들에게 무슨 역할을 맡긴 것일까? 11조에 그 답이 있다.

이목비구는 하늘을 살핀다. 폐비간신은 인간을 세운다. 함억제복은 지를 행한다. 두견요둔은 행을 행한다.

耳目鼻口, 觀於天也. 肺脾肝腎, 立於人也. 頷臆臍腹, 行其知也. 頭肩腰臀, 行其行也.(1-11)

이제마 감독은 「성명론」을 통해 천, 인, 지, 행의 스토리를 짜놓았다. 여기서 함억제복에게 인간의 지知를, 두견요둔에게 인간의 행行을 담당하게 한 것이다. 이목비구, 폐비간신만으로 인간이 되는가? 함억제복, 두견요둔이라는 몸뚱어리가 없으면 인간이라 할 수 없다. 동무는 지와 행이라는 인간의 기본 기능이 이들을 통해서 이루어진다고 생각했다.

인간의 지는 넷으로 나눌 수 있다

본조는 함억제복이 지를 행한다(頷臆臍腹, 行其知也)는 말의 구체적인 의미를 설명하고 있다. 주책은 함이 행하는 지며, 경륜은 억이 행하는 지며, 행검은 제가 행하는 지며, 도량은 복이 행하는 지인 것이다. 주책, 경륜, 행검, 도량은 바로 지知의 사분이다.

사실 본조 앞에는 생략된 문장이 하나 있다. 여태껏 이어온 문장의 패턴을 가만히 살펴보자. 1조는 천기의 사분, 2조는 인사의 사분이다. 그러고 나서 3조에서 천기와 이목비구, 5조에서 인사와 폐비간신을 말했다. 그런데 본조는 곧장 지와 함억제복을 말한다. 보이는가? 전체적인 문장 패턴을 맞추려면 사실 7조는 이런 문장이 되어야 한다.

其知有四. 一曰籌策, 二曰經綸, 三曰行檢, 四曰度量.

바로 지의 사분이다. 동무는 그런데 이 문장은 생략했다. 그래서 본조부터 읽으면 좀 생뚱한 감을 갖게 된다. 대가리가 사라지고 몸뚱이부터 시작한 꼴이라 자칫 주제의식을 놓치기 쉽다.

이제 위 문장부터 읽어보자. 그러면 천기, 인사를 말했던 패턴과 동일하다. 두견요둔 역시 마찬가지다. "기행유사其行有四"를 생략해 버렸다. 간단한 것 같지만 「성명론」을 읽는 중요한 포인트라 하겠다.

천인지행의 문장 패턴

	천天	인人	지知	행行
구분	천기유사 1조	인사유사 2조	기지유사(생략)	기행유사(생략)
관련기관	이목비구 3조	폐비간신 5조	함억제복 7조	두견요둔 9조
특징	탕대광막 4조	수성정치 6조	교긍벌과 8조	탈치나절 10조

천의 감각기가 이목비구다. 인의 운동기가 폐비간신이다. 지의 소장처가 함억제복이다. 행의 소장처가 두견요둔이다. 모두 천인지행을 담당하는 인체 기관을 말하고 있다.

주책, 경륜, 행검, 도량은 지의 사분

턱에는 주책이 있다. 가슴에는 경륜이 있다. 윗배에는 행검이 있다. 아랫배에는 도량이 있다. 위에서부터 순서대로 나열하고 있다. 모두 인체의 앞면이다. 인체의 상하 사분에 관해서는 「장부론」에 구체적인 구획을 명시한다.(4-1) 동무의 상하 구분은 모두 이를 따른다. "제臍"는 배꼽 위의 상복부를, "복腹"은 배꼽 아래의 하복부를 가리킨다.

먼저 "주책籌策"을 살펴보자. 주籌는 산가지를 놓아 셈을 하는 것, 책策은 댓가지를 놓아 점을 보는 것이다. 모두 대나무 죽변이 들어 있다. 주는 계산, 책은 추리, 즉 계산하고 추리하는 인간의 이성적 능력을 말한다.

"경륜經綸"은 서술어+목적어로 푼다. 윤綸을 명사로 읽을 수밖에 없기 때문이다. 그래서 경經은 지나다, 거치다를 의미하는 동사로 새긴다. 그러면 경륜은 윤을 거치다는 뜻이 된다. 윤은 벼리라는 뜻이다. 벼리는 가로 세로로 얽힌 그물을 쥐었다 폈다 하는 굵은 줄이다. 어부는 벼리를 쥐고 그물을 펼치기도 거두기도 한다. 그래서 벼리는 기준, 원리 등의 뜻을 내포하게 된다. 경륜이 많다는 건 곧 경험을 통해 이러한 원리를 발견해낼 정도로 연륜이 쌓였다는 말이된다. 시간의 축적 없이 경륜은 생기지 않는다. 그런 경륜이 가슴에 있다고 말하고 있다. 경륜은 『격치고』에 단 한 번 나온다. 인자仁者는 "능통중지경륜能統衆之經綸"(「독행편」 2)이라 했다. 인仁을 구현한 사람은 세상 사람들의 경륜을 잘 통솔할 수 있다는 뜻이다.

"행검行檢" 역시 나는 서술어+목적어의 구조로 읽는다. 그러면 행검은 검을 행하다는 뜻이 된다. 행行이 검檢을 적극화시키는 의미가 있다. 검檢은 회의자다. 나무(木)가 거푸집으로 모두(僉) 짜여지도록 봉함封緘하다는 뜻이다. 자기를 어떤 제약과 틀 속에 제한시키는 것을 의미한다. 한두정은 "검속할 검"이라 뜻을 달았다. 그래서 행검은 요즘말의 절제하다로 그대로 번역이 된다.

마지막으로 "도량度量"이다. 도度는 길이다. 여기서 재다는 뜻이 나온다. 양量은 부피다. 여기서 달다는 뜻이 나온다. 모두 확실한 것을 확실히 추측한다는 의미가 담겨 있다. 재거나 달아 사물의 양을 정확히 헤아린다는 뜻이 된다. 도량이 넓다는 것은 이러한 헤아림이 넓다는 뜻이다. 주책이 형이상학적 사고력을 뜻한다면 도량은 형이하학적 사고력을 뜻한다고 할 수 있겠다. 『격치고』에서는 도량이 확실하면 땅 위에 확고하게 자리잡을 수 있고(度量深確, 地上盤據) 도량이 천박하면 기반 역시 열악해진다(度量淺薄, 成基劣也. 「유략」천세19, 20)고 말했다.

주책, 경륜, 행검, 도량은 인간을 이해하는 데 빠뜨릴 수 없는 중요한 요소들이다. 인간의 지知의 측면을 담당한다. 지知가 함억제복에 있다는 주장은 추상적인 것을 구체적인 것, 즉 몸에서 찾으려고 한 동무의 피할 수 없는 논리적 결론이기도 하다.

1-8.

주책은 교만해선 안 되고 경륜은 자만해선 안 되고 행검은 자랑해선 안 되고 도량은 과장해선 안 된다.

籌策不可驕也. 經綸不可矜也. 行檢不可伐也. 度量不可夸也.

【해설】

7조를 부연하고 있다. 여기서도 동무의 네 칸 채우기 신공은 여전히 빛난다. 교긍벌과는 서로 다른 뜻이 아니다. 불가교, 불가긍, 불가벌, 불가과는 모두 스스로 높임을 경계하는 말들이다. 같은 말로 번역하면 너무 밋밋하기에 동무가 그랬듯 약간의 변화를 주었다.

사욕의 통로

함억제복에는 주책, 경륜, 행검, 도량의 지知가 있다. 그런데 동시에 교, 긍, 벌, 과의 간사한 마음(邪心)도 있다. 이중적인 성격을 갖는다.

함억제복의 내용

	지知	사심邪心
함	주책	교
억	경륜	긍
제	행검	벌
복	도량	과

우리는 함억제복이라는 캐릭터를 좀더 이해해야 한다.

경계하고 경계하라. 저 한 마리 이리도 용납하지 말라. 수많은 이리가 몰래 힘을 숨기고 한 마리 이리가 문틈을 엿본다.
警之警之, 莫允彼一箇狼. 衆箇狼暗伏力, 一箇狼窺戶也.(「독행편」 62)

문 밖에는 이리 떼가 득실댄다. 호시탐탐 문 앞에서 기회를 노리고 있다. 한 마리의 이리도 용납하지 말라. 마음의 문을 통과하지 못하게 하라! 이것이 동무의 최종 목표다. 선한 양들만 사는 인성의 마을에 정욕의 이리 떼가 넘보지 못하게 하라! 동무만큼 인간의 욕慾을 중시하고 치열하게 탐색한 이는 드물 것이다. 왜 이렇게도 인욕을 강조했을까?

그것은 누구에게나 인성이 있듯 누구에게나 인욕도 함께 있기 때문이다(人性同也. 人慾亦同也. 「독행편」 72) 성선의 인간이라고 하면서 실제로 탐욕의 세상을 만들어가고 있는 이 아이러니한 현실을 어떻게 이해해야 할까? 솔직해 지자. 인간이면 누구도 인욕을 비껴갈 수 없다. 내 안에 착한 양도 살지만 흉악한 이리 떼도 항상 들락거린다. 여기 동무의 근원적인 문제의식이 있었다.

동무는 이런 모순을 숨기고 싶지 않았다. 피하고 싶지도 않았다. 오히려 솔직히 인정하고 정면 돌파의 길을 택한다. 나도 평생 사기칠 궁리만 하고 살았다(東武自幼至老, 千思萬思, 詐心無窮. 「반성잠」 서언) 인욕 역시 내 안에 있다. 그리고 그것 또한 내 몸에서 찾을 수밖에 없다는 것이 몸철학자 동무의 정직한 결론이다.

동무는 인성의 근거를 몸의 보편성, 곧 이목비구, 폐비간신의 보편성에서 찾았듯 인욕의 근거 역시 몸의 보편성, 즉 함억제복과 두견요둔에서 찾는다. 『격치고』에는 이러한 사유의 발단을 보여주는 문장이 있다.

혹자가 물었다. "인간의 재덕이 나오는 곳은 이미 들었습니다. 그러면 인간의 사욕이 나오는 곳은 어디라고 생각하십니까? 감히 여쭤봅니다." 내가 논한다. "인간의 욕慾은 인간의 지의혼백에서 나온다. 인간의 사私는 인간의 굴신동정에서 나온다."
曰 "人之才德之所出, 旣聞之矣. 又敢問人之私慾之所出." 曰 "人之慾出 於志意魂魄, 人之私出於屈伸動靜."(「독행편」 82)

지의혼백과 굴신동정은 각각 지와 행의 의미를 담아낸 초기의 용어다. 여기서 각각 욕慾과 사私가 나온다고 말하고 있다. 이 문장을

『동의수세보원』 버전으로 말한다면 함억제복과 두견요둔이 각각 사와 욕의 출처라는 뜻이 된다. 동무는 함억제복에 교긍벌과의 사심(驕矜伐夸之私心)이 있고 두견요둔에 탈치나절의 욕심(奪侈懶竊之慾心)이 있다고 분명히 말하고 있다.(1-27)

그렇다. 동무는 함억제복과 두견요둔이 이리 떼들이 항상 엿보는 문(戶)이라 보았다. 거기는 인체의 외형으로, 쉽게 말해 육신이라 부를 수 있는 곳이다. 내 육신은 자꾸 거들먹거리려고 한다.

엄밀히 말한다면 사와 욕은 모두 마음에서 일어난다. 종국에는 마음의 문제다. 마음에서 발생한 사욕이 함억제복과 두견요둔이라는 육신으로 발출된다는 게 정확한 표현일 것이다. 그래서 함억제복과 두견요둔은 사욕이 출입하는 통로라 이해해야 한다.

너의 지知를 자랑하지 말라

함억제복이라는 지知의 마을에는 교긍벌과라는 사심邪心의 이리 떼가 자주 출몰한다. 사심이 쉼 없이 지를 노리고 있다.

함억제복 속에는 저절로 쉼 없는 앎이 들어 있어 깎은 듯 다듬은 듯하다. 그런데 교긍벌과의 사심이 갑자기 덮치면 그 앎을 잃어버려 두루 통할 수 없다.

頷臆臍腹之中, 自有不息之知, 如切如磋. 而驕矜伐夸之私心, 卒然敗之, 則自棄其知, 而不能博通也.(1-27)

함억제복에는 자꾸 자랑하려는 마음이 깃든다. 거기엔 자랑할만한 기막힌 지知가 들어 있기 때문이다. 턱을 치켜들며 주책을 자랑하고 싶어한다. 가슴을 내밀며 경륜을 자랑하고 싶어한다. 윗배를 들이대며 행검을 자랑하고 싶어한다. 아랫배를 제껴대고 방략을 자랑하고 싶어한다. 몸가짐을 보면 마음가짐을 안다.

교만하지 말라. 걱정이 곧 닥친다. 자만하지 말라. 허물이 곧 닥친다. 자랑하지 말라. 실패가 곧 닥친다. 과장하지 말라. 후회가 곧 닥친다.

勿驕也. 憂將至矣. 勿矜也. 咎將至矣. 勿伐也. 敗將至矣. 勿夸也. 悔將至矣.(「유략」관인11)

인생은 오르막길 내리막길이다. 우리가 스스로 자랑할 수 없음은 결국 한치 앞도 알 수 없기 때문이다. 우리는 살면서 경계하고 근신하지 않을 수 없다. 얇은 얼음을 밟듯(如履薄氷), 큰 둑을 걷듯(如涉大坂), 까마득한 산을 오르듯(如登泰山), 깊은 못을 내려다보듯(如臨深淵) 그렇게 전전긍긍 살아가지 않을 수 없다.(「유략」토맹15)

동무는 정말 주책이 있다면 사람들이 모를 수가 없다고 말한다.(實有籌策, 人無不知.「반성잠」진잠 17) 칼은 칼집에 꽂아놔야 한다. 그래야 큰일을 할 수 있다. 주책 또한 마찬가지다. 사석에서 함부로 뽑아 흔들면 안 된다. 때를 얻어서 세상에 베풀어야 한다.(籌策可以遠施於天下, 不可衒之於人席. 진잠 3) 그러니 무슨 자랑이 필요하단 말인가? 주책은 스스로 자랑하지 않는다. 자랑은 얄팍한 마음에서 비롯될 뿐이다.

광야에서 외치는 소리

동무에게 인간의 사욕은 영원히 벗기지 못할 원죄 같은 것이 아니었다. 인간의 사욕이란 함억제복과 두견요둔을 통해 들락날락거리는 이리 떼일 뿐이다. 빗장을 단단히 걸어 잠그면 감히 넘볼 수가 없다.

그러므로 동무는 안으로부터 그 답을 찾을 수밖에 없었다. 함억제복과 두견요둔의 사욕을 각각 존심存心과 수신修身으로 해결한 것이다! 마음을 모으라(存心)! 몸을 붙들라(修身)! 그것은 밖으로부터의 구원이 아니라 나의 실존적인 결단으로 이루어지는 것이다. 여기에 「성명론」의 핵심 메시지가 담겨 있다.

세상은 교긍벌과의 무리들이 넘쳐난다. 나부터 결코 자유로울 수가 없다. 교만하지 말라! 오직 삼가고 선으로 행하라!

감추어진 것보다 더 잘 보이는 것이 없고 미미한 것보다 더 잘 드러나는 것이 없다. 내가 실제로 한 일은 사람들이 실제로 알게 된다. 그러므로 선으로 하지 악으로 할 수가 없는 것이다.

莫見乎隱, 莫顯乎微. 我實行之, 人實知之. 可以爲善, 不可爲惡.(「유략」 천아색아 18)

인간은 잠시만 방심하면 어둠에 빠지게 마련이다. 어찌 잠시라도 조심하지 않을 수 있겠는가? 어찌 홀로 있다고 삼가지 않을 수 있겠는가? 동무는 난세의 광야에서 회개를 외치는 조선의 요한이다.(「마가복음」 1장 4절)

· 머리에 식견이 있고 어깨에 위의가 있고 허리에 재간이 있고 엉
덩이에 방략이 있다.

頭有識見, 肩有威儀, 腰有材幹, 臀有方略.

【해설】

인체의 전면인 함억제복과 대응해서 인체의 후면인 두견요둔을
말하고 있다. 함억제복에서 지知와 사심邪心을 말하고 두견요둔에
서 행行과 태행怠行을 말한다.

식견, 위의, 재간, 방략은 행行의 사분

본조에도 똑같이 생략된 문장이 있다. 이 문장이 먼저 기술되어
야 전체적인 패턴이 맞아 떨어지고 문맥이 자연스럽다.

"其行有四. 一曰識見, 二曰威儀, 三曰材幹, 四曰方略."

머리에는 식견이 있다. "식識"은 들어 알게 된다, 지식의 뜻이 있고
"견見"은 보아 알게 된다, 지견의 뜻이 있다. 식견은 보고 들은게 쌓
인 것이다. 견문과 같은 의미다. 견문이 쌓일수록 식견은 높아진다.
어깨에는 위의가 있다. "위威"는 거대한 무기(戊) 앞에 여인(女)이
떨고 있는 것을 나타낸 회의자다. 두려워 떨게 하다는 뜻이다. "의
儀"는 거동, 법도, 모양 등의 뜻이 있다. 의義의 뜻이 내포되어 있다.

어깨에서 상대방을 바르게 제압하는 몸짓이 나온다.

허리에 재간이 있다. 재간도 우리 귀에는 익숙한 말이다. 재간둥이, 글재간이 좋다 등으로 쓰인다. "재材"는 재목을 뜻한다. 나무를 잘 다듬기만 하면 가구나 건축 등에 매우 유용한 재료로 활용할 수 있다. 나무의 잠재력이 발현되면서 쓰임이 생기는 것이다. 통나무는 보잘 것 없어 보일 수도 있지만 모든 가능성이 다 함축되어 있다. 그래서 재材는 재주, 솜씨, 기술 등의 뜻으로 확장된다. 허리에서 묵묵히 재간이 나온다고 했다.

엉덩이에 방략이 있다. 방법과 계략이란 뜻으로 그리 낯선 단어는 아니다. 주책-도량의 조합처럼 식견-방략은 절묘하고도 미묘한 언어 구사라 할 수 있다. 읽을수록 그렇다.

이을호는 머리가 언제나 향상向上하므로 하학이상달하는 식견이 생기고 평펴짐한 어깨죽지의 떳떳한 자세에서 저절로 위의가 나타나며 전후좌우는 물론 회전까지 자유로운 허리의 기예가 바로 재간의 바탕이며 엉덩이의 일상적 행동거지는 그대로 임기응변, 즉 방략의 전형이라 보았다. 그리고 식견은 사무, 위의는 교우, 재간은 당여, 방략은 거처의 도구라 연결지어 말한다.(『사상의학원론』, 15쪽) 중요한 지적이다.

『격치고』에는 본조의 조형이 된 개념들이 나온다. 학식, 위의, 기예, 방략이다.

세상의 귀가 모두 같아서 학식이 서로 비슷하다. 세상의 눈이 모두 같아서 위의가 서로 비슷하다. 세상의 코가 모두 같아서 기예가 서로 비슷하다. 세상의 입이 모두 같아서 방략이 서로 비슷하다.

四海同耳, 學識相似. 四海同目, 威儀相似. 四海同鼻, 技藝相似. 四海同
口, 方略相似. (「반성잠」간잠3)

인간에게 이목비구가 있듯 학식, 위의, 기예, 방략도 누구에게나
있다. 이 또한 인간에게 선천적이고 보편적인 요소일 수밖에 없다.
이목비구와 행을 관련지어 언급한 사실도 주목하자.

사상형태학의 완성

함억제복은 앞이고 두견요둔은 뒤다. 동무는 인체 외부를 함억제
복과 두견요둔으로 구분하고 있다. 이렇게 인체를 상하로, 또 전후로
나누어보는 시각은 동무 특유의 사고를 반영하는 것이다. 그런데 이
것은 지극히 필연적인, 너무나 당연한 시각의 결과이기도 하다.
"인간은 직립동물이다!" 동무는 직립인간을 전제로 의학을 구성
했다. 동무의 인간은 호모 에렉투스Homo Erectus다. 직립보행을 하
는 인간의 가장 큰 특징은 상하와 전후가 확실하다는 것이다.

몸의 실제적인 도리는 바로 서서 간다는 것이다. 그러므로 전후
는 있어도 좌우는 없다.
身之實理直行, 故有前後而無左右.(「반성잠」태극6)

동무에게 신체의 좌우는 인식되지 않는다. 그것은 철학적으로도
의학적으로도 주목받지 못했다. 폐비간신이 살고 있는 우리 몸은

상하전후로 구획되고 있을 뿐이다. 상하전후가 곧 우리 몸의 최소 행정구역이라 할 수 있다.

"직행"을 관찰한 동무는 일찍부터 전후를 염두에 두었다. 그러나 『격치고』에서는 힌트만 나올 뿐 구체적인 논의는 없다. 상하는 분명하나 전후는 혼재되어 나타난다. 앞서 말했듯 두견요둔은 별도로 인식되지도 않았다. 훗날 『동의수세보원』에 이르러서야 상하전후는 분명한 몸의 사실로 관철된다. 함억제복과 두견요둔으로 표현되는 몸의 전후는 『동의수세보원』에서 정립된 것이다! 이로써 상하전후라는 사상 형태학morphology의 기본이 완성되었다.

우리는 동무가 설계해놓은 형태학을 명확히 인지하고 있어야 한다. 그래야 동무가 얼마나 철두철미하게 상하전후의 도식을 완성시키려 노력했는지 이해할 수 있다. 함억제복과 두견요둔은 인체의 앞과 뒤가 분명히 파악된 사건이다.

1-10.

식견은 빼앗아선 안 된다. 위의는 거만해서는 안 된다. 재간은 게을러선 안 된다. 방략은 훔쳐서는 안 된다.

識見必無奪也. 威儀必無侈也. 材幹必無懶也. 方略必無竊也.

【해설】

함억제복에 사심邪心이 있듯 두견요둔에는 태행怠行이 있다. 8조에서는 "불가不可"라 했다. 본조에서는 "필무必無"를 쓰고 있다. 동무가 즐겨쓰는 화법, 이른바 같은 뜻 다른 표현들이다. 센스가 엿보인다. 가끔은 센스라기보다는 성깔처럼 느껴지기도 한다. 그 집요한 언어선택에 좀 무서운 마음마저 드니 말이다. 늘 새로움을 추구하는 동무에게 반복이란 부패와 동의어다.

너의 행行은 어떠한가

"탈奪"은 강탈이다. "치侈"는 사치이다. 사람人은 가진 게 많으면多 어쩔 수 없나 보다. "나懶"는 나태다. "절竊"은 절도다.

동무는 탈이 탐인의 마음이고 절이 비인의 마음이며(貪者之心, 專是奪也. 鄙者之心, 專是竊也「독행편」19) 치가 넘치는 것이고 나가 모자라는 것(侈心, 過也. 懶心, 不及也「유략」사물11)이라 한 바 있다.

식견은 빼앗아오면 안 된다. 위의는 오버하면 안 된다. 재간은 내버려두면 안 된다. 방략은 훔쳐오면 안 된다. 머리를 치켜들지 말라. 어깨에 힘주지 말라. 허리를 눕히지 말라. 엉덩이를 들이대지 말라. 동무는 이를 태행怠行이라고 부른다.(1-23) 두견요둔이 바로 서야 행동이 바로 선다.

두견요둔의 밑에 저절로 쉼 없는 행함이 들어 있어 빛나고 빼어난다. 그런데 탈치나절의 욕심이 갑자기 덮치면 그 행함을 잃어버려 올바르게 행할 수 없다.

頭肩腰臀之下, 自有不息之行, 赫兮喧兮. 而奪侈懶竊之慾心, 卒然陷之, 則自棄其行, 而不能正行也.(1-27)

머리에 탈심이 없으면 대인大人의 식견이 나온다. 어깨에 치심이
없으면 대인의 위의가 나온다. 허리에 나심이 없으면 대인의 재간이
나온다. 엉덩이에 절심이 없으면 대인의 방략이 나온다.(3-16)

두견요둔의 내용

	행行	태행怠行
두	식견	탈
견	위의	치
요	재간	나
둔	방략	절

사상유학의 사원 구조

동무는 『격치고』에서 끊임없이 언어실험을 하고 있다. 그 중 몸과
관련된 언어를 정선해서 『동의수세보원』에 최종 배치한다. 『격치고』
의 결론이자 정수라고 할 수도 있다.

동무는 『동의수세보원』에서 인체의 앞뒤를 명확히 했다. 그것이
함억제복과 두견요둔으로 명료화되면서 『격치고』의 과정적 실험들
은 전후의 이분적 도식 안으로 귀납되기에 이른다. 그 결과 이목비
구, 폐비간신의 도식과 더불어 인간을 이해하는 핵심적인 구조론이
탄생하게 되었다.

이를 동무는 "천인지행天人知行"이라 부르며 인간 이해의 가장 큰
틀로 확정짓는다. 사상인을 이해하는 필수적인 요소로 일평생 추구
한 지인의 대결론이라고 할 수 있다. 나는 이를 사상유학의 사원四

元 구조라 부른다.

사상유학의 사원 구조

천天		인人		지知		행行	
천시	이	사무	폐	주책	함	식견	두
세회	목	교우	비	경륜	억	위의	견
인륜	비	당여	간	행검	제	재간	요
지방	구	거처	신	도량	복	방략	둔

이것이 「성명론」의 줄거리다. 매우 도식적이고 매우 자의적이라 평할 수도 있다. 그러나 이러한 구조가 관념의 유희로 끝나지 않는 힘, 그것이 바로 사상인의 발굴에 있다. 사상인이 없었다면 이런 이야기들은 한낱 희한한 논리로 끝났을 수도 있다.

사원 구조는 이후 태소음양인과 결합하며 각 상인을 이해하는 결정적인 요소가 된다. 그 결합의 드라마가 바로 「확충론」이다. 「확충론」에서 천인지행의 사원 구조는 사상인을 이해하는 키워드가 된다. 거기서 우리는 천인지행이 실증적인 현실어로 의연히 부활하는 장면을 목격할 수 있다.

1-11.

이목비구는 하늘을 관찰한다. 폐비간신은 인간을 세운다. 함억제복은 하늘의 지를 행한다. 두견요둔은 인간의 행을 행한다.
耳目鼻口, 觀於天也. 肺脾肝腎, 立於人也. 頷臆臍腹, 行其知也. 頭肩腰臀, 行其行也.

【해설】

동무는 1조부터 10조까지 천, 인, 지, 행을 종으로 서술하며 나열의 글쓰기를 해왔다. 그러나 이제부터는 천, 인, 지, 행을 횡으로 엮어가며 종합의 글쓰기를 해나간다. 지금까지 논술한 골격을 토대로 천인지행의 철학적 의미를 본격적으로 설파한다.

천인과 지행

동무는 1조에서 10조까지 천인지행이라는 사상유학의 토대를 마련했다. 천인지행의 사원 구조는 아래와 같이 기술하면 문의가 일목요연하고 혼선이 없다. 그러면 본조의 말은 저절로 이해된다. 정돈하는 마음으로 다시 한번 읽어보자.

天機有四. 一曰地方, 二曰人倫, 三曰世會, 四曰天時.
耳聽天時, 目視世會, 鼻嗅人倫, 口味地方.
天時極蕩也. 世會極大也. 人倫極廣也. 地方極邈也.

人事有四. 一曰居處, 二曰黨與, 三曰交遇, 四曰事務.
肺達事務, 脾合交遇, 肝立黨與, 腎定居處.
事務克修也. 交遇克成也. 黨與克整也. 居處克治也.

(其知有四. 一曰度量, 二曰行檢, 三曰經綸, 四曰籌策.)
頷有籌策, 臆有經綸, 臍有行檢, 腹有度量.

籌策不可驕也. 經綸不可矜也. 行檢不可伐也. 度量不可夸也.

(其行有四. 一曰方略, 二曰材幹, 三曰威儀, 四曰識見.)

頭有識見, 肩有威儀, 腰有材幹, 臀有方略.

識見必無奪也. 威儀必無侈也. 材幹必無懶也. 方略必無竊也.

천인天人과 지행知行, 동무는 인간과 우주를 이 열 문장으로 정리하고 있다. 이보다 더 심한 이간易簡의 문장을 본 적 있는가?

이목비구는 우주를 관찰한다. 이목비구로 인식되지 않는 우주는 의미가 없다. 인간이 우주와 연결하는 통로다. 그래서 이목비구는 인간 안에 있는 우주라 말할 수도 있다. 놀랍게도 동무는 인간을 논하는 자리에서는 이목비구는 뺀다. 의학의 대상으로 보고 있지 않다는 말이다.

폐비간신은 인간을 세운다. 폐비간신은 인간이 존재하는 근거다. 폐비간신이야말로 몸의 질서를 탐구하는 의학의 대상이 된다.

함억제복과 두견요둔은 지행의 주체다. 여기 동무는 지행을 모두 행한다고 했다. 이는 지知와 행行이 모두 행위라는 차원에서는 별반 다를 게 없다는 '몸 철학적' 용어라고 생각된다. 머리 쓰는 거나 몸 쓰는 거나 마찬가지라는 것이다.

또 "행기지야行其知也" "행기행야行其行也"에서 "기其"를 주목해보아야 한다. 보통 대수롭지 않게 새기고 넘어가지만, 나는 구체적으로 지시하는 대상이 있다고 본다. 앞의 "기"는 천天을 가리킨다. 뒤의 "기"는 인人을 가리킨다. 지는 천의 측면을, 행은 인의 측면을 드러낸다. 이러한 사실은 「성명론」에서는 명료하게 드러나지 않지만 이면의 논리를 잘 따라가보면 이러한 연결을 상정하고 있음을 알 수 있다. 기其의 의미를 분명히 드러내어 번역했다.

왜 성명론인가

여기 함억제복과 두견요둔을 캐스팅한 목적이 분명해진다. 동무는 함억제복과 두견요둔에게 인간의 내면을 담당하는 캐릭터를 맡겼다. 그것은 지행의 주체이면서 사욕의 통로다. 애들은 똑똑하고 능력도 있으나 트러블 메이커이고 갈등의 조장자들이다. 극을 극적으로 만드는 매우 중요한 배역인 것이다. 순진할 정도로 순수하고 착한 주인공만 있으면 전혀 재미가 없지 않은가? 이것들이 없었다면 『동의수세보원』은 맥 빠지는 도덕 교과서가 돼버렸는지도 모른다.

동무는 인간의 문제는 욕심에 있다고 확신했다. 그것이야말로 실존의 인간이 끌어안고 있는 숙제라 보았다. 함억제복과 두견요둔은 곧 인간의 난제를 만들고 풀어가는 역할을 하고 있다. 욕심이 바로바로 표출되는 함억제복과 두견요둔을 어떻게 간수할지 그것이 문제인 것이다.

천인지행의 전체적인 체계를 구상해놓은 동무가 왜 제목은 천인지행론이 아니라 성명론이라 붙였을까? 성명은 결국 지행에 귀속된다.(1-34) 성명론이란 지행론을 뜻하는 것이다. 앞으로 논의를 잘 살펴보라. 천인과 지행을 이분해놓고는 계속 지행의 문제만 지적해가며 그 해결방안을 모색한다. 결국 「성명론」의 주제는 지행이다. 그래서 천인지행론이 아니라 성명론이 된 것이다. 주제를 제목에 콕 찍어놓았다. 「성명론」의 진짜 주인공은 바로 지행이라는 사실을 기억해야 한다.

1-12.

천시는 모두 같고 세회는 모두 같고 인륜은 모두 같고 지방은 모두 같다. 사무는 서로 다르고 교우는 서로 다르고 당여는 서로 다르고 거처는 서로 다르다.

天時, 大同也. 世會, 大同也. 人倫, 大同也. 地方, 大同也. 事務, 各立也. 交遇, 各立也. 黨與, 各立也. 居處, 各立也.

【해설】

12조는 천인을, 13조는 지행을 부연하고 있다.

공통의 무대에서 펼쳐지는 저마다의 드라마

본조는 천기와 인사를 각각 호명하며 대동과 각립을 말한다. 모아서 읽으면 간단한 내용이다. 천기는 "대동大同"이고 인사는 "각립各立"이라는 의미다.

"동同"은 수평적 의미이고 보편적 세계이며 수동성을 내포한다. "입立"은 수직적 의미이고 개별적 세계이며 능동성을 내포한다.

우주는 우리 삶의 공통된 무대다. 그것은 태어나면서부터 무조건적으로 주어진다. 우주는 선인과 악인을 가리지 않고 해를 비춰주며 의로운 자와 불의한 자를 구분하지 않고 비를 내려준다.(「마태복음」5장 45절) 그렇다. 천기는 누구에게다 똑같은 대동의 세계다.

그러나 인사는 각각의 지평 안에서 이루어진다. 나만의 일이 있고 나만의 만남이 있고 나만의 모임이 있고 나만의 집이 있다. 하늘의 무대에서 인간은 저마다의 드라마를 써간다. 인사는 각립이다.

1-13.

주책은 널리 통한다. 식견은 홀로 간다. 경륜은 널리 통한다. 위의는 홀로 간다. 행검은 널리 통한다. 재간은 홀로 간다. 도량은 널리 통한다. 방략은 홀로 간다.

籌策, 博通也. 識見, 獨行也. 經綸, 博通也. 威儀, 獨行也. 行檢, 博通也. 材幹, 獨行也. 度量, 博通也. 方略, 獨行也.

性命論 —

77

【해설】

앞 조와 대구를 이룬다. 지행을 부연한다.

사욕을 없애야 지행이 완성된다

역시 모아서 읽으면 간단하다. 지는 "박통博通"이요 행은 "독행獨行"이란 뜻이다. 지는 두루 통해야 하고 행은 홀로 가야 한다. 지는 보편적이어야 하나 행은 독자적일 수밖에 없다.

좀더 생각해보자. 지가 보편적일 수 있음은 대동의 천기가 존재하

기 때문이다. 천기는 모두의 것이다. 행이 독자적인 것은 인사가 각
립하기 때문이다. 인사는 나만의 것이기 때문이다. 천과 지, 인과 행
이 상통하고 있음을 읽을 수 있다. 김형태는 이러한 내용들을 포괄
하여 천인지행의 구조를 도식화한 적이 있다.(『동의수세보원강의』,
42쪽)

천인과 지행의 사원 구조

천		지		행		인	
대동		박통		독행		각립	
천시	이	함	주책	식견	두	폐	사무
세회	목	억	경륜	위의	견	비	교우
인륜	비	제	행검	재간	요	간	당여
지방	구	복	도량	방략	둔	신	거처
외부	(앞) 체내 (뒤)						외부

천기와 인사를 외부에 두고 이목비구와 함억제복을 인체의 앞에,
폐비간신과 두견요둔을 인체의 뒤에 배치했다. 잘 요약된 그림이라
생각된다. 전체적인 틀만 약간 손을 봤다.

지는 박통하고 행은 독행한다고 했지만 여기 조건이 있다. 지는
교긍벌과 하지 말아야 박통하고 행은 탈치나절 하지 말아야 독행한
다. 그래서 박통과 독행이 온전해진다면 지행이 완성된다고 말할 수
있는 것이다. 그러므로 우리가 사욕만 없앨 수 있다면 지행이 온전
한 인간이 될 수 있다.

내 몸에 깃드는 사욕이 진리를 가리며 실천을 막아선다. 함억제
복이 자꾸 으쓱하며 교만해지려고 하고 두견요둔이 자꾸 거들먹거

리며 빼앗아오려고 한다. 사욕과 지행은 정확히 반비례 관계에 있다. 사욕이 줄수록 지행의 가능성은 증가하는 것이다. 사욕을 놓으면 대욕大慾을 이룰 수 있건만, 사욕을 놓지 못해 소욕小慾조차 이루기 어려운 삶을 살아간다는 데 인간 존재의 끝없는 딜레마가 있다.

최초의 이원구조

『동의수세보원』을 앞서는 의학 저술인 『동의수세보원사상초본권』을 보면 재밌는 사실을 발견할 수 있다. 동무는 천과 인의 이원구조만을 설정하고 있는 것이다. 천인지행의 사원 구조가 정립되기 전 초기 국면을 관찰할 수 있다.

"肺知事務, 脾知交遇, 肝知黨與, 腎知居處. 肺行籌策, 脾行謀猷, 肝行材幹, 腎行便宜."(권1-7)

이목비구도 함억제복, 두견요둔도 없다. 오직 폐비간신을 중심으로 지와 행을 다 논한다. 좀 처량한 느낌마저 든다. 『격치고』와 마찬가지로 인체의 앞뒤가 전혀 구분되지 않는다. 상하의 4분만 그리고 있다. 『초본권』과 비교하면 「성명론」의 천인지행 구조가 얼마나 발전하고 다듬어진 내용들인지 확연히 알 수 있다.

『초본권』의 지행구조

	지	행
폐	사무	주책
비	교우	모유
간	당여	재간
신	거처	편의

동무는 어떤 글을 쓰던 고치고 또 고쳤다. 개념을 드러내는 어휘가 갈수록 정밀해지고 개념들 사이의 연결이 갈수록 치밀해졌기 때문이다. 뇌세포의 기능이 멈출 때까지 계속해서 더 나은 것을 찾아갔다.

그래서 우리도 『동의수세보원』을 너무 결정적인 체계로 받아들이려는 습관을 주의해야 한다. 동무는 64세에 돌아가셨는데 만약 80을 사셨더라면 어땠을까? 틀림없이 우리는 전혀 다른 『동의수세보원』을 공부하고 있었을 것이다. 그리고 지금의 『동의수세보원』은 구시대 유물 관람하듯 감상하고 있었을지도 모를 일이다.

우리는 『동의수세보원』에 안주하기보다 그것이 오늘 우리에게 어떤 의미를 주는지 숙고해 보아야 한다. 낡지 않는 건물은 없다. 옛날 집이 현대인의 생활에 좁거나 불편하다면 새로 지어야 한다. 『동의수세보원』은 계속해서 새로 써나가야 한다.

1-14.

모두 같은 것은 하늘이다. 서로 다른 것은 사람이다. 널리 통하는 것은 성이다. 홀로 가는 것은 명이다.

大同者, 天也. 各立者, 人也. 博通者, 性也. 獨行者, 命也.

【해설】

각각을 설명하고 통합하여 정리하는 것이 「성명론」의 기본적인 글쓰기 방식이다. 12조, 13조에서 설명한 것을 본조에서 다시 통합하고 있다. 드디어 성과 명이 등장하며 새로운 논의의 장을 열고 있다.

성명이란 과연 무엇일까? 이제 전통의 철학적 개념이 도입되며 논의는 험준한 코스로 접어든다.

인간은 성의 존재

유학은 인간이 성과 명의 존재라고 말한다. 우리는 성과 명을 말할 때 반드시 『중용』의 첫 구절을 떠올리게 된다.

하늘이 명한 것을 성이라 말한다. 성을 따르는 것을 도라 말한다. 도를 닦는 것을 교라 말한다.
天命之謂性, 率性之謂道, 修道之謂敎.(『중용』 1)

인간의 성性과 도道와 교敎. 자연에서 문명까지 모든 가능성을 함축하고 있는 인간을 이 한 문장이 요약해주고 있다. 하늘이 명한 것, 그것이 바로 인간의 성이다. 하늘이 명령해서 인간의 성을 준 것이므로 천명의 성인 것이다(以天命而授人性者, 天命之性也. 「유략」 건잠 하절 3) 성은 하늘에서 뚝 떨어진 게 맞다.

물론 성이 인간에게만 있는 건 아니다. 동물에게는 수성獸性이, 사물에는 물성物性이, 약에는 약성藥性이 있다. 세상 만물에 성이 없는 건 없다. 그러면 인간이 타고난 본성은 무엇일까? 동무는 본조에서 그 성이 무엇이다라고 말하지 않는다. 다만 그 성이 어떻다고 이야기할 뿐이다. 바로 박통이다. 유학의 개조開祖인 공자 역시 마찬가지였다!

사람의 천성은 원래 별 차이가 없지만, 습관에 따라 서로 달라지게 된다.
"性相近也, 習相遠也."(『논어』「양화」2)

공자는 성에 대해서 말을 아꼈다. 이것이 전부다. 인간의 타고난 성은 서로 가까우나 후천적인 습관에 의해 서로 멀어진다고 한 것이다. 성이 박통博通하다는 동무의 말은 성이 상근相近하다는 공자의 말과 일치한다!

그러면 과연 인간의 본성이란 무엇일까? 유학에서 이러한 성을 본격적으로 논의한 인물이 바로 맹자였다. 성을 담론화시킨 주역으로 이후 유학은 인성에 관한 학문이 되었다 말해도 과언이 아니다.

맹자는 성을 바로 규정해버린다. 성은 인의예지다! 인간은 누구나 나면서부터 인의예지를 타고난다고 못 박았고(仁義禮智, 非由外鑠我也. 我固有之也. 「고자」상6), 인의예지가 인간에 내장되어 있음을 알려주는 네 가지 증거가 바로 사단四端이라고 말한다.

측은지심이 없으면 인간이 아니다. 수오지심이 없으면 인간이 아

니다. 사양지심이 없으면 인간이 아니다. 시비지심이 없으면 인간
이 아니다.

無惻隱之心, 非人也. 無羞惡之心, 非人也. 無辭讓之心, 非人也. 無是非
之心, 非人也.(「공손추」상6)

사단이 없으면 인간이 아니다. 차마 부인할 수 없는 이러한 네 가
지 마음이 인의예지의 실재를 증거하고 있다는 것이다. 맹자가 사단
을 강조하는 이유가 무엇인가? 팔다리처럼 사단도 타고나는 것이라
강조하는 이유가 무엇인가?(人之有是四端, 猶其有四體也. 「공손추」상6)
그것은 인의예지의 선천성을 주장하기 위함이다. 인간은 도덕적 동
물임을 확증하기 위함이다.

팔다리처럼 사단을 타고나므로 인의예지 역시 선천적인 것이 분
명하다는 맹자의 주장을 보고 동무는 무엇을 느꼈을까? 동무는 탄
식한다.

인간이 팔다리가 있듯 사단이 있다는 맹자의 말이 정녕 그렇지
않은가!

孟子曰 "人之有四端, 猶其有四體也. 有是四端而自謂不能者, 自賊者
也." 不其丁寧之乎!(「유략」사물16)

인성은 인간으로서 최소한의 공통 지반 같은 것이다. 과학의 언
어로 말한다면 인간만이 가진 유전자 같은 개념이다. 과학이 DNA
라는 생리적 유전자를 말하고 있다면 유학은 인의예지라는 도덕적
유전자를 말하고 있다.

동무는 지금 당장 맹자처럼 성이 무엇이라고 말하는 것은 아니다. 공자처럼 성은 어떻다고 말할 뿐이다. 널리 통하는 것이 인성이다. 인성은 널리 통한다.

인간은 명의 존재

그러면 명은 또 무엇일까?

나이 오십이면 천명을 안다.
五十而知天命!(『논어』「위정」4)

공자의 이 말을 모르는 사람은 없을 것이다. 명은 하늘의 명이다. 그러면 천명을 어떻게 알 수 있을까? 유대인처럼 지성소에서 들어가서 직접 여쭤보아야 할까? 맹자 역시 천명에 대해 언급한 내용이 있다.

억지로 하려 하지 않으나 저절로 하는 것이 하늘이요, 억지로 닿으려 하지 않으나 저절로 닿는 것이 명령이다.
莫之爲之爲者, 天也. 莫之致而至者, 命也.(「만장」상6)

순간 『노자』를 읽는 듯한 착각이 든다. 하늘은 하지 못하는 게 없고 명령은 이르지 않는 게 없다는 뜻이다. 천명은 애쓰지 않아도 누구나 알 수 있다. 천명은 모를 수가 없다!
이제 동무의 말을 들어보자.

세상의 무수한 생명이 처음 생겨날 때 하늘로부터 각자의 밝은 명을 받지 않은 것이 없다. 그리고 그 마지막을 생각해보면 또한 하늘에 각자 성취한 명을 바치지 않는 것도 없다. 높고 높은 저 위에 있다고 말하지 말라. 보려 해도 보이지 않고 들으려 해도 들리지 않으나 사물에 체현되어 없어지지 않는다.

天下億兆之命在厥初生, 莫不各受哲命於天. 而考其終也, 亦莫不各供成命於天也. 無曰高高在上. 視之而不見, 聽之而不聞, 體物而不可遺.(「반성잠」 간잠 17)

명에 대한 동무의 인식이 잘 드러나 있다. 눈에 보이지 않는다고 없는 것이 아니다. 인간은 자신이 짊어지고 가야할 명이 분명히 있다. 누구나 자신만의 소명이 있다. 그 길은 어느 누구와도 다르며 어느 누구도 대체할 수 없는 고유한 것이다. 천차만별 각양각색, 누구나 서로 다른 소임을 갖고 자신만의 특수한 가치를 세상에 발하고 있지 않은가? 그래서 동무는 말한다. 홀로 가는 것이 명이다! 천명은 혼자 짊어지고 간다.

그런데 "독행자獨行者, 명야命也"라고 했을 때 동무는 훨씬 구체적인 내용까지 생각하고 있었다는 사실을 놓치지 말아야 한다. "명자命者, 명수야命數也"(1-35), 즉 "내가 말하는 명은 수명이다"라고 명료하게 밝힌 것이다! 역시 동무다. 명을 생리적인 차원까지 포괄하여 이해하고 있다.

이것이 동무가 나의 행이 나의 수명을 좌우한다고 말할 수 있었던 이유다.(善行, 則命數自美也. 惡行, 則命數自惡也. 1-35) 동무에게 명은 생명과 더불어 주어져서 소명으로 함께하며 수명으로 표현된다!

이상과 같이 동무는 전통의 철학적 개념인 성명을 지행과 붙여서 논의하고 있다. 사실 성을 지와 연결시키고 명을 행과 연관시키는 발상은 매우 새로운 것이다.(1-35) 본조에서는 인간의 성과 명 또한 박통과 독행을 특징으로 가지므로 지행과 다르지 않다고 말하고 있다.

천인지행과 천인성명

천	인	지	행
대동	각립	박통	독행
천	인	성	명

1-15.

귀는 좋은 소리를 좋아한다. 눈은 좋은 색을 좋아한다. 코는 좋은 냄새를 좋아한다. 입은 좋은 맛을 좋아한다.

耳好善聲, 目好善色, 鼻好善臭, 口好善味.

【해설】

15조에서 22조까지는 천인지행을 또 다른 시각에서 분석한다. 호선好善, 오악惡惡, 사심邪心, 태행怠行이 그것이다. 23조에서 이를 종합한다. 나열과 종합의 글쓰기가 다시 시작된다. 이 주제는 29조까지 이어져서 천인지행에 대한 새로운 논의의 단위를 형성한다. 본조는 가장 먼저 호선을 이야기한다.

「성명론」의 구성

이쯤에서 「성명론」의 구성을 한번 정리해볼 필요가 있다. 천인지
행이 지배하고 있는 글의 전반적인 골격을 먼저 살펴놓아야 한다.
그래야 계속해서 던져지는 개념의 파편에 내상을 입지 않는다.

천인지행의 총괄

조문	분류	내용			
1~11조 (기)	사원 구조	천	인	지	행
12~14조 (승)	특성 Ⅰ	대동	각립	박통	독행
15~29조 (전)	특성 Ⅱ	호선	오악	사심	태행
30~34조 (결)	결론	성 덕		명 도	

1~11조는 사상유학의 사원 구조를 제시하고 기본적인 성격을
설명한다. 논의의 기반을 다진다.

12~14조는 첫 번째 특성이라 할 수 있는 대동, 각립, 박통, 독행
을 지적한다. 그러면서 지와 행을 성과 명으로 재정의했다. 본론이
시작된다.

15~29조는 사원 구조의 두 번째 특성을 언급한다. 지와 행의 사
심과 태행을 본격적으로 논의하게 된다. 분량이 가장 많다. 동무가
정말 하고 싶었던 말이 여기에 들어 있다. 진짜 본론이다. 이 조들
을 유심히 살펴보면 논의의 주어가 이목비구, 폐비간신, 함억제복,
두견요둔임을 알 수 있다. 구체적인 몸의 지평 위에서 인간의 문제
를 해명한 것이다. 「성명론」의 클라이맥스라 할 수 있다.

30~34조는 논의를 종합한다. 도덕이 곧 지행이며 성명이 곧 지

행이라 결론짓는다.

본조는 호선을 거론하며 새로운 논의의 발걸음을 떼고 있다. 이제 이야기는 절정으로 치달아간다.

무엇이 선이고 무엇이 악인가

사상유학의 중심은 몸이다. 동무에게 문제의 최종 해답은 늘 몸에 있었다. 추상적일 수 있는 인간의 여러 문제를 보편적이면서 동시에 구체적인 인간의 몸 위에서 해결하려고 한다. 보이지 않는 것을 보이는 것 위에, 불확실한 것을 확실한 것 위에 올려놓고 풀어나가려는 시도인 셈이다.

「성명론」 역시 몸의 철학이다. 몸의 확고한 지반 위에 천인지행이라는 문제를 올려놓고 있다. 이목비구, 폐비간신, 함억제복, 두견요둔 위에 인간의 안팎을 둘러싼 다양한 문제를 나열한다. 「성명론」의 모든 논의는 이 네 가지 반석 위에서 이루어진다.

동무는 이제 인류 수천 년의 주제인 선악을 논하려고 한다. 선악을 둘러싼 인간 본성에 관한 논쟁은 수많은 학파를 탄생시켜왔다. 그리고 그 입장에 따라 정치, 사회, 윤리, 교육 등 각 분야에 서로 다른 해법을 제시했다.

그런데 동무가 지금 논의하고자 하는 선악은 인간 본성에 관한 것이 아니다. 인간의 본성은 선하다. 그것은 맹자가 곡진히 설명한 것이고 이후 유학의 정통적 입장이 되었다. 동무 또한 예외가 아니다. 그러면 동무는 여기 무엇을 말하고자 하는가? 동무가 「성명론」

에서 논의하는 선악의 문제는 선악의 궁극적 기준에 관한 것이다. 무엇을 선이라고 하는가? 무엇을 악이라고 하는가? 그것을 가르는 기준이 무엇인가?

동무는 이러한 기준 역시 밖에서 찾지 않는다. 허공에서 헤매지 않는다. 하늘에서 구하지도 않는다. 인간의 몸이라는 분명한 물리적인 사실 안에서 찾는다. 동무는 말한다. 선과 악을 가르는 판단의 기준은 몸이다. 몸이 좋아하는 것이 선이고, 몸이 싫어하는 것이 악이다! 선악의 문제는 여기서부터 시작해야 한다.

이목비구가 선을 구별한다

몸이 좋아하는 것이 선이다. 몸이라고 해서 아무 곳이나 말하는 것이 아니다. 본조는 선을 좋아하는 내 몸의 주체를 밝혀준다. 그것은 바로 이목비구다! 귀는 본능적으로 좋은 소리를 좋아한다. 눈은 본능적으로 좋은 색을 좋아한다. 코는 본능적으로 좋은 냄새를 좋아한다. 입은 본능적으로 좋은 맛을 좋아한다. 순선의 이목비구가 좋아하는 것, 그것이 바로 선이라 말하고 있다. 이목비구가 선을 구별해낸다. 이목비구에는 선을 구별해내는 천부적인 재능이 숨어 있다.

인간의 입은 맛에 대해서 공통된 기호를 가진다. 맛의 달인 역아는 내 입이 좋아하는 것을 먼저 알아낸 사람이다. 만약 그의 입맛이 개나 말의 입맛이 나와 다른 정도로 달랐다면 세상 그 누가 역아의 요리를 좋아하며 좋았겠는가? 맛이라는 측면에서 세상 사람 모두가 역아에게 기대를 걸 수 있었던 것은 세상의 입이 대체로 비슷하기 때문이다. 귀도 마찬가지이다. 소리에 있어서 세상은 사광에게 기대한다. 이것은 세상의 귀가 서로 비슷하기 때문이다. 눈도 마찬가지이다. 세상 그 누구도 자도의 아리따움을 모르는 자가 없다. 자도의 아름다움을 모르는 자는 눈이 없는 자뿐이다. 따라서 인간의 입은 같은 맛을 지각하고 귀는 같은 소리를 들으며 눈은 같은 색을 느낀다고 말할 수 있다.

口之於味, 有同耆也. 易牙先得我口之所耆者也. 如使口之於味也, 其性與人殊, 若犬馬之於我不同類也, 則天下何耆皆從易牙之於味也? 至於味, 天下期於易牙, 是天下之口相似也. 惟耳亦然. 至於聲, 天下期於師曠, 是天下之耳相似也. 惟目亦然. 至於子都, 天下莫不知其姣也. 不知子都之姣者, 無目者也. 故曰口之於味也, 有同耆焉. 耳之於聲也, 有同聽焉. 目之於色也, 有同美焉.(『맹자』「고자」상7)

『맹자』의 이 문장을 동무는 무릎을 치며 읽었을 것이다. 역아는 최고의 요리사, 사광은 최고의 음악가, 자도는 최고의 미인이다. 역아는 제환공의 총신이었고 사광은 진평공晉平公 때의 태사太師였으며 자도는 『시경』「정풍鄭風」의 「산유부소山有扶蘇」에 이름이 나온다.

역아의 음식은 모두 맛있다고 한다. 사광의 음악은 모두 훌륭하다고 한다. 자도의 미모는 모두 아름답다고 한다. 입이, 귀가, 눈이 모두 서로 비슷하기 때문이다. 좋은 것을 좋아할 줄 아는 본능이 거기에 있기 때문이다. 코 빼고 다나온다. 몸 철학의 단초가 보인다. 과연 동무가 존경할만 하지 않은가.

사광에게 얻으면 모두 그 소리를 기대할 것이다. 이루에게 얻으면 모두 그 색을 기대할 것이다. 자도에게 얻으면 모두 그 냄새를 기대할 것이다. 이아에게 얻으면 모두 그 맛을 기대할 것이다.

得於師曠, 皆期其聲. 得於離婁, 皆期其色. 得於子都, 皆期其嗅. 得於易牙, 皆期其味.(「반성잠」 간잠 4)

동무가 『맹자』의 내용을 새롭게 각색하고 있다. 자도에게서 향그러운 냄새의 최고봉을 허하고 색은 천리안 이루에게 양보한다. 그러면서 이목비구를 완성하고 있다. 동무의 맞춤 능력은 정말 최고다.

너 나 할 것 없이 모차르트를 위대하다고 칭송해 마지않는다. 어떻게 그럴 수 있을까? 그것은 그 위대함을 들을 수 있는 위대한 귀가 누구에게나 있기 때문이다. 위대한 귀가 없었다면 위대한 모차르트도 없었을 것이다. 누구나 좋다고 인정할 수 있는 것이 존재할 수 있는 이유, 즉 선의 공통적 근거는 바로 이목비구의 공통성에 있다고 동무는 말한다.

본조에 대해 이을호는 천리天理에 기반을 둔 전통의 성선설과 달리 성선의 근거를 생리적인데 둔 것이라 설명했다. 그리고 다산 역시 성기호설性嗜好說을 주장하여 동무 인성론의 선하를 이루나 동무처럼 이목비구로 구체화시키지는 못했다고 평한다.(『사상의학원론』, 21쪽)

1-16.

좋은 소리는 귀에 순하다. 좋은 색은 눈에 순하다. 좋은 냄새는 코에 순하다. 좋은 맛은 입에 순하다.

善聲順耳也. 善色順目也. 善臭順鼻也. 善味順口也.

【해설】

15조의 주제를 확장하고 있다. "순順"은 따르다라고 새긴다. 물
(川)이 위에서부터(頁) 흘러내리듯 흐름을 따라가는 것이 순이다.

생명을 길러주는 것이 선이다

동무는 다음으로 좋다는 것이 무엇인가라고 묻는다. 내 귀에 좋
다는 것이 무엇인가? 내 눈에 좋다는 것이 무엇인가? 내 코에 좋다
는 것이 무엇인가? 내 입에 좋다는 것이 무엇인가? 그것은 이목비구
를 거스르지 않는 것이다. 이목비구에 순응하는 것이다. 다시 말하
면 몸의 생리적 상태를 거스르지 않고 그대로 따라가는 것, 그것을
선이라 부른다.

좋은 소리는 귀의 기능을 해치지 않는다. 좋은 색은 눈을 해치지
않는다. 좋은 냄새는 코를 해치지 않는다. 좋은 맛은 입을 해치지
않는다. 생명을 지키는 것이 선이다. 생명을 돕는 것이 선이다. "선
자善者, 생지도生之徒", 선은 생명의 무리다.

무엇이 좋은 소리인가

동무의 이목비구는 그저 생리적 감각기관을 의미하는 것이 아니었다. 그것은 우주와 교감하는 센서다. 소리와 색, 냄새와 맛(聲色臭味) 역시 일상적 인식대상에 머물지는 않는다. 동무는 오히려 청아한 소리, 화려한 색, 향기로운 냄새, 달콤한 맛은 인간을 귀먹고 눈멀게 한다고 했다.(善聲, 非淸雅之聲. 善色, 非華麗之色. 善臭, 非芬香之臭. 善味, 非美佳之味. 此等之事, 令人反爲聾盲塞鈌之病. 不爲足稱也.『동무유고』「성명론자주」)

동무는 여기서도 도덕적 측면을 본다. 좋은 소리란 바로 충후한 소리다. 좋은 색이란 바로 근검한 색이다. 좋은 냄새란 바로 신실한 냄새다. 좋은 맛이란 바로 인애의 맛이다. 이것이야말로 진정 인간을 귀 맑고 눈 밝게 해준다. 인간을 살린다.(善聲, 是忠厚之聲. 善色, 是勤儉之色. 善臭, 是信實之臭. 善味, 是仁愛之味. 此等之事, 使人遠倫聰明德慧之正. 可爲所知也.「성명론자주」)

정말 뼛속까지 유학자라 할 수 있지 않을까? 동무의 이목비구는 도덕적 이목비구이며 동무의 성색취미는 도덕적 성색취미다. 동무의 우주는 다름 아닌 도덕적 우주라고 하겠다.

1-17.

폐는 나쁜 소리를 싫어한다. 비는 나쁜 색을 싫어한다. 간은 나쁜 냄새를 싫어한다. 신은 나쁜 맛을 싫어한다.

肺惡惡聲, 脾惡惡色, 肝惡惡臭, 腎惡惡味.

【해설】

15조의 선과 대응하여 악에 대해 말한다. 「성명론」에서 폐비간신은 시종일관 이목비구와 짝을 이룬다.

도덕적, 심미적, 생리적

"惡", 이 한자는 '나쁠 악'으로도 읽고 '싫어할 오'로도 읽는다. 나는 "惡惡"은 오악으로 읽는다. 한자 문명권에서 악은 이블evil에 해당하는 실체가 아니므로 모두 오로 읽어야 한다는 견해도 있지만(『아름다움과 추함』, 80쪽) 선악, 악취 등등 이미 악은 자연스러운 용례로 굳어져 있는데 이들을 굳이 오로 다 바꿀 필요는 없을 듯하다. 그저 나쁠 악이라는 소박한 원의로 돌아가면 족할 것이다.

누구나 나쁜 소리는 싫어한다. 나쁜 냄새를 싫어한다. 그러면 무엇이 나쁜 것인가? 나쁜 것은 사실 싫은 것이다. 싫다는 본능적인 감정이 나쁘다는 도덕적 가치 평가로 이어진다. 심미적 가치(싫다)가 도덕적 가치(나쁘다)에 우선한다고 말할 수 있다. 동양은 무엇보다 심미적 가치를 중시해왔다. 노스럽F. S. C. Northrop도 이를 지적한 적이 있다.

동양은 대체로 사물들을 미학적 요소를 통해 탐구해왔고 서양은 사물들을 이론적 요소를 통해 탐구해왔다.

The Orient, for the most part, has investigated things in their aesthetic component; the Occident has investigated these things in their theoretic component.(*The Meeting of East and West*, p.375)

악은 임의적인 것이 아닐까? 나쁘다는 도덕 판단의 보편적인 기준을 찾을 수 있는 근거가 무엇인가? 동무의 대답은 명료하다. 그것은 몸이다. 본조는 폐비간신이 악을 혐오하는 주체라 말한다. 인간은 모두 같은 폐비간신을 갖고 있으므로 같은 오악의 정을 느낄 수 있다. 악은 폐비간신이 결정한다.

그렇다. 이목비구, 폐비간신이 바로 선악의 준거다. 선악의 궁극적 기준은 몸의 생리적 차원에서부터 비롯되는 것이다.

1-18.

나쁜 소리는 폐에 거슬린다. 나쁜 색은 비에 거슬린다. 나쁜 냄새는 간에 거슬린다. 나쁜 맛은 신에 거슬린다.

惡聲逆肺也. 惡色逆脾也. 惡臭逆肝也. 惡味逆腎也.

【해설】

17조를 확장한다. "역逆"은 순順의 반대다. 본래의 흐름을 거스르고 해친다는 뜻이다.

생명을 해치는 것이 악이다

폐비간신의 기능을 거스르는 것이 악惡이다. 나쁜 소리는 폐의 생리적 기능을 훼방한다. 그래서 나쁜 소리다. 나쁜 색은 비의 생리적 기능을 훼방한다. 그래서 나쁜 색이다. 나쁜 냄새는 간의 생리적 기능을 훼방한다. 그래서 나쁜 냄새다. 나쁜 맛은 신의 생리적 기능을 훼방한다. 그래서 나쁜 맛이다.

악의 기준이 전혀 밖에 있질 않다. 내 몸이 악이라 규정할 뿐이다. 무엇이 악인가? 내 몸을 해치는 것이 악이다.

이을호는 듣기 싫은 소음은 물론 음담패설도 악성이요, 지저분한 추물醜物은 물론 교언영색巧言令色의 영색도 악색이요, 시궁창 냄새는 물론 탐관오리의 유취遺臭도 악취라 했다.(『사상의학원론』, 21쪽) 동무 역시 같은 이야기를 한다.(惡聲, 是毁謗之聲. 惡色, 是亂悖之色. 惡臭, 是陰害之臭. 惡味, 是偸盗之味.「성명론자주」)

서양은 호선, 동양은 오악의 문화

호호好好와 오악惡惡의 출전은 『대학』이다.

이른바 그 뜻을 성실하게 한다고 하는 것은 자신을 속이지 않는 것이다. 나쁜 냄새를 싫어하고(惡惡臭) 좋은 색을 좋아하는 것(好好色), 이를 솔직하다고 말하는 것이다. 그러므로 군자는 반드시 홀로 있을 때 삼가야한다. 그런데 소인은 홀로 머물 때 나쁜 짓을 모조리 해대다가 군자를 만나면 아무 일 없다는 듯 숨겨버리고 좋은 면만 보여준다. 그러나 사람들이 뱃속의 폐나 간을 보듯 다 들여다보고 있는데 그런 행태가 무슨 득이 있겠는가?

所謂誠其意者, 毋自欺也. 如惡惡臭, 如好好色, 此之謂自謙. 故君子必愼 其獨也. 小人閒居爲不善, 無所不至. 見君子而后厭然掩其不善, 而著其 善. 人之視己, 如見其肺肝然, 何益矣?(『대학』4)

나쁜 냄새를 싫어하고(惡惡臭) 좋은 색을 좋아하는 것(好好色)은 인지상정이다. 여기 폐간肺肝을 거론하는 것도 고전에서 잘 볼 수 없는 독특한 표현이다. 이러한 『대학』의 논의는 동무의 사고에 계발을 주었을 것이다.

서양은 대체로 좋은 걸 하게 하는 문화다. 내가 좋으니까 너도 하라는 것이다. 동양은 대체로 싫은 걸 하지 않게 하는 문화다. 내가 싫으니까 너에게도 하지 않겠다는 것이다. 서양의 기독교는 "남에게 대접을 받고자 하는 대로 너희도 남을 대접하라"(「누가복음」6장 31절)고 말한다. 내가 원하는 걸 남에게 해준다. 동양의 유교는 매우 다르다. "네가 하기 싫은 것을 남에게 하지 말라"(己所不欲, 勿施於人 『논어』「위영공」23)고 말한다. 우리는 공자의 금언을 어려서부터 듣고 자랐다.

이을호는 호선이나 오악이나 다 같이 최고선을 향한 두 갈래의 길이지만 호선이 천도天道요 오악이 인도人道라는 점에서 구별된다고 했다.(『사상의학원론』, 22쪽) 정말 동무는 호선을 이목비구의 천天으로, 오악을 폐비간신의 인人으로 말하고 있다.

그래서 우리는 서양이 호선의 문화요, 이목비구의 문화요, 하늘의 문화라면 동양이 오악의 문화요, 폐비간신의 문화요, 인간의 문화라 말해볼 수도 있을 것이다.

1-19.

턱에는 교만한 마음이 있다. 가슴에는 자만하는 마음이 있다. 배꼽에는 자랑하는 마음이 있다. 아랫배에는 과장하는 마음이 있다.

頷有驕心, 臆有矜心, 臍有伐心, 腹有夸心.

【해설】

이목비구, 폐비간신에 이어 함억제복이 나온다. 함억제복은 교긍벌과해선 안 된다고 말했다.(1-8) 본조에서는 교긍벌과의 근거지가 함억제복이라고 분명히 밝히고 있다. 인간의 사심私心이 함억제복에 깃들어 있다. 새로운 주제를 강조하기 위해 8조의 논점을 다시 한번 확실하게 해두고 있다.

함억제복은 사私의 통로

천과 인에 관한 논의가 자연스레 지와 행으로 옮겨가고 있다. 동무는 이목비구의 호선과 폐비간신의 오악을 통해 인간은 선악을 육감적으로 구분할 줄 아는 도덕적 존재라고 말했다.

그런데 인간이 도덕적 존재에서 그치는 것이 아니다. 본조는 인간의 함억제복에 교긍벌과의 마음이 있다고 바로 찔러서 말하고 있다. 인간이 도덕적 존재에서 그치지 않는다는 데 유학의 숙제가 있고 동무의 고뇌가 있다.

아까는 죽어도 받지 않겠다던 사람이 지금은 궁실을 꾸미기 위해 이를 받으며, 아까는 죽어도 받지 않겠다던 사람이 지금은 처첩을 거느리려고 이를 받으며, 아까는 죽어도 받지 않겠다던 사람이 지금은 자기가 아는 빈궁한 사람들에게 자랑하기 위해 이를 받는다. 과연 이런 짓들이 불가피한 일이란 말인가? 이를 본심을 잃었다고 말하는 것이다.
鄕爲身死而不受, 今爲宮室之美爲之. 鄕爲身死而不受, 今爲妻妾之奉爲之. 鄕爲身死而不受, 今爲所識窮乏者得我而爲之, 是亦不可以已乎? 此之謂失其本心.(『맹자』「고자」 상 10)

도덕적 본성을 타고난 인간이 어찌 당장의 사리사욕을 이기지 못하는가? 왜 본심을 잃어버리고 마는가? 마음이 엎치락뒤치락하며 새털 같이 하얗게 되는 듯하다 순식간에 연탄처럼 검어진다.

턱에는 교만한 마음이 있다. 가슴에는 자만하는 마음이 있다. 윗배에는 자랑하는 마음이 샘솟는다. 아랫배에는 과장하는 마음이 나온다. 으스대고 뽐내는 마음이 인간의 인간됨을 심각하게 손상한다는 것을 알아야 한다. 그것이 타고난 본심을 가리고 인간을 망친다.

동무는 함억제복과 두견요둔에서 지행과 동거하는 사욕을 찾아냈다. 결국 인간이 풀어야 할 숙제는 여기 있다. 교긍벌과, 탈치나절을 어떻게 이겨낼 것인가? 어떻게 사욕을 버리고 지행을 바로 세우느냐? 이것이 인간의 최대 문제인 것이다.

이을호는 동무의 이런 논의를 인심도심人心道心설의 사상유학적 전개라 보았다. 턱에 주책이 있으면서 동시에 교심이 있다는 것이 인간의 이율배반적인 이중성이며 이러한 인간의 이중성을 유학에서 인심도심설로 지적해왔다는 것이다. 그래서 함억제복의 혜지가 도심의 근원이요 교긍벌과의 사심이 인심의 구체라고 말하고 있다.(『사상의학원론』, 23쪽)

1-20.

교만한 마음은 나의 생각(意)을 교만하게 만든다. 자만하는 마음은 나의 사려(慮)를 자만하게 만든다. 자랑하는 마음은 나의 조심(操)을 자랑하게 만든다. 과장하는 마음은 나의 의지(志)를 과장하게 만든다.

驕心驕意也. 矜心矜慮也. 伐心伐操也. 夸心夸志也.

【해설】

19조에서 교긍벌과의 출처를 말하고 여기서는 교긍벌과의 의미를 설명하고 있다. 그런데 그 설명이란 것이 교긍벌과의 이해를 더욱 어렵게 만들고 있다. 설명의 언어로 사용되고 있는 의려조지意慮操志가 전혀 와닿지 않기 때문이다. 먼저 의려조지를 살펴보자.

의려조지는 인간 사고의 사분

여기서 의려조지를 목적어로 읽는다. "교의驕意"를 "교만한 의"라 풀면 싱거워진다. 맥이 풀린다. "의를 교만하게 만든다"고 해석할 때 그 역동적인 맛이 살아난다. 그럴 때 의려조지는 교긍벌과를 덮어쓴 부정적 색채로 퇴색하지 않고 교긍벌과를 피해서 지켜야 할 긍정적 인 맥락으로 살아난다.

의려조지는 인간의 사고 작용을 넷으로 나눈 것이다. 비슷한 것 같으면서 조금씩 다르다. "의意"는 "심지소발心之所發"로 마음이 발 현된 것이다. 속에 있는 게(心) 말로 나온다(音). 언어화된 마음, 즉 생각을 의미한다. "여慮"는 사려다. 섬세한 마음을 뜻한다. 배려라는 말에도 여의 의미가 잘 실려 있다. 여는 과해지면 우려가 된다. "조 操"는 조심이다. 마음을 잘 붙들어 메는 것을 뜻한다. "지志"는 의지 다. "심지소지心之所之"로 마음의 지향성을 의미한다. 이창일의 해석 을 참조했다.(『사상의학, 몸의 철학 마음의 건강』, 72~73쪽)

무엇보다 의려조지는 사상유학을 구성하는 조직화된 개념임을 알 아야 한다. 그러므로 단순히 뜻풀이에 머물지 않고 체계 내적인 이 해가 수반되어야 한다. 의려조지는 「장부론」에 나온다. 동무 장부론 의 언어다. 그 미묘한 차이를 이해하려면 「장부론」을 펼쳐야 한다.

진津의 바다는 의意를 저장한다. 고膏의 바다는 여慮를 저장한다.
유油의 바다는 조操를 저장한다. 액液의 바다는 지志를 저장한다.
津海藏意, 膏海藏慮, 油海藏操, 液海藏志.(4-14)

동무는 인체가 바다로 뒤덮여 있다고 생각했다. 사상형태학에서 인체 전면의 사초四焦를 채우고 있는 바다가 각각 진, 고, 유, 액이다. 이러한 진해, 고해, 유해, 액해를 전사해前四海라 부른다. 그러니 의려조지는 인체의 앞바다에 수장되어 있음을 알 수 있다. 그래서 체계상 함억제복에서 의려조지를 말하고 있는 것이다.

반면 후사해後四海도 있다. 위로부터 이해, 막해, 혈해, 정해다. 후사해에는 위에서부터 각각 신, 영, 혼, 백이 저장되어 있다고 했다.(4-13) 다시 말해서 전사해에는 의려조지라는 인간의 사고 능력이 들어 있고 후사해에는 신령혼백이라는 인간의 영적 요소가 들어 있다.

인간의 사고는 어디서 나오는가? 동무는 그것이 인체의 바다 깊숙이 숨어 있다고 말한다. 참으로 독특한 발상이다. 만약 지구를 생명체라고 한다면 북극해에는 의가, 대서양에는 여가, 태평양에는 조가, 인도양에는 지가 있다는 말과 같은 것이다. 인간의 사고작용을 뇌로 귀속시키지 않고 신체에 분속시킴은 한의학 인체론의 계승이라 할 수 있다.

교, 긍, 벌, 과는 주책, 경륜, 행검, 도량을 가로막는다.(1-8) 그리고 의, 여, 조, 지를 과장하게 만든다. 주의하지 않을 수 없다.

의려조지와 사상인

의려조지는 역시 사상인의 구체성 속에서 그 속뜻이 생생하게 살아꿈틀댄다. 동무는 의려조지로 사상인을 정의하기도 했다. 의려조지는 곧 사상인의 특성을 반영하고 있는 것이다.

의려조지와 사상인의 만남은 「태양인내촉소장병론」에서 볼 수 있다. "태양인의강이조약太陽人意强而操弱"(9-2-7)이라 했다. 이로 다른 상인도 유추해볼 수 있다.

태양인은 "의강이조약意强而操弱"이다. 태양인은 창의적이다意强. 참신한 생각이 많이 나온다. 그러나 너무 과하면 뇌내망상이 되기 쉽다. 반면 조심성이 별로 없다操弱. 생각이 바로바로 행동으로 튀어나와서 숙고하고 반추하는 과정이 희박하다.

소양인은 "여강이지약慮强而志弱"이 될 것이다. 정말 소양인은 사려가 깊다. 마음씀이 세심하고 남을 잘 챙긴다. 그런데 과하면 우려가 되고 염려가 된다. 소양인은 이것저것 자신의 일이 아닌데도 불필요한 걱정을 너무 많이 하는 경향이 있다. 반면 의지가 견고하지는 못하다. 일은 많이 벌리는데 끝까지 마무리하는 힘이 부족한 편이다.

태음인은 태양인과 반대로 "조강이의약操强而意弱"이 된다. 조심성이 많다. 이게 과하면 지나치게 겁을 내고 소극적이 될 수도 있다. 반면 창의력은 부족한 편이라 할 수 있다. 새로운 것을 잘 안하려고 한다.

소음인은 소양인과 반대로 "지강이여약志强而慮弱"이다. 의지가 견고하다. 한번 결심하면 생각을 잘 바꾸지 않는다. 애국지사 스타일이다. 과하면 외골수가 돼버리고 고리타분해지기 쉽다. 반면 남을 마음깊이 챙겨주는 배려심이 미흡한 편이다.

사상인의 이러한 특성에 근거해 본다면 의, 여, 조, 지를 각각 창의성, 배려심, 조심성, 투지로 이해해도 대차가 없을 것 같다.

그런데 「확충론」에는 또 재미있는 이야기가 나온다.(3-16) 태양인은 유독 벌심을 주의하라고 한다. 교심이 아니고 벌심이다.

교긍벌과, 의려조지와 사상인

	「태양인내촉소장병론」	「확충론」
태양인	意强操弱	宜戒伐心
소양인	(慮强志弱)	宜戒夸心
태음인	(操强意弱)	宜戒驕心
소음인	(志强慮弱)	宜戒矜心

왜 하필 벌심인지 설명하진 않는다. 몹시 의아한 결합이다. 「확충
론」에서 다시 고민해보자.

1-21.

머리에는 멋대로 하려는 마음이 있다. 어깨에는 오만한 마음이
있다. 허리에는 게으른 마음이 있다. 엉덩이에는 원하는 대로 하
려는 마음이 있다.

頭有擅心, 肩有侈心, 腰有懶心, 臀有欲心.

【해설】

천치나욕은 10조에 등장한 탈치나절의 다른 이름이다. 본조는
탈치나절의 출처가 두견요둔임을 다시 한번 분명히 밝히고 있다.

두견요둔은 욕慾의 출처

"천擅"은 멋대로 하는 것이다. "욕欲"은 마음대로 하는 것이다. 왜 탈奪 대신 천을, 절竊 대신 욕을 썼을까? 천과 욕은 탈과 절의 행위가 일어나는 심리상태를 지적했다고 볼 수 있다. 탈취의 행동은 멋대로 하려는 마음(擅心)에서 나오고 절도의 행동은 원하는 대로 하려는 마음(欲心)에서 나온다.

천치나욕은 심리적 상태에 주안을 둔 표현이다. 한편 탈치나절은 구체적 행동에 초점이 있다. 그러나 서로 다른 뜻은 아니다. 천치나욕은 『격치고』의 언어로 요약해 본다면 욕심慾心이 된다. 탈치나절은 『동의수세보원』의 언어로 요약한다면 태행怠行이다.

동무는 두견요둔에서 기본적으로 인간의 행行을 본다. 그런데 그 행의 원천이 된 심도 함께 고려한다. 그래서 태행怠行이라 하면서 태심怠心이라고도 한 것이다.(1-23) 두견요둔은 곧 태행의 통로이자 욕심의 출처다. 인간의 뒷모습을 보면 얼마나 나태한지, 얼마나 욕심이 많은지 알 수 있다는 것이다.

겉을 보면 속을 안다

이러한 심신일여心身一如의 사고는 사상인을 파악하는 중요한 요령이기도 하다. 속마음이 겉으로 나오고 겉모습으로 속마음을 짐작할 수 있는 것이다. 맹자도 비슷한 말을 한 적이 있다.

사람의 내면을 살피는 데 눈동자보다 좋은 것은 없다. 눈동자는 내면의 악을 숨기지 못한다. 가슴 속이 바르면 눈동자도 맑다. 가슴 속이 바르지 못하면 눈동자도 흐리고 어둡다. 대화를 나눌 때 눈동자를 쳐다보라. 결코 내면을 숨기지 못한다!

存乎人者, 莫良於眸子. 眸子不能掩其惡. 胸中正, 則眸子瞭焉. 胸中不正, 則眸子眊焉. 聽其言也, 觀其眸子, 人焉廋哉!(『맹자』「이루」 상15)

겉을 통해 속을 판단할 수 있다는 사고가 사상인 감별의 이론적 근거가 된 것이다. 「사상인변증론」에서 사상인을 가리는 가장 중요한 요령은 심성보다 먼저 체형이었다는 사실을 다시 한번 생각해보아야 한다.

1-22.

멋대로 하려는 마음은 이익을 빼앗으려 한다. 오만한 마음은 스스로 높이려 한다. 게으른 마음은 스스로 비하하게 만든다. 원하는 대로 하려는 마음은 물건을 훔치게 만든다.

擅心奪利也. 侈心自尊也. 懶心自卑也. 欲心竊物也.

【해설】

천치나욕의 의미를 설명한다. 탈과 절이 천과 욕을 설명하는 용어로 다시 나오고 있다.

내 탓이오

천심이 있으면 자기 멋대로 이익을 빼앗으려고 한다. 치심은 자꾸 스스로 높이려고 한다. 치侈는 사치의 뜻인데, 사치는 불필요한 자존심에서 나온다. 나심은 스스로 비하하게 만든다. 게으름은 비하감을 조장한다. 욕심은 물건을 훔치게 만든다.

교긍벌과, 탈치나절은 인간의 못된 마음을 모두 8개로 나누어본 것이다. 재능도 사욕도 모두 동일한 인간의 몸에서 나올 뿐이다. 동무는 인간의 지행과 사욕, 성명의 문제를 모두 함억제복, 두견요둔이라는 구체적 형상 안에서 찾고 있다. 남 탓할 것 전혀 없다. 군자는 하늘을 원망하지도 않고 남을 탓하지도 않는다고 했다.(君子不怨天, 不尤人.『맹자』「공손추」하13)

활쏘는 사람은 자기의 몸을 바르게 하고 나서 화살을 쏜다. 쏘았으나 적중하지 못했다면 승자를 원망하지 않고 오히려 자신을 반성할 뿐이다.

射者正己而後發. 發而不中, 不怨勝己者, 反求諸己而已矣.(「공손추」상7)

활이 중심을 빗나간다면 자신에게서 그 원인을 찾을 뿐이다. 우리는 혹 사람을 찔러죽이고서 "이건 내 잘못이 아니야 칼이 잘못한 거야"라고 말하고 있지는 않는가(是何異於刺人而殺之曰 "非我也, 兵也". 「양혜왕」상3) 그것은 모두 내 안에서 시작될 뿐이다. 교긍벌과 하지 않도록 자신의 마음을 굳건히 지키고 탈치나절 하지 않도록 몸을 부지런히 닦는 것, 존심存心하고 수신修身하는 것만이 인생의 해답인 것이다.

가톨릭 미사에는 다음과 같은 고백의 기도가 늘 암송된다.

전능하신 하느님과 은총을 받으신 마리아와 미카엘 대천사와 세례요한과 사도 베드로와 바오로와 모든 성인과 형제들에게 고백하오니, 생각과 말과 행위로 죄를 지었나이다. 제 탓이요, 제 탓이요, 저의 큰 탓이옵니다. 메아 쿨파, 메아 쿨파, 메아 막시마 쿨파

Mea culpa, mea culpa, mea maxima culpa.

1-23.

사람의 이목비구가 좋은 걸 좋아하는 것은 견줄 데가 없다. 사람의 폐비간신이 나쁜 걸 싫어하는 것은 견줄 데가 없다. 사람의 함억제복은 간사한 마음이 견줄 데가 없다. 사람의 두견요둔은 업신여기는 마음이 견줄 데가 없다.

人之耳目鼻口, 好善無雙也. 人之肺脾肝腎, 惡惡無雙也. 人之頷臆臍腹,
邪心無雙也. 人之頭肩腰臀, 怠心無雙也.

【해설】

15조에서 22조까지 풀어놓은 천인지행의 내용을 요점 정리하고 있다. 인간의 호선, 오악, 사심, 태심의 문제를 천, 인, 지, 행의 체계 속에서 분석한다.

문제는 사심과 태심

동무는 15조에서 22조의 논의를 호선, 오악, 사심, 태심으로 정리한다. 교긍벌과는 사심邪心, 탈치나절은 태심怠心임이 분명히 드러나고 있다. 사람을 앞으로 보고 뒤로 보며 모양을 살펴보고 행동을 관찰해보면 속을 알 수 있다. 우쭐거리는지 거들먹거리는지 삐딱한지 게으른지 한 인간의 전반적인 심성은 겉모습에 숨길 수가 없다. 사심과 태심을 어떻게 극복하는가가 인생의 관건인 것이다.

함억제복과 두견요둔은 수많은 내가 아우성치는 현존의 나다. 마치 나의 의지대로 당장 표현하고 실행하는 말초신경과 비슷하다. 나의 표정 하나, 손 동작 하나 모두 나의 인격의 반영이며 내가 책임져야 한다.

동무는 인간의 지식과 행동, 내재적인 성과 명, 피할 수 없는 이기심과 욕망, 이들을 모두 지와 행의 차원에서 논한다. 「성명론」은 모든 논의의 대전제가 되는 천인지행의 포괄적 틀을 짜놓은 동시에 자유의 문제라는 철학적인 주제에 대해 집중적으로 토론하고 있다.

1-24.

요순이 인을 행한 것이 5000년 전의 일이나 지금도 세상의 선을 이야기하는 자 모두 요순을 말하니 사람이 선을 좋아함(好善)이 과연 견줄 데가 없도다. 걸주가 횡포를 부린 것이 4000년 전의 일이나 지금도 세상의 악을 이야기하는 자 모두 걸주를 말하니 사람이 악을 싫어하는 것(惡惡)이 과연 견줄 데가 없도다.

공자라는 성인으로부터 3000의 무리가 가르침을 받았으나 오직 안회만이 3개월 동안 인을 어기지 않았으며 이후로도 해가 가고 달이 가도 변함이 없었다. 그리고 마음으로 기뻐하여 진실로 감복한 자도 단지 72인뿐이었으니 사람의 간사한 마음(邪心)이 과연 견줄 데가 없도다. 문왕이라는 덕의 구현체가 백년을 살다 갔음에도 세상을 품기에는 미흡했고 무왕, 주공이 뒤를 이으면서 완전히 품게 되었다. 그런데 관숙, 채숙은 친형제이면서도 오히려 반란을 일으켰으니 사람의 업신여기는 행동(怠行)이 과연 견줄 데가 없도다.

堯舜之行仁, 在於五千年前, 而至于今天下之稱善者, 皆曰堯舜, 則人之好善, 果無雙也. 桀紂之行暴, 在於四千年前, 而至于今天下之稱惡者, 皆曰桀紂, 則人之惡惡, 果無雙也. 以孔子之聖, 三千之徒受敎, 而惟顔子三月不違仁, 其餘日月至焉, 而心悅誠服者, 只有七十二人, 則人之邪心, 果無雙也. 以文王之德, 百年而後崩, 未洽於天下, 武王周公繼之, 然後大行, 而管叔蔡叔猶以至親作亂, 則人之怠行, 果無雙也.

【해설】

23조의 주장, 즉 인간의 호선, 오악, 사심, 태심이 견줄 데가 없음을 구체적인 역사의 사례 속에서 증거하고 있다. 태심을 태행이라 고쳐 쓰고 있다.

요순은 선의 대변자

중국 고대의 전설적 제왕으로 삼황오제를 든다. 희대의 역사가 사마천은 삼황의 전설을 거론치 않고 오제부터 중국의 역사로 기록해나간다. 『사기』의 첫 장은 「오제본기五帝本紀」다. 사마천이 오제로 든 인물이 곧 황제헌원黃帝軒轅, 전욱고양顓頊高陽, 제곡고신帝嚳高辛, 제요방훈帝堯放勳, 제순중화帝舜重華다. 여기 요순이 포함되어 있다.

요순을 선의 대명사로 쓴 대표적 인물이 맹자다. 맹자는 성선을 말할 때 늘 요순을 들먹거렸다.(孟子道性善, 言必稱堯舜.『맹자』「등문공」상1) 요순은 내면의 본성을 온전히 구현한 사람으로 평가했기 때문이다.(堯舜, 性者也.「진심」하33)

> 곡척과 컴퍼스가 사각형과 원형의 궁극적 기준이라면 성인은 인류의 궁극적 기준이다. 훌륭한 임금이 되려면 임금의 도리를 다해야 하고 훌륭한 신하가 되려면 신하의 도리를 다해야 한다. 임금과 신하의 도리는 모두 요순이 구현한 도리를 본받아야 한다.
> 規矩, 方員之至也. 聖人, 人倫之至也. 欲爲君, 盡君道. 欲爲臣, 盡臣道. 二者皆法堯舜而已矣.(『맹자』「이루」상2)

이처럼 요순을 인仁의 구현체로, 인륜人倫의 기준으로 보고 있다. 그러니 맹자가 말끝마다 요순을 달고 살지 않을 수 없었던 것이다. 물론 이러한 전통은 공자에게서 비롯되었다. 공자 역시 온갖 좋은 것은 요순에게 갖다 붙인다. 자신이 강조하는 인간의 내면적 덕성인 인仁을 상징하는 대표적 인물로 요순을 든다.(『논어』「옹야」28) 동무 또한 요순을 칭송해 마지않는다.

세상에서 지극히 진실하여 거짓이 없어 자신의 본래 성性을 완성
한 자라야 남의 진실과 거짓도 남김없이 알 수 있다. 이와 같은
사람이 요순이고 공맹이고 뭇 성인들이다.
惟天下至誠不僞, 能盡其性者, 然後可以悉人之誠僞. 如此者, 堯舜也,
孔孟也, 衆聖也.(「독행편」 서언)

동무에게 요순과 공맹은 바로 진성盡性의 아이콘이었다.

악의 대명사, 걸주

악의 아이콘으로 등장하는 이가 바로 걸주桀紂다. 요가 순에게
왕위를 물려주고 순은 다시 우禹에게 왕위를 물려준다. 우에 의해
세워진 나라가 하夏다. 『사기』에 「하본기」가 있는데 기원전 2070년
개국하여 17대, 472년을 이어내려와 기원전 1598년 멸망한다.
4000년 전의 이야기다. 걸桀은 하나라의 마지막 임금이다.

걸을 쓰러뜨린 것이 탕湯이다. 하나라를 무너뜨리고 상商나라를
세운다. 『사기』의 「은본기」에는 수도를 다섯 번이나 옮긴 후에야 비
로소 은殷에 정착하게 되었다고 나온다. 그래서 은나라로 불리기도
한다. 상왕조의 존재를 실증한 20세기 초 위대한 발견이 바로 갑골
문이었다. 주紂는 상나라의 마지막 임금이다.

주를 쓰러뜨린 것이 무武다. 상을 무너뜨리고 공자의 이상국가였

던 주周를 세운다.

나라를 말아먹은 마지막 임금에 대한 역사의 평이 좋을 리가 없다. 걸주는 항상 폭군의 대명사로 언급되었다. 맹자에게도 걸주는 쳐 죽여도 좋은 인의仁義의 파괴자일 뿐이었다.(『맹자』「양혜왕」하8)

동무가 말한다. "요순은 본성을 온전히 구현한 사람이고 탕무는 늘 반성의 삶을 산 사람이나 일반인은 스스로 포기하고 걸주는 스스로 해친다."(堯舜, 性者也. 湯武, 反之也. 衆人, 自棄也. 桀紂, 自暴也.「독행편」69) 그리고 걸주의 행적에 대한 평을 내놓는다.

하나라의 걸임금과 상나라의 주임금은 악행이 벌써 오래되어 스스로 자신의 죄가 심각함을 알고 있었다. 그래서 늘 세상 사람들이 하루아침에 들고 일어나 자신을 짓밟을까 두려워했다. 그러므로 주지육림을 만들어 한번 북을 치면 소처럼 엎드려 먹는 자 3000명을 모아 방탕하게 즐기면서도 큰 덕으로 세상 사람의 마음을 감복시킨 문왕을 유리羑里에 가둬버린 것이다. 걸임금에게는 용봉, 주임금에게는 비간이라는 훌륭한 신하가 있어 이해득실을 바로 보여주고 시시비비를 대놓고 지적하면서 당당히 간언하며 조금도 두려워하지 않았다. 걸주는 마음으로 이들을 헤아려보니 장차 세상 사람들을 거느리고 자신을 공격할 것이 틀림없다고 생각하여 그들을 죽여버렸다.

夏桀商紂, 行惡已久, 自知罪逆甚重. 常恐天下之人一朝起而踣籍之. 故聚一鼓而牛飮者三千人爲之羽翼, 囚大德而悅服天下人心之文王於羑里. 猝聞龍逢比干明陳利害直指是非, 犯顔敢爭悍然不懼. 以桀紂之心揣之此人也, 必將率天下之人攻己者, 然故殺之也.(「독행편」75)

걸주가 폭정을 행한 지 4000년이 지났지만 지금도 악을 이야기할 때 모두 걸주를 말한다. 시대를 초월해 한결같이 걸주가 했던 짓은 싫어하는 것이다. 참으로 인지오악人之惡惡이 과무쌍야果無雙也로다. 걸주는 인간세에 끊임없는 반성의 계기를 제공해주었다.

공자에게 배워도

동무는 맹자의 철저한 계승자다. 인의예지라는 본래의 품성을 실현하여 성인이 되는 것을 인생의 목표로 삼았다. 인의예지야말로 성인의 성품이라고 말한다.(仁義禮智, 聖之性也.「유략」천세38) 그리고 이를 구현한 역사적 거인으로 주공과 공자를 꼽는다.

> 주공과 공자야말로 인의예지를 구현한 최상의 성인이다.
> 周公孔子, 仁義禮智之上聖也.(「유략」천세40)

맹자 또한 인간이 태어난 이래 공자 같은 인물은 없었다(自有生民以來, 未有孔子也)라고 극상의 찬사를 발한다. 그러면서 자신의 학맥은 공자임을 분명히 밝힌다.(乃所願, 則學孔子也.『맹자』「공손추」상2)

이러한 인물의 가르침 아래 3000명이 넘는 무리가 몰려들었다. 그런데 그 가르침의 본령인 인仁을 실천한 자는 오직 안회뿐이었다. 이러한 사실은 공자의 말로『논어』에 기록되어 있다.(子曰 "回也! 其心三月不違仁. 其餘則日月至焉而已矣."「옹야」5)

사마천은 또 공자가『시』와『서』,『예』와『악』을 커리큘럼으로 정리하여 가르쳐주었는데 능숙하게 통달한 자는 72인에 그쳤다고 보고한다.(孔子以詩書禮樂教, 弟子蓋三千焉, 身通六藝者七十有二人. 『사기』「공자세가」)

맹자 역시 70여 제자가 공자의 덕에 감화되어 마음 깊은 곳에서 기뻐하며 진심으로 복종했다고 평하고 있다.(以德服人者, 中心悅而誠服也, 如七十子之服孔子也. 『맹자』「공손추」상3) 본조를 다시 보자.

"以孔子之聖, 三千之徒受教, 而惟顏子三月不違仁, 其餘日月至焉, 而心悅誠服者, 只有七十二人."

공자를 거론하는 이 짧은 문장 안에서도 『논어』와 『맹자』의 어휘가 파편처럼 박혀 있다. 『사기』의 정보를 바탕으로 앞 구절은 『논어』에서, 뒷 구절은 『맹자』에서 취했다. 동무가 얼마나 고전의 바탕에 충실한지 가늠해볼 수 있다.

왜 인간은 성聖의 가르침을 받아도 성聖의 길로 가지 못하는 걸까? 이러한 안타까움은 비단 3천 제자의 모습만은 아니다. 바로 우리 모두의 모습이기도 하다. 동무는 인간에 내재된 간사한 마음(邪心)이 성聖을 노략질하는 도적떼라 말하고 있다. "공자라는 성인 밑에서 배워도 아무도 인을 실천하지 못하는구나. 그 길을 따라가는 자가 그렇게 드물구나. 인간의 사심이란 것이 과연 무쌍하도다!"

공자가 말씀하셨다. "성聖과 인仁에 대해 어찌 내가 감히 자처할 수 있겠는가? 다만 행함에 싫증내지 않고 가르침에 게으르지 않는 것은 말할 수 있으리라."

子曰 "若聖與仁, 則吾豈敢? 抑爲之不厭, 誨人不倦, 則可謂云爾已矣."
(『논어』「술이」 33)

그러나 공자는 오히려 성聖도 인仁도 스스로 독차지하지 않는다. 여기 공자의 위대함이 있다. 정말 성인다운 인품이라 하지 않을 수 없다. 공자는 오늘날까지도 성聖의 대명사다.

문왕, 무왕, 주공이 세워도

문왕은 덕德의 대명사다. 동무는 『격치고』에서는 문왕을 "대덕大德"이라 부른다. 또 "신성중용神聖中庸"이며 온갖 찬사는 다 갖다 붙인다.(「독행편」 76) 굉장히 존경했던 것 같다.

문왕은 무왕의 아버지다. 주周나라 개국의 기초를 닦은 명군이다. 사방이 백 리인 작은 제후국에 불과했으나 주변의 여러 부족을 멸하고 서방 제후들의 우두머리(伯)가 되었다. 그래서 서백西伯이라 칭한다. 우虞와 예芮 사이의 분쟁을 원만히 중재하여 두 나라가 모두 그에게 귀순했다고 한다. 훌륭한 인재를 널리 채용했으며 인자한 덕으로 백성을 품어 천하 제후의 3분의 2가 그를 따랐다고 한다. 그 온화한 인품으로 주紂의 학정에 신음하던 인재들이 문왕의 품으로 달려온다. 그는 도탄에 빠진 나라를 구제할 시대의 영웅으로 추앙받는다.

맹자가 말했다. "백이는 주紂왕의 폭정을 피해 북해의 해변에 은

거하다가 문왕이 일어났다는 소식을 듣고 흥분하며 말했다. '내가 왜 그에게로 가지 않겠는가! 서백은 늙은이를 잘 봉양해준다고 들었다.' 태공이 주왕의 폭정을 피해 동해의 해변에 은거하다가 문왕이 일어났다는 소식을 듣고 흥분하며 말했다. '내가 왜 그에게로 가지 않겠는가! 서백은 늙은이를 잘 봉양해준다고 들었다.' 백이와 강태공, 이 두 어른은 세상의 존경을 받는 큰 어르신들인데 이들이 들어간다는 것은 세상의 모든 어른이 들어간다는 뜻이다. 어른들이 모두 들어가는데 그 자식들은 어디로 갈 것인가? 제후 중 문왕의 정치를 하는 자가 있다면 7년 안에 세상을 모두 다스릴 수 있을 것이다."

孟子曰 "伯夷辟紂, 居北海之濱, 聞文王作, 興曰 '盍歸乎來! 吾聞西伯善養老者.' 太公辟紂, 居東海之濱, 聞文王作, 興曰 '盍歸乎來! 吾聞西伯善養老者.' 二老者, 天下之大老也, 而歸之, 是天下之父歸之也. 天下之父歸之, 其子焉往? 諸侯有行文王之政者, 七年之內, 必爲政於天下矣."

(『맹자』「이루」 상13)

세찬 바람을 피해 새끼가 어미 새의 깃털 품으로 모여드는 것처럼 혹독한 압제를 피해 백성이 문왕의 온후한 덕 아래로 모여들었다. 그러나 문왕은 장수했지만 통일의 과업을 완수하지는 못했다. 전설에 의하면 97세까지 살았다고 한다. 문왕 같은 대덕의 인물이 백 년이나 세상에 머물렀지만 천하를 완전히 품지는 못했던 것이다.

문왕이 온화한 덕으로 백 년을 머물다 가셨으나 오히려 천하를 다 품기에는 미흡했다. 무왕과 주공이 잘 계승한 이후 크게 품을 수 있었다.

且以文王之德, 百年而後崩, 猶未洽於天下. 武王周公繼之, 然後大行.(『맹자』「공손추」 상1)

그렇다. 동무의 평어는 맹자의 말 그대로다. 인성에 대한 이해부터 역사에 대한 인식까지 맹자를 벗어나지 않는다. 공자가 꿈에서도 주공을 그렸듯이 동무 역시 꿈에서도 맹자를 만났을 것이다.

문왕을 이은 과업의 계승자는 그 아들 무왕이었다. 주紂를 토벌하고 주周를 건국한다. 주공은 무왕의 동생이다. 형인 무왕을 도와 천하통일을 완수한다. 곧 무왕과 주공은 문왕의 아들이자 혁명의 동지인 것이다. 진정 아비의 뜻을 가슴에 품고 세상을 구해낸 위대한 효자들이라 말할 수 있겠다. 그래서 공자는 달효達孝라 표현했나 보다(子曰 "武王, 周公, 其達孝矣乎!" 『중용』 19).

무왕은 주공을 곡부曲阜라는 지역에 책봉하고 그 땅을 노魯나라로 불렀다. 그러나 건국의 대업이 너무나 크기에 주공은 대신 아들 백금伯禽을 노나라로 보내고 자신은 남아 무왕을 보필한다. 혁명을 완수한 2년 후 무왕이 죽자 그 아들, 즉 주공의 조카인 성왕成王이 어린 나이에 즉위했다. 주공은 끝까지 신하로서 국정을 도우며 주나라 문물예악의 기초를 확립하게 된다. 동무는 주공과 공자가 최고의 성인이라 했다. 동시에 위대한 신하라고 칭한다.(周公, 孔子, 大人臣也.「유략」천세41)

그런데 드라마는 여기서 끝나지 않는다. 무왕은 상을 멸망시킨 뒤에 공을 세운 공신이나 부족 그리고 가까운 친족들에게 대규모 분봉分封을 시행했다. 땅을 나누어주고 다스리게 한 것이다. 특히 주紂왕의 아들인 무경武庚에게도 은殷을 봉지로 주어 상商의 유민遺民들을 다스리게 한다. 그리고 그 주변은 자신의 세 동생에게 분봉하여 감독의 책임을 맡긴다. 관숙管叔은 관管의 제후로, 채숙蔡叔은 채蔡의 제후로, 곽숙霍叔은 곽霍의 제후로 임명한다. 이들은 무경과 상의 유민들에 대한 감시와 통제를 맡았기에 삼감三監이라 불렸다고 한다. 그러니 관숙과 채숙은 무왕의 동생이자 주공의 형제들이다. 그래서 동무는 "지친至親"이라 표현한 것이다.

그런데 무왕이 죽고 주공이 섭정을 하자 관숙, 채숙, 곽숙은 불만을 품는다. 주공이 말로만 섭정한다 하면서 실제로는 나라를 훔쳐간다고 비난한다. 그리고 오히려 무경을 옹립하고 반란을 일으켰다. 이를 삼감의 난이라 부른다. 본조의 "지친작란至親作亂"은 이를 일컫는다. 주공은 3년 만에 난을 진압했고 관숙과 무경을 처형했으며 채숙을 멀리 유배보냈다.

어찌 피를 나눈 친형제가 오히려 적이 되어 문왕, 무왕, 주공이 달성한 대업을 자신의 손으로 파괴하려고 했을까? 동무는 탄식한다. "인간의 태행怠行이 끝이 없도다. 이것이 어찌 저 관숙과 채숙의 문제라고만 하겠는가? 나는 거기서 자유로울 수 있는가? 이것은 인간의 문제일 것이다."

인간의 호선好善은 끝이 없다. 인간의 오악惡惡도 끝이 없다. 인간의 사심邪心도 끝이 없다. 인간의 태행怠行도 끝이 없다. 역사가 이를 증명한다. 그러면 이 문제를 과연 어떻게 해결해야 할 것인가? 다음 조를 보자.

1-25.

이목비구는 누구나 요순이 될 수 있다. 함억제복은 누구나 요순이 되지는 않는다. 폐비간신은 누구나 요순이 될 수 있다. 두견요둔은 누구나 요순이 되지는 않는다.

耳目鼻口, 人皆可以爲堯舜. 頷臆臍腹, 人皆自不爲堯舜. 肺脾肝腎, 人皆可以爲堯舜. 頭肩腰臀, 人皆自不爲堯舜.

【해설】

23조의 주장에 근거해 "인개가이위요순人皆可以爲堯舜"을 설명하고 있다.

성인지학聖人之學

유학의 목적지는 성인聖人이다. 성인은 유학의 궁극적 가치다. 유학이 추구하는 도덕적 가치의 정점을 구현한 인물상이 바로 성인인 것이다. 그래서 유학을 성인이 되기 위한 학문, 곧 위성지학爲聖之學이라 부르기도 한다.

그런데 성인은 오르지 못할 나무가 아니다. 지금 여기서 우리가 추구하고 실현해야 할 당면의 과제다. 우리는 너 나 할 것 없이 성인이 되어야 한다. 유학은 누구나 성인이 될 수 있고 또 되어야만 한다고 주장한다.

이러한 성인의 대표적 인물로 맹자는 요순을 꼽는다. 입만 벙긋하면 요순이다. 그러면서 사람은 누구나 요순이 될 수 있다. "인개가

이위요순人皆可以爲堯舜"이라 외치고 다닌다.

조교가 물었다. "선생께서는 사람은 누구나 요순이 될 수 있다고 하셨다는데, 정말 그렇게 말씀하신 적이 있으십니까?" 맹자가 말했다. "그렇다" 조교가 다시 물었다. "문왕은 키가 10척이나 되고 상나라를 세운 탕임금도 9척 장신이라고 들었습니다. 저도 9척 4촌의 작지 않은 키지만 실상은 밥만 축내고 있습니다. 그런데도 가능하겠습니까?" 맹자가 말했다. "그것이 어찌 키에 달렸겠는가? 당신 또한 하면 된다!"

曹交問曰 "人皆可以爲堯舜, 有諸?" 孟子曰 "然." "交聞文王十尺, 湯九尺, 今交九尺四寸以長, 食粟而已. 如何則可?" 曰 "奚有於是? 亦爲之而已矣!"(『맹자』「고자」하2)

"하면 된다!" 맹자는 인간이면 누구나 할 수 있고 하면 된다고 확신했다. 우리도 요순과 똑같다.(堯舜與人同耳.『맹자』「이루」하32) 요순은 인간이 아니란 말인가? 성인도 나와 같은 인간일 뿐이다.(聖人與我同類者.「고자」상7) 그런데 나라고 왜 요순이 되지 못하겠는가? 맹자는 도덕적 선의 주체성을 모든 인간에 내재되어 있는 것으로 확립하고자 했다.

맹자가 "인개가이위요순人皆可以爲堯舜"을 지원해줄 이론적 근거로 제시한 것이 성선설이다. 그래서 성선설은 진실 여부를 따지기에 앞서 차라리 포기할 수 없었던 이론적 요청이라 할 수 있다. 누군가 동무에게 유학의 본령이자 맹자의 종지를 여쭌 적이 있다.

혹자가 물었다. "맹자가 성선을 말하고 말끝마다 요순을 지칭하며 또 사람은 누구나 요순이 될 수 있다고 했습니다. 그런데 일반인의 현지賢知가 요순과 만 배는 차이가 나는데도 불구하고 그 본성은 요순과 동일하다는 것이 무슨 뜻입니까?" 내가 답한다. "요순도 이목비구가 있고 일반인도 이목비구가 있다. 요순도 폐비간신이 있고 일반인도 폐비간신이 있다."

曰 "孟子道性善, 言必稱堯舜. 又曰人皆可以爲堯舜. 衆人之賢知萬不如堯舜, 而其性之與堯舜同者何耶?" 曰 "堯舜有耳目口鼻, 而衆人亦有耳目口鼻. 堯舜有肺脾肝腎, 而衆人亦有肺脾肝腎."(「독행편」 79)

참 기발한 논지가 아닐 수 없다. 우리가 어찌 요순과 같을 수 있냐고? 이목비구가 똑같고 폐비간신이 똑같기 때문이다. 이목비구, 폐비간신이 똑같은 인간인데 나라고 안 될 이유가 뭐란 말인가? 요순은 눈이 세 개라도 있는가? 요순은 장기가 하나 더 붙어 요순이 되었단 말인가? 인간의 몸이라는 것은 군자거나 소인이거나 조금도 다르지 않다.(耳目手足, 君子小人毫釐不差!「반성잠」 태잠 하절10) 호선의 이목비구가 있고 오악의 폐비간신이 있으므로 우리도 요순이 될 수 있다!

종신지우終身之憂

누구나 요순이 될 수 있다고 저절로 요순이 되는 것은 아니다. 우리는 여전히 요순이 아니라는 당장의 현실이 엄존한다. 맹자 역시 요순도 사람이요, 나도 사람인데 나는 여전히 촌뜨기를 면치 못하는구나 탄식한다. 이것이야말로 "종신지우終身之憂", 곧 일생의 과업이라 말한다.

군자는 종신의 우환이 있을 수 있어도 하루아침의 걱정이란 있을 수 없다. 종신의 우환이란 이런 것이다. "순도 사람이요, 나도 사람인데 순은 세상에 모범을 보여 후세까지 영향을 미쳤으나 나는 촌뜨기를 면치 못하는구나." 이런 것이 종신의 우환거리인 것이다.
是故君子有終身之憂, 無一朝之患也. 乃若所憂則有之. "舜, 人也. 我, 亦人也. 舜爲法於天下, 可傳於後世, 我由未免爲鄕人也." 是則可憂也.(『맹자』「이루」하28)

동무는 "자불위自不爲"라 그랬다. 그리고 그 이유를 함억제복에 웅크리고 있는 사심과 두견요둔에 숨어 있는 태행에서 찾았다. 요순은 사심과 태행을 이겨냈으나 우리는 그렇지 못하다는 것이다. 이제는 동무의 논지가 확실히 이해되는가?

그래서 요순이 되기 위해서는 함억제복, 두견요둔을 보살펴야 한다. 사심을 없애라. 태행을 그쳐라. 그것이 바로 입성入聖의 관문인 것이다. 평생을 조심하고 조심, 또 조심해야 하는 것이다. 이것이야말로 일생을 떠안아도 될 만한 위대한 걱정거리다. 군자는 종신짜리 우환을 품는다. 하루짜리 걱정은 있을 수 없다. "군자유종신지우君子有終身之憂, 무일조지환無一朝之患!"

맹자에게도 위성爲聖의 문제는 당장의 결단의 문제일 뿐이다. 요순처럼 살겠다고 결단하면 그뿐이다. 그래서 맹자는 도덕적 완성을 위해 노력하는 인간의 자발성을 강조한다. 맹자는 소리친다.

당신이 요의 옷을 입고 요의 말을 하고 요의 행동을 한다면 당신
이 바로 요다! 당신이 걸의 옷을 입고 걸의 말을 하고 걸의 행동
을 한다면 당신이 바로 걸이다!
子服堯之服, 誦堯之言, 行堯之行, 是堯而已矣. 子服桀之服, 誦桀之言,
行桀之行, 是桀而已矣.(『맹자』「고자」하2)

어떻게 하면 성인이 되냐고? 그냥 요순처럼 살면 된다(憂之如何?
如舜而已矣!「이루」하28).

1-26.

인간의 이목비구가 선을 좋아하는 마음은 일반인의 이목비구를
가지고 논해보아도 요순이 한 올이라도 더 많을 것이 없다. 인간
의 폐비간신이 악을 싫어하는 마음은 요순의 폐비간신을 가지
고 논해보아도 일반인이 한 올이라도 더 적을 것이 없다. 인간이
모두 요순이 될 수 있다는 것은 이 때문이다. 인간의 함억제복
속에 세상을 속이는 마음이 번번이 숨어 있어 마음을 지키고
본성을 기른 후에야 모두 요순의 앎에 이를 수 있다. 인간의 두
견요둔 밑에 남에게 사기 치는 마음이 곳곳에 도사리고 있어 몸
을 닦고 천명을 세운 후에야 모두 요순의 행함에 이를 수 있다.
인간이 모두 요순이 되지는 않는다는 것은 이 때문이다.
人之耳目鼻口好善之心, 以衆人耳目鼻口論之, 而堯舜未爲加一鞭也. 人

之肺脾肝腎惡惡之心, 以堯舜肺脾肝腎論之, 而衆人未爲少一鞭也. 人皆可以爲堯舜者, 以此. 人之頷臆臍腹之中詐世之心, 每每隱伏也. 存其心, 養其性, 然後人皆可以爲堯舜之知也. 人之頭肩腰臀之下罔民之心, 種種暗藏也. 修其身, 立其命, 然後人皆可以爲堯舜之行也. 人皆自不爲堯舜者, 以此.

【해설】

앞 조의 주제를 다시 한번 설명하면서 드디어 해결책을 제시한다. 사심과 태행을 어떻게 극복할 것인가? 동무의 해답은 존심存心과 수신修身이다. 존심은 마음을 붙드는 것이다. 수신은 몸을 단속하는 것이다.

마음을 왜 붙들까? 마음 안에 자리잡은 도덕적 본성을 잘 길러가기(養性) 위해서다. 몸을 왜 단속할까? 몸 안에 자리잡은 하늘의 소명을 바로 세워가기(立命) 위해서다. 하늘이 부여한 성과 명을 잘 보살피고 세우는 것은 나의 주체적 존심과 수신에 달려 있다. 양성養性과 입명立命은 존심과 수신의 결과인 것이다.

존기심存其心하라

존심하여 양성하는 것이 바로 하늘을 섬기는 것이다. 이것은 맹자의 말이다.

그 마음을 붙들어 그 본성을 기르는 것이 바로 하늘을 섬기는 것이다.

存其心, 養其性, 所以事天也.(「진심」 상1)

누누이 말하지만 동무의 철학은 맹학孟學의 신석新釋이라 볼 수
있다. 동무 철학의 성전은 『맹자』다. 자, 이제 맹자의 말을 좀더 살펴
보자. 맹자는 인간이 동물과 다른 것이 거의 없다고 했다.

사람이 금수와 다른 것은 거의 없다. 서민은 그것을 버리고 군자
는 그것을 지킨다.

人之所以異於禽獸者, 幾希. 庶民去之, 君子存之.(「이루」 하19)

인간이 동물과 다를 바가 없다. 수천 년 전의 말이라 생각하기 어
려울 만큼 놀라운 통찰이 담겨 있다. 현대과학의 견해도 별반 다르
지 않기 때문이다. 인간과 침팬지의 DNA 염기서열이 98.7퍼센트
동일하다고 한다. 인간을 인간으로 만들어주는 1.3퍼센트, 과학은
그 인성을 인간에게만 유일한 DNA에서 찾겠지만 유학은 도덕적 본
성에서 찾았다.

맹자의 말을 잘 보자. 그것을 버리지 않고 지켜야 인간다운 인간
이라고 했다. 그것을 붙들 수 있다는 것이 인간과 금수의 분기점이
라고 보았다. 그것이 바로 마음이다.

마음은 끊임없는 존存의 노력이 필요하며 이런 노력을 쉬지 않는
자라야 군자라는 것이다. 맹자는 군자가 소인과 다른 것이 존심存心
에 있음을 누차 밝힌다.(君子所以異於人者, 以其存心也.「이루」 하29) 마음
을 지켜라. 그래야 군자다.

이렇게 마음을 지켜라 강조하는 이유가 양성이라는 한마디에 있다. 성은 말했듯 인의예지로 대변되는 도덕적 본성이다. 맹자는 인간이 동물과 다른 게 도덕적 본성 때문이라 생각했다. 요즘 감각으로 보면 좀 답답한 전근대적 사고라 생각할 수도 있지만 동양 문명은 이 하나를 지키기 위해 엄청난 노력을 해왔다. 누천년 금궤에 비장하고 지켜온 유가의 주장은 바로 이런 것이다.

"인간은 도덕적 동물이다!"

그 도덕성이 외율적인 것이 아니라 내재적이라는 것이다. 내가 나면서부터 타고났다는 것이다. 이것이야말로 금수만도 못한 사람이 되지 않기 위해 반드시 지켜야 할 것이었다. 그래서 타고난 도덕적 본성을 잘 길러가기 위해 마음을 잘 단속하는 것이 본성을 준 하늘을 섬기는 것과 같다고 말한 것이다.

하늘에 공경스럽게 공양을 바치고 제사를 지내야만 하늘을 섬기는 게 아니다. 내 안의 천성天性을 자각하고 모셔라. 자신을 지키지 못하면 하늘 제사가 다 헛것일 수도 있다.

이렇듯 양성의 열쇠는 존심에 있다. 마음이란 묘해서 붙들지 않으면 달아난다. 엔트로피의 세계라 할 수 있다. 에너지가 자꾸 흩어지는 방향으로 흘러간다. 기氣는 취산聚散의 특징을 갖는데 심이라는 기 덩어리는 자꾸 산散하려고만 한다. 맹자가 말하는 방심은 정확히 존심의 반대말이다. 존심과 방심이 곧 심의 취산인 것이다.

사람들이 개나 닭이 달아나면 잡아올 줄 알면서 마음이 달아나면 잡아올 줄을 모른다. 학문의 길이란 다른 게 아니다. 달아난 마음을 잡아오는 것일 뿐이다.

人有鷄犬放, 則知求之. 有放心, 而不知求. 學問之道, 無他. 求其放心而
已矣.(「고자」 상11)

마음은 취산한다. 나의 주체적인 노력만이 마음의 방산放散을 취
합聚合할 수 있다. 이처럼 마음은 모을 수도 있지만 흩어질 수도 있
으므로 동무는 마음에서 선악의 가능성을 모두 보는 것이다.

마음은 선악의 가능성을 모두 함축한다. 이것이 성인이나 군자가
소인과 만 배나 차이날 수 있는 이유다.

心, 可以善惡也. 聖人與君子小人萬殊也.(「반성잠」 태잠 하절 6)

군자가 소인과 다른 것은 오직 존심에 있다. 존심 없이 양성은 결
코 저절로 이룩되지 않는다. 마음이야말로 공자가 설파한바 "조즉
존操則存, 사즉망捨則亡"의 세계다.

"붙들면 존속하나 버리면 사라진다. 수시로 들락거리니 그 방향
을 알 수가 없다"라고 한 공자의 말씀이 인간의 마음을 두고 하
신 말씀 아니겠는가?

孔子曰 "操則存, 舍則亡. 出入無時, 莫知其鄕." 惟心之謂與?(「고자」 상8)

방심하지 말라. 쉬지 말고 붙들어 매라. 그것은 그저 고행의 길이
아니다. 하늘을 섬기는 동시에 하늘을 즐기는 길이다. 동무 역시 인
의예지를 지키려는 마음의 궁극에서 본성을 완성하고 하늘을 즐길
수 있다고 외친다.(仁義禮智之心, 成性樂天也. 「유략」 천세39)

수기신修其身하라

본문의 문장을 다시 한번 분석해보자. 이목비구와 폐비간신은 모든 인간이 동일하다. 함억제복과 두견요둔이 천차만별인 것이다. 표로 그려보면 다음과 같다.

「성명론」 26조의 구조

	마음	과정	결과
이목비구	호선지심好善之心	·	요순
폐비간신	오악지심惡惡之心	·	요순
함억제복	무세지심誣世之心	존심양성存心養性	요순지지堯舜之知
두견요둔	망민지심罔民之心	수신입명修身立命	요순지행堯舜之行

동무의 문장의 특징이 잘 드러난다. 자칫 지루할 수 있는 반복적인 문장을 문학적인 형식을 통해 극복하고 있다. 그리고 그 안에 철학적 개념이 섬세하게 배열된다.

함억제복의 "무세誣世"에서 "무誣"는 속이다는 뜻이다. 두견요둔의 "망민罔民"에서 "망罔"은 그물을 뜻한다. 한두정은 이 또한 "속이다"로 풀이했다. 한마디로 함억제복과 두견요둔은 혹세무민한다. 자꾸 세상을 속이려 든다. 끝없이 사기 치려고 한다.

도표를 잘 보면 함억제복이 심, 성, 지의 차원을 담당하고 두견요둔이 신, 명, 행의 차원을 담당한다. 이로써 동무의 큰 그림이 명료하게 드러난다. 심신과 성명, 지행의 문제를 모두 인간의 몸, 특히 함억제복과 두견요둔 위에서 풀어나가는 것이다!

우리가 함억제복과 두견요둔을 잘 간수할 때 요순의 지행에 이를 수 있다고 말한다. 존심의 결과 양성이 되고 그 결과 요순의 지에 이른다. 수신의 결과 입명이 되고 그 결과 요순의 행에 이른다. 모두 존심과 수신의 바탕 위에서 순차적으로 이루어지는 결과들이다.

요순의 지행에 이르는 과정

함억제복	① 존심存心	② 양성養性	③ 요순지지堯舜之知
두견요둔	① 수신修身	② 입명立命	③ 요순지행堯舜之行

그러므로 존심과 수신이야말로 위성爲聖의 구체적인 지침이라 할 수 있다. 그것이야말로 입성의 열쇠인 것이다. 결국 동무의 결론은 맹자와 정확히 일치한다. 동무는 『맹자』 안에서 입성의 열쇠를 발견했다. 그리고 특유의 몸철학으로 재구성해놓고 있다.

그 마음을 다하는 자는 자기의 본성을 알 수 있다. 본연의 성性을 알게 되면 하늘을 알 수 있다. 그러므로 마음을 지켜 본성을 기르는 것을 하늘을 섬긴다고 하는 것이다.
장수하느냐 요절하느냐는 날 때부터 둘로 나뉜 것이 아니다. 그것은 몸을 닦음으로써 겸허히 기다리는 것이다. 그러므로 명을 세운다고 말하는 것이다.
盡其心者, 知其性也. 知其性, 則知天矣. 存其心, 養其性, 所以事天也. 殀壽不貳, 修身以俟之, 所以立命也.(『맹자』 「진심」 상1)

존심양성, 수신입명! 이것이 맹자의 결론이다. 본조의 논술이 맹자를 절묘하게 응용하고 있다는 데 그 짜릿함이 있다.

위 맹자의 문장을 다시 보자. 여기서 주목해야 할 사실은 맹자 역시 명을 "요수夭壽", 즉 수명으로 보았다는 것이다. 나의 수명은 나의 몸을 닦는 주체적 노력에 의해 정해지는 것이지 천명으로 이미 결정된 게 아니다. 그러므로 명을 "세운다"는 표현이 가능하게 된다.

명命은 하늘이 나의 생명과 함께 부여한 명령이다. 그 명령은 결코 일방적인 것이 아니며 하늘과 끊임없이 교섭하며 창진적으로 결정되어나가는 것이다. 생명과 더불어 하늘의 명을 끊임없이 세워나가야 한다. 그리고 생명의 종식과 함께 나의 명 또한 마감된다. 그런데 그 명이란 나의 주체적 수신의 과정을 통해 얼마든지 연장될 수 있다. 우리는 단명短命의 삶이 아닌 장수의 삶을 살아야 한다.

결국 우리의 실천지침은 이것이다. 마음을 방탕하게 먹지 말고 몸을 안일하게 굴리지 말라! 그것은 인간의 잠재성(知行)을 훼손시킨다!(心不可以放蕩, 放蕩則損知. 身不可以偸逸, 偸逸則損行. 『제중신편』「지행론」) 이것이야말로 쉬우나 어렵고, 당장 해야 하나 또 끝없이 해나가야 하는 모두의 일인 것이다.

1-27.

이목비구의 실정은 길가다 만난 사람들일지라도 의義를 도우니 모두 같다. 그러므로 호선이라 말한 것이다. 호선은 실상 매우 공적인 것이다. 매우 공적이므로 또한 전혀 사적이지 않다고 할 수 있다. 폐비간신의 실정은 한 방을 쓰는 사람들일지라도 이利를 좇아 서로 다르다. 그러므로 오악이라 말한 것이다. 오악은 실상 전혀 사적이지 않다. 전혀 사적이지 않으므로 또한 매우 공적이라 할 수 있다. 함억제복 속에는 저절로 쉼 없는 앎이 들어 있어 깎은 듯 다듬은 듯하다. 그런데 교긍벌과의 사심邪心이 갑자기 무너뜨리면 그 앎을 잃어버려 두루 통할 수 없다. 두견요둔의 밑에는 저절로 쉼 없는 행함이 들어 있어 빛나고 눈부시다. 그런데 탈치나절의 욕심慾心이 갑자기 덮치면 그 행함을 잃어버려 바로 행할 수 없다.

耳目鼻口之情, 行路之人, 大同於協義, 故好善也. 好善之實, 極公也. 極公, 則亦極無私也. 肺脾肝腎之情, 同室之人, 各立於擅利, 故惡惡也. 惡惡之實, 極無私也. 極無私, 則亦極公也. 頷臆臍腹之中, 自有不息之知, 如切如磋. 而驕矜伐夸之私心, 卒然敗之, 則自棄其知, 而不能博通也. 頭肩腰臀之下, 自有不息之行, 赫兮喧兮. 而奪侈懶竊之慾心, 卒然陷之, 則自棄其行, 而不能正行也.

【해설】

계속해서 동일한 주제가 반복된다. 호선, 오악, 사심, 욕심이 나온다. 함억제복과 두견요둔을 설명하는 용어가 조금씩 바뀌면서 전체적인 뜻을 거듭 강조해 준다. 본조는 12조, 13조와 연속선상에서 읽어야 한다. 논의를 심화시키고 있다.

이제 천인지행의 「성명론」은 존기심, 수기신의 클라이맥스를 지나 천천히 하산을 준비하고 있다.

이목비구는 의義, 폐비간신은 이利

12조에서 이미 천기는 대동이고 인사는 각립이라 선언했다. 그런데 본조는 이목비구가 의를 위해 협력하는데(協義) 모두가 대동이라고 설명한다. 그리고 폐비간신이 이익을 좇아가는데(擅利) 모두가 각립이라고 설명한다. 여기서 의義와 이利가 대구를 이루고 있다.

"천천擅"은 마음대로 하다, 독차지하다는 뜻이다. 『격치고』에도 "천리擅利"라는 표현이 나온다.(廉者廣濟, 貪者擅利. 「독행편」 5) 그러나 본문에서는 "이利"가 전혀 부정적인 맥락이 아니다.

누구든 함께 의義를 도울 수 있으므로 호선이라고 한 말은 쉽게 이해된다. 의를 이목비구에 내재한 덕목으로 보았다. 그런데 서로 각각 이利를 좇으므로 오악이라고 한 말은 쉽게 이해가 되지 않는다.

이을호는 "폐비간신의 정은 같은 방안에 있는 사람끼리도 이利 끝을 따지는 점에 있어서는 제각기 다른 입장에 서게 되는 까닭에 오악하는 것이다"라고 번역한다.(『사상의학원론』, 28쪽) 설명이 좀 아쉽다.

김형태는 "가령 이익을 분배할 때 똑같이 일하면 똑같이 분배받아야 하나 내가 똑바로 분배받지 못했을 때 싫어하는 것을 말한다"고 해설한다.(『동의수세보원 강의』, 40쪽) 나도 더 가져서는 안 되고 너도 더 가져서는 안 되니 극히 공평하다는 것이다. 그래도 뭔가 아쉽다.

본조를 이해하는 데 중요한 포인트는 의義를 이목비구에 내재한 덕목으로 본 것과 같이 이利 또한 폐비간신에 내재한 덕목으로 보아야 한다는 것이다.

동무가 보기에 이목비구는 의義를 지향하고 폐비간신은 이利를 추구한다. 공자는 "군자는 의를 좋아하고 소인은 이를 좋아한다."(君子喻於義, 小人喻於利.『논어』「이인」16)라고 말했지만 동무는 의와 이의 등급을 매기지 않는다. 오히려 둘다 동등한 가치로 긍정적인 평가를 내리고 있다. 동무 식으로 말한다면 이목비구는 의를 좋아하고 폐비간신은 이를 좋아할 뿐이다.

나의 폐는 자신에게 이로운 것을 좇아간다. 나의 비, 나의 간, 나의 신도 마찬가지다. 나를 해害하지 않는 제대로 된 이利를 좇아간다. 그것이 생명의 길이다. 폐비간신만큼 이利를 탐하는 기관은 없을 것이다. 그것은 생명을 지키는 본능적인 감각이라 해야 할 것이다.

이利를 선택함이 정도를 얻으면 이利가 곧 이理다.
擇利得正, 則利亦理也.(「반성잠」태극3)

이利를 선택함이 정도를 얻으면 그것이 곧 생을 기르는 원리, 생리生理다.

길 가다 처음 만난 사람들도 공공의 의를 위해서 함께 할 수 있다. 사회의 정의는 그래서 가능하다. 누구나 듣는 귀가 있고 보는 눈이 있기 때문이다. 이목비구는 공적인 가치를 위해 협력한다. 그래서 동무는 이목비구가 호선한다고 말해왔던 것이다. 이목비구는 사회 정의의 기저다. 함께 의를 지향하며(大同於協義) 극공極公의 가치를 실현한다.

반면 한 방을 쓰는 부부라도 생명의 이利를 위해 각자 다른 길로 간다. 개인의 건강은 그래서 가능하다. 폐비간신이 모두 같은 것 같으나 실상인즉 서로 다르기 때문이다. 이것은 사적인 가치를 좇는 게 아니다. 각자가 바로 서야 전체가 바로 선다. 전혀 사적인 것이 아니라 오히려 매우 공적인 문제다. 그러므로 폐비간신이 오악 한다는 말에는 이러한 의미가 담겨 있었던 것이다. 폐비간신은 개인 건강의 기반이다. 각자 이를 추구하여(各立於擅利) 결국 극공極公의 가치를 구현한다!

사심이 지혜를 무너뜨리고 욕심이 실천을 가로막는다

본조의 문장도 한 번 정리해보자.

「성명론」 27조의 구조

이목비구	천	협의協義	대동	호선好善	극공極公
폐비간신	인	천리擅利	각립	오악惡惡	극무사極無私
함억제복	지	불식지지不息之知	박통	사심私心	불능박통不能博通
두견요둔	행	불식지행不息之行	정행	욕심慾心	불능정행不能正行

함억제복 속에 쉼 없는 지가 함장되어 있다. 두견요둔 아래 쉼 없는 행이 소장되어 있다. 끊임없이 지행이 솟아나오는 천연의 샘이다. 여기 지와 행을 찬탄하는 "여절여차如切如磋"와 "혁혜훤혜赫兮喧兮"는 『시경』의 「위풍魏風」의 「기오淇奧」에 나오는 가사다. 내 님의 빼어난 미모를 노래한 구절인데, 유학자들은 학문과 덕행을 힘써 닦음을 비유한 걸로 해석했다. 동무는 몸에서 솟구쳐나오는 지와 행이 그 자체로 온전하여 깎아놓은 듯 눈부시다고 찬송했다.

이처럼 지는 원래 박통하고 행은 원래 정행하게 되어 있다. 그런데 별안간 지행을 덮치는 도적떼들이 있다. 바로 교긍벌과와 탈치나절의 무리다. 그것이 지의 박통과 행의 정행을 막아선다.

본문에 등장하는 "사심私心"과 "욕심慾心"은 「독행편」의 오마주 같은 것이다. 동무는 사私와 욕慾의 출처로 굴신동정과 지의혼백을 지목한 적이 있다.(人之慾出於志意魂魄, 人之私出於屈伸動靜.「독행편」82) 몸철학이 구체화되면서 함억제복과 두견요둔으로 안착한다.

1-28.

이목비구는 누구나 지혜롭다. 함억제복은 누구나 어리석다. 폐비간신은 누구나 현명하다. 두견요둔은 누구나 못났다.

耳目鼻口, 人皆知也. 頷臆臍腹, 人皆愚也. 肺脾肝腎, 人皆賢也. 頭肩腰臀, 人皆不肖也.

【해설】

역시 같은 주제가 반복된다. 이목비구, 폐비간신, 함억제복, 두견요둔의 기본 장단이 반복되고 다양하게 변주되면서 마치 한판 굿이 벌어지는 것 같다. 본조에서 재미있는 점은 천-인-지-행의 순서를 바꾸고 있다는 것이다. 이목비구(天)와 함억제복(知)이, 폐비간신(人)과 두견요둔(行)이 세트를 이룬다.

잘남도 못남도 내 안에 있다

"우愚"는 어리석다. "지知"의 반대말이다. "불초不肖"는 모자라다, "현賢"의 반대말이다. 지우와 현불초는 모두 『중용』의 용어다.

공자가 말했다. "도가 왜 세상에 행해지고 있지 않은지 나는 안다. 지혜로운 자(知者)는 지나치고 어리석은 자(愚者)는 못 미치기 때문이다. 도가 왜 세상을 밝게 밝히지 못하는지 나는 안다. 현명한 자(賢者)는 지나치고 못난 자(不肖者)는 못 미치기 때문이다."

子曰 "道之不行也, 我知之矣. 知者過之, 愚者不及也. 道之不明也, 我知之矣. 賢者過之, 不肖者不及也."(『중용』 4)

공자는 지知도 현賢도 모두 부정적인 의미로 사용했다. 지자나 현자는 중中이라는 역동적 도道의 상태에서 본다면 늘 지나치는 경향이 있고 우자나 불초자는 늘 못 미치는 경향이 있다는 것이다.

동무는 이러한 지와 현을 긍정의 의미로 전환한다. 이목비구는 누구나 지혜롭고 폐비간신은 누구나 현명하다고 했다. 반면 인간이 어리석은 것은 함억제복 때문이고 못난 것은 두견요둔 때문이라 했다. 지우와 현불초가 모두 인간의 몸에 내재한 것으로 본다.

지우는 가만히 보면 지知를 평가하는 말임을 알 수 있다. 최상이지이고 최하가 우다. 현불초는 행行을 평가하는 말이다. 최상이 현이고 최하가 불초다. 그러므로 최상의 지知는 이목비구에서 나오고 최하의 지知는 함억제복에서 나오며 최상의 행行은 폐비간신에서 나오고 최하의 행行은 두견요둔에서 나온다는 의미로 읽을 수 있다.

이것은 이목비구, 함억제복이 지의 측면에서 묶이고 폐비간신, 두
견요둔이 행의 측면에서 묶일 수 있다는 것을 시사한다. 천-인-지-
행의 순서를 굳이 천-지와 인-행으로 재정렬해놓은 것도 이러한 이
유에서일 것이다.

이목비구와 폐비간신은 생긴 그대로 최상의 가치가 구현된다. 그
러나 함억제복과 두견요둔은 심신의 현재 상태가 그대로 노출되는
곳이다. 그냥 두면 누구나 어리석고 못나게 된다.

1-29.

사람의 이목비구는 하늘이다. 하늘은 지혜롭다. 사람의 폐비간
신은 사람이다. 사람은 현명하다. 그런데 함억제복에서 나오는
것이 내 마음이라 착각한다. 그러니 어리석음을 면치 못하는 것
이다. 내가 어리석음을 면하는 일은 오로지 나에게 달렸다. 또
두견요둔에서 나오는 것이 내 몸이라 착각한다. 그러니 못남을
면치 못하는 것이다. 내가 못남을 면하는 일은 오로지 나에게
달렸다.

人之耳目鼻口, 天也. 天, 知也. 人之肺脾肝腎, 人也. 人, 賢也. 我之頷臆
臍腹, 我自爲心, 而未免愚也. 我之免愚, 在我也. 我之頭肩腰臀, 我自爲
身, 而未免不肖也. 我之免不肖, 在我也.

【해설】

28조를 설명하며 본론이 마무리되고 있다. 이상으로 천인지행에
관한 철학적 논의가 일단락된다. 그 주제는 단연 지행에 있다 할 것

이다.

함억제복은 내가 아니요 두견요둔도 내가 아니다

이목비구는 내 안의 하늘이다. 가장 높은 곳에, 가장 밝은 곳에
나와 있다. 하늘은 박통이 가능한 지知의 세계다. 내 안에 하늘을
제대로 알 수 있는 이목비구가 있는데 내가 왜 지혜로울 수 없겠는
가?

폐비간신은 내 안의 사람이다. 가장 깊은 곳에, 가장 중요한 곳에
들어 있다. 사람은 독행이 가능한 현賢의 존재다. 내 안에 인간을 바
로 세울 수 있는 폐비간신이 있는데 내가 왜 현명할 수 없겠는가?

그럼에도 인간은 어리석고 못난 존재다. 인간은 이목비구와 폐비
간신만으로 구성되지 않고 피와 살이라는 조직덩어리가 붙어 있는
육신의 존재이기도 하기 때문이다. 동무는 이 살덩이가 나라고 착각
하는 것이 곧 문제의 원인이라 주장한다.

이목비구와 폐비간신이 참다운 나다. 천天과 인人의 코드가 내장
된 핵심이다. 그것이 생명의 주체이고 근간이며 거기 인간의 참된
지와 행이 새겨져 있다. 함억제복이 나인 줄 오해하지 마라. 두견요
둔이 나인 줄 착각하지 마라. 나는 함억제복이 아니고 나는 두견요
둔이 아니다. 나는 이목비구이고 나는 폐비간신이다.

함억제복과 두견요둔은 이러한 코어의 명령을 수행하기 위한, 즉
지와 행을 수행하기 위한 수행처일 뿐이다. 함억제복이 그 지知를
수행하고 두견요둔이 그 행行을 수행한다고 한 뜻이 바로 이것이

다.(頷臆臍腹, 行其知也. 頭肩腰臀, 行其行也. 1-11) 동무의 치밀한 설계가
정말 놀랍지 않은가.

동무는 내가 어리석고 못난 것은 함억제복과 두견요둔이 나의 마
음이고 나의 몸인 줄 착각하는 데서 온다고 말한다. 이것은 마치 내
안에서 왕과 거지가 바뀐 그런 상황이다. 사실은 임금을 모시는 시중
일 뿐인데 자기가 잘났다고 왕 노릇하는 것이다. 이 자들은 예수를 모
시고 가는 노새 새끼에 불과하다.(「누가복음」 19장 28~40절) 어찌 자
랑할 것이 있겠는가! 이러한 오치誤置, misplace에서 인간의 문제가
발생한다.

그러니 나의 주인이 누군지 명백히 깨달아야 된다. 내 마음의 주
인은 이목비구이며 내 몸의 주체는 폐비간신이다. 나는 이목비구가
찾아갈 수 있는 하늘의 소리를 따라가야 한다. 나는 폐비간신이 바
로 세울 수 있는 인간의 도리를 따라가야 한다. 주가 주의 자리에 서
고 종은 종의 자리에 서야 한다. 폐비간신을 따라가야 흥한다. 두견
요둔을 따라가면 망한다.

인간의 흑黑역사는 모두 함억제복과 두견요둔에서 시작되었다 말
할 수 있다. 네 몸을 알라! 몸에 대한 확고한 자각만이 역사를 돌이
킬 수 있다. 인류의 새 역사는 몸에 대한 투철한 인식에서부터 시작
될 것이다.

1-30.

하늘이 만민을 낳을 때 성으로 혜각이라는 정신적 능력을 준
다. 만민의 삶에 있어서 혜각이 있으면 살고 혜각이 없으면 죽

는도다. 혜각은 덕이 생겨나는 곳이다.

天生萬民, 性以慧覺. 萬民之生也, 有慧覺則生, 無慧覺則死. 慧覺者, 德

之所由生也.

【해설】

30조는 하산 길에 만난 작은 언덕 같은 조문이다. 성과 명의 주
제만 따로 뽑아 새로운 논의를 시작한다.

인간은 깨달음의 존재

「성명론」은 참 어렵다. 철학적인 개념이 많이 등장하기 때문이다.
쉽게 풀려고 해도 한계가 있다. 원문 자체가 어렵기 때문이다. 동무
가 천재는 천재인가 보다. 언어의 천재요, 개념의 천재요, 구성의 천
재다. 유학을 자유자재로 갖고 논다.

그런데 이러한 천재성으로 유학의 언어를 쓸어모아가며 어렵게
하고자 한 말은 사실 굉장히 쉬운 것이다. 사람들은 쉬운 이야기를
쉽게 해주면 쉽게 받아들이지 않는 것 같다. 한참을 헤매며 고생하
다 발견하면 그때서야 그 가치를 깊이 받아들인다. 우스갯소리로 고
생해봐야 정신 차린다. 그래서 동무도 난해한 철학의 언어를 덮어쓴
것일까? 차근차근 짚어가면서 살펴보자.

"혜각慧覺"은 깨달음enlightment으로 번역할 수 있다. 깨달아 알
수 있는 인간의 지적 능력을 말한다. "성이혜각性以慧覺"은 성으로
인해서(以) 혜각한다는 말이다. 깨달음의 능력이 성性으로 인한 것

이다. 즉 성으로 부여되었다는 뜻이다. 그래서 혜각을 성으로 준다고 새겼다.

"천생만민天生萬民, 성이혜각性以慧覺"이란 인간은 나면서부터 혜각이라는 정신적인 능력을 부여받았다는 것이다. 인간의 본원적인 지知의 능력이 성性으로 이미 부여되었다는 뜻이다. 그러므로 혜각은 성性에 해당하고 지知의 측면이며 심心의 차원이다. 누구나 가능한 박통博通의 세계다. 그런데 『격치고』 「독행편」에는 재미있는 문장이 나온다.

묻는다. "걸의 신하 용봉과 주의 신하 비간이 임금께 간했으나 걸주가 그들을 죽여버렸다. 걸주가 비록 나쁜 놈이지만 또한 이목의 혜각이 있을 터인데 자기에게 충성하는 자를 선뜻 죽여버린 것은 무엇 때문인가?"
曰 "龍逢比干諫桀紂, 而桀紂殺之. 桀紂雖惡人也, 亦有耳目之慧覺也. 而忠於己者, 輒殺之者, 何也?"(「독행편」 75)

왈曰이라 하여 질문인 듯 문장을 구성했으나 여기서 질문자 역시 동무다. 동무 아니면 구사하기 어려운 어휘들이 보이기 때문이다. 문답의 형식을 빌려 독자의 관심을 집중시키고 있다. 걸주가 비록 나쁜 사람들이지만 그래도 눈과 귀가 있으니 그들도 혜각이 있지 않았겠냐는 것이다.

깨달음은 밝음과 관계가 있다. 영어의 "enlight" 역시 어두운 곳에서 촛불을 켜는 듯한 행위를 말한다. 빛을 넣어주는 것이다. 아무리 음험한 자라도 저절로 알아 깨우치는 최소한의 총명은 있다는 거다. 여기 "이목지혜각耳目之慧覺"이란 곧 혜각의 출처가 이목임을 보여주고 있다.

다시 한번 정리하면 혜각은 이목비구로부터 나오고 하늘이 성性으로 주며 나의 지知를 가능케 한다. 이 혜각은 오직 인간에게만 있다. 혜각은 인간의 전유물이다. 잘 보면 동무는 천생만민天生萬民이라 했지 천생만물天生萬物이라 하지 않았다.

혜각이 있으면 살고 없으면 죽는다는 말은 혜각의 본연적 중요성을 강조한 말이라 할 수 있다. 그것은 있을 수도 있고 없을 수도 있는 문제가 아니라 인간이라면 반드시 있다. 요순에게도 있고 걸주에게도 있다.

"혜각자慧覺者, 덕지소유생야德之所由生也" 역시 해석에 주의를 요한다. 혜각은 덕에서부터 생겨난다고 해석해서는 안 된다. 혜각은 생과 함께 주어진다고 했다. 당연히 덕보다 앞선다. 이 문장은 덕이 혜각에서부터 생겨난다는 뜻이다. 덕이 그로 말미암아 생겨난다고 해석해야 한다.

인간에게 혜각이 있으므로 인간에게 덕이 비롯될 수 있다고 동무는 말한다. 혜각으로 인해 덕은 쌓여간다. 그러나 인간마다 혜각의 수준이 똑같을 수는 없지 않은가? 그러므로 깨달은 만큼 덕이 쌓여갈 수밖에 없다. 혜각이 떨어지는 어리석은 자가 고매한 덕성의 소유자일 수는 없을 것이다.

덕은 상하좌우를 모두 아우를 수 있는 포용력을 말한다. 상만 알고 하를 모르며 좌만 깨닫고 우를 깨닫지 못하는 자는 온전한 덕을 쌓아갈 수 없다. 그러니 어찌 혜각을 소홀히 할 수 있겠는가? 끊임없이 불을 밝히고 계속해서 빛을 확장해나가야 한다. 그러면 모두

그 빛 아래로 모여들 것이다. 혜각이 있는 자는 외롭지 않다. 덕이
있는 자는 외롭지 않다!(德不孤, 必有鄰. 『논어』 「이인」)

『초본권』의 관冠

재미있는 사실이 있다. 본조는 바로 동무가 작성한 최초의 의학
저술인 『동의수세보원사상초본권』의 첫 장인 「원인原人」 편의 첫 소
절을 차지하고 있다.

"天生萬民, 性以知行. 萬民之生也, 有知行則生, 無知行則死. 知行者, 德之所
由生也. 天生萬民, 命以衣食. 萬民之生也, 有衣食則生, 無衣食則死. 衣食者,
道之所有生也."(권1-1, 2)

"원인原人"은 인간을 근원에서 추구해본다는 뜻인데 인간에 대한
최초의 이해가 성과 명에서 출발하고 있다.

「원인」과 비교해보면 「성명론」은 성명에 근거한 초기의 단조로운
인간 이해를 넘어서서 인간과 우주를 포괄하는 총체적인 우주론을
구성하려는 작업이었음을 알 수 있다. 그것은 성명을 보다 더 거시
적인 시각에서 자리매김하려는 시도라 할 수도 있다. 천인지행의 체
계적인 사고는 『동의수세보원』 전에는 없었던 것이다.

"지행知行"과 "의식衣食"이 혜각과 자업을 대신하는 초기의 용어
로 쓰인다. 개념의 발전과정을 볼 수 있는데 지행은 『초본권』에서부
터 자리잡은 중요한 문제의식이었던 것이다. 그러나 전혀 분립되어

나타나지는 않는다. 함억제복으로 지를 말하고 두견요둔으로 행을 말하며 지행을 분속하여 논의한 것 역시 『동의수세보원』에서야 나타나는 독창적인 시도다.

이처럼 「성명론」 30~34조는 일부 용어만 다를 뿐 『초본권』 「원인」편에 그대로 나타난다. 그러므로 본조부터 34조에 걸쳐 등장하는 성명에 관한 논의는 매우 초기에 완성된 인간관을 그대로 갖고 온 것임을 알 수 있다.

실상 「성명론」은 29조에서 끝났다고 볼 수 있다. 이것이 동무가 새로 그린 천인지행의 인간론이다. 웬만큼 할 말 다하셨다. 그런데 딱 하나 더 다루고 싶었던 게 있었다. 바로 도와 덕이다. 동무는 「성명론」에서 도와 덕도 함께 다루고 싶었던 것이다. 그래서 예전에 써둔 것을 다시 끄집어내셨다. 그리고 새로운 구조에 맞게 수정해서 부속시켜 넣고 있다.

1-31.

하늘이 만민을 낳을 때 명으로 자업이라는 육체적 능력을 준다. 만민의 삶이여! 자업이 있으면 살고 자업이 없으면 죽는도다. 자업은 도가 생겨나는 곳이다.

天生萬民, 命以資業. 萬民之生也. 有資業, 則生. 無資業, 則死. 資業者, 道之所由生也.

【해설】

30조와 대구를 이룬다. 성과 명이, 혜각과 자업이, 덕과 도가 짝을 이루고 있다.

인간은 자업이라는 신체적 능력을 타고난다

"자업資業"의 자資는 음을 나타내는 차次와 뜻을 나타내는 패貝가 합하여 만들어진 형성자다. 조개(貝)가 고대에 화폐의 기능을 맡았 듯 자資에는 재화의 의미가 있다. 재화는 경제생활의 기본이므로 바 탕이란 뜻으로도 확장된다. 바탕이 되는 재화가 자본資本, 바탕이 되는 재산이 자산資産이다.

그러면 자업이란 무엇일까? 바탕이 되는 업무를 말한다. 살아가 기 위해 하지 않을 수 없는 불가결한 업무가 자업이다. 그게 무엇일 까? 자업의 원형은 의식衣食이었다는 사실을 떠올려보자.(권1-2) 입 고 먹는 삶의 필수요소를 지적한다. 그래서 자업은 삶의 영위를 위 해 행하는 인간의 신체적 행위라 해석할 수 있다. 이을호는 단순히 직업만 의미하는 것이 아니라 생활 그 자체를 가리킨다고 말하기도 했다.(『사상의학원론』, 31쪽)

"명이자업命以資業"도 앞 조와 똑같다. 명으로 인해서 자업한다는 말이다. 그래서 자업을 명으로 준다고 번역했다. "천생만민天生萬民, 명이자업命以資業"이란 인간은 나면서부터 자업이라는 신체적 능력 을 부여받았다는 것이다.

"자업자資業者, 도지소유생야道之所由生也" 역시 도가 자업에서 나 온다는 뜻으로 풀어야 한다. 자업이 도보다 근원적인 문제라는 것이 다. 인간은 저마다 자업이 다를 수밖에 없다. 신체적인 능력이 다른 것은 너무나 당연한 일이다. 이러한 자업의 차이에 따라 저마다 다른 길이 생겨난다. 자업은 명命에 해당하고 행行의 측면이며 신身의 차원이다. 그리고 각기 다른 독행獨行의 세계라 말할 수 있다.

인간은 누구나 혜각이라는 정신적 능력과 자업이라는 신체적 능력을 부여받는다. 그것은 있을 수도 있고 없을 수도 있는 것이 아니다. 인간이라면 반드시 있는 것이다. 동무는 혜각과 자업이 인간만이 갖는 고유의 성과 명이라 말하고 있다.

1-32.

인의예지와 충효우제 등 온갖 좋은 것은 모두 혜각으로부터 나온다. 사농공상과 전택방국 등 온갖 유용한 것은 모두 자업으로부터 나온다.

仁義禮智, 忠孝友悌, 諸般百善, 皆出於慧覺. 士農工商, 田宅邦國, 諸般百用, 皆出於資業.

【해설】

본조는 30조와 31조의 주注에 해당한다. 실제로 『초본권』에서는 주로 처리되어 있다. 인간세의 모든 도덕적 가치(百善)와 모든 사회적 기능(百用)이 혜각과 자업에서 비롯됨을 지적한다. 이을호는 혜각에 의한 백선은 정신세계의 문제이고 자업에 의한 백용은 물질세계의 문제라 평한다.(『사상의학원론』, 31쪽)

혜각이 백선을 낳고 자업이 백용을 낳는다

인의예지와 충효우제는 유학이 강조하는 대표적인 도덕적 가치들이다. 동무는 "제반백선諸般百善"이라 불렀다. 여기서 "인의예지仁義禮智"는 인간 내면의 도덕적 가치고 "충효우제忠孝友悌"는 인간 사이의 도덕적 가치다. 개인적 도덕과 사회적 도덕을 망라하고 있다.

온갖 좋은 것이 혜각으로부터 생겨난다는 것은 밝음을 추구하는 인간의 정신적 능력이 있기 때문에 인의예지, 충효우제 같은 좋은 것들을 찾아낼 수 있다는 말이다.

사농공상이나 전택방국은 사회적 기반을 대변한다. "제반백용諸般百用"의 대표다. "사농공상土農工商"은 사회 계층을 의미하는 말이지만 그것이 수직적 층차를 가리키지는 않는다. 동무에게 성인과 중인, 군자와 소인의 수준 차는 있어도 사농공상의 수준 차는 없다. 직업의 수평적 관계로 이해해야 한다. 즉 사농공상은 직업적 기반을 사분한 것이고 "전택방국田宅邦國"은 경제적 기반을 사분한 것이다. 온갖 쓸모 있는 것이 자업으로부터 생겨난다는 것은 생산이 가능한 인간의 육체적 능력이 있기 때문에 사농공상, 전택방국 같은 유용한 것들이 만들어진다는 말이다.

혜각은 박통이다. 그래서 공통의 도덕적 가치가 형성될 수 있는 것이다. 자업은 독행이다. 그래서 차등의 사회적 기반이 형성되는 것이다.

백선百善이 혜각으로부터 나오고 백용百用이 자업으로부터 나온다는 것은 혜각과 자업의 본원적 차원을 다시 한번 일깨워준다. 혜각과 자업은 백선과 백용의 남상이다. 실로 문명의 모든 것이 인간의 혜각과 자업에서 우러난다고 할 수 있다.

혜각은 사람과 함께 나누고자 할 때 가르침이 있다. 자업은 자기를 낮추고자 할 때 공이 있다. 혜각이 개인적이고 좁은 자는 비록 조조와 같은 걸출한 기교가 있어도 가르침이 있을 수 없다. 자업이 넘쳐흐르는 자는 진시황과 같은 영웅적인 용맹이 있어도 공이 있을 수 없다.

慧覺欲其兼人, 而有敎也. 資業欲其廉己, 而有功也. 慧覺私小者, 雖有其傑巧如曹操, 而不可爲敎也. 資業橫濫者, 雖有其雄猛如秦王, 而不可爲功也.

性命論
—
149

【해설】

혜각과 자업이 갖추어야 할 덕목을 소개한다.

혜각은 공유하고 자업은 겸손하라

"겸인兼人"은 남과 함께 한다, 즉 공유한다는 의미다. 혜각은 공유할 때 훌륭한 가르침(敎)이 생긴다. 겸인의 반대는 "사소私小"다. 사소는 끌어안고 혼자만 쓴다, 즉 사유한다는 의미다. 제 아무리 조조처럼 걸출한 두뇌가 있다 해도 혼자 꼼수로만 쓰게 되면 그것은 그저 잔머리일 뿐이다. 아무도 거기서 교훈을 얻을 수 없다. 동무는 조조같이 똑똑하다고 잘난 척하며 거들먹거리는 자들의 폐해가 방탕에 있다고 말한다.(好知之蔽, 蕩也.「반성잠」태잠 하절13)

"염기廉己"는 자신을 청렴하게 만든다, 즉 낮춘다는 의미다. 자업은 낮출 때 오히려 공적(功)이 쌓인다. 염기의 반대는 "횡람橫濫"이다. 횡람은 과해서 흘러넘치는 것이다. 진시황처럼 천하를 제패할 힘이 있다한들 그 능력을 겸손하게 여기지 못하고 자만하게 되면 아무런 공도 쌓일 수 없다.

혜각은 공유해야 하고 자업은 겸손해야 한다. 혜각을 자신을 위해 쓰지 말고 남을 위해 쓰라. 혜각은 누구나 동등하다. 내가 먼저 알았을 뿐 남들도 곧 알 수 있다. 혜각이 흘러가는 것이 바로 "교敎"다.

자업은 자만하지 말고 겸손해야 한다. 자업은 저마다 차등이 있다. 나의 신체적 조건이 얼마든지 남보다 우월할 수도 있다. 그래서 더욱 겸손해야 한다. 낮출 때 오히려 세상은 그 "공功"을 높이 칭송한다.

본조의 조형이 된 『초본권』의 문장은 다음과 같다.

지행은 남과 함께 해야 하고 의식은 나를 정결케 해야 한다. 지행이 개인적이고 좁은 것은 박덕薄德이라 말한다. 의식이 탐욕스럽고 지나친 것을 패도悖道라 말한다.

知行欲其兼人, 衣食欲其潔己. 知行私小者, 薄德之謂也. 衣食貪濫者, 悖道之謂也.(권1-3)

지행과 의식이 혜각과 자업의 원형이라 말한 바 있다. 곧 혜각을 사유하면 덕이 훼손되고(薄德) 자업을 자만하면 길이 망가진다(悖道)

는 의미다. 그것은 도덕의 적이다! 조조는 바로 박덕한 자고 진시황은 패도한 자다. 혜각을 공유하라. 자업을 겸손히 여기라. 그래야 덕이 쌓이고 길이 열린다.

태산의 덕은 높고 낮은 것을 가리지 않고 모두 끌어안아 그 거대함을 이룰 수 있었다. 장강의 길은 굽든 휘든 피하지 않고 모두 흘러가 그 심원함에 도달할 수 있었다.

泰山之德合倂高低, 故能成其大. 長江之道變通屈曲, 故能達其遠.(「유략」 사계16)

1-34.

남의 선함을 좋다고 느끼고(好善) 여기서 그치지 않고 내가 주체적으로 선을 알아가는 것(知善), 이것이 지성至性의 덕이다. 남의 악함을 싫다고 느끼고(惡惡) 여기서 머물지 않고 내가 결단코 악을 행하지 않는 것(不行惡), 이것이 정명正命의 도다. 이처럼 지선知善과 불행악不行惡이라는 지행이 쌓이면 도덕이 되는 것이다. 도덕이 완성되면 인성仁聖이 된다. 그러니 도덕은 다른 게 아니다. 지행일 뿐이다. 성명 역시 다른 게 아니다. 지행일 뿐이다.

好人之善, 而我亦知善者, 至性之德也. 惡人之惡, 而我必不行惡者, 正命之道也. 知行積, 則道德也. 道德成, 則仁聖也. 道德非他, 知行也. 性命非他, 知行也.

【해설】

천인지행의 큰 산을 넘고 혜각과 자업의 언덕도 지나 「성명론」의 주제가 명확하게 드러난다. 동무가 「성명론」에서 해명하고자 한 선악, 지행, 성명, 도덕 등의 철학적 개념이 한데 어울려 최종의 결론을 이끌어낸다.

선을 알라, 그리고 악을 행치 말라

"호인지선好人之善"은 두 가지로 해석이 가능하다. 첫째 지之를 주격으로 읽는다. 남들이 좋아하는 것(人之善)을 나도 좋아하는(好) 것이다. 둘째 지之를 소유격으로 읽는 방법이다. 남의 좋은 점(人之善)을 좋아하는(好) 것이다. 후자로 번역했다.

인간은 타인의 선함을 본능적으로 좋아하게 되어 있다. 호인지선好人之善은 곧 호선好善이다. 이것이 바로 이목비구의 능력이라고 말했다. 이목비구는 호선무쌍하다. 그런데 우리는 여기서 머물지 않아야 한다. 동무는 선을 주체적으로 알아가라고 강조한다. 이것이 바로 "아역지선我亦知善"이다. 지선知善은 함억제복의 의무인 것이다.

호선하고 지선하라. 그런데 호선은 저절로 그렇게 되지만 지선은 저절로 그렇게 되지가 않는다. 함억제복은 존심양성해야만 요순의 지知가 나오기 때문이다.(1-26) 지선은 애써 그렇게 해야 한다. 호선과 지선이 모두 가능해야 "지성지덕至性之德"에 이른다.

또 인간은 타인의 악함을 본능적으로 싫어한다. 오인지악惡人之惡은 곧 오악惡惡이다. 이것은 폐비간신의 능력이다. 폐비간신은 오악

무쌍하다고 했다. 그런데 동무는 여기에 그치지 말라고 한다. 한 걸음 더 나아가 악을 결단코 행하지 않는 주체적 삶을 살라고 강조한다. 이것이 "아필불행악我必不行惡"이다. 불행악不行惡은 나의 두견요둔의 임무인 것이다.

오악하고 불행악하라! 역시 오악은 저절로 되지만 불행악은 저절로 되지 않는다. 두견요둔은 수신입명 해야만 요순의 행行이 나온다.(1-26) 오악과 불행악이 모두 가능해야 "정명지도正命之道"에 다다른다.

도덕도 성명도 나의 지행 안에 있다

본조는 이목비구, 폐비간신, 함억제복, 두견요둔이 모두 정상적인 기능을 발휘하는 이상적인 상태를 그리고 있다. 11조를 기억하는가? 서론의 마지막 문장이었다.

"耳目鼻口, 觀於天也. 肺脾肝腎, 立於人也. 頷臆臍腹, 行其知也. 頭肩腰臀, 行其行也."

이이耳耳, 폐폐肺肺, 함함頷頷, 두두頭頭! 귀는 귀답고 폐는 폐답고 턱은 턱답고 머리는 머리답다! 동무는 이것이 결코 쉽게 이루어지는 것이 아님을 본론을 통해 누누이 강조해왔다. 그리고 결론에서 다시 같은 말을 하고 있다. 잘 보면 11조는 본조와 같은 내용을 담은 문장이지만 전혀 느낌이 다르다.

인간의 문제는 결국 함과 두에 있다. 지행을 행하기 위한 불가결한 신체의 부분이지만 거기 사욕이 깃든다. 호선의 이목비구, 오악의 폐비간신과 달리 함억제복, 두견요둔은 나 또한 선을 알아가리라(我亦知善), 나는 결코 악을 행하지 않으리라(我必不行惡)는 자기 결단의 과정이 반드시 필요하다. 그래서 지선과 불행악에 특별히 "아我"를 주어로 세운 것인지도 모른다.

지선과 불행악이라는 지행이 쌓여야 도덕이 된다! 도덕은 다른 게 아니다. 곧 주체적 지행의 과정이다. 주체적 지행의 과정이 완성된 것을 우리는 "인성仁聖"이라 부른다. 성명 역시 주체적 지행의 과정 안에 있을 뿐이다! 선을 아는 것 이상의 지성至性은 없고 악을 행하지 않는 것 이상의 정명正命은 없다.

오늘 당장 하나의 선이라도 알아가고 지금 하나의 악이라도 행하지 않는 것, 여기서 성인聖人의 첫발이 시작된다. 이것이야말로 우리가 매일매일 붙들어야 할 마음의 자세(存其心)이자 두고두고 닦아야 할 몸의 수양(修其身)이다. 지선과 불행악의 주체적 결단이 선악을 판별하고 성명을 정립하며 도덕을 완성해가는 중요한 관건인 것이다.

동무는 유학의 오랜 숙제였던 도덕과 성명을 지행에서 해결했다. 도와 덕이 지행으로 발생된다. 성과 명이 지행으로 달성된다. 나의 주체적인 지행의 결단 없이 도덕도, 성명도 인간세에 드러날 길이 없다. 지행이 핵심이다. 지선과 불행악의 결단이 서려 있는 지행만이 인생의 답이다!

선악, 지행, 성명, 도덕이 인간의 몸을 근간으로 질서정연하게 정립하고 있다.

1-35.

혹자가 묻는다. "지知를 들어 성性을 논하는 것은 알겠습니다. 그런데 행行을 들어 명命을 논하는 것은 무슨 뜻입니까?" 이에 답한다. "명이란 것은 수명의 길이(命數)다. 선행을 하면 수명은 저절로 는다. 악행을 하면 수명은 저절로 준다. 이는 점괘를 보지 않아도 알 수 있는 것이다. 『시』에, '아름다운 말은 수명과 연결되니, 저절로 큰 복을 부르네'라는 말이 이런 뜻이다."

或曰 "擧知而論性, 可也. 而擧行而論命, 何義耶?" 曰 "命者, 命數也. 善行, 則命數自美也. 惡行, 則命數自惡也. 不待卜筮, 而可知也. 『詩』云 '永言配命, 自求多福.' 卽此義也."

【해설】

34조로 「성명론」의 모든 테마가 종결되었다. 35조와 36조는 강론 후 질문 시간 같은 것이다. 첫번째 질문은 명命에 관한 것이다.

명이란 수명이다

성과 명은 모든 유학자가 『중용』의 "천명지위성天命之謂性"을 토대로 이해해왔다. 하늘이 명한 것이 곧 인간의 성이라는 것이다. 이러한 수직적인 구조를 동무는 「성명론」에서 수평적인 구조로 전환시켰다. 그리고 인간의 지와 행의 범주에서 설명했다. 이러한 동무의 설명 방식은 매우 참신하나 동시에 매우 낯선 것이었다.

그래서 누군가 묻는다. 성性을 지知와 짝지은 것은 조금 알 것 같다. 그런데 명命을 행行과 함께 거론한 것은 도무지 모르겠다. 좀더 이야기해달라. 그것은 전통의 용례가 없는 매우 창의적인 설이었던 것이다.

동무는 먼저 명을 정의하면서 답변을 시작한다. "명命"은 "명수命數"다. 여기서 "수數"는 세수歲數를 의미한다. 나이란 뜻이 있다. 그러니까 명수는 곧 수명을 뜻한다. 동무는 명을 아주 철학적인 개념으로 사용하고 있지만 실상 매우 구체적인 의미로 이해하고 있는 것이다.

동무는 나의 행을 나의 수명에 바로 연결해버린다. 행의 선악善惡에 따라 수명의 미오美惡가 결정된다고 말한다. 선행하면 장수한다. 악행하면 단명한다.

동무의 유학이 매우 독창적인 지반 위에 형성될 수 있었던 이유는 바로 그가 의학의 대가였다는 사실에 있다. 본조에서는 선악이라는 도덕적 가치를 수명이라는 생리적 사실의 차원에서 논해버린다. 항상 생리가 도덕에 선행한다. 철저히 몸이라는 의학적 사실 위에서 도덕이라는 철학적 가치를 재해석한다. 그래서 우리는 동무의세계에서 유학과 의학, 가치와 사실이 웅혼하게 통합되는 장관을 만끽할 수 있는 것이다.

수명은 개인의 책임

"복卜"은 짐승의 뼈에 불을 놓아 갈라지는 틈의 모양을 보고 점을 치는 방법이다. 은나라에서 국가의 대소사에 꼭 복점을 시행했다.

갑골문은 점을 친 날짜와 사람, 내용은 물론 결과까지 일련의 과정을 기록한 은나라의 공문서였다.

"서筮"는 산가지를 조작해 얻어진 수로 점을 치는 방법이다. 『주역』의 성립과 함께 주나라에서 성행했다. 『주역』은 산가지로 점을 친다.

"복서卜筮"는 예측의 대명사로 쓰였다. 모두 고인들의 미래 예측 방식이었다. 현대는 과학이 그 역할을 대신하고 있다.

인간은 행 없이 한순간도 존재할 수 없다. 삶은 행이다. 그 행이 선과 악을 끊임없이 넘나든다. 선행이란 바로 생명을 돕는 행위다. 나의 생명을 돕고 남의 생명도 돕는 것이 선행이다. 악행이란 바로 생명을 반하는 행위다. 나의 생명을 해치고 남의 생명을 해치는 것이 악행이다.

그러니 생각해보자. 생명을 돕는 선행을 하는데 어찌 수명이 늘지 않겠는가! 생명을 해하는 악행을 하는데 어찌 수명이 줄지 않겠는가? 그것은 어렵게 예측할 필요도 없는 너무나도 당연한 논리적 귀결이다. 점괘를 기다릴 것도 없다.

나의 행이 나의 명을 결정한다. 그러니 어찌 선행善行하지 않을 수 있겠는가? 어찌 정행正行하지 않을 수 있겠는가? 어찌 독행獨行하지 않을 수 있겠는가? 선행이 정행이며 그것은 독행일 수밖에 없다.

『동의수세보원사상초본권』의 「병변病變」 역시 수명에 관한 주제로 시작된다. 질병을 논하기 전에 건강을 논하는 것이다. 건강과 수명은 의학자 동무의 초미의 관심사였으며 철학자 동무의 궁극의 해답처였다.

교만은 수명을 줄인다. 나태는 수명을 줄인다. 편급은 수명을 줄인다. 탐욕은 수명을 줄인다.

嬌奢減壽. 懶怠減壽. 偏急減壽. 貪慾減壽.(권6-1)

검약은 수명을 지킨다. 근면은 수명을 지킨다. 경계는 수명을 지킨다. 견문은 수명을 지킨다.

簡約保命. 勤幹保命. 警戒保命. 聞見保命.(권6-5)

건강이라는 주제를 다루는 동무의 스케일이 새삼 놀랍다. 인간의 건강은 삶의 총체적인 문제와 직결된다고 생각했던 것이다. 인생 막 살며 건강하기는 어렵다. 인생을 잘 살아야 건강이 따라온다. 내 마음가짐과 몸가짐이 어떠하냐, 곧 내가 어떻게 사느냐가 건강을 결정하는 것이다. 생명을 관리하려면 인생을 관리해야 한다.

이 문장들은 『동의수세보원』의 「광제설」에 그대로 나오는데(10-8, 10-10) 흥미롭게도 "보명保命" 대신 "득수得壽"를 썼다.(10-10) "명命"을 "수壽"로 바꿔 뜻을 명확히 한 것이다. 동무의 명에 대한 정의를 다시 한번 확인할 수 있다. 명은 곧 수명이다.

명은 생명이요 사명이요 수명이다. 명은 하늘이 나에게 맡긴 것이다. 결국 인간이 책임져야 하는 것이다. 하늘이 시작하지만 인간이 완성해야 하는 것이다.

장수의 비밀

동무는 명을 수명으로 파악하고 삶의 문제와 연결했다. 그래서 개인의 책임을 강조한다. 그런데 이러한 논리는 또 한번 의심을 사게 된다. 좋다. 당신의 주장은 머리로는 충분히 공감이 간다. 그런데 현실은 다르다. 위대한 성인도 단명한다. 시골 촌부도 장수한다. 이것은 어떻게 설명할 것인가?

혹자가 물었다. "성현들은 성정의 중화가 극치에 이르렀음에도 수명이 그다지 두드러지지 않은 것은 무엇 때문입니까? 예를 들어 공자는 우주의 대성인임에도 수명은 73세로 생각만큼 길지 않습니다. 오히려 평범한 일반인이 100세까지 장수하는 경우가 가끔 있습니다. 이것은 어찌 설명하시겠습니까?"

或曰 "聖賢之性情中和極致, 而壽限之修程不著者何也? 且孔子宇宙之大聖, 而亨壽僅得七十三. 常人之沒知覺者, 亦有偶得一百壽者何也? 此理可言之?"(권7-6)

참으로 흥미진진한 문답이다. 당신은 수명이 계속 자신의 책임이라고 말하지만 봐라, 수명은 결국 숙명 아니냐고 묻는다. 동무의 수명개인책임론을 정면으로 반박한 것이다.

동무도 사실 흠칫했다. 난감했을 것이다. 세상은 이론대로 돌아가지 않는 것처럼 보이니까. 그러나 피해갈 수도 없는 질문이었다. "맞아요. 성인의 수명은 천도天道와 관련됩니다. 그래서 후인이 감히 왈가왈부할 수 없는 부분이기도 하죠. 그러나 의심을 품으니 한마디

안 할 수도 없네요." 그리고 자신의 생각을 다시 꺼내 보여준다.

"공자는 40에 불혹했고 맹자는 40에 부동심이라 했습니다. 다시
생각해보면 공맹이 비록 성인이지만 10대, 20대, 30대에는 유혹
有惑과 동심動心을 면키 어려웠다는 겁니다. 그러니 40세에 이르
면 이미 생명력의 강약이 서로 달라져요. 수명도 그에 따라 달라
질 수밖에 없겠지요. 그리고 또 한 가지, 시대가 달라요. 시대의
치란治亂에 따라 행동의 긴헐緊歇이 생길 수밖에 없습니다. 공자
의 영웅적인 행동이야 우주의 시대를 뛰어넘고도 남지만 세상이
너무도 혼란스러우니 성인의 마음은 한시도 쉬지 못하고 늘 긴장
할 수밖에 없었습니다. 그런데 평범한 사람이 그리 뛰어나지 않더
라도 주색으로부터 깨끗하고 우연히 한 몸 편안히 두며 마음까지
졸이지 않는 평안의 삶을 살 수도 있겠지요. 장수를 누리느냐 못
누리느냐 하는 문제가 이런 것도 관련되기 때문이겠죠?"

"且孔子四十而不惑, 孟子四十不動心. 以此推之, 雖孔孟之聖而十歲
二十歲三十歲時, 則未免惑且動矣. 然則中年四十命脉旺弱有所不等, 而
壽限隨之矣. 且時有治亂, 行有緊歇. 孔子之行雄過袴宇宙之時, 而天下
大亂聖心不歇而緊也. 常人之沒知覺者淸淡於酒色, 而其之一身偶得其
便, 渠心不緊而歇也. 壽限之亨不亨, 或者以此歟?"(권7-6)

동무가 환경의 영향을 무시하는 게 아니다. 그러나 수명은 개인
의 책임이라는 소신을 끝까지 굽히지 않는다. 주색에 빠지고 심신이
괴로운데도 100세를 버티는 촌부는 결단코 없다는 것이다. 그리고
성인이 혹 단명하는 것은 그들도 방황하는 청춘이 있었기 때문이라

말한다. 게다가 시대가 그들을 쉽게 하지 않았던 것이다.

　동무는 결국 심신의 이완이야말로 장수의 비밀이라 생각했다. 긴장(緊)은 생명의 적이다. 이완(歇)이야말로 생명의 길이다!

　동무가 논의를 마감하면서 인용한 『시』의 구절은 『시경』 「대아」의 「문왕」에 나온다. 맹자 역시 인용하고 있다.

　인간의 화복이란 자기 스스로 자초하지 않음이 없다. 『시』에 "아름다운 말은 수명과 연결되니, 저절로 큰 복을 부르네"라는 말과 『상서』 「태갑」에 "하늘이 지은 재앙은 오히려 피할 수 있으나 스스로 지은 재앙은 피할 수가 없다"고 한 말이 이런 뜻이다.
　禍福無不自己求之者. 詩云: "永言配命, 自求多福." 太甲曰 "天作孼, 猶可違. 自作孼, 不可活." 此之謂也.(『맹자』 「공손추」 상4)

　맹자는 인간의 화복禍福이 모두 스스로 자초한 것이라 일갈한다. 맹자도 여간 센 인물이 아닌데 동무는 더 세게 나온다. 화복은 물론 수명까지도 오로지 자기의 책임이라 단언한다.

1-36.

혹자가 말한다. "선생님의 말씀에, '귀는 천시를 듣고 눈은 세회를 보고 코는 인륜을 맡고 입은 지방을 맛본다'고 하셨는데 귀가 천시를 듣고 눈이 세회를 보는 것은 알겠습니다. 그런데 코가 도대체 어떻게 인륜을 맡고 입은 또 어떻게 지방을 맛본다는 것인지요?" 이에 답한다. "인륜에 처하면서 사람들의 겉모습

을 관찰하고 말없이 각 사람의 재주가 뛰어난지 아닌지 탐색해
보는 것이 냄새 맡는 것 아니겠는가? 지방에 처하면서 이곳저곳
의 사람들이 어떻게 땅을 활용하여 생활하는지 두루 겪어보는
것이 맛보는 것 아니겠는가?"

或曰 "吾子之言曰, '耳聽天時, 目視世會, 鼻嗅人倫, 口味地方.' 耳之聽
天時, 目之視世會, 則可也. 而鼻何以嗅人倫, 口何以味地方乎?" 曰 "處
於人倫, 察人外表, 黙探各人才行之賢不肖者, 此非嗅耶? 處於地方, 均
嘗各處人民生活之地利者, 此非味耶?"

【해설】

두 번째 질문은 천기天機에 관한 것이다. 천기에 관한 동무의 언
어가 너무 추상적이라 그 의미가 잘 잡히지 않는다는 것이다. 참으
로 듣고 싶은 질문이다.

그 재능을 냄새 맡고 그 삶을 맛본다

이번 조는 이제마의 언어가 매우 추상적인 것 같으나 구체적인
현실적 기반을 갖고 있음을 다시 한번 보여준다. 그의 세심한 언어
선택이 가끔 좀 질리기도 하지만 그러한 노력의 배경에는 언어와 경
험의 합치를 중시하는 철저한 정련의 과정이 있음을 깨닫기에 옷깃
을 여미지 않을 수 없다. 그래서 더욱더 그의 언어를 조심해서 다루
게 된다.

귀가 하늘의 소리를 듣고 눈이 세상을 본다는 것은 상식적인 맥

락을 함께 갖고 있다. 그러나 코가 사람을 냄새 맡고 입이 땅을 맛본다 함은 일상의 용례를 벗어나는 말이다. 이에 혹자가 질문한다.

동무는 이러한 언어들이 구체적인 상황을 비유적으로 표현한 것임을 밝히고 있다. 아니 그것은 차라리 냄새 맡고 맛보는 등의 단순한 감각의 용어들을 좀더 포괄적인 의미로 확장시킨 것이라 해야 옳다.

동무는 "후후嗅"가 "묵탐默探"이라고 말한다. 묵탐은 소리 없이 탐색해본다는 뜻이다. 한두정은 탐探을 더듬는다고 훈했다. 말없이 더듬더듬 찾는 것을 코가 킁킁거리며 냄새 맡는다고 표현한 것이다.

묵탐의 대상은 재행才行의 현불초賢不肖다. 개가 주인 냄새와 도둑 냄새를 구분하듯 우리는 재주꾼인지 무능력자인지 소리 없이 냄새 맡을 수 있다는 것이다. 어진(賢) 자는 묵묵히 지켜봐도 알 수 있다. 고개 돌리게 만드는 비루한 인간이 얼마나 많은가? 우리가 진정 풍겨야 할 것은 똑똑한 재능의 향기다.

"미味"는 곧 "균상均嘗"이다. 균상은 두루 겪어본다는 의미다. 우리가 맛보는 것은 다름 아닌 인간의 삶인 것이다. 적도의 삶과 북극의 삶은 당연히 다를 수밖에 없다. 하물며 맞붙은 땅일지라도 그 조건이 완전히 같을 수는 없다. 이처럼 인간의 삶이란 지역이라는 국한성을 벗어날 수가 없다. 자신이 터 잡은 땅(地利)을 어떻게 활용하는가에 따라 전혀 다른 삶의 양상이 성립한다. 삶과 땅은 도전과 응전의 역사 그 자체인 것이다.

삶과 땅

와인을 좋아하는가? 전통의 강호로 프랑스 와인이 널리 알려져 있고 신생 와인 산지로 스페인이나 칠레 등이 부각되고 있다. 와인은 그 품종에 따라 각각 특색 있는 맛을 내는데, 산지에 따라서도 영향을 많이 받는다.

와인 업종의 용어로 테루아르terroir라는 말이 있다. 흙을 뜻하는 "terre"에서 파생된 불어인데 포도가 자라는 데 영향을 주는 전반적인 환경을 모두 포괄하는 뜻으로 쓰인다. 와인용 포도를 우리나라에서 키우면 잘 자라지 않는다. 그게 바로 테루아르인 것이다. 토양이나 강수량, 태양의 세기, 바람의 정도, 경사도, 관개 및 배수 등을 포함한 말이다. 테루아르는 저마다 모두 다를 수밖에 없다.

이 테루아르에 따라 같은 품종의 포도라 할지라도 와인의 맛이 미묘하게 달라진다고 한다. 참 신기한 일이다. 그런데 선수들은 그 미묘한 맛을 느낀다. 와인에서 특징적인 땅 맛을 느끼는 것이다. 지역의 특징을 잘 살려서 제조한 와인을 '테루아르를 잘 반영한 와인'이라 평하기도 한다.

약재도 마찬가지다. 약성은 바로 땅에서 결정된다. 도라지(桔梗)라고 다 같은 도라지가 아니다. 산지라는 자연의 조건이 압도적인 영향을 끼칠 수 있음을 충분히 인식해야 한다. 같은 산지라도 재배자가 어떻게 키우냐에 따라 또 다르다. 와인과 똑같다. 이러한 조건의 변화에 의해 약성이 상당히 차이날 수 있다는 사실을 깨달아야 한다. 전문가라면 어떤 산지의 메이커가 우수한 약성을 발휘하는지 가려서 쓸 줄 알아야 한다.

동무는 인간에게서도 땅 맛을 느낄 수 있다고 말한다. 인간도 테루아르의 영향을 받기 때문이다. 같은 인간이라도 테루아르에 따라 맛이 다르다. 삶의 양식이 달라지고 거기에 따라 독특한 생활방식이 만들어진다. 그 생활의 특색을 경험하는 것, 그것이 입이 땅을 맛본다는 것이다.

1-37.

마음을 붙잡는다(存心)는 말은 마음을 꾸짖는다(責心)는 뜻이다. 마음 그 자체의 밝고 어두움이 저절로 그런 것 같지만 실상인즉 꾸짖는 자는 맑아지고, 꾸짖지 않는 자는 탁해지는 것이다. 말의 마음의 지각이 소보다 민첩한 것은 말의 책심이 소보다 민첩하기 때문이다. 매의 기세가 부엉이보다 사나운 것은 매의 책기가 부엉이보다 사납기 때문이다. 마음의 청탁이나 기개의 강약이 소나 말, 부엉이나 매의 사례로 추측해 보아도 이미 그러한데 하물며 사람이야 더 말해 무엇하겠는가? 간혹 곱절이나 댓 곱절도 차이가 나며 간혹 천이나 만 배도 차이가 나는 것이 어찌 태어나서 어쩌다보니 그렇게 된 것이겠는가? 멍하게 아무 생각 없이 흘러가는 대로 내버려두어서 그렇게 된 것이다.

存其心者, 責其心也. 心體之明暗, 雖若自然, 而責之者淸, 不責者濁. 馬之心覺黠於牛者, 馬之責心黠於牛也. 鷹之氣勢猛於鴟者, 鷹之責氣猛於鴟也. 心體之淸濁, 氣宇之強弱, 在於牛馬鴟鷹者以理推之, 而猶然, 況於人乎? 或相倍蓰, 或相千萬者, 豈其生而輒得? 茫然不思, 居然自至而然哉.

【해설】

드디어 「성명론」의 마지막 문장이다. 본조는 강론을 마무리한 후 나가려는 수강생을 붙잡고 하는 최종적인 당부의 말 같은 것이다. 족집게 한 줄 요약인 셈이다. 진짜 모르겠으면 이것만 기억하라, 결국 내가 하고자 했던 말은 쉽게 말해 이런 거라는 이야기다.

마음을 꾸짖고 또 꾸짖어라

결국 이제마의 이야기는 "책심責心"이라는 한 단어로 요약된다. 펼치면 천인성명의 철학논문이 되지만 모으면 책심이란 경구에 다 담긴다. 이 말이 「성명론」의 어려운 철학적 논설을 통해 하고 싶었던 최종적 일언─言이었다. 진지하게 이 한마디를 하기 위해 그 힘든 여정을 거쳐왔던 것이다.

책심은 마음을 책망한다, 즉 마음을 꾸짖는다는 말이다. 마음은 모으면 본성을 길러갈 수 있으나 마음은 놓으면 사심의 길로 흩어진다. 그래서 마음에는 선의 가능성도, 악의 가능성도 모두 담겨 있다. 마음은 욕欲이 상존하는 세계며 당장 여기의 현실에 놓여 있기 때문이다.(心, 欲也, 見在也. 「반성잠」 태잠 하절6)

"힐黠"은 약다, 영리하다는 뜻이다. 한두정은 민첩하다로 훈을 달았다. 소는 하루 8시간씩 풀을 뜯는다고 한다. 먹는 시간 외에는 거의 멍하니 쉬는 데 시간을 보낸다. 기껏 해봐야 졸면서 되새김질하는 것이다. 동무가 보기에 몸이 둔한 것은 마음이 둔하기 때문이다. 소가 둔한 것은 곧 마음을 책망하지 않고 나태하게 내버려두기 때문이라는 것이다.

"응鷹"은 매다. "치鵄"는 올빼미, 부엉이, 솔개 등을 뜻한다. 부엉이는 올빼미과에 속하나 솔개는 수리과다. 각각 조금씩 특징이 다르다. 지금은 흔치 않으나 과거에는 모두 한국에서 두루 볼 수 있는 조류였다. 한두정은 솔개라 훈을 했지만 나는 보다 친근감 있는 부엉이로 번역했다. 부엉이는 야행성이다. 낮에는 물체를 거의 못 본다고 한다. 그래서 맨날 대낮에 꾸벅꾸벅 조는 이미지가 있다. 정확하지 못하고 흐리멍텅하게 계산하는 것을 부엉이셈이라고도 한다. 왜 부엉이는 매처럼 빠릿빠릿하지 못한 걸까? 동무는 부엉이가 스스로 "책기責氣"하지 않기 때문이라고 했다.

책기는 책심과 동일한 내포를 갖고 있다. 그런데 책심 대신 책기를 쓴 것은 사람과 같은 심의 작용을 포유류까지만 인정했기 때문이라 짐작된다. 동무는 문자 하나도 허투루 쓰는 사람이 아니다. 조류는 심의 작용이 미미하다고 본 것 같다. 그래서 조류에는 보편적인 언어인 기를 사용했다. 그러니 책심은 책기에 포섭된다고 말할 수 있다. 이처럼 동무가 심을 기의 차원에서 언급한 것을 두고 이을호는 생동적인 심기心氣를 지칭한 것으로 적연부동寂然不動하는 주자학적 심성心性과 구별된다고 평하기도 했다.(『사상의학원론』, 35쪽)

동무는 이러한 비유들을 통해 인간의 책심의 중요성을 강조했다. 그런데 상식에 호소해 쉽게 푸는 것이 비유인데 과거의 상식이 현재와 달라 좀 어색하게 느껴질지도 모르겠다.

"혹상배사或相倍蓰, 혹상천만或相千萬"은 『맹자』「등문공」에 나오는 표현을 그대로 차용한 것이다. 배倍는 두 배, 사蓰는 다섯 배를 뜻한다. 『맹자』는 동무의 가장 중요한 어휘집이었다.

마음을 흘러가는대로 내버려두지 말라! 책심을 통해 마음의 청탁은 천양지차가 난다. 인간은 망연茫然하면 자실自失할 수밖에 없는 사심과 태행의 존재다. 멍하니 있지 말라. 마음을 꾸짖고 또 꾸짖어라. 학문이란 다른 게 아니다. 구기방심일 뿐이다! 책지자청責之者淸이요, 불책자탁不責者濁이라!

우리는 자책해야 한다. 하루도 쉬지 않고 자책해야 한다. 「성명론」은 천기의 우주론으로 시작해서 책심의 윤리론으로 끝난다. 우리는 하늘에서 마음까지 길고 긴 여행을 거쳐온 것이다. 「성명론」의 메시지를 한마디로 덮으면 바로 책심이다!

「성명론」을 마치며

「성명론」을 해설하는 데 많은 지면을 소비했다. 「성명론」은 볼수록 거대한 산이었으며 드넓은 바다였다. 애당초 거유巨儒의 글에 토를 달겠다고 나선 것 자체가 어처구니없는 짓이었는지도 모르겠다.

한의학의 본류는 도가에 있지 유가에 있지 않다. 한의학의 원전으로 불리는 최고最古의 경전인 『황제내경』은 바로 도가 계열의 저술이라는 것이 사계의 정설이다. 그런데 동무는 한의학의 베이스캠프로 새로이 유학을 정초하는 엄청난 작업을 시도한다. 이것은 수천년 유지되어온 한의학의 근간을 갈아치우는 일이다. 한의학과 유학은 서로 멀어도 너무 먼 존재였다. 「성명론」은 바로 유학과 의학의 거대한 간극을 메우기 위한 논설이라 할 수 있다. 「성명론」은 사상의학의 『황제내경』인 것이다.

그래서 동무의 유학 저서인 『격치고』를 함께 살펴보지 않을 수 없었다. 『격치고』가 대상으로 하는 『논어』『맹자』『중용』『대학』도 참고하지 않을 수 없었다.

그런데 『주역』은 참고하지 않았다. 이번에 「성명론」을 상세히 읽으며 이면에 흐르는 나름의 원리가 숨어 있음을 깨닫게 되었다. 그 원리의 제공자가 바로 『주역』이었을지도 모른다. 실제 동무가 직접 쓴 것으로 알려진 「성명론자주」는 이러한 추측을 증명해준다. 동무가 역학에도 깊은 조예가 있었음을 알 수 있다. 그런데 이러한 역학적 내용이 포함되어 있기 때문에 「자주」는 아이러니하게도 원문보다 더 어렵다.

그럼에도 「성명론」을 주해함에 「자주」를 거의 참고하지 않았다. 동무는 『동의수세보원』을 읽는 독자에게 공맹에 대한 올바른 이해를 기대했지 『주역』에 통달하길 바라지 않았으리라 확신했기 때문이다. 무엇보다 우리는 『동의수세보원』이 역학의 원리를 드러내는 것을 엄격히 자제하고 있다는 명백한 사실을 간과해서는 안 된다. 「성명론」은 역학 없이 얼마든지 주석할 수 있다. 하지만 맹학 없이는 결코 해석할 수 없다!

「성명론」을 한마디로 정리하자면 유학의 핵심 문제를 천인성명의 범주로 요약하여 이를 몸의 지평 위에서 해결한 동무의 독창적인 논설이라 할 수 있다.

제 2 장 ┃ 사단론

四端論

"사단四端"은 『맹자』에 나온다.(「공손추」상6) 인의예지를 증거하는 네 가지 단서가 곧 사단이다. 그런데 사단이 인의예지에만 있는 것은 아니다. 동무는 사단을 보통명사로 확장해서 쓴다. 우주만물에서 사단을 찾았다. 우주에 내재한 4의 원리를 탐색하기 위해 끝없이 그 단서를 찾아 헤맨 것이다. 사事에도 사단이 있고 심心에도 사단이 있으며 신身에도, 물物에도 사단이 있다.(「유략」사물9)

장臟 역시 마찬가지다. 장에도 사단이 있다. 폐비간신이 그것이다. 「사단론」이란 바로 장의 사단에 관한 논술이다. 그렇다. 「사단론」은 「폐비간신론」이다.

「사단론」에서 동무는 폐비간신에 대한 획기적인 시각을 제공한다. 그것은 도덕과 생리의 통합이며 철학과 의학의 융합이며 전통과 현대의 결합이다. 그러면서 건강에 대한 놀라운 통찰을 던져준다. 희로애락이 바로 폐비간신에 앞서는 생명의 원천으로 등장하는 것이다.

「사단론」에는 희로애락이 품을 수 있는 가장 근원적이고 강렬한 의미가 담겨 있다고 해도 과언이 아니다. 희로애락이야말로 인생의 관건이요, 건강의 핵심이다. 그래서 「사단론」은 「희로애락론」이라고 말할 수도 있다. 이제 논의는 본격적인 건강의 문제로 진입한다.

2-1.

사람이 품부받은 장기의 원리에는 서로 다른 네 가지가 있다. 폐가 크고 간이 작은 사람은 태양인이라 부른다. 간이 크고 폐가 작은 사람은 태음인이라 부른다. 비가 크고 신이 작은 사람은 소양인이라 부른다. 신이 크고 비가 작은 사람은 소음인이라 부른다.

人稟臟理. 有四不同. 肺大而肝小者, 名曰太陽人. 肝大而肺小者, 名曰太陰人. 脾大而腎小者, 名曰少陽人. 腎大而脾小者, 名曰少陰人.

【해설】

「성명론」에는 태소음양인이 한마디도 나오지 않는다. 태소음양인은 「사단론」에 처음 나타난다. 동무는 사상인을 정의하면서 「사단론」의 포문을 연다.

인간은 넷으로 나뉜다

우리는 「성명론」이라는 망망대해를 헤매다 왔다. 드디어 「사단론」에 이르러 태양인을 마주하는 순간 뭍에 첫발을 디딘 듯한 안도감과 감격이 생긴다. 우리는 사상의학의 성전인 『동의수세보원』에서 태소음양인의 언어가 둘째 장에서 비로소 나온다는 사실에 대해 깊이 숙고해보아야 한다.

솔직히 동무의 철학이 궁금해서 『동의수세보원』을 펴는 사람은 거의 없다. 일차적으로 『동의수세보원』은 의서이기 때문이다. 대부분 사상인에 대한 호기심으로 집어 든다. 그런데 『동의수세보원』의 첫 장인 「성명론」에서는 태소음양인이 일언반구도 언급되지 않는다. 여기 저자의 강력한 의도가 도사리고 있음을 알아야 한다. 사상인의 설명을 듣기 애원하고 사상인의 처방을 보기 간구하는 후학에게 「성명론」의 바다부터 건너게 한 것이다. 그만큼 「성명론」은 평생 탐구한 인간의 문제를 집중적으로 검토한 중요한 논설이라 할 수 있다.

자, 이제 「사단론」이다. 사상인이라는 테마를 본격적으로 다루므로 일단 재미가 있다. 주제 또한 성정론에 집중되므로 크게 까다롭지 않다. 다시 옷깃을 추스르고 함께 「사단론」으로 발길을 옮겨보자.

"품품稟"은 품부받다는 뜻이다. 내려주다, 받다는 의미가 있다. 성품이나 천품 등으로 쓴다. 즉 선천적인 의미를 내포하고 있다. "인품장리人稟臟理"란 "사람이 선천적으로 타고나는 장리"란 뜻이다.

동무는 사상인의 장리가 선천적인 것이라 선포하고 있다. 태소음양인에 대한 최초의 발설이 곧 장리의 선천성에 대한 선언인 것이다. 사상인은 태어날 때 이미 결정되어 있다!

그 장리가 단 4개로 구분된다고 한다. 폐대간소, 비대신소, 간대폐소, 신대비소가 그것이다. 사상인이란 이 네 개의 장리에 따라 태양, 소양, 태음, 소음이라는 『주역』의 용어를 차용해 명명한 것이다.

사실 동무 정도의 문장가라면 얼마든지 새로운 이름을 붙일 수도 있었을 것이다. 그런데 굳이 역학의 언어를 갖다 썼다. 새것에 대한 거리감을 줄이려는 의도라 생각된다. 이름 자체에 과도하게 집착할 필요는 없다.

흥미로운 사실이 있다. 『초본권』은 장리臟理를 장기臟氣로 말했다는 것이다.

"人稟臟氣, 有四不同."(권1-4)

장리가 대소의 변치 않는 원리적 측면을 부각시킨 표현이라면 장기는 대소라는 사실 그 자체에 주안을 둔 표현이라 할 수 있다. 장臟의 대소는 선천적 원리(理)면서 객관적 사실(氣)이기도 하다는 것이다. 장리라는 표현에는 사상인에 대한 확고한 신념이 숨어 있다.

장리는 사상인 형성의 의학적 원리

동무는 지병이 있었다. 병은 많은 것을 포기하게 만들지만 오히려 더 많은 것을 얻게도 한다. 병만큼 인간을 비참하게 무릎 꿇게 만들고 또한 간절하게 일어서게 만드는 것도 없다. 동무는 매일 아침 음식을 게워내는 구토의 처절함 속에서 누구도 동감해줄 수 없는 인생의 바닥을 헤맸다. 덕분에 누구보다 몸가짐을 조심하게 되었고 몸과 환경의 다양한 영향 관계를 민감하게 관찰할 수 있었다.

『시』에 말한다. "조심 또 조심하기를 깊은 연못가에 서 있는 듯 얇은 얼음을 밟는 듯하라." 또 『서』에서 말한다. "정밀하고 한결

같아 진실로 그 중을 잡으라." 과연 정밀하고 한결같으면 저절로 깊은 연못을 피할 수 있으며 얇은 얼음에도 빠지지 않으리라.

『詩』云 "戰戰兢兢, 如臨深淵, 如履薄氷." 『書』曰 "惟精惟一, 允執厥 中." 果能惟精惟一, 自然不入深淵, 不陷薄氷. (「반성잠」 이잠 하절11)

동무에게 "전전긍긍戰戰兢兢" "유정유일惟精惟一"은 고전의 단순 한 경구가 아니었다. 이는 삶의 실천적 지침이었다.

"여림심연如臨深淵, 여리박빙如履薄氷!" 동무의 철학은 조심 또 조심, 다시 말해 박빙의 철학이라 할 수 있다. 직선적이고 과단한 성격의 태양인이라 더욱더 박빙의 철학이 필요했을 것이다. 이처럼 자신의 병에 대한 고난의 역정은 인간에 대한 깊은 통찰로 이어졌다.

동무는 지병을 통해 큰 깨달음을 얻었다. 첫째가 희로애락의 강력함이었고 둘째가 인간의 선천적 구분이었다. 도무지 기존의 방법으로는 자신의 병이 낫지를 않는 것이다. 그런데 전혀 다른 시각과 방법으로 자신의 병이 나아가는 것을 몸소 지켜보았다. 그러면서 건강의 돌파구를 찾았으며 의학의 돌파구까지 찾아들어간 것이다. 그는 다시 일어서면서 의학까지 새로 일으켜 세웠다.

인간이 넷이란 깨달음은 어떤 연역적 논리로부터 나온 게 아니었다. 예를 들면 동무가 음양오행의 역학易學을 탐구하다 홀연히 장리를 터득하고 인간의 본원적 차이가 넷임을 알게 된 것이 아니라는 말이다. 오히려 그 반대라 할 수 있다.

동무는 인간이 넷임을 온 삶을 통해 어느 순간 통찰했다. 그 어느 날 혜각의 번뜩임이 찾아왔고 쉼 없는 자업을 통해 증명해나간 것이다. 그리고 그 의학적 원리를 규명해본 것이다. 동무가 찾아낸 의학적 원리가 다름 아닌 장기의 법칙이다. 생명의 센터인 장기에서 태소음양인 분립의 의학적 원리를 마련하게 된다.

그렇다면 사상인의 유학적 원리도 규명한 것이 있을까? 물론이다. 그것이 바로 희로애락의 성정이다. 10조에서 동무는 장리를 형성시키는 내적 원인으로 또다시 희로애락을 들고 있다. 장리보다 오히려 성정을 더 근원적인 부분으로 인식하고 있다.

그러므로 우리는 폐비간신의 장리를 너무 연역적이고 절대적인 맥락에서 이해하는 것을 경계해야 한다. 인간이 넷이라는 사실의 발견이 먼저다. 장리는 이론일 뿐, 이론 자체가 사실은 아니다. 실제로 『동의수세보원』에서 장리는 사상인을 이해하는 데 필수불가결한 필연적인 요소로 활용되지 않는다. 그저 간혹 등장해서 이해를 돕는 설명적인 차원에 머물 뿐이다. 만약 폐비간신이 없다면? 그래도 사상인은 충분히 이해할 수 있으며, 사상인의 병증약리는 얼마든지 해석할 수 있다는 말이다. 도구는 도구라는 사실을 망각할 때 위험할 수도 있다.

2-2.

사람이 휩쓸리는 마음의 욕심에도 서로 다른 네 가지가 있다. 예를 버리고 멋대로 구는 사람은 비인이라 부른다. 의를 버리고 투일하는 사람은 나인이라 부른다. 지를 버리고 식사하는 사람은 박인이라 부른다. 인을 버리고 극욕하는 사람은 탐인이라 부른다.

人趨心慾, 有四不同. 棄禮而放縱者, 名曰鄙人. 棄義而偸逸者, 名曰懦人. 棄智而飾私者, 名曰薄人. 棄仁而極慾者, 名曰貪人.

【해설】

1조에서 장리의 사분을 말하고 2조에서 심욕의 사분을 말한다. 본격적인 의론을 기대하는 독자에게 또다시 마음을 말하고 있다. 심욕의 문제는 의학에 있어서도 그 중요성이 떨어지지 않는 불가결한 문제이며 동무의 최종적인 관심사임을 웅변한다.

심욕의 인간도 함께 알라

『동의수세보원』은 일차적으로 장리의 인간에 대한 의학적 연구서다. 그러나 인간의 근원적 문제에 대한 고민은 유학자 동무의 한결같은 관심사였다. 장리의 사상인이 나오자마자 심욕의 비박탐나가 또다시 나오는 것은 그래서 의미심장하다. 그것은 한평생 추구한 지인의 결론이며 의학에만 맡길 수 없는 건강의 문제이기도 했다.

"추趨"는 달아난다는 뜻이다. 품稟이 선천적인 의미를 내포한다면 추趨에는 후천적인 의미가 담겨 있다. 맹자의 방심放心을 생각나게 한다. 마음은 자꾸 달아나려고 한다. 동무는 말한다.

마음 씀씀이의 높낮이는 군자와 소인이 하늘과 땅만큼이나 다르다.
心術高低, 君子小人天壤不同.(「반성잠」 태잠 하절10)

동무는 심의 세계는 사람마다 천차만별이므로 어렵다고 했다.(萬

殊, 故難知也. 태잠 하절6) 그 난지難知를 이지易知로 바꾸기 위한 지적 작업이 곧 비박탐나인 것이다. 일단 넷으로 간추려놓고 따져보는 것이다. 이를 심욕의 사단이라 부를 수 있다. 마음대로 치닫는 욕심도 대별해보면 넷의 방향성을 가진다는 말이다.

"방종放縱"은 종으로 횡으로 종횡무진 막나가는 것이다. 특히 남이 나보다 잘나가는 것을 봐주질 못한다. 동무는 예禮를 버리면 막나간다고 말한다.

"투일偸逸"은 편안함(逸)을 탐하는(偸) 것이다. 눈앞의 편안함만 도모하는 것을 일컫는다. 투일은 안일이다. 자기는 안일하면서도 남이 가진 능력은 또 그렇게 질투한다. 의義를 버리면 안일해진다.

"식사飾私"는 사적인 것(私)을 지나치게 치장하는(飾) 것이다. 남의 일을 빼앗아와서까지 자기 것만 챙긴다. 지智를 버리면 자기만 아는 사람이 된다.

"극욕極慾"은 욕심이 극에 달한 것이다. 그래서 남의 물건까지 넘본다. 인仁을 버리면 욕심쟁이가 된다. 도표로 정리해보자.

비박탐나의 의미

심욕 心慾	비	기례棄禮	방(放縱)
	나	기의棄義	일(偸逸)
	박	기지棄知	사(飾私)
	탐	기인棄仁	욕(極慾)

결론적으로 비박탐나는 욕慾의 대명사요 인의예지의 대칭점이다. 인을 버리면 탐욕스러워지고(貪) 의를 버리면 게을러지고(懦) 예를 버리면 비열해지며(鄙) 지를 버리면 얄팍해진다(薄). 비박탐나는 바

로 심에서 비롯된다.

한편 인의예지는 성性의 대표주자들이요, 누구나 타고나는 한결같은 일동一同의 성품이다. 인의예지는 바로 폐비간신에서 나온다.(「독행편」 81) 한마디로 인의예지는 성의 사단이요, 비박탐나는 욕의 사단인 것이다.

성과 욕의 사단

	정의	출처	성격
인의예지	성性의 사단	폐비간신	일동一同
비박탐나	욕慾의 사단	심	만수萬殊

이러한 인의예지와 비박탐나의 문제는 동무가 이미 「독행편」의 주제로 상론한 바 있다. 그런데 여기 다시 태소음양인과 나란히 비박탐나인을 이야기하는 의도는 무엇일까? 장리와 심욕의 대구를 통해 다시 한번 심신을 통관하게 하고 책심의 중요성을 강조하기 위해서다.

혹시 우리는 사상인에 가려 오히려 인간을 못보고 있는 것은 아닐까? 사상 안의 인간을 보기 전에 먼저 사상 밖의 인간을 봐야 한다. 동무는 태소음양만 보려는 우리에게 비박탐나를 꺼내든다. 그리고 외치고 있다. 장리의 인간만으로는 구원이 없다! 다시 한번 강조하지만 심욕의 인간도 함께 알아야 한다.

오장 가운데 심은 중앙의 태극이다. 오장 가운데 폐비간신은
네 귀퉁이의 사상이다. 중앙의 태극은 성인의 태극이 일반인의
태극보다 높게 나타난다. 네 귀퉁이의 사상은 성인의 사상이 일
반인의 사상과 나란히 통한다.

五臟之心, 中央之太極也. 五臟之肺脾肝腎, 四維之四象也. 中央之太極,
聖人之太極高出於衆人之太極也. 四維之四象, 聖人之四象旁通於衆人
之四象也.

【해설】

「성명론」은 천인지행의 유학적인 언어를 중심으로 인간의 문제를
논술했다. 「사단론」은 폐비간신과 심이라는 의학적 용어를 토대로
인간의 문제를 다시 한번 기술한다.

폐비간신과 심을 말한 1조와 2조를 바탕으로 3조에서 9조까지
또다시 동무의 성인론이 펼쳐진다.

심은 서로 다르나 폐비간신은 모두 똑같다

오장은 전통 오행적 세계관의 산물이다. 동무는 오장을 해체하여
장기의 세계는 폐비간신으로 한정하고 심은 따로 떼어내 분립시킨
다. 그러면서 오행의 사슬은 풀어버리고 음양론으로 재정립했다.

동무에게 오장의 이미지는 목화토금수가 차례차례 돌아가는 오
각형의 도상이 아니다. 폐비간신이 정사각형의 꼭짓점을 이루고 그

가운데 심장이 자리잡은 새로운 모습이다. 오행을 음양으로 치환해 버렸다. "중앙中央"과 "사유四維"는 이를 뜻한다. 네 귀퉁이의 폐비 간신이 정중앙의 심장을 옹립하고 있는 그림인 것이다.

이러한 새로운 모식도는 심장의 중요성을 강조한 이미지로 그 지위를 폐비간신보다 우위에 둔 것이다. 폐비간신이 내 몸이라는 수레를 끌고 가는 네 마리 말이라면 심은 기수에 비유할 수 있다. 고삐를 쥐락펴락하며 말을 조종한다. 이를 역학적인 용어를 빌어 "태극太極"과 "사상四象"으로 표현한 것이다. 그래서 심은 태극이고 폐비 간신은 사상이라고 말한다. 태극과 사상이란 단어에 너무 눌릴 필요 없다. 뜻을 취하면 그뿐이다.

"고출高出"이란 우열의 차이가 있다는 말이고 "방통旁通"이란 수준의 차이가 없다는 말이다. 심은 성인이 중인보다 높고 폐비간신은 성인이 중인과 다를 바 없다고 말한다.

1조와 2조에서 폐비간신은 장리의 세계요, 심은 심욕의 세계라 했다. 장리의 세계는 누구나 동일한 법칙의 지배를 받는 반면 심욕의 세계는 저마다 다른 도덕적 우열을 가진다. 그러니 인간의 차이는 결국 심의 차원에서 생길 수밖에 없다.

우리 동무 선생님, 또 성인 타령이신가? 성인의 길을 알고 따라가는 것이 인간의 임무요 유학의 본령이기 때문이다.

본조는 장리와 심욕이라는 새로운 구성품을 통해 성인론을 기획하고 있다. 이것이 성인론에 대해 「사단론」이 선사하는 창의적 논법인 것이다. 「성명론」이 성인을 유학적으로 정의했다면, 「사단론」은 성인을 의학적으로 정의한다. 천인지행으로 분석해보아도 오장으로 분해해보아도 그 안에서 인간의 문제와 답을 다 찾아낼 수 있다는 것이다.

폐비간신도 심도 모두 장기다

심에 대해 한번 고민해보아야 할 것이 있다. 심은 무엇일까? 마음
이다. 그런데 우리는 한 가지 간과하는 것이 있다. 심을 그냥 추상적
으로 새기고 지나가버린다는 것이다. 동무에게 심은 마음이자 동시
에 명백히 심장이다! 그 둘은 서로 분리될 수 없다. 이것은 동양적
사고의 매우 독특한 부분이기도 하며 한의학 장부론의 차별화된 특
성이기도 하다.

본문을 다시 한번 보자. "오장지심五臟之心"이라 하여 심을 오장의
하나로 분명히 규정하고 있다. 다섯 장기 중 하나가 심이다. 심은 마
음이며 동시에 심장이다. 심이란 용어에서 물질과 정신이 분리가 되
지 않는다. 심의 물질적인 극physical pole을 심장이라 부르며 심의 정
신적인 극mental pole을 마음이라 부를 뿐이다.

말이 나온 김에 확실히 짚고 넘어가야 할 것이 또하나 있다. "오
장지폐비간신五臟之肺脾肝腎"이라 했다. 폐비간신은 두말할 것도 없
이 장기다.

그런데 「성명론」의 폐비간신은 분명 기존 의학과 전혀 차원이 다
른 폐비간신이었다. 난데없이 유학마을에 들어가서는 유학적인 개
념과 거리낌 없이 어울린다. 동무는 「성명론」에서 폐비간신의 한의
학적 의미를 탈색해버리고 유학적 가치들로 새롭게 파악하고 있다.

이러한 시도가 영 어색한 것만은 아니다. 한의학의 장부론 역시

다양한 사태와 개념들을 오장의 체계 안으로 포함시켜가며 장부의 개념을 심화하고 확대시켜왔기 때문이다. 이를 오장배속이라고 불러왔다.

동무는 장부론의 유학적 확장을 시도한 것이다. 의학에서 정립된 폐비간신의 선천적이고 필수적이며 중추적인 이미지에 기대어 인의예지를 보지한 도덕성의 주체로 새롭게 세우고자 했다. 의학계에서 다루어온 생명의 중심인 장기에서 도덕성의 최종적인 근거를 확보하려 한 것이다.

이런 사연 때문에 폐비간신은 의학적인 동시에 유학적인 존재가 되었다. 그래서 『동의수세보원』에서 폐비간신을 유학적 개념으로만 읽으려 해서도, 의학적 틀 속에만 가두려 해서도 안 된다.

우리는 너무 현대적인 관념에만 익숙해져 있어 과학적인 동시에 철학적이라든지 물질적인 동시에 정신적인 개념들은 쉽게 받아들이지 못하는 것 같다. 그래서 심을 지나치게 정신적으로만 생각하거나 폐비간신을 너무 물질적으로 생각하는 경향이 있다.

마음이 아플 땐 정말 심장이 괴로운 느낌이 든다. 돌도 집어삼키는 강한 위장의 소유자를 비위 좋다고 말하지만 욕을 먹고 금방 소화하는 사람에게도 비위 좋다고 한다. 깜짝 놀랐을 때는 간담이 서늘하다고 말하기도 한다. 이러한 사고는 인류의 보편적인 패턴이기도 했다. 영어의 하트heart 역시 마음과 심장을 동시에 지칭한다.

서양의학이 이러한 고리를 단호히 끊어버린 것은 사실 매우 비극적인 것이다. 병의 원인을 물질에서만 찾는다. 병의 책임을 밖에다가 묻는다. 병의 원인과 책임에 대한 중요한 시각을 잃어버리게 만들었다. 그러니 동무가 이해될 길이 없는 것이다.

심은 무형의 마음이자 유형의 장기이며 폐비간신은 유형의 장기이자 무형의 인의예지다. 동무의 오장은 의학적인 동시에 유학적인 개념이다. 생리적인 동시에 도덕적인 개념이다. 그 의미를 의학에도 유학에도 모두 개방시켜놓았다.

심이 성인과 중인이 다르다 함은 심장의 도덕적이고 생리적인 우열이 다르다는 의미다. 폐비간신이 성인과 중인이 같다 함은 폐비간신의 도덕적이고 생리적인 수준이 같다는 의미다. 결국 인간의 도덕과 생리의 문제는 오로지 심心에 달린 것이다!

2-4.

태소음양의 장국의 장단이 넷으로 구분되지만 한 가지 같은 점이 있으니 그것이 바로 천리의 변화라는 사실이다. 성인과 일반인이 다를 바가 없다. 비박탐나의 마음의 청탁이 넷으로 구분되지만 만 가지로 또 다르니 곧 인간의 욕망이 무궁무진하기 때문이다. 성인과 일반인이 만 가지로 나뉜다.

太少陰陽之臟局短長, 四不同中有一大同, 天理之變化也. 聖人與衆人, 一同也. 鄙薄貪懦之心地淸濁, 四不同中有萬不同, 人欲之闊狹也. 聖人與衆人, 萬殊也.

【해설】

1, 2, 3조를 종합하고 있다. 장리는 넷으로 분류되나 자연법칙의 지배를 받는다는 측면에서 동일하고 심욕도 넷으로 분류되나 인간의 욕망은 끝이 없다는 점에서 무궁무진하다고 말한다.

장리는 생리적 법칙이다

"태소음양지장국단장太少陰陽之臟局短長"은 곧 장리臟理다. 앞에서는 장국을 대소로 표현했으나 본조는 단장이라 설명하고 있다. 「초본권」에서는 강약이나 허실이란 말도 사용하고 있으니 너무 대소란 말에 집착할 필요는 없다. 이 모두가 길항을 의미하고 있다는 점이 중요하다. 대소가 가장 포괄적인 의미를 가진다는 측면에서 태소음양인의 정의를 논하는 첫 대목에 발탁했을 것이다.

여기서 장부라 하지 않고 장국을 말한 것도 장의 주도적 역할을 내포하는 것이다. "국局"은 구획한다는 의미다. 그래서 동일한 임무를 맡아서 처리하는 기관이나 부서라는 뜻으로 쓰인다. 사무국, 기지국, 우체국 등등. 동무는 국을 하늘이 정해준 구획이라는 의미로 사용하기도 한다. 그래서 장국이란 표현에는 하늘의 작품이란 의미가 함께 담겨 있다.

동무에게 장리의 4는 더 줄일 수도 더 늘일 수도 없는 절대수다. 그런데 넷으로 분류되는 장리를 관통하는 공통의 특성이 있다. 바로 장리는 자연의 법칙이라는 사실이다. 이를 "천리지변화天理之變化"라 말한다.

장리는 천리의 변화이면서 음양의 변화이기도 하다.(太少陰陽之臟局短長, 陰陽之變化也. 2-23) 즉 천리의 변화는 구체적으로 음양의 변화란 뜻이다. 음양의 변화가 우주의 원리라는 동무의 소신을 확인할 수 있다.

심욕은 끝이 없다

심욕도 일단 넷으로 나누었다. 그러나 거칠게 넷으로 분류했지만 무한정 더 나눌 수 있다. 인간의 욕망(欲)은 끝이 없기 때문이다. 무욕無慾에서 극욕極慾까지 끝도 없다. 요약하기 어려우니 예측하기도 기술하기도 어렵다. 이것이야말로 천하의 난지難知요 천하의 난사難事인 것이다.

동무는 끝내 인간의 심욕을 알고자 했다. 그것이 유학의 화두이며 공맹이 노불이나 양묵과 구분되는 특징이라고 보았다.

인간의 위선(詭詐)에 대해 알아야 나쁜 점을 가려줄 수 있다. 인간의 재능에 대해 알아야 좋은 점은 드러내줄 수 있다. 위선도 모르고 재능도 모르면서 무엇을 가려주고 무엇을 드러내주겠는가? 인간의 위선을 알아야 당하지 않는다. 인간의 재능을 알아야 의심하지 않는다. 위선을 모르고 재능을 모르면 반드시 당하고 의심하게 되는 것이다. 그런데 위선은 알아내기가 어렵다. 재능은 알아내기가 쉽다. 어려운 것을 얻을 수 있으면 쉬운 건 저절로 알아진다. 그래서 위선을 먼저 알아내고 가려주는 것이 그 쓰임에 있어서 더욱 중요한 것이다. 삐딱하고 엇나가는 무리들이 사람의 과실을 보면 매번 까발리는 것은 좁아터진 소견으로 남들이 가진 재능은 싫어하고 오히려 사기 칠 때 기뻐하기 때문이다. 상앙의 형법과 부처의 자비, 양주의 위아, 묵적의 겸애, 왕안석의 명률, 노자의 무위 같은 이론들은 모두 이러한 인간의 위선은 살필 생각도 않고 오히려 스스로 위선에 빠진 것이다. 이는 인간의 재능을 드러내주는 것을 싫어하고 인간에게 위선이 있음을 기뻐하는 심리에서 나온 것이며 어려운 길은 염증을 내어 피해버리고 쉬운 길만 섭렵하여 취한 결과다. (반면 우리 유학은 다르다.) 『대학』에서 말한 격물치지란 사실 온전히 위선을 살피는 데 있을 뿐이다. 성의정심도 온전히 위선을 살피는 데 있을 뿐이다. 수신제가도 온전히 위선을 살피는 데 있을 뿐이다. 치국평천하도 온전히 위선을 살피는 데 있을 뿐이다! 하늘을 원망하고 사람을 탓하는 것은 전부 위선을 살피지 못하는 데 있을 뿐이다. 도에 반하고 덕을 패하는 것도 위선을 살피지 못하는 데 있을 뿐이다. "크도다, 공자의 말이여! 크고도 지극하도다, 공자의 말이여!"

知人詭詐, 故隱惡也. 知人技能, 故揚善也. 不察詭詐, 不問技能, 何所隱而何所揚乎? 知人詭詐, 故不逆詐也. 知人技能, 故不億不信也. 不察詭詐, 不問技能, 必逆詐而億不信也. 詭詐難知, 技能易知. 難者得之, 則易者自易也. 故其用尤重於得其詭詐而隱之也. 忮軋之徒, 見人過失而輒揚之者, 其見小而惡人有技倖人有詐也.

商鞅之形法, 佛氏之慈悲, 楊氏之爲我, 墨氏之兼愛, 王安石之名律, 老氏之無爲, 都出於不察詭詐, 而自行詭詐! 惡人有技而倖人有詐. 厭於其難而獵於其易之故也. 是故格物致知, 都在於察乎詭詐. 誠意正心, 都在於察乎詭詐. 修身齊家, 都在於察乎詭詐. 治國平天下, 都在於察乎詭詐. 而怨天尤人, 必在於不察詭詐. 反道敗德, 必在於不察詭詐也. 曰 "大哉, 子之言也! 大而至哉, 子之言也!"(「반성잠」 태잠 하절12)

「반성잠」은 1892년부터 1893년 초에 걸쳐 수십 차례나 고치고 또 고쳐 쓴 역작으로 「성명론」 「사단론」과는 시기적으로 불과 1년도 차이가 나지 않는다. 여기 동무가 추구한 지인知人의 구체적인 의미와 목적이 고금의 언어를 파혜치며 드러난다. 그러면서 공자의 도를 칭송하면서 마무리된다. 동무의 유자儒者로서의 삶이 이 한 문장에 다 담긴 것 같은 생각이 들 정도다.

『대학』의 8조목이 모두 인간의 위선을 살피는 데 있을 뿐이며 이것이야말로 유학의 본질이라고 주장한다. 인간의 위선을 모르고 무엇을 덮어주겠는가? 인간의 위선을 모르고 어떻게 피할 수 있겠는가?

위선은 다 알아내기가 어렵다. 인간의 욕심이 끝이 없기 때문이다. 내 안의 무궁무진한 사욕을 깨끗하게 하고 인간의 무궁무진한 위선을 간파해내는 것, 그것이 성인의 길일 것이다.

본조의 "천리天理"와 "인욕人欲"의 대응은 주자학의 대강령인 존천리存天理, 거인욕去人欲을 생각나게 한다. 동무는 천리와 인욕의 문제를 오장의 문제로, 즉 폐비간신과 심의 문제로 해결한다. 성인과 중인은 장리는 같으나 심욕은 전혀 다르다! 성인이 성인인 이유는 바로 심욕에 있다.

2-5.

태소음양의 단장의 변화는 모두 같은 가운데 넷으로 치우침이 있어 성인이 하늘을 희구하는 것이다. 비박탐나의 청탁의 활협은 만 가지로 다른 가운데 서로 같은 것도 있어 일반인이 성인을 희구하는 것이다.

太少陰陽之短長變化, 一同之中有四偏, 聖人所以希天也. 鄙薄貪懦之淸濁闊狹, 萬殊之中有一同, 衆人所以希聖也.

【해설】

4조의 문장에서 주어를 바꾸어 또 다른 주제를 언급한다.

성인은 하늘을 간구하고 우리는 성인을 동경한다

4조에서 태소음양의 장국단장은 모두 천리의 변화라는 점에서 동일하다고 했다. 본조는 4조의 술어를 다시 주어로 받아 "태소음양지단장변화太少陰陽之短長變化"라 한다. "태소음양의 단장으로 나타나는 천리의 변화는"이란 뜻이다. 그 변화는 넷으로 구현된다.

이 넷은 각각 편차가 있다는 사실이 중요하다. 큰 것이 있는가 하면 작은 것도 있다는 것이다. 편차란 불균형이며 불균형이란 치우침이다. 치우침은 곧 한계를 의미한다.

태초에 인간은 불균형하게 태어난다. 한계를 품고 태어난다. 인간은 결코 완전하지 못하다는 것, 이게 사상인론이 품은 가장 근원적인 의미다. 인간의 완전함은 불완전함 내의 완전함일 뿐! 그것은 균형을 지향하는 주체적인 노력을 통해 겨우겨우 달성되는 불균형 안의 균형일 뿐이다. 그러니 어찌 끊임없이 회개하지 않을 수 있겠는가? 한결같이 겸손하지 않을 수 있겠는가?

인간은 누구나 사편四偏 중 일편一偏이다. 장국의 대소라는 불균형 상태를 벗어날 수 없다. 인간의 몸은 인간이 차마 어찌할 수 없는 궁극의 한계다.

아무리 완전한 성인이라 할지라도 몸뚱이를 소유한 인간이라는 사실은 변함이 없다. 그래서 성인은 하늘을 간구한다. 하늘은 극탕極蕩하고 극대極大하고 극광極廣하고 극막極邈하기 때문이다. 보편적 원리와 완전한 질서, 그리고 무한한 가능성까지, 그것이 하늘이기 때문이다.

한편 성인은 인격의 완성체다. 인의예지로 대표되는 도덕적 가치를 구현했으며 심욕의 청정무구한 경지를 실현했다. 그래서 우리는 성인을 동경한다. 우리는 장리뿐 아니라 심욕도 벗어나지 못했기 때문이다. 심욕의 바다에서 허우적대는 우리지만 청정한 성수聖水를 그리는 한 마음은 동일한 것이다. 그것이 "만수지중유일동萬殊之中有一同"이다.

너의 장국을 자랑 말라

본조는 중인의 희성希聖보다 성인의 희천希天에 좀더 방점이 있다고 봐야 한다. 성인이라 할지라도 몸의 한계는 벗어날 수 없다. 인간은 성인이든 중인이든, 선인이든 악인이든 모두 동일한 생리적 법칙의 지배를 받는다. 그것이 보편적 의학이 가능한 이유이며 태소음양인에 우열이 없는 이유다.

우리는 분명히 알아야한다. 장리에 따라 구분한 태소음양인에는 결단코 우열이 없다! 태양인이 태양처럼 빛나는가? 소양인이 소양이 많은가? 모두 못났다. 어떠한 미사어구를 갖다대더라도 저마다 조금씩 잘난 점이 있을 뿐 기본은 모두 못났다. 모두 심욕의 바다에 살아가는 중인들일 뿐이다.

그래서 태소음양인으로 혹 인간의 수준이나 등급을 논하는 것은 비판할 가치조차 없는 무식한 일이다. 자신의 체질에 모종의 우월의식을 느끼는 것은 참으로 황당한 일이다. 인간의 우열은 장국단장臟局短長으로 따지는 게 아니다. 인간의 우열은 심지청탁心地淸濁으로 따지는 것이다. 그것은 태소음양인과 전혀 무관한 일이다.

자신의 장국은 자랑할 게 없다. 자신의 심지를 자랑하라. 인간에게 우열이 있다면 그것은 단지 도덕적 우열일 뿐이며 그것은 오직 심에 있을 뿐이다!

2-6.

성인의 장은 사단이요, 일반인의 장도 사단이다. 성인이 사단의 장 중 하나로 일반인의 온갖 사단 가운데 처하니 성인은 일반인이 즐거워하는 것이다. 성인의 마음은 무욕이요, 일반인의 마음은 유욕이다. 성인이 무욕의 마음 하나로 일반인의 온갖 유욕 가운데 처하니 일반인은 성인이 걱정하는 것이다.

聖人之臟, 四端也. 衆人之臟, 亦四端也. 以聖人之一四端之臟, 處於衆人萬四端之中, 聖人者, 衆人之所樂也. 聖人之心, 無慾也. 衆人之心, 有慾也. 以聖人一無慾之心, 處於衆人萬有慾之中, 衆人者, 聖人之所憂也.

【해설】

폐비간신과 심으로 계속해서 성인론을 확장한다. 본조는 2-9에서 다시 설명되고 있다. 함께 참조해야 한다.

한의학 오장으로 유학의 성인을 정의하다

성인의 장이 사단이라 함은 성인의 장은 폐비간신으로 구성된다는 말이다. 장臟이란 용어를 폐비간신에 한정해서 쓰고 있다. 심은 장臟이긴 하나 같은 차원이 아니다.

성인은 폐비간신을 갖고 태어나서 일반인의 무수한 폐비간신 속에 함께 살아간다. 우리도 폐비간신이 있고 성인도 동일한 폐비간신이 있다. 그래서 우리는 성인과 함께 어울리며 즐거움을 나눌 수 있다는 것이다. 여민동락與民同樂은 여민동장與民同臟하기 때문이다.

이처럼 장은 성인과 중인이 똑같다. 그런데 심은 성인과 중인이 다르다. 성인지심은 무욕이나 중인지심은 유욕이다. 여기 무욕과 유욕은 하늘과 땅이라 할 정도로 엄청난 차이다. 그러니 성인의 무욕의 마음이 온갖 유욕의 마음과 어울려 살아갈 때 근심이 생기지 않을 수 없다. 중인은 성인이 늘 걱정하는 바다. 폐비간신의 법칙은 그 누구도 벗어날 수 없으나 무욕의 심은 오직 성인만이 가능하다.

"聖人之臟四端, 衆人之臟四端. 聖人之心無慾, 衆人之心有慾!"

동무의 몸 철학만이 빚어낼 수 있는 명언이다. 이보다 더 위대한 성인론은 없을 것이다. 유학의 성인을 한의학의 오장으로 정의한 것은 동무만이 할 수 있는 희대의 발상이라 하지 않을 수 없다.

2-7.

그러므로 세상 모든 중인의 장리는 성인의 장리와 같으니 재능 또한 성인의 재능과 같다. 성인과 똑같이 폐비간신에서 비롯되는 재능을 가지고 있으면서도 스스로 "나는 아무런 재능도 없다"고 말하는 것이 어찌 재능의 죄겠는가? 마음의 죄일 뿐이다!

然則天下衆人之臟理, 亦皆聖人之臟理, 而才能亦皆聖人之才能也. 以肺脾肝腎聖人之才能, 而自言曰 "我無才能"云者, 豈才能之罪哉? 心之罪也!

【해설】

지금까지 논의해온 성인론을 통해 인간의 능력을 독려하고 인간의 나태를 질책하고 있다.

인간은 누구나 위대한 재능이 있다

"재才"는 재주나 재능이란 말로 흔히 쓰인다. 재질이나 바탕의 의미도 함께 있다. 원래는 새싹이 대지를 뚫고 올라오는 모습을 나타내는 글자라고 한다. 초목의 초기 상태를 뜻한다. 가공되지 않은 재질을 의미하지만 동시에 무한한 가능성을 품은 재목을 의미하기도 한다. 잘 갈고 다듬는다면 얼마든지 거목으로 성장할 수 있다.

즉 본조의 "재능才能"은 타고난 재질로, 무한한 성장가능성을 지닌 몸의 능력이라 새길 수 있다. 마치 싹과 같다. 누구나 재능이라는 새싹을 몸에 품고 있다. 앞서「반성잠」에서 살펴본 "기능技能"이란 말과 다르지 않다.(태잠 하절12) 정신적이기보다는 신체적인 능력에 좀더 무게가 실려 있다.

본조는 장리가 같으면 재능 또한 같다고 말한다. 재능이 폐비간 신에서 나온다고 본 것이다. 인간은 모두 성인과 똑같은 위대한 재 능이 내장되어 있다. 그래서 동무는 말한다. 나는 무능하다고 말하 는 자는 진정 능력의 문제가 아니다. 오직 노력도 없이 포기하고 마 는 마음의 죄일 뿐이다!「사단론」의 서두에서부터 논의한 장리와 심욕의 이분의 논리가 본조에서도 그대로 이어진다.

「사단론」에서 재능才能을 장리와 함께 이야기하는 한편「사상인 변증론」에서는 재간材幹이 인사와 결합하고 있는 사실도 주목해보 아야 한다.(11-3) 재능과 재간은 둘이 아니다. 인사는 폐비간신이 세 운다는 사실을 기억하자. 이러한 이면의 논리들을 서로 결합해보면 재능은 폐비간신에서 나와서 인사에서 발휘된다고 볼 수 있다. 재능 이 재의 가능적인 측면(能)에 좀더 초점을 둔 표현이라면 재간은 재 가 어느 정도 완성되어 뼈대(幹)를 세워놓은 상태인 것이다.

이처럼 동무는「사단론」에서 재능의 출처를 암시하고 그 의의를 설명한다. 그리고「사상인변증론」에서 사상인 각각의 재간의 내용 을 구체적으로 지목하고 있다. 두 조를 함께 참조해서 보기 바란다.

버릴 인간은 그 어디에도 없다

「독행편」에는 "재才"의 기본적인 의미가 나타나 있다. 성性과 연관 지어 설명했다.(理之未盡於性者, 謂之才.「독행편」83) 그리고 나란히 "욕

慾"을 언급하고 있다.(欲之不合於情者, 謂之慾.) 이제 동무의 전체적인 몸 철학의 구도를 눈치채야 한다. 재와 욕은 동무 성정론의 키워드이다.(『이제마, 인간을 말하다』, 150~156쪽 참조)

인간의 성性과 욕慾을 정확히 인지하고 거기에서 비롯되는 재才와 사詐를 구분하여 자신을 반성이독행反誠而獨行하고 타인을 은오이양선隱惡而揚善하는 것이 바로 지인知人의 알파요 오메가이자 동무가 평생 마음으로 묵췌黙揣하고 몸으로 체행體行한 것이다.

동무가 재才를 중시하는 것은 그것이 양선揚善과 용인用人의 토대이기 때문이다. 몇 자의 썩은 부분이 있다 해서 통째로 버릴 수야 없지 않은가! 모든 인간에게는 폐비간신에서 우러나는 인의예지가 있기 때문이다. 모든 인간에게는 폐비간신에서 비롯되는 재능이 있기 때문이다.

공자는 낮잠 자는 재아宰我를 혹독히 비판했다. 그리고 "썩은 나무는 조각할 수 없고 거름흙으로 쌓은 담은 손질할 수 없다(朽木不可雕也, 糞土之牆不可朽也.『논어』「공야장」9)"며 재아를 버렸다. 그러나 동무는 인간을 끝까지 포기하지 않았다. 우리에게는 인의예지의 변함없는 마음이 숨어 있고 캐낼만한 재능 또한 감추어져 있다. 버릴 나무는 하나도 없고 버릴 인간은 어디에도 없다!

2-8.

호연지기는 폐비간신에서 나온다. 호연지리는 심에서 나온다. 인의예지라는 사장의 기를 넓히고 채우면 호연지기가 여기서 나온다. 비박탐나라는 마음의 욕심을 밝혀 구분해내면 호연지리가 여기서 나온다.

浩然之氣, 出於肺脾肝腎也. 浩然之理, 出於心也. 仁義禮智四臟之氣擴
而充之, 則浩然之氣出於此也. 鄙薄貪懦一心之慾明而辨之, 則浩然之理
出於此也.

【해설】

동무는 「사단론」에서 폐비간신과 심의 이원적 논법을 통해 사실
과 가치의 세계, 법칙과 윤리의 세계, 과학과 철학의 세계를 해명해
왔다.

본조는 호연지기를 새롭게 해석하고 호연지리를 최초로 주장하
면서 오장론을 통해 이기론을 재정립하고 있다.

맹자의 호연지기

호연지기를 말한 인물은 맹자다. 『맹자』에는 호연지기가 단 한
번 등장한다. 한 번의 출연으로 엄청난 세기적 히트를 친 것이다.
호연지기는 아마도 『맹자』에서 한국인이 가장 사랑하는 말에 속할
것이다. 그런데 맹자조차 호연지기를 정확히 설명하기가 어렵다고
말한다.

제자인 공손추가 물었다. "감히 여쭙겠습니다. 선생님께서는 어
떤 것에 장기가 있으십니까?" 맹자가 답한다. "나는 남의 말을 잘
알아듣고 또 나의 호연지기를 잘 기른다." 다시 물었다. "호연지

기가 무슨 말씀입니까? 감히 여쭙겠습니다." 맹자가 답한다. "말로 하기가 참 어렵다. 그 기라는 것이 너무나도 크고 너무나도 굳세어서 침해받지 않고 제대로만 길러진다면 하늘과 땅 사이에 가득 차게 된다. 또 그 기라는 것이 항상 의와 함께 하고 도와 같이 한다. 그러니 이것이 없으면 정말 빈껍데기일 뿐이다. 다시 말해서 호연지기는 내재적인 의를 축적하면서 자연스럽게 생겨나는 것이지 밖에 있던 의가 굴러들어와 하루아침에 얻어지는 것이 아니다."

"敢問夫子惡乎長?" 曰 "我知言, 我善養吾浩然之氣." "敢問何謂浩然之氣?" 曰 "難言也. 其爲氣也, 至大至剛, 以直養而無害, 則塞于天地之間. 其爲氣也, 配義與道. 無是, 餒也. 是集義所生者, 非義襲而取之也."(『맹자』「공손추」상2)

호연지기에 대한 맹자의 해설은 "지대지강至大至剛"과 "배의여도配義與道"로 압축된다. 너무나도 크고 너무나도 굳세어서 의가 아니면 함께 할 수 없고 길이 아니면 같이 할 수 없다고 말한다. 억지로 조장하지 않으면서 차곡차곡 쌓아간다면 결국 천지를 가득 채울 호연한 기를 기를 수 있다는 것이다. 호浩는 물이 넓게 흘러가는 모양을 나타낸다.

동무의 호연지기

그런데 동무는 난데없이 호연지기가 폐비간신에서 나온다고 말한다. 그리고 뒤이어 "인의예지사장지기仁義禮智四臟之氣"를 확충하면 호연지기가 나온다고 부연설명한다. 정말 뜬금없다. 이게 당최 무슨 소린가?

그 누구도 호연지기, 인의예지, 사장지기를 한 문장 안에 언급한 적이 없다. 동무의 뇌에서 최초로 결합된 단어들이다. 나는 이 문장을 한참 동안이나 이해할 수가 없었다.

먼저 "인의예지사장지기"를 어떻게 해석할지 종잡을 수가 없었다. 처음에는 당연히 인의예지와 사장지기라 읽었다. 그런데 대구를 이루는 문장을 보라. "비박탐나일심지욕鄙薄貪懦一心之慾"은 명백하게 비박탐나=일심지욕이란 뜻이다. 그렇지만 인의예지=사장지기는 도무지 생각하기 어려웠다. 둘은 너무나도 다른 개념이기 때문이다. 그래서 인의예지와 사장지기라 읽을 수밖에 없었던 것이다.

그러나 동무의 사고를 조금씩 이해하면서부터 인의예지가 곧 사장지기임을 부인할 수가 없게 되었다. 동무는 인의예지가 폐비간신에서 나온다고 봤다. 동무의 폐비간신이 함축하는 유학적 의미를 깨닫고 나서야 "인의예지사장지기"라는 표현을 이해할 수 있었다.

"인의예지사장지기仁義禮智四臟之氣"와 "비박탐나일심지욕鄙薄貪懦一心之慾"은 정확히 동일한 문장구조다. 동무는 지금 인의예지라는 사장의 기를 확충하면 호연지기가 여기서 비롯된다고 말하고 있다!

그런데 더 놀라운 것은 지금부터다. "인의예지사장지기"란 곧 인의예지를 기氣로 본다는 것이다. 이건 있을 수 없는 논리다. 고봉과 세대를 초월한 사칠논쟁을 벌인 퇴계가 들었으면 까무라칠 이야기다. 인의예지라는 인간의 성性을 기氣로 말하는 것은 주자를 완전히 뒤집는 이야기이기 때문이다.

그런데 동무는 아무렇지도 않게 인의예지는 기라고 말해버린다. 한마디로 '허걱'이다. 어떻게 이런 대단한 얘기를 대수롭지 않게 슬쩍 해버릴 수 있을까? 동무의 몸철학에서 인의예지는 폐비간신이라는 실질 장기에서 나오기 때문이다. 그러므로 그것은 기가 아닐 수가 없다!

동무는 호연지기라는 에너지의 궁극적인 출처가 폐비간신이라는 에너지 센터임을 명쾌하게 제시했다. 폐비간신이 제대로 길러지고 침해를 받지 않는다면(直養而無害) 호연지기가 천지를 가득 채우고도 남도록 흘러나올 것이다.

맹자는 의義를 쌓아나가면 호연지기를 기를 수 있다고 했다. "집의소생자集義所生者"라 말한다. 하지만 동무는 의만으로는 부족하다고 봤다. 그것은 인의예지가 다 함께 확충되어야 가능하다. 인의예지의 기가 심화되고 발현된 만큼 호연지기가 뻗어나온다고 설파한다. 맹자보다 스케일이 훨씬 더 크다. 맹자조차 미흡하게 풀어놓았던 호연지기를 맹자 자신의 언어를 빌어 맹자보다 더 분명하게 정의해놓고 있다!

호연지기는 인과 의와 예와 지가 모두 충만한 때 자연스럽게 발출되는 호방한 기운이다. 인의예지를 구현한 거대한 인격에서 우리는 지대지강至大至剛한 호연지기를 느낄 수 있는 것이다.

동무의 호연지리

동무공은 여기서 그치지 않는다. 호연지기와 나란히 호연지리를 말한다. 호연지기가 있으면 호연지리도 있지 않겠는가? 과연 듣고 보니 그러하다. 정말 기발하여 경이롭기까지 하다.

동무는 호연지리가 심에서 나온다고 말한다. 나의 몸에서 우주를 가득 채울 기운도 나오지만 우주를 가득 담을 이치도 나온다는 것이다. 구체적으로 말하면 인간의 심욕을 분명히 밝혀서 솎아내면 여기서 호연지리가 솟아나온다고 했다. 마음은 선할 수도 악할 수도 있는데, 마음에서 검게 물든 영역을 제거해내면 거기서 넓디넓은 이치가 우러나온다는 것이다. 이것이 심에서 호연지리가 나온다는 말의 의미다.

인간에게 호연지리가 있다는 것은 인간에게 만물을 남김없이 들여다볼 수 있는 전지적 이해의 가능성이 있다는 말과 같다. 자신을 반성하여 욕심을 덜어내고 진실할 수 있다면 우주를 이해할 수 있다는 것이다. 이보다 더 큰 즐거움이 어디 있겠는가?

맹자가 말했다. "만물은 모두 나에게 구비되어 있다. 자신을 반성하여 진실할 수 있다면 이보다 더 큰 즐거움이 어디 있겠는가!"

孟子曰 "萬物皆備於我矣. 反身而誠, 樂莫大焉."(『맹자』「진심」상4)

인의예지를 쌓아가면 호연지기가 나오고 비박탐나를 가려내면 호연지리가 나온다. 사장지기를 늘여가면 호연지기가 나오고 일심지욕을 덜어내면 호연지리가 나온다. 장기는 확충擴充하고 심욕은 명변明辨해야 한다.

동무는 「사단론」에서 줄곧 장리臟理를 말하다 본조에서 장기臟氣를 말한다. 본조의 특징은 폐비간신을 기氣의 차원에서 논하고 심을 이理의 차원에서 논하고 있다는 것이다.

호연지기와 호연지리

인의예지(장기臟氣)의 확충 → 호연지기	氣	폐비간신
비박탐나(심욕心慾)의 명변 → 호연지리	理	심

「사단론」은 폐비간신과 심이라는 의학적 언어로 유학적인 문제를 하나하나 풀어가고 있다. 본문을 통해 동무는 주자를 한 줄도 언급하지 않으면서 주자의 이기론을 일거에 날려버린다. 그 근원의 힘은 오장에서 나온다. 기존 유학을 지배하던 추상적 개념의 판을 엎어버리고 의학에 기반한 몸이라는 구체적 판을 새롭게 깐다. 새로운 판 위에 새로운 철학적 구조물을 세워가고 있다.

이 짧은 문장으로 오장의 토대 위에서 호연지기를 해명하고 호연지리를 창립하며 주자학을 쓸어내버리고 있다. 동무는 위대한 의사이자 탁월한 유자이며 동시에 빼어난 시인이다.

2-9.

내가 "성인의 마음에는 욕심이 없다"라고 한 것은 노자나 붓다처럼 청정적멸하여 욕심이 없다고 말한 것이 아니다. 성인의 마음은 세상의 혼란을 깊이 걱정한다. 그래서 그저 욕심이 없을 뿐만 아니라 또한 자신의 욕심을 돌볼 겨를조차 없다. 세상의 혼란을 깊이 걱정하여 자신의 욕심을 돌볼 겨를조차 없는 자는 필연코 배움에 싫증내지 않고 가르침에 게으르지 않는다. 다시

말해서 배움에 싫증내지 않고 가르침에 게으르지 않은 것이야
말로 바로 성인의 무욕이다. 한 오라기라도 개인적인 욕심이 있
다면 요순의 마음이 아니다. 나아가 한순간이라도 세상의 근심
이 없다면 공맹의 마음이 아니다.

"聖人之心無慾"云者, 非淸淨寂滅如老佛之無慾也. 聖人之心深憂天下
之不治, 故非但無慾也, 亦未暇及於一己之慾也. 深憂天下之不治, 而未
暇及於一己之慾者, 必學不厭而敎不倦也. 學不厭而敎不倦者, 卽聖人之
無慾也. 毫有一己之慾, 則非堯舜之心也. 暫無天下之憂, 則非孔孟之心
也.

【해설】

성인의 무욕을 부연설명하면서 지금까지의 논의를 일단락짓고 있
다.

공맹의 무욕, 노불의 무욕

"聖人之心, 無慾也"는 2-6에 나왔다. 무욕은 욕심이 없다는 간단
한 뜻이다.

"청정淸淨"은 번뇌에 물들지 않은 깨끗한 상태를 뜻한다. "적멸寂
滅"은 번뇌가 모두 소멸된 상태다. 열반과 동의어다. 석가모니의 진
신사리를 모신 법당을 적멸보궁寂滅寶宮이라 한다.

조선 문명의 설계자인 정도전鄭道傳(1342~1398)은 새로운 나라를
건설하면서 그 운영체제로 유학이라는 소프트웨어를 깔았다. 그래

서 노불을 비판하고 유학의 본령을 확립하고자 하는 글을 여러 편 짓게 된다. 청정적멸은 정도전이 노불의 대표적인 특성으로 지적한 술어였다.

> 석가와 노자의 학문은 청정과 적멸을 숭상한다. 윤리의 중대함과 예악의 아름다움마저도 기어이 제거하여 멸절하려 한다.
> 若夫釋老之學, 以淸淨寂滅爲尙. 雖彝倫之大, 禮樂之懿, 亦必欲屛除而 滅絶之.(『心氣理篇』「理諭心氣」)

또한 노불을 배척하고 유학의 정통성을 옹호한 당나라 문인 한유 韓愈(768~824) 역시 노불의 특징으로 청정적멸을 말하고 있다.(今其法 曰 "必棄而君臣, 去而父子." 禁而相生相養之道, 以求其所謂淸淨寂滅者. 『原道』) 한유는 대표적인 철학 논문인 『원도』 외에도 『원성原性』을 통해 자신 의 인성론을 밝혔으며 자기 반성의 글인 『오잠五箴』을 짓기도 했다.

동무도 한유를 읽었을 가능성이 있다. 한유를 한퇴지韓退之라 부 르며 소음인으로 언급하는 문장이 있기 때문이다.(권9-4) 한유의 글 을 읽지 않고 한유의 체질을 짐작할 수는 없었을 것이다. 동무가 『초본권』의 첫 장에 붙인 제목이 무엇인가? 「원인原人」이다. 유도儒 道의 근원을 캐고 인성人性의 근원을 추구한 한유의 정신과 상통한 다. 동무의 가장 중요한 철학 저술 중 하나인 「반성잠」의 원래 제목 이 「팔잠」이었다는 것도 시사하는 바가 크다.

다시 본문으로 돌아가보자. 동무는 노자의 무욕을 청정이란 말 로 설명하고 붓다의 무욕은 적멸이란 말로 설명한다. 그러나 노자가 청정을 이야기한 적은 있으나(『도덕경』 45) 적멸을 말한 적은 없고,

무욕無欲은 누차 언급하나(『도덕경』 1, 3, 34, 37, 57) 무욕無慾은 말하지 않았다.

청정이나 적멸은 사실 모두 불교 용어라 볼 수 있다. 아마 조선 유자의 심상에 노자를 청정으로 말하고 붓다를 적멸로 이해하는 것이 도교와 불교에 대한 보편적인 이미지였을 것이다.

동무는 노불과 공맹의 차이가 무욕의 사회적인 의미에 있다고 말한다. 노불에 있어서 무욕은 매우 개인적인 차원의 심성론에서 벗어나지 못한다고 비판하는 것이다. 동무는 무욕이 다만 개인적 수양에 머무는 것이 아니라 사회적 헌신을 동반하고 있음을 강조한다.

오히려 사회적인 헌신으로 인하여 개인적인 무욕은 노력하지 않아도 저절로 이루어진다고 말한다. 그 헌신의 극상에서 완전한 무욕에 자달自達한 인물이 바로 요순이라는 것이다. 한순간도 세상 근심을 놓지 않는 마음이 바로 공맹의 마음이라는 것이다. 이러한 사회적 관심을 동무는 "우憂"라 표현하고 있다. 이를 유학의 우환의식이라 부르기도 한다.

학불렴, 교불권

그런데 이런 사회적 헌신은 반드시 끊임없이 배우고 또 가르치는 학문의 과정을 통해 달성된다고 말한다. 성인은 간단없이 배우고 가르치는 과정을 통해 사회의 질서(治)를 유지하며 개인의 심욕을 제어한다. 배움에 지치지 말고 가르침에 게으르지 말라! 그러면 세상을 구원하고 자신을 구하리라!

옛날에 제자인 자공이 공자에게 물었다. "선생님은 성인이시죠?" 공자가 답하셨다. "성인은 내가 할 수 있는 일이 아니니라. 나는 그저 배우는 데 싫증내지 않고 가르치는 데 게으르지 않는 정도지." 자공이 말했다. "배움에 싫증이 없음은 지智요, 가르침에 게으름이 없음은 인仁입니다. 인하시고 또 지하시니 선생님이야말로 성인이십니다!"

昔者子貢問於孔子曰 "夫子聖矣乎?" 孔子曰 "聖則吾不能, 我學不厭而教不倦也." 子貢曰 "學不厭, 智也. 教不倦, 仁也. 仁且智, 夫子旣聖矣!" (『맹자』 「공손추」 상2)

"학불렴이교불권學不厭而教不倦"의 정확한 출전은 『맹자』다. 『논어』에도 비슷한 문장이 공자의 말로 나온다.(「술이」 2, 33) 자공이 공자에게 "선생님 성인 맞으시죠?"라고 약간 낯뜨거운 질문을 던지는데 학불렴, 교불권은 이러한 질문에 대한 공자의 겸사의 표현으로 등장하고 있다. 이에 자공은 그것이야말로 성인의 증표라 인증한다.

동무 역시 학불렴과 교불권이야말로 성인의 무욕이라 해석했다. 그것이 바로 사회적 실천의 과정이며 성인의 본무라 봤다. 배우지 않고 혼란을 다스릴 수 없고 가르치지 않고 세상을 바로잡을 수 없다.

자공이 여쭈었다. "널리 백성에게 베풀어서 대중을 구제하는 사람이 있다면 어떻습니까? 스승님이 항상 강조하시는 인한 자라 할 수 있겠습니까?" 공자께서 말씀하셨다. "어찌 인한 정도겠는가? 반드시 성인이라 불러야 한다! 요순도 늘 그렇게 못할까 마음 아파하셨거늘! 어진 사람이란 자기가 서려면 남부터 서게 하고 자기가 건너려면 남부터 건너게 한다!"

子貢曰 "如有博施於民而能濟衆, 何如? 可謂仁乎?" 子曰 "何事於仁?
必也聖乎! 堯舜其猶病諸! 夫仁者, 己欲立而立人, 己欲達而達人!"(『논
어』「옹야」 28)

다시 자공이 등장한다. 이번엔 인仁을 여쭤본다. 대중을 구제한다
면 인자仁者라 할 수 있을까요? 그런데 공자의 답변이 놀랍다. 그것
은 인을 넘어선다. 그것은 지고의 경지다. 널리 대중을 구제하는 사
람이 있다면 성인이라 불러 마땅하다. 세상을 구하라. 세상이 먼저
다. 세상이 바로 서지 않고 내가 바로 설 수 없다. 이러한 공자의 의
식이 2000년을 흘러내려 동무의 머리에 고스란히 담겨 있다.

1885년 미국 북장로회 소속 의료선교사인 알렌Horace Newton
Allen(1858~1932)의 건의로 설립된 우리나라 최초의 서양식 국립병
원이 제중원이다. 제중濟衆의 출전이 『논어』다. 제대로 지은 이름이
다. 실제로 일반 백성을 중심으로 거지부터 왕족까지 조선의 전 계
층을 돌봤다고 한다.

개원 후 1년 동안 1만여 명의 환자를 진료했다고 하는데 첫 1년
동안 진료한 주요 질환을 보면 말라리아가 가장 흔했다. 급성전염병
이다. 동무의 시대 의사의 중요한 임무가 무엇이었는지 알 수 있다.

"천하지불치天下之不治"의 원인은 중인의 마음이 유욕有慾하기 때
문이다. "천하지우天下之憂"는 곧 중인이다. 중인이 바로 성인이 쉼 없
이 근심하는 바다. 2-6과 함께 읽으면 그 뜻이 명료하게 해석된다.

태양인은 애성이 멀리 흩어지고 노정이 바쁘고 서두른다. 애성
이 멀리 흩어지면 기가 폐에 흘러들어 폐가 점점 성해진다. 노정
이 바쁘고 서두르면 기가 간에 부딪혀 간이 점점 깎인다. 이것
이 태양의 장국이 폐대간소하게 형성되는 이유다. 소양인은 노
성이 크게 끌어안고 애정이 바쁘고 서두른다. 노성이 크게 끌어
안으면 기가 비에 흘러들어 비가 점점 성해진다. 애정이 바쁘고
서두르면 기가 신에 부딪혀 신이 점점 깎인다. 이것이 소양의 장
국이 비대신소하게 형성되는 이유다. 태음인은 희성이 넓게 펴
지고 낙정이 바쁘고 서두른다. 희성이 넓게 펴지면 기가 간에
흘러들어 간이 점점 성해진다. 낙정이 바쁘고 서두르면 기가 폐
에 부딪혀 폐가 점점 깎인다. 이것이 태음의 장국이 간대폐소하
게 형성되는 이유다. 소음인은 낙성이 깊이 단단해지고 희정이
바쁘고 서두른다. 낙성이 깊이 단단해지면 기가 신에 흘러들어
신이 점점 성해진다. 희정이 바쁘고 서두르면 기가 비에 부딪혀
비가 점점 깎인다. 이것이 소음의 장국이 신대비소하게 형성되
는 이유다.

太陽人哀性遠散而怒情促急. 哀性遠散, 則氣注肺而肺益盛. 怒情促急,
則氣激肝而肝益削. 太陽之臟局, 所以成形於肺大肝小也. 少陽人怒性宏
抱而哀情促急. 怒性宏抱, 則氣注脾而脾益盛. 哀情促急, 則氣激腎而腎
益削. 少陽之臟局, 所以成形於脾大腎小也. 太陰人喜性廣張而樂情促
急. 喜性廣張, 則氣注肝而肝益盛. 樂情促急, 則氣激肺而肺益削. 太陰
之臟局, 所以成形於肝大肺小也. 少陰人樂性深確而喜情促急. 樂性深
確, 則氣注腎而腎益盛. 喜情促急, 則氣激脾而脾益削. 少陰之臟局, 所

以成形於腎大脾小也.

【해설】

다시 1조로 돌아간다. 본조는 1조를 해설한다. 장리의 소이연을 설명하면서 새로운 테마가 펼쳐진다. 그 테마는 바로 희로애락이다. 희로애락이야말로『동의수세보원』의 숨은 주인공이다.

본조부터「사단론」의 후반부가 시작된다. 전반부는 폐비간신을 토대로 성인론을 논술했다면 후반부는 폐비간신을 기본으로 희로애락론을 서술한다.

사상인 발생의 유학적 원리

1조에서 폐비간신의 장리는 사상인 형성의 의학적 원리라고 말씀드렸다. 희로애락의 성정은 사상인 발생의 유학적 원리다! 성정은 유학 인성론의 주제였다. 성정론은 보이는 것(감정, 情)으로 보이지 않는 것(본성, 性)을 파악하려는 시도였다.

전통적으로 희로애락의 미발未發을 성이라 하고 이발已發을 정으로 논했지만 동무는 그런 구분을 취하지 않는다. 희로애락 자체에 성과 정의 측면이 모두 있다고 본다. 이제부터 희로애락의 성과 정을 본격적으로 논의한다.

희로애락의 성정에 따른 사상인 장리의 형성

사상인	성정론				장리
태양인	哀	性	遠散	氣注肺	폐대간소
	怒	情	促急	氣激肝	
소양인	怒	性	宏抱	氣注脾	비대신소
	哀	情	促急	氣激腎	
태음인	喜	性	廣張	氣注肝	간대폐소
	樂	情	促急	氣激肺	
소음인	樂	性	深確	氣注腎	신대비소
	喜	情	促急	氣激脾	

애성의 원산은 멀리 흩어지다, 노성의 굉포는 크게 끌어안다, 희성의 광장은 넓게 펴지다, 낙성의 심확은 깊이 단단해지다는 뜻이다. 애로희락의 성은 매우 산포장확散抱張確하다. 원굉광심遠宏廣深은 산포장확을 꾸며주는 부사다.

반면 애정, 노정, 희정, 낙정은 다 촉급하다. 촉급은 바쁘고 급한 것이다.

"주注"는 붓다, 물을 댄다는 뜻으로 순조롭게 공급됨을 의미한다. 그 결과 장국이 점점 더 왕성해진다(益盛). "격激"은 세차게 부딪혀 흐른다는 뜻이다. 오히려 깎아낸다. 그 결과 장국이 더욱더 삭감된다(益削).

희로애락의 성性은 장국의 기를 보태 왕성하게 만들고 정情은 장국의 기를 깎아 삭감시킨다. 그 함축된 의미는 차차 풀어보겠지만 이런 표현들은 일단 성정과 장국의 상관성에 대한 이미지를 쉽게 그리게 해준다. 여기 그 연결고리로 기氣라는 어휘를 사용했다는 사실을 기억하자.

동무는 희로애락을 통해 폐비간신을 설명하고 있다. 희로애락의 성정이 장국의 형성을 결정하는 인간의 가장 본원적인 에너지임을 표방하고 있다. 동무는 희로애락이 폐비간신에 앞서는 장리 형성의 원천이라고 보았다.

하늘의 감정, 인간의 감정

그런데 가만히 보면 애로희락지성의 산포장확은 천기가 탕대광막蕩大廣邈한 것과 비슷하다.(1-4) 실제 애로희락의 성은 천기에서 발동한다. 「확충론」을 보라. 애성은 듣는 것(聽)이고 노성은 보는 것(視)이며 희성은 냄새 맡는 것(嗅)이고 낙성은 맛보는 것(味)이라 말한다.(3-1) 성은 원래 내 안의 하늘이다. 애로희락의 성이란 곧 애로희락의 하늘적인 측면인 것이다.

한편 「확충론」은 애로희락의 정이 인사에서 발생한다고 설명한다. 인간관계에서 촉발되는 펄펄 살아뛰는 감정 그 자체라고 말한다.(3-1) 정은 곧 내 안의 인간이다. 애로희락의 정이란 애로희락의 인간적인 측면이다.

이처럼 동무가 희로애락의 성에서 하늘을 보고 정에서 인간을 보았다는 사실을 우리는 미리 숙지하고 있어야 한다. 애성, 노성, 희성, 낙성은 천기에서 발동하는 청시후미의 감성이다. 그것은 사실 흔히 말하는 인간의 감정의 영역이 아니다. 오히려 하늘의 감정이라고 할까? 그것은 이목비구가 세상을 살필 때 나타나는 하늘의 감정이다. 그것은 하늘을 닮았다. 그래서 하늘이 탕대광막蕩大廣邈하듯

이(1-4) 산포장확한 것이다. 희로애락을 성으로 말한 자는 아무도 없었다. 희로애락의 성을 말한 것은 동무만의 매우 독특한 사유에 속한다.

애정, 노정, 희정, 낙정이 바로 우리가 흔히 이야기하는 감정의 세계다. 그것은 인사에서 발생하는 희로애락이다. 설명이 필요 없는 인간의 감정 그 자체다. 인사는 수성정치修成整治해야 하는 극기克己의 세계라 한 것을 기억하는가?(1-6) 그래서 인사에서 발생하는 희로애락 역시 항계恒戒와 자반自反이 필수적이다.(2-26)

단도직입적으로 말하면 동무는 성에 대한 걱정이 없다. 성은 하늘이 부여한 고귀한 본성의 영역이다. 앞으로 펼쳐질 문장을 유심히 살펴보라. 성은 인간의 장점을 설명하는 데 쓰인다.

문제는 항상 정에 있다. 살아 꿈틀거리는 인간의 정이 인생의 관건이다. 동무는 정으로 인간의 단점을 설명한다. 본조 역시 이러한 맥락에서 기술된 것이다. 성으로 주기注氣를, 정으로 격기激氣를 말하며, 성으로 성장盛臟을, 정으로 삭장削臟을 논한다.

희로애락이 곧 너의 생명이다

희로애락은 『중용』의 언어다. 자사는 『중용』 1장에서 하늘을 말하고 명命과 성性과 도道와 교敎를 말하다 갑자기 희로애락을 말한다.

희로애락이 발현되지 않은 상태를 중中이라 말한다. 발현되어 상

황에 모두 들어맞는 것을 화和라고 말한다. 중이란 것은 천하의
대본이다. 화라는 것은 천하의 달도다. 중화를 이룩하면 천지가
바로 자리잡고 만물이 제대로 자란다.

喜怒哀樂之未發, 謂之中. 發而皆中節, 謂之和. 中也者, 天下之大本也.
和也者, 天下之達道也. 致中和, 天地位焉, 萬物育焉.(『중용』1)

희로애락의 중화라는 것이 천하의 대본이며 달도이고 천지의 질
서와 만물의 성장의 바탕이라는 것이다. 도대체 이 황당하고도 엄
청난 주장은 무슨 소리일까? 희로애락에 대해 극상의 평가를 매긴
다는 것은 일단 그렇다 치고 넘어가더라도 인간의 희로애락이 우주
만물과 무슨 상관이란 말인가?

동무는 유학의 성구인 이 문장을 자나 깨나 생각했을 것이다. 동
무가 보기에 희로애락은 인의예지와 더불어 인간의 가장 중요한 주
제였다. 더욱이 그것은 모두 네 글자로 되어 있다. 우연도 이런 우연
이 있을까? 동무는 거기서 반드시 해명해야 할 어떤 필연을 느꼈을
것이다.

본조를 다시 보자. 기氣를 매개로 희로애락이 폐비간신과 연결된
다. 좀 어이없기도 하고 완전 막무가내 같기도 하다. 무슨 근거로 이
런 말을 내뱉는 걸까? 이러한 시도를 통해 동무가 노린 일차적인 목
표는 희로애락이라는 테마를 가장 중요한 곳으로, 곧 생명의 근간
인 폐비간신의 차원으로 끌어올린 것이다.

우리는 본조를 읽고 경악해야 한다. 인간의 생명에서 가장 먼저
형성되는 것은 희로애락이라고 주장하고 있기 때문이다. 희로애락
이 장기臟氣를 깎기도 하고 보태기도 한다는 말은 희로애락에서 장

기가 생겨나며 뼈와 살이 붙고 피가 돈다는 말이다. 그것이 내 몸의 유전자라는 말과 다름이 없다.

나의 애로지기哀怒之氣로 인해 폐대간소해지고 거기서부터 체형과 성질과 질병이 모두 비롯된다! 동무는 이렇게 황당한 주장을 너무 진지하게 하고 있다. 『동의수세보원』은 한마디로 성정의학이다. 희로애락으로 만든 의학이다.

그러므로 희로애락이 망가지면 가장 근원적인 차원에서 무너지는 것이다. 사생수요死生壽夭의 관건이 여기 달렸다.(2-22) 자신이 무너지고 관계가 어그러진다. 그래서 건강에서 가장 주의해야 할 것이 희로애락이며 인생에서 가장 경계해야 할 것이 희로애락이다. 희로애락의 중화는 바로 건강의 제1원칙이자 인생의 제1강령이다! 본조는 『중용』 1장의 희로애락에 대한 혁신적인 해석이라 말할 수 있다.

「사단론」의 후반부는 『중용』의 희로애락에 관한 동무의 연구 결과물이다. 희로애락은 『격치고』에서 단련되어 『동의수세보원』에서 정상의 위치를 차지하고 있다.

천하를 다스릴 수는 있어도

우리는 희로애락의 의미를 깊게 또 깊게 생각해보아야 한다. 그것은 동무가 『동의수세보원』을 통해 간곡히 설명하고자 한 것이기 때문이다. 희로애락이 인생에 얼마나 기본적인 문제인지, 또 건강에 얼마나 결정적인 사안인지 숙고해보아야 한다. 아무리 혜각과 자업으로 무장한 인물일지라도, 또 그것으로 우주를 논하고 세상을 구원한 위인일지라도 희로애락의 굴레를 벗어날 수는 없다.

공자가 말한다. "천하국가도 평등하게 다스릴 수 있다. 높은 벼슬이나 봉록도 사양할 수 있다. 서슬퍼런 칼날조차 밟을 수도 있다. 그러나 중용만은 능하기 어렵다."

子曰 "天下國家可均也, 爵祿可辭也, 白刃可蹈也, 中庸不可能也."(『중용』9)

그것은 범용하나 진실로 지키기가 어려운 중용의 세계이며 불가능의 세계다. 희로애락이야말로 누구도 비껴갈 수 없는 평범한 일상적 문제이며 누구도 능하기 어려운 중용의 실천적 문제다. 거기엔 이성적 인간의 허상을 무너뜨리는 인간에 대한 근본적인 통찰이 담겨 있다. 희로애락이 먼저다.

희로애락의 중절中節이 뭐 그리 어려울까? 그까짓 거 하면 되지. 별로 대수롭지 않게 보일 수도 있다. 그러나 감정의 조절이 더더욱 어려운 이유는 그것이 선악과도 무관하며 시비와도 무관하다는 데 있다. 내가 착하다고 희로애락이 엄습하지 않는 것이 아니다. 내가 옳다고 희로애락이 침범하지 않는 것이 아니다. 오히려 나의 선함과 나의 옳음에 대한 확신이 더욱 쉽게 희로애락의 덫에 걸려드는 원인이 된다.

여기 희로애락이 갖고 있는 아이러니가 있다. 인간세는 결국 내 뜻대로만 되는 게 아니다. 그냥 무시로 덮칠 뿐이다. 오직 알고 준비하는 자만이 피할 수 있고 당하고 반성하는 자만이 극복할 수 있다.

머리로 우주를 다 품을 수도 있고 몸으로 인간을 다 구원할 수도 있다. 그러나 동무는 말한다. 희로애락만은 능하기 어렵다! 너의 희로애락부터 먼저 챙겨라! 이것이 동무의 근사록인 것이다.

동무는 인류 역사상 희로애락의 의미를 가장 근원적인 차원에서 규정하고 체계화한 의학자라 할 수 있을 것이다. 동무만큼 희로애락을 중시한 사람은 드물다. 동무는 우리의 희로애락에 대한 시각을 근본적으로 개혁할 것을 주장한다.

희로애락은 결코 인간의 말초적인 감정이 아니다. 그것은 가장 근원적인 생명의 원류다. 이러한 코페르니쿠스적인 인식의 전환 없이는 동무가 이해되질 않으며 『동의수세보원』이 독파되지 않는다.

2-11.

폐기는 곧고 펴진다. 비기는 여물고 감싼다. 간기는 느긋하고 부드럽다. 신기는 따뜻하고 쌓인다.

肺氣直而伸. 脾氣栗而包. 肝氣寬而緩. 腎氣溫而畜.

【해설】

「사단론」 1조는 폐비간신의 상호 관련성이었다. 동무는 사실 폐비간신 자체에 대해서는 거의 언급한 바가 없다. 본조는 『동의수세보원』에서 폐비간신 각각의 특성을 논한 몇 안 되는 문장 중 하나다.

장기臟氣와 성기性氣

장리는 장의 원리이며 그것은 장의 상관성에 관한 것이었다. 그 상관성이 네 가지로 분류된다는 것이 장리이며 「사단론」 1조의 내용이다.

본조는 장리에 이어 장기臟氣를 설명하고 있다. 장 자체를 논하고 있다. 폐는 무엇이고 비는 무엇이며 간은 무엇이고 신은 무엇인가? 동무는 그것을 기의 언어로 서술하고 있다. 이는 가장 기본적인 성격에 관한 설명이다.

"폐기肺氣"는 100미터 주자와 같다. 좌우 볼 것 없이 곧바로 세차게 달려나간다(直而伸). 앞만 보고 뛴다.

"비기脾氣"는 꽉 쥔 주먹과 같다. 단단하게 움켜쥔다(栗而包). 율율은 밤 율자인데 한두정은 견고하다로 훈을 달았다.

"간기肝氣"는 물에 퍼지는 잉크와 같다. 느긋하게 퍼져나간다(寬而緩). 주변을 천천히 물들인다.

"신기腎氣"는 깃털로 쌓은 둥지와 같다. 포근하게 쌓여간다(溫而畜). 흔들림 없는 안정감이 있다.

본조에서 장기의 속성으로 선택된 어휘는 곧 사상인의 특성을 설명하는 언어와 동일하다. 태양인은 세차게 달려나가고 소양인은 단단하게 움켜쥐고 태음인은 느긋하게 퍼져나가며 소음인은 포근하게 쌓이는 느낌이다. 태소음양인의 이미지를 그대로 반영하고 있다.

폐기가 직신直伸한 것은 애기가 원산遠散하기 때문이다.

비기가 율포栗包한 것은 노기가 굉포宏抱하기 때문이다.

간기가 관완寬緩한 것은 희기가 광장廣張하기 때문이다.

신기가 온축溫畜한 것은 낙기가 심확深確하기 때문이다.

직률관온은 즉 산포장확과 같은 의미다. 『초본권』에는 직률관온을 희로애락의 특징으로 설명한다. 직률관온은 희로애락지기이면서 동시에 폐비간신지기인 것이다.

"哀則直, 怒則栗, 喜則寬, 樂則溫."(권5-6)

장기는 곧 성기에서 비롯된다.

장기와 인의예지

동무가 앞서 폐비간신의 기를 말한 문장이 또 있었다. 기억나는 가? 바로 "인의예지사장지기仁義禮智四臟之氣"다.(2-8) 인의예지는 폐비간신의 기인 것이다. 직신의 마음이 인이고 율포의 마음이 예이며 관완의 마음이 의이고 온축의 마음이 지다.(이러한 연결은 「독행편」 81을 따름) 인의예지는 폐비간신이 발출하는 순선의 기다.

이질을 동류로 만드는 힘이 기에는 있다. 동무는 기를 통해 애로희락과 폐비간신을 통합하고 인의예지와 폐비간신을 결합하고 있다. 이들을 동차원에서 논한다는 것은 참으로 놀라운 일이다.

폐비간신의 형성

체내 기의 발생과정				
순서1		순서2		순서3
애	원산遠散	폐	직신直伸	인
노	굉포宏抱	비	율포栗包	예
희	광장廣張	간	관완寬緩	의
낙	심확深確	신	온축溫畜	지

2-12.

폐로 내뿜고 간으로 들이킨다. 간과 폐는 곧 기액을 내뿜고 들이키는 문이다. 비로 받아들이고 신으로 내보낸다. 신과 비는 곧 수곡을 받아들이고 내보내는 창고다.

肺以呼, 肝以吸. 肝肺者, 呼吸氣液之門戶也. 脾以納, 腎以出. 腎脾者, 出納水穀之府庫也.

【해설】

폐비간신의 기능을 설명한 유명한 문장이다. 폐비간신에 대한 최초의 의학적 설명이기도 하다. 그 기능이 폐와 간, 비와 신의 상관성 속에서 설명되고 있다.

폐비간신의 의학적 정의

"폐이호肺以呼"란 폐로써 호한다로 번역된다. 인체의 호의 기능이 폐에 귀속된다는 뜻이다. "흡吸"은 간의 기능이라 했다. 그러면 무엇을 호흡하는가? 그 대상이 "기액氣液"이다. 마찬가지로 비는 "납納" 하고 신은 "출出"한다. 그 출납의 대상은 "수곡水穀"이다.

기액과 수곡은 외부에서 공급되는 생명의 필수 원료라 생각하면 된다. 기액과 수곡의 공급을 통해 생명은 영위된다.

수곡은 쉽게 해석된다. 입으로 먹고 마시는 것, 곧 음식과 동의어다. 기액은 요즘 말로 공기에 해당한다. 코로 먹고 마시는 것, 그것이 기액이다. 공기 없이 살 수 없다. 음식 없이도 살 수 없다. 어느 하나만 없어도 생명의 유지는 불가능하다. 생명에 필요한 2대 필수 영양분이 바로 기액과 수곡이다.

이러한 필수 영양요소의 대사에 관여하는 체내 기관이 바로 폐간과 비신이라는 것이다. 폐는 대사를 마친 공기를 내뿜게 해준다. 간은 대사를 위한 공기를 들이키게 해준다. 비는 대사에 필요한 음식을 수납한다. 신은 대사를 끝낸 음식을 배출한다.

간과 비는 섭취기관이며, 폐와 신은 배설기관이다. 잘 먹고 또 잘 싸야 건강한 생명이며 그것은 폐비간신에 달린 것이다. 폐비간신은 기액의 정상적인 호흡을 주관하고 수액의 원활한 출납을 담당한다.

기액과 수곡은 전래 기미론의 동무식 표현이라 볼 수 있다. 전통의 기미론은 『내경』에 등장한다.

하늘은 오기五氣로 사람을 먹이고 땅은 오미五味로 사람을 먹인다. 오기는 코로 들어가서 심과 폐에 저장된다. 위로 올라가 얼굴에 오색이 밝게 나타나게 하며 목소리가 또렷하게 해준다. 오미는 입으로 들어가서 장과 위에 저장된다. 미는 저장되었다가 오장의 기를 기르는데 오장의 기가 조화를 이루면서 생기가 나오고 진액이 만들어지며 신기神氣가 발생한다.

天食人以五氣, 地食人以五味. 五氣入鼻, 藏於心肺, 上使五色修明, 音聲能彰. 五味入口, 藏於腸胃. 味有所藏, 以養五氣. 氣和而生, 津液相成, 神乃自生.(『黃帝內經素問』「六節藏象論」)

　인간은 코로 기氣를 먹고 입으로 미味를 먹는다. 기는 하늘이 주는 것이고 미는 땅이 주는 것이다. 기는 하늘의 산물을, 미는 땅의 산물을 대표한다. 『내경』은 기미가 생명의 원료라 말한다. 『내경』의 기미론에 상응하는 것이 바로 『보원』의 기액수곡론이다.

　그런데 동무의 독창처는 기액수곡의 운영센터를 전혀 다른 곳으로 보고 있다는 것이다. 『내경』은 오기의 저장처로 심폐心肺를 말하고 오미의 소장처로 장위腸胃를 말하지만 『보원』은 그것을 모두 폐비간신이라는 장臟의 수준으로 올렸다. 그리고 단순히 저장에 그치지 않고 배출을 동시에 말한다. 기미의 중요도에 걸맞게 의학적으로 재정립한 것이다!

기미론의 재정립

『황제내경소문』			『동의수세보원』		
오기			기액	폐	호
	심폐	저장		간	흡
오미			수곡	신	출
	장위	저장		비	납

　생명 운영의 두 축을 폐-간과 비-신의 짝으로 설정했다는 데 또다시 동무의 놀라운 통찰이 있다. 내 몸이 기를 들이키고 내뿜을

수 있는 것은 폐간의 작용으로 가능하다. 내 몸이 미를 흡수하고 배출하는 것은 비신의 작용으로 가능하다.

폐비간신의 기능

장기	기능	대상	의미	
폐	호	기액	기氣	천天
간	흡			
비	납	수곡	미味	지地
신	출			

하나라도 고장 나면 생명은 정지다. 생명의 가장 중요한 역할을 하나씩 분배받은 것이다. 호흡출납은 생명의 대사를 표현하는 대표적인 단어이며 그 각각을 폐비간신이 담당하고 있다. 동무의 언어는 과연 남김이 없고 또한 빈틈도 없다.

기액에 담긴 뜻

수곡의 문제는 전혀 어려울 것이 없다. 음식이 위장으로 흡수되어 대장으로 배설되는 생리적 과정을 그대로 보여준다. 「태양인내촉소장병론」의 문장을 먼저 살펴보자.

음식이 위로 들어오면 비가 호위하고 대장으로 나가면 신이 호위한다. 비와 신은 음식이 들락날락하는 창고로 번갈아 차고 빈다. 기액이 위완으로 내뿜으면 폐가 호위하고 소장으로 들이키면 간이 호위한다. 폐와 간은 기액이 드나드는 문으로 번갈아 나가고 들어온다.

水穀納於胃而脾衛之, 出於大腸而腎衛之. 脾腎者出納水穀之府庫, 而迭爲補瀉者也. 氣液呼於胃脘而肺衛之, 吸於小腸而肝衛之. 肺肝者呼吸氣液之門戶, 而迭爲進退者也.(9-2-8)

장과 부의 역할이 일목요연하게 나타난다. 수곡은 위장과 대장의 문제다. 입으로 들어와서 똥으로 나가는 문제다. 소음인이 위장이 건강하면 음식을 잘 소화한다고 했다. 또 소양인이 대장이 건강하면 대변을 잘 본다고 했다.(11-15)

그런데 기액은 위완과 소장의 문제라고 말한다. 잘 보라. 위완, 위, 소장, 대장이 나온다. 위완은 명백하게 식도를 말한다. 그런데 그 기능을 서양의학과는 다르게 본다. 기액을 위완에서 내뿜는다고 했는데 폐는 관리, 감독의 임무를 맡는다. 위완에서 내뿜는 것이 바로 호기이고 땀이다. 태음인이 위완이 건강하면 땀이 잘 난다고 한 말이 이것이다.(11-15)

기액을 들이키는 것은 소장이다. 간은 역시 관리 책임자다. 소장으로 들이키는 것이 흡기다. 그런데 그 흡기가 모인 것이 다름 아닌 바로 오줌이다. 태양인이 소장이 건강하면 소변을 잘 본다고 한 말이 바로 이것이다.(11-15)

이처럼 기액은 위완과 소장의 문제다. 코로 들어와서 땀으로 나가고 오줌이 되는 문제다. 그래서 단순히 기라고만 하지 않고 액을 덧붙여 기액이라 합칭한 것이다. 동무는 땀을 위완의 문제, 소변을 소장의 문제로 본다. 현대 생리학의 개념과 다른 부분이나 무시할 수 없는 나름의 논리가 있다.

인간은 음식과 공기를 섭취하고 대소변과 땀을 배설한다. 동무는 수곡과 기액을 통해 음식, 공기, 대변, 소변, 땀이라는 의학이 다루어야 할 가장 기본적인 요소들을 빠짐없이 취급한다.

2-13.

애기는 곧바로 상승한다. 노기는 비스듬히 상승한다. 희기는 비스듬히 하강한다. 낙기는 아래로 하강한다.

哀氣直升. 怒氣橫升. 喜氣放降. 樂氣陷降.

【해설】

앞서 밝혔듯, 10조부터 새로운 테마가 시작된다. 폐비간신과 희로애락의 결합을 선언한 10조에 이어 11, 12조는 폐비간신을 설명하고 13조부터 희로애락을 설명한다. 23조를 제외하면 13조부터 시작된 희로애락이라는 주제는 「사단론」의 끝까지 쉬지 않고 달려가고 있다. 「사단론」의 실제 주인은 희로애락이다. 13조는 11조와 대구를 이룬다.

희로애락도 기다

동무가 폐비간신을 설명하면서 가장 먼저 선포한 말은 기였다.(2-11) 이제 희로애락을 구체적으로 설명하면서 가장 먼저 선포한 말

역시 기다. 애기와 노기는 승升의 방향성을 갖고 희기와 낙기는 강降의 방향성을 갖는다.

본조는 별로 어렵지 않다. 쉽게 파악하고 넘어갈 수 있다. 그런데 곰곰이 생각해보면 의문이 하나 생긴다. 10조에서 희로애락을 성정으로 분류한 후 성은 기를 공급하고(氣注) 정은 기를 삭감한다(氣激)고 언급했다. 이미 성정을 기의 측면으로 설명했다. 그래서 성기性氣와 정기情氣라 말하기도 한다.(3-9) 그러면 본조에서 말한 애기는 애성기일까? 애정기일까?

본조의 희로애락의 기는 일단 성기와 연결하는 것이 자연스럽다. 애기는 "직승直升"한다. 애성이 원산한 것과 상통한다. 노기는 "횡승橫升"한다. 노성이 굉포한 것과 상통한다. 희기는 "방강放降"한다. 희성이 광장한 것과 상통한다. 낙기는 "함강陷降"한다. 낙성이 심확한 것과 상통한다.

직횡방함直橫放陷은 바로 산포장확散包張確을 의미한다. 결국 같은 뜻 다른 표현일 뿐이다. 성性에서는 그 이미지를 드러내고자 했다면 기氣에서는 그 방향성을 뚜렷이 드러내고 있다.

희로애락의 성과 기

	2-10		2-13	
애		원산		직승 ↑
노	성性	굉포	기氣	횡승 ↗
희		광장		방강 ↘
낙		심확		함강 ↓

그렇다면 애정기는 직승 하지 않는 걸까? 아니면 이런 질문 자체

가 잘못된 것일까? 13조는 이렇게 아무렇지도 않게 끝이 난다. 그런데 문제는 다음 조부터 시작된다.

2-14.

애로의 기는 상승한다. 희락의 기는 하강한다. 상승하는 기운이 과도하면 하초가 상한다. 하강하는 기운이 과도하면 상초가 상한다.

哀怒之氣上升, 喜樂之氣下降. 上升之氣過多, 則下焦傷. 下降之氣過多, 則上焦傷.

【해설】

13조를 부연한다. 희로애락의 생리적 흐름에 이어 병리적 작용을 설명한다. 본조는 희로애락이 발병의 원인이라고 말하고 있다.

희로애락의 병인론

"애로지기상승哀怒之氣上升, 희락지기하강喜樂之氣下降"은 13조를 정리한 멘트다. 본조의 포인트는 "과다"에 있다. "상승지기과다"는 애로지기가 과다하다는 것이다. "하강지기과다"는 희락지기가 과다하다는 것이다.

동무는 희로애락의 과다가 몸을 손상시킨다고 말한다. 희로애락의 정상적인 흐름이 생리적인 기능을 돕는다면 비정상적인 흐름은 병리적인 상태를 유발하는 것이다.

10조에서 희로애락이 장리에 앞서는 생명의 시원이라 말했다. 본
조는 희로애락이 발병의 원인이라고 말하고 있다. 생로병사가 모두
희로애락에 달려 있다.

희로애락의 병리관

여기서 중요한 것은 동무의 병리적 시각이다. 병은 과다한 쪽에서
생기는 것이 아니고 부족한 쪽에서 시작한다는 것이다! 보라. 상승
지기가 과다하면 위가 아니라 아래가 상한다. 하강지기가 과다하면
아래가 아니라 위가 상한다. 기의 체면적이 일정하다는 전제에서 이
해하면 쉽다. 이을호는 이를 역상逆傷의 원리라 명명했다.(『사상의학원
론』, 49쪽)

동무는 애초에 부족한 곳에서 병이 생긴다는 일관된 관점으로
『동의수세보원』을 디자인했다. 『동의수세보원』의 가장 기본적인 병
리관이다.

인체의 기란 몸이라는 한정된 조건 안에 놓여 있다. 그것은 특별
한 계기가 아니고서 갑자기 늘어날 수 있는 성질의 것이 아니다. 그
런데 희로애락이라는 기의 과다는 이러한 제한된 기의 장場에 순간
적인 변화를 불러올 수 있는 중요한 원인이 되는 것이다. 희로애락처
럼 폭발적인 기의 변화를 야기하는 것이 없다! 그래서 동무는 희로
애락을 심각하게 생각했던 것이다.

희로애락의 생리와 병리

	생리		병리	
애	정상적 흐름	상승	과다한 흐름	하초 손상
노				
희		하강		상초 손상
낙				

본조의 논리는 태양인의 애성원산이 폐를 보태고 노정촉급이 간을 깎는다는 10조의 논리와 상통한다. 애성은 정상적 흐름이었기에 상승하여 폐를 도왔고 노정은 과다한 흐름이었으므로 하초를 상했던 것이다.

그래서 대부분의 주석가들은 희로애락의 정상적인 흐름은 성이고 과도한 흐름은 정이라 파악했다. 성=정상, 정=비정상이라는 전제를 깔고 「사단론」을 이해한 것이다. 따라서 13조의 희로애락지기의 특성 역시 성에만 해당한다고 보게 된다. 정상적인 성기의 흐름인 것이다.

그런데 기존의 해설을 따라가다보면 헷갈리기 시작한다. 과연 태양인에게 정상적인 노정이란 없는 걸까? 태양인은 화내면 무조건 간이 상하는 것일까?

그렇지 않다. 결코 그럴 수 없다. 동무 역시 태양인이 교우에서 발하는 화는 괜찮다고 말한다. 당여에서 화를 낼 때, 그때 간을 상한다.(3-6) 그러므로 태양인의 노정을 무조건 비정상이라고 전제하는 것은 잘못된 것이다!

그러면 노기의 횡승이란 노정의 횡승도 함께 내포한 것일까? 이 문제를 어떻게 풀어가야 할까?

四端論

227

<u>2-15.</u>

애노의 기는 제대로 움직이면 치고 올라 위로 올라간다. 희락의 기는 제대로 움직이면 느긋하게 아래로 떨어진다. 애로의 기는 양이다. 제대로 움직이면 순탄하게 상승한다. 희락의 기은 음이다. 제대로 움직이면 순탄하게 하강한다.

哀怒之氣順動, 則發越而上騰. 喜樂之氣順動, 則緩安而下墜. 哀怒之氣, 陽也. 順動則順而上升. 喜樂之氣, 陰也. 順動則順而下降.

【해설】

14조의 전반부를 설명한 것이다. 희로애락의 정상적인 상승과 하강을 순동이라 표현한다. 순동이란 원래의 흐름, 곧 생리적 흐름을 뜻한다.

희로애락의 생리론

애로지기는 순동하면 위로 올라간다. "발월이상등發越而上騰"이란 연어가 물을 치고 올라가는 듯한 약동감이 느껴지는 표현이다. 희락지기는 순동하면 아래로 내려간다. "완안이하타緩安而下墜"에서는 뜨뜻한 온천수에 몸을 담그고 쉬는 듯한 편안한 이완감이 느껴진다. 희로애락지기의 순동을 생동감 있게 표현해주고 있다.

본조의 특징은 희로애락을 음양으로 설명하고 있다는 것이다. 애로지기는 양에 속한다. 그래서 순동하면 상승하는 것이다. 희락지기는 음에 속한다. 그래서 순동하면 하강한다. 희로애락의 순동은 곧

음양의 순리를 따른다. 이처럼 희로애락은 기를 벗어나지 않고 기는
음양이라는 상대적 원리를 벗어나지 못한다.

애로희락의 순동

생리적 흐름		특징		속성	
애	순동	발월發越	상등上騰	양	상승
노					
희		완안緩安	하타下墮	음	하강
낙					

2-16.

애로의 기가 어긋나게 움직이면 사납게 일어나 위에서 뭉친다.
희락의 기가 어긋나게 움직이면 넘치게 일어나 아래에서 뭉친
다. 상승의 기가 어긋나게 움직여서 위에서 뭉치면 간과 신이
상한다. 하강의 기가 어긋나게 움직여 아래에서 뭉치면 비와 폐
가 상한다.

哀怒之氣逆動, 則暴發而並於上也. 喜樂之氣逆動, 則浪發而並於下也.
上升之氣逆動而並於上, 則肝腎傷. 下降之氣逆動而並於下, 則脾肺傷.

【해설】

14조의 후반부를 설명한 것이다. 희로애락의 과다를 역동이라 표
현한다. 역동은 거스르는 흐름, 곧 병리적 흐름이다.

희로애락의 병리론

"애로지기역동哀怒之氣逆動"은 곧 "상승지기과다上升之氣過多"를 말한다. 그래서 상승지기가 "폭발"하듯 증가한다. 그 결과 위에서 기가 뭉치게 된다. "병어상幷於上"이란 상부에서 함께 어울린다는 뜻인데 나는 뭉치다로 번역했다.

"희락지기역동喜樂之氣逆動"은 "하강지기과다下降之氣過多"를 말한다. 그래서 과다를 "낭발"이라 표현했다. 낭浪은 파도가 일렁이는 모습인데 흐드러지게 많다는 뜻이다.

"폭暴"과 "낭浪" 자체에 상하의 이미지가 포함되어 있다. 역동은 곧 폭랑이다!

상승지기가 과다하면 하초가 부실해지고 하강지기가 과다하면 상초가 부족해지는 것은 기론적 세계관의 상식이다. 동무의 특징은 과다한 부분이 아니라 부족한 부분에서 문제가 생긴다고 보았다는 데 있다고 말씀드렸다.

애로희락의 역동

병리적 흐름		특징		손상 부위
애	역동	폭발暴發	병어상幷於上	간신
노				
희		낭발浪發	병어하幷於下	비폐
낙				

순동은 『중용』식으로 말하면 미발이중未發而中과 발이중절發而中節의 상태다. 2-26과 함께 참조해 보면 도움이 된다. 역동은 표현하

자면 발이과다發而過多의 상태다.

「사단론」의 난제

그런데 동무는 『동의수세보원』을 통틀어 폭과 낭을 성에 대해서
는 쓰지 않는다. 오직 정에만 사용한다. 18조를 먼저 보자.

"太陽人有暴怒深哀, 不可不戒. 少陽人有暴哀深怒, 不可不戒. 太陰人有浪樂
深喜, 不可不戒. 少陰人有浪喜深樂, 不可不戒."(2-18)

태양인과 소양인은 폭노와 폭애를 말하고 태음인과 소음인은 낭
락과 낭희를 말한다. 본조의 언어 사용 방식과 일치한다. 희로애락
의 정에 대해 폭랑을 말하고 성에 대해서는 따로 심深이란 표현을
쓴다.

그러므로 역동이란 정의 문제임을 알 수 있다. 이러한 구성을 읽
어내고 순동은 성기의 특성이며 역동은 정기의 특징이라 단언하게
되는 것이다. 그런데 18조를 다시 유심히 보자. 사상인은 정만 경계
해야 하는 것이 아니다. 성도 함께 경계해야 한다. 성이 순동이라면
음양의 순리를 따라갈 뿐이요 그것은 지극히 정상적인 것인데 도대
체 왜 경계해야 한단 말인가?

성정에 대한 잘못된 모식도

	생리적			병리적		
애		원산				
노	성	굉포	순동	정	촉급	역동
희		광장	(음양)			(폭낭)
낙		심확				

분명히 어딘가 문제가 있다. 위 모식도가 잘 맞아 떨어지는 듯하
다가 그대로 맞지가 않는다. 특히 이런 그림을 그리고 「확충론」을 읽
으면 「확충론」이 전혀 읽히지 않는다. 미궁에 빠진다. 나도 이것 때
문에 무지 골머리를 앓았다. 이을호 역시 이러한 문제를 간파하고 나
름 해결책을 모색한 바가 있다. 정말 숙고한 정성이 보통이 아니다.

그런데 이것은 독자의 문제가 아니다! 나는 동무의 논의 자체가
뭔가 꼬여 있다는 결론에 도달했다. 독해자가 아니라 설계자가 문제
인 것이다. 어디서부터 꼬이게 되었느냐 하면 희로애락의 성정을 처
음 말한 10조에서부터 꼬였다.

동무의 성정론은 성과 정에 대한 긍정의 바탕에서 출발한다. 자
신의 성정론을 요약한 「독행편」에도 성과 정에 대한 대긍정이 있
다.(『이제마, 인간을 말하다』 154~156쪽 참조)

그런데 10조를 보라. 성에 대한 긍정과 달리 정에 대한 부정에서
인간의 발생을 그려놓았다. 희로애락의 정에 출발부터 부정의 색채
를 칠해버렸다. 긍정이 낄 틈이 사라져버렸다. 시작부터 정에 관한
긍정의 언로가 폐쇄된 것이다. 그래서 거의 모든 주석가는 성이 순
동이요, 정이 역동이라 해석하게 된 것이다.

사실인즉 동무는 태양인의 노정으로 선천의 간소肝小를 말해선

안 되었다. 노정의 삭간은 동무의 논리로 보건대 명백히 노정의 역동이다! 어떻게 노정의 역동이 생명의 창시와 더불어 발생할 수 있단 말인가? 역동은 명백히 병리적인 상태다. 인간을 나면서부터 병리적인 상태로 만들어야 할 이유가 어디 있단 말인가?

그러고선 「확충론」에서 태양인의 노심怒心에 대해 태연히 "병이지경심秉彛之敬心"이라 말하며 "지선至善"(3-12)이라 이야기한다. 사실상 이것이야말로 희로애락의 정에 대해 동무가 가진 가장 근저의 생각이었다. 그런데 「사단론」 10조로 말미암아 이후 희로애락에 관한 논의는 엉켜버리고 만다.

동무는 왜 유독 애로哀怒로 태양인의 장리를 말했을까? 애로를 가장 경계해야 하기 때문이다. 그래서 심애와 폭노가 끼치는 심각한 영향을 강조하기 위해 애로만으로 장국의 발생을 해명하고자 했던 것이다. 그 동기는 이해할 수 있다 치더라도 이것은 명백한 동무의 패착이다.

태양인은 애성과 노정만 있을까? 결코 그렇지 않다. 태양인 역시 애로희락의 성과 정이 모두 다 있다. 너무나 당연한 인간의 사실이다. 그중 애성과 노정을 특별히 거론한 것뿐이다. 사실 태양인의 간소肝小를 설명하고자 했으면 오히려 태양인의 희정으로 말했어야 한다. 실제 「확충론」에는 이런 시각이 들어 있다.(3-5) 희정으로 선천적인 간소肝小를 말하고 노정으로 후천적인 간상肝傷을 말했더라면 참 좋았을 것이다. 노정의 촉급은 기주비氣注脾하나 노정의 역동은 기격간氣激肝한다. 이렇게 됐어야 한다. 그래야 노정의 생리적 작용도 말할 수 있으며 태양지노太陽之怒가 교우에는 용통한데 당여에서는 폭발한다(3-5)고 말할 수 있는 것이다.

그런데 희정으로 간소를 말해버리면 「사단론」의 논점이 간결해지지 못하게 된다. 동무는 태양인의 애로에 집중하고 싶었고, 특히 노를 강조하고 싶었다. 그래서 희정을 말하지 않고 처음부터 노정의 역동으로 바로 시작해버린 것이다. 동무가 너무 언어를 아끼려 했다는 느낌을 지울 수가 없다. 「사단론」에서 가장 아쉬운 대목이다.

2-17.

번번이 화를 냈다 말았다 하면 허리와 옆구리가 번번이 욱신거린다. 허리와 옆구리는 간이 붙어 있는 부위니 허리와 옆구리가 시도 때도 없이 욱신거리면 간이 상하지 않겠는가? 갑자기 기뻐했다 말았다 하면 가슴과 겨드랑이가 갑자기 벌렁거린다. 가슴과 겨드랑이는 비가 붙어 있는 부위니 시도 때도 없이 벌렁거리면 비가 상하지 않겠는가? 돌연 슬퍼했다 그쳤다 하면 돌연 엉덩뼈가 들썩거린다. 엉덩뼈는 신이 붙어 있는 부위니 시도 때도 없이 들썩거리면 신이 상하지 않겠는가? 자꾸 즐거워했다 말았다 하면 자꾸 등골이 건들거린다. 등골은 폐가 붙어 있는 부위니 시도 때도 없이 건들거리면 폐가 상하지 않겠는가?

頻起怒而頻伏怒, 則腰脇頻迫而頻蕩也. 腰脇者, 肝之所住着處也. 腰脇迫蕩不定, 則肝其不傷乎? 乍發喜而乍收喜, 則胸腋乍闊而乍狹也. 胸腋者, 脾之所住着處也. 胸腋闊狹不定, 則脾其不傷乎? 忽動哀而忽止哀, 則脊曲忽屈而忽伸也. 脊曲者, 腎之所住着處也. 脊曲屈伸不定, 則腎其不傷乎? 屢得樂而屢失樂, 則背顀暴揚而暴抑也. 背顀者, 肺之所住着處也. 背顀抑揚不定, 則肺其不傷乎?

【해설】

16조에 언급한 역동의 구체적인 증거를 예시하고 있다.

역동의 힘

역동의 구체적인 표현들이 흥미롭다. 애의 역동은 "홀동애이홀지애忽動哀而忽止哀"라 말한다. 돌연 슬퍼했다 돌연 그치는 것이다. 노의 역동은 "빈기노이빈복노頻起怒而頻伏怒"라고 했다. 번번이 화냈다 말았다 하는 것이다. 희의 역동은 "사발희이사수희乍發喜而乍收喜"다. 갑자기 기뻐했다 그친다. 낙의 역동은 "누득락이누실락屢得樂而屢失樂"이다. 자꾸 즐거워했다 그쳤다한다. 빈사홀루頻乍忽屢는 다 희로애락의 역동을 표현한 단어들이다. 서로 다른 표현을 사용하여 문학적인 감성을 추가하고 있다.

"배추背顀" "흉액胸腋" "요협腰脇" "척곡脊曲"은 각각 폐비간신의 "주착처住着處"라고 말했다. 폐비간신의 집이란 뜻이다. 이러한 주제는 「장부론」에서 상론한다.(4-1)

땅이 꺼져라 울어보라. 엉덩이가 들썩거리는가? 벌컥 화를 내보라. 허리와 옆구리가 욱신거리는가? 크게 한번 웃어보라. 가슴과 겨드랑이가 벌렁거리는가? 몹시도 즐거우면 등골이 건들거리는가? 이처럼 희로애락의 격정이 집을 통째로 흔들어대는데 내부에 거주하는 장기인들 어찌 멀쩡할 수 있겠냐는 것이다.

애로희락의 역동과 손상처

병리적 흐름		손상 부위		
애		척곡脊曲	신	하초
노	역동	요협腰脇	간	
희		흉액胸腋	비	상초
낙		배추背顀	폐	

　　본조는 희로애락의 역동과 인체의 손상이라는 초유의 주장을 실
례를 통해 뒷받침하고 있다. 동무는 끊임없이 논실합일을 추구했다.
범인이 발설키 어려운 희한한 논리를 쏟아내는 동무가 위대할 수 있
는 이유는 실제의 근거를 확보하려고 부단히 노력했다는 데 있다.
이론과 실제의 부합에서 의학은 힘을 뿜어낸다.
　　본조는 『초본권』에 거의 그대로 나온다.(권3-3) 사상인과 희로애
락은 이러한 실제적인 관찰에서 출발하여 점차 이론적으로 조직화
돼간 것이라 볼 수 있다.

2-18.

태양인은 사나운 노여움과 깊은 슬픔이 있으니 경계하지 않을
수 없다. 소양인은 넘치는 슬픔과 깊은 노여움이 있으니 경계하
지 않을 수 없다. 태음인은 넘치는 즐거움과 깊은 기쁨이 있으
니 경계하지 않을 수 없다. 소음인은 넘치는 기쁨과 깊은 즐거
움이 있으니 경계하지 않을 수 없다.

太陽人有暴怒深哀, 不可不戒. 少陽人有暴哀深怒, 不可不戒. 太陰人有
浪樂深喜, 不可不戒. 少陰人有浪喜深樂, 不可不戒.

【해설】

태소음양인의 성정을 경계하고 있다. 정과 더불어 성 역시 주의시키고 있다. 10조에서 태소음양의 희로애락을 말한 이후 희로애락의 순동과 역동에 관한 논의가 이어져왔다. 본조는 그 논의의 소결론에 해당한다.

희로애락을 삼가라

본조는 정에 대해 "폭暴"과 "낭浪"으로 말한다. 폭랑은 한마디로 버럭하는 것이다. 인간은 감정의 폭랑을 무엇보다 주의해야 한다. 문장을 잘 보라. 희로애락의 성보다 정을 앞세워 말하고 있다. 중요도가 순서에 그대로 반영되어 있다.

정은 촉급의 특징을 타고난다. 그래서 조금만 여의치 않으면 버럭한다. 그 본성상 쉽게 울컥한다. 감정이 얼마나 간사한 줄 아는가? 남이 잘해준 열 개는 금방 까먹어도 서운한 한 개는 가슴에 딱 박혀 평생을 괴로워한다. 인간의 감정이란 여리기 그지없다. 정기의 성격 때문에 그렇다.

그런데 성은 순둥이다. 원래 순한 놈이라 크게 걱정할 건덕지가 없다. 그래도 동무는 성을 같이 경계시키고 있다. 왜 그럴까? 이를 이해하려면 2-22를 먼저 보아야 한다. 성기가 극에 달하면 정기가 동한다고 보았기 때문이다. 세상 걱정도 너무 과하면 희로애락이 용솟음치는 것이다(性極動情). 이 말은 반대로 극에 다다르지 않으면 정이 동하지 않는다는 뜻도 함께 있다. 여기 성에 대해 사용한 "심深"이 곧 극極의 다른 표현이다. 심深은 심화다. 한없이 사무치는 것이다.

성기는 극한까지 가지 않으면 별로 인간을 자극하는 일이 없다. 결국 중요한 것은 태양인의 폭노, 소양인의 폭애, 태음인의 낭락, 소음인의 낭희다.

희로애락은 생명의 본원이며 질병의 근원이므로 주의하지 않을 수 없다. 희로애락의 경거망동은 생명을 내동댕이치는 것과 같다. 그것은 매우 매우 엄중한 문제다. 그러므로 동무는 "불가불계不可不戒"를 강력히 요구하고 있다.

2-19.

순임금의 신하였던 고요가 말했다. "아! 사람을 아는 데 달렸습니다. 백성을 편안하게 해주는 데 달렸습니다." 함께 있던 우가 말했다. "아! 그런 일은 요임금께서도 어려워하셨을 것입니다. 사람을 아는 데 훤하면 명철해지니 사람을 각기 합당한 자리에 쓸 수 있을 것입니다. 백성을 편안하게 해주는 데 힘쓰면 은혜가 넘치니 모든 백성이 그를 따를 것입니다. 그럴 수만 있다면 어찌 환두 같은 나쁜 놈을 걱정하며 어찌 유묘 같은 오랑캐족을 내쫓을 일이 있으며 어찌 공임과 같이 교언영색하는 자를 두려워할 일이 있겠습니까!"

皐陶曰 "都! 在知人, 在安民." 禹曰 "吁! 咸若時, 惟帝其難之. 知人則哲, 能官人. 安民則惠, 黎民懷之. 能哲而惠, 何憂乎驩兜, 何遷乎有苗, 何畏乎巧言令色孔壬!"

【해설】

『서경』「우서虞書」의 「고도모皐陶謨」 편에 있는 내용을 그대로 발췌한 것이다. 19조는 통으로 인용문이다.

동무는 고요와 우의 대화를 통해 지인의 의미를 전달하고 있다. 18조에서 일단락된 인간의 희로애락이라는 문제에 대해 자신의 깨달음을 말하기 위해 먼저 『서경』을 인용하고 있다. 20조를 위한 서설이다.

인간을 알라

『서경』은 중국 상고 시대의 정치 기록으로, 유가의 경전으로 숭상되어 왔다. 그래서 『상서尚書』라 부르기도 한다. 거기 선왕지도先王之道가 가감 없이 드러나 있다고 보았기 때문이다. 오늘날 전해지고 있는 『서경』은 우서虞書 5편, 하서夏書 4편, 상서商書 17편, 주서周書 32편 등 총 4부 58편으로 구성되어 있다. 우虞, 하夏, 상商, 주周 시대의 역사적 내용들이 기록되어 있다.

우虞는 당우唐虞를 말하는데 곧 도당씨陶唐氏인 요와 유우씨有虞氏인 순을 통칭한 것이다. 요순시대를 나타낸다. 하夏는 중국 최초의 세습 왕조로, 본문에 등장하는 우임금이 건국했다. 상商을 건국한 사람이 탕왕이며 주周를 건국한 사람이 무왕이다. 당우와 하상주를 합하여 당우삼대唐虞三代라 말하기도 한다. 모두 중국의 고대사에 해당한다. 본조는 순임금 치세의 기록으로 우서에 나온다.

『사기』의 「하본기」에도 본문이 그대로 인용되어 있다. 사마천은 인용에 앞서 "순임금이 조회를 할 때 신하인 우, 백이, 고요가 임금 앞에서 서로 이야기를 나누고 있었다(帝舜朝, 禹, 伯夷, 皐陶相與語帝 前)"라며 대화의 정황을 덧붙인다. 당시 우는 이미 순임금의 후계자로 낙점된 상황이었다. 다시 말하면 고요의 주재로 왕위를 계승할 우를 위해 의견을 듣고 생각을 묻는 자리였던 것이다. 일종의 제왕 수업이라 할 수 있다. 고요와 우는 임금의 본분이자 통치의 기본이 지인知人과 안민安民에 있다고 말한다.

"관인官人"은 사람에게 벼슬자리를 주다라는 뜻이다. 공직에 채용하는 것으로, 인재의 등용을 의미한다. 유학의 지인은 결국 용인用人으로 이어진다. 동무 역시 진실한 지인에서 합당한 용인이 나온다고 누누이 강조한다. 지인이라야 능관인能官人이다! 사람을 볼 줄 아는 자만이 각자의 직분을 찾아줄 수 있다.

한편 백성의 삶을 편안하게 해주는 데 온 힘을 쏟는다면 강압과 무력이 없더라도 저절로 지도자를 따를 것이다. "여민회지黎民懷之"란 뭇백성이 임금의 하해河海와 같은 덕을 가슴에 품고 칭송한다는 의미다.

"환두驩兜"는 요임금 때의 악인이다. 요가 보잘것없는 출신인 순에게 왕위를 물려주려고 하자 반발했다고 한다. 명문세족으로 알려져 있다.

"유묘有苗"는 순임금 때 남쪽에 자리잡고 있던 묘족을 말한다. 묘苗자에 아직 개화되지 않은 토착민이라는 의미가 담겨 있다. 요순으로 대표되는 한족이 중국 땅에 정착하면서 묘족을 축출해낸 고대사를 상징적으로 보여준다. 순임금이 묘족을 토벌하고 중원 대륙에 한족의 기틀을 세웠다고 전해진다. 본문의 묘는 미개한 오랑캐족의 의미로 사용되었다. 묘족은 현재 중국 남부 지역에 거주하고 있으며 베트남, 라오스, 타이 북부에도 분포한다고 한다. 중국 거주 인구만 약 250만이 넘는다.

동무 역시 "어진 것으로 말하면 우禹에 속하나 사나운 것으로 말하면 묘苗에 속하는 자가 있다"(仁之則歸禹, 暴之則歸苗者有之. 「반성잠」 태잠 하절3)고 하며 묘를 거친 야생의 족속으로 묘사하고 있다. 한족이 수립한 인仁의 문화권을 벗어난 야인들이라는 것이다.

"공임孔王"은 요임금 때의 간신이라고 한다. 생글생글 웃으면서 말만 번지르르하게 하고 속으로는 음흉한 계략을 세우는 한명회 같은 캐릭터다.

지인과 안민, 역시 핵심은 지인에 있다. 인간을 알아야 인간세를 다스릴 수 있는 것이다. "지인즉철知人則哲"은 "안민즉혜安民則惠"의 바탕이다. 투철하게 지인하여 그 혜택을 만백성에게 끼치는 것, 그것이 "철이혜哲而惠"다.

성인의 난사難事는 바로 지인에 있었다. 지인성위知人誠僞! 인간의 진실과 거짓을 남김없이 알 수 있다면 아무리 사악한 환두가 있을지라도, 아무리 난폭한 유묘가 있을지라도, 아무리 간사한 공임이 있을지라도 무슨 걱정이 있으랴!

지도자의 길

동무의 지인은 정확히 말하면 지인성위知人誠僞다. 좋은 점도 알고 동시에 나쁜 점을 알아야 한다. 그것이 중中이다.(好而知其惡, 則中

立而不倚.「독행편」서언) 동무는 "소인배의 간사한 계략과 사기치려는 모략까지도 매일 배울 수 있다면 군자의 대덕과 대도가 매일 쌓여 간다."(「반성잠」태잠 하절11)고 말했다. 군자는 곧 지도자다. 그리고 말한다.

천하의 백성은 그 수가 억만이라 셀 수 없이 많다. 쫓아낸다고 가지 않고 부른다고 오지 않는다. 이렇게 하지 않으면 체재를 수립하여 통치할 수가 없다.

天下小民, 其數億萬, 林林叢叢. 麾之莫往, 招之莫來. 不如是, 莫可體而帥之也.(「반성잠」태잠 하절12)

인간의 진실은 물론 궤계사모詭計詐謀의 거짓까지 남김없이 알아야 하는 것이 지도자의 도덕의 바탕이며 통치의 요령이라 생각한 것이다.

군자는 밤낮으로 생각하고 늘 부족한 것처럼 배워야 한다. 어리석은 자가 한 번에 해내면 자기는 백 번이라도 하고 남들이 열 번만에 하면 자기는 천 번이라도 해서 스스로 개발해가야 한다. 그래서 군자의 큰길에 온전하고 소인의 사소한 일까지 남김없이 살필 수 있다면 세상의 수많은 소인도 한명의 군자를 어찌할 수가 없는 것이다.

願言君子夙夜思, 學如不及. 明己愚人一能之己百, 人十能之己千. 能周君子之大道, 盡察小人之細, 故能使天下衆小人, 莫可奈何一君子.(「독행편」66)

그러므로 군자는 끝없이 생각하고 쉼 없이 배워야 한다. 남들이 한 번에 하면 나는 열 번 하고 남들이 열 번에 하면 나는 천 번이라도 해야 한다. 그래서 지인할 수 있다면 불혹不惑하고 난세에 독행獨行할 수 있다.

2-20.

나는 위대한 우임금의 가르침을 재삼 되새겨보고 흠모하여 말한다. "요임금의 희로애락이 매번 상황에 들어맞는 것은 사람을 아는 것을 어려워했기 때문이다. 위대한 우의 희로애락이 매번 상황에 들어맞는 것은 사람을 아는 것을 가벼이 쉽게 보지 않았기 때문이다. 세상의 희로애락의 폭동하고 낭동하는 것은 모두 행동이 진실하지 못하고 지인이 명확하지 않은 데서 나온다. 사람을 아는 것이야말로 요임금이 어려워하고 우임금이 탄식했던 것이다. 그러니 누가 우쭐거리며 잘난 체할 수 있겠는가? 더욱더 자신의 행동이 진실한지 돌이켜보고 사람을 취사하는 것을 결코 가벼이 여겨서는 안 된다."

三復大禹之訓而欽仰之曰 "帝堯之喜怒哀樂每每中節者, 以其難於知人也. 大禹之喜怒哀樂每每中節者, 以其不敢輕易於知人也. 天下喜怒哀樂之暴動浪動者, 都出於行身不誠而知人不明也. 知人, 帝堯之所難而大禹之所吁也, 則其誰沾沾自喜乎? 蓋亦益反其誠, 而必不可輕易取舍人也."

【해설】

19조의 인용문에 대한 동무의 주해가 나온다.

지인해야 중절中節한다

"대우지훈大禹之訓"이란 앞 조의 우임금의 발언을 말한다. 동무는 우임금을 흠모하고 추앙했다.(欽仰) 위대하신 인민의 아버지 우임금님(大禹)이라고 불렀다. 우를 대우로 부르는 것은 동무가 자기의 정체성을 어디에 두고 있었는지 분명히 보여준다.

"매매중절每每中節"이란 『중용』에서 말한 "발이개중절發而皆中節"이다. 중中은 동사로 적중하다, 곧 상황(節)에 들어맞다는 의미다. 희로애락의 감정이 표출되는 상황에 잘 들어맞는다는 이야기다. 같이 놀이동산 가서 혼자 성내고 있으면 안될 것이다. 상가집 가서 실실 웃고 있어도 안 된다. 희로애락의 이발已發이 상황과 화和를 이룬 상태가 중절이다.

매매중절이란 한번도 어긋남이 없더라는 뜻이다. 희로애락이라는 자연스러운 감정의 발출이 단 한순간도 상황을 어그러지게 하는 경우가 없다는 것이다. 주위를 전혀 불편하게 하지 않는다. 요순과 함께 있으면 내 감정의 요동이 없고 내가 그렇게 편할 수 없다는 것이다. 그러니 요순과 함께 하고 싶지 않은 사람이 어디 있겠는가.

동무는 희로애락을 없애라고 하지 않았다. 희로애락은 인간 본연의 감정이며 인간 삶의 불가결한 요소다. 문제는 중절인 것이다. 유학의 성인이란 목석같은 무뚝뚝한 인간이 아니다. 화낼 때 화내고 즐거워할 때 즐거워할 줄 아는 정감 넘치는 인간이다. 우리와 함께 울고 웃는 공감의 인간이다.

우리를 위해 울고 웃는 지도자가 있다고 생각해보라. 우리 마음을 알아주시는구나 감동하게 된다. 감정을 공유할 때 우리는 무엇보다 큰 위로를 느낀다. 지도자가 모든 상황에 합당한 희로애락을 드러낼 수 있다면 이보다 큰 안민의 통치가 어디 있겠는가?

동무는 제요帝堯와 대우大禹의 안민이 곧 지인에 있었다고 말한다. 요임금과 우임금의 희로애락이 한 치의 어긋남도 없었다고 말한다. 그것은 인간을 어려워하고 쉽게 여기지 않았기 때문이다. 그들이 처음부터 끝까지 힘쓴 것은 바로 지인이었다.

세상 사람의 마음에 한결같이 착한 본성이 있음을 명쾌하게 알고 나서야 희로애락이 이발해도 절제할 수 있다. 세상 사람의 마음에 한결같이 못된 욕심이 있음을 명쾌하게 알고 나서야 희로애락이 미발할 때 중용을 지킬 수 있다.

洞知天下人心之善性, 然後喜怒哀樂已發而節也. 洞知天下人心之惡慾, 然後喜怒哀樂未發而中也.(「반성잠」건잠하절6)

선성善性과 오욕惡慾은 인간이 지닌 양면이다. 이 양면을 전관하지 않고 인간을 알았다고 말할 수 없다. 이 양면을 통찰하지 않고 희로애락에서 자유로울 수 없다. 인간의 근원에 선성이 있음을 알기에 희로애락이 발동하더라도 넘치지 않도록 절제할 수 있고 인간의 근원에 오욕도 있음을 알기에 희로애락이 함부로 움직이지 않도록 중심을 잡을 수 있다. 지인성위! 바로 그것이 희로애락의 관건인 것이다.

입성立誠해야 지인한다

희로애락의 역동은 지인을 우습게 아는 데서 생긴다.

"天下喜怒哀樂之暴動浪動者, 都出於行身不誠而知人不明也!"

동무는 지인이야말로 요임금도 어려워하고 우임금마저 탄식했던 것인데 그 누가 "접접자희沾沾自喜"하겠는가 반문한다. 접접은 경망한 모양을 나타낸다.

여기서 동무는 지인불명知人不明과 함께 행신불성行身不誠을 말한다. 그런데 우리가 알아야 할 것은 행신불성이 지인불명에 앞선다는 것이다. 행신불성하므로 지인불명하게 되는 것이다.

"모든 지식을 다 동원해서 사람을 관찰한다면 지인하지 못할 게 없을 것이다. 그런데 반드시 내 몸을 진실하게 해야만(誠身) 지인할 수 있다고 한 것은 무슨 말인가?"

답한다. "사람을 투철히 관찰한다 말하지만 반드시 자신의 진실부터 확립해야 한다(立誠). 낮을 모르면 밤이 온들 그것이 밤인지 알 수 없고 여름을 모르면 겨울이 된들 그것이 겨울임을 알 길이 없다. 마찬가지로 옳은 것을 모른다면 그른 것을 보아도 그른지 알 수가 없고 진실(誠)이 무엇인지 모른다면 거짓을 보아도 그것이 거짓인지 알 수가 없는 것이다. 그러므로 수천 수백의 지식을 다 동원한다 할지라도 자기의 진실부터 확립하지 못하면 결국 인간의 거짓을 보아도 그것이 거짓인지 제대로 깨달을 수가 없다."

"竭智而察人, 則無不知人也. 而必也誠身然後知人云者, 何也?"

曰 "雖則察人, 必也立誠. 不見其晝則不知其夜. 不見其夏則不知其冬.

不見其是則不知其非. 不見其誠則不知其僞. 是故欲知人者, 雖竭智千百

而若己誠不立, 則終莫能知人之僞而悉其情也."(「독행편」 서언)

자신의 진실을 확립하지 않고 남의 거짓을 알 수가 없다. 자신의
진실의 분량만큼 남의 거짓도 인지할 수 있는 것이다. 그러므로 입
성立誠 없이 결코 지인할 수 없다. 우리는 "익반기성益反其誠"해야 한
다. 성실하게 자신의 진실부터 차곡차곡 세워나가야 한다.

동무는 지인을 중심으로 많은 것을 엮어놓았다. 지인과 관련된
주제를 유학적으로 탐구한 것이 「유략」이다. 지인을 통한 독행의 꿈
은 「독행편」에 그려놓았다. 「독행편」이 동무의 지인록이라면 「반성
잠」은 동무의 반성록이다. 반성에서 지인을 지나 독행에 이르는 것
이 동무 철학의 시작과 끝이다. 모두 지인의 길 위에 놓인 여정이다.

2-21.

인간에게 비록 호선好善의 마음이 있으나 치우쳐 조급해진 상태
로 호선하면 호선이 기필코 분명치 못하게 된다. 인간에게 비록
오악惡惡의 마음이 있으나 치우쳐 조급해진 상태로 오악하면 오
악이 기필코 주밀하지 못하게 된다. 세상일은 좋아하는 사람과
함께 하는 것이 마땅하다. 만약 좋아하는 사람과 함께 하지 못
하면 희락이 반드시 괴롭힌다. 세상일은 좋아하지 않는 사람과
함께 하는 것은 마땅하지 못하다. 좋아하지 않는 사람과 함께

하면 애로가 갈수록 괴롭힌다.

雖好善之心, 偏急而好善則好善必不明也. 雖惡惡之心, 偏急而惡惡則惡
惡必不周也. 天下事, 宜與好人做也. 不與好人做, 則喜樂必煩也. 天下
事, 不宜與不好人做也. 與不好人做, 則哀怒益煩也.

【해설】

20조의 의미를 확장하고 있다. 「성명론」의 주제였던 호선과 오악
을 희로애락의 관점에서 다시 설명한다.

편급이 호선과 오악을 가린다

「사단론」도 기본은 철학적 논술이라 참 재미가 없다. 너무 진지한
말만 계속 나온다. 교장 선생님의 훈화 말씀처럼 좋은 말씀인건 알
겠는데 지루한 건 어쩔 수 없다. 동무에 관한 일화에도 희락의 스토
리는 별로 없다. 웃고 떠드는 동무의 모습을 그리기는 좀 어렵다. 아
마 동무는 매사에 진중한 꽤 엄격한 인물이었을 것 같다.

동무는 이목비구는 호선지심好善之心이 무쌍하고 폐비간신은 오
악지심惡惡之心이 무쌍하다고 했다.(1-23) 인간은 누구나 온전한 호
선지심과 오악지심을 타고난다. 그런데 본조는 인간의 "편급偏急"을
말한다. 편급은 치우침이고 조급함이다.

치우치면 포괄적으로 알기가 어렵고 조급하면 분명하게 알기가
어렵다. 편급하면 명확한 호선지심이 발휘되지 않고(好善必不明) 온전
한 오악지심이 드러나지 않는다.(惡惡必不周) 편급은 바로 희로애락의

편급이다.

「성명론」의 관점에서는 호선과 오악이 완전히 발휘되지 못하는 것은 함억제복과 두견요둔의 사욕 때문이라 말할 수 있다. 그런데 「사단론」의 입장에서 다시 말하자면 그것은 희로애락의 편급 때문이다. 결국 사욕과 편급이 호선과 오악을 가리는 것이다.

「독행편」에도 이러한 사고가 나타나고 있다. 호현은 날카로워서 안 되고 오악은 급박해서 안 된다.(好賢不可銳也. 惡惡不可迫也.「독행편」 74)

요임금처럼 사람을 제대로 안 후에라야 호현해도 길할 것이며, 맹자처럼 자신을 바로 세운 뒤에라야 오악해도 허물이 없을 것이다. 知人如帝堯. 然後好賢而元吉. 正己如孟子. 然後惡惡而無咎.(「독행편」 74)

「독행편」의 "지인" "정기"는 「사단론」의 "지인" "행신"과 동일하다. 지인해야 희로애락이 편급하지 않으며 호선과 오악이 명밀明密해진다.

박빙의 철학

"의여호인주宜與好人做"는 호인과 함께 하는 것이 마땅하다로 번역된다. 좋아하는 사람과 함께 하려는 마음은 누구에게나 있다. 누구나 호선지심이 있기 때문이다.

"불의여불호인주야不宜與不好人做也"는 불호인과 함께 하는 것이 마땅하지 못하다로 번역된다. 즉 불호인과 함께 하지 않는 것이 마땅하다는 뜻이다. 좋아하지 않는 사람과 함께 하지 않으려는 마음은 누구나 똑같다. 누구나 오악지심이 있기 때문이다.

그런데 사람 일이 그렇지가 않다. 그토록 사랑하는 애인과 이별하고 그토록 미워하는 원수와 얼굴 맞대고 사는 게 인생사다. 사랑하는 사람과 헤어지면 희락이 번잡해진다. 정상적으로 펼쳐져야 할 희락이 충족되지 못하고 어쩔 줄 몰라 하는 것이다. 미워하는 사람과 함께 하면 애로가 번잡해진다. 분노와 한숨이 잠잠할 날이 없다.

마음이 무너지고 몸이 망가지는 것은 의외로 단순한 원인에서 생긴다. 좋아하는 사람과 함께 하지 못하고 싫어하는 사람과 함께 하는 것! 여기서 희로애락은 제 갈길을 잃어버린다. 누가 오고 누가 가며 언제 내려가고 언제 올라갈지 아무도 모른다. 왕래임립往來臨立은 천명이기 때문이다.(「반성잠」 건잠 하절3) 희로애락은 왕래임립을 좇아갈 뿐이다. 희로애락이 발생하기 전에 미리 삼가야 하는 이유가 여기 있다.

희로애락이 발생하기 전에 치지하고 신독하라. 치지신독은 곧 경계하고 신중하며 두려워하고 조심하는 것을 말한다.
喜怒哀樂之未發, 卽致知愼獨, 致知愼獨, 卽戒愼恐懼.(건잠 하절3)

치지와 신독 역시 지인과 행신이다. 동무의 철학은 박빙의 철학이라 말씀드린 바 있다. 그것은 바로 계신공구戒愼恐懼의 철학이다. 어찌 인생사 두려워하지 않고 경계하지 않을 수 있겠는가? 어찌 무서

위하지 않고 조심하지 않을 수 있겠는가?

태음·소음인은 호선, 태양·소양인은 오악

태음인, 소음인은 희한하게 좋아하는 일을 꼭 해야만 직성이 풀린다. 싫어하는 일을 좀 해줄 수는 있다. 별로 티 안 낸다. 그러나 좋아하는 일을 못하게 하면 그렇게 힘들어한다. 속으로 끙끙 앓는다. 그러고는 꼭 엉뚱한 사고를 친다. 희락의 동물이 희락을 못 푸니 얼마나 괴롭겠는가. "희락필번喜樂必煩"은 특히 태음인과 소음인을 두고 하는 말일 것이다. 그러니 좋아하는 일은 꼭 하게 해주어야 한다. 그래야 본인도 살고 주변도 편하다.

태양인, 소양인은 희한하게 싫어하는 일을 하게 하면 그렇게 힘들어 한다. 싫어하는 표시가 밖으로도 팍팍 드러난다. 좋아하는 걸 못하게 하는 건 어느 정도 참지만 싫어하는 걸 하게 하면 어쩔 줄 몰라 한다. 이게 타고난 애로를 굉장히 자극하는 것이다. 이런 걸 보면 정말 태양인, 소양인은 애로의 동물이구나 싶다. 태양인과 소양인의 애로를 자극해봤자 돌아오는 건 애로지기밖에 없다. 당사자도 힘들지만 주변도 괴로워진다. 이런 차이를 아는 것이 서로 상처주지 않고 더불어 살아가는 지혜가 될 수 있다.

이처럼 본조의 희락과 애로가 다소 현실감 없는 이론적 배합처럼 여겨질 수도 있으나 현실에서 얼마든지 그 근거를 찾아볼 수 있다. 호선과 희락, 오악과 애로의 상관성을 실제에서도 확인할 수 있다.

2-22.

애와 노는 서로 만들어가고 희와 낙은 서로 돕는다. 애성이 극에 달하면 노정이 움직인다. 노성이 극에 달하면 애정이 움직인다. 낙성이 극에 달하면 희정이 움직인다. 희성이 극에 달하면 낙정이 움직인다. 그러므로 태양인은 애성이 극에 달해 가라앉지 않으면 분노가 밖으로 몰아친다. 소양인은 노성이 극에 달해 이겨내지 못하면 비애가 속에서 요동친다. 소음인은 낙성이 극에 달해 다스리지 못하면 희호가 정처 없이 떠돌아다닌다. 태음인은 희성이 극에 달해 극복하지 못하면 치락이 거리낌 없이 드러난다. 이렇게 움직이는 것은 칼로 장기를 도려내는 것과 다름없다. 한 번이라도 크게 움직인다면 십 년이 지나도 회복하기 어렵다. 이것이 바로 생사와 수명의 관건이다. 제대로 알지 않을 수 없다.

哀怒相成. 喜樂相資. 哀性極, 則怒情動. 怒性極, 則哀情動. 樂性極, 則喜情動. 喜性極, 則樂情動. 太陽人哀極不濟, 則忿怒激外. 少陽人怒極不勝, 則悲哀動中. 少陰人樂極不成, 則喜好不定. 太陰人喜極不服, 則侈樂無厭. 如此而動者, 無異於以刀割臟. 一次大動, 十年難復. 此死生壽夭之機關也. 不可不知也.

【해설】

애와 노, 희와 낙의 상호관계를 처음으로 설명한다. 이는 사상인의 병리를 이해하는 데 있어 결정적인 문장이다.

애와 노는 "상성相成"의 관계다. 애가 노를 생성하고 노가 애를 생성한다. 그렇다고 막무가내로 왔다갔다 하는 건 아니다. 애성이 극에 달할 때 노정이 동한다. 노성이 극에 달할 때 애정이 동한다. 극에 달하지 않으면 동하지 않는다. 그리고 성이 정을 동할 뿐이다. 정이 성을 동하는 법은 없다. 성극동정性極動情의 일방만 있다!

성극동정은 음극생양陰極生陽, 양극생음陽極生陰의 음양의 원리를 생각나게 한다. 희와 노도 마찬가지다. "상자相資"의 뜻은 상성과 다르지 않다.

이런 논리들은 모두 동무가 궁리해서 만든 독자적인 내용들이다. 전통의 용례가 전무하다. 맨날 희로애락, 희로애락 말들은 하지만 희로애락을 동무만큼 세밀히 탐색해본 사람은 없었다. 기억하자. 애로상성하고, 희락상자한다!

이러한 애로희락의 상성론은 사상의학 병리론의 매우 중요한 포인트다. 동무는 정동情動이 곧 이병의 병리이고 성극정동性極情動이 곧 표병의 병리라고 말하고 있다.(9-2-10) 희로애락은 생리는 물론 병리의 결정적인 요인이기도 한 것이다. 이를 도식화해보면 다음과 같다.

희로애락의 생리론과 병리론

사상인	성정	선천적 (2-10)		후천적 (2-18)	병리 (2-22)		병증 (9-2-10)
태양인	애성	원산	성폐盛肺	심애	노정동	삭간	표병
	노정	촉급	삭간削肝	폭노			이병
소양인	노성	굉포	성비盛脾	심노	애정동	삭신	표병
	애정	촉급	삭신削腎	폭애			이병
태음인	희성	광장	성간盛肝	심희	낙정동	삭폐	표병
	낙정	촉급	삭폐削肺	낭락			이병
소음인	낙성	심확	성신盛腎	심락	희정동	삭비	표병
	희정	촉급	삭비削脾	낭회			이병

동무가 구상한 희로애락의 모든 것이 일목요연하게 드러난다. 태양인의 애성과 노정의 과다는 모두 노정을 폭발시켜 간을 상하게 한다. 소양인의 노성과 애정의 과다는 모두 애정을 폭발시켜 신을 상하게 한다. 태음인의 희성과 낙정의 과다는 모두 낙정을 낭발시켜 폐를 상하게 한다. 소음인의 낙성과 희정의 과다는 모두 희정을 낭발시켜 비를 상하게 한다. 이것이 『동의수세보원』에서 동무가 그려 넣은 희로애락의 설계도다. 이것이 희로애락이다!

태양인의 폭노심애는 오직 삭간削肝할 뿐이다. 이을호는 태양인의 폭노심애가 간상신허肝傷腎虛하게 만든다고 했는데, 이는 논리의 비약이다.(『사상의학원론』, 52쪽) 동무의 기획과 맞지 않은 이야기다.

어찌 모를 수 있겠는가!

희로애락은 생리이자 병리이며, 생명과 함께 시작해서 죽음과 더불어 끝난다. 인간은 숨을 쉬는 동안 희로애락에서 분리될 수 없다. 쉼 없이 희로애락을 들이키고 내뿜는다. 단지 드러나느냐(已發)와 드러나지 않느냐(未發)의 차이만 있을 뿐이다. 희로애락은 생명이란 네트워크의 코어다. 동무는 왜 그렇게도 희로애락에 집착할까? 그것이 정말 그토록 중요한 것일까?

"여차이동자如此而動者, 무이어이도할장無異於以刀割臟!"

동무가 희로애락의 위력을 얼마나 심각하게 생각했는지 알 수 있다. 희로애락이 한번 폭발하면 장기를 칼로 푸욱 쑤시는 것과 같다. 이는 비유도 상징도 강조도 아니다. 그것은 사실이다. 칼로 장기를 벤 상처가 10년이 가도 회복이 어렵듯 희로애락으로 장기를 찌른 상처 역시 10년이 가도 회복되지 않는다. 칼은 눈에 보인다고 두려워하면서 희로애락은 눈에 보이지 않는다고 함부로 해서야 되겠는가? 보이지 않는 칼이 오히려 더 무섭다.

희로애락이 설치면 장기를 마구 난도질한다. 희로애락의 역동은 장기를 찌르는 칼이다. 그러므로 태양인은 노를, 소양인은 애를, 태음인은 낙을, 소음인은 희를 경계하지 않을 수 없다! 한 번 대동大動하면 십 년 난복難復임을 명심해야 한다.

동무는 생사의 관건이 바로 희로애락이라고 선포한다. 건강과 질병의 비밀이 바로 희로애락에 있다고 선언한다. 이것이 생로병사의 열쇠다! "차사생수요지기관야此死生壽夭之機關也!" 어찌 모를 수 있겠는가! "불가부지야不可不知也!"

그러니 어찌 의학이 희로애락을 외면할 수 있겠는가? 동무는 희로애락이라는 감정의 문제를 의학 안으로 적극적으로 끌어안았다. 동무만큼 희로애락을 중시하고 열심히 탐구한 사람은 없다. 『동의수세보원』을 통해 희로애락의 기전을 탐색하고 그 의학적 의미를 소상히 밝히고 있다. 『동의수세보원』은 바로 불가부지不可不知의 결과물인 것이다.

천기유사도 잊고 태소음양인조차 잊어버려도 좋다. 그러나 이것만은 잊을 수 없다. 희로애락, 그것만은 결코 잊어버려선 안 된다. 『동의수세보원』을 읽고 희로애락을 얻었다면 그는 동무가 전수한 사생수요의 열쇠를 얻은 것이다!

2-23.

태소음양의 장국이 짧고 긴 것은 음양의 변화다. 그것이 하늘이 품부하여 이미 정해진 것이라는 사실은 두말할 나위가 없다. 그런데 하늘이 품부하여 이미 정해진 것 외에도 또 짧고 긴 것이 있다. 천품을 온전히 지키지 못하는 것은 사람의 섭생에 따라 생명의 기울어짐이 있기 때문이다. 삼가지 않을 수가 없다.

太少陰陽之臟局短長, 陰陽之變化也. 天稟之已定, 固無可論. 天稟已定之外, 又有短長. 而不全其天稟者, 則人事之修不修, 而命之傾也. 不可不愼也.

【해설】

장리의 성격과 의의를 설명한 중요한 문장이다. 이제 논의는 결론
에 다다른다.

「사단론」의 구조

10조에서 폐비간신의 장리와 희로애락의 성정을 결합하며 새로
운 논의의 장을 열었다. 후반부가 시작된 것이다. 11, 12조에서는 폐
비간신에 대해 설명하고 13조부터 진행된 희로애락에 관한 논의는
「사단론」의 마지막인 26조까지 이어진다. 그런데 23조에서 희로애
락의 물결 속에 홍일점처럼 장리가 등장한다.

이쯤에서 「사단론」의 전체적인 내용을 정리해보면 다음과 같다.

「사단론」의 구성

조문	내용	분류	
1조	장리	서론	전반부
2조	심욕		
3~9조	장리와 심욕의 인간학	본론	
10조	장리와 성정	서론	후반부
11~12조	폐비간신에 대하여	본론	
13~22조	애로희락에 대하여		
23조	장리에 대하여	결론	
24~26조	성정에 대하여		

장리와 성정을 논하는 후반부에서 성정에 관한 내용이 압도적으

로 많다. 「사단론」 전체에서 보더라도 희로애락을 다루는 문장은 총 26조 중 14조나 된다. 과반이 훌쩍 넘는다. 「사단론」의 비중이 어디 있는지 단번에 알 수 있다. 그만큼 장리의 원류이자 질병의 원인인 희로애락을 중시한다.

본조는 희로애락의 주제가 반복되며 다소 지겨워질만할 시점에서 등장한다. 희로애락에 관한 논의를 일단락하고 장리를 다시 언급하며 분위기를 일신한다. 폐비간신과 희로애락에 대한 심화된 이해를 거친 후 다시 만나는 장리는 분명 그 느낌이 다르다. 동무는 본조에서 장리에 대해 하고자 했던 결론을 말한다.

하늘이 정한 것, 장리

장리에 대한 결론은 장리가 곧 음양의 변화라는 것이다. 음양의 변화란 길항을 말한다. 결국 장리는 길항한다는 것이다. 쥐락펴락, 오르락내리락, 그것이 길항이다. 폐와 간, 비와 신은 서로 길항한다.

장기가 길항하는 네 가지 선천적 패턴이 사상인이다. 동무는 사상인이 "천품지이정天稟之已定"이라고 단언한다. 사상인은 인간이 임의로 분류한 것이 아니라 하늘이 정한 것이다! 그것은 하늘의 일이지 인간의 일이 아니다. 천품지이정에는 세 가지 결정적인 의미가 담겨 있다.

첫째, 장리는 오직 넷으로 구분된다.
둘째, 장리의 네 유형은 타고난다.

셋째, 타고난 유형은 평생 변하지 않는다.

동무는 이 셋을 사상인에 대한 결정적인 정의로 못박아두고 있다.

음양으로 사상인을 정의하다

그러면 구체적으로 사상인의 음양은 어떠하다는 말일까? 본조에 나타난 동무의 논리에서 충분히 던져볼 수 있는 질문이다. 이에 대한 동무의 답은 자명하다. 이름을 보라. 태양인은 태양(＝)이다. 소양인은 소양(＝＝)이다. 태음인은 태음(＝＝＝)이다. 소음인은 소음(＝＝)이다. 이름에 답이 있다. 장리는 음양의 변화이므로 네 가지 인간에 그대로 음양의 이름을 붙인 것이다.

그러므로 동무의 사상인 명칭을 단순히 표식으로만 읽을 수는 없다. 태소음양인이라는 이름에 각 체질의 특성이 함축되어 있다는 논리를 받아들일 수밖에 없다.

태양인이라는 체질은 태양의 속성을 담고 있다. 소양인, 태음인, 소음인도 소양, 태음, 소음에서 분명히 무언가를 취상했을 것이다. 그 해석은 열려 있다.

태소음양의 의미를 구체적으로 지적한 사례로 류주열의 해석을 꼽을 수 있다. 류주열은 사상인의 음양론적 정의를 한의학적으로 구체화시켰다. 태양인은 음허양허, 소양인은 음허양실, 태음인은 음실양실, 소음인은 음실양허라 정의했다.(『새로 쓴 사상의학』, 82쪽)

이것은 정의를 위한 정의가 아니라 임상적인 근거에 바탕을 두고 있다는 점에서 그 힘이 있다. 부작용의 패턴 역시 모두 이러한 정의

안에서 해결하고 있는 것이다. 그러므로 류주열의 사상인 음양론은
매우 타당하고 실용적인 정의라 평가할 수 있다.

그러면 사상인에게 음양의 원리가 있다고 했는데, 오행의 원리도
있을까? 이에 대해 동무는 명문화한 적이 없다. 동무는 사상인을
음양으로 분명히 표방했지만 오행으로 논하지는 않았다. 그래서 흔
히 동무는 음양을 말할 뿐 오행을 말한 바 없다고 평하곤 한다. 사
상인의 오행의 원리는 있을까? 있다면 무엇일까? 이런 의문에 답하
는 과정에서 의학은 변화를 겪게 된다.

사상인 음양의 원리를 오행의 원리로 개변한 사람이 권도원이다.
권도원은 사상인에게 있어서 음양의 원리보다 오행의 원리를 우선
시했다. 태양인, 소양인, 태음인, 소음인을 각각 금상인, 토상인, 목
상인, 수상인으로 고쳐 부른 것이다.(「체질침에 관한 연구」, 『대한한의학
회지』, 1966:21:32) 사상인의 정의에 대한 새로운 시도이며 그래서 곧
논란의 중심에 올랐다.

동무는 기본적으로 오행을 음양의 원리에 귀속시킨다. 그리고 폐
비간신을 각각 목화금수와 짝짓는다.(肺象木, 脾象火, 肝象金, 腎象水. 권
5-6) 심은 중앙의 토다. 전통의 배속방식과 다르다. 그래서 굳이 고
치자면 태양인은 목상인, 소양인은 화상인, 태음인은 금상인, 소음
인은 수상인으로 부르는 게 타당하다. 그러나 무엇보다 음양이 우선
이기에 동무는 태소음양으로 명명한 것이다.

사람이 정하는 것, 수명

생명에는 하늘이 정해놓은 것이 있는 반면 하늘이 정해놓지 않은 것도 있다. 바로 수명이다. "천품이정지외天稟已定之外, 우유단장又有短長"은 곧 수명의 단장을 말한다.

장리는 하늘의 일이나 수명은 사람의 일이다. 명의 기울어짐은 인간이 닦느냐 못 닦느냐에 달려 있다. 우리는 「성명론」의 이 말을 기억한다.

"善行, 則命數自美也. 惡行, 則命數自惡也!"(1-35)

생명은 하늘의 일이나 생명을 지키는 일은 인간의 일이다. 어찌 하늘이 준 생명을 삼가 지키지 않을 수 있겠는가! 어찌 선행의 길로 가지 않을 수 있겠는가!

흥미로운 것은 동무가 "명지경命之傾", 즉 수명의 기울어짐을 단계별로 분류해놓았다는 것이다. 1단계인 신선도수神仙度數부터 8단계인 위경도수危傾度數까지. 그것이 『초본권』에 나오는 "명맥실수命脈實數"다.(권7-3) 생명의 단계라고 번역할 수 있다.

"명수자미命數自美"란 갈수록 단계가 올라간다는 의미다. "명수자오命數自惡"란 갈수록 단계가 떨어진다는 의미다. 섭생에 따라 단계가 올라갔다 내려갔다 한다.

동무는 22조에서 "불가부지야"를 외치고 23조에서 "불가불신야"를 외친다. 수요壽夭가 인간의 일일진대 어찌 삼가지 않을 수 있겠는가! 동무는 말한다. 인명人命은 재천在天이 아니다. 인명은 재인在人

일 뿐이다.

2-24.

태양인의 노정은 한 사람의 노로도 천만인을 노하게 만들 수
있다. 그 노가 대책 없이 천만인에게 발해진다면 반드시 천만인
을 난감하게 만든다. 소음인의 희정은 한 사람의 희로도 천만인
을 기쁘게 만들 수 있다. 그 희가 대책 없이 천만인에게 발해진
다면 반드시 천만인을 난감하게 만든다. 소양인의 애정은 한 사
람의 애로도 천만인을 슬프게 만들 수 있다. 그 애가 대책 없이
천만인에게 발해진다면 반드시 천만인을 난감하게 만든다. 태
음인의 낙정은 한 사람의 낙으로도 천만인을 즐겁게 만들 수
있다. 그 낙이 대책 없이 천만인에게 발해진다면 반드시 천만인
을 난감하게 만든다.

太陽人怒, 以一人之怒而怒千萬人. 其怒無術於千萬人, 則必難堪千萬人
也. 少陰人喜, 以一人之喜而喜千萬人. 其喜無術於千萬人, 則必難堪千
萬人也. 少陽人哀, 以一人之哀而哀千萬人. 其哀無術於千萬人, 則必難
堪千萬人也. 太陰人樂, 以一人之樂而樂千萬人. 其樂無術於千萬人, 則
必難堪千萬人也.

【해설】

희로애락의 사회적 의미를 설명한다. 나의 희로애락이 천만인의
희로애락을 선동할 수 있다. 본조에서 태양인 노, 소양인 애, 태음인
낙, 소음인 희만을 거론한 것은 동무의 궁극적인 관심이 어디에 있

는지 분명하게 보여준다.

희로애락의 가공할 파워

"태양인노太陽人怒"는 곧 노정이다. 한 개인의 노가 천만인의 노를 자극할 수도 있다. 태양인이 타고난 노정의 파워가 어느 정도인지 짐작케 해준다. 태양인에게는 천만인을 감동시킬 만한 노정이 있다.

마찬가지로 소음인에게는 천만인을 감동시킬 희정이 있다. 소양인에게는 천만인을 감동시킬 애정이 있다. 태음인에게는 천만인을 감동시킬 낙정이 있다. 희로애락의 힘이 얼마나 대단한가! 희로애락을 통해 일개인이 천만인을 들었다 났다 할 수 있다.

세상의 부조리를 향한 열혈청년의 분노가 세상의 공분을 함께 만들어갈 수도 있다. 희대의 연극인이 가진 탁월한 희극적 감각은 세상을 박장대소케 할 수도 있다. 누군가의 슬픔이 세상을 울리고 누군가의 즐거움이 세상을 행복하게 만들 수도 있다. 함께 울고 함께 웃고, 희로애락으로 세상을 움직일 수 있다.

그런데 문제가 있다. 희로애락은 역동의 주범이기도 한 것이다. 여기 "무술無術"이란 방법이 없다는 말이다. 이을호는 "무술어천만인無術於千萬人"을 "천만인을 다룰 방법을 모른다면"이라 번역했다.(『사상의학원론』, 57쪽) 하지만 이 문장의 주어는 희로애락이다. 희로애락이 천만인을 다룰 방법을 모른다고 번역하는 건 좀 이상하다. 나는 희로애락이 천만인에게 대책도 없이 발해지다란 의미로 해석했다. 무술이란 어떻게 손쓸 수도 없는 극심한 역동 상태를 의미한다.

이을호는 또 "필난감천만인必難堪千萬人"은 "천만인을 감당하기 어려울 것이다"로 새겼다.(『사상의학원론』, 57쪽) 난감을 감당키 어렵다로 번역했다. 의미가 너무 협소해진다. 나는 난감을 난감하게 만든다로 해석했다. 나의 희로애락이 중절의 상태에 있지 못한 채 발해진다면 주변을 불편하게 만든다는 뜻이 된다. 희로애락의 힘을 드러낸 표현으로 새겼다. 만약 가공할 노정을 타고난 태양인이 함부로 노정을 뿜어낸다면 어떻게 될까? 천만인을, 온세상을 당혹스럽게 만들 것이다.

세상을 들었다 났다 하는 것이 모두 희로애락에 있다. 천만인의 희로애락을 감동시킬 줄 아는 자가 참된 지도자요, 천만인의 희로애락을 당혹케 하는 자가 독재자 아니겠는가? 지도자가 자신의 희로애락을 컨트롤할 줄 모른다면 그보다 더 불운한 일은 없을 것이다. 가정사나 사회사를 생각해도 마찬가지다. 가정의 또는 직장의 어른이 감정을 조절하지 못한다면 아랫사람의 삶은 매우 불행해진다.

부부의 문제 역시 대부분 감정의 폭발에서 생긴다. 문제 자체의 경중은 전혀 중요하지 않다. 보잘것없이 사소한 문제라도 사사건건 감정이 부딪힌다면 괴로움이 끝이 없다. 지옥이 따로 없다.

인간세는 시비가 아니라 감정이다. 감정이 모든 논리에 앞선다. 한번 상한 감정은 어떻게 설득해도 잘 안 풀린다. 어린 아이가 부모의 희로애락에 깊이 찔려 그 상처를 평생 짊어지고 가는 경우도 쉽게 목격할 수 있다. 세상의 치란治亂이 희로애락의 중절에 달렸다 해도 과언이 아니다.

태양인은 한마디로 노의 동물이다. 세상을 휘감을 엄청난 노기가 숨죽이고 있다. 소양인은 애의 동물이다. 세상을 휩쓸 어마어마한 애기가 도사리고 있다. 태음인은 낙의 동물이다. 세상을 덮을 강력한 낙기가 숨어 있다. 소음인의 희의 동물이다. 세상을 감쌀 넘치는 희기가 잠재해 있다. 태양인에게서 노를, 소양인에게서 애를, 태음인에게서 낙을, 소음인에게서 희를 보지 못한다면 사상인을 보지 못한 것이다!

2-25.

태양인과 소양인은 다만 애와 노의 과도를 항상 경계하면 된다. 억지로 희락을 일으킬 필요는 없다. 헛되이 움직여봐야 미치지 못한다. 만약 억지로 희락을 일으키길 불필요하게 자주 하면 희락이 진실한 감정에서 나오질 못해 애로가 더욱 편중된다. 태음인과 소음인은 다만 희와 낙의 과도를 항상 경계하면 된다. 억지로 애로를 일으킬 필요는 없다. 헛되이 움직여봐야 미치지 못한다. 만약 억지로 애로를 일으키길 불필요하게 자주 하면 애로가 진실한 감정에서 나오질 못해 희락이 더욱 편중된다.

太陽少陽人但恒戒哀怒之過度, 而不可强做喜樂, 虛動不及也. 若强做喜樂而煩數之, 則喜樂不出於眞情而哀怒益偏也. 太陰少陰人但恒戒喜樂之過度, 而不可强做哀怒, 虛動不及也. 若强做哀怒而煩數之, 則哀怒不出於眞情而喜樂益偏也.

【해설】

끝으로 희로애락에 대해 생길 수 있는 오해를 짚어주며 논의를 마무리짓는다.

억지웃음 짓지 말라

본조는 18조를 다시 한번 설명한 것이다. 태양인과 소양인은 항상 애로의 과도를 경계해야 한다. 태음인과 소음인은 항상 희락의 과도를 경계해야 한다. 그런데 동무는 본조에서 단서를 단다. "오직 但"이다. 태양, 소양인은 애로만, 태음, 소음인은 희락만 경계하면 된다는 것이다.

만약 태양, 소양인이 희락을 억지로 만들면 어떻게 될까? 혹 하강지기가 충실해져 약한 하초가 튼튼해지지는 않을까? 동무의 답은 "허동불급虛動不及"이다. 알맹이 빠진 쭉정이 같은 감정이라 순동이라 할 수 없으며 그래서 하초의 기를 도울 수 없다. 오히려 진실한 감정(眞情)에서 나오지 않는 희락은 애로를 더욱 편착하게 만든다고 말한다. 태양, 소양인이 억지로 희락을 만들면 애로가 더욱 편착한다.

태양인이 남 밑에서 비위맞추는 일을 해야 한다고 생각해보자. 상사 앞에서 실실 웃고 알랑거리는 걸 태생적으로 잘할 수가 없다. 타고난 성격을 억누르고 억지로 해낸다고 해도 분명히 건강이 상한다. 짜증과 역정을 분출하는 괴팍한 인간이 되기 쉽다.

태음, 소음인도 마찬가지다. 억지로 애로를 일으키면 오히려 희락이 더욱 편착한다. 태음인이 훈련조교라도 되어 맨날 군기잡고 얼차려 시키는 경우를 생각해보자. 카리스마 넘치는 매서움이 잘 안 나온다. 안 맞는 옷을 껴입은 것마냥 불편하기 이를 데 없다. 그러면 더욱 쾌락에 몰두하는 탐닉의 인간이 되기 쉽다는 것이다.

감정은 자연스러운 발출이 중요하다. 억지웃음 짓고 교언영색한들 무슨 득이 있겠는가? 공자는 교언영색의 인간을 가장 혐오했

다.(巧言令色, 鮮矣仁!『논어』「학이」3) 그것이 거짓이라는 것은 본인이
제일 먼저 안다. 몸이 먼저 알아채는 것이다. 진정에서 나오지 않는
감정은 나부터 상하게 한다. 진정에서 우러나오는 희로애락이라야
나를 살리고 남을 도울 수 있다.

희로애락의 실천지침

『초본권』에는 본조와 관련된 재미난 문장이 기술되고 있다.

태양인과 소양인은 애로의 과도를 깊이 경계하면서 단지 희락의
불급을 조금 끌어내는 정도가 좋다. 하지만 희락의 일을 일부로
만들어서 억지로 뽑아낼 필요는 없다. 만약 희락을 억지로 뽑아
내면 희락이 진정에서 우러나오지 못해서 욕심이 동하고 애로가
더욱 편중된다. 태음인과 소음인은 희락의 과도를 깊이 경계하면
서 단지 애로의 불급을 조금 끌어내는 정도가 좋다. 하지만 애로
의 일을 일부로 만들어서 억지로 뽑아낼 필요는 없다. 만약 애로
를 억지로 뽑아내면 애로가 진정에서 우러나오지 못해서 욕심이
동하고 희락이 더욱 편중된다.

太陽人少陽人深警哀怒之過度, 而祗可少引喜樂之不及, 而不必大做喜
樂之事而强撮之也. 若强撮喜樂, 則喜樂不出於眞情而慾心動而哀怒益
偏也. 太陰人少陰人深警喜樂之過度, 而祗可少引哀怒之不及, 而不必大
做哀怒之事而强撮之也. 若强撮哀怒, 則哀怒不出於眞情而慾心動而喜
樂益偏也.(권3-8)

태양인과 소양인이 희락을 조금 끌어내도 괜찮다는 것이다. 태음인과 소음인도 애로를 조금 끌어내도 괜찮다고 한다. 그러나 본조에서는 조금이든 많이든 억지로 하는 것(强做)은 모두 경계한다. 오직 진정이 중요하다고 본다. 동무의 입장이 단호해졌다.

『초본권』은 이어서 『중용』의 중절을 이러한 맥락에서 해석해 들어간다.(권3-9, 10) 「사단론」의 마지막에 『중용』의 중절을 꺼내기 앞서 본조가 자리잡은 것은 이러한 흐름으로 이어졌던 『초본권』의 흔적이라 할 수 있다.

동무는 「사단론」을 통해 희로애락의 의미를 제고하고 그 중요성을 강조해왔다. 그런데 실상 희로애락의 중절을 위한 실천 지침은 간단하다. 태양인과 소양인은 슬픔과 노여움만 주의하면 된다. 태음인과 소음인은 기쁨과 즐거움만 주의하면 된다. 그것이 몸을 가장 상하게 하기 때문이다.

태양인과 소양인은 희락을, 또 태음인과 소음인은 애로를 전혀 신경 쓸 필요가 없다. 자연스럽게 발출되도록 내버려두면 그만이다. 억지로 할 것도 없고 진정에서 나올 때 발하면 그뿐이다. 동무가 허여한 것은 오직 순동 뿐, 역동도 허동도 모두 생생지도가 아니다!

끝까지 태양인, 소양인은 애로로, 태음인, 소음인은 희락으로 귀결된다. 태양인의 심애폭노, 소양인의 심노폭애, 태음인의 심희낭락, 소음인의 심락낭희, 오직 그것을 경계하고 또 경계해야 한다.

2-26.

『중용』에서 "희로애락이 아직 일어나지 않은 것을 중이라 하고 일어나서 상황에 다 들어맞는 것을 화라 한다"고 했다. 희로애락이 아직 일어나지 않았을 때 항상 경계한다면 이것이 점점 중에 가까이 가는 것 아니겠는가? 희로애락이 이미 일어났을 때 스스로 돌아본다면 이것이 점점 절에 가까이 가는 것 아니겠는가?

"喜怒哀樂之未發, 謂之中. 發而皆中節, 謂之和." 喜怒哀樂未發而恒戒者, 此非漸近於中者乎? 喜怒哀樂已發而自反者, 此非漸近於節者乎?

【해설】

「사단론」의 결론이다. 『중용』 1장의 해설로 대미를 장식한다. 결국 「사단론」의 주제는 희로애락의 중절이다.

희로애락의 항계와 자반

『중용』에서 "위지중謂之中"의 중中은 명사이며, "중절中節"의 중中은 동사다. 그런데 동무는 중절을 모두 동사로 새긴다. 즉, 중은 미발의 차원이다. 중심을 지킨다는 뜻이다. 절은 이발의 차원이다. 절제한다는 뜻이다.

희로애락은 미발과 이발의 차이만 있을 뿐 늘 내 안에 존재하고 작동한다. 그것은 생명의 기저다. 동무는 희로애락이 아직 발생하지 않을 때 항상 경계하라고 했다. 나의 희로애락을 늘 애지중지 지켜야 한다. 그것이 마치 생명의 불씨인 것처럼 보호감찰해야 한다. 그러면 나는 점점 더 중中의 상태로 깊이 들어가게 된다. 항계恒戒는 나를 중으로 이끄는 안내자다.

또한 희로애락이 밖으로 나오면 즉각 따라붙어야 한다. 희로애락의 발출이 없는 인간은 죽은 인간이다. 희로애락은 인지상정이다. 중요한 것은 역동이며 허동이다. 그러므로 항상 돌아보고 또 돌아본다면 상황에 어긋날 일이 없을 것이다. 점점 절에 가까워질 것이다. 자반自反은 희로애락을 절로 이끄는 인도자다.

인간이 요순이 아닐진대 어찌 인의예지가 사사건건 선을 다할 수 있겠는가? 인간이 공맹이 아닐진대 어찌 희로애락이 구구절절 중中일 수만 있겠는가? 그런데 비록 선하진 않더라도 그렇게 크게 어긋나지만 않는다면 이미 선에 가깝다 할 것이다. 비록 절節은 아니더라도 그렇게 크게 어긋나지만 않는다면 이미 절에 가깝다 할 것이다. 이와 같이 해나간다면 자연히 흉凶을 피하고 길吉로 향해 위험을 면할 것이요, 마침내 오장이 완전해지고 행복과 장수를 누리게 될 것이다.

人非堯舜, 何能仁義禮智事事盡善? 人非孔孟, 何能喜怒哀樂節節必中? 雖不善也, 不太不善, 則已近於善矣. 雖不節也, 不太不節, 則已近於節矣. 如此做去, 則自然避凶趨吉免危, 而祇安五臟完而福壽至矣.(권3-11)

동무는 요순과 공맹을 꿈꾸는 이상주의자다. 그러나 현존의 나를 외면하지 않는 현실주의자이기도 하다. 동무가 참으로 하고 싶은 말은 길흉화복과 수명이 모두 내 안에 달려 있다는 것이다. 길흉을 알기 위해 점을 칠 필요가 없다. 복을 기원하기 위해 하늘에 빌 필요도 없다. 인간의 도덕과 감정을 지키는 삶! 그것이 행복과 건강의 초석인 것이다. 동무는 그 인간의 인의예지와 희로애락을 살펴보면 점괘 없이도 기원 없이도 길흉화복을 알 수 있다고 말한다.

희로애락의 중절은 곧 희로애락의 순동을 의미한다. 동무는 『중용』의 중과 화를 중과 절로 치환했다. 중이 개인적인 반면 화가 사회적인 맥락이라면 중과 절은 모두 개인적 내면의 가치를 중시한 용어다. 항계, 자반으로 희로애락의 중절을 지킨다면 그것은 역동하지 않을 것이다.

희로애락의 항계, 자반은 단순한 도덕적 책무를 넘어 건강과 생명을 좌우한다! 이러한 주장이 기존 유학과 차별되는 동무 사유의 독특처라 할 수 있다. 『동의수세보원』을 읽고 희로애락이 미발할 때 항계하며 희로애락이 이발할 때 자반할 수 있다면 그는 건강과 장수의 비법을 터득했다고 말할 수 있다!

제3장 | 확충론

擴充論

"확충擴充" 역시 『맹자』에 나온다. (凡有四端於我者, 知皆擴而充之矣. 「공손추」상6) 맹자는 사단의 확충을 말하지만 동무는 성명과 사단을 동시에 확충하고 있다.

이을호는 「확충론」은 「성명론」과 「사단론」에서 추출된 것이면서 동시에 다음 「장부론」의 선도적 서설이라 소개한다. 비로소 천기, 인사, 지행, 성정 등을 바탕으로 하는 사상인의 전인적 인간상, 곧 동무의 신인간론이 뚜렷이 밝혀진다고 논평한다. (『사상의학원론』, 60쪽)

「확충론」은 한마디로 「성명론」의 천인성명을 「사단론」의 사상인 안으로 포섭하는 장이라 할 수 있다. 천인성명이 비로소 사상인과 결합한다. 「성명론」과 「사단론」의 논의를 결합하여 그 내용을 확대하고 보충하므로 "확충론"이라 이름붙였다. 「성명론」과 「사단론」을 수료한 자들을 위한 고급자 과정이라고 할 수 있다.

3-1.

태양인은 애성이 멀리 흩어지고 노정이 바쁘고 급하다. 애성이 멀리 흩어진다 함은 태양의 귀가 천시를 살필 때 사람들이 서로 속이는 것을 슬퍼하는 것이다. 애성은 다른 게 아니라 듣는 것이다. 노정이 바쁘고 급하다 함은 태양의 비가 교우를 행할 때 남이 나를 깔보는 것을 화내는 것이다. 노정은 다른 게 아니라 화내는 것이다. 소양인은 노성이 크게 껴안고 애정이 바쁘고 급하다. 노성이 크게 껴안는다 함은 소양의 눈이 세회를 살필 때 사람들이 서로 깔보는 것을 화내는 것이다. 노성은 다른 게 아니라 보는 것이다. 애정이 바쁘고 급하다 함은 소양의 폐가 사무를 행할 때 남이 나를 속이는 것을 슬퍼하는 것이다. 애정은 다른 게 아니라 슬퍼하는 것이다. 태음인은 희성이 넓게 늘어나고 낙정이 바쁘고 급하다. 태음의 희성이 넓게 늘어난다 함은 태음의 코가 인륜을 살필 때 사람들이 서로 돕는 것을 기뻐하는 것이다. 희성은 다른 게 아니라 냄새 맡는 것이다. 낙정이 바쁘고 급하다 함은 태음의 신이 거처를 행할 때 남이 나를 보호하는 것을 즐거워하는 것이다. 낙정은 다른 게 아니라 즐거워하는 것이다. 소음인은 낙성이 깊게 굳고 희정이 바쁘고 급하다. 낙성이 깊게 굳는다 함은 소음의 입이 지방을 살필 때 사람들이 서로 돕는 것을 즐거워하는 것이다. 낙성은 다른 게 아니라

맛보는 것이다. 희정이 급하고 바쁘다 함은 소음의 간이 당여를
행할 때 남이 나를 돕는 것을 기뻐하는 것이다. 희정은 다른 게
아니라 기뻐하는 것이다.

太陽人哀性遠散而怒情促急. 哀性遠散者, 太陽之耳察於天時而哀衆人
之相欺也. 哀性非他, 聽也. 怒情促急者, 太陽之脾行於交遇而怒別人之
侮己也. 怒情非他, 怒也. 少陽人怒性宏抱而哀情促急. 怒性宏抱者, 少
陽之目察於世會而怒衆人之相侮也. 怒性非他, 視也. 哀情促急者, 少陽
之肺行於事務而哀別人之欺己也. 哀情非他, 哀也. 太陰人喜性廣張而樂
情促急. 喜性廣張者, 太陰之鼻察於人倫而喜衆人之相助也. 喜性非他,
嗅也. 樂情促急者, 太陰之腎行於居處而樂別人之保己也. 樂情非他, 樂
也. 少陰人樂性深確而喜情促急. 樂性深確者, 少陰之口察於地方而樂衆
人之相保也. 樂性非他, 味也. 喜情促急者, 少陰之肝行於黨與而喜別人
之助己也. 喜情非他, 喜也.

【해설】

「사단론」의 주제인 희로애락과 「성명론」의 테마인 천기, 인사가
결합하며 「확충론」의 서두를 장식하고 있다.

사상인, 천기와 인사를 만나다

여지껏 살펴본 문장 중 가장 길다. 앞서 등장한 많은 개념이 착종
되고 내용도 쉽지 않다. 「성명론」의 3조, 5조와 「사단론」의 10조를
새로운 개념과 버무려놓았다.

첨부터 이런 식이면 좀 질린다. 「확충론」의 문장은 제법 긴 것들
이 많다. 역시 고급과정이다. 마음을 다시 추슬러야 한다. 먼저 한눈
에 볼 수 있도록 도표로 만들어보자.

「확충론」 1조

사상인	성정	천인	내용	결론
태양인	애성원산	이청천시	상기相欺를 애	애성=청聽
	노정촉급	비합교우	모기侮己를 노	노정=노怒
소양인	노성굉포	목시세회	상모相侮를 노	노성=시視
	애정촉급	폐달사무	기기欺己를 애	애정=애哀
태음인	희성광장	비후인륜	상조相助를 희	희성=후嗅
	낙정촉급	신정거처	보기保己를 낙	낙정=낙樂
소음인	낙성심확	구미지방	상보相保를 낙	낙성=미味
	희정촉급	간립당여	조기助己를 희	희정=희喜

복잡해 보이지만 간단하게 결론부터 얘기해보자. 「확충론」의 목
적은 사상인과 천인성명의 결합이다! 1조에서는 사상인과 천인의
결합방식을 공개한 것이다. 그 결합 내용이 중요하다. 태양인의 애성
은 천시에, 노정은 교우에 연결한다. 천기와 성, 인사와 정을 짝지었다.

사상인과 천기, 인사

사상인	천기			인사		
태양인	애(청)	성	천시(이)	노(노)	정	교우(비)
소양인	노(시)		세회(목)	애(애)		사무(폐)
태음인	희(후)		인륜(비)	낙(낙)		거처(신)
소음인	낙(미)		지방(구)	희(희)		당여(간)

확충론

276

그 결과 태양인에게 이청천시와 비합교우가 배속된다. 소양인에게 목시세회와 폐달사무가 배속된다. 태음인에게 비후인륜과 신정거처, 소음인에게 구미지방과 간립당여가 배속된다. 이 표 하나만 기억하면 1조는 오케이다.

복잡한 도식에 담긴 뜻은

본조를 또박또박 읽고 있으면 넋 놓기 일쑤다. 동무는 너무나도 이질적인 범주의 언어들을 아무런 거리낌 없이 붙여놓고 있다. 이 문장을 읽으면서 느끼는 당혹감이란 『동의수세보원』을 통틀어도 단연 대상감이라 할 수 있다. 가끔은 정말 이 분이 무슨 생각을 하며 사신 양반인가 멍하게 쳐다볼 때가 있다. 사통팔달, 동분서주 무엇을 어디다가 연결해놓을지 그 창의적인 대뇌의 활동을 가늠하기가 어렵다.

사실 이런 문장을 보고 있노라면 헛웃음밖에 안 나온다. 읽다가 집어던진 적이 한두 번이 아니다. 해석을 쉽게 해보려고 도식화해놓고 보면, 너무 도식적이라 가식적인 느낌을 받는다. 그러나 논실합일의 치열한 삶을 산 동무임을 알기에 다시 책을 집어 들게 된다.

기모조보 이외의 용어는 모두 앞서 등장한 것들이다. "기欺"는 속이다, "모侮"는 깔보다, "조助"는 돕다, "보保"는 보호하다라는 평범한 일상 용어다. "중인지상기衆人之相欺"란 세상 사람들이 서로 속이더라는 말이다. "별인지모기別人之侮己"란 다른 사람이 나를 깔보더라는 말이다. 기모조보는 애로희락과 이미 일대일로 대응되고 있다.

속일 때 슬퍼하고 깔볼 때 화내고 도울 때 기뻐하고 보호할 때 즐거워한다.

태양인의 애성이란 사람들이 서로 속고 속이는 것을 보면서 슬퍼하는 것이라고 한다. 그게 언제냐? 태양인의 귀가 천시를 살필 때다. 태양인의 노정은 다른 사람이 나를 깔보는 것을 화내는 것이라고 한다. 그건 또 언제냐? 태양인의 비가 교우를 행할 때다. 마찬가지로 소양인의 노성이란 사람들이 서로 깔보는 것을 보면서 화내는 것이다. 애정은 다른 사람이 나를 속이는 것을 슬퍼하는 것이다. 태음인의 희성이란 사람들이 서로 돕는 것을 기뻐하는 것이다. 낙정이란 다른 사람이 나를 보호하는 것을 즐거워하는 것이다. 소음인의 낙성이란 사람들이 서로 보호하는 것을 즐거워하는 것이다. 희정이란 다른 사람이 나를 돕는 것을 기뻐하는 것이다. 도대체 뭔소린가 싶으면서도 곰곰이 씹어보면 결코 무시할 수 없는 말들이다.

요약하면 성은 천기를 멀리서 살피는 것(察)이다. 나와 직접적으로 관계가 없다. 그런데 정은 나와 직접적으로 관계가 있다. 몸소 부닥치는 것(行)이다. 그래서 결론은 희로애락의 성은 청시후미에 다름 아니고 희로애락의 정은 생생하고 직접적인 희로애락의 감정 그대로라고 말한다.

천기를 살피면서 청시후미가 발생하고 인사를 행하면서 희로애락이 발생한다. 성은 간접적이고 정적이며 은미한 측면이며 정은 감정 그 자체로 표현되는 직접적이고 동적이며 현저한 측면이라 할 수 있다.

「확충론」은 「성명론」을 씨줄로 「사단론」을 날줄로 직조해 들어간다. 동무는 지금 희로애락을 중심으로 우주와 인간의 문제를 사상인 안으로 포섭하고자 한다. 완전히 새로운 자재로 치밀한 논리 속에 새로운 의학을 정립하고자 한 창작자의 고뇌가 이 한 문장에 오롯이 들어 있는 듯하다.

다시 한번 말씀드리지만 본조에서 중요한 것은 기모조보도 청시후미도 애로희락도 아니다. 이런 개념들은 들러리다. 보다가 헷갈리면 차라리 훗날을 기약하는 게 낫다. 본문에서 중요한 것은 사상인과 천기, 인사의 결합 방식에 있다. 2조 3조에서 이 문제를 계속해서 설명한다.

3-2.

태양인의 귀는 천시에 해박할 수 있으나 태양인의 코는 인륜에 해박할 수 없다. 태음인의 코는 인륜에 해박할 수 있으나 태음인의 귀는 천시에 해박할 수 없다. 소양인의 눈은 세회에 해박할 수 있으나 소양인의 입은 지방에 해박할 수 없다. 소음인의 입은 지방에 해박할 수 있으나 소음인의 눈은 세회에 해박할 수 없다.

太陽之耳能廣博於天時, 而太陽之鼻不能廣博於人倫. 太陰之鼻能廣博於人倫, 而太陰之耳不能廣博於天時. 少陽之目能廣博於世會, 而少陽之口不能廣博於地方. 少陰之口能廣博於地方, 而少陰之目不能廣博於世會.

【해설】

사상인과 천기의 결합에 대한 부연이다. 이것이 사상인의 이목비구에 대한 가장 기본적인 이해방식이라 할 수 있다.

사상인과 천기의 결합

사상인과 천기를 다시 설명하면서 희로애락이 쏙 빠졌다. 사상인
과 천기의 중매자로서 그 소임을 다했기 때문이다. 사상인과 인사
를 설명한 3조 역시 마찬가지다. 희로애락은 더이상 끼어들지 않는
다. 이제 사상인과 천기, 인사를 바로 이야기한다.

"광廣"과 "박博"은 모두 넓다는 뜻이다. 해박하다와 거의 비슷하
다. 사상인의 광박에 대해서는 1조에서 이미 밝혀놓았다.

그런데 본조의 특징은 "불능광박不能廣博"까지 밝히고 있다는 데
있다. 태양인의 코는 인류에 광박하지 못다고 했다. 반면 태음인
의 코는 인류에 해박한데 귀는 천시에 광박하지 못다고 했다. 이
처럼 2조에서는 사상인 이목비구의 능부를 밝히고 있다.

사상인과 천기

사상인	능能	부否
태양인	천시	인류
소양인	세회	지방
태음인	인류	천시
소음인	지방	세회

이제 이목비구도 빼버려도 된다. 태양인은 천시를 듣는 능력이 뛰
어나다. 반면 인류를 냄새 맡는 능력이 부족하다. 반대로 태음인은
인류를 냄새 맡는 능력이 뛰어나다. 소양인은 세회를 보는 능력이
뛰어나다. 소음인은 지방을 맛보는 능력이 뛰어나다.

그런데 의문점이 하나 있다. 태양인의 귀가 천시에 광박한 이유는

애성원산이라고 했다.(3-1) 그러나 태양인의 코가 인류에 광박하지 못한 이유는 언급이 없다. 노정이 촉급해서 그런 것일까? 아니다. 천기는 성의 차원으로 설정되어 있으므로 노정으로 설명할 수는 없다. 4조에 그 답이 나온다.

3-3.

태양인의 비는 낯선 만남을 용감하게 이끌어줄 수 있으나 태양인의 간은 친숙한 모임을 우아하게 세워줄 수 없다. 소음인의 간은 친숙한 모임을 우아하게 세워줄 수 있으나 소음인의 비는 낯선 만남을 용감하게 이끌어줄 수 없다. 소양인의 폐는 바깥일을 민첩하게 이루어줄 수 있으나 소양인의 신은 집안의 공간을 늘 안정되게 만들어줄 수 없다. 태음인의 신은 집안의 공간을 늘 안정되게 만들어줄 수 있으나 태음인의 폐는 바깥일을 민첩하게 이루어줄 수 없다.

太陽之脾能勇統於交遇, 而太陽之肝不能雅立於黨與. 少陰之肝能雅立於黨與, 而少陰之脾不能勇統於交遇. 少陽之肺能敏達於事務, 而少陽之腎不能恒定於居處. 太陰之腎能恒定於居處, 而太陰之肺不能敏達於事務.

【해설】

사상인과 인사의 결합에 대해 부연한다. 이목비구에 이어 사상인 폐비간신의 능부를 말한다. 2조와 3조야말로 사상인에 대한 가장 진실한 설명일 것이다.

사상인과 인사의 결합

역시 희로애락의 중매 없이 사상인과 인사가 바로 만난다. 먼저 사용한 단어부터 살펴보자. "용통勇統"은 용감하게 통솔한다는 뜻이다. 카리스마 있는 모습을 나타낸다. 교우에 필요한 덕목으로 사용하고 있다. "아립雅立"은 우아하게 세운다고 번역했다. 당여는 우아하게 세워야 제맛이다. "민달敏達"은 민첩하게 이룬다는 뜻이다. 일을 척척 해내는 모습이다. 사무의 술어로 쓰였다. "항정恒定"은 늘 안정되게 만든다는 말이다. 거처의 제1덕목이다.

교우는 용감하게 이끌고 당여는 품위 있게 세우고 사무는 민첩하게 해내고 거처는 안정되게 유지해야 한다.

인사의 덕목

인사	덕목
사무	민달敏達
교우	용통勇統
당여	아립雅立
거처	항정恒定

본조 역시 능과 함께 불능을 말했다는 데 그 특징이 있다. 태양인의 비는 교우를 용감하게 이끌지만 간은 당여를 우아하게 세우질 못한다. 반대로 소음인의 간이 당여를 우아하게 세운다. 그러나 비가 교우를 용감하게 이끌질 못한다.

사상인과 인사

사상인	능能	부否
태양인	교우	당여
소양인	사무	거처
태음인	거처	사무
소음인	당여	교우

결국 태양인은 교우를 잘하고 당여를 못한다는 사실이 중요하다. 「확충론」은 「성명론」의 사상의학적 이해라 생각하면 된다. 「성명론」의 유학적 구조를 실용적 의학 안으로 흡수해간다. 「성명론」이 사상인의 지반 위에 재배열되고 있다. 천인지행의 구조가 사상인과 하나씩 결합해 나가며 생동감을 획득해가고 있는 것이다.

노정은 비를 돕는다

사상인과 인사는 1조에서 이미 결합했다. 그런데 「확충론」 1조와 3조를 함께 보면 태양인의 비가 교우에 능통한 이유는 노정촉급하기 때문임을 분명히 알 수 있다. 이것은 「사단론」의 관점에서 본다면 매우 의아한 설명이다. 태양인의 노정촉급은 기격간氣激肝한다고 했었다.(2-10) 그러니 노정촉급하므로 태양인의 간이 당여를 아립하지 못한다고 했어야 하지 않을까?

이을호 역시 같은 문제를 제기한다. 왜 태양인이 노정촉급한데 간은 불문하고 비를 문제삼냐고 질문한다.(『사상의학원론』. 63쪽) 과연 예리하지 않은가?

우리는 어서 빨리 「사단론」 10조의 저주에서 벗어나야 한다! 노정이 간을 깎는다고 생각하면 안 된다. 노정의 역동이 간을 깎는다. 노정은 비를 돕는다! 더이상 헤매지 말아야 한다. 노정의 순동은 비를 돕고 노정의 역동이 간을 깎는다고 머리에 넣어두지 않으면 「확충론」이 읽히지 않는다!

태양인은 교우에서 거의 기죽지 않는다. 상대에게 별로 눌리지 않는다. 이를 태양인의 노정이 교우에 작동한 결과로 봤다. 역시 노기는 교우에 써야 한다.(太陽之怒能勇統於交遇, 故交遇不侮也. 3-5)

한 가지 알아두어야 할 사실이 있다. 사상인이 천기와 결합할 때, 즉 성의 측면은 태양-태음이 짝을 이루고 소양-소음이 짝을 이룬다. 반면 인사와 결합할 때, 즉 정의 측면은 태양-소음이 짝을 이루고 소양-태음이 짝을 이룬다. 앞으로 등장할 「확충론」 문장이 모두 이런 원칙하에 나열된다.

3-4.

태양인의 들음은 천시에 해박할 수 있다. 그러므로 태양인의 신神은 두뇌에 충족해져 폐로 들어가는 것이 크게 된다. 태양인의 냄새 맡음은 인륜에 해박할 수 없다. 그러므로 태양인의 혈은 요척에 충족하지 못해 간으로 들어가는 것이 작게 된다. 태음인의 냄새 맡음은 인륜에 해박할 수 있다. 그러므로 태음인의 혈은 요척에 충족해져 간으로 들어가는 것이 크게 된다. 태음인의 들음은 천시에 해박할 수 없다. 그러므로 태음인의 신은 두뇌에 충족하지 못해 폐로 들어가는 것이 작게 된다. 소양인의 봄은 세회에 해박할 수 있다. 그러므로 소양인의 기는 배려에 충족해져 비로 들어가는 것이 크게 된다. 소양인의 맛봄은 지방에 해박할 수 없다. 그러므로 소양인의 정은 방광에 충족하지 못해 신으로 들어가는 것이 작게 된다. 소음인의 맛봄은 지방에 해박할 수 있다. 그러므로 소음인의 정은 방광에 충족해져 신으로 들어가는 것이 크게 된다. 소음인의 봄은 세회에 해박할 수 없다. 그러므로 소음인의 기는 배려에 충족하지 못해 비로 들어가는 것이 작게 된다.

太陽之聽能廣博於天時, 故太陽之神充足於頭腦而歸肺者大也. 太陽之嗅不能廣博於人倫, 故太陽之血不充足於腰脊而歸肝者小也. 太陰之嗅能廣博於人倫, 故太陰之血充足於腰脊而歸肝者大也. 太陰之聽不能廣博於天時, 故太陰之神不充足於頭腦而歸肺者小也. 少陽之視能廣博於世會, 故少陽之氣充足於背膂而歸脾者大也. 少陽之味不能廣博於地方, 故少陽之精不充足於膀胱而歸腎者小也. 少陰之味能廣博於地方, 故少陰之精充足於膀胱而歸腎者大也. 少陰之視不能廣博於世會, 故少陰之氣不充足於背膂而歸脾者小也.

【해설】

3조까지 사상인과 천기, 인사의 기본적인 관계에 대해 밝혔다. 4조부터 6조는 이들을 또다시 부연한다. 본조는 사상인 이목비구의 능부를 말한 2조에서 이어진다. 청시후미의 능부를 통해 새로운 방식으로 장국대소를 설명하고 있다.

청시후미가 폐비간신에 선행한다

2조에서 태양인의 귀(太陽之耳)가 천시에 광박하다고 했다. 본조는 귀의 구체적인 기능인 청청(聽)을 말한다.

본조의 포인트는 태양인의 청력이 폐를 크게 만든다는 데 있다. 그 이유에 대해 청력이 두뇌에 신(神)을 충족케해서 폐로 들어가는 신(神)이 커지기 때문이라고 한다. 아, 그 황당의 끝은 어디일까? 이 말은 동무의 독특한 장부론을 이해하지 않고는 해석이 안 된다. 「성명론」과 「사단론」은 물론 「장부론」까지 미리 당겨와 결합시키고 있다. 「장부론」의 언어를 맛보기로 보여준다. 「확충론」은 그야말로 만남의 광장이다.

두뇌는 뇌brain를 가리키지 않는다. 오히려 뇌를 둘러싼 외곽이다. 두개골에 가깝다. 동무는 두뇌 속에 신(神)이 모이는 이해가 있다고 생각했다. 배려에는 기가 모이는 막해가 있다. 요척은 혈이 모이는 혈해다. 방광은 정이 모이는 정해다. 방광 역시 오줌보가 아니다. 동무의 방광은 모두 엉덩이를 지칭한다.

그런데 이막혈정의 바다에 신기혈정이 모여들게 하는 힘이 바로 청시후미의 능력에서 나온다고 보았다.(4-8) 역시 쉽지 않다. 동무 특유의 생리론 용어가 막 쏟아진다. 「장부론」에 자세히 다루고 있으니 여기서는 대략만 훑어보자.

이해 중 청즙清汁은 폐로 흘러 들어간다.(4-4) 막해 중 청즙은 비로 흘러 들어간다.(4-5) 혈해 중 청즙은 간으로 흘러들어간다.(4-6) 정해 중 청즙은 신으로 흘러 들어간다.(4-7) 그러므로 신기혈정의 청즙이 폐비간신에 쌓이는 것이다. 그래서 동무는 이해가 폐의 근본

이요, 막해가 비의 근본이요, 혈해가 간의 근본이요, 정해가 신의
근본이라 말한다.(4-15)

어려운 생리학적 용어에 너무 휘둘리지 말자. 당장 몰라도 상관없
다. 여기서는 사상인의 천기에 대한 능부로 장리의 형성원인을 설명
하고 있다는 것만 기억하면 된다.

천기와 장리

사상인	能능		장리	부否		장리
태양인	천시		폐대	인륜		간소
소양인	세회	→	비대	지방	→	신소
태음인	인륜		간대	천시		폐소
소음인	지방		신대	세회		비소

청시후미가 신기혈정을 충만하게 만들고 폐비간신으로 흘러들어
가게 한다. 청시후미가 폐비간신의 근본이다. 이목비구를 폐비간신
의 선행으로 보고 있다.

끝으로 하나만 더 생각해보자. 태양인의 냄새 맡음(嗅)이 인륜에
해박하지 못하다는 말은 1조의 표현을 빌자면 태양인 희성이 인륜
에 광박하지 못하다는 뜻이 된다. 희성이 곧 후嗅니까.

태양인의 성과 장리

	성정	천기	장리
태양인	애성원산	능광박어천시	폐대
	희성	불능광박어인륜	간소

태양인의 노여움은 교우를 용감하게 이끌 수 있다. 그러므로 교
우는 업신여김을 당하지 않는다. 태양인의 기쁨은 당여를 우아
하게 세울 수 없다. 그러므로 당여는 업신여김을 당한다. 따라
서 태양인의 노여움의 폭발은 교우에서 생기는 것이 아니라 반
드시 당여에서 생긴다. 소음인의 기쁨은 당여를 우아하게 세울
수 있다. 그러므로 당여는 돕는다. 소음인의 노여움은 교우를
용감하게 이끌 수 없다. 그러므로 교우는 돕지 못한다. 따라서
소음인의 기쁨의 남발은 당여에서 생기는 것이 아니라 반드시
교우에서 생긴다. 소양인의 슬픔은 사무를 민첩하게 이룰 수 있
다. 그러므로 사무는 속임을 당하지 않는다. 소양인의 즐거움은
거처를 늘 안정되게 할 수 없다. 그러므로 거처는 속는다. 따라
서 소양인의 슬픔의 폭발은 사무에서 생기는 것이 아니라 반드
시 거처에서 생긴다. 태음인의 즐거움은 거처를 늘 안정되게 할
수 있다. 그러므로 거처는 보호한다. 태음인의 슬픔은 사무를
민첩하게 이룰 수 없다. 그러므로 사무는 보호하지 못한다. 따
라서 태음인의 즐거움의 남발은 거처에서 생기는 것이 아니라
반드시 사무에서 생긴다.

太陽之怒能勇統於交遇, 故交遇不侮也. 太陽之喜不能雅立於黨與, 故
黨與侮也. 是故太陽之暴怒, 不在於交遇而必在於黨與也. 少陰之喜能雅
立於黨與, 故黨與助也. 少陰之怒不能勇統於交遇, 故交遇不助也. 是故
少陰之浪喜, 不在於黨與而必在於交遇也. 少陽之哀能敏達於事務, 故事
務不欺也. 少陽之樂不能恒定於居處, 故居處欺也. 是故少陽之暴哀, 不
在於事務而必在於居處也. 太陰之樂能恒定於居處, 故居處保也. 太陰之

哀不能敏達於事務, 故事務不保也. 是故太陰之浪樂, 不在於居處而必在
於事務也.

【해설】

사상인 폐비간신의 능부를 말한 3조에서 이어지는 내용이다. 애
로희락의 정은 애로희락의 감정 그 자체다. 본조는 정기의 역동의
소재를 밝혔다는 점에서 매우 중요하다.

태양인은 당여에서 폭발한다

2조에서 태양인의 비가 교우에 용통하다고 했다. 타고난 노정촉
급 때문이다. 본조는 비脾 대신 노怒를 바로 말한다.

태양인은 세상 사람들이 서로 속이는 것에 대한 깊은 연민(哀性)
과 남들이 나를 무시하는 것에 대해 참을 수 없는 노여움(怒情)을
갖고 태어난다. 애성과 노정이 태양인의 원초적인 에너지다. 그래서
태양인은 노怒로 운영되는 교우를 당당하게 이끌 수 있다. 천부적인
능력이다. 태양인은 업신여김을 당하지 않는 건강한 비脾를 가진 것
이다!

그런데 태양인의 희정은 당여를 아립하지 못한다고 했다. 우리는
여기서 중요한 사실을 목격하게 된다. 태양인이 당여를 아립하지 못
함은 노정 때문이 아니요, 희정 때문이라는 것이다! 태양인의 부실
한 희정으로 당여가 순조롭지 못하며 업신여김을 받으니 펄펄 뛰는
노정이 당여에서 폭발해버리는 것이다. 이러한 태소음양인의 정기

와 인사의 관계에 관한 논의는 12조에서 15조에 다시 설명된다.

사상인과 인사의 순역

사상인	능能	순역	부否	순역
태양인	교우		당여	
소양인	사무	순동	거처	역동
태음인	거처		사무	
소음인	당여		교우	

사상인 4장의 장국대소

4조와 5조를 종합해보면 태양인은 애성과 노정이 강하고 희성과 희정이 약하다는 사실을 도출해낼 수 있다. 이것이 태양인의 성정에 관한 가장 기초적인 설정이다.

「사단론」 10조는 정기의 역작용만 말했다. 정기는 역작용만 있는 것이 아니다. 본조는 정기의 순작용을 말하고 있다. 태양인의 노정은 교우를 용맹하게 이끈다. 태양인의 비가 교우를 용맹하게 이끈다. 태양인의 노정촉급은 삭간하기 이전에 먼저 익비한다는 사실을 깨달아야 한다!

우리는 여기서 놀라운 사실을 발견하게 된다. 사상인 폐비간신의 장국대소를 모두 나열할 수 있다는 것이다. 동무는 가장 큰 장국과 가장 작은 장국만 일러줬지만 「확충론」의 문장 속에는 남은 장국의 대소가 숨어 있다.

태양인은 비가 강한 쪽에 속한다. 태양인은 애성원산해서 폐대하

고 노정촉급해서 비대하다! 그러면 결국 신은 작은 쪽이 된다. 태소
음양인의 장국대소를 모두 나열하면 다음과 같다.

사상인 4장의 장국대소

사상인	大←			→小
태양인	폐	비	신	간
소양인	비	폐	간	신
태음인	간	신	비	폐
소음인	신	간	폐	비

이걸로 무슨 생각을 펼치고 어떤 일을 벌일지는 각자 개인의 몫
이다. 그런데 동무가 왜 군이 4장의 대소를 언급하지 않았는지도 함
께 생각해보아야 할 것이다.

3-6.

태양인의 교우는 노여움으로 다스려도 된다. 그러나 당여는 노
여움으로 다스려선 안 된다. 만약 노여움을 당여로 옮긴다면 당
여에 보탬이 안 될 뿐만 아니라 간이 상한다. 소음인의 당여는
기쁨으로 다스려도 된다. 그러나 교우는 기쁨으로 다스려선 안
된다. 만약 기쁨을 교우로 옮긴다면 교우에 보탬이 안 될 뿐만
아니라 비가 상한다. 소양인의 사무는 슬픔으로 다스려도 된다.
그러나 거처는 슬픔으로 다스리면 안 된다. 만약 슬픔을 거처
로 옮긴다면 거처에 보탬이 안 될 뿐만 아니라 신이 상한다. 태
음인의 거처는 즐거움으로 다스려도 된다. 그러나 사무는 즐거

움으로 다스리면 안 된다. 만약 즐거움을 사무로 옮긴다면 사무
에 보탬이 안 될 뿐만 아니라 폐가 상한다.

太陽之交遇可以怒治之, 而黨與不可以怒治之也. 若遷怒於黨與, 則無益
於黨與而肝傷也. 少陰之黨與可以喜治之, 而交遇不可以喜治之也. 若遷
喜於交遇, 則無益於交遇而脾傷也. 少陽之事務可以哀治之, 而居處不可
以哀治之也. 若遷哀於居處, 則無益於居處而腎傷也. 太陰之居處可以樂
治之, 而事務不可以樂治之也. 若遷樂於事務, 則無益於事務而肺傷也.

【해설】

5조에서 그대로 이어진다. 인사에 있어서 사상인의 정기가 발현
되어도 좋을 곳과 그렇지 않을 곳이 열거되고 있다. 5조와 6조는 역
동의 구체적인 상황과 장기의 손상을 지적해주는 매우 의미 있는
문장이다.

이로써 1조부터 이어진 사상인과 천기, 인사에 관한 논의가 일단
락된다.

너의 희로애락을 옮기지 말라

5조를 거듭 설명한다. 태양인의 폭노가 당여에서 발생하므로 당
여에 노를 아예 가져오지 말라고 말한다. 당여는 노정으로 다스리
는 곳이 아니다. 그곳은 희정으로 다스리는 곳이다.

태양인은 노정의 용통勇統을 타고난다. 그것이 교우에는 참으로
적절하다. 천상의 궁합인 것이다. 그래서 태양인은 교우에서 카리스

마 넘친다. 좌중을 휘어잡을 수도 있고 무리를 이끌어갈 수도 있다. 결코 남들이 깔보지 못할 노기가 장착되어 있기 때문이다. 교우란 원래 노정으로 다스리는 곳이다.

동무의 논의를 잘 들여다보면 희로애락과 인사의 최적 조합을 설정하고 있음을 알 수 있다. 교우는 노정으로 다스리는 곳이다. 노정으로 다스렸을 때 가장 잘 운영할 수 있다는거다. 당여는 희정으로 다스리는 곳이다. 사무는 애정으로 다스린다. 거처는 낙정으로 다스리는 곳이다. 참으로 공감 가는 주장이다. 동무가 보기에 이것이 희로애락의 발이개중절發而皆中節이다!

인사와 정기의 최적조합

인사	정기
사무	애
교우	노
당여	희
거처	낙

태양인이 만약 이러한 세상의 이치를 모르고 당여를 노정으로 용통하려 한다면 어찌 될까? 바로 업신여김을 당한다. 희의 공간에 노기를 뿜어대니 사람들이 가까이 할 리가 없다. 바로 주의를 받거나 제지를 당하거나 무시된다. 그러니 태양인은 당여에서 더욱 조심해야 한다. 당여는 희의 공간임을 자각하고 자신은 노의 동물임을 깨달아 조심 또 조심해야 한다. 당여는 결코 노정으로 다스려지지 않는다.

만약 당여에 노정을 쓴다면 그 결과는 참혹하다. 당여에 한치의 도움도 안 될 뿐더러 뿜어낸 노기는 마땅한 수용처가 없이 겉돌게 된다. 전혀 발이중절이 아니다. 노기는 아무런 반향도 없이 허공으로 흩어지며 사람들의 외면만 되돌아온다. 이에 곧 노정의 역동이 생겨난다! 잠자고 있던 강한 노정이 폭발해버리는 것이다. 노정의 역동은 예리한 칼이 되어 자신의 간을 찌른다.

풍부한 희정은 소음인의 것이다. 소음인은 희정촉급을 타고난다. 촉급이 마냥 나쁜 뜻이 아니다. 소음인의 타고난 희정촉급은 당여를 우아하게 세워준다. 당여는 희정으로 다스리는 공간이기 때문이다. 그래서 당여의 사람들이 자신을 돕는다. 자신의 편이 되어주는 것이다.

그런데 이 희정을 교우에서 발하면 어떻게 될까? 교우에서 희희덕거리면 아무도 그를 따르지 않는다. 누가 그런 가벼운 사람을 신뢰하겠는가? 아무도 그를 돕지 않는다. 그러므로 소음인은 교우가 어떤 곳인지, 자신은 어떤 사람인지 분명히 알아 자신의 희정을 교우에서 쓰지 말아야 한다. 교우에 발해진 희정은 정처없이 떠돌아 허공에 흩어진다. 상황에 전혀 들어맞지 않는 희정이 된다. 이것이 낭희다. 소음인의 낭희는 교우에서 발생하여 자신의 약점인 비를 상하게 만든다.

소양인은 애정의 동물이다. 타고난 넉넉한 애정이 사무를 멋지게 완수해낸다. 소양인이 사람을 참 잘 챙긴다. 정도 많고 배려심도 많아 세세하게 잘 챙겨준다. 밥은 잘 먹고 다니는지, 어디 아픈 데는 없는지, 하는 일은 괜찮은지 이것저것 관심이 많다. 이것이 바로 소양인의 애정哀情이다. 항상 애잔한 마음이 드나보다. 애정이 과해질 때 소양인은 걱정, 근심이 끊이지 않는 잔소리 대마왕으로 변신한다.

5조에서 소양인의 애정이 사무를 민첩하게 완수하도록 하는 바탕이라고 말했다.(少陽之哀能敏達於事務.) 애정은 바로 사무의 기본이다. 사무는 애정으로 처리해야 한다. 쉽게 말해서 노파심을 갖고 살짝 걱정, 근심하며 일을 하는 것이 실수를 줄이고 훨씬 능률을 올리는 것이다. 이처럼 애정 충만한 소양인은 사무에서 속을 일이 없다.

그런데 거처는 애정으로 관리해선 안 된다. 집에서 시시콜콜 잔소리하면 누가 좋아하겠는가. 잔소리해서 남편이 바뀌는가? 애들이 잔소리한다고 듣는가? 회사에선 꼼꼼하게 챙기고 따지면 일 잘한다는 말을 듣는다. 집 안에서 애정을 쓰며 하나부터 열까지 입대고 있으면 다 도망간다. 같이 못산다. 집 안에선 그냥 말없이 믿어주고 쿨하게 넘어갈 줄도 알아야 한다. 애정哀情으로 집안은 화목해지지 않는다.

오히려 가정은 낙정이 가득할 때 훨씬 화목해진다. 그런데 소양인은 낙정이 너무 부족하다. 집안에서도 애정을 자꾸 쓴다. 그러면 당장은 네, 알았어요 하겠지만 결국은 안 바뀐다. 그래서 동무는 소양인은 사무에서는 속지 않으나 거처에서 속는다라고 말한다. 그 결과 타고난 강한 애정은 더욱 갈피를 잡지 못하고 폭발한다. 사람들이 너무 말을 안 듣는다고 생각한다. 애정으로는 집안이 안정되지 않는다.

소양인은 무엇보다 먼저 거처는 애정으로 다스리는 곳이 아니라는 사실을 절실히 깨달아야 한다. 너의 애정을 거처로 옮기지 말라. 그것은 거처에 아무런 도움이 되지 않는다. 오히려 너의 신장만 상할 뿐이니.

거처의 강자는 태음인이다. 낙정촉급을 타고났기 때문이다. 낙정은 잔소리부터 시작하지 않는다. 어미새가 새끼를 품듯 가득 품어 준다. 따뜻한 옷을 입혀주고 먹을 걸 가져다주고 이부자리를 살펴준 다. 낙정은 그저 사람을 덮어주고 품어준다. 그 사람의 잘못과 실수, 허물까지도 묵묵히 껴안아준다. 그러니 어찌 가족들이 그의 곁을 지키려 하지 않겠는가? 태음인의 낙정은 거처를 늘 안정시켜준다.

그런데 사무는 낙정으로 돌아가는 곳이 아니다. 시비를 따져야 하고 공과를 드러내야 하는 곳이다. 불량이 허용되지 않고 재고가 용납되지 않는 세계에 실수와 오류를 덮어버리고 스리슬쩍 넘어가 버리면 어찌 하겠는가? 애정이 부족한 태음인은 사무에서 보호를 받기가 어렵다.(太陰之哀不能敏達於事務, 故事務不保也.)

따라서 태음인은 자신의 낙정을 사무에서 발휘해선 안 된다는 사실을 절박하게 이해해야 한다. 좋은 게 좋은 그런 곳이 아니기 때 문이다. 거기는 낙정의 포용이 끼어들 틈이 없다. 만약 낙정을 사무 에 쓴다면 일을 망칠 것이요, 아무도 그를 지켜주지 않을 것이다. 자 신의 진실한 감정이 세상의 외면을 받고 오히려 일을 망치는 것보다 더 서러운 일이 있을까? 결국 번지수를 잃은 낙정은 아무런 반향도 없이 자괴의 수렁으로 내동댕이쳐지고 만다.

5조와 6조는 사상인의 인사의 매우 현실적인 측면을 제시해놓았 다. 상황 속에서 현실감 있게 사상인의 이미지를 그려넣을 수 있게 도와준다. 이런 부분이 「확충론」이 지닌 실제적인 힘이다. 「확충론」 은 제2의 「사상인변증론」이다. 「사상인변증론」이 사상인을 의학적 인 방법으로 구분하는 법이라고 한다면 「확충론」은 유학적인 방법 으로 구분하는 법이라 할 수 있다!

동무는 태양인에게 "불천노不遷怒"를 외치면서 『논어』의 불천노

확충론
—
296

도 함께 끌어안았을 것이다. 공자는 가장 아끼는 제자 안회를 추억
하며 불천노不遷怒, 불이과不貳過의 인물이었다고 평했다.

애공이 물었다. "제자 중 누가 배우기를 좋아합니까?" 공자가 대
답했다. "안회란 아이가 있었는데 배우기를 좋아했습니다. 노여
움을 옮기지 않았으며 잘못을 다시 반복한 적이 없습니다. 불행
히 명이 짧아 일찍 죽었어요. 지금은 여기 없으니 그 뒤론 아직
배우기를 좋아한다는 자를 들은 적이 없습니다."
哀公問 "弟子孰爲好學?" 孔子對曰 "有顔回者好學, 不遷怒, 不貳過. 不
幸短命死矣. 今也亡, 未聞好學者也."(『논어』「옹야」 2)

안회에 대한 그리움이 사무친다. 그러면서 안회의 삶을 짧은 평어
속에 담았다. 공자가 말한 인생 공부란 불천노, 불이과로 집약된다!
이것이야말로 인간이 쉽게 도달키 어려운 지고의 경지인 것이다.

3-7.

태양인의 성기는 항상 나아가려고만 하고 물러서려 하지 않는
다. 소양인의 성기는 항상 들려고만 하고 놓으려고 하지 않는다.
태음인의 성기는 가만히 있으려고만 하고 움직이려 하지 않는
다. 소음인의 성기는 머물려고만 하고 나가려고 하지 않는다.
太陽之性氣, 恒欲進而不欲退. 少陽之性氣, 恒欲擧而不欲措. 太陰之性
氣, 恒欲靜而不欲動. 少陰之性氣, 恒欲處而不欲出.

　사상인의 성기를 설명한다. 희로애락의 성정을 기로 설명하는 동
무에게는 자연스러운 표현이지만 사실 전통의 용례가 없는 매우 특
이한 용어다. 본조는 『초본권』에 그대로 등장한다.(권2-1) 매우 초기
부터 파악한 사상인의 특성임을 알 수 있다.

　　　태소음양인의 성기

　"태양지성기太陽之性氣"는 곧 태양인의 애성哀性을 말한다. 즉 태
양인이 타고난 애기哀氣다. 「사단론」에서 말한 애성과 애기가 태양
인의 몸을 만나 구체적인 의미를 획득하고 있다.

　태양인의 품성은 돌진에 있다. 무조건 앞으로 나가려고만 한다.
물러서려고 하지 않는다. 뒷걸음질이 없다. 이것이 태양인의 애성이
요, 애기다. 「사단론」의 애성원산哀性遠散, 애기직승哀氣直升과 상통
한다.

　소양인의 노성에서 오는 성향은 "항욕거恒欲擧"다. 소양인은 가만
히 내버려두는 법이 없다. 일을 자꾸 벌린다. 안 해도 될 일을 자꾸
만든다. 이러한 성기가 급하다는 평을 듣게도 만들고 호기심이 많
다는 평가를 받게도 만든다. 「사단론」의 노성굉포怒性宏抱, 노기횡
승怒氣橫升과 함께 그 이미지를 완성해나가야 한다.

　태음인의 희성은 "항욕정恒欲靜"하게 만든다. 태음인은 시끄러운
걸 싫어한다. 항상 평정을 원한다. 움직이려 하지 않고 고요히 있으
려고만 한다. 「사단론」의 희성광장喜性廣張, 희기방강喜氣放降과 연결

된다.

소음인의 낙성은 "항욕처恒欲處"하게 만든다. 한곳에 머물러 있으려고만 하고 나가려 하질 않는다. 「사단론」의 낙성심확樂性深確, 낙기함강樂氣陷降과 다름 아니다.

그래서 태양인과 소양인은 외향적인 성격이 되고 태음인과 소음인은 내성적인 성격이 된다. 천부의 성격이 이렇게 흘러간다. 동무는 다음 조에서 후천적 노력의 중요성을 말한다.

3-8.

태양인의 나아감은 잘 헤아려보고 괜찮으면 나아가야 한다. 스스로 재능을 돌이켜 보고 충분하지 않으면 나아가선 안 된다. 소양인의 듦은 잘 헤아려보고 괜찮으면 들어야 한다. 스스로 힘을 돌이켜 보고 굳건하지 않으면 들어선 안 된다. 태음인의 가만히 있음은 잘 헤아려보고 괜찮으면 가만히 있어야 한다. 스스로 지혜를 돌이켜보고 주밀하지 못하면 가만히 있어선 안 된다. 소음인의 머묾은 잘 헤아려보고 괜찮으면 머물러야 한다. 스스로 생각을 돌이켜보고 넓지 못하면 머물러선 안 된다.

太陽之進, 量可而進也. 自反其材而不莊, 不能進也. 少陽之擧, 量可而擧也. 自反其力而不固, 不能擧也. 太陰之靜, 量可而靜也. 自反其知而不周, 不能靜也. 少陰之處, 量可而處也. 自反其謀而不弘, 不能處也.

【해설】

7조에서 이어진다. 사상인의 성기는 반성의 과정을 거쳐야 함을 말한다.

성기를 자반自反하라

태양인은 항상 전진하려고 하는 성향이 있다. 그런데 곰곰이 생각해보고 갈 만하면 가야 한다. 태양인은 아무 생각 없이 있으면 자기도 모르게 그냥 가고 있다. "양가이진量可而進"은 해량해보고 괜찮으면 나간다는 뜻이다. 무엇을 생각해보아야 하느냐? 자신의 재능(材)을 생각해보아야 한다. 감당할 만한 재능이 없으면 나아가선 안 된다.

소양인은 무조건 벌여놓는 성향이 있다. 자기도 왜 그러는지 모르고 그냥 계속 일을 벌인다. 소양인은 먼저 자신의 힘에 견주어 보아야 한다고 말한다. 힘이 달려 벌여만 놓고 수습을 못하는 경우가 비일비재하기 때문이다. 힘이 견고하지 못하면 무작정 들려고만 해선 안 된다. 그래서 자신의 성향도 알고 동시에 자신의 힘도 알고 있어야 한다.

태음인은 일단 웅크리고 있다. 그런데 자신의 지혜知를 냉정히 판단해보아야 한다. 그럴만한 지혜가 부족하다면 차라리 움직이는 게 낫다. 가만히 있어 득이 되질 못한다.

소음인은 성향상 밖으로 나가려 하지 않는다. 그러나 지략(謀)이 일천하다면 머물러만 있어서는 안 된다.

이처럼 태소음양인의 성기는 재력지모材力知謀가 장고주홍莊固周弘했을 때 온전할 수 있다. 그렇지 못하면 성기를 삼가야 한다.

재材의 바탕이 있을 때 태양인의 진進은 세상을 뒤흔들 것이며, 역力의 바탕이 있을 때 소양인의 거擧는 세상을 움직일 것이며, 지知의 바탕이 있을 때 태음인의 정靜은 세상을 바꿀 것이며, 모謀의 바탕이 있을 때 소음인의 처處는 세상을 놀라게 할 것이다. 사상인의 성기는 반드시 반성의 과정을 거친 후 발휘되어야 한다.

3-9.

태양인의 정기는 항상 수컷이 되려고만 하고 암컷이 되려고 하지 않는다. 소음인의 정기는 항상 암컷이 되려고만 하고 수컷이 되려고 하지 않는다. 소양인의 정기는 항상 밖으로 튀려고만 하고 안으로 지키려고 하지 않는다. 태음인의 정기는 항상 안으로 지키려고만 하고 밖으로 튀려 하지 않는다.

太陽之情氣, 恒欲爲雄而不欲爲雌. 少陰之情氣, 恒欲爲雌而不欲爲雄. 少陽之情氣, 恒欲外勝而不欲內守. 太陰之情氣, 恒欲內守而不欲外勝.

【해설】

다음으로 사상인의 정기를 설명한다. 정기 역시 전통의 용례가 없는 매우 독특한 표현이다.

태소음양인의 정기

"태양지정기太陽之情氣"는 태양인의 노정怒情을 말한다. 그것은 노기怒氣를 뜻하기도 한다. 동무는 태양인, 소음인, 소양인, 태음인의 정기로 각각 웅雄, 자雌, 외승外勝, 내수內守를 들었다. 정은 성에 비해 적극적이고 동적인 이미지가 강했다. 정기 역시 마찬가지다. 진거정처進擧靜處를 말한 8조에 비해 훨씬 역동적인 표현들이다.

태소음양인의 성기와 정기는 이른바 태소음양인의 성격이라 이름붙일 수 있다. 한자의 뜻을 살려 실제의 성격과 부합하도록 번역해보았다. 우리가 현실에서 사상인을 파악할 때 매우 중요한 부분이다. 꼭 기억해야 한다.

사상인의 성격

사상인	성기		정기	
태양인	진進	진취적	웅雄	남성적
소양인	거擧	활동적	외승外勝	적극적
태음인	정靜	보수적	내수內守	소극적
소음인	처處	안정적	자雌	여성적

태양인의 노정은 남성성이 강하다. 소음인의 희정은 여성성이 강하다. 소양인의 애정은 밖으로 튀려고만 한다. 굉장히 적극적이다. 태음인의 낙정은 안으로 지키려고만 한다. 매우 소극적이다.

태양인은 비록 수컷이 되기를 좋아하지만 간혹 암컷이 되기도
해야 한다. 만약 오로지 수컷이 되기만 좋아한다면 방종의 마
음이 반드시 넘친다. 소음인은 비록 암컷이 되기를 좋아하지만
간혹 수컷이 되기도 해야 한다. 만약 오로지 암컷이 되기만 좋
아한다면 투일의 마음이 반드시 넘친다. 소양인은 비록 밖으로
튀는 것을 좋아하지만 간혹 안으로 지키기도 해야 한다. 만약
오로지 밖으로 튀기만 좋아한다면 편사의 마음이 반드시 넘친
다. 태음인은 비록 안으로 지키는 것을 좋아하지만 밖으로 튀기
도 해야 한다. 만약 오로지 안으로 지키기만 좋아하면 물욕의
마음이 반드시 넘친다.

太陽之人, 雖好爲雄亦或宜雌. 若全好爲雄, 則放縱之心必過也. 少陰之
人, 雖好爲雌亦或宜雄. 若全好爲雌, 則偸逸之心必過也. 少陽之人, 雖
好外勝亦宜內守. 若全好外勝, 則偏私之心必過也. 太陰之人, 雖好內守
亦宜外勝. 若全好內守, 則物欲之心必過也.

【해설】

9조에서 이어진다. 정기의 과도를 경계하고 있다. 동무는 정기에
대해서는 항상 불안한 마음을 가지고 있다.

정기를 항계恒戒하라

"태양지인太陽之人"은 8조의 "태양지진太陽之進"과 운율을 맞추기

위한 것이다. 동무만큼 문장을 까다롭게 다루는 사람도 드물다.

8조에서 동무는 태소음양인의 성기는 자신의 능력을 돌아보고 할 만하면 타고난 대로 하라고 권했다. 그러나 정기는 좀 다르다. 태소음양인의 정기는 웬만하면 타고난 대로 하지 말라고 권한다. 원래 그렇게 타고난 거야 어쩔 수 없지만 그래도 한 번씩 반대로도 갈 줄 알아야 한다. 정기는 항상 어느 선이 넘지 않도록 절제하는 게 바람직하다.

본조는 태소음양인의 정기가 과도하게 발현된 상태를 비박탐나인이라 정의하고 있다. 태양인의 남성적인 성향이 과도해지면 방종지심이 넘친다. 소음인이 여성성이 과도해지면 투일지심이 넘친다. 소양인이 지나치게 적극적이 되면 편사지심이 넘친다. 태음인이 지나치게 소극적이 되면 물욕지심이 넘친다. 방종자가 비인이고 투일자가 나인이며 편사자가 박인이고 물욕자가 탐인이다.

人趨心慾, 有四不同. 棄禮而放縱者, 名曰鄙人. 棄義而偸逸者, 名曰懦人. 棄智而飾私者, 名曰薄人. 棄仁而極慾者, 名曰貪人.(2-2)

보라. 「사단론」 2조 역시 그 순서가 비인, 나인, 박인, 탐인이다. 이는 정기에 따른 태소음양인의 배열 순서와 일치한다. 동무는 정의 차원으로 사상인을 말할 때 항상 태양인, 소음인, 소양인, 태음인 순으로 말한다. 「사단론」에서 비박탐나인을 처음 말할 때 이미 태소음양인의 정기가 과도해진 상태가 비박탐나라는 「확충론」의 정의를 염두에 두고 있었다는 말이다! 「사단론」 1조도 기억하는가?

人稟臟理, 有四不同. 肺大而肝小者, 名曰太陽人. 肝大而肺小者, 名曰太陰 人. 脾大而腎小者, 名曰少陽人. 腎大而脾小者, 名曰少陰人.(2-1)

인품장리의 태소음양인과 인추심욕의 비박탐나인은 「확충론」 10조에서 만난다. 여기서 「사단론」 1조와 2조는 결합한다. 정기를 매개로 태소음양인과 비박탐나인은 감격적으로 상봉하고 있다. 「확충론」은 정말로 만남의 광장이다.

태소음양인과 비박탐나인

태소음양인	정기	과도	비박탐나인
태양인	웅雄	방종放縱	비인
소양인	외승外勝	편사偏私	박인
태음인	내수內守	물욕物欲	탐인
소음인	자雌	투일偸逸	나인

태양인은 노정이 과다해져 지나치게 남성적이면 예를 버리고 방종이 넘치는 비인이 된다. 소음인은 희정이 과다해져 지나치게 여성적이면 의를 버리고 투일이 넘치는 나인이 된다. 소양인은 애정이 과다해져 지나치게 적극적이면 지를 버리고 편사가 넘치는 박인이 된다. 태음인은 낙정이 과다해져 지나치게 소극적이면 인을 버리고 물욕이 넘치는 탐인이 된다.

3-11.

태양인은 아주 어리석은 자라 할지라도 그 성이 시원시원하여 사람을 잘 이끌어들인다. 아주 못난 자라 할지라도 사람의 선악을 잘 알아낸다. 소양인은 아주 어리석은 자라 할지라도 그 성이 큼직큼직하여 절도가 있다. 아주 못난 자라 할지라도 사람의 똑똑함과 어리석음을 잘 알아낸다. 태음인은 아주 어리석은 자라 할지라도 그 성이 우뚝우뚝하여 사람을 잘 교화한다. 아주 못난 자라 할지라도 사람의 부지런함과 게으름을 잘 알아낸다. 소음인은 아주 어리석은 자라 할지라도 그 성이 널찍널찍하여 사람을 잘 어루만진다. 아주 못난 자라 할지라도 사람의 유능과 무능을 잘 알아낸다.

太陽人雖至愚, 其性便便然猶延納也. 雖至不肖, 人之善惡亦知之也. 少陽人雖至愚, 其性恢恢然猶式度也. 雖至不肖, 人之知愚亦知之也. 太陰人雖至愚, 其性卓卓然猶敎誘也. 雖至不肖, 人之勤惰亦知之也. 少陰人雖至愚, 其性坦坦然猶撫循也. 雖至不肖, 人之能否亦知之也.

【해설】

태소음양인의 성기가 저마다 타고난 재능이 있음을 말한다. 8조에서 이어진다고 볼 수 있다.

「확충론」의 구조

먼저 태소음양인의 순서를 살펴보자. 태양, 소양, 태음, 소음 순이다. 본조는 태소음양인의 성기를 논하고 있다는 사실을 확인할 수 있다. 7조, 8조에서 논한 성기와 연속적인 흐름을 갖는다. 한편 12조부터는 9, 10조에서 논한 정기를 다시 부연한다. 이쯤에서 「확충론」의 전체적인 구성을 정리해보자.

「확충론」의 구성

조문	내용	
1~6조	사상인의 성정과 천인	
7~10조	사상인의 성기와 정기	사상인과 천인
11조	사상인의 성기의 특징	
12~15조	사상인의 정기의 특징	
16~17조	사상인과 지행	

　1조에서 15조까지는 한마디로 사상인과 천인의 관계다. 16조, 17조는 사상인과 지행의 관계다. 사상인과 천인지행의 결합, 그것이 「확충론」의 목적이자 내용이다!

성에서 저마다의 재능이 나온다

　동무는 본조에서 사상인의 성기性氣가 가진 특징을 드러내기 위해 독특한 의태어를 사용한다. 태양인은 "편편연便便然"하다고 했다. 나는 시원시원하다로 번역했다. 소양인은 "회회연恢恢然"하다고 했다. 큼직큼직한 모양이다. 회는 넓다, 크다는 뜻이다. 태음인은 "탁탁연卓卓然"하다고 했다. 우뚝우뚝하다고 번역했다. 탁은 탁월하다는 의미다. 소음인은 "탄탄연坦坦然"하다고 했다. 널찍널찍한 모양이다. 탄은 평탄하다는 뜻이다.

동무는 사상인에 쓰이는 의태어 하나조차 그 특성에 부합하도록 선별했다. 문자를 다루는 자세가 매우 문학적인 듯하지만 동시에 매우 사실적이라 말할 수 있다. 동무의 언어에는 이성과 감성이 함께 녹아 있다.

동무는 태양인의 성기가 시원시원하여 "연납延納"한다고 말한다. 이끌어들이다로 번역했다. 태양인이 막힘없이 말하고 행동하는 것을 보면 흡입력이 있다. 사람들은 말이 담은 내용보다 말하는 사람의 태도나 자세에서 먼저 호감을 느끼게 된다. 태양인은 시원시원한 말투나 자세에서 대중을 선동하는 힘이 있다고 할 수 있다. 태양인으로 태어났다면 아주 어리석은 자라 할지라도 연납의 능력이 있다고 말한다.

소양인은 "식도式度"라 말한다. 식도는 격식과 절도다. 소양인은 무인 같은 느낌이 강하다. 동무는 「사상인변증론」에서 소양인은 강무剛武하다고 밝혔다.(11-3) 씩씩한 무사의 이미지다. 소양인은 아무리 어리석은 자일지라도 타고난 성기 자체가 큼직큼직하여 격식과 절도가 우러나온다.

태음인은 "교유敎誘"하다. 유는 유혹하다, 유인하다는 의미를 갖고 있다. 말로 달래는 것이다. 나는 교화로 번역했다. 「사상인변증론」에서 태음인은 수정정대修整正大하다고 했다.(11-8) 앉으나 서나 반듯하고 의연하다. 타고난 성기가 우뚝우뚝하여 말로 알아듣도록 잘 타이르는 특기가 있는 것이다. 태음인은 아주 못난 자라도 사람을 바꾸는 힘이 있다.

소음인은 "무순撫循"하다. 잘 어루만진다는 뜻이다. 소음인은 공감의 능력이 강하다. 소음인이 당여에서 어그러짐이 없는 것은 공감의 능력이 있기 때문이다. 소음인은 타고난 성기가 널찍널찍하여 사람의 마음을 잘 어루만진다. 아주 어리석은 자라도 교감의 장점이 있다.

사실 본조의 해석이 만만하지는 않다. 나는 최대한 사상인의 성격을 감안하여 이해하려고 노력했다.

이처럼 사상인은 아무리 어리석은 자(至愚)라도 연납, 식도, 교유, 무순의 능력이 있다. 지우至愚는 성性과 함께 말하고 있다. 동무는 이와 함께 지불초至不肖를 이야기한다. 지불초는 지인知人과 함께 말한다. 아무리 못나도 다른 사람을 판단할 줄 아는 능력을 하나씩 갖추고 있다고 한다. 제각각 지인의 능력이 있다는 것이다.

태양인은 저놈이 착한지 못된지(善惡) 보면 안다고 말한다. 소양인은 저놈이 똑똑한지 어리석은지(知愚) 보면 안다고 말한다. 태음인은 저놈이 부지런지 게으른지(勤惰) 보면 안다고 한다. 소음인은 저놈이 해낼지 못해낼지(能否) 보면 안다고 한다. 이러한 지인의 능력 역시 타고난 성의 범주에서 이해해야 할 것이다.

사상인 성기의 능력

사상인	성기의 능력 (지우至愚라도)		지인의 능력 (지불초至不肖라도)
태양인	편편연便便然	연납延納	선악善惡
소양인	회회연恢恢然	식도式度	지우知愚
태음인	탁탁연卓卓然	교유敎誘	근타勤惰
소음인	탄탄연坦坦然	무순撫循	능부能否

이처럼 태소음양인의 성이 가진 특징은 아주 아주 못난 인간일지
라도 기본은 한다는 것이다. 동무는 인성에 대한 긍정을 결코 버리
지 않으며 인성에 대한 신뢰를 끝까지 포기하지 않는다. 인성을 인
간의 최후의 보루로 삼는다. 그 최후의 보루 안에서 인간의 최소한
의 능력을 확보해내고 있다.

3-12.

태양인은 교우에 신중하다. 그래서 늘 생소한 사람과의 교우를
걱정하는 노심怒心이 있다. 이 마음은 천성을 지키는 공경의 마
음에서 나온 것으로 지극히 선하지 않을 수 없다. 그런데 태양
인이 당여에는 경솔하다. 그래서 매번 친숙한 당여의 사람으로
부터 곤경에 빠져 편향된 노정이 장기를 상하는 것이다. 이것은
골라 사귀는 마음이 넓지 않기 때문이다.

太陽人謹於交遇. 故恒有交遇生疏人慮患之怒心. 此心出於秉彝之敬心
也. 莫非至善, 而輕於黨與. 故每爲親熟黨與人所陷, 而偏怒傷臟. 以其
擇交之心, 不廣故也.

【해설】

12조부터 15조까지는 태소음양인의 정기와 인사에 대해 집중적
으로 설명한다. 많은 분량을 할애했다. 역시 동무의 관심은 성기보
다 정기에 있음을 알 수 있다. 먼저 태양인의 정기와 인사를 말한다.

태양인은 교우에 신중하다

동무는 『동의수세보원』에서 「사상인변증론」이라는 챕터를 두어 사상인 감별법을 집중적으로 다루고 있다. 「사상인변증론」에서는 사상인의 두번째 감별법으로 인사를 들고 있다. 태양인은 교우에 능하고 소양인은 사무에 능하고 태음인은 거처에 능하고 소음인은 당여에 능하다고 말한다.(11-3) 우리는 「사상인변증론」에서 감별의 기준으로 말한 인사가 이미 「확충론」에서 충분히 논의되고 있다는 사실을 주지해야 한다. 「확충론」 역시 사상인 변증론이다.

본조에서 중요한 구절은 "교우생소인交遇生疏人"과 "친숙당여인親熟黨與人"이다. 교우생소인이란 표현은 교우의 의미를 구체적으로 확증해준다. 교우는 만남이라고 했다. 만남의 특징은 생소에 있다. 태양인은 항상 생소한 사람을 만나는 것을 자기도 모르게 걱정하는 노심怒心이 있다. 그래서 교우에 신중한 것이다.

이 노심이 바로 노정이다. 태양인이 타고난 천심天心이요, 천정天情이다. 여기 "병이지경심秉彝之敬心"이란 이彝를 움켜잡는 공경스러운 마음이다. 이彝는 제사 때 강신降神에 쓰는 물이나 술을 담는 그릇을 말한다. 제기의 일종이다. 신이 내려온 신령스러운 그릇이니 그 다루는 손이 얼마나 공경스럽겠는가? 병이秉彝가 경심敬心을 극적으로 표현해주고 있다. 그래서 전통적으로 천성을 병이지성秉彝之性이라 부르기도 했다.

태양인의 노심은 바로 병이지심이다. 이것은 매우 좋은 것이다. 지선至善이라 하지 않을 수 없다. 우리는 분명히 알아야 한다. 태양인의 타고난 노정怒情은 지선至善이다! 태양인의 노정촉급이 나쁘다는 인식은 모두 「사단론」 10조에서부터 어그러진 잘못된 인상에서 비롯된 것이다. 태양인의 노정촉급은 지선의 천성이다!

태양인은 지선의 노심이 늘 작동하니 교우가 신중히 돌아간다. 교우는 노심으로 원활하게 돌아가는 세계다.

태양인은 당여에 경솔하다

그런데 희안하게 태양인은 당여에는 경솔하다. 그래서 매번 친숙한 당여인으로부터 곤경을 당한다. 이때 지선이던 노정이 폭발하여 장기를 상한다. 노정이 결코 처음부터 폭발하지 않는다. 중절하지 못하는 특정한 상황을 당해서 터져나온다. 당여는 「성명론」에서 모임이라고 번역했다. 모임의 특징은 곧 친숙이다.

태양인이 당여를 왜 못할까? 그것은 1차적으로 태양인의 희정이 부실하기 때문이다.(3-5) 그런데 동무는 본조에서 새로운 진단을 내린다. 그것은 "택교지심擇交之心"이 넓지 않기 때문이라는 것이다. 사실 택교지심이 희정과 다른 것이 아니다.

"택교지심"은 곧 택교지희심擇交之喜心을 말한다.(3-13) 애들이 사탕 고르는 걸 생각해보자. 당장 내 입에 들어오는 거다. 이걸 고를까, 저걸 고를까 희심이 발동하게 된다. 택교지심도 마찬가지다. 당여란 내 편을 만드는 것이다. 이 사람과 함께 하면 좋을까, 저 사람과 함께 하면 재밌을까 희심이 발동한다. 택교지심은 희심에 포섭된다.

그런데 태양인은 택교하려는 희심이 동하질 않는다. 희정이 원래 부족하기 때문이다. 그래서 그냥 되는대로 사귄다. 그러니 당여에 경솔하다는 이야기다. 그럴듯하지 않은가? 정말 그런 것 같다. 앞뒤가 척척 맞아 떨어진다.

태양인은 여환지노심만 있고 택교지희심이 없다! 그러니 친숙한 사람보다 오히려 생소한 사람에게 마음을 더 쓴다. 그래서 태양인을 보면 친소를 가리지 않는다는 생각이 든다. 특별히 내 맘에 맞는 사람 따지지 않는다. 이 사람 저 사람 그냥 만나고 함께 어울린다. 그러니 이 사람 저 사람 가깝게 지내다보면 곤욕을 치르는 경우가 생기는 것이다. 당여에만 가면 타고난 노정이 잠잠할 날이 없다.

그러므로 태양인은 항상 가까운 사람을 택하여 사귀는 마음을 돌아보아야 한다! 태양인 있는가? 택교지희심을 소홀히 하지 말라. 그게 인생을 순조롭게 살아가는 비결이다.

3-13.

소음인은 당여에 신중하다. 그래서 늘 친숙한 사람과의 당여를 선택해서 하려는 희심이 있다. 이 마음은 천성을 지키는 공경의 마음에서 나온 것으로 지극히 선하지 않을 수 없다. 그런데 소음인은 교우에는 경솔하다. 그러므로 매번 생소한 교우의 사람으로부터 무시를 당해 편향된 희정이 장기를 상하는 것이다. 이것은 걱정하는 마음이 주밀하지 못하기 때문이다.

少陰人謹於黨與. 故恒有黨與親熟人擇交之喜心. 此心出於秉彝之敬心也. 莫非至善, 而輕於交遇. 故每爲生疏交遇人所誣, 而偏喜傷臟. 以其慮患之心不周故也.

【해설】

두 번째로 소음인이다. 역시 정기에 대한 설명 순서는 태양-소음-소양-태음으로 진행된다.

소음인은 당여에 신중하고 교우에 경솔하다

소음인은 늘 택교하는 희심이 있다. 택교란 식당에 가서 메뉴를 선택하는 것과 같다. 우리는 메뉴를 고를 때 노심초사하지 않는다. 행복한 고민에 빠지게 된다. 소음인은 이런 택교의 희심을 타고난다. 그래서 맘이 흡족해지는 모임을 고르고 고른다.

소음인이 여행 스케줄 같은 걸 잘 짠다. 여행이란 수많은 선택지 중에 동선과 선호도를 고려해 고르고 또 고르는 일이다. 사실 머리 아픈 일이다. 그런데 이런 걸 재밌어 한다. 모든 경우의 수를 다 생각해가면서 참 꼼꼼하게도 알뜰하게도 잘 짜놓는다. 택교지심이 넓은 것이다.

그런데 태양인은 이런 선택의 과정이 전혀 기쁘지가 않다. 정말 번거로워하고 힘들어한다. 그냥 가서 닥치면 해결하자는 식이다. 차라리 패키지 상품을 골라버리기도 한다. 선택의 가능지가 많으면 괴로워하는 것이다.

소음인은 이처럼 이걸 먹을까 저걸 먹을까 하는 것과 같은 희심을 타고난다. 그래서 생소한 사람과의 진지한 만남에서는 좀 탈이 난다. 그건 스스로 고를 수 있는 상황이 아니기 때문이다. 살다보면 거래처 사람도 만나야하고 보기 싫은 사람도 봐야 한다. 생소한 사람과 교우하는 데 필요한 여환지노심慮患之怒心이 애초에 부족한 것이다.

소음인의 희심만으로 교우를 감당할 수 없다. 그러니 소음인은 교우에서 무시를 당한다. 사람들이 소음인을 보면 노심도 없고 희심만 있으니 만만해 보이는 것이다. 이때 소음인의 타고난 희정이 낭발해서 장기를 상하게 만든다.

3-14.

소양인은 사무에 신중하다. 그래서 늘 밖에 나가 사무를 일으키려는 애심이 있다. 이 마음은 천성을 지키는 공경의 마음에서 나온 것으로 지극히 선하지 않을 수 없다. 그런데 소양인은 거처에는 신중하지 못하다. 그러므로 매번 안을 맡아 거처를 돌보는 사람으로부터 곤경에 빠져 편향된 애정이 장기를 상하는 것이다. 이것은 밖을 중시하고 안을 경시하기 때문이다.

少陽人重於事務. 故恒有出外興事務之哀心. 此心出於秉彝之敬心也. 莫非至善, 而不謹於居處. 故每爲主內做居處人所陷, 而偏哀傷臟. 以其重外而輕內故也.

【해설】

세 번째는 소양인의 정기와 인사다.

소양인은 사무에 신중하고 거처에 경솔하다

본조에서 중요한 것은 "출외흥사무出外興事務"와 "주내주거처인主內做居處人"이다. 사무와 거처의 의미를 명확하게 해준다. 사무는 출외出外의 일이다. 거처는 주내主內의 일이다. 밖에서 사무를 일으킨다(興). 안에서 거처를 돌본다(做). 바깥일과 집안일은 전혀 성격이 다르다.

소양인은 밖에 나가 자꾸만 일을 만들려고 한다. 이것은 소양인의 타고난 애심哀心 때문에 그렇다. 소양인은 항상 밖에 나가 사무를 벌리려는 애심이 있다(恒有出外興事務之哀心)고 말했다. 애심이 사무를 신중하게 여기게 하는 원인이 되는 것이다.

애심 역시 병이지심秉彝之心이다. 그것은 천심이며 지선이다. 그러니 자꾸 사무를 일으키려는 소양인의 애심을 탓해선 안 된다. 차라리 소명이라 해야 할 것이다.

소양인의 문제는 거처에 있다. 바깥일만 중시하고 집안일을 경시하는데 어찌 함께 사는 거처인이 행복할 수 있겠는가? 소양인은 거처인으로부터 곤란을 당할 수밖에 없다. 그러므로 소양인은 자신의 정기를 바로 알아 밖으로만 다니지 말고 집안일도 항상 돌보아야 한다. 그러면 자신이 건강하고 가족이 행복하며 이웃이 혜택을 누리게 될 것이다.

3-15.

태음인은 거처에 신중하다. 그래서 늘 안을 맡아 거처를 만들려는 낙심이 있다. 이 마음은 천성을 지키는 공경의 마음에서 나온 것으로 지극히 선하지 않을 수 없다. 그런데 태음인은 사무에는 신중하지 못하다. 그러므로 매번 밖에 나가 사무를 일으키는 사람으로부터 업신여김을 당해 편향된 낙정이 장기를 상하는 것이다. 이것은 안을 중시하고 밖을 경시하기 때문이다.

太陰人重於居處. 故恒有主內做居處之樂心. 此心出於秉彛之敬心也. 莫非至善, 而不謹於事務. 故每爲出外興事務人所誣, 而偏樂傷臟. 以其重內而輕外故也.

【해설】

끝으로 태음인의 정기와 인사에 대해 설명한다. 이로써 1조부터 이어진 사상인의 성정과 천인에 관한 논의가 모두 마무리된다.

태음인은 거처에 신중하고 사무에 경솔하다

태음인의 타고난 낙정은 거처에 매우 적합하다. 낙심은 늘 마음을 안으로 돌아보게 한다. 자꾸 안에서 뭔가 만족을 얻으려 애쓰게 된다. 이것은 태음인의 천심이다. 그래서 태음인은 가정의 안정과 화목을 누구보다 중시한다. 가정이 즐겁지 않고서 자신의 타고난 즐거움을 어떻게 유지할 수 있겠는가?

그런데 태음인은 밖에서는 무시를 당한다. 안을 돌보는 낙심은 충만한데 밖을 일으키는 애심은 바닥이기 때문이다. 일은 애심으로 해야지 낙심으로는 한계가 있다. 그래서 사무에 나가면 무시받기 쉽상이다.

그러나 사실 거처에 부실한 태음인이 있다. 거처가 훌륭한 소양
인도 있다. 우리는 태음인이 거처에 뛰어나다는 것이 절대적 사태인
것처럼 오인해선 안 된다. 어떤 소양인과 어떤 태음인을 세워놓고 보
면 그 소양인이 훨씬 거처를 잘하고 있을 수도 있다.

동무는 드러난 사태의 이면을 말하고 그 내막을 설명한다. 만약
거처에 뛰어난 소양인이 있다면 사무에 있어서는 더 뛰어난 능력을
발휘하고 있을 것이다. 만약 태음인이 거처도 그만저만한 수준이라
면 다른 것은 더 보나마나일 것이다. 이처럼 태소음양인과 인사의
능부는 모두 개인 안에서 상대적으로 평가되어야 할 항목이라는 사
실을 염두에 두어야 한다.

3-16.

태음인의 턱은 마땅히 교만한 마음을 경계해야 한다. 태음인의
턱에 교만한 마음이 없으면 절세의 주책이 반드시 여기에 깃든
다. 소음인의 가슴은 마땅히 자만하는 마음을 경계해야 한다.
소음인의 가슴에 자만하는 마음이 없으면 절세의 경륜이 반드
시 여기에 깃든다. 태양인의 배꼽은 마땅히 자랑하려는 마음을
경계해야 한다. 태양인의 배꼽에 자랑하려는 마음이 없다면 절
세의 행검이 반드시 여기에 깃든다. 소양인의 배는 마땅히 과장
하려는 마음을 경계해야 한다. 소양인의 배에 과장하려는 마음
이 없다면 절세의 도량이 반드시 여기에 깃든다.

太陰之頷宜戒驕心. 太陰之頷若無驕心, 絶世之籌策必在此也. 少陰之臆

宜戒矜心. 少陰之臆若無矜心, 絶世之經綸必在此也. 太陽之臍宜戒伐

心. 太陽之臍若無伐心, 絶世之行檢必在此也. 少陽之腹宜戒夸心. 少陽

之腹若無夸心, 絶世之度量必在此也.

【해설】

16조는 전혀 새로운 논의다. 「확충론」은 「성명론」의 천인지행을

「사단론」의 사상인으로 포섭한 장이라고 말씀드렸다. 1조에서 15조

까지는 사상인과 천인에 대해 설명했다. 16조와 17조는 사상인과

지행을 결합한다. 먼저 사상인과 지다.

절세의 함억제복

이제 「확충론」의 마지막 두 조문은 함억제복의 지와 두견요둔의

행에 할애된다. 동무는 「확충론」에서 희로애락의 성정을 통해 사상

인의 이목비구와 폐비간신을 말해왔다. 이목비구와 폐비간신은 나

의 본질을 구성하는 부분이다. 그것이 곧 나다. 그래서 성정과도 자

연스럽게 결합한다.

그런데 함억제복과 두견요둔은 생명의 본질적인 부분과 거리가

있다. 그것을 바로 나라고 말하긴 어렵다. 그래서 함억제복과 두견

요둔은 굳이 희로애락을 들먹이지 않는다. 태소음양인에게 나타나

는 그대로 기술해나가는 방식을 취한다.

턱에는 주책이 있다. 그리고 교만한 마음도 있다. 여기까지가 「성

명론」이다. 그런데 만약 태음인의 턱에 교만한 마음이 없다면 세상

을 뒤흔들 절세의 주책이 나온다고 말한다. 이것이 「확충론」이다.

태음인에 이어서 소음인, 태양인, 소양인 순으로 기술해나간다. 소음인의 가슴에 궁심이 없다면 절세의 경륜이 여기서 나온다. 태양인의 배꼽에 벌심이 없다면 절세의 행검이 여기서 나온다. 소양인의 아랫배에 과심이 없다면 절세의 도량이 여기서 나온다.

왜 태음인의 턱인가

그런데 왜 태양인의 턱을 말하지 않고 태음인의 턱을 말했을까? 태음인은 턱이 가장 약할 것 같은데 왜 태음인에게서 절세의 주책이 나온다고 할까? 이 사태를 어떻게 이해해야 할까? 이는 『초본권』에서 힌트를 얻을 수 있는데 결론만 이야기하면 태양인은 나면서부터 지혜가 출중하다 할 수 있다. 태양인의 물러서지 않는 성기가 나날이 지혜가 치밀해지도록 도와준다.(권2-2) 그러나 태음인은 다르다. 지혜와는 조금 거리가 있다.

어떤 사람은 태어나면서부터 알기도 하고 어떤 사람은 배워서 알기도 하며 어떤 사람은 힘겹게 애쓰고 나서야 알기도 한다. 그러나 결국 앎에 도달하면 안다고 하는 그 사실에 있어서는 아무런 차이가 없다!
或生而知之, 或學而知之, 或困而知之, 及其知之, 一也!(『중용』 20)

즉 태음인이야말로 "곤이지지困而知之"의 인물인 것이다. 애써 노

력해야만 치밀한 지혜에 도달할 수 있다.(권2-3) 그러나 그 지혜의 도
달에 있어서는 태양인과 하등 차이가 없다.

태양인의 주책은 뭇사람이 부러워마지 않는 천부의 자질이 있다.
그런데 태음인은 힘써 교심을 없애가야만 주책이 구비된다. 그러나
그 주책의 달성이라는 측면에 있어서는 태양인과 별 차이가 없다.
오히려 동무는 이렇게 말한다.

"태음인이 극기로 도달한 주책이야말로 절세의 주책이다!"

교심의 극복이라는 각고의 노력으로 달성한 태음인의 주책은 세
상의 주책과 같지만 전혀 다르다. 교심이 없는 주책이야말로 세상에
비교할 곳이 없는 절세의 주책인 것이다. 태음인이 달성한 주책이야
말로 세상을 변혁시킬 주책인 것이다!

3-17.

소음인의 머리는 마땅히 빼앗으려는 마음을 경계해야 한다. 소
음인의 머리에 빼앗으려는 마음이 없다면 대인의 식견이 반드
시 여기에 깃든다. 태음인의 어깨는 마땅히 오만한 마음을 경계
해야 한다. 태음인의 어깨에 오만한 마음이 없으면 대인의 위의
가 반드시 여기에 깃든다. 소양인의 허리는 마땅히 게으른 마음
을 경계해야 한다. 소양인의 허리에 게으른 마음이 없으면 대인
의 재간이 반드시 여기에 깃든다. 태양인의 엉덩이는 마땅히 훔
치려는 마음을 경계해야 한다. 태양인의 엉덩이에 훔치려는 마

음이 없으면 대인의 방략이 반드시 여기에 깃든다.

少陰之頭宜戒奪心. 少陰之頭若無奪心, 大人之識見必在此也. 太陰之
肩宜戒侈心. 太陰之肩若無侈心, 大人之威儀必在此也. 少陽之腰宜戒懶
心. 少陽之腰若無懶心, 大人之材幹必在此也. 太陽之臀宜戒竊心. 太陽
之臀若無竊心, 大人之方略必在此也.

【해설】

끝으로 사상인과 「성명론」의 행을 결합하며 「확충론」이 마무리
된다.

대인의 두견요둔

소음인의 머리에 탈심이 없으면 대인의 식견이 나온다. 이어서 태
음인의 어깨, 소양인의 허리, 태양인의 엉덩이를 서술한다.

소음인의 두頭를 말한 것은 태양인과 상응한다. 태음인의 견肩을
말한 것은 소양인과 상응한다. 소음-태양, 태음-소양의 조합은 역시
정기의 측면이다. 앞 조의 지가 천과 연결되고 성기의 차원이라면
본조의 행은 인과 연결되고 정기의 차원이다.

"太陽人有識見, 少陽人有量謀, 太陰人有局方, 少陰人有器物."(권9-1)

동무는 『초본권』에서 태양인의 특징으로 식견을 들었다. 그런데
왜 본조는 소음인에게 대인의 식견이 나올 수 있다고 말하는 것일

까? 소음인의 머리에 탈심이 없으면 대인의 식견이 나온다고 한 것 또한 앞 조의 논리와 상통한다.

소음인은 오히려 타고난 식견이 미흡하다. 그래서 탈심의 극복을 통해 어렵게 어렵게 식견에 도달하게 된다. 그런데 이러한 식견의 달성 과정을 통해 소음인의 인격은 도약을 이룩한다. 동무는 탈심을 없앤 소음인을 대인이라 말한다. 탈심이 없는 식견이야말로 대인의 식견인 것이다!

사상인의 함억제복에 교긍벌과가 없으면 절세의 지가 나온다. 사상인의 두견요둔에 탈치나절이 없으면 대인의 행이 나온다. 나의 약점이 나를 가장 크게 성장시킨다. 내가 약할 때 나는 참으로 강해질 수 있다!

「확충론」의 천인지행

이로써 사상인의 천인지행의 구조가 완성되었다. 「성명론」의 천인지행론이 「사단론」을 지나 「확충론」을 마무리하면서 그 전모가 드러나고 있다. 태소음양인과 천인지행이 하나씩 돌아가면서 결합해가고 있다. 따로 떼놓아도 그것대로 의미 있는 방식으로, 함께 붙여놓아도 그것 또한 의미 있는 방식으로 치밀하게 기술하고 있다. 우리는 사상의학의 정립을 위한 치열한 동무의 설계에 경의를 표하지 않을 수 없다.

태소음양인과 천인지행

사상인	천	인	절세의 지	대인의 행
태양인	천시(이)	교우(비)	행검(제)	방략(둔)
소양인	세회(목)	사무(폐)	도량(복)	재간(요)
태음인	인륜(비)	거처(신)	주책(함)	위의(견)
소음인	지방(구)	당여(간)	경륜(억)	식견(두)

　　이런 조합은 결코 단순한 개념의 유희가 아니다. 유학의 언어를
인간에 적확하게 적용한 경이로운 현장이자 사상인의 가장 중요한
요소를 지적하는 촌철살인의 말들이다. 머리 아픈 이야기들은 잊어
버려도 된다. 그러나 이 도표만은 기억하고 넘어가야 한다. 그것은
현실에서 작동하기 때문이다.

제4장 | 장부론

臟腑論

"장부론"은 제목 그대로 장과 부에 대한 논의다. 우리는 지금껏 「성명」「사단」「확충」을 통해 참신한 언어와 창의적인 사고의 세례를 받아왔다. 이것이 동무의 장부론 역시 그저 식상한 전통의 언어들을 나열하는 데 그치지 않을 것이라 기대하게 만드는 이유다.

장부는 의학의 핵심이다. 「장부론」은 사상유학의 마지막에, 그리고 사상의학의 초입에 자리잡고 있다. 그것은 유학과 의학을 잇는 교량이다. 이제 동무는 유학의 땅을 건너 의학의 대륙으로 본격적으로 뛰어들 준비를 하고 있다.

역시 동무는 동무답게 「장부론」에서 기막힌 논리와 결론을 조직해 넣었다. 그러면서 「성명론」에서부터 이어져온 논의와 연속성을 과시한다. 이제 동무의 독창적인 장부의 세계를 따라가보자.

4-1.

폐 부위는 이마 뒤부터 등 위까지이고 위완 부위는 턱 아래부터 가슴 위까지다. 그러므로 등 위, 가슴 위 부분을 상초라 부른다. 비 부위는 등골에 있고 위 부위는 흉격에 있다. 그러므로 등골과 흉격 사이를 중상초라 부른다. 간 부위는 허리에 있고 소장 부위는 배꼽에 있다. 그러므로 허리와 배꼽 사이를 중하초라 부른다. 신 부위는 허리 아래에 있고 대장 부위는 배꼽 아래에 있다. 그러므로 허리 아래, 배꼽 아래를 하초라 부른다.

肺部位, 在顄下背上. 胃脘部位, 在頷下胸上. 故背上胸上以上, 謂之上焦. 脾部位, 在膂. 胃部位, 在膈. 故膂膈之間, 謂之中上焦. 肝部位, 在腰. 小腸部位, 在臍. 故腰臍之間, 謂之中下焦. 腎部位, 在腰脊下. 大腸部位, 在臍腹下. 故脊下臍下以下, 謂之下焦.

【해설】

「장부론」의 첫구절은 장과 부의 위치다. 인체를 상하로 사분하고 전후로 이분한 독특한 인체관이 나타난다.

장도 넷, 부도 넷

본조는 부를 처음으로 언급하고 있다. 동무가 말하는 장은 폐, 비, 간, 신의 4장이다. 그래서 이와 짝하는 부 역시 4부다. 위완, 위, 소장, 대장이 그것이다. 장도 넷, 부도 넷. 동무 눈에는 모든 게 넷으로 보인다. 우주 자체가 4의 형식으로 구성되어 있다고 보았다. 동무에게 부는 5개도 아니고 6개도 아니다. 오직 4개일 뿐이다!

5장 6부는 코흘리개 꼬마도 아는 한의학의 기본 이론이다. 『황제내경』이래 수천 년 한의학의 정론이다. 5장은 간, 심, 비, 폐, 신이다. 6부는 담, 소장, 위, 대장, 방광, 삼초다. 여기서 조금 더 안다고 하면 심포가 포함된 12경락의 6장 6부를 말한다.

그런데 동무는 5장 6부를 수용하지 않는다. 누구도 함부로 토 달지 못했던 수천 년 역사의 전통을 뒤엎어버리고 전혀 새로운 장부론을 짠다.

5장에서 심은 분리해서 따로 옹립했다. 이것은 매우 획기적인 사건이다. 동무는 심장이 장부를 넘어서는 제왕의 자리라 보았다. 심을 북극성에 비유하며 뭇별이 조아린다고 말한다.(譬如北辰居所而衆拱之. 권4-3)

그런데 이러한 인식이 완전히 황당한 건 아니다. 오히려 심장이 군주에 해당한다(心者, 君主之官. 『黃帝內經素問』「靈蘭祕典論」)고 설파한 기백의 입장을 명료화시킨 것이다. 동무는 그 의미를 극대화시켜 장중지장, 왕중지왕의 자리에 놓았던 것이다.

6부에서 담은 흔적 없이 사라진다. 동무가 의론醫論에서 거론하는 담은 웅담밖에 없다. 동무는 담을 유론儒論에서 언급한다. 동무에게 담은 대담하다, 담력이 세다는 의미로만 사용된다.

그런데 이 또한 담에 대한 매우 한의학적인 인식이라 할 수 있다. 기백은 담에서 결단이 나온다고 말했다.(膽者, 中正之官. 決斷出焉. 『黃帝內經素問』 「靈蘭祕典論」) 동무는 다만 담이 갖는 장기적인 기능들을 고려하지 않은 것이다.

방광 역시 부의 지위를 박탈당한다. 『동의수세보원』에서 방광의 몰락은 좀 안쓰러울 정도다. 동무는 소변 주머니의 의학적 의미를 전혀 평가하지 않는다. 소변은 방광과 전혀 무관한 현상으로 봤다. 소변을 오히려 소장의 영향력 아래 둔 것이다! 『동의수세보원』에서 방광은 방광이 자리한 위치라는 단순한 의미밖에 없다. 전부 엉덩이를 가리킨다.

의학을 공부하고 웅담을 약으로 쓰기도 하는 의사가 인간의 장기인 담을 모를 리가 있겠는가? 땅꼬마도 아는 방광을 어찌 모르겠는가? 그러나 동무는 담을, 방광을 부의 지위에 둘 필요까지는 없다고 생각했다. 담 없이도, 방광 없이도 오직 4장 4부만 가지고도 얼마든지 인간의 장부론을 구상하고 인체의 생리도를 그려낼 수 있다고 판단했다. 이것만으로도 사상의학을 설명하는 데 부족함이 없다고 생각한 것이다.

삼초는 어디로 갔을까? 삼초는 본조에 등장하고 있다. 한의학에서 삼초는 구체적인 형태 없이 기능만 보유한 매우 애매한 장기에 속한다. 동무는 삼초에 대한 제론을 일소하고 그것을 인체의 위치 구분으로 사용하고 있다. 삼초에서 굳이 복잡한 걸 찾지 마라. 그것은 인간을 상중하로 나눈 것일 뿐이다. 아니 사실 인간은 삼초가 아니라 사초로 나누어진다. 사초 안에 장부가 순서 있게 자리하고 있다! 이것이 동무의 삼초에 대한 무언의 만언이다.

혹 심포는 어떻게 생각했을까? 동무의 언어에 심포는 존재하지 않는다.

해부학적 부위가 아닌 기능적 부위

동무는 장이 등쪽 깊숙이 자리잡고 있다고 보았다. 부는 복부에 위치한다고 본다. 장은 겉으로 만져지지 않는다. 모두 깊이 숨어 있다. 부는 밖에서 만져지기도 한다. 굳이 숨지 않는다.

본조에서 지칭한 폐 부위는 이마 위 머리털이 난 곳부터 머리 뒤로 이어져 일곱 번째 목뼈cervical vertebra까지다. "추顀"는 한두정이 이마불거질 추라 훈을 달았다. "추하배상顀下背上"이란 즉 이마 위에서부터 등 위까지다.

폐와 짝하는 위완은 턱 아래부터 가슴 위까지다. 우리가 목이라 부르는 부위와 일치한다. 이 두 부위를 상초라 정의한다. 상초는 곧 얼굴만 쏙 빠진 머리와 목이다.

비 부위는 등이다. "여膂"는 등골뼈다. 위 부위는 가슴이다. "격膈"은 가슴이다. 이 두 부위가 중상초다.

중상초는 정확히 흉곽thorax을 가리킨다. 목뼈 아래 위치한 12개의 등뼈thoracic vertebra가 가슴의 복장뼈sternum와 12쌍의 갈비뼈rib로 이어져 새장 모양의 가슴우리를 형성하고 있는 부분이다. 동무는 "여격지간膂膈之間"이라 불렀다.

간 부위는 허리다. "요腰"는 5개의 허리뼈lumbar vertebra를 통칭한다. 소장 부위는 "제臍"라고 했다. 배꼽까지의 윗배를 뜻한다. 중하 초라 부른다.

신 부위는 "요척하腰脊下"라고 했다. 즉 허리뼈 아래 엉치뼈sacrum 부터다. 대장 부위는 "제복하臍腹下"라고 했다. 배꼽 아래라는 말이 다. 이곳이 하초다. 아랫배와 엉덩이에서 다리까지 포함한 곳이 바 로 하초다. 제복臍腹은 소장 부위에서 언급한 제의 부위를 구체적으 로 지적해준다. 제는 곧 제복이다. 배꼽까지의 윗배다.

이처럼 동무는 장을 인체의 후면에, 부를 전면에 매우 도식적으로 배치하고 있다. 전통에 없는 매우 독특한 인체 이해라 할 수 있다.

그런데 조금만 유심히 살펴보면, 비와 간은 둘째치고 폐 부위로 설정된 머리와 목에 폐라는 장기는 없다. 거기에는 뇌가 들어 있다. 차라리 뇌 부위라 불러야 할 것 같다. 신 부위인 엉덩이에도 신이라 는 장기는 없다.

이런 것이 바로 서양의학이 코웃음치는 한의학적 사고라는 것이 다. 동무가 정말 바보일까? 의과대학 신입생도 아는, 아니 요즘은 유 치원에서도 배우는 폐가 정말 머리 안에 들어 있다고 알았을까? 머 릿속에 폐가 들어 있다고 생각하는 황당한 동무의 모습이 위대한 거유요, 뛰어난 명의라 소문난 동무의 실상인 것일까?

서양의학과 동양의학은 사고의 출발이 다르다. 한의학은 인체의 해부학적 탐색에 깊이 천착하지 않았다. 유학적 세계관의 영향이라 볼 수도 있지만 그것으로 결국 인간을 질병에서 구원할 수 없다고 도 생각했기 때문이다. 건강의 문제를 해부학으로 해결할 수 없다. 문제는 인체의 기능이라고 본 것이다. 그리고 이 기능을 정밀하게 좌우하는 방법들을 연구하는 데 걸출한 천재들의 지적 재능이 투입

되어 왔다.

　동무가 바라본 폐는 체내에서 직승의 기능을 담당하는 생리적 기관이다. 직승이라는 기능을 중시했다. 그리고 내 몸의 가장 위에서 무거운 머리가 당당히 일으켜 세워지는 모습에서 그 직승의 힘을 발견했다. 비는 횡승한다. 흉곽이 내 몸을 빈틈없이 끌어안고 있는 모습에서 횡승의 힘을 발견했다. 간은 횡강한다. 허리를 쭉 펴보라. 몸통을 걸머지고 바로 세우는 허리의 힘에서 횡강을 찾았다. 신은 함강한다. 아랫배 힘주고 꿈쩍하지 않고 버티고 앉아 있는 엉덩이의 모습은 바로 함강의 기운이 쌓인 것이다.

　나아가 실제로 태양인이 뇌추가 건실하다는 사실은 이러한 모든 논리를 뒷받침해주었다. 우리는 여기서 폐 부위를 뇌추라고 말한 논리의 기저를 발견할 수 있다. 그것은 해부학적 설명이 아니라 기능적 설명이다. 폐의 기운과 뇌추의 특성, 태양인의 특징을 모두 포괄한 절묘한 표현인 것이다. 본조에서 말한 "부위部位"란 작용 부위로 이해해야 할 것이다.

　동무는 본조에서 전통의 5장 6부론을 폐기한다. 자신의 신의학, 사상의학을 해명하는 데 5장 6부가 필요치 않았다. 동무는 새로운 장부론을 설계한다. 그리고 역사상 유일무이한 4장 4부론을 선언한다.

　이것은 새 의학에 있어서 4장 4부 이외에 장부를 더 따질 필요가 없다는 주장이기도 하다. 과연 그럴까? 정말 4장 4부만으로 인체의 생리, 병리를 남김없이 논할 수 있을까? 「장부론」에 그 해답이 있다.

4-2.

음식은 위완에서 위로 들어가고 위에서 소장으로 들어가고 소
장에서 대장으로 들어가고 대장에서 항문으로 나가는 것이다.
음식의 총량은 위에서 머물러 쌓이면서 찌는 듯 덥혀져 열기熱
氣가 되고 소장에서 좁게 따라가면서 고루 묽어져 양기涼氣가
된다. 열기에서 가볍고 맑은 것은 위완으로 상승해서 온기溫氣
가 된다. 양기에서 성질이 무거운 것은 대장으로 하강하여 한기
寒氣가 된다.

水穀自胃脘而入于胃, 自胃而入于小腸, 自小腸而入于大腸, 自大腸而出于
肛門者. 水穀之都數, 停畜於胃而薰蒸爲熱氣, 消導於小腸而平淡爲涼
氣. 熱氣之輕淸者, 上升於胃脘而爲溫氣. 涼氣之質重者, 下降於大腸而
爲寒氣.

【해설】

「장부론」에서 처음 모습을 드러낸 부에 대해 설명해나가고 있다.

4부는 온열량한을 생산한다

「사단론」에 간략히 언급된 4장에 비하면 「장부론」은 4부를 매우
상세히 기술하고 있다. 4부의 가장 큰 특징은 그곳이 음식의 통로라
는 사실이다. 그곳은 음식이 지나가는 길이다. 동무가 말하는 부는
곧 위장관GI Tract이다. 그 도상에 놓여 있는 장기만 부의 대열에 포
함시켰다. 위장관에 포함되지 않는 담, 방광, 삼초, 자궁 등의 장기

는 다 버렸다.

위완으로 들어온 수곡이 위, 소장, 대장을 차례차례 지나 항문으로 나간다. 부를 지나며 음식은 소화, 흡수되고 배설되는 일련의 과정을 거친다. 여기 위완은 명백히 식도다. 재론의 여지가 없다. 이런 걸 모호하게 이해할 필요가 없다. 문제는 그 기능에 있다. 그 기능에 있어서 동무의 관점은 전통 의학과도 서양 의학과도 다르다.

동무가 가장 먼저 설명한 부는 위다. 위는 수곡을 "정축停畜"한다. 정축은 쌓아둔다는 말이다. 옛 농부들이 두엄을 한 곳에 쌓아모아 기름진 거름을 만들듯 음식은 위장에 쌓인다. "훈薰"은 향이 피어오르다, "증蒸"은 불기운이 피어오르다라는 뜻인데 훈증은 푹푹 찌다라는 의미다. 음식을 정축하면 훈증하게 된다. 이것은 물리적인 사실이다. 두엄을 모아두면 그곳에서 열기가 뿜어오르게 된다. 그래서 동무는 위장이 음식을 정축하여 열기를 생산하는 곳이라 설명한다.

위장에서 훈증의 과정을 거친 음식은 소장으로 들어간다. 소장은 수곡을 "소도消導"한다. 소도는 삭히고 내린다는 뜻이다. 위장에 가득 쌓였던 음식들은 소장을 따라 내려가면서 죽처럼 삭는다. 더불어 소장의 좁은 터널을 지나가는 과정에서 표면이 늘어나 자연스레 열기가 식는다. "평담위양기平淡爲涼氣"가 이러한 뜻이다.

이처럼 동무는 형태에서 기능을 유추한다. 위장의 가장 큰 특징은 크고 둥글다는 것이고 소장의 가장 큰 특징은 가늘고 길다는 것이다. 여기서 위장과 소장의 기능을 추론해내고 있다.

동무는 음식의 대사에서 위장과 소장을 가장 먼저 고려하고 있다. 위완과 대장은 위장과 소장의 연장선에서 논의된다. 위장에서 만들어진 열기가 위로 올라가 위완의 온기가 만들어지고 소장에서 만들어진 양기가 아래로 내려가 대장의 한기가 만들어진다. 온열한 양凉을 생산한다는 것, 이것이 동무가 보는 4부의 가장 일차적인 역할이다.

4-3.

위완은 입과 코에 통해 있으므로 음식의 기도 상승하는 방향으로 간다. 대장은 항문에 통해 있으므로 음식의 기도 하강하는 방향으로 간다. 위의 모양이 넓고 크며 싸서 담으므로 음식의 기도 머물며 쌓이게 된다. 소장의 모양이 좁디좁고 구불구불하므로 음식의 기도 좁게 따라가게 된다.

胃脘通於口鼻. 故水穀之氣上升也. 大腸通於肛門, 故水穀之氣下降也. 胃之體廣大而包容, 故水穀之氣停畜也. 小腸之體狹窄而屈曲, 故水穀之氣消導也.

【해설】

2조에서 이어진다. 4부의 형태를 가지고 기능을 추론하고 있다. 형形을 보면 기氣의 작용을 짐작할 수 있다.

생긴 대로 논다

동양의 기론氣論은 구조에서 기능을 읽어낸다. 넓은 것은 넓히고자

하는 힘이 내재해 있는 것이고 좁은 것은 좁히고자 하는 힘이 내재해
있는 것이다. 그래서 우리는 넓은 곳에서 탁 트인 기운을 느끼고 좁은
곳에서 답답한 기운을 전달받는다. 형상은 기운을 결정한다.

동무 역시 구조에서 기능을 읽어내고 있다. 식도가 위로 입과 코에
연결되어 있으니 식도에는 상승의 힘이 있다고 말한다. 대장은 아래
로 항문에 연결되어 있으니 대장에는 하강의 힘이 있다고 말한다. 위
가 광대하고 보자기처럼 둘러싸고 있는 모양이니 그 안에 들어가면
머물고 쌓이는 힘의 영향을 받게 된다. 소장이 비좁고 구불구불하니
그 안에 들어가면 가늘게 쭉 뽑아내는 힘의 영향을 받는다.

동무가 4부에 대해 말하는 두 번째 사실은 위완은 상승, 위는 정
축, 소장은 소도, 대장은 하강의 힘이 내재해 있다는 것이다. 위의
정축시키는 힘이 열기를 만드는 동력이다. 위완의 상승시키는 힘이
열기를 상승시키는 동력이다. 소장의 소도시키는 힘이 양기를 만드
는 동력이다. 대장의 하강시키는 힘이 양기를 하강시키는 동력이다.

식도가 입과 코로 연결되어 있다(胃脘通於口鼻)는 언급은 상당한
해부학적인 지식에 근거한 설명이다. 얼핏 입만 식도로 연결되어 있
는 것 같지만 코도 식도로 연결된다. 목 안에서 구강과 비강이 만나
식도로 이어진다.

4부의 형태와 기능

4부	형태	기능	산물
위완	통어구비通於口鼻	상승	온기
위	광대포용廣大包容	정축	열기
소장	협착굴곡狹窄屈曲	소도	양기
대장	통어항문通於肛門	하강	한기

동무가 사상인 감별의 제1의 방법으로 형상을 지목하는 것도 동일한 논리다. 형상을 보면 기운의 성쇠를 알 수 있기 때문이다. 형상으로 폐비간신의 단장을 추리할 수 있다!

4-4.

음식에서 만들어진 온기는 위완에서 진津으로 바뀌고 혀 아래로 들어가 진해津海가 된다. 진해는 진이 사는 집이다. 진해에서 청기가 귀로 나와 신神이 되고 두뇌로 들어가 이해膩海가 된다. 이해는 신이 사는 집이다. 이해에서 이즙 중 맑은 것은 안으로 폐로 돌아가고 탁한 찌꺼기는 밖으로 피모로 돌아간다. 그러므로 위완과 혀, 귀, 두뇌, 피모는 모두 폐의 무리다.

水穀溫氣, 自胃脘而化津, 入于舌下爲津海. 津海者, 津之所舍也. 津海之淸氣, 出于耳而爲神, 入于頭腦而爲膩海. 膩海者, 神之所舍也. 膩海之膩汁淸者, 內歸于肺, 濁滓外歸于皮毛. 故胃脘與舌, 耳, 頭腦, 皮毛, 皆肺之黨也.

【해설】

4조에서 7조는 사해론이라는 새로운 개념을 설명한다. 사해 각각의 순환 아래 동당同黨이 이루어진다. 먼저 폐당肺黨이다.

수곡이 사해의 원천이다

4부의 첫 번째 기능은 온열양한의 생산이라고 했다. 온열양한이 중요한 이유가 본조에 드러난다. 그것이 사초의 생리적 원천이기 때문이다. 4부가 음식으로부터 만들어낸 온열양한에서 진고유액이라는 생리 물질이 최초로 생산된다.

동무가 이제 무슨 말을 하려는 걸까? 많은 단어를 쏟아내면서 다소 까다로운 인체 생리도를 그리고 있다. 당장 이해되지 않아도 괜찮다. 대략의 윤곽만 알아두자. 먼저 온기에 대해 살펴보자.

수곡의 온기는 위완에서 진津으로 성질이 바뀐다. 여기서 형성된 진은 혀 아래로 모여든다. 동무는 혀 아래에 진이 머무는 집, 곧 "진해津海"가 있다고 말한다. 혀 아래서 샘솟는 맑은 물을 진해라 부른 것이다.

그런데 진해 중 맑은 것은 따로 귀로 올라온다. 여기서 신神이 된다. 깊고 깊은 산중에 영롱하게 흘러나오는, 맑디맑은 그러한 샘물이 바로 신이다. 그 샘물은 두뇌로 모여들어 또다시 바다를 이룬다. "이해膩海"는 맑디맑은 신이 가득찬 바다를 부르는 이름이다. 그러므로 이해는 곧 신해神海라 할 수 있다. 동무의 입장에서 뇌의 작용은 바로 신神의 작용이다.

이해가 모이면 또다시 청탁의 구분이 생긴다. 이해에서 맑은 것이 폐로 들어간다. 탁한 것은 피모로 들어간다. 맑디맑은 이해에서도 가장 맑은 정수가 폐로 들어가고 다음 맑은 것이 피모로 들어가는 것이다. 그러니 맑은 정도로 따지면 폐, 피모, 두뇌와 귀, 혀와 위완의 순이 된다. 그렇다, 폐가 진津의 정수다!

동무는 수곡에서 형성된 온기가 보이지 않는 길을 따라 혀로, 귀로, 두뇌로, 폐로, 피모로 흘러들어가는 노선을 상정하고 있다. 위완, 혀, 귀, 두뇌, 폐, 피모는 모두 온기의 흐름으로 이어져 있는 것이다. 동무는 폐를 대표로 내세워 이를 폐당肺黨이라 부른다. 다시 말해서 폐당은 진津으로 요리한 밥상을 나누어 먹는 한 집안 식구다.

본조는 진해의 청기 노선도다. 그러면 진해의 탁기는 어떻게 될까? 동무는 진해를 비롯 고해, 유해, 액해의 탁기는 4-10에 모아서 한꺼번에 정리하고 있다.

4-5.

음식에서 만들어지는 열기는 위에서 고膏로 바뀌고 흉격 사이 양 젖가슴으로 들어가 고해가 된다. 고해는 고가 사는 집이다. 고해에서 청기가 눈으로 나와 기氣가 되고 등골로 들어가 막해膜海가 된다. 막해는 기가 사는 집이다. 막해에서 막즙 중 맑은 것은 안으로 비로 돌아가고 탁한 찌꺼기는 밖으로 근으로 돌아간다. 그러므로 위와 양 젖가슴, 눈, 등골, 근은 모두 비의 무리다.

水穀熱氣, 自胃而化膏, 入于膻間兩乳爲膏海. 膏海者, 膏之所舍也. 膏海之淸氣, 出于目而爲氣, 入于背膂而爲膜海. 膜海者, 氣之所舍也. 膜海之膜汁淸者, 內歸于脾, 濁滓外歸于筋. 故胃與兩乳, 目, 背膂, 筋, 皆脾之黨也.

【해설】

다음으로 비당이다. 사해 중 고해와 막해에 대해 설명한다.

열기가 고해가 되고 막해가 된다

"전膻"은 격膈과 통한다. 한두정은 젖 사이 단이라 새겼다. 보통 한의학에서는 전이라 읽는다. 동무는 젖가슴이 고가 모여드는 바다로 본다. "고膏"는 기름지다는 뜻이다. 기름진 고는 훗날 생명을 기르는 모유가 되기도 한다.

자, 이제부터 고해의 청기 노선도가 시작된다. 고해 중 맑은 것은 눈으로 나온다. 거기서 기氣가 된다고 했다. 또 등골로 흘러들어 "막해膜海"를 이룬다. 막해는 곧 기해氣海라 할 수 있다.

막해 역시 청탁이 나누어진다. 그중 맑은 것은 비脾로 들어가고 다음 맑은 것은 근筋으로 들어간다. 그러므로 맑은 정도로 따진다면 비, 근, 등골과 눈, 젖가슴과 위의 순서가 된다. 보라. 장이 가장 맑고 부가 가장 탁하다. 부에서 생성된 거친 기운에서 거르고 걸러 가장 맑은 기운이 장으로 들어가는 것이다. 장과 부의 청탁 사이로 여러 기관이 존재하고 있다.

동무는 신이 머무는 곳을 신해라 부르지 않고 이해라 불렀고 기가 머무는 곳도 기해라 부르지 않고 막해라 부른다. 굳이 이, 막이라는 생소한 이름을 붙인 이유가 있을까? 아마도 신과 기가 갖는 무형의 추상적 이미지를 피하고 이, 막이라는 유형의 구체적 이름으로 부르기 원했기 때문일 것이다.

4-6.

음식에서 만들어지는 양기는 소장에서 유油로 바뀌고 배꼽으로 들어가 유해가 된다. 유해는 유가 사는 집이다. 유해에서 청기가 코로 나와 혈血이 되고 허리로 들어가 혈해血海가 된다. 혈해는 혈이 사는 집이다. 혈해에서 혈즙 중 맑은 것은 안으로 간으로 돌아가고 탁한 찌꺼기는 밖으로 육으로 돌아간다. 그러므로 소장과 배꼽, 코, 허리, 육은 모두 간의 무리다.

水穀涼氣, 自小腸而化油, 入于臍爲油海. 油海者, 油之所舍也. 油海之淸氣, 出于鼻而爲血, 入于腰脊而爲血海. 血海者, 血之所舍也. 血海之血汁淸者, 內歸于肝, 濁滓外歸于肉. 故小腸與臍, 鼻, 腰脊, 肉, 皆肝之黨也.

【해설】

계속해서 간당이다. 수곡의 양기가 윗배에서 유해가 되고 허리에서 혈해가 된다.

새로운 장부배속

소장에서 생성된 수곡량기가 배꼽으로 들어가면 "유해油海"가 된다. 배꼽이라 했지만 윗배라 새겨야 한다. 고해는 진해보다 약간 더 탁하며 좀더 기름지다. 유해는 고膏보다 더 진한 기름의 바다다. 사해는 아래로 내려갈수록 중탁해지는 특징을 갖는다. 비유하자면 바다마다 염분의 종류가 좀 다른 것이다.

유해 중 맑은 것은 코로 들어가 혈이 되고 다시 허리에 모여 혈해를 이룬다. 혈해에서 맑은 것이 간으로 들어가고 탁한 것이 육으로

들어간다. 한의학은 간장혈肝藏血, 간주근肝主筋을 말지만 동무는
근은 비당이요 육이 간당이라 고쳐 말한다. 그래서 소장과 배꼽,
코, 허리, 살은 모두 간당이라 부른다. 유油를 나눠먹고 사는 한 집
안 식구들이다.

동무는 장과 부, 신기혈정과 진고유액, 피근육골과 이목비구 등
다양한 생리학적 개념들을 사당론의 기치 아래 일사분란하게 엮어
간다. 이는 전통의 장부배속을 재정립한 것이라 볼 수 있다. 동무에
게는 항상 전통의 개념을 포괄하여 새로운 개념을 짜려는 의도가
도사리고 있는 것이다.

기존의 장부배속은 어떤 연관성도 없이 그저 오행이라는 미명 아
래 나열된다. 그러나 동무는 내적 상관성을 확보해가면서 체계적으
로 생리 기능을 구성해나가고 있다. 실로 동무의 디자인 능력은 감
탄을 자아낸다.

4-7.

음식에서 만들어지는 한기는 대장에서 액液으로 바뀌고 생식기
의 음모 근처로 들어가 액해가 된다. 액해는 액이 사는 집이다.
액해에서 청기가 입으로 나와 정精이 되고 엉덩이로 들어가 정
해精海가 된다. 정해는 정이 사는 집이다. 정해에서 정즙 중 맑
은 것은 안으로 신으로 돌아가고 탁한 찌꺼기는 밖으로 뼈로
돌아간다. 그러므로 대장과 생식기, 입, 엉덩이, 뼈는 모두 신의
무리다.

水穀寒氣, 自大腸而化液, 入于前陰毛際之內爲液海. 液海者, 液之所舍

也. 液海之淸氣, 出于口而爲精, 入于膀胱而爲精海. 精海者, 精之所舍

也. 精海之精汁淸者, 內歸于腎, 濁滓外歸于骨. 故大腸與前陰, 口, 膀

胱, 骨, 皆腎之黨也.

【해설】

끝으로 신당이다. 액해와 정해가 나온다.

도식에 담긴 통찰

진고유액, 신기혈정은 몸 안의 유동체의 총칭이다. 이것이 전사해
와 후사해를 이룬다. 여기서 방광은 말했듯 엉덩이다. 소변은 방광
의 소관이 아니다. 소장이 관장한다.

수곡의 한기는 치골에 모여들어 "액해液海"를 이룬다. 우리 몸의
액체 중 가장 탁한 소변이 액해의 소산이다. 소변은 너무 탁해 내버
려야 한다.

액해 중 맑은 것은 한참을 올라가 입에서 정精이 된다. 그리고 또
다시 먼길을 내려와 엉덩이에서 "정해精海"를 이룬다. 남성의 정액은
곧 정해의 일부다. 정해에서 맑은 것이 신腎으로 들어가고 탁한 것
은 뼈로 들어간다. 신장정腎藏精하고 신주골腎主骨한다는 한의학의
이론과 부합한다.

전통적으로 진津은 폐, 액液은 신과 관련된다고 보았다. 액液의 맑
은 부분이 정精이며 정의 가장 맑은 것이 신장으로 들어가고 다음
맑은 것이 뼈로 들어간다는 동무의 발언은 단순히 도식을 넘어 많

은 통찰을 안겨준다.

동무의 장부생리도

	뒤			장	부	앞		
폐당	이	두뇌	이해	폐	위완	진해	설	피모
비당	목	배려	막해	비	위	고해	양유	근
간당	비	요척	혈해	간	소장	유해	제	육
신당	구	방광	정해	신	대장	액해	전음	골

4-8.

귀는 천시에 해박할 수 있는 듣는 능력으로 진해의 맑은 기를 끌어내어 상초에 충만해서 신이 되고 두뇌에 흘러들어 이가 되고 쌓여서 이해가 된다. 눈은 세회에 해박할 수 있는 보는 능력으로 고해의 맑은 기를 끌어내어 중상초에 충만해서 기가 되고 등골에 흘러들어 막이 되고 쌓여서 막해가 된다. 코는 인륜에 해박할 수 있는 냄새 맡는 능력으로 유해의 맑은 기를 끌어내어 중하초에 충만해서 혈이 되고 허리에 흘러들어 응집된 혈이 되고 쌓여서 혈해가 된다. 입은 지방에 해박할 수 있는 맛보는 능력으로 액해의 맑은 기를 끌어내어 하초에 충만해서 정이 되고 엉덩이에 흘러들어 응집된 정이 되고 쌓여서 정해가 된다.

耳以廣博天時之聽力, 提出津海之淸氣, 充滿於上焦爲神, 而注之頭腦爲膩, 積累爲膩海. 目以廣博世會之視力, 提出膏海之淸氣, 充滿於中上焦爲氣, 而注之背膂爲膜, 積累爲膜海. 鼻以廣博人倫之嗅力, 提出油海之

清氣, 充滿於中下焦爲血, 而注之腰脊爲凝血, 積累爲血海. 口以廣博地
方之味力, 提出液海之淸氣, 充滿於下焦爲精, 而注之膀胱爲凝精, 積累
爲精海.

【해설】

8조에서 12조는 사초의 순환을 가능하게 만든 동력에 대한 지적
이다. 사초를 순환시키는 힘은 무엇인가? 8조는 먼저 이목비구를
말한다. 이목비구가 바로 전사해의 청기를 끌어내어 후사해를 만드
는 원동력이다.

이목비구와 전사해의 청기

귀에는 천시에 해박한 청력이 있다. 눈에는 세회에 해박한 시력이
있다. 코에는 인륜에 해박한 후력이 있다. 입에는 지방에 해박한 미
력이 있다.(3-2) 이목비구의 청시후미 작용은 인체에서 무엇보다 앞
서는 생리의 생리다.

본조는 타고난 청시후미의 능력이 전사해에서 청기를 끌어내어
신기혈정이 충만한 후사해를 만든다고 말한다. 이목비구가 사초 순
환계의 제1동력인 것이다!

이목비구의 작용

천	작용	형성	
이	전사해의 청기를 뽑아냄	신	이해(두뇌)
목		기	막해(배려)
비		혈	혈해(요척)
구		정	정해(방광)

신神이 두뇌에 쌓여 이膩가 된다. 기氣가 배려에 쌓여 막膜이 된다. 혈血이 요척에 쌓여 응혈凝血이 된다. 정精이 방광에 쌓여 응정凝精이 된다. 혈과 응혈, 정과 응정의 관계를 염두에 둔다면 이는 응신凝神을, 막은 응기凝氣를 가리킴을 알 수 있다. 다음 표로 이해해두면 된다.

후사해의 저장물

후사해	저장물
니해(두뇌)	응신凝神
막해(배려)	응기凝氣
혈해(요척)	응혈凝血
정해(방광)	응정凝精

4-9.

폐는 사무를 단련하고 통달케 하는 슬픔의 능력으로 니해의 맑은 즙을 뽑아내어 폐로 들어가 폐의 근원을 자양하고 안으로는 진해를 보호해서 온기를 뒤흔들어 진을 응집시킨다. 비는 교우를 단련하고 통달케 하는 노여움의 능력으로 막해의 맑은 즙을 뽑아내어 비로 들어가 비의 근원을 자양하고 안으로는 고해를 보호해서 열기를 뒤흔들어 고를 응집시킨다. 간은 당여를 단련하고 통달케 하는 기쁨의 능력으로 혈해의 맑은 즙을 뽑아내어 간으로 들어가 간의 근원을 자양하고 안으로는 유해를 보호해서 양기를 뒤흔들어 유를 응집시킨다. 신은 거처를 단련하고 통달케 하는 즐거움의 능력으로 정해의 맑은 즙을 뽑아내어 신으로 들어가 신의 근원을 자양하고 안으로는 액해를 보호해서 한기를 뒤흔들어 액을 응집시킨다.

肺以鍊達事務之哀力, 吸得膩海之淸汁, 入于肺以滋肺元, 而內以擁護津海, 鼓動其氣, 凝聚其津. 脾以鍊達交遇之怒力, 吸得膜海之淸汁, 入于脾以滋脾元, 而內以擁護膏海, 鼓動其氣, 凝聚其膏. 肝以鍊達黨與之喜力, 吸得血海之淸汁, 入于肝以滋肝元, 而內以擁護油海, 鼓動其氣, 凝聚其油. 腎以鍊達居處之樂力, 吸得精海之淸汁, 入于腎以滋腎元, 而內以擁護液海, 鼓動其氣, 凝聚其液.

【해설】

9조는 폐비간신을 말한다. 사해의 순환에서 폐비간신이 하는 역할을 설명한다. 폐비간신은 후사해의 청즙을 뽑아내어 스스로를 자양한다.

폐비간신과 후사해의 청즙

폐는 사무에 통달하는 애력이 있다. 비는 교우에 통달하는 노력이 있다. 간은 당여에 통달하는 희력이 있다. 신은 거처에 통달하는 낙력이 있다.(3-3) 폐비간신의 애로희락 작용 역시 인체에서 무엇보다 앞서는 생리의 생리다.

동무는 앞서 이해, 막해, 혈해, 정해의 청즙이 각각 폐비간신으로 흘러 들어간다고 말했다. 그리고 수곡의 온열양한의 기가 진고유액으로 바뀐다고도 했다. 본조는 이 둘의 작용이 폐비간신의 힘으로 가능하다고 말한다. 타고난 폐비간신으로 후사해에서 청즙을 뽑아내어 폐비간신의 근원을 자양한다. 이는 10조의 위완, 위, 소장, 대장의 작용과 통한다. 4부는 전사해에서 탁재를 취해서 4부 자체를 보익한다.

한편 수곡지기에서 진고유액을 만드는 것도 폐비간신의 힘이라 말한다. 이는 8조의 이목비구 작용과 통한다. 신기혈정은 이목비구의 힘으로 생성된다. 진고유액은 폐비간신의 힘으로 생성된다. 동무는 인체의 가장 기본적인 생리물질인 신기혈정과 진고유액의 관리를 이목비구와 폐비간신에 맡기고 있다.

폐비간신의 작용

인	작용	형성	
폐	후사해의 청즙을 뽑아냄	폐원	진
비		비원	고
간		간원	유
신		신원	액

동무가 구상한 생리적 시스템의 동력은 청시후미와 애로희락이 담당한다. 청시후미와 애로희락이 무엇인가? 그것은 바로 희로애락의 성정이다.(3-1)

타고난 희로애락의 성정이 사해의 순환을 담당하여 인체의 정상적인 생리 기능을 유지하게 해준다. 동무는 지금 계속 같은 말을 하고 있는 것이다. 희로애락이 바르면 살고 그르면 죽는다!

「사단론」「확충론」이 희로애락에 대한 유학적 해명이라면 「장부론」은 희로애락에 대해 의학적 설명이다. 동무는 「장부론」에서 희로애락이 생리의 동력이 되고 생명의 중심이 되는 이론적 작업을 시도하고 있다.

동무에게서 유학과 의학은 분리되지 않는다. 철학과 과학의 언어가 몸에서 통합된다. 이것이 내가 사상의학을 도덕 기반 의학 Morality Based Medicine이라 부르는 이유다. 동무는 『동의수세보원』을 통해 도덕적 의학론을 구성하고자 했다.

4-10.

진해의 탁한 찌꺼기는 위완이 상승하려는 힘으로 그 찌꺼기를 취해서 위완을 보익하는 것이다. 고해의 탁한 찌꺼기는 위가 쌓아두려는 힘으로 그 찌꺼기를 취해서 위를 보익하는 것이다. 유해의 탁한 찌꺼기는 소장이 좁게 따라가려는 힘으로 그 찌꺼기를 취해서 소장을 보익하는 것이다. 액해의 탁한 찌꺼기는 대장이 하강하려는 힘으로 그 찌꺼기를 취해서 대장을 보익하는 것이다.

津海之濁滓, 則胃脘以上升之力, 取其濁滓而以補益胃脘. 膏海之濁滓,
則胃以停畜之力, 取其濁滓而以補益胃. 油海之濁滓, 則小腸以消導之力,
取其濁滓而以補益小腸. 液海之濁滓, 則大腸以下降之力, 取其濁滓而以
補益大腸.

【해설】

본조는 위완, 위, 소장, 대장을 말한다. 사해의 순환에서 4부의
작용을 설명한다.

4부와 전사해의 탁재

전사해의 재료는 수곡지기다. 4부에서 수곡지기가 전사해로 변한
다. 전사해에는 저절로 청탁의 구분이 생긴다. 주스를 컵에 받아놓
으면 상하로 청탁이 구분되는 것과 같다.

동무는 「확충론」 4조에서 7조까지 전사해의 청기에서 후사해가
형성되기까지 사초의 생리 순환도를 설명했다. 그러면 전사해의 탁
재濁滓는 어떻게 되는 것일까? 본조는 앞에서 언급하지 않은 전사해
의 탁재를 설명한다. 4부가 전사해의 탁재를 취해서 스스로를 보익
한다고 말한다.

위완, 위, 소장, 대장의 작용

지	작용	형성
위완	전사해의 탁재를 취함	위완
위		위
소장		소장
대장		대장

8조는 이목비구를 말했다. 9조는 폐비간신을 말한다. 10조는 위완, 위, 소장, 대장을 말한다. 11조는 두수요족이다. 이것은 바로 천인지행의 구조다! 「성명론」에서 논한 이목비구, 폐비간신, 함억제복, 두견요둔의 철학적 구조가 「장부론」에서 이목비구, 폐비간신, 위완위소장대장, 두수요족의 의학적 구조로 변신한 것이다. 4부는 함억제복을 대신하는 의학적 표현임을 기억해야 한다.

4-11.

이해의 탁한 찌꺼기는 머리가 곧게 펴는 힘으로 단련해서 피모를 이루게 된다. 막해의 탁한 찌꺼기는 손이 움켜쥐는 힘으로 단련해서 근을 이루게 된다. 혈해의 탁한 찌꺼기는 허리가 느슨하게 풀어놓는 힘으로 단련해서 육을 이루게 된다. 정해의 탁한 찌꺼기는 다리가 굳세고 강한 힘으로 단련해서 골을 이루게 된다.

膩海之濁滓, 則頭以直伸之力, 鍛鍊之而成皮毛. 膜海之濁滓, 則手以能收之力, 鍛鍊之而成筋. 血海之濁滓, 則腰以寬放之力, 鍛鍊之而成肉. 精海之濁滓, 則足以屈强之力, 鍛鍊之而成骨.

【해설】

사해의 순환에서 두수요족이 담당하는 역할을 설명한다. 두수요족은 후사해의 탁재를 단련해서 피근육골을 만든다. 이로써 천인지행의 의학적 기능이 해명된다.

두수요족과 후사해의 탁재

이해의 탁재는 피모로 흘러들어간다.(4-4) 막해의 탁재는 근으로 흘러들어간다.(4-5) 혈해의 탁재는 육으로 흘러 들어간다.(4-6) 정해의 탁재는 골로 흘러 들어간다.(4-7) 그런데 본조는 후사해의 탁재가 피모, 근, 육, 골로 흘러 들어가는 힘이 두수요족에서 나온다고 말한다.

머리는 곧게 펴는 힘을 타고난다. 머리의 직신지력直伸之力은 「사상인변증론」의 뇌추지기세腦顀之起勢(11-2)의 의미와 상통한다. 뇌추의 기세가 성장盛壯하다 함은 바로 머리의 곧게 펴는 힘이 세다는 것이다. 이처럼 사초에서 드러나는 기의 방향성에는 항상 일관된 흐름이 내재한다.

손은 움켜쥐는 힘(能收之力)을 타고난다. 허리는 느슨하게 풀어놓는 힘(寬放之力)을 타고난다. 다리는 굳세고 강한 힘(屈強之力)을 타고난다. 동무는 『격치고』에서 굴방수신이 몸의 네 가지 기능이라 말하기도 했다.(屈放收伸, 身四端也. 「유략」 사물9)

머리에서 다림질하듯 쫙쫙 펴주는 힘이 나온다. 그래서 피부는 팽팽해진다. 손에서 눈을 뭉치듯 단단하게 쥐어주는 힘이 나온다. 그래서 힘줄이 단단해진다. 근筋은 한두정이 힘줄이라 훈했다. 허리에서 솜사탕처럼 풍성하게 풀어지는 힘이 나온다. 그래서 살은 야들야들해진다. 다리에서 돌처럼 굳센 힘이 나온다. 그래서 뼈는 굳세진다. 이처럼 신기혈정의 탁재는 두수요족의 연단을 받아 피근육골로 거듭난다.

두수요족의 작용

행	작용	형성
두		피모
수	후사해의	근
요	탁재를 단련함	육
족		골

수곡은 땅의 소산이다. 땅은 몸으로 들어와 바다로 변한다. 그 바다는 끊임없이 순환하고 있다. 바다는 순환을 통해 생명을 품고 생명을 기른다. 동무는 「장부론」에서 전사해와 후사해의 청탁의 흐름, 말하자면 도합 16종의 해류 순환도를 보여준다. 그리고 그 순환의 힘이 이목비구, 폐비간신, 위완위소장대장, 두수요족에서 나온다고 말한다.

4-12.

그러므로 귀는 반드시 멀리 들어야 한다. 눈은 반드시 크게 보아야 한다. 코는 반드시 넓게 맡아야 한다. 입은 반드시 깊게 맛보아야 한다. 이목비구의 작용이 심원하고 광대하면 정과 신, 기와 혈이 생겨난다. 반대로 천근하고 협소하면 정과 신, 기와 혈이 소모된다. 폐는 반드시 잘 배워야 한다. 비는 반드시 잘 물어야 한다. 간은 반드시 잘 생각해야 한다. 신은 반드시 잘 변별해야 한다. 폐비간신의 작용이 바르고 곧으며 중과 화가 있으면 진과 액, 고와 유가 충만해진다. 반대로 치우치고 기울고 과와 불급이 있으면 진과 액, 고와 유는 녹아버린다.

是故耳必遠聽, 目必大視, 鼻必廣嗅, 口必深味. 耳目鼻口之用深遠廣大, 則精神氣血生也. 淺近狹小, 則精神氣血耗也. 肺必善學, 脾必善問, 肝必善思, 腎必善辨. 肺脾肝腎之用正直中和, 則津液膏油充也. 偏倚過不及, 則津液膏油爍也.

【해설】

8조에서 이어온 논의의 결론이다. 본조에서 정신기혈, 진액고유이라 고쳐 말한 것은 한의학에서 논의되던 정신과 기혈, 진액의 문제를 자신의 장부론에서 해결하고 있음을 과시한 표현이라 할 수 있다.

장부생리론의 결론

이목비구는 신기혈정을 만든다.(4-8) 폐비간신은 진고유액을 만든다.(4-9) 그런데 그게 거저 되는 게 아니다. 이목비구가 제대로 청시후미해야 한다. 폐비간신이 제대로 학문사변해야 한다.

널리 배우라. 자세히 물으라. 신중히 생각하라. 분명히 분변하라.

돈독히 행하라. 배우지 않음이 있을지언정 한번 배운다면 능할
때까지 놓지 말라. 묻지 않음이 있을지언정 한번 물으면 알 때까
지 놓지 말라. 생각하지 않음이 있을지언정 한번 생각하면 깨달
을 때까지 놓지 말라. 분변하지 않음이 있을지언정 한번 분변하
면 분명할 때까지 놓지 말라. 행하지 않음이 있을지언정 한번 행
하면 독실할 때까지 놓지 말라. 남이 한 번에 능하거든 나는 백
번을 하며 남이 열 번에 능하거든 나는 천 번을 하라.

博學之, 審問之, 愼思之, 明辨之, 篤行之. 有弗學, 學之弗能弗措也. 有
弗問, 問之弗知弗措也. 有弗思, 思之弗得弗措也. 有弗辨, 辨之弗明弗
措也. 有弗行, 行之弗篤弗措也. 人一能之, 己百之. 人十能之, 己千
之.(『중용』 20)

공자는 박학博學, 심문審問, 신사愼思, 명변明辨을 말하며 능할 때
까지 결코 포기하지 말라고 독려했다. 그런데 동무는 공자의 도덕적
권면을 인간의 생리적 의무로 바꾸어버렸다! 박학, 심문, 신사, 명변
해야만 진고유액이 충만해진다는 것이다. 그것은 해도 되고 말아도
되는 것이 아니라 반드시 해야 하는 생명의 명령이다.

도덕은 생명의 원리라는 것이 동무의 창의적인 체계가 한결같이
주장하는 내용이다. 이것이 전통의 유학자와 차원이 다른 동무의
독창적인 경지이며 위대한 공헌이다.

이목비구와 폐비간신의 정도正道

천			인		
이	원遠	신	폐	학學(정正)	진
목	대大	기	비	문問(직直)	고
비	광廣	혈	간	사思(중中)	유
구	심深	정	신	변辨(화和)	액

이것이 장부생리론의 결론이다. 「장부론」은 내 몸의 천인지행이 내 몸에 얼마나 직접적인 영향을 미치는지 구체적으로 드러내주는 구조로 짜여져 있다. 동무의 장부생리론은 사실의 체계이기도 하지만 가치의 체계이며, 그것은 분명한 메시지를 담기 위한 합목적적인 체계로 구성되어 있음을 보여준다.

4-13.

이해는 신을 저장한다. 막해는 영을 저장한다. 혈해는 혼을 저장한다. 정해는 백을 저장한다.

膩海藏神. 膜海藏靈. 血海藏魂. 精海藏魄.

【해설】

13조에서 16조는 사해를 부연 설명하는 데 할애된다. 본조는 후사해에 신령혼백이 저장되어 있다고 말한다.

「장부론」의 구성

「장부론」의 전체적인 구조를 한번 정리해보자.

「장부론」의 구성

조문	내용	분류
1조	4장4부의 부위	서론
2~3조	4부의 기능	
4~7조	4해의 생성과 순환	본론
8~12조	4해와 천인지행	
13~16조	4해의 기능	
17조	심과 천인지행	결론

1조는 폐비간신의 4장과 함께 위장관인 4부를 처음 말하며 4장 4부가 주도하는 4초의 부위를 설명했다. 2조와 3조는 4부의 기능을 형태와 연관하여 설명한다.

4조부터 본론이 시작된다. 12조까지 4해의 생성과 순환을 말하고 천인지행을 그 동력으로 지적한다. 그리고 본조인 13조부터 4해의 기능을 요약하고 있다.

17조는 결론이다. 「장부론」의 숨은 주인공인 심이 드디어 등장한다.

신령혼백

이해는 신神이 머무는 집이다.(4-4) 막해는 기氣가 머무는 집이다.(4-5) 혈해는 혈血이 머무는 집이다.(4-6) 정해는 정精이 머무는 집이다.(4-7) 그런데 본문은 다른 이야기를 꺼낸다. 이막혈정에는 신령혼백이 각각 저장되어 있다는 것이다.

신기혈정이 물질적인 차원이라면 신령혼백은 정신적인 차원이라 할 수 있다. 전사해의 바다에 신기혈정과 신령혼백이 상존하고 있는 것이다.

후사해의 기능

후사해	물질적	정신적
이해	신神	신神
막해	기氣	령靈
혈해	혈血	혼魂
정해	정精	백魄

신기혈정은 내 몸을 직접 운영하는 생리적인 구성물이다. 그것은 온몸을 두루 다니고 널리 퍼진다. 동무는 신기혈정이 주창周暢하므로 만물을 실을 수 있다고 했다.(精神氣血之能, 周而暢也. 周而暢, 故戴萬物也. 권4-2) 실제 신기혈정은 한의학의 진단과 치료에 사용되는 전문 용어들이다. 성신醒神이나 보기補氣, 이기理氣, 활혈活血, 보혈補血, 보정補精 등 독특한 한의학적 개념을 형성하고 있다.

그런데 신령혼백은 사실 진단과 치료에 사용되는 개념이 아니다. 그것은 의학적 개념이라기보다는 철학적 개념에 가깝다. 신령혼백은 인간을 영적인 측면에서 살펴본 개념인 것이다.

혼기는 하늘로 돌아가고 형백은 땅으로 돌아간다. 그러므로 제사란 모두 음양의 뜻 안에서 이해할 수 있다.

魂氣歸于天, 形魄歸于地. 故祭求諸陰陽之義也.(『예기』「교특생」)

백魄은 가장 땅과 가까운 부분이다. 죽으면 땅으로 돌아간다. 혼魂은 하늘과 가까운 부분이다. 죽으면 하늘로 돌아간다. 그런데 본조에서 동무는 혼보다 상위에 영靈과 신神이 더 있다고 말한다. 신神은 음양의 원리로 예측할 수 없는 것이라는 『주역』의 정의를 볼 때 (陰陽不測, 謂之神. 『주역』「계사전」) 백에서 신으로 갈수록 경청輕淸해 지고 변화막측한 힘을 갖게 된다고 볼 수 있다. 이처럼 인간에겐 물질 이상의 신성함이 내재해 있다.

4-14.

진해는 생각(意)을 저장한다. 고해는 사려(慮)를 저장한다. 유해는 조심(操)을 저장한다. 액해는 의지(志)를 저장한다.

津海藏意. 膏海藏慮. 油海藏操. 液海藏志.

【해설】

13조와 대구를 이룬다. 전사해에는 의려조지가 저장되어 있다. 의려조지는 신령혼백과 대응해 동무가 새로이 구상한 개념임을 알 수 있다.

담膽을 조操로 바꾼 의도

의려조지는 인간의 사고 작용을 지칭한다. 「성명론」에서 먼저 만난 적이 있다.(1-20) "의意"는 생각, "여慮"는 사려, "조操"는 조심, "지志"는 의지라 번역했다. 의려조지는 원래 의려담지意慮膽志로 사용되었다. 『격치고』에서는 줄곧 의려담지를 말한다.

머물러 있는 의지가 호연한 의지다. 대쪽 같은 담력이 호연한 담력이다. 정중한 사려가 호연한 사려다. 계획적인 생각이 호연한 생각이다.
住着之志, 浩然之志也. 廉隅之膽, 浩然之膽也. 敦敬之慮, 浩然之慮也. 計劃之意, 浩然之意也.(「반성잠」감잠12)

그런데 『동의수세보원』은 의려조지만 말한다. 『동의수세보원』은 담을 말하지 않는다. 왜 굳이 담을 뺐을까?

담은 전통적으로 간과 표리를 이루고 결단이 나온다고 보았다. 만약 동무가 『동의수세보원』에서 의려담지를 말했다면 간소한 태양인이 담소하다고 보게 되는 결정적인 증거가 될 수 있다. 그런데 담을 빼고 조로 대신했다! 그래서 태양인은 의강담약意强膽弱이 아니라 의강조약意强操弱이라 말하게 된다.(9-2-7)

과연 폐대간소한 태양인은 담이 작을까? 동무는 오히려 태양인이 "과단果斷"하다고 보았다.(11-4) 태양인이 오히려 과감하다. 담대한 성향이 있다. 그러므로 태양인이 의강조약意强操弱하다 말할 순 있어도 의강담약意强膽弱하다 보기는 어려운 것이다.

그러니 동무 입장에서 전통의 담이 자신이 구상한 사상인의 개념과 혼동되는 게 싫었을 것이다. 유학론에서 사용하던 담을 의학론에서는 조로 바꾼 뜻은 사상인과 결합을 염두에 둔 것이라 볼 수 있다. 보다 더 실제적인 의미를 가진 용어로 대체한 것이다. 의학론의 담과 불필요한 혼동을 피하려는 동무의 배려라 볼 수 있다.

신령혼백은 하늘, 의려조지는 인간

진해, 고해, 유해, 액해에는 진, 고, 유, 액이 머문다고 했다.(4-4~7) 역시 진고유액이 물질적 차원이라면 의려조지는 정신적 차원이다. 전사해 역시 물질과 정신을 함께 품는다.

전사해의 기능

전사해	물질적	정신적
진해	진津	의意
고해	고膏	여慮
유해	유油	조操
액해	액液	지志

그러면 신령혼백과 의려조지는 어떤 차이가 있을까? 한마디로 신령혼백이 하늘의 차원이라면 의려조지는 사람의 차원이라 말할 수 있다. 이것은 또 무슨 말일까?

「성명론」에서는 이목비구가 하늘을 관찰하고 폐비간신은 인간을 세운다고 했다.(1-11) 「장부론」에서는 이목비구가 후사해를 생성하고

(4-8) 폐비간신이 전사해를 생성한다고 했다.(4-9) 자, 이목비구가 만든 후사해에 신령혼백이 담긴다. 폐비간신이 만든 전사해에 의려조지가 담긴다. 그래서 신령혼백은 인간의 영적인 측면을 말하며 하늘의 차원이라면 의려조지는 인간의 사고 작용을 뜻하며 인간의 차원이라 말할 수 있다. 사해에 담긴 정신적 측면을 천인으로 각각 분류한 것이다!

4-15.

두뇌의 이해는 폐의 근본이다. 등골의 막해는 비의 근본이다. 허리의 혈해는 간의 근본이다. 엉덩이의 정해는 신의 근본이다.
頭腦之膩海, 肺之根本也. 背脊之膜海, 脾之根本也. 腰脊之血海, 肝之根本也. 膀胱之精海, 腎之根本也.

【해설】

후사해는 폐비간신의 근본이라고 말한다.

후사해가 폐비간신의 근본

이해의 청즙이 폐로 들어가(膩海之膩汁淸者, 內歸于肺. 4-4) 폐의 근원을 자양한다고 했다.(入于肺以滋肺元. 4-9) 그러므로 이해는 폐의 근본이라 말할 수 있다. 구체적으로는 이해의 청즙이 폐의 근본이다. 이렇듯 후사해의 청즙은 폐비간신의 근본이 된다.

4-16.

혀의 진해는 귀의 근본이다. 젖가슴의 고해는 눈의 근본이다.
배꼽의 유해는 코의 근본이다. 생식기의 액해는 입의 근본이다.
舌之津海, 耳之根本也. 乳之膏海, 目之根本也. 臍之油海, 鼻之根本也.
前陰之液海, 口之根本也.

【해설】

전사해는 이목비구의 근본이라고 말한다. 앞 조문과 대구를 이룬다.

전사해가 이목비구의 근본

진해의 청기는 귀로 나와 신이 된다고 했다.(津海之淸氣, 出于耳而爲
神. 4-4) 그러므로 진해는 귀의 근본이라 말할 수 있다. 구체적으로
는 진해의 청기가 귀의 근본이다. 이렇듯 전사해의 청기는 이목비구
의 근본이 된다.

폐비간신과 이목비구에는 탁한 것이 없다! 오직 맑은 것만 흘러
들 뿐이다.

4-17.

심은 내 몸의 주재자다. 각진 등 한가운데서 가슴의 정중을 향
하며 태양처럼 찬란하게 빛나면 이목비구는 살펴지 못할 게 없
고 폐비간신은 헤아리지 못할 게 없고 함억제복은 성실하지 못

장부론
—
364

할 게 없고 두수요족은 공경스럽지 못할 게 없게 된다.

心爲一身之主宰, 負隅背心, 正向膻中. 光明瑩徹, 耳目鼻口無所不察, 肺脾肝腎無所不忖, 頷臆臍腹無所不誠, 頭手腰足無所不敬.

【해설】

「장부론」의 대결론이 등장한다. 장부의 전 체계를 장악하고 감독하는 근원적인 힘은 바로 심心에서 나온다.

동무의 일이관지

내 몸에서 가장 중요한 곳이 어딜까? 가장 중심이 되는 곳이 어딜까? 서양의학은 그것이 유전자라 말할지도 모르겠다. 인간 생명의 관제탑, 인체 기능의 사령부, 가장 핵심이 되는 그곳이 과연 어딜까? 만약 그런 곳이 있다면 그곳을 제어해서 생명을 좌지우지할 수도 있고 기능을 원하는 대로 조절할 수도 있을 것이다. 의사로서 이보다 더 짜릿한 궁리가 또 있을까? 동무가 일생을 고민하고 연구한 생명의 센터, 그 답은 심이었다!

동무는 「장부론」에서 천인지행이 주관하는 사해의 생리도를 완성하면서 마지막으로 심을 말한다. 이는 「성명론」의 구도와 정확히 일치한다! 「성명론」은 천인지행의 구조를 설명한 후 마지막에 책심責心을 말했다. 「성명론」이 유학적인 구조에서 심의 중요성을 강조했다면 「장부론」은 의학적인 구조에서 심의 중요성을 설파한다.

그래서 나는 「장부론」이 「성명론」의 의학적 변신이라 말한다. 일관된 동무의 논리가 장부생리론에도 그대로 배어 있음을 알 수 있다.

공자가 제자인 자공에게 말했다. "사야, 너는 내가 많이 배우고 많이 기억하는 자라고 생각하느냐?" 자공이 대답했다: "그렇습니다. 아니십니까?" 이에 공자가 말했다. "그래, 아니다. 나는 하나로 꿰뚫은 자니라!"

子曰 "賜也, 女以予爲多學而識之者與?" 對曰 "然, 非與?" 曰 "非也, 予一以貫之!"(『논어』「위영공」2)

동무는 박학다식을 자랑하는 자가 아니다. 동무는 하나로 꿰뚫고자 하는 자다. 그 하나를 읽지 못하면 동무를 알지 못한 것이다!

심장이 주인이다

10조에서 위완, 위, 소장, 대장의 4부를 말했다. 그런데 본조에서는 함억제복으로 받는다. 여기 함억제복을 이야기함은 의학의 철학적 함의를 다시 강조한 것이다.

본문에서 심장은 인체 생리를 관장하는 천인지행의 주재로 분명히 자리매김된다. 심장은 천인지행이라는 신하를 거느리는 군주다. 천인지행의 배후에 심이 있다. 심장은 군주지관君主之官이라는 전통의 학설을 동무만큼 확실히 이론화시킨 인물은 없을 것이다!

"부우負隅"는 모서리를 등지고 버티고 있는 모습이다. 호랑이가 산모퉁이에 의지해 기세를 부리는 모습이란 용례로 쓰인다. "부우배

심부우배심心負隅背心"이란 심장의 입장에서 후방으로 각진 등 한가운데 위치한다는 의미다. "정향전중正向膻中"은 전방으로 가슴 한가운데를 바라보며란 뜻이 된다. 둘다 심장이 앞뒤로 몸통의 한가운데 위치한다는 표현이다. 「사단론」의 "오장지심五臟之心, 중앙지태극야中央之太極也"(2-3)를 생각나게 한다.

"광명형철光明瑩徹"이란 빛이 구석구석 빈틈없이 파고드는 모습이다. 4판본에는 "철澈"로 되어 있으나 "철徹"이 맞다. 초판과 7판 모두 "철徹"로 되어 있다.

심장은 태양이다. 태양이 지구 구석구석을 내리쬐며 생명을 기른다. 심장이 내 몸을 빈틈없이 비춰주며 생명이 자라난다.

심장은 원래 찬란하게 빛난다. 그러나 심욕이 그 빛을 가릴 수 있다. 그러니 심욕을 완전히 걷어내면 심장은 형형하게 빛나서 온몸을 밝힐 것이다. 「장부론」은 이처럼 심욕의 제어가 인간의 도덕은 물론 건강에 가장 중요한 요소임을 의학적으로 분명하게 표방하고자 한다.

심장과 흉복의 능력은 중앙에 머물며 사방에 통하여 함이 없는 것 같으나 하지 않음이 없다. 중앙에 머물고 사방에 통하여 하지 않음이 없기 때문에 비유하자면 북극성이 자리하고 뭇별이 모두 조아리는 것과 같다.

心與胸腹之能, 居中通四旁, 而無爲而無不爲也. 居中通四旁而無不爲, 故譬如北辰居所而象拱之.(권4-3)

심장이 이목비구, 폐비간신, 함억제복, 두수요족이라는 네 개의 말고삐를 모두 틀어쥐고 있다. 임금이 제자리를 잡으면 신하가 바로

「장부론」의 체계

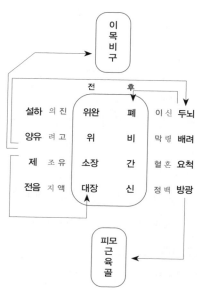

이
목
비
구

전　　후

설하 의진　위완　폐　이신 두뇌

양유 려고　위　비　막령 배려

제 조유　소장　간　혈혼 요척

전음 지액　대장　신　정백 방광

피모
근육
골

서고 온백성이 편안해진다.

　이로써 제1권(卷之一)이 끝난다. 제1권은 인간에 대한 체계적인 논술이다. 인간의 문제를 천인지행으로 요약하고 유학적, 의학적으로 탐색했다. 다시 말해서 사상의학의 인간론이라 부를 수 있다. 제1권의 처음과 끝을 보라. 우주(天機)에서 시작해 마음(心)으로 끝난다. 동무가 의도한 것인지는 알 수 없으나 절묘하고도 오묘하다.

　다음 장은 「의원론」이다. 사상유학이 일단락되고 본격적인 사상의학의 세계로 진입한다. 이제 동무는 철학의 묵직한 붓을 거두고 의학의 예리한 붓을 휘두르고 있다.

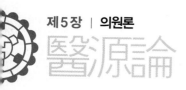

제5장 | 의원론

醫源論

의원론이란 의학원류론이란 뜻이다. 요즘에야 의학이라 함은 18세기 서유럽에서 발양하여 과학기술의 후원으로 패권을 거머쥔 과학 기반 의학science based medicine을 지칭하지만 1900년대까지만 해도 한국 의학의 전부는 한의학이었다. 동무 시대의 의학은 수천 년 저력의 한의학뿐이었던 것이다.

당시 한국 의학은 중국을 중심으로 전개된 동아시아 의학사의 한 흐름으로 인식되었다. 의원론이란 즉 동무가 바라본 동아시아 의학사라 할 수 있다.

동무가 요약한 의학사는 과연 어떤 것일까? 「의원론」의 짧은 문장은 경탄을 넘어 경이를 불러일으킬 만한 내용으로 가득 차 있다. 여기에는 그럴 만한 이유가 있다. 동무는 의학을 독학했기에 기존 의학계의 눈치를 살필 일이 없었다. 게다가 철저한 유학자로서 한의학의 학문적 연원인 도가적 관점도 일체 수용하지 않는다. 그래서 동무의 의학사는 새롭다. 오직 자신의 안목을 통해 의학의 역사를 총체적으로 조망해보고 자유롭게 평가할 수 있었기 때문이다.

그 결과 「의원론」은 기존의 어떤 의학사와도 구분되는 계발적이고 참신한 시각을 제공한다. 창의력 넘치는 천재 작가 동무공이 쓴 혁신적인 의학사의 세계로 함께 들어가보자.

5-1.

『서』에서 말한다. "약을 먹고 명현하지 않으면 그 병은 낫지 않는다." 이는 곧 상나라 고종 때 이미 명현과 같은 의약 경험이 있었다는 말이다. 그래서 고종이 감탄하기에 이른 것이다. 그러므로 인류의 의약 경험이 신농이나 황제의 시대보다 더 오래되었다는 주장은 믿을 만하다. 그런데 의학의 대표적인 경전인 『본초』나 『소문』이 신농과 황제의 손에서 나왔다는 주장은 진실이라 믿을 수 없다. 어째서 그렇게 말하는가? 신농이나 황제 시대의 문자는 후대의 문자와 같은 유려한 형식이 아직 없었기 때문이다.

주나라가 쇠하고 진나라, 한나라에 이르기까지 편작이 이름을 남겼고 장중경이 두루 갖추어 얻은 바가 있었다. 그때서야 의가를 이루고 의서를 지었으니 비로소 의학의 길이 열리게 된다. 장중경 이후 남북조, 수, 당의 의사가 이를 계승했다. 그리고 주굉에 이르러 두루 갖추어 얻은 바가 있었다. 그가 『활인서』를 저술하니 의학의 길이 거듭 열리게 된다. 주굉 이후에는 원나라 의사인 이고, 왕호고, 주진형, 위역림 등이 이를 계승했다. 명나라 의사인 이천과 공신에 이르러 두루 갖추어 얻은 바가 있었다. 그리고 허준은 두루 갖추어 전한 바가 있었는데 『동의보감』을 저술하여 의학의 길을 다시 열었다.

대체로 신농, 황제 이후부터 진, 한 이전까지의 병증약리는 장
중경이 전하고 위, 진 이후부터 수, 당 이전까지의 병증약리는
주굉이 전하고 송, 원 이후부터 명 이전까지의 병증약리는 이
천, 공신, 허준이 전했다. 만약 의가의 공로와 업적을 평가해본
다면 장중경, 주굉, 허준이 으뜸이고 이천, 공신이 버금이다.

『書』曰 "若藥不暝眩, 厥疾不瘳." 商高宗時已有暝眩藥驗, 而高宗至於
稱歎, 則醫藥經驗其來已久於神農, 黃帝之時, 其說可信於眞也. 而『本
草』『素問』出於神農, 黃帝之手, 其說不可信於眞也. 何以言之? 神農, 黃
帝時文字, 應無後世文字澆漓例法故也.

袁周, 秦, 漢以來扁鵲有名, 而張仲景具備得之. 始爲成家著書, 醫道始
興. 張仲景以後南北朝, 隋, 唐醫繼之, 而至于宋朱肱具備得之. 著『活人
書』, 醫道中興. 朱肱以後元醫李杲, 王好古, 朱震亨, 危亦林繼之, 而至
于明李梴, 龔信具備得之. 許浚具備傳之. 著『東醫寶鑑』, 醫道復興.

蓋自神農, 黃帝以後秦, 漢以前病證藥理, 張仲景傳之. 魏, 晉以後隋, 唐
以前病證藥理, 朱肱傳之. 宋, 元以後明以前病證藥理, 李梴, 龔信, 許浚
傳之. 若以醫家勤勞功業論之, 則當以張仲景, 朱肱, 許浚爲首, 而李梴,
龔信次之.

【해설】

1, 2, 3조는 구본에는 없다. 우리는 드디어 개초의 현장을 목도하
게 된다. 1조는 의학사, 2조는 본초사, 3조는 병증약리사라 말할 수
있다.

본조에는 동무가 바라본 한의학사가 오롯이 드러나 있다. 수천
년 전 중국에서 비롯되어 줄기차게 흘러온 한의학의 역사를 인물

중심으로 기술하고 있다. 동무가 판단한 의원, 곧 의학의 원류는 바로 장중경이다.

한의학의 역사 깊고 깊도다

"약불명현, 궐질불추!" 약을 먹고 명현이 없으면 그 병은 낫지 않는다! 한의학에서 회자하는 이 유명한 말은『서』에 나온다. 구체적으로『서경』「상서商書」의「열명說命」편을 가리킨다.

"열명"은 또 무엇이냐? 부열傳說에게 명하다라는 뜻으로, 상나라 고종이 그 신하 부열과 문답한 내용이다. 고종은 부열이라는 명재상을 얻어 기울어가는 상나라를 부흥시킨다. 정확히 고증하긴 어렵지만 그 통치 기간을 기원전 1250년에서 기원전 1192년으로 잡는다. 3000년이 넘은 옛날의 일이다.

고종은 부열을 발탁한 후 자신을 잘 보필해달라고 부탁했다. 그러면서 이 같은 말을 발출한다. 쓰디쓴 약이 당장은 괴로우나 결국 병을 치료하지 않느냐? 그러니 자신에게도 쓰라린 간언을 아끼지 말라는 맥락인 것이다. 과연 명군다운 명언이다. 이 말은 고종 자신의 말일 수도 있으나, 아마 당시 속담처럼 널리 알려져 있던 말이었을 것이다. 맹자도 이 말을 동일한 의미로 인용한 적이 있다.(今滕, 絕長補短, 將五十里也, 猶可以爲善國.『書』曰 "若藥不瞑眩, 厥疾不瘳."『맹자』「등문공」상1)

이처럼 명현은 본디 의학계에서 사용하던 말이 아니었다. 옛날 옛적 호랑이 담배 피던 시절 전해지던 속담 같은 것이었다. 쓴 약이 병을 고치듯 쓴 말이 사람을 고친다는 의미다.

동무 역시 이 구절을 고대의 의학적 경험과 관련지어 생각했다. 상나라 때부터 그런 말이 있었다는 것은 의학의 역사가 그 이전까지 거슬러 올라간다는 뜻 아니겠는가! 상고시대 초보적 의학 경험을 보여주는 단편이라 생각했던 것이다.

그러면 최초의 의약 경험은 언제 시작되었을까? 동무는 신농, 황제의 시대부터라 짐작한다! 역사학계에서 그 시대를 기원전 3500년 ~기원전 3000년 사이로 추정하니 지금부터 대략 5000~6000년 전이다. 동무 역시 그 상한선을 5000~6000년 전으로 잡고 있다.

"나는 의약 경험이 있은 지 5000~6000년 후에 태어났다!"(余生於醫藥經驗五六千載後. 5-4)

동무는 매우 합리적인 정신의 소유자다. 현대인이라 불러도 손색이 없다.

명현은 없다

그런데 요즘은 명현의 의미가 달라졌다. 질병의 호전과정에서 생기는 일시적 이상반응이라는 의미로 쓰인다. 고종이 말했던 처음의 소박한 의미는 변질되고 마치 전문적 의학 용어인 양 인식되고 있는 것이다.

한의학의 역사에서 명현이란 개념의 도입은 매우 특수한 상황에서 아주 의도적으로 진행되었다. 그리고 그것은 상당히 성공했다. 도대체 언제 누가 이러한 일을 벌였을까? 명현을 의학적 개념으로 각색한 것은 고방파라 불리는 일본의 독특한 의사 집단이었다.

고방파의 총 두목격인 인물이 요즘 한의학계에도 널리 알려진 요시마스 도도吉益東洞(1702~1773)다. 그의 대표작이 『유취방類聚方』과 『방극方極』『약징藥徵』인데 도도 3부작이라 불린다. 그런데 『약징』의 서문 역시 명현이란 말이 장식하고 있다.

『서경』에 말한다. "약을 먹고 명현하지 않으면 그 질병은 낫지 않는다." 또 『주관』에는 이렇게 말한다. "의사는 의료정책과 법령을 담당하는 관직이다. 독약을 관리하여 의료 업무에 제공하는 역할을 맡는다." 『주관』의 말로 보아 약은 곧 독이며 병 또한 독임을 알 수 있다. 약독으로 병독을 공격하므로 이른바 명현이 발생하는 것이다.

『書』曰"藥不瞑眩, 厥疾不瘳." 『周官』曰"醫師掌醫之政令, 聚毒藥, 共醫事." 由是觀之, 藥毒也, 而病毒也. 藥毒而攻病毒, 所以瞑眩者也.(『藥徵』「自序」)

『주관周官』은 『주례周禮』의 원래 이름이다. 주나라의 정치제도를 다룬 책이다. 『주관』이라는 고문장을 펼쳐보니 의사는 독약을 다루는 자라는 것이다. 도도는 명현이 바로 약독으로 병독을 공격하면서 나타나는 필연적인 현상이라 보았다. 병이 물러가는 과정으로 생각했다.(瞑眩也, 則其病從而除. 『약징』 석고 항) 자기는 명현 없이 병이 낫는 걸 본 적이 없다고도 말한다. 그래서 『서경』의 이 구절을 읽을 때마다 무릎을 치며 기뻐했다고 쓰고 있다. 요시마스 도도, 그가 고문헌에서 명현을 발굴해낸 것이다!

명현은 도도 이후 일본 한의학의 중요한 개념으로 부각했다. 그리고 명현은 한약 복용 후 나타나는 일시적인 생리 반응이며, 질병 치료 과정에서 발생하는 예상치 못한 다양한 증상이라는 정의가 자리잡게 되었다.

엄밀히 말해서 동무가 살았던 조선 말기까지 명현에 대한 개념화된 정의 자체가 없었다. 이러한 개념은 일제 강점기에 한국으로 유입된 것으로 보인다. 한국은 물론 중국에서도 명현을 결코 일본 고방파처럼 생각하지 않았다. 『서경』의 원의는 소박한 것이었으나 일본 의사들이 심각하게 만들어버린 것이다.

지금도 어디서 관절약을 먹었더니 속이 쓰리더라, 감기약을 먹었는데 잠이 안 오더라 같은 상황을 흔히 볼 수 있다. 병은 낫는 거 같은데 다른 데도 좀 아프다가 낫는 것이다. 과연 이런 게 명현반응일까? 정말 치료를 위해 피할 수 없는 과정일까? 결코 그렇지 않다. 알고 보면 다 부작용일 뿐이다.

하나를 위해 하나를 희생해야 한다면 수준이 많이 낮은 방법이다. 우리는 이런 한심한 약들은 단호히 거부할 줄 알아야 한다. 같은 효과를 내면서 다른 곳도 다치지 않는 약이 얼마든지 있다. 동무가 사상의학을 창시한 근본적인 문제의식이 여기 있다.

우리가 고방파들이 말하는 명현의 개념을 받아들여야 할 이유는 어디에도 없다. 명현에 대한 장식과 환상은 다 걷어내야 한다. 호전은 이완과 편안을 동반하지 결코 긴장과 불편을 유발하지 않는다! 명현이란 미명 아래 부작용을 미화해서는 안 될 것이다.

"명현瞑眩"은 눈앞이 어찔하고(瞑) 캄캄해진다(眩)는 말이다. 이 말은 의학이 미숙한 고대의 경험담일 뿐이다. 명현은 부작용으로 해석할 수밖에 없다.

최초의 명의, 편작

동무가 거론한 최초의 의사는 편작이다. "쇠주진한이래편작유명衰周秦漢以來扁鵲有名"이라 했다. 편작은 정사에 기록되어 있는 인물이다. 그것도 세계에서 가장 유명한 역사서 중 하나인 『사기』에 말이다. 사마천은 역사에 남길 만한 각계의 명인을 기록하면서 의학계에서는 편작과 창공을 뽑았다. 바로 「편작창공열전」이다. 다시 말해서 편작은 사마천이 꼽은 명의 1호인 셈이다. 2000년 전부터 모르는 사람이 없을 정도로 유명한 인물이었다.

사마천은 편작이 제齊나라 발해渤海의 막鄭 사람이라고 했다. 전국 초기로, 기원전 6세기경이다. 성은 진秦이고 이름은 월인越人이다. 그러니까 편작은 호고 본명은 진월인이었다. 이게 전부다. 사마천이 입수한 신상정보는 어디 살던 누구라더라 뿐이다. 그리고 의학에 입문하게 된 특이한 내력을 소개한다.

편작은 젊어서 여관 관리 일을 했다. 그곳의 손님 중에 장상군長桑君이라는 사람이 있었는데 둘은 서로 보통 인물이 아니라는 걸 단박에 알아봤다. 여관 출입 10여 년이 지난 어느 날 장상군이 조용히 편작을 불러낸다.

"나에겐 세상이 모르는 비방이 있소. 이제 나는 늙었으니 선생에게 전해드리고 싶소. 부디 선생께서는 누설하지 말아주시오."(我有禁方, 年老, 欲傳與公, 公毋泄.)

그러더니 품 속에서 약을 하나 꺼내는 것이다.

"이 약을 땅에 떨어지지 않은 깨끗한 물에 타서 마시면 30일이 지나 사물을 꿰뚫어볼 수 있을 것이오."(飮是以上池之水, 三十日當知物矣.)

그리고는 비방이 적힌 책(禁方書)을 모두 편작에게 물려주고 홀연히 사라진다. 이후 편작은 장상군이 준 약을 받아 마시고 투시안을 얻었다고 한다. 담 넘어 사람이 보이고 몸 속 오장이 훤히 들여다보이더란다. 비방책이 무엇이었는지 알 수 없지만 아마 극소수에 의해 전해져오던 의서였을 것이다. 중요한 사실은 편작이 의학을 배우기 전 먼저 능력부터 얻었다는 것이다.

편작은 이후 각지를 돌아다니며 의원 노릇을 한다. 그리고 곧 맥의 전문가로 세상에 유명해진다. 사마천은 편작이 한의학 고유의 진단법인 맥법을 최초로 확립한 인물이라고 평가했다!(至今天下言脈者, 由扁鵲也.)

편작은 투시로 시작해서 맥으로 귀결했다. 이게 무엇을 뜻할까? 나는 편작의 독특한 이력이 의학의 형성기에 대한 상징을 품고 있다고 생각한다. 의술醫術은 동서를 막론하고 무술巫術로부터 시작한다. 고대 사회에서 의료 행위는 주술적인 성격이 매우 강했다. 인류 역사에서 최초의 의사는 주술사들이었다. 한자에서도 '의醫'는 원래 '의毉'와 같은 글자였는데, 무巫를 떼버리고서야 비로소 의학의 길을 정립해나간 것이다.

편작의 삶이야말로 의학이 주술에서 벗어나 독자적인 영역을 확립해나간 과정을 상징적으로 보여준다. 의학에 혼재된 신비적 색채를 벗겨버리고 중국 의학의 화려한 출발을 알렸다. 편작은 당대에 죽은 자를 살려내는 자로 유명해진다. 기적을 행하는 신비한 능력의 소유자처럼 인식된 것이다. 그런데 편작은 이런 소문을 단번에 부정한다.

> 편작이 말했다. "나 월인은 죽은 사람을 살려내지는 못한다. 살 수 있는 사람을 일으켜세웠을 뿐이다."
> 扁鵲曰 "越人非能生死人也, 此自當生者, 越人能使之起耳."(『사기』「편작창공열전」)

일체의 신비주의를 단호히 거부한다. 그는 전혀 초월적인 힘에 기대지 않고 철저히 내적인 질서를 통해서 인간의 질병을 이해하고 치료하고자 노력했다. 의학을 주술의 영역에서부터 완전히 독립시킨 것이다. 편작이야말로 새로 확립된 의학의 독자성을 만방에 알린 입지전적인 인물이라 해야 할 것이다. 그는 최후의 주술사요, 최초의 의사였던 것이다!

엄밀히 말한다면 편작이 의학계에 끼친 구체적인 영향은 논하기 어렵다. 이유는 간단하다. 저작이 남아 있지 않기 때문이다. 동무는 편작에 대해 딱 한마디 했다. "편작유명扁鵲有名!" 그의 실존성은 인정하되 그의 영향력은 말하기 어렵다는 것이다. 동무는 의학사에서 찾아볼 수 있는 최초의 의사로 편작을 들었다. 의학의 본격적인 출발을 알린 인물로 평가하고 있다. 과연 동무의 언어는 짧고 굵다.

장중경, 의도를 개척하다

그러면 진정한 의학의 개창자는 누구냐? 그가 바로 장중경이다. 일반인에게는 다소 낯선 이름일지 몰라도 한의사에게는 가장 유명한 인물이다. 그는 수천 년 한의학사의 끊임없는 이슈였다.

동무는 장중경에 대해 "시위성가始爲成家"라 말한다. 여기서 "성가成家"란 의가醫家를 이루었다는 의미다. 의학의 한 분파가 아니라 의학이라는 학파 그 자체를 만들었다는 것이다. 역사에서 의가라 불릴 수 있는 학파를 최초로 형성한 인물, 그가 장중경이다라고 평한다. 본문을 다시 보자.

주나라가 쇠하고 진나라, 한나라에 이르기까지 편작이 이름을 남겼고 장중경이 두루 갖추어 얻은 바가 있었다. 그때서야 의가를 이루고 의서를 지었으니 비로소 의학의 길이 열리게 되었다.

衰周, 秦, 漢以來扁鵲有名, 而張仲景具備得之, 始爲成家著書, 醫道始興.

장중경에 대한 간단한 서술이지만, 정말 놀라운 내용이 담겨 있다. 결코 쉽지 않은 말들을 너무 쉽게 하고 있다.

여기 장중경에 대한 평어로 가장 먼저 쓴 말이 "구비득지具備得之"

다. 동무의 독특한 용법인데, 평이하면서도 정확한 의미 맥락이 있다. "구비具備"는 중요한 내용들이 빠짐없이 들어 있다는 뜻이다. 즉 한대까지 의약 전통을 고스란히 계승했다는 말이다. "득지得之"는 나름의 깨달음이 추가되어 있다. 다시 말해 전통을 해석하는 독자적인 시각이 있다는 말이다. 그러니까 "구비득지"는 요즘말로 창조적 계승이라 바꿔 말할 수 있다. 장중경의 "구비득지"야말로 "시위성가"의 저력이었던 것이다. 장중경은 창조적 계승을 통해 의학의 전범을 마련한 자다!

이러한 중경의 이미지는 공자와 흡사하다. "술이부작述而不作"(『논어』「술이」1)을 말한 공자야말로 "구비득지具備得之"를 통해 "시위성가始爲成家"한 인물이기 때문이다. 누구도 그를 유학의 개조開祖라 말하는 데 주저하지 않는다. 유학은 사실상 공자의 유학이고 의학은 실제로 중경의 의학인 것이다!

그런데 장중경이 끼친 압도적인 영향력은 바로 저서에 의한 것이다. 장중경은 『상한론』을 남김으로써 의학의 기틀을 잡아놓았다. 정확하게 말하면 『상한론』이 의학을 일으킨 것이다. 편작은 전설에 그쳤다. 그러나 중경은 역사가 되었다. 편작은 못했으나 중경은 한 것, 그것이 바로 "저서"다.

『상한론』은 바로 장중경 "구비득지"의 결과물이다. 『상한론』이야말로 한 개인의 단편적 경험 기록이 아니라 수천 년 누적된 고대 치료기술의 집약이다. 장중경의 저서는 역사의 삭풍에 끈질기게 살아남아 후대에 끊임없이 영향을 미친다. "수증치지隨證治之"라는 독특한 약물 사용방식을 통해 중국 의학의 정체성을 확립했고 차후 모든 약방의 롤모델이 되었다. 한의학은 『상한론』의 각주다라고 말해도 과히 틀리지 않다.

세계적인 중국과학사가인 니덤은 그의 대작『중국의 과학과 문명』에서 장중경을 갈렌Galen에 비교했다. 갈렌은 수많은 의학 저술을 남기며 서양의학의 아버지로 평가받는다. 그의『갈레노스 전집』은 르네상스의 도전을 받기까지 천 년 이상 서양 의학의 성전이었다.

152년에서 219년까지 살았다고 짐작되는 장기張機(장중경)의 삶과 업적은 갈렌(131~201)과 매우 유사하다. 그 누구도 갈렌보다 어린 이 동시대인이 중국에 끼친 영향력을 갈렌이 서방 세계에 끼친 영향력보다 작다고 말하긴 어렵다. 200년경 지은 그의『상한잡병론』(열성 질환에 관한 논술)은『황제내경』이래 가장 중요한 의학 고전 중 하나다. 오히려 약물 치료라는 측면에서는 훨씬 중요하다 할 수 있다.

The life and work of Zhang Ji張機(Zhang Zhong-jing 張仲景), who probably lived from +152 to +219, closely paralleled that of Galen(+131 to +201). One could hardly say that in China the influence of this younger contemporary of Galen over the ages was less than Galen's in the Western world. For his Shang han za bing lun(Treatise on febrile disease), produced about +200, was one of the most important medical classics after the Huang di nei jing itself, and more important from the viewpoint of drug therapy.(*Science and Civilisation in China* Vol 6, Pt 6, p.52)

서양 의학은 갈렌을 극복해온 역사다. 그가 정립한 해부학과 생리학은 의사학 수업에서만 들을 수 있다. 그러나 장중경은 지금도 살아 있다. 그의 처방은 여전히 임상 현장에서 쓰이고 있다.

장중경 미스터리

그러면 도대체 장중경이 누구냐? 어디서 어떻게 살았던 인물이냐? 애석하게도 이런 질문에 답변할 만한 자료는 별로 없다. 수많은 명의가 중국의 정통 역사서에 등장하지만 의학사에 절대적인 영향을 끼친 장중경은 정사正史나 방지方志 어디에도 나타나지 않는다. 상고시대부터 한무제까지 등장하는 사마천의 『사기』에도, 전한시대를 다룬 반고의 『한서』에도, 후한의 역사를 기록한 범엽의 『후한서』나 위, 촉, 오 삼국시대 역사서인 진수의 『삼국지』에도, 그 어디에도 그의 전기가 나타나지 않는다. 단 한조각도 없다. 정말 미스터리한 일이 아닐 수 없다.

장중경을 이야기할 때 누구나 이름은 기機요, 후한後漢의 남양南陽(지금의 허난 성) 출신으로 장사長沙의 태수太守를 지냈다라고 서술한다. 혹 152~219년이라 생몰 시기까지 적어놓기도 한다. 동무 역시 이러한 의학계의 상식을 받아들이고 있다. 한대까지 병증약리를 계승했다는 말은 후한 사람으로 보았다는 의미인 것이다. 과연 이러한 내용들의 근거는 어디에 있는 걸까?

장중경에 대한 최초의 문헌기록은 역사서가 아니라 의서에서 발견된다. 위진 시대의 의사인 황보밀皇甫謐(215~282)이 쓴 『황제삼부침구갑을경黃帝三部鍼灸甲乙經』에 나온다. 현존하는 최고最古의 침구서일 뿐만 아니라 『황제내경』의 연구에도 중요한 문헌이다.

황보밀은 생몰년이 비교적 확실한데 644년 편찬된 정통 역사서 『진서晉書』에 「황보밀전」이 들어 있기 때문이다. 태강太康 3년(282)인 68세에 죽었다고 하니 장중경을 후한의 인물이라 가정한다면 황보밀과 불과 한두 세대밖에 차이 나지 않는다. 그런 그가 장중경에 대해 말하고 있는 것이다!

> 중경은 이윤이 지은 『탕액』을 널리 연구하여 10여 권으로 만들었는데 활용해보면 효험이 많았다.
> 仲景論廣伊尹『湯液』爲十數卷, 用之多驗. (『황제삼부침구갑을경』「서」)

황보밀은 중경이 『탕액』이란 책을 계승, 발전시켰다고 말한다. 그런데 『탕액』도 무슨 책인지 모른다. 제목으로 봐서 고대의 소략한 처방집이라 짐작할 뿐이다. 그런데 여기 장중경에 대한 정보는 일체 없다. 『상한론』을 저술했다는 말도 없다. 이상하게도 "10여 권"이라며 굉장히 모호하게 말하고 있다.

우리는 황보밀의 글에서 중경이라는 사람이 『탕액』의 증보판을 썼다는 사실을 알 수 있을 뿐이다. 써보면 효과가 좋다(用之多驗)고 한 것으로 보아 처방집이었음이 분명해 보인다. 치료 위주의 임상자료집이었던 것이다. 그런데 황보밀의 머리에는 그 책이 몇 권인지조차 들어 있지 않다. "나한테 중경이란 사람이 해놓은 처방집 몇 권이 있는데, 써보면 죽여" 꼭 이런 느낌이다.

사실 황보밀이라는 임상가에게 장중경의 정체는 처음부터 관심사가 아니었을지도 모른다. 그 처방이 효과적이냐 아니냐? 황보밀의 관심은 오직 이뿐이었던 것이다. 그래서 장중경에 대한 인간적인 호기심은 먼 후대에나 나타나게 된다.

"장사의 태수 장중경이 『상한론』을 지었다"는 명제를 확인할 수 있는 최초의 서물은 1065년에 간행된 『상한졸병론傷寒卒病論』이다. 현재로선 그전의 어떠한 자료에서도 "장중경이 장사의 태수를 지냈다"거나 "장중경이 『상한론』을 지었다"는 내용을 찾아볼 수 없다.

> 장중경은 『한서』에 전기가 실려 있지 않다. 그러나 『명의록』을 보면 다음과 같은 말이 나온다: "남양인南陽人이고 이름은 기機다. 중경仲景은 바로 그의 자字다. 효성스러움과 청렴함으로 천거되어 벼슬이 장사 지방의 태수에까지 이른다. 같은 마을에 살던 큰할아버지(張伯祖)에게 비로소 의술을 전수받게 된다."
>
> 張仲景『漢書』無傳. 見『名醫錄』云: "南陽人, 名機, 仲景乃其字也. 舉孝廉, 官至長沙太守, 始受術於同郡張伯祖."(『상한졸병론』「상한론서」)

여기 비로소 장중경의 구체적인 정보가 소개되고 있다. 장중경이 『상한론』의 저자임을 선포하고 약력을 소개한 것이다. 이러한 장중경 약사略史는 이후 정설로 자리잡았다. 간혹 장중경의 실존성은 도무지 신뢰하기 어렵다는 학자들도 있으나 장중경에 대한 정보가 부실하다고 굳이 그 존재까지 부인할 필요는 없다고 본다. 『상한론』은 『황제내경』과 달리 최초의 작성자 1인을 충분히 상정할 수 있기 때문이다. 안타깝게도 역사는 그 인물의 삶을 놓쳐버렸으나 분명히 이 책의 원저자가 있었을 것이다. 우리는 그를 장중경이라 부른다!

의학의 계승자들

장중경 이후 위진남북조, 수, 당을 거치면서 여러 의사가 의도를 이어갔다. 동무는 구체적인 이름을 지목하진 않았지만 대표적으로 손사막과 왕도 등을 꼽을 수 있다.

손사막孫思邈(581~682)은 당나라 초기 사람인데 제자백가와 노장에 조예가 깊었다고 한다. 수문제나 당태종이 수차례 등용하려 했으나 극구 사양하고 연구와 저술에만 몰두한다. 어려서부터 그렇게 병치레가 많아 어쩔 수 없이 의학을 공부하게 됐다고 한다. 그 결과 의서를 정리하여 『비급천금요방備急千金要方』이라는 거저巨著를 짓는다. 대략 651년 완성된 것으로 추정한다.

『천금요방』은 부인과, 소아과 및 각과 질환에 대한 방대한 처방을 수집하고 의학을 배우는 자세부터 식이와 양생, 침구요법까지 망라한 중국 최초의 의학대백과다. 수록한 처방만 5300여 개가 넘는다. 당나라 초기까지의 의학 성과를 체계적으로 집대성했으며 지금은 사라져버린 수많은 의학 자료를 보존하고 있다. 이후 『천금요방』은 의사들의 필수참고서가 되었다. 그런데 손사막이 『천금요방』의 「상한방」을 편찬하면서 한탄한다.

"강남의 의사들이 중경의 요방을 감추기만 하고 전해주지 않는다."

江南諸師祕仲景要方不傳.

「상한방」을 집필하면서 중경의 처방집을 꼭 구하고 싶었으나 아무리 수소문해도 내어주질 않는 것이다. 당대에도 쉽게 구할 수 있던 책이 아니었음을 알 수 있다. 손사막은 겨우 몇몇 처방만 입수해서 수록해두고 있다.

왕도王燾(675~755)는 당나라 사람으로 오늘날 국립도서관에 해당하는 대각臺閣에서 20년간 근무했다. 의사라기보다 공무원이다. 왕실 소장 도서를 맘껏 열람할 수 있는 특권을 활용해『외대비요外臺祕要』라는 처방백과를 편찬했다. 752년경 저작한 것으로 추정한다.『천금요방』이 나오고 100년 후의 일이다. 니덤은 "Arcane essentials from the imperial library"라 번역했다.

당시 남아 있던 의서를 집대성하여 각과에 유효한 처방을 광범위하게 정리했다. 7000개에 달하는 처방이 담겨 있는데 장중경의 문장도 100여 개 이상 등장한다.

『상한론』 주석가들의 등장

당 이후 혼란스런 5대10국의 시대를 통일한 송나라는 칼을 버리고 붓을 들었다. 문치주의가 성장하고 과거제가 정착하면서 책의 수요도 급증했다. 이에 인쇄술이 보편화되면서 서적의 대량 생산이 가능하게 된다.

송 왕실은 특히 의서의 수집과 정리에 관심이 많았다. 건국 초기부터 칙령을 통해 민간에서 의서를 모았고 포상도 했다. 그리고 1057년 교정의서국을 설치하여 국가에서 의서를 체계적으로 관리하기 시작했다.

교정의서국은 의학사에 위대한 전기를 마련했다. 국가 주도의 교정사업을 통해 의서가 표준화되고 보편화되었다. 국정교과서가 탄생한 것이다. 앞서 살펴본『상한졸병론』을 필두로『신농본초경』『황제내경소문』『침구갑을경』『맥경』『천금요방』『천금익방』『외대비요』등 현재 한의학의 가장 중요한 고전들이 전부 교정의서국의 손을 거쳤다. 의서의 보급은 의학의 대중화 시대를 견인했다. 이후 각종 주해서가 등장하며 의학이 공론화되기 시작한다.

송대『상한론』연구의 선두 주자로 방안시龐安時(1042~1099)를 꼽는다. 자가 안상安常이다. 그가 지은『상한총병론』은『상한론』에 대한 최초의 체계적 연구서로『상한론』부흥의 신호탄이 된다.『송사宋史』에 전기가 실려 있다. 동무는『본초보유本草補遺』의 저자로 방안상을 언급한다.(5-2)

방안시를 이은 대표적인『상한론』연구가는 바로 성무이成無已다. 정강의 변(1126) 이후 살던 땅이 금나라에 속해버려 금나라 사람이 된다. 1156년에 이르도록 90여 세를 살았다. 집안이 대대로 유의儒醫였다고 하니 의학에 대해 축적된 자료가 상당했을 것이다. 의서와 뒹굴며 자란 것이다.

그런 성무이가『상한론』3종 세트를 출시했다.『상한론』의 병증을 50개로 분류, 해설한『상한명리론傷寒明理論』3권을 썼고 상용 처방 20개를 선정, 해석한『상한명리약방론傷寒明理藥方論』1권을 지었으며 마침내『상한론』에 대한 인류 최초의 주해서인『주해상한론註解傷寒論』10권을 완성한다. 논論, 방方, 주註의 지난한 과정을 통해『상한론』을 철두철미하게 연구한 치열한 상한가라 할 수 있다. 동무는 소음인 병증론을 기술하며『상한명리론』의 문장을 인용하고 있

다.(6-1-23, 6-2-41)

성무이가 『상한론』의 역사에 끼친 영향은 막대하다. 누구나 『주해상한론』을 손에 들고 원문과 함께 그의 해설을 읽어보게 된 것이다. 그리하여 성무이의 『상한』 이해는 의학도들의 사고를 지배해갔다. 그러면서 극복해야 할 거대한 숙제가 되기도 했다.(5-4 참고)

현재 구할 수 있는 가장 흔한 판본은 왕제천汪濟川이 1545년 간행한 것으로, 중국의 인민위생출판사에서 1962년 이래 1997년까지 34만5700여 권을 찍어냈다.

성무이 이후 송나라 상한 연구자로 곽옹郭雍(1091~1187)이 있다. 그의 『상한보망론』에는 대사상가인 주희(1130~1200)가 발문을 썼다. 당시 의학계의 탁월한 성취에 대한 주희의 찬사라 할 수 있다.

의학의 중흥조, 주굉

그런데 「의원론」에서 송나라 의사로 거론된 인물은 성무이가 아니라 주굉朱宏(1068~1165)이다. 장중경 이후 최고의 의사로 꼽는다. 그에게 "구비득지具備得之"를 허하고 "의도중흥醫道中興"의 영예를 수여한다. 그리고 장중경, 허준과 함께 의학사상 최고의 히어로라 칭송한다.(醫家勤勞功業論之, 則當以張仲景, 朱肱, 許浚爲首.)

주굉에 대한 극상의 평은 사실 상당히 의외다. 한의사들에게 주굉이 그다지 유명한 인물이 아닌 것이다. 동무가 매긴 평점의 근거는 바로 『활인서』 때문이다. 동무는 주굉이 지은 『활인서』를 보며 굉장히 감명을 받았던 것 같다. 도대체 『활인서』가 무엇이기에 그토록 존경하게 되었을까?

『활인서』는『천금요방』이나『외대비요』와 같은 종합 의서가 아니다. 『활인서』는『상한론』해설서다. 원래 이름은『상한백문傷寒百問』이었는데『상한론』의 다양한 주제를 100가지 문답으로 풀어놓았다는 뜻이다. 20년간 저술하여 1107년 완성했다. 1111년 친구인 장장張藏이 수정증보하면서『남양활인서南陽活人書』로 개명했다. 1118년 주굉이 최종적으로 개정하여 간행하게 된다.

그 내용은 경經, 맥脈, 증證, 증症, 방方의 순으로 구성된다. 제일 먼저『상한론』의 강령인 삼음삼양을 경락(經)으로 해석하고 진단의 방법으로 진맥(脈)을 중시했으며 본격적으로 증후(證)와 증상(症)을 설명하고 처방(方)을 해석하고 있다. 그리고『천금요방』『외대비요』 『태평성혜방』같은 처방서에서 관련 처방들을 보충해놓았다. 동무는 아마『상한론』을 가장 잘 요약, 정리한 책이라 생각했던 것 같다. 당대의 의학적 성과를 오롯이 담아냈다고 보았다.(魏, 晋以後隋, 唐以前病證藥理, 朱肱傳之.)

그런데 문제가 있다. 주굉은『활인서』첫머리에서 "상한을 치료하려면 반드시 경락부터 알아야 한다(治傷寒, 先須識經絡)"고 못박았다. 『상한론』의 삼음삼양병이란 사기가 존재하는 경락의 위치에 따라 명명한 것이라 본다. 그러나 동무는 삼음삼양을 경락에서 찾을 필요가 없다고 단언한다.(5-4)

우리가 꼭 알아야 할 사실은 동무가 의학사에서 이론을 취하지 않는다는 것이다. 동무는 사상인이라는 전무후무한 개념으로『상한론』을 해석한다. 이론으로 따진다면 동무만큼 독창적인 이론을 주창한 이가 없었다. 단연 독보적이다. 동무에게 필요한 건 오직 의

약 경험일 뿐이다.

그는 유구한 의학 전통을 통해 질병을 인식하고 처방을 연구하려고 한다. 그리하여 수많은 병증과 약리를 새로운 부대에 담길 원했다. 그가 말한 의업의 랭킹은 오직 의약 경험을 얼마나 잘 계승하고 확장했는가에 따라 매겨졌던 것이다.

동무의 금원사대가

이고, 왕호고, 주진형, 위역림. 이제 동무는 원나라 의사를 훑고 넘어간다. 그리고 이들이 주굉을 계승했다고 말한다. 「의원론」에 이름을 올렸다는 것만으로도 대단한 평가라 해야겠으나 가교적 역할에 그치고 만다.

사실 송나라를 지나 금원시대에 이르면 의학계에 새로운 흐름이 일어난다. 송 의학은 집성의 의학이다. 기존의 의서나 처방들을 모으고 정리했다. 베이스가 탄탄하게 다져진 시기였다. 금원시대에는 이러한 든든한 자료를 바탕으로 창의력 넘치는 의학의 천재들이 출현했다. 기존의 대증치료 위주의 단순한 임상 방식에서 탈피하여 질병의 원인, 병리, 치법을 하나로 엮어가는 합리적 학풍을 만들어갔다. 생리적 용어를 적극적으로 동원하여 질병을 구명하고 생명 현상의 근원을 탐색해나갔다. 그 과정에서 독창적인 견해를 표방한 여러 분파가 탄생하는데, 그 대표적인 인물들을 금원사대가라 부른다.

이고(1180~1251)는 『비위론脾胃論』을 통해 비위가 생리와 병리의 핵심이라 주장했으며 『내외상변혹론內外傷辨惑論』에서는 병의 원인을 내부에서 찾으려는 노력을 하게 된다. 당시 의학계의 주류가 『상한론』에 기인한 외감병 연구였다면 이고는 『황제내경』에 근거하여 내상병의 중요성을 강조한다.

동원의 노력은 새로운 학풍을 만들었다. 사람들은 그를 보토파補土派라 부르고 그 이론을 내상학설이라 불렀다. 나는 현대의 의사 역시 보토파가 될 수밖에 없다고 생각한다.

왕호고의 생몰연대는 정확하지 않다. 대략 1230~1308으로 본다. 이고와 함께 장원소의 문하에서 배웠고 후에 다시 이고에게 의학을 배웠다고 한다.(『음증약례陰證略例』 왕왈정汪曰楨의 발문에서) 동무는 왕호고의 『탕액본초』를 중요한 본초 저작으로 언급한다.(5-2)

주진형(1281~1358)은 유학자였다. 주희의 제자 중 한 명인 허겸許謙의 문하에서 수학한다. 과거시험에 두 차례 낙방하자 어려서부터 관심을 가졌던 의학을 공부하기 시작한다. 44세 무렵 나지제를 스승으로 모시고 4년간 의학 수련을 받게 된다. 주자학에 기초하여 새로운 의학 이론을 구상한 유의라 할 수 있다. 유하간, 장자화, 이동원을 잇는 금원사대가의 막내로 수많은 제자를 배출한 의학계의 스승이었다.

동무는 주진형에게서 태양인 병증약리에 대한 인식을 엿볼 수 있다고 평했다. 열격, 반위를 관찰하고 연구했다는 것이다.(9-2-1) 태양인 병증약리를 기술한 거의 유일한 의사로 꼽았다.(5-2) 또 소양인에게 놓쳐서는 안 될 망음증을 논급한 희유의 인물이라 말하기도 한다.(7-1-38) 다시 한번 말하지만 동무가 의학사를 평가하는 기준은 오직 의약 경험의 계승과 확장이었다.

위역림(1277~1347)은 20세 때부터 의사노릇을 했다. 고조부, 증조부는 물론 할아버지, 큰아버지까지 5세대가 모두 의사였다. 대단한 자부심을 지닌 명문 가문이었을 것이다. 전통의 처방들과 함께 대대로 누적된 가전방을 정리하여 1337년『세의득효방世醫得效方』을 완성하고 1345년 공개한다. 제목을 보라. 5세대에 걸친 효과적인 처방 모음집이란 뜻이다. 탐나는 처방집이 아닐 수 없다. 실제 역사에 길이 남을 명방이 많이 들어 있다.

우리나라에서도 1425년 간행한 기록이 남아 있는데, 조선의 의사 국시 과목이기도 했다. 큰 인기를 끌었음을 짐작할 수 있다. 동무 역시 병증론에서『득효방』의 처방을 자주 인용한다.(6-5-5의 소합향원, 6-5-7의 향소산, 6-5-15의 장달환, 7-5-15의 황련저두환, 8-2-23의 흑원과 24의 공진단)

『세의득효방』에는 위역림이 황제에게 진상했다는 보약, 공진단이 실려 있다. 요즘은 오히려 공진단을 너무 남발해서 문제인데 우리는 정확한 적응증을 숙지하고 있어야 한다. 동무는 공진단의 사상의학적 용법을 설명한다.(8-2-24, 25, 26, 28, 33 및 8-5-14) 동무의 말을 귀담아 들을 필요가 있다.

동무는 이고, 주진형과 함께 금원사대가라 칭송되던 유완소劉完素(1110~1200경)와 장종정張從正(1156~1228)은 취급하지 않는다. 이고, 왕호고, 주진형, 위역림! 이들이 곧 동무의 금원사대가다.

명나라 의사, 조선을 흔들다

금원시대를 지나며 의학은 심화되어 갔다. 명은 종합의 시대라 말할 수 있다. 14세기 말부터는 등장한 의서가 지향한 목표는 금원 시대 의학을 하나로 통합하여 새로운 의학체계를 정립하는 것이었다. 동무는 송의 주굉 이후 명나라에 이르러 "구비득지"의 인물들이 나타난다고 말한다. 바로 이천과 공신이다.

이천은 어려서 유학을 배웠으나 청년기에 병을 얻고 의학에 본격적으로 입문한다. 의서를 두루 탐독하며 임상을 하다가 초학자가 의학을 체계적으로 공부할 만한 서적이 없음을 안타까워하며 마침내 『의학입문』(1575)을 편찬하게 된다. 경락, 장부, 진단, 침구, 본초부터 질병, 처방, 식이, 양생까지 없는 게 없는 종합 의서다. 본문은 가부歌賦로 되어 있고 자주를 통해 보충 설명한다. 암송을 염두에 두고 쓴 것이다.

실제 우리 선배들만 해도 『의학입문』을 암기하는 분들이 많았다. 한국 근세사의 저명한 한의사인 청강晴崗 김영훈金永勳(1882~1974)도 그중 한 분이다. 그는 서세동점의 극변기에 한의학의 가치를 끝까지 지켜낸 실력있는 임상가이자 행동하는 실천가였다. 그의 제자였던 이종형李鐘馨(1929~2008)이 스승의 처방전을 정리해 『청강의감』을 펴내며 생평을 붙인 적이 있다.

『의학입문』은 사실상 중국이나 일본에서는 그다지 중시하지 않는 의서인데 유독 한국에서 이 의서의 가치를 높이 평가하는 것은 우리나라 허준 선생 저 『동의보감』에 『의학입문』의 내용이 가장 많이 인용되었을 뿐 아니라 그 후로도 연면히 『의학입문』을 중요시해온 소위 입문파가 우리나라에는 예로부터 많았던 때문이 아닌가 생각된다. (중략) 청강 선생은 수천권 의서 중에서도 『의학입문』만큼 잘된 책이 없다고 상찬했으며 주 한 줄 놓치지 않고 모두 암송하시는 분이었다.

그러나 또한 선생이 행한 임상처방들을 살펴보면 『의학입문』에 소재한 처방보다는 주로 『동의보감』에 수록된 처방을 응용한 것이 특색이다. 그러므로 학리는 『의학입문』에 근거하되 방약은 『동의보감』의 처방들을 준용했던 것이다. 따라서 후학들에게 늘 가르치기를 이론적 근거는 『입문』에서 찾고 방약의 근거는 『보감』에서 찾으라고 말씀했다.(이종형 편, 『청강의감』, 성보사, 1995, 475~476쪽)

『의학입문』은 『동의보감』보다 30여 년 앞선다. 『보감』이 철두철미하게 임상서적이었던 반면 『입문』은 기초부터 임상까지 체계적으로 정리한 입문서였다.

공신龔信은 명나라의 의학교육기관인 태의원太醫院에서 근무했으며 『고금의감古今醫鑑』을 짓는다. 허준은 『고금의감』에서 힌트를 얻어 『동의보감』의 "감鑑"을 작명한다.(『동의보감』 「집례」)

아들인 공정현龔廷賢(1522~1619) 역시 태의원 의관을 역임한다. 아버지의 『고금의감』을 증보했고(1589) 『만병회춘』(1587), 『수세보원』(1615)을 비롯 수많은 의서를 저술했다. 부자가 모두 명의로 소문났다. 특히 『만병회춘』이 조선 의학계에 끼친 영향이 컸다. 1656년에는 영의정 김육의 주도로 내의원 의관의 교감을 거쳐 『증보만병회춘』이 출간되기도 했다.(『승정원일기』 효종 7년 2월 22일) 『만병회춘』은 조선의 궁중 의료기관에서 필수적으로 참고하던 책이었던 것이다. 동무가 공신을 높이 평가했던 것도 『고금의감』과 『만병회춘』을 높이 평가했기 때문이다. 동무는 『만병회춘』도 공신의 저작으로 본다.(7-

5-5)

　허준 당대에『의학입문』과『고금의감』『만병회춘』은 중국 최신의 의학 성과였다. 특히 허준은『고금의감』이나『만병회춘』의 처방들에 사용되는 약재의 가짓수나 용량이 한국의 현실에 가장 적합하다고 생각했다. 그래서 이를 기준으로 첩당 기준 용량을 7~10돈으로 정했다.(『동의보감』「집례」) 처방의 원의를 해치지 않으면서 지금 우리의 실정에 맞게 수정해놓은 것이다. 허준 이후 한국 의료계에는『동의보감』에서 처방을 찾는 풍토가 자리잡았다. 방약의 근거는『동의보감』에서! 허준의 기준이 한국의 표준이 된 것이다.

　동무는 송원명의 병증약리는 이천과 공신이 창조적으로 계승했다고 평가한다. 그리고 두번째로 높은 시상대에 올려놓는다.

의학의 종지부, 허준

　중국의 편작에서부터 시작된 우리의 의학사 기행은 2000여 년을 흘러와 마침내 조선의 허준에 이르렀다. 허준은 이천, 공신과 함께 송, 원, 명의 의학을 종합한 의사라 평가받는다.

"신농, 황제 시대부터 진, 한까지 의약 경험은 후한의 장중경이 전수했고 위진남북조부터 수, 당까지 의약 경험은 송의 주굉이 전수했고 송, 원, 명의 의약 경험은 명의 이천과 공신과 허준이 전수했다!"

동무 의학사는 허준으로 끝을 맺는다. 허준(1539~1615)은 「의원론」 1조에 실린 마지막 인물이다. 이천, 공신과 멀지 않은 시대를 살았다. 시기적으로는 이천, 공신과 나란히 이름을 올리고 있으나 업적으로는 장중경, 주굉과 맞먹는다. 동무의 의학사에서 최후이자 최고의 의사인 셈이다. 허준 안에는 장중경이 들어 있고 주굉이 함께 있으며 이천과 공신이 살아 있다!

허준은 조선 왕실의 의료를 담당하던 내의원 소속 의관이었다. 내의원은 고위급 문관의 관리, 감독에 따라 사무를 관장하는 행정직, 치료를 담당하는 의사직으로 구성된다. 허준은 30대 초반 내의원 첨정僉正으로 관직 생활을 시작하여 마침내 행정직 최고의 자리인 정正에 올랐고 의사직 최고의 자리인 수의首醫가 되었으며 사후에는 벼슬 중 최고의 품계인 보국숭록대부輔國崇祿大夫에 추증된다. 서자라는 신분의 한계를 뛰어넘고 중인이라는 계급의 사슬마저 끊고 조선의 슈퍼히어로가 된 것이다.

바야흐로 1596년 선조는 태의인 허준을 불러 의서 편찬의 명을 내렸다. 허준에게 의서의 성격과 내용을 구체적으로 하명하고 그에게 관리직을 맡긴 것이다. 『동의보감』은 단순한 개인의 저작이 아니라 국가 기획 프로젝트였다는 사실을 기억할 필요가 있다! 잠시 1610년 대제학 이정구李廷龜(1564~1645)가 쓴 서문을 읽어보자.

일찍이 병신년(1596)에 선조대왕께서 태의인 신하 허준을 부르시어 다음과 같이 하교하셨다. "요즘 중국의 처방집을 보면 모두 조잡한 것만 모아놓아 볼 만한 것이 없다. 그러니 여러 처방을 한데 모아 하나의 책으로 편집하는 게 좋겠다. 또 사람의 질병이란 모두 섭생을 잘하지 못해서 생기는 것이므로 수양을 우선으로 하고 치료는 다음이어야 한다. 다시 한 번 말하지만 여러 처방이 너무 번잡하니 그중 요긴한 것을 고르는 데 힘쓸 것이다. 마지막으로 가난한 시골이나 외딴 마을에는 치료약이 없어서 요절하는 자가 많다. 우리나라에도 국산 약재가 많이 생산되지만 사람들은 잘 알지 못한다. 국산 약재명을 병기하여 백성들이 쉽게 알도록 하라."

嘗於丙申年間, 召太醫臣許浚敎曰 "近見中朝方書, 皆是抄集庸瑣, 不足觀爾. 宜裒聚諸方, 輯成一書. 且人之疾病, 皆生於不善調攝, 修養爲先, 藥石次之. 諸方浩繁, 務擇其要. 窮村僻巷無醫藥, 而夭析者多, 我國鄕藥多産, 而人不能知爾. 宜分類並書鄕名, 使民易知."(『동의보감』「서」)

하명받은 새 의서의 목표는 세 가지였다. 첫째 가장 요긴한 처방을 선별하라. 둘째 섭생을 중시하라. 셋째 국산 약재를 널리 알려라. 곧 새 프로젝트를 추진할 부서가 설치되고 6인의 전문가들로 팀이 꾸려졌으며 기획안이 마련되었다. 그러나 이듬해 예기치 못한 정유재란으로 사업은 중지되었고 전쟁이 끝난 후 허준 홀로 남은 작업을 완수한다. 『동의보감』의 처음과 끝에는 허준이 있었다.

동무는 허준의 작업이 비단 조선에만 국한된 문제가 아니라 생각했다. 장중경 이래 동양의학의 연구 성과가 압축되어 있다고 보았다.

"『동의보감』은 의학을 다시 일으켜 세웠다!(著『東醫寶鑑』, 醫道復興.)"

동무에게 『동의보감』은 동양의학사 최고의 걸작이었다!

질병의 의학에서 인간의 의학으로

의학계에는 수천 년간 수많은 처방이 쌓여 있었다. 그러나 선조가 보기에 도서관에 쌓여 있는 처방집들은 하나같이 조잡했다(庸瑣). 볼만한 게 여기 조금 저기 조금 흩어져 있으니 늘 아쉬웠던 것이다. 그런데 처방을 정선해내려면 기준이 있어야 할 것 아닌가? 일목요연한 처방 분류 체계가 필요하다. 바로 목차다. 허준은 『동의보감』을 완성한 후 일러두기(集例)에서 무엇보다 먼저 목차에 대해 설명하고 있다. 목차에 대한 자부심이 대단하다.

인체 내부(內景)에 있는 정기신과 장부를 「내편」으로, 외부(外境)에 있는 두면, 수족, 근맥, 골육을 「외편」으로 삼고 오운육기와 사상(審病, 辨證, 診脈, 用藥), 삼법(汗, 吐, 下), 내상외감, 각종 병증 등을 「잡편」으로 만들었습니다. 끝으로 「탕액」과 「침구」를 붙임으로써 방대한 내용을 일목요연하게 정리했습니다. 만약 병자가 책을 펼쳐 살펴보면 병의 허실, 경중, 길흉, 생사가 거울을 보듯 분명해져 함부로 치료하여 요절하는 우환이 없을 것입니다.
今此書先以內景精, 氣, 神, 藏府爲內篇, 次取外境頭, 面, 手, 足, 筋, 脈, 骨, 肉爲外篇, 又採五運六氣, 四象, 三法, 內傷, 外感, 諸病之證列爲雜篇, 末著湯液, 鍼灸, 以盡其變. 使病人開卷目擊, 則虛實輕重吉凶死生之兆明若水鏡, 庶無妄治夭折之患矣.(『동의보감』「집례」)

일반적인 의서들은 주로 질병 치료론인 「잡편」에 해당하는 내용들을 다룬다. 모든 의서는 질병에 대한 대책 마련이라는 일차적 목적에 집중해왔던 것이다. 그런데 허준은 다르다. 인간부터 시작한다. 인간의 몸부터 오목조목 훑고 있다. 한참이나 그러고 나서야 각종 질병의 세계로 진입한다. 「내편」「외편」과 같은 의학 서술방식은 사실 굉장히 독특한 시도였다.

질병에서 인간으로! 허준은 몸이라는 기준점을 확고히 세우고자 했다. 이것은 간단한 것처럼 보이지만 획기적인 인식의 전환이다. 의학적 성숙의 증거이기도 하고 강력한 휴머니즘의 발로이기도 하다. 동양 의학의 에센스를 추출하여 새로운 방식으로 업그레이드해낸 것이다. "동의東醫"는 바로 『동의보감』의 학문적 성취에 대한 자부심의 표출이었다!

결과는 매우 성공적이었다. 허준은 『동의보감』을 한번 펼쳐보면 질병을 정확히 파악하고 실수 없이 치료할 수 있을 것이라 자평했다. 마치 거울을 보듯 선명하게 볼 수 있다고 했다. 거울도 보통 거울이 아니다. 보석같이 빛나는 거울이다. "보감寶鑑"은 곧 『동의보감』의 임상적 효용성에 대한 자신감의 표현이다!

『동의보감』에 담긴 허준의 관점은 조선 의학사의 새로운 학풍을 선도했다. 그리고 그 흐름 속에서 동무가 탄생한다. 동무는 첫 의학 저작인 『동의수세보원사상초본권』을 「원인原人」「병변病變」「약방藥方」으로 구성했다. 『동의보감』과 동일한 구조다.

동무는 질병론 이전에 인간론을, 치료법 이전에 섭생법을 극대화시켰다. 허준을 새로운 차원으로 승화시킨 것이다. 사람의 의학, 그것이 바로 동의다! 『동의보감』에서 시작하여 『동의수세보원』으로 이어진 한국 의학의 전통이다!

조선 의사의 스승 허준

『동의보감』은 독특한 글쓰기로도 유명하다. 인용만으로 책을 완
성했다. 동무도 이 점을 정확히 지적한다. 허준에 대해서는 특이하
게 "구비전지具備傳之"라 쓴 것이다. 동무의 섬세한 표현이 놀라울
따름이다.

허준은 마치 신문사 편집장 같은 역할을 했다. 섹션을 나누고 제
목을 뽑은 후 기사를 선별한다. 그런데 여기서 나아가 기사를 하나
하나 다듬는다. 기자들이 들었으면 화낼 법도 할 일이지만 독자들
은 감탄했다. 역시 허준은 내공이 다른 편집장이었다.

『동의보감』이후 조선의 대표적인 의서로 강명길의『제중신편濟衆
新編』(1799)과 황도연의『의종손익醫宗損益』(1868)을 꼽는다. 둘다『동
의보감』의 체제를 그대로 따르면서 내용을 압축, 첨삭하는 방식을
취한다.

강명길康命吉(1737~1801)은 정조의 주치의였다. 정조의 명에 따라
『동의보감』의 부족을 메우고 요점을 추려『제중신편』8권을 지었다.
정조(1752~1800) 역시 의학에 조예가 깊어서『동의보감』의 요지를
간추려 직접『수민묘전壽民妙詮』을 짓기도 했다.『제중신편』은『수민
묘전』의 확장판으로 기획된 것이었다.

황도연黃道淵(1807~1884)은 서울 무교동에서 개업한 이름난 임상
의였다. 그 또한『동의보감』의 호번함은 집약하고 미비함은 보완하

여 1868년 『의종손익』 12권(처방편)과 『의종손익부여醫宗損益附餘』 1권(본초편)을 짓는다. 이듬해에는 『의종손익』의 골자를 간편한 표식으로 요약하여 『의방활투醫方活套』 1권을 내놓는다. 이게 또 '대박'이다. 핵심 처방들을 보제補劑, 화제和劑, 공제攻劑의 삼통三統으로 삼단 편집을 했다. 의학 사상 단연 독보적인 구성의 임상처방집이다. 삼통 편집은 엄청난 반향을 일으켰다.

이후 처방집인 『의방활투』와 약성가인 『의종손익부여』를 합본하여 『방약합편方藥合編』을 작업했고 그의 사후 아들 필수必秀가 마무리하여 1884년 출간된다. 초간단 방약서인 『방약합편』은 의학계를 강타했다. 의학 공부하는 사람치고 『방약합편』을 구비하지 않은 사람이 없었던 것이다. 그 인기는 지금도 여전한데 병도 모르고 처방부터 쓰고 보는 막가파들을 양산하기도 했다.

동무는 황도연과 동시대를 살았다. 60대의 황도연이 『의종손익』을 발표하며 장안에서 명성을 드날릴 때 동무는 혈기왕성한 30대의 의학도였다. 그리고 머지않아 서울에 입성했으니 황도연을 직접 만났을지도 모를 일이다. 동무의 손에도 『방약합편』이 들려 있었을 것이다.

또 『임원경제지林園經濟志』의 「인제지仁濟志」도 주목해보아야 한다. 『임원경제지』는 서유구徐有榘(1764~1845)가 시골 생활에 필요한 실용 지식을 16지의 체계로 편집한 조선 최대의 생활백과전서로 250만 자의 글과 수백 점의 그림으로 구성된 113권의 거저다. 아직 출간의 기회를 얻지 못해 역사의 뒤켠에서 조용히 잠자고 있다. 최근 젊은 소장학자들 중심으로 완역을 앞두고 있어 기대를 모은다.

그중 「인제지」가 가정의학백과에 해당한다. 질병 위주의 구성으로 가정에서 쓰기 편하게 만들었다. 향약의 정신을 계승한 것이다. 『동의보감』 이후의 중국 의서와 민간의 방법까지 광범위하게 수집하고 있어 조선 후기의 의학 성과를 집대성했다는 평가를 받는다. 총 111만 자로 『동의보감』보다 더 많은 양이니 엄청나다.

동무가 『임원경제지』를 보았을 가능성은 없지만 동무 시대 유행했던 의학 정보는 물론 일상적 삶의 세목을 낱낱이 들여다볼 수 있어 참고가 된다.

이처럼 허준 이후 조선의 의사는 모두 허준을 사숙했다고 볼 수 있다. 『동의보감』을 중심으로 새로운 의학 정보나 임상 경험들을 엮어나갔던 것이다.

장중경의 『상한론』과 각 의가의 의론을 허준의 『동의보감』에서 채집하여 일관된 것끼리 모은 다음 나의 견해를 붙여 사상인 상한시기에 관한 표리병론을 만들었다!

因許浚『東醫寶鑑』所載, 摘取張仲景『傷寒論』文及諸家所論, 抄集一通, 別附疑難, 以爲太少陰陽四象人傷寒時氣表裏病論.(구5-1)

동무 역시 『동의수세보원』을 작업할 때 굳이 여타의 의서가 필요치 않았다. 『동의보감』 하나면 충분했다. 그런데 다시 생각해보니 저술 방식을 직접 서술하기보다 의사학적 견해를 밝힘으로써 이러한 방식의 타당성을 웅변하고 싶었을 것이다. 그래서 이 문장은 삭제하고 1, 2, 3조를 새로 작성했으리라 짐작된다.

『동의보감』은 2009년 7월 31일 국제연합 교육과학문화기구인 유네스코UNESCO가 선정하는 세계 기록유산Memory of the World에 등재되었다. 의서로서는 세계 최초다. 『동의보감』은 이제 한국을 넘어 세계 문화유산이 되었다.

의학사는 의약경험사

동무의 의학사는 『상한론』 중심의 의학사다. 장중경이 열어젖힌 의학의 무대를 얼마나 계승, 발전시켰냐 하는 관점에서 의가의 공과를 평가하고 있다.

『동의수세보원』 역시 동무의 상한론이다. 인간을 사상인으로 사분하고 상한병에 대한 병증약리를 제시하고 있다. 사상의학의 상한병 챕터부터 쓴 것이다. 그것이 가장 시급하고 중요한 문제기 때문이다. 『동의수세보원』은 역사상 가장 창의적인 상한 처방집이라 할 수 있다. 동무는 『상한론』을 새로 썼다.

사실 조선 의학사의 일반적인 사조에서 보면 『황제내경』이야말로 의학의 원조였다. 그런데 『동의수세보원』에서 『황제내경』은 한없이 초라해진다. 비상하는 『상한론』에 비하면 『황제내경』의 추락은 안쓰러울 정도다. 방사들의 얼빠진 소리로 치부되기까지 한다. 이러한 파격적인 역사 인식의 근거가 바로 "경험"이라는 두 글자에 달려 있다.

동무에게 의학사는 곧 의약경험사다. 그의 입장에서 보면 한의학의 베이스가 음양오행이라는 것은 터무니없는 이야기다. 분명하게 말하노니 한의학의 베이스는 의약 경험이다! 장중경 이래 쌓인 엄청난 임상 데이터베이스가 있기에 한의학인 것이다. 동무는 한의학이 경험기반의학Experience Based Medicine이라 보았다.

장중경이야말로 고대 의학을 고스란히 전수해준 의학의 개창자인 이유가 여기 있다. 『상한론』은 병증약리의 보고이기 때문이다. 반면 『황제내경』에는 의약 경험이 거의 들어 있지 않다.

의학의 역사는 정확한 투약을 위한 노력의 과정이라 할 수 있다. 동양은 경험에 근거했고 서양은 과학에 기반했다. 하지만 그 위대한 과학도 결코 약물 부작용을 미리 통제해주지 못한다는 명백한 사실을 기억해야 한다. 현란한 기계를 앞세우고 복잡한 수치를 내민다 한들 투약의 정확성은 해결하지 못하고 있다. 지금도 무수한 신약이 경험이라는 냉혹한 장벽을 넘지 못하고 역사 속으로 사라져가고 있지 않은가! 모든 의학은 경험이라는 최종 관문 앞에 겸허히 손을 모을 수밖에 없다. 모든 의학사는 결국 의약 경험사일 뿐이다.

우리는 동양의 의약 경험에서 미래 의학의 밑거름이 될 자료들을 얼마든지 정선해낼 수 있다. 한의학은 결코 과거의 의학이 아니다. 한의학은 끊임없이 발굴되어야 할 현대 의학이다. 이것이 우리가 써가야 할 미래의 의원론이기도 하다.

5-2.

본초는 신농, 황제 이후 수천 년 동안 세상에 활용되며 경험이 쌓여왔다. 신농 시대에는 『본초』가 있었다. 은나라에는 『탕액본초』가 있었다. 당나라에는 맹선의 『식료본초』와 진장기의 『본초습유』가 있었다. 송나라에는 방안상의 『본초보유』와 작자 미상의 『일화자본초』가 있었다. 원나라에는 왕호고의 『탕액본초』가 있었다.

本草自神農, 黃帝以來, 數千年世間流來經驗. 而神農時有『本草』, 殷時
有『湯液本草』, 唐時有孟詵『食療本草』, 陳藏器『本草拾遺』, 宋時有龐安
常『本草補遺』『日華子本草』, 元時有王好古『湯液本草』.

【해설】

다음은 본초사다. 의학사에 이어 본초사를 따로 정리한 것은 동
무가 본초를 얼마나 중시했는지 보여준다.

본초학은 약용식물학

"본초本草"란 한의약 처방을 구성하는 낱개의 재료를 말한다. 그
재료가 보통 목본木本과 초본草本 등의 식물Plants이었으므로 중국
에선 의학사의 초기부터 본초란 이름으로 불러왔다. 영어의 허브
herb도 풀을 뜻하는데 라틴어 허바herba에서 온 것이다. 본초와 정
확히 같은 말임을 알 수 있다. 본초는 허브다!

최초의 인류는 매일매일 양식을 구해야만 하는 필요성 때문에 식
용 가능한 과일이나 열매, 나무나 풀 등을 감별하는 방법을 일찍이
터득하게 되었다. 그러면서 약용으로 사용할 수 있는 것들까지 발견
하게 된다.

야생의 동물들을 보면 본능적으로 먹을 수 있는 식물을 분별해
내는 감각이 있다. 먹고 탈 나기 전에 대략 안다. 천부의 예지력이
있는 것이다. 인간도 마찬가지다. 야생의 인간에겐 희미하지만 분명
한 식용 식물 감지 능력이 있었을 것이다. 생명을 안전하게 지키기

위한 매우 본능적인 감각이라 할 수 있다. 그런데 문명을 구축한 인간이 안정감을 획득하면서 이러한 감각을 까마득하게 잊어버렸다. 먹고 죽을 음식을 아무런 자각 없이 먹고 있으니 여간 안타까운 일이 아니다.

'원시인'들은 어떻게 차, 커피, 카카오, 콜라 열매, 파라과이 차 등 카페인을 함유하고 있는 다섯 가지 식물을 찾아냈을까? 또 이 카페인 성분이 피로를 몰아낸다는 사실은 어떻게 알았을까? 현대의 생화학 연구는 카페인을 지닌 다른 어떤 식물도 새로이 발견해내지 못했다.

그러므로 우리는 오늘날 우리가 지니고 있는 첨단 장비 따위를 전혀 갖고 있지 않았던 원시인들이 어떻게 이 식물에 그러한 효능이 있음을 알아낼 수 있었는지에 대해 진지하게 의문을 제기해보아야 한다. 아마도 채식 위주로 살았던 선사시대 인간들은 애초부터 필요에 의해 사용 가능한 식물을 알아보는 능력을 지니고 있었을 수 있다.(『식물의 역사와 신화』, 118~119쪽)

고대인은 천부적 감각에 날카로운 이성과 두터운 경험을 더하여 식물의 효능에 관한 많은 지식을 확보해갔다. 약용 식물에 관한 한 고대사회가 현대사회에 비해 훨씬 우월하다는 것은 거부하기 힘든 사실이다.

로마시대에는 디오스코리데스Dioscorides(약 50~100)라는 그리스인 의사가 식물을 위주로 동물과 광물 등 600여 종 이상의 특성을 정리해 『약물지De Materia Medica』라는 약용 백과전서를 지었다. 고

대 그리스의 약물 지식을 집대성한 것이다. 이후 1500년 동안 최고 권위의 약학 교재로 사용된다. 지금도 서양 약학의 아버지로 존경받는다.

고대 이집트와 인도, 멕시코 등에도 방대한 양의 약용식물학이 형성되어 있었다. 16세기 에스파냐의 국왕 펠리페 2세(1527~1598)의 지시에 따라 멕시코의 약용 식물을 조사한 프란시스코 에르난데스 Francisco Hernandez는 무려 3000종이 넘는 약초를 수집하여 저술을 남기기도 했다.

중국인 역시 수천 년 전부터 약용 식물에 대한 풍성한 경험 지식을 축적하고 있었다. 동무는 신농, 황제 시대 이래 수천 년간 본초에 대한 경험이 누적되어왔다고 말한다(本草自神農黃帝以來, 數千年世間流來經驗). 약용 식물에는 인간의 고난과 함께 한 상당한 양의 경험의 지층의 쌓여있는 것이다. 거긴 객관적 실험 너머 역사의 모진 실험을 이겨낸 결과가 담겨 있다. 풀 한 포기에 우주의 신비가, 그리고 인간의 역사가 들어 있다.

최초의 약용식물학, 『신농본초경』

고래로 전승되어온 중국인의 의약 지식을 집결한 최초의 서적, 그 것이 바로 동무가 『본초』라 칭한 『신농본초경』이다! 『신농본초경』은 중국 최고最古의 약학 저작으로 오랜 시간 축적된 약물학 지식이 어느 한 시기에 정리가 되고 이후로도 계속 첨가 수정되면서 전해져온 것으로 추정한다. 그 최초의 집성 시기에 대해서는 여러 이견이 있으나 니덤은 1세기 후반이나 2세기의 작품이라 판단한다. 이에 시빈Nathan Sivin은 다음과 같은 주를 달았다.

『신농본초경』이 동한 초기의 지역 명칭을 사용하고 있지만, 다른 이유보다도 『한서』「예문지」(서기 50년 이후 완성)에 들어 있지 않고 또 3세기 중엽까지는 인용되지 않으므로 현재 일반적으로 1세기 후반이나 2세기의 작품으로 추정하고 있다.

Because, among other reasons, the Shen Nung compilation used early Eastern Han place names, was not included in the bibliography of the Western Han history(completed after +50), and was not quoted until the mid +3rd century, it is not generally dated to the late +1st or +2nd century.(*Science and Civilisation in China* Vol 6, Pt 6, p.55)

시빈이 말했듯 『신농본초경』은 3세기 중반까지 인류의 문헌에 출현하지 않는다. 즉 『침구갑을경』(260년경 완성)에 와서야 비로소 그 이름을 확인할 수 있는 것이다! 황보밀이 바로 『신농본초경』을 언급한 최초의 인물이다.

이윤은 성인에 버금가는 능력으로 『신농본초』를 활용하여 『탕액』을 지었다.

伊尹以亞聖之才, 撰用『神農本草』以爲『湯液』.(『침구갑을경』「서」)

우리는 앞서 장중경에 대한 최초의 기록이 『침구갑을경』에 있다는 사실을 살펴보았다. 사실 『탕액』역시 황보밀이 처음 이야기한 것이다. 그러니까 황보밀은 의학사에서 신농-이윤-장중경의 도통을 최초로 확립한 인물이다.

『신농본초경』이 의학사에 끼친 영향은 절대적이라 말할 수 있다. 『신농본초경』은 늘 최초이자 최고의 지위를 누렸다. 중국의 약물학은 『신농본초경』의 주석이라 해도 과히 틀리지 않는다. 한우충동하는 수많은 본초서가 모두 『신농본초경』의 내용을 근간으로 확장되어 왔기 때문이다. 『신농본초경』은 명실상부한 본초학의 성전이었다.

「의원론」 2조의 비밀

신농은 농업경작을 처음으로 가르치고 약용식물을 최초로 발견했다고 알려진 신화적 인물이다. 그러나 황제가 『황제내경』의 저자가 아니듯 신농은 『신농본초경』의 저자가 아니다. 동무 역시 『본초』는 신농의 작품이 아니라고 못박았다. 당시에는 문자가 불완전했기 때문이라는 이유를 댄다.(5-1)

그런데 본조에서는 태연히 신농 시대의 작품이라고 말하고 있다. 꼼꼼하신 동무공께서 왜 이런 실수를 범했을까? 이뿐만 아니라. 본조에 언급한 본초서는 대부분 실전된 책들이다. 동무가 직접 본 책들이 아니란 뜻이다. 왜 읽지도 못한 책들을 나열하고 있을까? 더 황당한 것은 은나라 『탕액본초』는 본초서가 아니다. 도대체 어떻게 된 것일까?

은나라의 『탕액본초』란 황보밀이 언급한 『탕액』을 말한다. 오래

전에 실전되어 그 정체를 알 수 없는 책이다. 그런데 왜 동무는『탕액본초』라 오기했을까? 이는 허준을 그대로 따랐기 때문이다. 허준은 은나라 이윤이『탕액본초』를 썼다고 말하고 있다.(『동의보감』「역대의방」) 동무가 굳이 작자를 밝히지 않은 것은 너무 오래된 책이고 이미 사라져버려 누구의 작품이라 규정하기는 무리라고 생각했기 때문인 듯하다.

동무는 지금 허준이 써놓은 제목을 보고『탕액본초』가『신농본초경』을 이은 두번째 본초서라 생각했지만『탕액본초』는 본초서가 아니다.『탕액본초』는『탕액』이다.『신농본초경』을 응용한 최초의 처방서인 것이다!

동무는 당나라 본초서로 맹선孟詵(612~713)의『식료본초』를 들고 있다. 이는 고대의 식이요법을 집대성한 것으로, 세계 최초의 식이요법 전문서로 평가받는다. 원서는 일치감치 사라졌는데 당신미唐愼微(1056~1136)의『증류본초證類本草』에 일부 인용된다. 1907년에 둔황에서 잔권이 출토된 적이 있는데 26개의 본초가 기록되어 있었다.

진장기陳藏器(681?~757)의『본초습유本草拾遺』역시 당나라의 작품이다. 이는 659년 완성된 세계 최초의 국가 약전인『신수본초新修本草』에 빠진 약물을 모아 739년 편찬한 것이다. 이시진은 "그의 저술을 보면 문헌에 해박하고 실물에 정통하여 오류를 바로잡고 알려지지 않은 것을 수집했으니『본초경』이래 최고의 인물이다.(其所著述, 博極群書, 精覈物類, 訂繩謬誤, 搜羅幽隱. 自『本草』以來, 一人而已.『本草綱目』「序例」"歷代諸家本草")"라며 상찬했다. 원서는 전하지 않으나『증류본초』에 447종의 약물이 인용되고 있다.

송대의 본초서로는『본초보유本草補遺』와『일화자본초日華子本草』

가 거론된다. 『본초보유』는 송나라 『상한론』 연구의 선두주자였던 방안상의 저작이다. 지금은 유실되어 전모를 알 수 없다.

『일화자본초』 역시 오래전에 소실되었다. 이시진은 장우석의 말을 인용해 일화자라 칭해지던 대명大明이란 사람이 제가의 본초를 모아 개보(968~976) 초에 편찬한 것이라 했다. 일화자는 5대10국의 하나인 오월吳越(893~978) 사람이었다고 전해진다. 『증류본초』 안에 일부 내용이 남아 있다.

본초학사의 대미는 왕호고의 『탕액본초』가 장식한다. 왕호고는 앞서 원나라를 대표하는 의사라고 소개한 적이 있다.(5-1) 1298년 완성된 『탕액본초』에는 238종의 약이 실려 있는데 약성과 함께 어느 경락의 약인지 지적해놓았다. 본초학 용어로 귀경歸經이라 부르는데, 약물의 경락적 이해를 중시한 것이다. 귀경론은 의학의 이론적 연구가 활발하던 금원시대에 정착한다.

본조가 중요한 이유는 『동의수세보원』을 통틀어 전혀 본초학이 나타나지 않는다는 사실에 있다. 동무는 분명 본초에 굉장한 일가견이 있었다. 본초에 정밀하지 않고 그 무수한 처방을 만들어낼 수가 없기 때문이다. 그러나 전혀 내색을 하지 않았다. 솔직히 말해서 우리는 지금 본초학 없는 사상의학을 공부하고 있는 것이다.

그런데 동무는 본조를 통해 본초학에 관해 거의 유일무이한 언급을 하고 있다. 더군다나 2조는 구본에 없다. 신본에서 새로 넣어놓은 문장이다. 어찌 주의깊게 살피지 않을 수 있겠는가? 그런데 막상 그 내용을 숙고해보면 전혀 새로운 정보가 없다. 본초서를 나열만하고 한마디 평도 달지 않았으며 원나라 이후 본초서는 언급조차하지 않았다. 본초학사를 말하면서 어찌 이시진李時珍(1518~1593)의 기념비적인 대작 『본초강목本草綱目』(1578)을 빼놓을 수 있는가? 최소한 조선 본초학사를 지배한 『증류본초』(1082년)는 이야기했어야 할 것 아닌가? 허준의 본초학이 전부 『증류본초』 아니었냔 말이다. 그런데 의학사에서 휘날리던 묵직한 붓끝이 왠일인지 본초사에서는 전혀 맥아리가 없는 것이다. 과연 동무의 본초학이 열악한 수준을 못 벗어난 탓일까? 도대체 왜 이런 성의없는 문장을 개정하면서 굳이 끼워넣었을까? 우리는 이 문제를 어떻게 이해해야 할 것인가?

동무의 본초학

본조에 언급한 본초서의 정체는 무엇인가? 본조의 정보는 모두 『동의보감』의 「역대의방」에서 뽑아놓은 것이다. 그래서 『동의보감』 이후에 출간된 본초서는 언급조차 없는 것이다. 우리가 반드시 이해해야 할 점은 본조의 목적이 세밀한 본초사의 기술에 있지 않다는 것이다. 동무는 정확한 본초사에 그다지 관심이 없었다. 본조의 목적은 바로 유구한 본초의 역사를 강조하려는 데 있다!

"본초는 신농, 황제 이후 수천 년간 전해지며 경험이 축적되어왔다(本草自神農, 黃帝以來, 數千年世間流來經驗)!"

본조는 이 한마디를 위해 있는 것이다. 동무는 『신농본초경』으로 대변되는 전통 본초학에 대한 깊은 존중이 있다. 거기에는 함부로 무시할 수 없는 인류의 오랜 경험이 온축되어 있기 때문이다. 동무가 바라본 의학사가 의약경험사였듯 동무가 바라본 본초사는 본초 경험사일 수밖에 없다!

우리는 이 사실을 간과해서는 안 된다. 우리에겐 수천 년 누적된 본초 경험의 역사가 있다! 도대체 왜 이런 위대한 역사를 무시해야 만 동무가 위대해진단 말인가? 자꾸 동무를 별난 사람으로 만들지 말라. 동무는 유구한 본초학의 전통을 인정하고 있다! 우리가 감히 무시할 수 없다.

한번 생각해보자. 두통에 탁월한 효과가 있는 약물이 동무의 처 방에 들어 있다고 갑자기 두통 치료의 효과가 사라질까? 동무는 창 의적인 안목으로 새로운 효과를 더 발견할 뿐이다.

마찬가지로 수천 년 온보溫補했던 약물이 『동의수세보원』에서 별 안간 청열淸熱할까? 온보약은 온보약일 뿐이다. 그런데도 만약 청열 하고 있다면 청열로 작용할 수밖에 없는 몸의 다름에 기인한다! 병 증약리론에서 확인해보라. 사상의학은 몸의 다름을 논하지 약의 다 름을 논하지 않는다.

본초학의 힘이 무엇인가? 그것은 지극히 경험적이고 실제적인 토 대 위에서 구축되어 왔다는 점에 있다. 본초학의 세계에선 음양오행 같은 이론적 덧칠이 별로 힘을 발휘하지 못했다. 본초학은 철저히 실물과 실용의 학문이기 때문이다. 지금은 현대적 연구를 통해 또 다른 근거를 확보해가고 있다.

사상의학은 사상본초학 없이 더 나갈 수가 없다. 과거에 머물려 면 처방학만으로 족하나 미래로 나아가려면 본초학이 필수이기 때 문이다. 사상본초학은 반드시 복구해야 할 사상의학의 기초라 할 수 있다. 자 우리는 어떻게 사상본초학을 정립해나가야 할 것인가?

무엇보다도 이제마가 전통 본초학의 계승자란 사실을 분명히 이해해야 한다. 사상의학은 반드시 전통의 연속성 위에서 세워나가야 할 것이다.

5-3.

소음인의 병증과 약리는 장중경이 거의 밝혀 놓았고 이후 송, 원, 명의 여러 의사가 전부 밝혀 놓았다. 소양인의 병증과 약리는 장중경이 절반쯤 밝혀 놓았고 이후 송, 원, 명의 여러 의사가 거의 밝혀 놓았다. 태음인의 병증과 약리는 장중경이 대략의 윤곽만 깨달았고 이후 송, 원, 명의 여러 의사가 절반 이상 밝혀 놓았다. 태양인의 병증과 약리는 주진형만이 대략의 윤곽을 깨달았고 일부 본초서에 약간의 약리가 있다.

少陰人病證藥理, 張仲景庶幾乎昭詳發明, 而宋, 元, 明諸醫盡乎昭詳發明. 少陽人病證藥理, 張仲景半乎昭詳發明, 而宋, 元, 明諸醫庶幾乎昭詳發明. 太陰人病證藥理, 張仲景略得影子, 而宋, 元, 明諸醫太半乎昭詳發明. 太陽人病證藥理朱震亨畧得影子, 而本草略有藥理.

【해설】

1조에서는 시대 순으로 의학사를 기술했다. 본조에서는 사상의학적 관점에서 의학사를 다시 정리한다. 또 사상인 병증약리론의 역사성을 밝힘으로써 독자가 자연스럽게 새 의학에 친숙하도록 해주는 역할도 한다.

최후의 집필 후기

"병증약리病證藥理"란 의약경험의 구체적 내용이다. "병증"은 증상의 조합이요, "약리"는 본초의 조합이다. 본초를 조합할 땐 아무렇게나 하는 게 아니다. 원리와 원칙이 필요하다. 그것이 바로 약리다.

"소상발명昭詳發明"은 자세하게 밝힌다는 의미다.

논의는 장중경과 송원명의 의사로 대별된다. 장중경 vs 세상의 모든 의사! 장중경의 무게감을 여실히 느낄 수 있다. 여기서 또 한 가지, 장중경이 소음인의 병증약리를 거의 해결했다는 말은 소음인 상한병의 병증약리를 거의 다루었다는 말이다! 『동의수세보원』에서 병증약리란 상한병 병증약리임을 잊어선 안 된다.

의학사에 대한 평가는 가장 낮은 약略에서 반半, 태반太半, 서기庶幾, 진盡의 5단계로 이루어진다. 약은 5퍼센트, 반은 50퍼센트, 태반은 80퍼센트, 서기는 95퍼센트 정도의 느낌이다. 진은 100퍼센트다. 기존의 상한의학이 태양인은 5퍼센트, 태음인은 80퍼센트, 소양인은 95퍼센트, 소음인은 100퍼센트 해결해놓았다는 뜻이다!

나는 이 문장에서 태음인의 태반(80퍼센트)이 의미심장하게 읽힌다. 동무는 소음, 소양인론은 매우 상세하나 태음, 태양인론은 개요만 완성했다고 자평했다.(11-24) 그후 개초를 통해 태음인론에 대한 전폭적인 개정작업을 했다. 이제 태음인론은 더이상 개요 수준이 아니게 되었다. 과거의 자료에서 병증약리에 관한 자료를 더 찾아냈고 그 사상의학적 해법을 제시한 것이다.

자, 본조는 「의원론」을 개초하면서 가장 마지막에 써넣은 문장이다. 그러니 태음인 80퍼센트란 개정 후의 상황을 반영하는 것이다.

곧 새로 쓴 태음인론에 대한 만족도를 내포하는 것이라 할 수 있다!
개초 전이었다면 태음인에 대해 결코 80퍼센트를 얘기하지 못한다.
대략 30퍼센트 정도였을 것 같다.

소음, 소양인의 병과 약은 옛 처방에도 많이 있고 태음인의 병과
약은 간혹 있고 태양인의 병과 약은 절대적으로 부족한데, 왜 그
런가? 예부터 지금까지 소음, 소양인과 그 병은 많았고 태음인과
그 병은 간혹 있었고 태양인과 그 병은 절대적으로 적었기 때문
이다!

少陰, 少陽之病藥, 古方多有之. 太陰之病藥, 則間或有之. 太陽之病藥,
絶無者何也? 盖自古及今, 少陰, 少陽之人病, 其數多也. 太陰之人病, 間
或有之. 太陽之人病, 絶少故也!(동-유28-4)

여기 보면 의학의 초기에는 태음인 수를 그리 많게 보지 않는다.
소음인이나 소양인보다 오히려 적다고 생각했다. 그러니 태음인 병
증약리가 고방에 간혹 보일 뿐이라고 말한 것이다.

동무는 본조에서 『동의수세보원』 병증약리론에 대한 최후의 평
을 내리고 있다! 내가 고방에서 태음인 병증약리를 80퍼센트 이상
찾았고 새롭게 신방을 만들었다. 그러나 태양인 병증약리는 여전히
5퍼센트밖에 찾지 못했다. 태양인이 예부터 그 수가 희소하니 나 또
한 어쩔 수 없도다. 후학들이 태양인 환자를 찾거들랑 내 처방에서
힌트를 얻어 더욱더 확장해 가야 할 것이다.(9-4-4) 태양인 병증약리
는 우리 몫이다!

진실의 서

본조는 『동의수세보원』의 소음인론, 소양인론, 태음인론을 개정
한 후 작성한 것이다. 곧 새로운 병증약리론의 내용을 그대로 요약
한 것이다. 실제 『상한론』은 소음인론에 압도적으로 등장한다. 태양
인론에는 전무하다. 태음인론에는 단 세 차례 인용될 뿐이다. 3조의
내용을 상세히 풀어쓴 게 곧 사상인 병증약리론인 셈이다.

동무의 의학사가 머리로 쓴 이론적인 해설이 아니라 사상인 병증
약리론이라는 구체적인 의학적 결과물을 조직한 후 냉정하게 의가
들을 서열매긴 것이라는 사실을 알 수 있다. 자신의 "의약경험" 속
에서 역사의 "의약경험"을 재평가한 매우 실제적인 의학사다. 자신
의 진실을 가지고 역사의 진실을 파헤쳤다.

의학의 진실은 이론에 있지 않다. 이런 병에 이런 약, 오직 그것만
이 진실일 뿐이다. 장중경은 증상과 의약의 대응 관계를 정밀히 추
구했다. 장중경의 상한 해법을 다양한 병에 적용시켜 나간 것이 한
의약의 역사요, 그 적용의 의미를 이해하려는 노력이 한의학의 역사
다. 동무는 중경의 진실을 확인했고 인정했다. 장중경의 진실이 한
의학을 낳았고 사상의학을 태동시킨 것이다!

5-4.

나는 의약의 경험이 있은 지 5000~6000년이 지난 후 태어났
다. 옛사람들의 저술을 보다 우연히 사상인의 장부성리를 깨닫
게 되어 책을 짓고 그 이름을 『수세보원』이라 붙인 것이다.

이 책 가운데 장중경이 이야기한 태양병, 소양병, 양명병, 태음
병, 소음병, 궐음병은 병증에 대한 명칭이다. 반면 내가 이야기
한 태양인, 소양인, 태음인, 소음인은 사람에 대한 명칭이다. 이
둘은 혼동해서는 안되며 또 귀찮게 여겨서도 안될 것이다. 그래
야 뿌리와 줄기를 구분해내고 가지와 잎을 가려낼 수 있기 때문
이다.

한편 전통의 맥법이라는 것은 증證을 잡아내는 하나의 단서라
보면 된다. 그 원리는 부침지삭에 있을 뿐이니 거기서 기묘한 경
지를 탐구할 필요는 없다. 또 『상한론』의 삼음삼양이란 증의 같
고 다름을 구분하기 위한 것이다. 그 원리는 복배표리에 있을
뿐이니 거기서 경락의 변화를 추구할 필요는 없다.

余生於醫藥經驗五, 六千載後. 因前人之述, 偶得四象人臟腑性理. 著得
一書. 名曰『壽世保元』.

原書中張仲景所論太陽病, 少陽病, 陽明病, 太陰病, 少陰病, 厥陰病. 以
病證名目而論之也. 余所論太陽人, 少陽人, 太陰人, 少陰人, 以人物名目
而論之也. 二者, 不可混看. 又不可厭煩. 然後可以探其根株, 而採其枝
葉也.

若夫脈法者, 執證之一端也. 其理在於浮沈遲數, 而不必究其奇妙之致
也. 三陰三陽者, 辨證之同異也. 其理在於腹背表裡, 而不必求其經絡之
變也.

【해설】

본서의 저술 동기를 설명하고 있다. 이어서 『상한론』부터 확립되
어 온 한의학 전통의 병증 해석 방식인 맥과 삼음삼양에 대해 논평

한다.

『동의수세보원』 탄생 비화

의학의 개창자는 장중경이다. 장중경을 후한 사람이라고 한다면 의학의 역사는 대략 2000년이라 말할 수 있다. 그런데 의약의 역사는 5000~6000년이라 하고 있다. 이는 인류의 의약 경험을 대략 신농, 황제 시대로 잡고 있기 때문이다.(醫藥經驗其來已久於神農, 黃帝之時. 5-1)

동무는 과거를 회고하며 처음『동의수세보원』을 지을 수 있었던 계기를 밝히고 있다. 자신의 병이 기존의 방식으로 치료되지 않았던 개인적 경험을 통해 인간의 개별성을 일찌감치 자각했으며 또 인의예지, 희로애락 등등 유학적 개념을 통해 4라는 수에 대해 선명하게 각인했다. 그래서 인간 사분에 대한 확신은 소싯적부터 있었다.

그리고 마침내 선학들의 저술을 탐독하다 인간 사분의 의학적 원리를 발견하게 된 것이다. 그것이 곧 "장부성리臟腑性理"라는 것이다! 다시 말해서 인간은 장부의 원리가 서로 달라 넷으로 나뉘게 된다는 깨달음을 얻은 것이다.

어느 날 의서를 읽다 장부론에서 번뜩 번개가 지나갔다. 인간이 서로 다른 이유는 바로 장부 때문이다! 그리고 그 원리를 바탕으로 제법 그럴듯한 의서를 짓게 된 것이다.

동무가 직접 붙인 제목은 "수세보원"이었다. "동의수세보원"이 아니다.『동의수세보원』에 "동의수세보원"은 등장하지 않는다. 그러나 동무는 허준이 최초로 주장한 "동의"에 대한 강한 자부심이 있었다. 우리나라 의학책 "수세보원"에 우리나라 의학 "동의"를 단 것은 우리나라 사람 동무였을 것이다.(『이제마, 인간을 말하다』, 62~65쪽)

동무가 사상인의 존재를 인정하고 처음으로 한 일은 무엇이었을까? 바로 이름을 붙여주는 일 아니었을까? 우리도 새로운 존재를 확인하면 이름부터 지으니 말이다. 동무는 자식과도 같은 사상인의 이름에 음양을 돌림자로 넣고 싶어했다. 장부성리라는 의학의 원리는 결국 음양이라는 우주의 원리로 귀속된다고 생각했기 때문이다. 그래서 지은 이름이 태양인, 소양인, 태음인, 소음인이었다. 폐 큰 놈=태양 같은 놈, 간 큰 놈=태음 같은 놈, 이런 뜻이다.

그런데 지어놓고보니 좀 걱정되는 게 있었다. 의학의 아버지 장중경이 지은 『상한론』의 질병 분류체계와 흡사하기 때문이다. 『동의수세보원』에는 태소음양인도 막 나오고 태소음양병도 마구 나온다. 그러니 독자들이 충분히 헷갈려할 수 있을 것 아닌가? 태양인이라는 낯선 단어를 보고 태양병 걸린 사람인가보다 오해할 소지가 있다. 그래서 서두에 확실히 주지시켜둔 것이다.

태양인과 태양병은 전혀 무관하다! 글자가 비슷하다고 헷갈려선 안 된다. 이 둘을 잘 구분해야 무엇이 뿌리고 무엇이 가지인지 명확하게 알게 된다. 동무가 보기에 『상한론』의 삼음병은 모두 소음인병이었다. 소양병은 소양인병이었다. 그리고 태양병과 양명병 중에 소양인, 소음인, 태음인병이 다 포함되어 있다고 보았다.(5-5) 체질이 병증에 앞선다. 체질이 뿌리고 병증이 가지다.

근래 권도원 선생님이 인터뷰 중 태양병을 가진 자가 태양인, 소양병을 가진 자가 소양인 등으로 설명하고 사상의학은 장중경 처방학의 변용에 불과하다고 말씀하신 적이 있는데(『미래한국』357호, 2009, 28쪽) 후학들이 가려들어야 할 대목이다. 8체질의학의 독창성은 사상의학과 무관하게 확보할 수 있다. 상호존중이 필요하다.

태소음양인은 인물이며 근주이고 삼음삼양병은 병증이며 지엽이다. 전혀 다른 맥락에서 나온 용어니 귀찮더라도 잘 구분해야 한다.

맥에서 기묘한 경지를 찾지말라

"맥법脈法"은 한의학 고유의 맥진법을 말한다. 맥을 의학의 진단법으로 정립한 인물은 바로 최초의 의사 편작이었다.(至今天下言脈者, 由扁鵲也. 『사기』「편작창공열전」) 맥법이야말로 주술적 색채를 벗어던진 의학이 합리적 판단의 도구로 사용한 중요한 진단법이었다.

전통 맥법의 이론적 기초는 대표적인 의학 경전인 『황제내경』과 『난경』 등에 기술되어 있다. 그리고 이를 임상에 도입하여 진단의 중요한 근거로 확립한 인물은 장중경이다. 장중경은 상한병을 삼음, 삼양으로 분류하고 각각 "맥증병치脈證幷治"를 논하고 있다. 맥과 증을 진단의 두 기둥으로 삼은 것이다.

『상한론』의 초반에 첨부되어 있는「변맥법」「평맥법」은 가장 중요한 맥학 문헌 중 하나다. 일반적으로 왕숙화가 장중경 처방집을 정리하면서 이 두 편과「상한례」를 보입한 것으로 추정해 왔다.

왕숙화는 맥학의 토대가 되는 또다른 저서의 편찬자로도 알려져 있다. 바로 『맥경』이다. 기백 이래 화타를 비롯 각종 경전과 논저의 요점을 정리했다고 했다.(今撰集岐伯以來, 逮于華佗經論要決, 合爲十卷.『맥경」 「서」) 『내경』과 『난경』 『상한론』은 물론 여러 의서를 참고해서 만들었다. 1068년 교정의서국의 손을 거친 후 처음으로 판각됐다. 최초의 진단학 전문서로, 후세에 맥진의 경전으로 추종된다. 니덤은 왕숙화의 『맥경』이 3세기의 가장 중요한 저작 중 하나며 이로써 중국의 의학 경전이 모두 완성되었다고 평가한다.

(화타와 더불어) 3세기에 최고로 중요한 인물이 두 명 더 있다. 우선 황보밀(215~282)의 『침구갑을경』이 가장 중요한 저작이다. 그리고 왕희(일반적으로 왕숙화라 불림)가 『내경』 『상한잡병론』 및 기타 초기 의학 경전보다 300여 년 늦게 편찬한 『맥경』 역시 매우 중요하다. 이후 『맥경』은 맥에 관한 모든 저작의 토대가 되었다. 왕희가 265년에 태어나 317년에 죽었으므로 우리는 로마시대로 따지면 의사 오리바시우스(320~403)의 시기까지 함께 왔으며 중국 의학의 고전시대는 거의 마무리된다.

The third century brought two more men of the highest importance. First, Huangfu Mi's 皇甫謐(+215 to + 282) Huang di jia yi jing 黃帝甲乙經(The A–B manual[of acupuncture], named after its method of designating chapters) was a most influential work. No less important, however, was the Mai jing 脈經(Pulse Manual), compiled by Wang Xi 王熙(usually called Wang Shu-he 王叔和) about +300 from the Nei jing, Shang han za bing lun and other early classics. It became the foundation of all later works on the pulse. As Wang was born about +265 and died in +317, we have come down to the time of Oribasius, and the classical period

맥은 분명히 존재한다. 살아 있는 인간은 한명도 예외없이 요골동맥에서 맥박이 요동치고 있다. 그러나 만질 수 있을 뿐 눈에 보이지 않는다. 그래서 맥진이 어렵다. 정리하기도 어렵지만 전수하기는 훨씬 어렵다. 『맥경』의 저자 왕숙화 역시 "마음으로 이해하긴 쉬워도 손가락으로 파악하긴 어렵다"(在心易了, 指下難明.「서」)고 탄식했다. 결국 맥진은 문자로 교육이 안 된다. 언어로 읽으면 읽을수록 번잡해지고 혼란스러워진다.

학문의 실용성을 중시한 정약용은 의학에도 일가견이 있었다. 그리고 『맥론脈論』이란 글을 통해 맥진에 관한 견해도 밝혔다. 『여유당전서』 제1집인 「시문집」 11권에 실려 있다. 다산은 당시의 맥학 세태를 이렇게 비판한다.

겉으로는 『맥경』이 불후의 성전이라 존중하면서도 문장을 해석하다 이해되지 않으면 마음으로 얻은 미묘한 바를 말로 다 전할 수 없구나 하며 둘러댄다.

外傳『脈經』爲不刊之典, 演其說而釋其旨, 至其不可解者, 輒云心得之妙, 不可以言傳.

다산은 결코 맥진을 부정하지 않는다. 오히려 맥으로 기혈의 성쇠와 질병의 허실을 살필 수 있다(脈可以察血氣之衰旺, 病情之虛實)고 인정한다. 다만 다산이 통렬히 비판한 것은 촌관척을 나누어 오장육부를 판단하는 맥학의 장부이론에 한정된다. 속리산이나 오대산에서 발원한 물이 한강으로 흘러들어온다고 해서 양화도의 물은 속리산을, 용산포의 물은 오대산의 상태를 반영한다고 주장한다면 말이 되겠는가 반문한다. 결론적으로 맥은 오직 유력무력, 유신무신, 유도무도만 살피면 끝이라고 설명한다.(唯察其有力無力, 有神無神, 有度無度而止矣. 何五藏六腑之能別哉.) 그리고 의학도들에게 강력하게 요구한다.

세차게 박동해서 의사의 누르는 손가락 압력을 이겨내는 것을 유력맥이라 말한다. 부드러운 탄력감으로 생기를 품고 있는 것을 유신맥이라 말한다. 뛰었다 멈췄다 하면서 박동이 규칙적인 것을 유도맥이라 말한다. 이 셋을 알고나서 또 부, 침, 지, 삭, 홍, 미, 활, 삽, 현, 규, 긴, 완, 결, 복의 맥상을 세심하게 살핀다면 맥학도가 해야 할 일은 다 끝난 것이다. 더 이상 무엇을 또 구하겠는가!

大能動能勝指之謂力. 能和能有生活之機之謂神. 能往來作止有法不亂之謂度. 知此三者, 而細心乎浮, 沈, 遲, 數, 洪, 微, 滑, 澁, 弦, 扰, 緊, 緩, 結, 伏之候, 則脈家之能事畢矣, 而又何求哉!

다산이 불신한 것은 맥의 장부배속이라는 일설一說에 불과하다. 맥상을 통해 질병 상태를 진단하는 전통의 맥진법은 모조리 인정하고 있다! 다산이 요구하는 맥진의 수준은 오히려 매우 강도 높다. 부침지삭 등등의 다양한 맥상을 임상에서 다 파악한다는 것이 결코 쉬운 일이 아니다.

시중의 글 중에는 더러 맥진의 부당함을 지적하기 위해 다산의

『맥론』을 인용하기도 하는데 번지수가 틀렸다. 다산의 기대에 부응하려면 우리는 더욱더 맥진에 정진해야 한다!

동무 역시 맥진법은 중요한 의학적 진단법임을 인정한다.(若夫脈法者, 執證之一端也.) 그러나 맥이 신비주의로 흐르는 것은 단호히 배격한다. 맥에서 기묘한 경지를 찾지말라! 그리고 촌관척 장부이론은 비합리적이라 비판하고 27개의 맥상은 참고가치가 있다고 말한다. 맥에 대한 견해가 다산과 놀라울 정도로 일치한다.

> 촌관척의 부위에 관한 이론은 비록 불합리한 것이라 하더라도 27맥은 대략 참조할 만하다.
> 寸關尺部位之論, 雖不合理, 然其二十七脈, 大略有參驗.(권16-1)

동무도 맥을 관심 있게 연구했다. 그래서 결론적으로 맥의 핵심은 부침지삭이라고 단언한다. 부침지삭은 표리한열을 드러내는 대표적인 맥이다. 부맥은 맥관을 얕게 눌렀을 때 힘 있게 뛰는 맥으로 표증에서 나타나고, 침맥은 깊게 눌러서야 감지되며 이증을 나타내고, 지맥은 한 호흡에 3번 뛰는 것으로 한증, 삭맥은 한 호흡에 6번 뛰는 것으로 열증을 나타낸다.

동무가 부침지삭을 중시한 이유가 바로 이것이다. 부침지삭으로 사상인의 표리한열을 판단할 수 있다고 생각한 것이다.

본문의 "집증執證"은 병증을 잡아낸다는 뜻이다. 한의학의 진단은 증상이 아닌 병증의 파악이다. 동무는 사상인 병증론에서 병증을 밝히는 도구로 항상 맥을 함께 인용하고 있다. 간혹 맥만 인용하는 경우도 있다. 맥에 대한 중시가 잘 드러난다.

한걸음 더 나아가 동무의 "집증"은 생리적 증의 파악까지 내포한다. 생리적 증이란 사상인 고유의 생리적 특징을 말한다. 그래서 맥에도 사상인 고유의 특징이 발현되는지 연구해보기도 했다. 그러나 끝내 만족할 만한 결과를 얻지는 못했다.(『이제마, 인간을 말하다』, 251~254쪽)

이시진은 본초학의 전문가이기도 했지만 맥학의 연구자이기도 했다. 『맥경』24맥에 3맥을 더하여 27맥에 대한 형태와 주치, 감별법 등을 명료한 표현과 생동하는 비유로 요약하여 1564년 『빈호맥학』1권을 지었다. 27맥 핵심 정리다. 맥학 연구자라면 필수적으로 학습해야 할 책이다.

요즘 의사나 환자는 모두 맥진만을 최고라고 생각한다. 이는 맥진이 망문문절의 4진 중 가장 마지막 단계로, 기교라고 불리는 것을 모르기 때문이다. 고수는 모름지기 진단법의 전체를 이해해야하니 4진을 모두 구비해야만 한다.

世之醫病兩家, 咸以脈爲首務. 不知脈乃四診之末, 謂之巧者爾. 上士欲會其全, 非備四診不可.(『瀕湖脈學』「自序」)

맥진 고수의 뼈 있는 일갈이다. 맥은 처음이 아니라 끝이다. 최종 점검의 과정인 것이다. 맥진은 진단법의 하나일 뿐이라는 사실을 망각해선 안된다. 뺄 수도 없지만 그렇다고 전부도 아닌 것이다.

삼음삼양에서 경락의 변화를 찾지 말라

맥법에 이어 동무는 삼음삼양을 이야기한다. "삼음삼양"은 삼음
삼양병을 말한다. 장중경이 상한병을 분석하는 데 사용한 병증 명
칭(病證名目)이다. 동무는 "육조병증六條病證"으로 부르기도 했다.(5-5)

"변증지동이辨證之同異"란 병증의 같고 다름을 분변한다는 뜻이
다. 즉 삼음삼양은 장중경이 상한병을 분류했던 원칙이었던 것이다.

그런데 문제는 『상한론』의 병증 명칭이 12경락의 명칭과 일치한
다는 데 있다. 『상한론』에 대한 경락적 이해는 최초의 해설서에서
주굉이 중시한 이래 최초의 주해서에서 성무이가 확정해버렸다.

성무이의 주해가 저지르고 있는 가장 커다란 오류는 상한의 병증
의 규합개념으로서 태양-양명 운운한 것을 오행과 장상臟象개념
에 기초한 수족삼양삼음의 12경락체계와의 관련 속에서 그 유기
적 통일체계를 구축하려고 했을 뿐 아니라 그것을 심지어 운기運
氣라는 천지운행법칙체계의 도식적 이해와 결부시켜 이해하려고
했다는 것이다.(『너와 나의 한의학』, 133~134쪽)

도올의 신랄한 비판이다. 동무 또한 다르지 않다. 삼음삼양은 병
증을 여섯 가지로 분류해놓은 것일 뿐이다. 경락과 연결시키지 말
라.(不必求其經絡之變也.)

동무는 삼음삼양으로 병증을 분류하는 원리가 경락이 아니라
"복배표리腹背表裏"에 있다고 주장한다. 경락이 성무이의 상한 이해
방식이었다면 복배표리는 동무의 상한 이해 방식이다. 동무는 구본

에서 복배표리를 기준으로 병증을 나누는 시도를 계속하고 있다. 그러나 신본에서 한열을 도입함에 따라 상당수가 삭제되기도 했다.

본조에서 "원서중原書中" 이하의 문장은 구본에 쓰여진 그대로다. 즉 복배표리는 구본의 상한 이해방식이다. 만약 신본의 입장이라면 표리한열이라고 고쳐야 더 바람직할 것 같다. 삼음삼양의 병증 분류 원리는 표리한열에 있을 뿐이다.

동무는 본조에서 『상한론』의 병증진단법인 맥법과 병증분류법인 삼음삼양에 대한 견해를 밝힌다. 『상한론』 이래 수많은 의가가 맥과 삼음삼양의 미로를 헤맸다. 맥에서 신비를 찾지 말고 삼음삼양에서 경락을 찾지 말라! 이 간명한 지침은 『상한론』이라는 정글을 헤쳐나가는 데 감동적인 이정표를 제공할 것이다. 맥에선 부침지삭을, 삼음삼양에선 복배표리를! 과연 4자의 제왕다운 절묘한 표현이다.

위대한 발견, 강평본

『상한론』은 참 난해한 책이다. 비록 삼음삼양의 거시적인 틀을 뒤집어쓰고는 있지만 조문 사이의 맥락을 더듬어가기가 어렵고 이런 안개를 헤매다보면 전체적인 모습을 찾아내기란 더 요원하게 느껴진다.

실로 『상한론』을 이해하기 위한 인류의 노력은 끈질기고도 처절한 것이었다. 어떨 땐 안타깝다는 느낌마저 든다. 그런데 이 모든 혼돈을 질서로, 난해를 요해로 바꾸게 해주는 서지학적인 발견이 있었다.

1936년 오쓰카 게이세쓰大塚敬節(1900~1980)는 도쿄대가 있는 혼

고본故鄕의 고서점에서 『상한졸병론傷寒卒病論』이란 제목의 서책을 한 권 발견했다. 이 책자의 말미에는 단바 마사타다丹波雅忠가 강평康平 3년(1060)에 초록했다고 기록되어 있었다. 그래서 역사적으로 성립한 다른 판본과 구분하기 위해 강평본이라 부른다.

강평본의 위력은 바로 편집체제에 있다. 일단 문단이 한눈에 들어온다. 정말 1000년 전에 썼다고는 믿어지지 않을 만큼 모던한 편집이다. 이런 형식적 정갈함이 오히려 『상한론』을 알알이 꿰고 있는 어느 천재의 위조품이라는 추측을 자아내기도 했다.

강평본의 문장은 크게 두 가지 형식으로 나누어볼 수 있다. 하나는 들여쓰기에 따른 문장의 배열이요, 다른 하나는 주를 붙인 위치에 따른 분류다. 전자는 다시 세 가지로 나눌 수 있다. 가장 윗쪽으로 붙여 쓴 문장에 대해 한 칸 아래, 그리고 두 칸 아래부터 시작하는 문장이 있다. 가장 윗쪽의 문장은 필사자의 기록대로 "경經"이라 부른다. 한 칸 아래 문장은 "논論"이라 부른다. "경"에 대한 설명 내지 부연이다. 두 칸 아래 문장은 필사자가 언급한 바가 없는데, 나는 이를 익翼이라 부른다. "경"과 "논"이 형성된 이후 누군가에 의해 덧붙여진 거라 볼 수 있다.

이러한 3종의 문장에 누군가가 "주註"를 단다. 그 주를 사람들은 감주嵌註라 칭하며 방주傍註와 구분한다. 본문 옆에는 누군가 자신이 이해한 바를 필기하듯 자그마한 글씨로 방주가 붙어 있다.

이것이 바로 여타의 『상한론』과 격이 다른 강평본의 힘이다. 모든 문장이 동일한 가치선상에서 나열되어 있는 것이 아니라 자기에게 합당한 자리에서 빛을 발하고 있다. 그런데 강평본은 모든 문장을 한결같이 소중히 다루어 달라고 응석부리지 않는다. 2000년 동안 사람들은 『상한론』의 문장을 종손으로만 대접하려 했다. 그래서 늘 부담스러웠던 것이다.

"경"이 가장 권위 있는 문장임은 재론의 여지가 없다. 흔히 중경의 원문이라 상정한다. "논" 역시 중경 자신의 논설일 가능성이 크다. 그러면 익은 역사적 상황을 고려할 때 숙화의 보입이라 볼 수 있겠다.

주목할 사실은 경론經論의 문장에는 경락에 관한 내용이 전혀 없다는 것이다! 중경은 그저 상한의 병됨을 6가지로 정리하여 해결책을 모색하고 있을 뿐이다. "태양"이라는 말이 중요한 것이 아니라 "태양의 병됨"(太陽之爲病)이 중요한 것이다. 두통, 신동, 발열, 오한, 맥부, 이것이 바로 태양의 병됨이다.(5-5) 태양병은 그 이상도 이하도 아니다. 거기서 경락의 변화를 찾을 필요가 없다. 중경의 본지가 아닌 것이다.

마치 강평본을 보고 있는 듯한 동무의 통찰이 놀랍지 않은가? 도올 선생은 "우리나라 의가 중 『상한』을 제대로 읽은 자는 동무 이제마 1인이 있을 뿐이다"라고 감탄했다.(앞의 책, 143쪽)

이제 강평본은 『상한론』 연구자가 반드시 거쳐야 할 관문이다. 강평본을 통하지 않고 『상한론』 이해의 심도를 높이기가 어렵다. 오쓰카 선생은 『임상응용상한론해설臨床應用傷寒論解說』(創元社)의 부록으로 강평본 원문의 사진판을 처음으로 공개한 바 있다.

5-5.

옛사람들이 육경의 음양, 곧 삼음삼양으로 병을 논했기 때문에 장중경 역시『상한론』을 지으면서 육경의 음양으로 병증을 분류해놓은 것이다. 두통頭痛, 신동身疼, 발열發熱, 오한惡寒, 맥부脈浮의 증상이 있으면 태양병증이라 불렀다. 구고口苦, 인건咽乾, 목현目眩, 이롱耳聾, 흉협만胸脇滿, 한열왕래寒熱往來, 두통頭痛, 발열發熱, 맥현세脈弦細의 증상이 있으면 소양병증이라 불렀다. 불오한不惡寒, 반오열反惡熱, 한자출汗自出, 대변비大便祕의 증상은 양명병증이라 불렀다. 복만시통腹滿時痛, 구부조口不燥, 심불번心不煩하고 자리自利가 있으면 태음병증이라 불렀다. 맥미세脈微細, 단욕매但欲寐, 구조口燥, 심번心煩하고 자리自利하면 소음병증이라 불렀다. 처음에 복통腹痛, 자리自利 등의 증이 없다가 상한 6, 7일에 맥미완脈微緩, 수족궐랭手足厥冷, 설권낭축舌卷囊縮하면 궐음병증이라 불렀다.

내가 보기에 이 6조의 병증 중 삼음병증은 모두 소음인에게만 생기는 병증이다. 소양병증은 모두 소양인에게만 생기는 병증이다. 태양병증과 양명병증은 소양인, 소음인, 태음인 모두에게 생길 수 있는 병증이지만 소음인 병증이 가장 많다. 이처럼 오랜 옛날부터 의약의 방법이 세상에 유행했고 그중 경험적으로 수없이 검증된 것을 장중경이 채집하여 저술하게 된 것이다.

끝으로 병의 원인에 대해 생각해보자. 옛날 의사들은 사랑과 미움이라는 마음의 욕심 때문에 희로애락이 편중되면서 병이 난다는 사실을 알지 못했다. 그저 비위에 영향을 주는 음식이나 풍한서습이라는 외기의 침범으로 병이 생긴다고 알 뿐이었다. 그래서 병과 약을 논한 것을 보면 전부 음식으로 인해 발생하는 소음인 비위의 문제들이고 간혹 소양인의 위열에 관한 증과 약이 나타날 뿐이다. 태음인과 태양인의 병리 상태에 관해서는 완전히 깜깜하다 할 수 있다.

古人以六經陰陽論病, 故張仲景著『傷寒論』, 亦以六經陰陽該病證, 而以頭痛, 身疼, 發熱, 惡寒, 脈浮者, 謂之太陽病證. 以口苦, 咽乾, 目眩, 耳聾, 胸脇滿, 寒熱往來, 頭痛, 發熱, 脈弦細者, 謂之少陽病證. 以不惡寒, 反惡熱, 汗自出, 大便祕者, 謂之陽明病證. 以腹滿時痛, 口不燥, 心不煩而自利者, 謂之太陰病證. 以脈微細, 但欲寐, 口燥, 心煩而自利者, 謂之少陰病證. 以初無腹痛, 自利等證, 而傷寒六七日脈微緩, 手足厥冷, 舌卷, 囊縮者, 謂之厥陰病證.

六條病證中, 三陰病證, 皆少陰人病證也. 少陽病證, 卽少陽人病證也. 太陽病證, 陽明病證, 則少陽人, 少陰人, 太陰人病證均有之而少陰人病證居多也. 古昔以來醫藥法方流行世間經歷累驗者, 仲景採撫而著述之. 盖古之醫師不知心之愛惡所欲喜怒哀樂偏着者爲病, 而但知脾胃水穀, 風寒暑濕觸犯者爲病. 故其論病論藥全局都自少陰人脾胃水穀中出來, 而少陽人胃熱證藥間或有焉. 至於太陰人, 太陽人病情, 則全昧也.

【해설】

계속해서 『상한론』의 삼음삼양병에 대해 설명하고 있다. 그리고 병인론에 관해 기술한다. 질병의 원인에 관한 동무의 시각이 드러나는 매우 중요한 문장이다.

최고의 요리사가 최초의 탕약을 만들다

삼음삼양은 『상한론』의 병증분류법이다. 태양병을 제1병증, 양명병을 제2병증 등으로 불러도 아무런 차이가 없다. 오직 중경이 각 병증을 어떻게 정의하고 있는지가 중요할 뿐이다.

중경은 『상한론』에서 "太陽之爲病, 脈浮, 頭項强痛而惡寒." "陽明之爲病, 胃家實是也." "少陽之爲病, 口苦, 咽乾, 目眩也." "太陰之爲病, 腹滿而吐, 食不下, 自利益甚, 時腹自痛." "少陰之爲病, 脈微細, 但欲寐也." "厥陰之爲病, 氣上撞心, 心中疼熱, 飢而不欲食, 食則吐"이라며 각각 명시하고 있다.

본조에서 동무는 삼음삼양병을 다시 한번 더 풀이해주고 있다. 중경의 원의가 더욱 뚜렷하게 드러나도록 도와주고 있다. 『상한론』을 잘근잘근 씹고 있지 않으면 불가능한 경지다.

장중경과 이제마의 삼음삼양병

	장중경	이제마
태양병	맥부脈浮, 두항강통頭項强痛, 오한惡寒	두통頭痛, 신동身疼, 발열發熱, 오한惡寒, 맥부脈浮
양명병	위가실胃家實	불오한不惡寒, 반오열反惡熱, 한자출自汗出, 대변비大便強
소양병	구고口苦, 인건咽乾, 목현目眩	구고口苦, 인건咽乾, 목현目眩, 이롱耳聾, 흉협만胸脇滿, 한열왕래寒熱往來, 두통頭痛, 발열發熱, 맥현세脈弦細
태음병	복만이토腹滿而吐, 식불하食不下, 자리익심自利益甚, 시복자통時腹自痛	복만시통腹滿時痛, 구부조口不燥, 심불번이자리心不煩而利
소음병	맥미세脈微細, 단욕매但欲寐	맥미세脈微細, 단욕매但欲寐, 구조口燥, 심번이자리心煩而自利

궐음병	기상당심氣上撞心, 심중동열心中疼熱, 기이불욕식飢而不欲食, 식즉토食則吐	초무복통初無腹痛, 자리등증自利等證, 상한육칠일맥미완傷寒六七日脈微緩, 수족궐랭手足厥冷, 설권舌卷, 낭축囊縮

"육경음양六經陰陽"은 삼음삼양이다. 삼음삼양병을 경락의 삼음삼양으로 이해하며 후인들이 육경병六經病이라 부르던 것이 관습화된 표현이다. 동무가 다시 고쳐 부르는 "육조병六條病"이란 표현이 원의에 부합하는 소박한 표현이라 할 것이다. 삼음삼양병은 6경병이 아니라 6조병일 뿐이다!

동무는 여기서 『상한론』 형성에 관한 참신한 시각을 선보이고 있다. 삼음삼양의 질병분류법은 중경의 발명이 아니라는 것이다. 이미 중경보다 앞서 고인들은 삼음삼양으로 병을 분론分論했다고 말한다. 그 대표적인 사례가 다음 조에 등장하는 『황제내경』의 논의였을 것이다.

그런데 우리는 조금 더 눈을 들어 멀리 볼 필요가 있다. 바로 "중경이 이윤의 『탕액』을 논광論廣하여 십수 권을 지었다"는 황보밀의 증언에 관한 것이다. 중경의 『상한론』은 이윤의 『탕액』에 기반했다.

이윤이 누군가? 탕임금을 도와 하를 벌하고 상을 세운 개국공신이다. 주공과 버금가는 고대의 명재상으로 칭송받는다. 동무 역시 영웅호걸이며 성인에 버금가는 인물이라 평가한 적이 있다.(伊尹, 太公, 英雄豪傑之次聖也. 「유략」 천세40)

사마천은 이윤과 탕의 흥미로운 첫만남을 기록해놓고 있다. 이윤이 탕을 만날 길이 없자 탕에게 시집가는 유신씨有莘氏의 딸의 잉신媵臣(시집갈 때 데려가는 남자 종)을 자청했고 솥을 이고 궁궐로 들어가

기막힌 음식으로 녹여버렸다는거다.(負鼎俎, 以滋味說湯. 『사기』「은본기」) 궁중 요리사가 되어 탕의 입맛을 사로잡아버린 것이다.(伊尹爲莘氏女師僕, 使爲庖人. 『묵자』「상현」하) 이윤은 뛰어난 정치가이기 전에 탁월한 요리사였다.

역사서에 이윤과 탕왕의 기록은 많아도 이윤과 『탕액』의 기술은 없었다. 이는 황보밀의 붓끝에서 나온 것이다! 이윤이 신농의 약물학을 기반으로 처방학을 창시한 인물이라 지목한 것이다.

사실 요리와 처방은 유사한 면이 많다. 음식을 배합하여 미각을 사로잡는 요리를 만들어내듯 약물을 배합하여 질병을 이겨내는 처방을 만드는 것이다. 요리와 마찬가지로 처방도 무궁한 조합이 가능하다. 그러나 마구 섞는다고 되는 건 아니다. 몸이라는 분명한 기준이 있다. 혀의 감각을 만족시켜야 좋은 요리인 것과 같이 몸의 감각을 개선시켜야 좋은 처방이 되는 것이다.

이윤은 갖은 재료의 특성을 파악하고 정확한 비율로 배합하여 가장 만족스러운 요리로 만들어낼 수 있는 능력이 있었다. 숙련된 요리사의 경력에서 일찌감치 배합의 중요성을 간파했을 것이다. 그러니 약물을 조합해서 약력을 증대시킬 수 있다는 발상도 얼마든지 가능했을 수 있다. 말하자면 최고의 요리사가 최초의 탕약을 조제했던 것이다!

이윤이 『신농본초』의 약물 성질을 활용하여 처음으로 처방을 구상했다는 황보밀의 진술이 영 황당한 이야기만은 아닌 것 같다. 그는 정치로 세상을 요리했고 탕액으로 질병을 요리한 진정한 요리사였다.

도홍경의 『보행결장부용약법요』

이윤과 『탕액』은 전설일 뿐이었다. 우리는 이윤도 잘 모르고 『탕액』은 더 모른다. 기원전 1008년의 이야기들이다. 정말 이윤이 『탕액』을 지었다면 장중경은 2000년이 더 지난 처방집을 보면서 『상한론』을 편찬했다는 이야기가 된다.

그러나 아무도 주공과 맞먹는 성인인 이윤을 의학의 족보에 올려준 황보밀을 나무라지 않았다. 고대사에 해박했던 황보밀의 혜안에 감탄하며 오히려 감사하게 생각했을 것이다. 덕분에 자랑스런 조상을 한 분 더 모시게 되었으니까.

그런데 둔황의 석굴에서 발견된 서물 하나가 학계를 충격에 빠뜨렸다. 바로 『보행결장부용약법요輔行訣臟腑用藥法要』라는 책이다. 제목 아래에 "양나라 화양의 은거 도홍경 지음(梁華陽隱居陶弘景撰)"이라고 적혀 있다. 그리고 첫마디로 "수도자가 불로장생을 구한다면 반드시 먼저 질병부터 없애야한다"(隱居曰 "凡學道輩, 欲求永年, 先須祛疾")고 했다. 다시말해서 수행 보조 비결(輔行訣)로 장부 처방 요약집(臟腑用藥法要)을 만들어낸 것이다! 도홍경(456~536)은 남북조 시대 도인이자 학인이다.

『보행결장부용약법요』는 짧은 서설에 이어 총 9개의 장으로 구성되어 있다. 오장처방이 순서대로 나오고 뒤이어 다양한 처방이 등장한다. 책의 구성은 물론 내용도 군더더기 없이 깔끔하다. 그런데 「구오장제노손병방救五臟諸勞損病方」에는 충격적인 도홍경의 말이 기록되어 있다.

한漢, 진晉 이후 장기, 위사, 화원화, 오보, 황보현안, 지법사, 갈치천, 범장군 등의 명의들은 모두 당대의 유명한 지식인들인데 전부 『탕액경법』을 모범으로 삼아 질병을 구제하고 중생들에게 복을 지었다.(조복함령造福含靈은 『본초집주』 「서」에 나오는 "은류함기恩流含氣"와 유사한 불교식 표현. 도홍경의 문체로 볼 수 있다.) 그 사이 증감이 있어 각기 다르게 재단하고 혹 새로운 효과에 이르기도 하여 옛 경전을 어지럽힌 듯 보이지만 그 본지는 여전히 경방의 기준을 놓치지 않고 있다.

漢晋以還, 諸名医輩, 張機, 衛汜, 華元化, 吳普, 皇甫玄晏, 支法師, 葛稚川, 范將軍等, 皆當代名賢, 咸師式此『湯液經法』, 悉救疾苦, 造福含靈. 其間增減, 雖各擅其異, 或致新效, 似難舊經, 而其旨趣, 仍方圓之于規矩也.

장중경을 비롯한 초기 의학의 위인들이 한결같이 『탕액경법』을 본받고 따랐다는 것이다! "사식師式"은 스승으로 삼고 그대로 따라 하다는 뜻이다. 노골적으로 말해 모방했다는 것이다. 여기서 그치지 않는다. 도홍경은 『탕액경법』에 관한 매우 자세한 정보를 제공한다.

도은거가 말한다. "『신농본경』과 『동군채약록』은 상중하 3품으로 분류하여 모두 365미의 약물이 실려 있다. 해가 지나가는 하늘길과 4시8절의 기후에 상응하도록 맞춘 것이다. 상나라에 성인이라 할 만한 재상 이윤은 『탕액경법』 3권을 지었는데 그 처방 역시 360수였다. 상품의 상약으로 음식처럼 먹을 수 있는 보익 처방 120수, 중품의 중약으로 질병을 치료하는 처방 120수, 하품의 독약으로 살충, 벽사, 옹저 등의 처방 120수를 만들었다. 모두 360수다. 실로 만대 의가의 규범이요, 창생 호명의 보물이다. 지금 일반적으로 자주 쓰이는 처방 60수를 조사, 기록하여 산중에서 질병의 재난을 방비하는 용도로 갖추어놓았다."

陶隱居云: "依『神農本經』及『桐君採藥錄』, 上中下三品之藥, 凡三百六十五味, 以應周天之度, 四時八節之氣. 商有聖相伊尹, 撰『湯液經法』三卷, 爲方亦三百六十首. 上品上藥, 爲服食補益方者, 百二十首. 中品中藥, 爲療疾袪邪之方, 亦百二十首. 下品毒藥, 爲殺蟲, 辟邪, 癰疽等方, 亦百二十首. 凡共三百六十首也. 實萬代醫家之規範, 蒼生護命之大寶也. 今檢錄常情需用者六十首, 備山中豫防災疾之用耳."(「求五臟諸勞損病方」)

그 누구도 보았다는 기록이 남아 있지 않은, 그래서 그 누구도 알지 못했던 『탕액경법』의 내용을 설명해주고 있다! 성상聖相 이윤은 『신농본초경』의 구성을 따르고 그 약물을 이용하여 360수의 처방집을 만들었다. "이윤이 아성亞聖의 능력으로 『신농본초』를 이용해 『탕액』을 지었다"는 황보밀의 기술을 구체적으로 드러내준다.

홍경은 360수의 처방 중 60수를 직접 인용해놓고 있다! 실제로는 51수가 실려 있다. 계속해서 홍경은 의학사를 갈아치울 경천동지할 멘트를 쏟아낸다.

홍경이 말한다. "외감 유행병은 이윤의 경방에서 이단二旦과 육신六神의 대소 처방들을 사용한다. 옛날 남양의 장기는 이 처방들에 의거해서 『상한론』 일서를 지었던 것이다. 그 치료법이 명확하고 완전하여 후학들이 모두 우러러 받들었다. 시골 벽촌에 머물면 갑자기 들이닥치는 외감병을 막아내기란 쉽지 않다. 그러나 하루에도 몇 번씩 전변하고 3, 5일간에 생사가 갈라지기도 하니 어찌 소홀할 수 있겠는가? 이 몇 가지 처방을 깊게 이해한다면 거의 위험에 빠질 우려가 없으니 지금 기록하여 알게 하노라."

弘景曰 "外感天行, 經方之治, 有二旦, 六神大小等湯. 昔南陽張機, 依此諸方, 撰爲『傷寒論』一部, 療治明悉, 後學咸尊奉之. 山林僻居, 倉卒難防外感之疾, 日數轉變, 生死往往在三五日間, 豈可疏忽? 若能深明此數方者, 則庶無蹈險之虞也. 今亦錄而識之."(「二旦六神大小湯」)

그리하여 대소의 양단탕과 음단탕 4수와 대소의 청룡탕, 백호탕, 주작탕, 현무탕, 구진탕, 등사탕의 12수가 소개되고 있다. 이 16개의 외감 치료처방을 기본으로 활용하고 확장하여 장중경이 『상한론』을 지었다는 것이다! "중경이 이윤의 『탕액』을 응용하여 십수 권을 지었다"는 황보밀의 증언을 구체적으로 증거해준다.

과연 현재의 『상한론』에는 대청룡탕과 소청룡탕, 백호탕, 진무탕 등이 실려 있다. 진무탕眞武湯은 현무탕玄武湯을 피휘한 것이다. 『상한론』에는 청룡(동), 백호(서), 현무(북)는 있는데 주작(남)만 없다. 또 청룡은 대소로 나누어놓았는데 혹 백호와 진무도 대소가 있지 않았을까? 이런 상상 속에서만 가능했던, 또는 상상조차 못했을 일을 『보행결장부용약범요』가 나타나 일거에 해결해준 것이다. 우리에게 『상한론』의 원모에 대한 확고한 근거를 제공해준다. 마지막으로 홍경은 『상한론』의 처방명에 대해서도 이야기한다.

장기가 『상한론』을 지을 때 도가들의 명칭은 피했으므로 그 처방명이 원래의 이름과 다르게 된 것이다. 그저 약 이름으로 처방 이름을 지어버렸으므로 주치를 통해 원래 처방을 알 수 있을 뿐이다.

張機撰『傷寒論』, 避道家之稱, 故其方皆非正名也. 但以某藥名之, 以推主爲識耳.(「이단육신대소탕」)

정말 놀라운 이야기다. 나는 『상한론』의 처방명이 우거지감자탕이나 홍합조개탕처럼 소박한 처방학의 초기 면모를 보여준다고 생각했었다. 그런데 홍경은 전혀 반대로 말하고 있다. 『탕액경법』과 『상한론』을 훤하게 알고 있는 자가 아니면 도무지 할 수 없는 말이다.

『보행결』은 발굴 이후 외국으로 유출된 것을 청말의 의가인 장악남張偓南이 구매했으며 손자인 장대창張大昌이 대를 이어 소장했다. 그러나 1966년 문화혁명의 소용돌이 속에 훼손되어버렸다. 불행 중 다행으로 필사본이 남았다. 이후 마지싱馬繼興(1925~)이 필사본을 입수하여 세밀히 고찰한 결과 위품이 아님을 확증하고 1988년 『둔황고의적고석敦煌古醫籍考釋』을 통해 널리 알리게 되었다.

『보행결』은 『상한론』 연구사의 매우 중대한 사건으로 평가받는다. 『상한론』 연구의 새로운 장을 열었다. 일반적으로 수, 당의 어느 인물이 도홍경의 문장을 모아 만든 것으로 추정되지만 도홍경 자찬의 가능성도 충분하다.

『보행결』이 요약한 『탕액경법』이 『상한론』의 히든 레퍼런스로 가장 중요한 근간이 되었다는 사실은 거부하기 어렵다. 『상한론』은 『탕액경법』의 상한병 임상 활용편이었던 것이다.

동무는 『상한론』의 병증약리가 장중경의 독자적인 발명이 아니라는 놀라운 통찰을 보여준다. 『상한론』을 독파하며 한 개인이 쌓기엔 너무나 압축적인 내용을 담고 있다고 느껴서였을까? 아마도 『상한론』에 이르기까지 엄청난 의약 경험이 축적되어왔음을 들여다보고 있었기 때문일 것이다.

『상한론』은 아주 먼 옛날부터 유행해온 의약의 사용법 중 경험적으로 검증된 것을 중경이 채집하여 저술한 것이다!

古昔以來醫藥法方流行世間經歷累驗者, 仲景採撫而著述之.

동무는 『탕액』은 몰랐으나 『상한론』은 누구보다도 잘 알았다. 의학은 결코 하루 아침에 이루어지지 않는다!

무엇이 병을 일으키는가

본조의 마지막 내용은 사상의학의 병인론이다. 병인론은 섭생론을 결정짓는 매우 중요한 이론이다. 병의 원인을 알아야 병의 예방이 가능할 것 아닌가? 동무가 생각한 가장 중요한 발병의 원인은 마음이다. 정확하게는 희로애락의 편착인데 동무는 「사단론」을 통해서 희로애락의 병인론을 곡진히 설명했다. 생사와 수명의 관건(死生壽夭之機關. 2-22)이라고까지 말했다.

본조는 희로애락이 병의 원인임을 다시 한번 분명하게 밝히고 있다. 이렇게 중요한 희로애락을 옛날 의사들은 전혀 몰랐다고 한탄한다. 그래서 자신의 의론에서 더욱더 상세하게 다루었던 것이다. 결국 유학과 의학을 관통하는 전무후무한 독창적 병인론을 완성한다. 동무의 의학은 희로애락의 의학이라 말할 수 있을 정도다.

본문의 "애오소욕"과 "희로애락편착"은 병렬로 새길 수도 있지만 나는 "애오소욕"이 "희로애락편착"을 일으킨다고 해석한다. 마음의 애오소욕 때문에 희로애락이 편착된다는 것이다. "애오愛惡"는 애증이고 "소욕所慾"은 욕심이다. 내 뜻대로 하고자 하는 마음이 욕심이다.

동무는 사랑도 미움도 모두 욕심이 될 수 있다고 보았다. 사랑도 내 뜻대로 되길 바라니 욕심이 되는 것이다. 마음대로 사랑하고 마음대로 떠나버린~ 유행가의 애잔한 가사가 인간사의 다반사다. 마음대로 사랑하고 마음대로 미워하다 감정의 분출이 생기고 질병이 뿌리를 내린다. 욕심→감정→질병의 과정을 밟게 된다. 결국 희로애락의 편착이 밖으로 두드러지게 표시나고 질병의 직접적인 원인이 되므로 동무는 시종일관 희로애락을 언급한 것이다.

다음으로 동무가 중시한 병인은 "비위수곡"과 "풍한서습"이다. "비위수곡"은 음식이고 "풍한서습"은 외감이다. 옛 의사가 비위수곡과 풍한서습으로 병나는 것만 알았다고 비판했다 해서 이들이 중요하지 않다는 것은 전혀 아니다. 이들 또한 중요한 발병 원인이다. 그러니 동무의 병인론은 첫째는 마음, 둘째는 음식, 셋째는 외감으로 압축된다!

동무는 『동의수세보원』에서 마음에서 비롯된 희로애락의 의학론에 집중했기에 독자들은 음식과 외감의 중요성을 무시하기 쉽다. 그러나 우리는 희로애락이 가장 중요한 병인이나 오직 유일한 병인은

아니라는 사실을 기억해야 한다. 음식과 외감 또한 사상의학 병인
론의 한 축을 이루고 있다.

5-6.

『소문』「열론」에서 기백이 말한다. "상한 1일에는 거양이 한사寒
邪를 받아 두항통頭項痛, 요척강腰脊強이 생긴다. 2일에는 양명이
한사를 받는데 양명은 살(肉)을 주관하며 그 경맥은 코를 끼고
눈으로 이어진다. 그래서 신열身熱, 목동目疼과 비건鼻乾, 부득와
不得臥가 생긴다. 3일에는 소양이 한사를 받는데 소양은 담膽을
주관하며 그 경맥은 옆구리를 돌아 귀로 이어진다. 그래서 흉협
통胸脇痛과 이롱耳聾이 생긴다. 이처럼 삼양의 경락은 모두 병을
받아서 아직 장으로 들어가지 않았으므로 발한시켜도 된다. 그
런데 4일이 되면 태음이 한사를 받는데 태음의 경맥은 위 속으
로 퍼져 있고 목구멍으로 이어진다. 그래서 복만腹滿과 익건嗌乾
이 생긴다. 5일에는 소음이 한사를 받는데 소음의 경맥은 신장
을 꿰뚫고 폐로 이어지며 혀뿌리에 매인다. 그래서 구조口燥, 설
건舌乾과 갈渴이 생긴다. 6일에는 궐음이 한사를 받는데 궐음의
경맥은 생식기를 돌아 간으로 이어진다. 그래서 번만煩滿과 낭
축囊縮이 생긴다. 그래서 삼음삼양의 경맥과 이와 연결된 오장
육부가 모두 병이 들면 인체의 영기와 위기가 행하지 못하고 오
장이 통하지 못해 죽게 된다."

岐伯曰 "傷寒一日巨陽受之, 故頭項痛, 腰脊強. 二日陽明受之, 陽明主
肉, 其脈挾鼻絡於目, 故身熱, 目疼而鼻乾, 不得臥也. 三日少陽受之, 少

陽主膽, 其脈循脇絡於耳, 故胸脇痛而耳聾. 三陽經絡皆受其病而未入於藏, 故可汗. 而已四日太陰受之, 太陰脈布胃中絡於嗌, 故腹滿而嗌乾. 五日少陰受之, 少陰脈貫腎絡於肺繫舌本, 故口燥, 舌乾而渴. 六日厥陰受之, 厥陰脈循陰器而絡於肝, 故煩滿而囊縮. 三陰三陽五臟六腑皆受病, 榮衛不行五藏不通則死矣."

【해설】

삼음삼양이라는 질병 분류 체계가 『소문』에도 등장한다. 그러나 그 내용은 『상한론』과 다소 차이가 있다. 동무가 본조를 인용한 것은 삼음삼양병에 대한 다양한 전승들을 정리할 필요성을 느꼈기 때문일 것이다.

6조를 시작으로 7, 8, 9조의 논의가 한 단락을 이루며 「의원론」이 마무리된다.

『소문』의 삼음삼양

본조는 『소문』「열론熱論」의 문장을 그대로 인용한 것이다. 「열론」은 "열병은 모두 상한의 부류다今夫熱病者, 皆傷寒之類也"라며 시작한다. 그리고 상한병의 변화 과정을 다리로 흐르는 6개 경락으로 설명한다.

많은 의가가 이를 『상한론』의 연원이 된 문헌으로 지목해왔다. 실제 「열론」의 내용은 삼음삼양병과 해당 병증의 관계를 경락을 매개로 논리적으로 연결시켜준다. 매우 설득력 있고 강력하게 다가온다.

그러나 동무는 이미 경락과 『상한론』은 무관하다고 선언했다. 『상한론』은 경락을 매개로 병증을 기술하지 않는다.

본조에서도 동무의 관심은 경락설에 있지 않다. 오직 병증에만 관심이 있다. 동무가 보기에 「열론」의 삼음삼양병은 『상한론』의 삼음삼양병과 이름만 같을 뿐 내용이 전혀 다르다. 완전히 다른 병증 분류 방식으로 본다. 거양, 소양, 소음경병은 소양인병이고 양명, 태음경병은 태음인병이며 궐음경병은 소음인병이라 말한다.(5-9)

「의원론」은 이어지는 사상인 병증약리론의 오리엔테이션에 해당한다. 동무는 『상한론』을 의학의 종주로 삼았고(5-1) 약물학의 유구한 역사를 말했으며(5-2) 『상한론』의 삼음삼양병에 대해 논술했다.(5-3, 4, 5) 그리고 이제 『황제내경』의 상한병을 말한다. 본서에서 동무의 관심은 처음부터 끝까지 상한병에 있음을 명백히 깨달아야 한다.

5-7.

"(황제가 말하길) 두 경락이 동시에 한사에 감염되면 죽음을 면할 수 없다." "(기백이 말하길) 두 경락이 동시에 한사에 감염되면 1일에는 거양과 소음이 함께 병들어 두통頭痛과 구건口乾, 번만煩滿이 생긴다. 2일에는 양명과 태음이 함께 병들어 복만腹滿, 신열身熱, 불음식不飮食, 섬어譫語가 생긴다. 3일에는 소양과 궐음이 함께 병들어 이롱耳聾, 낭축囊縮과 궐厥, 수장불입구水漿不入口, 부지인不知人이 생긴다. 6일에는 죽는다." "(황제가 말하길) 죽으려면 다 6~7일 사이에 죽고 나으려면 다 10일 이상 지나서야 낫는다."

"兩感於寒者, 必不免於死." "兩感於寒者, 一日巨陽, 少陰俱病, 則頭痛,
口乾而煩滿. 二日陽明, 太陰俱病, 腹滿, 身熱, 不飮食, 譫語. 三日少陽,
厥陰俱病, 耳聾, 囊縮而厥, 水漿不入口, 不知人. 六日死." "其死皆以
六七日之間, 其愈皆以十日已上."

【해설】

『소문』「열론」의 문장이 이어지고 있다. 삼음삼양의 병 중 두 개
가 동시에 발병하는 것을 구병俱病이라 말한다. 구병의 난치를 보여
준다.

구병불치俱病不治

본조는 통문장을 그대로 인용한 것이 아니다. 동무가 「열론」의
문장을 입맛대로 재구성한 것이다. 서로 다른 세 곳의 문장을 편집
해서 하나로 엮었다. 「열론」은 다음과 같이 시작한다.

황제가 물었다. "지금 열병이라는 것은 모두 상한에 속한다. 혹
낫고 혹 죽기도 하는데, 죽는 것은 모두 6, 7일 사이고 낫는 것은
모두 10일 이상인 것은 무슨 까닭인가?" 기백이 답했다: "거양은
삼양이 모두 모이는 곳이며 그 경맥은 풍부라는 혈에 이어져 있
습니다. 그러므로 삼양의 기를 주관하는 곳이 됩니다. 사람이 한
기에 상하면 열병이 되어 비록 심하더라도 죽지 않습니다. 그러나

음과 양이 동시에 한기에 상해서 병이 들면 죽음을 면치 못하게 됩니다."

黃帝問曰 "今夫熱病者, 皆傷寒之類也. 或愈, 或死. 其死皆以六七日之間, 其愈皆以十日以上者, 何也?" 岐伯對曰 "巨陽者, 諸陽之屬也. 其脈連於風府, 故爲諸陽主氣也. 人之傷於寒也, 則爲病熱. 熱雖甚, 不死. 其兩感於寒而病者, 必不免於死."

그리고 그 구체적인 상황을 듣고 싶다(願聞其狀)는 황제의 말에 응하여 5~6의 문장이 이어지는 것이다. 기백은 먼저 열병의 변화과정을 날짜별로 기술한다.(5-6) 그리고 "불양감어한자不兩感於寒者"가 10일 이후에 낫는 과정과 "양감어한자兩感於寒者"가 6, 7일에 죽는 과정을 자세히 설명해준다. 이것이 「열론」의 전체 내용이다.

동무는 6조와 7조를 통해서 「열론」을 요약하고 있다. 본조에서는 황제의 말과 기백의 답을 앞뒤로 엮어서 열병 불치의 경우를 정리하고 있다. 물론 『동의보감』에서 해당 문장을 다 찾을 수 있다.(동10-2/3) 역시 『동의보감』에서 옮겨온 것이라 봐야 한다.

"양감어한자兩感於寒者"는 태양과 소음, 양명과 태음, 소양과 궐음 등 양경과 음경이 동시에 한기에 상한 것을 말한다. 비유하자면 잎이 마른데다 뿌리까지 병드는 심각한 상황인 것이다. 표리구병表裏俱病이라 부르기도 한다.

동무는 본조의 구병에 대해 별다른 해석을 가하지는 않는다. 아무런 논평이 없다. 그저 구병의 심각성을 보여주고자 했던 것 같다.

이런 사람 못 고친다

사마천은 편작의 전기를 쓰면서 재미있는 내용을 소개하고 있다. 바로 "육불치六不治"라는 것인데, 어떤 의사도 고칠 수 없는 여섯 가지 경우가 있다는 것이다.

첫째, 교만방자해서 논리적인 설득이 안 되는 자(驕恣不論於理), 의사의 정당한 진료와 충고에 따르지 않으면 어쩔 수 없다. 질병의 치료에는 전문가의 조언이 반드시 필요하다.

둘째, 몸은 가벼이 여기고 재물은 중시하는 자(輕身重財), 스스로 돌보지 않는 자는 아무리 좋은 의사를 만나도 방법이 없다. 의사는 안내자요, 협력자일 뿐이다. 건강의 책임은 결국 자신에게 있다. 정말 뼈저리게 생각해보아야 할 문제다.

의사의 조언을 냉정하게 판단해보고 신중하게 결정했으면 단호하게 실천해야 한다. 그리고 그 결과를 의사와 함께 평가해보아야 한다. 나를 따르라고 강권하는 의사가 되어서도, 니가 고치라고 내맡기는 환자가 되어서도 곤란할 것이다.

셋째, 먹고 입는 것이 적절하지 못한 자(衣食不能適), 이는 건강의 가장 중요한 비결이다. "의衣"는 몸에 걸치는 모든 것이다. 옷은 물론이고 액세서리나 이부자리 등을 모두 포괄한다. "식食"은 입으로 들어가는 모든 것이다. 음식과 음료, 영양제, 의약품을 모두 포함한다. 의는 겉에 접촉되는 것, 식은 속에 흡수되는 것을 말한다 하겠다. 인체에 작용하는 거의 전부라 해도 과언이 아니다.

2000년 전 사람들은 건강과 불건강의 느낌에 대한 정확한 감각이 있었다. 오히려 오늘날 사람들은 이러한 감각을 모두 잃어버렸다.

몸에 부담을 주는 액세서리를 하고도 이것이 불편한지 모르고 몸을 힘들게 하는 음식을 먹어도 이것이 해로운지 모른다. 내 몸이 접촉하는 것, 내 몸이 흡수하는 것, 그것이 바로 나의 건강을 결정한다는 사실을 반드시 기억해야 한다! 건강은 여기서부터 시작해야 한다. 우리는 의식衣食에 대한 의식을 회복해야 한다.

의식衣食에 대한 위해 여부는 유심히 관찰하면 누구나 자각할 수 있다. 그런데 "경신중재輕身重財", 우리 관심은 온통 저 바깥에 있어서 도저히 안을 들여다보질 않는다. 의학의 혁명이 여기서부터 시작되어야 하지 않을까? 그래야 오늘날과 같은 의료 정보의 홍수 속에 휩쓸려가지 않으며 잃어버린 건강의 주권을 다시 가져올 수 있다. 의식을 무시하는 자, 결코 건강할 수 없다! 이는 한 치의 과장도 없는 정확한 사실이다. 의식이야말로 우리가 놓치지 말아야 할 건강의 키워드다.

넷째, 인체의 항상성이 깨지고 장기의 기능이 불안정한 자(陰陽幷蔵氣不定), 장기가 손상되면 회복이 어렵다. 장기가 곧 생명의 센터이기 때문이다. 생명의 중심에 대한 한의학적 시각이 드러나 있다.

다섯째, 몸이 극도로 쇠약해져 약을 받아들일 수 없는 자(形羸不能服藥), 거의 죽음을 눈앞에 둔 상태다. 의학으로 어찌할 수 없는 경우다.

여섯째, 무당만 믿고 의사를 믿지 않는 자(信巫不信醫), 신비에 현혹되면 생명을 지키기 어렵다. 편작이 바로 무巫의 길을 벗어나 의醫의 전범을 보여준 인물이다.

육불치는 사실 편작의 말이 아니라 사마천이 편작의 일화를 해설하면서 덧붙인 당시의 격언 같은 것이다. 오늘날에도 여전히 퇴색하지 않는 치료의 준칙을 담고 있다.

병이 나면 누구나 약해진다. 심리적으로도 굉장히 여린 상태가
된다. 수많은 정보에 휩쓸리며 더욱 불안정해지기 쉽다. 우리는 병
이 낫는 길을 가야 한다. 끝까지 합리적인 사고를 놓치지 않고 늘 내
면을 돌아보며 항상 입고 먹는 것을 주의하면 분명히 살길이 열린
다!

5-8.

내가 논한다. "『영추』와 『소문』은 황제의 이름을 빌어온 것으로
이상하고 괴상하며 환상적이고 현혹적이라 제대로 된 길이라
말하기 어렵다. 방술가들과 호사가들의 말투가 때로 이와 같으
니 심각하게 나무랄 필요도 없다. 그러나 이 책에도 역시 옛사
람들의 풍부한 경험이 담겨 있어 5장 6부나 경락, 침법, 병증과
수양 등의 논변에는 계발적인 부분이 많다. 그러므로 실제로 한
의학의 역사에서 의가들에게 격치의 종주가 되었고 수많은 진
실의 싹이 여기서부터 비롯되었던 것이다. 그러니 허황되고 거
짓된 것만 탓해서 그 계발의 공로를 버려서는 안된다. 다시 말
해 이 책은 고인의 총명과 혜지로 가득 찬 박물학 서적이며 방
사들에 기원을 두고 있는 수양서다. 그 원리는 고찰해보더라도
그 말은 다 믿어선 안 된다."

論曰 "『靈樞』『素問』假托黃帝, 異怪幻惑, 無足稱道. 方術好事者之言容
或如是, 不必深責也. 然此書亦是古人之經驗, 而五臟六腑, 經絡針法,
病證, 修養之辨多有所啓發, 則實是醫家格致之宗主, 而苗脈之所自出
也. 不可全數其虛誕之罪, 而廢其啓發之功也. 盖此書亦古之聰慧博物之

言, 方士淵源修養之述也. 其理有可考, 而其說不可盡信."

【해설】

『소문』「열론」의 인용문(5-6)에 대한 논평에 앞서 『황제내경』이란
서물의 가치를 평론한다. 동무는 『황제내경』을 어떻게 바라보는가?
여기 그 전모가 드러난다.

『황제내경』은 존재하지 않는다

중요한 사실은 동무가 『황제내경』을 언급하지 않는다는 것이다.
오직 『소문』과 『영추』를 말한다. 문헌에 대한 엄밀한 안목이 엿보인
다. 동무의 『내경』관은 문헌학에서 출발하는 것이다.

『황제내경』이란 책은 『한서』「예문지」에 최초로 언급된다. 의경
7가의 첫항목이 바로 "黃帝內經十八卷"이다. 그러나 이에 관한 정보
는 일체 실려 있지 않다.

우리가 『황제내경』의 역사를 더듬어보기 위해서 주목해보아야
할 인물은 다름 아닌 황보밀이다. 『상한론』은 물론이고 『황제내경』
에 대해서도 매우 중요한 정보를 제공하고 있다.

지금 『침경』 9권과 『소문』 9권, 모두 18권이 있는데 이것이 바로
『내경』이다. 그러나 이것 역시 소실되어 그 내용이 아득하기만 하
다. 칭찬하는 말들은 많으나 실물이 부족하니 순서가 맞지 않는
다. 『사기』「편작창공열전」에서 창공편을 살펴보면 그 의학이 전

부 『소문』에서 비롯되었음을 알 수 있다. 『소문』은 질병에 대한 논의가 매우 상세하며 『구권』은 경맥의 본원을 추구하여 그 뜻이 심오해서 읽기가 쉽지 않다.

今有『鍼經』九卷, 『素問』九卷, 二九十八卷, 卽『內經』也! 亦有所亡失, 其論遐遠, 然稱述多而切事少, 有不編次. 比按倉公傳, 其學皆出於『素問』. 『素問』論病精微, 『九卷』是原本經脈, 其義深奧, 不易覽也. (『침구갑을경』「서」)

그러니까 『황제내경』이 『침경』과 『소문』의 합본이라는 것이다. 그런데 이 또한 구하기가 쉽지 않았고 문장도 중언부언에 잘못된 곳이 허다했단다. 보존상태가 매우 불량했던 것이다. 황보밀은 『침경』을 『구권』으로 부르기도 한다. 물론 『한서』에 『소문』과 『침경』은 나오지 않는다.

그러면 과연 『영추』는 어디에서 나온 말일까? 『영추』를 최초로 언급한 인물은 왕빙王冰(710~804)이다. 왕빙은 762년 『소문』의 주석서를 완성하고 그 서문에서 이렇게 말한다.

반고는 『한서』「예문지」에서 "『황제내경』 18권"을 기록했다. 『소문』이 바로 그 경전의 9권이며 여기에 『영추』 9권을 더하면 18권이 된다.

班固『漢書』「藝文志」曰 "『黃帝內經』十八卷." 『素問』, 卽其經之九卷也. 兼『靈樞』九卷, 迺其數焉.

『구권』이나 『침경』 등으로 소박하게 불려왔던 서적을 『영추』라는

그럴듯한 이름으로 고쳐 부르기 시작한 것이다. 왕빙 이후『황제내
경』은『소문』과『영추』라는 설이 고착되어 지금까지 그대로 이어지
고 있다.

　사실상 반고의『황제내경』은 우리에게 없다. 우리에게는『황제내
경』이라고 추정되는 문제 많은『소문』과『영추』가 있을 뿐이다. 혹시
모르지 않는가? 지하의 어느 암실에 반고가 말했던『황제내경』이
우리가 생각했던 것과 전혀 다른 모습으로 잠자고 있을지도.

　『동의수세보원』에서『황제내경』은 오직 인용문에서만 나타난
다.(8-2-15, 9-1-1) 동무는『소문』과『영추』라는 절사切事로 판단할 뿐
『황제내경』이라는 칭술稱述에 휩쓸리지 않았다. 이것이 배우는 자의
합리적인 순서며 학문하는 자의 정직한 자세다.

　　왕빙의『소문』

　『소문』에 최초로 주석을 가한 인물은 남조의 제齊와 양梁에 걸쳐
살았던 전원기全元起(생몰 미상)다. 대략 6세기로 왕빙보다 1세기 앞
선다. 그런데 전원기가 구해본『소문』은 이미 제7권이 소실되어버린
8권본이었다.

　『남사』「열전」제49에는 전원기가『소문』을 주해하기 앞서 당시
유명한 학자이자 장서가였던 왕승유王僧孺를 찾아가 "폄석"에 대해
토론하는 장면이 나온다.(僧孺工屬文. 善楷隸, 多識古事. 侍郎全元起欲注
『素問』, 訪以砭石.) 굉장히 열정적으로 주해작업에 몰두했음을 알 수
있다.

이러한 전원기의 주해서는 당나라 왕빙의 주석에도 등장하며 북송의 임억 등도 교정의 참고서로 활용했으나 이후로는 전하지 않는다. 다행히 그 편명이 임억 등이 『중광보주황제내경소문重廣補注黃帝內經素問』을 교정하면서 기명해놓아 후세에 전하고 있다.

762년 마침내 왕빙이 『소문』의 전면적인 분석을 시도한 주해서를 편찬한다. 왕빙의 시대에도 『소문』은 매우 골치 아픈 책이었다. 내용도 어려울뿐더러 보존상태도 엉망이었다. 편명이 중복되기도 하고 앞뒤가 뒤바뀌어 있기도 했으며 문맥이 뚝 끊겨 있기도 했다. 그래서 활용하기도 이해하기도 어려웠다. 시간이 흐르면서 오류가 고착되어버리는 폐해가 생겨났다고 서문을 통해 말한다.

그래서 주해에 앞서 먼저 원문의 대대적인 보수작업을 행했다고 쓰고 있다. 죽간이 떨어져나가 누락된 곳은 경과 논을 찾아 보완하고 편명이 없는 곳은 새로 지었다. 서로 다른 내용이 붙어 있으면 편을 나누었고 제목도 따로 붙여줬다. 군신의 예에 어긋나는 문답은 손질하고 착간은 바로잡았던 것이다.

또 소실되었다는 『소문』 제7권을 스승의 서재에서 발견하여 함께 주해했다고 밝힌다.(時於先生郭子齋堂, 受得先師張公祕本.) 이것이 바로 운기칠편이라 불리는 7편의 논문들이다. 그러나 임억 등은 일찌감치 『소문』 제7권일 수 없다고 비판하기도 했다.

이처럼 왕빙은 원문에 화끈하게 손을 댄다. 내용에서 형식까지. 중고차를 수리해서 새 차로 만든 것이다. 그 결과 기존의 것과 전혀 다른 "왕빙의 『소문』"이 탄생했다! 왕빙은 자신이 덧붙인 글자는 붉은 글씨로 써서 구분하는 등 원문을 보존하기 위해 나름 노력했지만(凡所加字皆朱書其文, 使今古必分, 字不雜糅. 「서」) 이미 『소문』의 원형과는 상당히 멀어졌다.

1057년, 교정의서국 멤버들은 여타의 『소문』이 아닌 "왕빙의 『소문』"을 교감하여 발간한다. 그리고 『중광보주황제내경소문』이라는 웅장한 이름을 붙였다. 왕빙의 『소문』이 국가 공인 『소문』이 된 것이다! 교정의서국의 『소문』 교정사업은 상당히 정밀하고 방대했던 걸로 평가받는다. 자타공인 정본 『소문』을 만들었다. 이후 출간된 각종 『소문』은 하나도 빠짐없이 송본 『소문』을 표준으로 삼았다. 현재의 『소문』 텍스트는 모두 송본 『소문』인 것이다.

안타깝게도 왕빙의 『소문』은 물론 교정의서국의 『소문』 역시 전하는 것이 없다. 지금 우리가 보는 『소문』의 물리적 판본은 금원 이전으로 거슬러 올라가지 않는다. 베이징 도서관에 금원시대 출간된 『소문』의 일부가 소장되어 있다고 한다.

가장 널리 읽힌 판본은 명의 고종덕顧從德이 1550년 재간행한 송본이다. 송본의 원면모를 유일하게 보존하고 있는 최고의 선본으로 인정받고 있다.

사승의 『영추』

왕빙이 『영추』라 부른 서물의 조형은 원래 이름조차 없었다. 그냥 『구권』이라 불렸다. "9권짜리 그 책"이란 뜻이다. 그런데 또 다른 9권짜리 『소문』이란 책이 이미 『황제내경』의 한자리를 꿰찼다. 『소문』에는 의학의 중요한 내용들이 총망라되어 있었다.

그러니 『구권』은 더 이상 "9권"이라 부를 수도 없게 됐다. 그래서

『침경』이란 이름을 얻게 된 것이다. 특히 침에 관한 내용을 위주로 선집되었기 때문이다. 그리고 마침내 『황제내경』의 일원이 되었다. 그러나 『구권』의 역사는 이후로도 순탄치 못했다.

당나라에는 태의서太醫署라는 진료와 의학교육 및 의료행정을 전담하는 기관이 있었다. 중국의 의료가 상당히 초기에 체계적인 면모를 구축했음을 보여준다. 당 현종의 명으로 738년 완성된 『당육전唐六典』 권14에는 태의서의 세부적인 인력과 역할이 나온다. 그리고 당시 의사가 되기 위해 읽어야 할 필독서로 『황제침경』이 명시되고 있다. 말하자면 당나라 국립의학기관의 교과서였다. 뿐만 아니다. 신라와 고려에서도 『침경』은 중요한 의학 교재였다. 1145년 편찬된 최고最古의 역사서 『삼국사기』는 우리나라 최초의 의학교육 기관에 대해 기술하고 있다.

의학은 효소왕 원년(692)에 처음으로 설치되었다. 학생들은 『본초경』 『갑을경』 『소문경』 『침경』 『맥경』 『명당경』 『난경』 등으로 가르쳤다.

醫學, 孝昭王元年初置. 教授學生, 以『本草經』 『甲乙經』 『素問經』 『針經』 『脈經』 『明堂經』 『難經』爲之業.(『삼국사기』 「잡지」 8)

그런데 북송에 이르면 『영추』를 구하기 어려워진다. 교정의서국에서도 확보하지 못했다.(但以『靈樞』今不全.) 급기야 1091년에는 고려로 사신을 보내 『황제침경』 9권의 필사를 부탁하게 된다. 고려 선종 8년의 일이다.(『고려사』 「세가」 10)

마침내 1092년 고려에서 황종각을 사신으로 파견하여 『황제침

경』을 바친다.(遣黃宗慤來, 獻『黃帝針經』.『송사』「열전」246) 그리고 이듬
해 1월 황제는 조서를 내려 바로 이『황제침경』을 간행하여 전국에
배포한다.(詔頒高麗所獻『黃帝針經』於天下.『송사』「본기」17) 1093년, 고려
에서 헌정한『황제침경』이 국가 공인서가 된 것이다!

그러나 고려의『황제침경』도, 송의『황제침경』도 지금은 모두 사
라지고 없다. 지금 전하는『영추』는 남송의 사숭史崧이 1155년의 무
더운 여름날 집안에 소장되어 있던『영추』9권을 교정하고 음석音釋
을 붙여 24권으로 출간한 것이다.

사숭의『영추』는 이후 거듭 출간되어 다양한 전본을 형성했고 현
존하는『영추』의 원형이 되었다. 우리에겐 오직 사숭의『영추』가 있
을 뿐이다.

사숭의『영추』는 고려의『황제침경』이다

사숭이 집에서『영추』를 발견한 것은 고려에서 입수한『황제침
경』을 반포하고 60여 년의 세월이 흐른 뒤였다. 사숭은 서문에서
"집에서 소장하고 있던『영추』는 9권으로 모두 81편이다(家藏舊本『靈
樞』九卷, 共八十一篇)"라고만 했을 뿐 판본의 유래나 소장 경위 같은
정보는 밝히지 않았다. 과연 사숭의『영추』는 고려의『황제침경』과
무관할까?

이에 대해 일본의 의사학자인 마야나기 마코토眞柳誠(1950~)는
흥미로운 논문을 발표한 적이 있다.『한국의사학회지』에 "지금의
『영추』는 고려 정부에서 소장하고 있던『침경』을 근간으로 하고 있

다"(『靈樞』は高麗政府所藏本『鍼經』に基づく)라는 제목으로 소개되었다.(『한국의사학회지』, 2003, 16(2), 157~162쪽)

미야나기는 상세한 원문 고증을 바탕으로 금원대 의서에 인용된 『침경』이 현재의 『영추』와 일치하는 확률이 매우 높음을 밝혀낸다. 즉 1093년 발행된 북송본이 금원대에 널리 활용되었고 남송의 사승은 집안에 소장하고 있던 북송본 『침경』 9권을 왕빙의 설에 따라 『영추』로 개명하고 교정의서국의 『소문』을 모방하여 24권으로 개편하여 재발행한 것이며 이후 널리 유포되면서 북송본 『침경』은 사라지게 되었다는 것이다. 미야나기는 또다른 글에서 고려의 전승이 없었더라면 중국 의학의 기본 고전 하나를 잃게 되었으리라는 건 틀림없다고 말한다.(2007년도 이바라키대, 인제대 공동 학술 심포지엄 "한일 문화 교류 -과거와 현재" 논문발표집, 「한국 전통 의학 문헌과 일본, 중국, 한국의 상호 전파」, 81쪽)

『영추』에 대한 주석은 명대에 이르러서야 나타난다. 마시馬蒔는 『황제내경소문주증발미黃帝內經素問注證發微』와 더불어 『황제내경영추주증발미黃帝內經靈樞注證發微』를 완성해 『소문』과 『영추』에 전면적인 주해를 가한 최초의 인물이 되었다.

방사의 수양서

『영추』와 『소문』은 한 개인이나 한 시대의 저작이 아니라 전국시기부터 한대에 이르기까지 성립한 논문들의 정리집이라 보는 것이 통설이다. 황제가 신하인 기백岐伯, 뇌공雷公, 소유少兪, 백고伯高 등과 나눈 문답체로 엮여 있다. 그래서 황제학파에서 형성된 무수한 논문을 최초의 편집자가 선집하여 단행본으로 묶은 이래 여러 차례 증감이 이루어진 책이라 보는 것이다.

동무 역시 황제의 이름은 빌려온 것일 뿐, 당시의 어법과 맞지 않으므로 결코 황제의 작품일 수 없다고 단정한다.(5-1) 그러면 과연 누가 언제 편찬한 책으로 보았을까? 동무의 답은 "방사方士" 한마디에 담겨 있다.

"방사"는 방술지사方術之士를 의미한다. 방기方技와 술수術數에 능한 자다. 그들이 방술에 조예가 깊은 이유는 신선사상과 관련 있다. 한마디로 방술은 신선이 되기 위해 필요한 기술의 총칭이다. 『사기』「봉선서封禪書」에서 방사의 기원에 관한 기록을 찾을 수 있다.

송무기, 정백교, 충상, 마지막 선문고까지 모두 전국시대 연나라 사람으로 방선도를 배워 형체를 벗어나 자유롭게 변화했으며 귀신의 일에 매달렸다. 추연은 음양학설로 제후들에게 이름을 떨쳤는데 연나라와 제나라의 연안 지역 방사들이 그 방식을 계승했으나 통달하지 못하고 이때부터 괴이하고 아첨하는 자들이 흥기하여 그 수를 헤아릴 수가 없었다. 제의 위왕, 선왕, 연의 소왕도 그들을 신봉하여 사람들을 바다로 보내 봉래, 방장, 영주 등의 삼신산三神山을 찾게 했다. 삼신산은 발해 안에 있어 그다지 멀지 않았으나 신선이 배가 닿는 것을 우려해 바람을 일으켜서 멀리 보내버린다고 전해진다. 일찍이 가본 자가 선인들과 불사약이 모두 거기 있었다고 했다.

宋毋忌, 正伯僑, 充尙, 羨門高最後皆燕人, 爲方僊道, 形解銷化, 依於鬼神之事. 騶衍以陰陽主運顯於諸侯. 而燕齊海上之方士傳其術不能通. 然則怪迂阿諛苟合之徒自此興. 不可勝數也. 自威. 宣. 燕昭使人入海求蓬萊. 方丈. 瀛洲. 此三神山者. 其傳在勃海中. 去人不遠. 患且至. 則船風引而去. 蓋嘗有至者. 諸僊人及不死之藥皆在焉.

산채로 육신을 벗어나 죽지 않는 신선이 된다는 믿음을 가진 방선도가 연나라에서 시작된 것이다. 방선도를 추구하는 무리를 방사라 부르고 있다. 그들은 추연의 음양학설을 따랐으며 연나라와 제나라에서 융성했다. 3세기 무렵부터는 방사 대신 도사道士란 말이 많이 쓰였다.

바다 건너 삼신산에는 불사약을 먹은 신선僊人들이 모여 산다는 전설까지 나돌았다. 실제로 무수한 군주들이 삼신산을 찾아 사람들을 내보냈다. 진시황이 제나라 방사였던 서불徐市의 말을 듣고 불사약을 찾고 선인을 모셔오라며 수천 명의 어린 아이들을 바다로 내몰았다는 이야기도 유명하다. 당시 방사들이 창궐했다. 진시황은 결국 방사들의 위선을 통감하고 갱을 파서 묻어버렸는데(『사기』 「진시황본기」) 갱유坑儒 사건으로 알려져 있으나 일차 목표는 유학자들이 아니라 방사들이었던 것이다. 이후 방사들의 성세가 한동안 사그라든다.

방사들은 살아 있는 불사체를 추구했다. 그래서 세상을 현혹시켰다. 그런데 그 신념은 허황했지만 그 실천은 매우 구체적이었다. 불사의 절박한 꿈을 이루기 위해 구체적 방기와 술수를 엄청나게 탐구하고 습득한 것이다. 그래서 세상을 변혁시키기도 했다.

당시 좌충우돌 상상을 초월하는 그들의 행동은 매우 기괴하게 생각됐다. 대부분 별 볼 일 없는 사기꾼들이었지만 그 가운데 중요한 발견과 지식도 쌓여갔다. 『한서』「예문지」에는 방사들이 남긴 것으로 추정되는 다양한 문헌들이 기록되어 있는데 그 대표적인 것들이 방기략方技略과 술수략術數略의 범주에 들어 있다. "방기"는 의경醫經, 경방經方, 방중房中, 신선神僊으로 분류되고 "술수"는 천문天文, 역보歷譜, 오행五行, 시귀蓍龜, 잡점雜占, 형법形法으로 세분된다. 방기가 인간에 대한 학문이라면 술수는 하늘과 땅에 대한 학문이라 말할 수 있겠다.

방사들의 주된 관심사는 인간의 몸이었으며 또 몸을 둘러싼 우주일 수밖에 없었다. 그래서 방사에게는 점을 치며 부적을 날리고 풍수를 살피며 별자리를 따져보는 도사의 이미지도 있지만 약초를 구하고 의술을 익히며 불로장생을 좇아 양생에 몰두하는 의사의 이미지도 강하다.

실제 역대로 수많은 의사가 도사이기도 했다. 행림의 미담을 만들어낸 삼국시대 동봉董奉, 신선에 관한 이론을 집대성한 진의 갈홍葛洪, 본초학을 정리하여 후세에 남겨준 양의 도홍경, 『소문』을 깊이 천착한 당의 왕빙 등이 대표적이다. "옛부터 신선의 도를 연구하는 자는 의술을 함께 연마하지 않은 경우가 없었다(古之初爲道者, 莫不兼修醫術. 『抱朴子』「雜應」)"라 할 정도였다.

우리는 갈홍의 『포박자』에서 신선의 존재에 대한 확신을 바탕으로 영생의 기술을 추구하는 방사들의 실상을 확인할 수 있다. 방사들은 불사약이 구해지지 않자 직접 만들기 시작한다. 이를 연단술煉丹術이라 부르는데 주로 광물을 활용했다. 연단술의 과정에서 화약을 발견했다는 일화는 유명하다. 그런데 이조차도 어렵자 수련을 통해 장생을 추구하는 내단(內丹)이 발전한다. 『포박자』는 바로 복약에 의존한 외단(外丹)의 고전이라는 평가를 받는다. 흥미로운 것도 많지만 황당한 것은 더 많다.

전국 말기에 태동한 이러한 조류는 점차 새로운 사상운동을 전개해나갔고 그것은 한대에 이르러 중국인들이 인간과 세계를 바라보는 새로운 패러다임으로 정착한다. 이들은 추연의 음양오행설을 받아들였고 노자의 인식론을 따랐으며 황제를 정신적 지주로 삼았다. 우리는 이를 황로지학(黃老之學)이라 부른다.

황로지학은 맹목적인 신앙에서 출발해 철학적 숙성을 거쳐 과학의 기반을 만들어냈다. 그들이 구축한 과학은 바로 몸의 과학, 즉 의학이었다. 죽지 않는 약(不死藥)을 만들겠다는 절실한 노력이 의약의 급격한 발달을 가져왔으며, 죽지 않는 기술(神仙術)을 습득하겠다는 실천적 탐구가 양생술과 의학의 비약적인 성장을 이룩한 것이다. 광신적 믿음에서 시작된 방사들의 연구가 마침내 중국의 과학을 태동시키게 된다.

『신농본초경』에는 연년익수의 효능을 기록한 약물이 다수 있다. 방사와의 관련성을 암시한다. 의학이론에 관한 다양한 설을 성립시킨 자들도 방사였다.

황제가 물었다. "내가 방사들에게 들으니 뇌수가 장(臟)이라고 하는 자도 있고 장위가 장(臟)이라고 하는 자도 있고 또 이를 모두 부(腑)라고 하는 자까지 있습니다. 조심스레 그 다른 연유를 물어봐도 모두 자기가 옳다고만 하니 무엇이 맞는지 모르겠어요. 이에 대해 듣고 싶습니다."

黃帝問曰 "余聞方士或以腦髓爲藏, 或以腸胃爲藏, 或以爲府. 敢問更相 反皆自謂是, 不知其道. 願聞其說."(『素問』「五藏別論」)

왕빙은 여기서 "방사는 방술에 대해 명확하게 깨달은 자(方士, 謂 明悟方術之士也)"라 주를 단다. 이처럼 방사들의 이론적 탐구가 결집 된 문헌이 다름 아닌『황제내경』이다.

『소문』과『영추』에 대한 동무의 첫마디는 매우 강렬하다. "이괴환 혹異怪幻惑!" 상식과 다르고(異) 현실적이지 못할뿐더러(怪) 사실이 아니며(幻) 사람을 현혹(惑)시킬 수도 있다! 그러므로 의학의 정도가 아니라고 말한다(無足稱道).『황제내경』을 최고의 경전으로 떠받드는 의학계의 일반적인 관습에 정면으로 반하는 충격적인 직격탄이다.

그런데 이어지는 말이 더욱 가관이다. 방술가들의 수준이 원래 이러니 굳이 나무랄 수준도 못 된다는 것이다. 동무는『소문』과『영 추』가 방사들의 작품임을 명확히 지적한다. 방사연원수양지술方士淵 源修養之述, 방사들이 불사의 꿈을 위해 개발한 수양법이 담긴 책이 다. 동무는 철저한 유학자였다. 유학의 합리성과 현실주의는 초월적 개념이나 신비주의를 극구 거부한다.

공자께서 말씀하셨다. "숨어 있는 것을 드러내고 괴이한 행동을 하면 후세에 칭술함이 있을지라도 나는 그런 일을 하지 않겠다!" 子曰 "素隱行怪, 後世有述焉, 吾弗爲之矣!"(『중용』11)

공자는 괴력난신은 결코 말하지 않았다.(子不語怪力亂神.『논어』「술 이」20) 유자는 방사와 정반대의 길을 걷는 사람들이다. 유학자의 깐간한 안목에 방술사의 장풍 날리는 소리가 탐탁할 리 있겠는가? 동무의 유학적 지반이 방사들의 잡설을 단칼에 날려버린 저력이 된 것이다.

고대의 지혜서

기원전 4~5세기 그리스에서도 주술적 형태에서 벗어나 합리적 의학을 추구하는 일단의 의학자들이 출현한다. 그들이 남긴 다양한 의학적 논의와 사상을 엮은 『히포크라테스 전집』은 17세기까지 서양 의학의 가장 중요한 고전이었다. 니덤은 『황제내경』을 히포크라테스 전집에 비교했다. 동서 의학의 시작은 그 시기와 배경, 특성까지 매우 유사하다.

『히포크라테스 전집』에 필적하는 중국의 의서는 『황제내경』이다. 『내경』이라고도 불린다. 현존하는 것들은 독립된 장들로 나뉜 방대한 형태인데 그리스 문집들과 같은 논문 모음집이라 할 수 있다. 『내경』은 실제로 『히포크라테스 전집』과 동일하게 인체의 정상적인, 그리고 비정상적인 기능의 다양한 상태와 진단, 예후, 치료, 섭생 등을 다룬다. 우리는 거의 기원전 1세기, 곧 전한시대에는 현재의 형태로 존재했으리라 생각하고 있다. 누구도 『내경』이 그보다 앞선 5~6세기 의사들의 임상 경험과 생리, 병리 이론을 체계화했다는 데 이의를 제기하지 않는다. 『내경』을 신화적인 황제(가장 사랑받는 도가의 인물)의 작품으로 보는 것은 별 의미가 없

다. 이 책은 고대인의 실제적인 지식들을 담고 있으며 영원히 남
을 중국 의학의 사상적 특징을 상술한다. 이후 이 분야의 모든
저술은 『내경』에서 유래하여 발전했다. 『내경』과 같은 박물학적
논집은 진한 교체기에 만들어졌을 것이라 보는 게 자연스럽다. 최
초의 통일 제국인 진은 체계적인 제도의 확립을 위해 중앙집권제
는 물론 무게와 도량형, 그리고 마차의 바퀴폭까지 통일했기 때문
이다. 다시 말해 진은 모든 방면에 중국식 관례를 확립하고자 했
던 것이다.

The Chinese counterpart is the Huang di nei jing, 黃帝內經(The

Yellow Emperor's manual of corporeal [medicine]), often referred

to as the Nei jing. The extant forms appear to be large books

divided into separate chapters, but like the Greek corpus each is a

compilation of tractates. The Manual deals indeed, just as the

Hippocratic corpus does, with all aspects of the normal and

abnormal functioning of the human body, with diagnosis,

prognosis, therapy and regimen. It was, we think, approximately

in its present shape by the -1st century, in the Western Han

Dynasty. No one disputes that it systematised the clinical

experience and the physiopathological theory of the physicians of

the preceding five or six centuries. The attribution of the work to

the mythical Yellow Emperor(a favourite Taoist figure) is of little

significance. The book contains some practical knowledge of the

ancients and elaborates the philosophia perennis of Chinese

medicine. All later writings in this field derive and develop from the Nei ching. It is quite natural that such a compendious treatise should have been made in the Qin and Han periods, for the institution of the first unified empire in the Qin brought about not only a centralisation of government but also a standardisation of weights and measures, even down to the gauge of carriage wheels: in sum, a general systematisation of Chinese practices. (*Science and Civilisation in China* Vol 6, Pt 6, p.47)

과연『소문』과『영추』는 도사들의 헛소리일 뿐일까? 그 무수한 의학의 천재들이 그토록 숭상한 것이 정말 헛일이었을까? 지금도 우리는 2000년 전 방사들의 혓바닥에 휘둘리고 있는 것일까? 니덤은 고대인들의 실제적인 지식practical knowledge of the ancients과 더불어 중국 의학의 철학적 반석the philosophia perennis of Chinese medicine을 제공했다고 평가한다.

동무의 생각도 크게 다르지 않다. 기존 의학을 바라보는 한결같은 기준, 곧 "경험"의 잣대를 그대로 들이대고 있다. 이 방대한 서물 안에도 옛사람의 경험이 담겨 있다(此書亦是古人之經驗).『내경』의『내경』됨은 바로 고인들이 겪어보고 증험해본 것을 솔직히 기록한 부분에 있다는 것이다. 동무의 내경관은 그의 의사학적 관점의 연장선상에 있다.

동무는『내경』의 가치를 장부, 경락, 침법, 병증, 수양으로 압축한다. 이러한 내용들이 후세에 많은 계발을 주어 의학을 합리적으로 고민하고 실질적으로 활용하는 이들의 종주가 될 수 있었다고 분석한다.(實是醫家格致之宗主, 而苗脈之所自出也.)

그러면 동무는『내경』에서 어떤 영향을 받았을까? 동무가『내경』
에서 받은 실제적인 영향은 병증에 한정된다. 그 내용이「태음인간
수열이열병론」「태양인외감요척병론」에서 각각 3회, 2회씩 내비치고
있다. 경락과 침법은 쳐다보지도 않았고 장부와 수양도 미미하다.
오직 경험, 오직 병증약리만이 동무의 관심사였다. 그런 동무의 눈
에『내경』이 이동원의 저서 한 권보다 더 나을 리가 없다.『동의수세
보원』을 읽다보면 초라해져버린『내경』을 실감할 수 있다.

이렇듯 동무가『내경』에 혹독한 악평을 하는 것 같으나 이는『내
경』의 이익이 큰만큼 해악도 크기 때문에 그 해를 명확히 지적하고
자 함이지 그 공까지 무시하고자 함은 아니다. 고인들의 번뜩이는
지혜와 다양한 관심이 포함되어 있고 방사들이 몸으로 체득한 수양
의 기술은 들어 있으나 증명되지 않은 무책임한 말도 많으니 실제와
혼동하지는 말라는 뜻이다.

잡질을 걸러내고 사금을 캐내어라. 이것이 동무가『내경』을 공부
하고자 하는 후학에게 해주는 충정 어린 충고다.

5-9.

기백이 거론한 거양, 소양, 소음 경맥의 병은 모두 소양인에게만
생기는 병이다. 양명, 태음 경맥의 병은 모두 태음인에게만 생기
는 병이다. 궐음 경맥의 병은 모두 소음인에게만 생기는 병이다.
岐伯所論巨陽, 少陽, 少陰經病, 皆少陽人病也. 陽明, 太陰經病, 皆太陰
人病也. 厥陰經病, 少陰人病也.

6조에 대한 동무의 논평이다. 『소문』의 6경병에 대한 사상의학적
시각이 드러난다.

어느 체질의 병인가

『상한론』의 삼음삼양병과 『소문』의 삼음삼양경병은 이름만 비슷
하지 내용이 전혀 다르다. 정리하면 다음과 같다.

사상인	『상한론』	『소문』
소음인병	태음병 소음병 궐음병 태양병과 양명병의 일부	궐음경병
소양인병	소양병 태양병과 양명병의 일부	거양경병 소양경병 소음경병
태음인병	태양병과 양명병의 일부	양명경병 태음경병
태양인병	없음	없음

동무는 어떠한 경우에도 경락을 취하지 않는다. 동무의 관심은
두눈으로 똑똑히 지켜볼 수 있는 병증이라는 드러나는 현상이다.
병증을 보고 사상의학적으로 분석할 뿐이다. 그런데 동무가 병증을
파악하는 매우 중요한 시각이 있다. 바로 병증사분론이다.

동무는 모든 병증을 4체질로 나누어보려고 한다. 체질에 따라 서
로 다른 병이 생긴다는 믿음이 있다. 그러나 나는 동무의 이러한 병

증관에 대해 다소 비판적이다.(『이제마, 인간을 말하다』, 273~281쪽) 모든 체질에 모든 병이 다 생길 수 있다. 그 어떤 병도 어느 한 체질의 소유일 수 없다. 우리는 『동의수세보원』에 견고하게 솟아 있는 질병 사분의 벽을 숙고해보아야 한다.

제6장 | 소음인 병증약리론

이제 병증약리론이 시작된다. 동무는 병증약리론에서 상한 관련 병증에 대한 사상인의 약리를 제공한다.

소음인의 상한병은 표열병과 이한병으로 양분한다. 여기서 표리란 내외와 동일한 개념인데, 구본에서는 외감병, 내촉병이라 불렀다. 처음부터 두 개의 범주로 상한 병증을 귀납하려 했음을 알 수 있다.

이것이 무슨 말인가? 소음인에게 표열병과 이한병을 말한 이상 표한병과 이열병은 없다고 보아야 한다는 것이다. 소양인 역시 표한병과 이열병만 있을 뿐 표열병과 이한병은 존재하지 않는다. 겉이 덥고 속이 찬 소음인의 생리적 불균형에서 표열과 이한의 병리적 상태가 파생되며 겉이 차고 속이 더운 소양인에게서 표한과 이열이 생긴다고 결론지었던 것이다.

『동의수세보원』은 『상한론』의 삼음삼양병을 표리병론으로 전환시키고 있다. 그 이유는 단순하다. 표리병론이 삼음삼양병보다 병증을 더 효율적으로 담을 수 있다고 생각했기 때문이다. 과연 동무의 "사시상한표리병론四時傷寒表裏病論"은 성공적이었을까? 동무가 『상한론』을 어떻게 재구성하고 있는지 본문을 통해서 살펴보도록 하자.

1절

소음인 표열병론
少陰人腎受熱表熱病論

소음인 표열병론은 『상한론』의 태양병과 양명병 중 일부, 그리고 궐
음병으로 구성된다. 그런데 동무는 중경의 병명을 그대로 쓰지 않는다.
동무는 병을 보는 새로운 기준을 제시하고 울광병, 망양병, 태음병궐음
증이라는 새로운 이름을 붙인다. 그 결과 각 병증에 대한 매우 중요한 시
각을 획득했다. 중경의 병증론을 독특한 관점에서 재해석했다고 평가할
수 있다.

우리는 소음인 표열병론에서 상한병을 자유자재로 다루며 중경과 거
침없이 담론하는 번뜩이는 혜지의 임상가 동무를 만끽할 수 있다.

6-1-1.

장중경이 『상한론』에서 말한다. "발열, 오한, 맥부인 것은 표에
속하니 곧 태양증이다."

張仲景 『傷寒論』曰 "發熱, 惡寒, 脈浮者, 屬表卽太陽證也."

【해설】

병증론의 포문을 『상한론』의 태양병으로 열고 있다. 중경은 태양
병을 다음과 같이 정의한다.

태양이라는 병은 맥이 부하고 머리와 뒷목이 뻣뻣하게 아프며 오
한이 있는 것을 말한다.

太陽之爲病, 脈浮, 頭項强痛而惡寒.(『상한론』 1)

태양병은 상한병의 출발이다. 쉽게 이야기해서 누구나 감기에 걸
리면 부맥이 나타나고 뒷머리가 뻣뻣해지며 오한이 생긴다. 좀더 진
행하면 몸도 아프고 열도 난다. 그래서 동무는 두통과 더불어 신동
을, 오한과 더불어 발열까지 말했던 것이다.(以頭痛, 身疼, 發熱, 惡寒,
脈浮者, 謂之太陽病證. 5-5)

여기서 중경이 강조한 것은 "오한"이다. 그래서 "이而"로 연결하여
포인트를 주었다. 한기에 상하면 한기를 싫어한다. 오한이야말로 상

한의 시작을 알리는 가장 중요하고 명확한 징표인 것이다. 중경은 이를 태양병이라 명명했다.

본조의 출처는 『상한론』이 아니라 『동의보감』 「잡병」의 한상寒上 편이다.(동10-2/11) 앞으로 나오는 인용문들도 모두 『동의보감』에서 채집한 것이다.

6-1-2.

태양상풍은 맥이 양은 부하고 음은 약하다. 양이 부하므로 열이 저절로 일어난다. 음이 약하므로 땀이 저절로 나온다. 오싹오싹 한기가 들고 으슬으슬 바람이 싫으며 후끈후끈 열이 나면서 코가 맹맹하고 헛구역질하면 계지탕으로 주치한다.

太陽傷風, 脈陽浮而陰弱. 陽浮者, 熱自發. 陰弱者, 汗自出. 嗇嗇惡寒, 淅淅惡風, 翕翕發熱, 鼻鳴, 乾嘔, 桂枝湯主之.

【해설】

『상한론』의 원문은 "중풍中風"인데(『상한론』13) 허준이 "상풍傷風"으로 바꿨다. 내상의 중풍과 헷갈리지 않게 하려는 배려라 하겠다.

중경은 태양병을 중풍中風과 상한傷寒으로 나눈다.(『상한론』2, 3) 중풍은 바람이 창에 부딪혀 흔들리는 정도라면 상한은 한기가 내부까지 침투한 상황이라 볼 수 있다. 중풍이 훨씬 경증이다. 그래서 중풍은 땀이 살짝 나고 오풍惡風이 나타나는 반면 상한은 몸이 쑤시며 오한惡寒이 나고 구역까지 생긴다. 중경이 내놓은 중풍의 주치방이 그 유명한 계지탕이고 상한의 주치방이 마황탕이다.

동무의 특이점은 중풍과 상한을 체질의 문제로 바꿨다는 것이다. 중풍의 병증이 오는 사람, 상한의 병증이 오는 사람이 처음부터 따로 있다고 보았다. 파격적인 인식의 전환이다.

동무는 위약胃弱한 소음인이 한기에 상했을 때 나타나는 증상을 중풍으로 봤다. 건구乾嘔는 위기胃氣가 같이 상했다는 뜻이다. 그래서 소음인 감기의 명방은 위기를 함께 고려한 곽향정기산이다. 초기 감기에 두루 활용할 수 있다.

6-1-3.

위역림이 『득효방』에서 말한다. "사시의 온역에는 향소산이 적당하다."

危亦林 『得效方』 曰 "四時瘟疫, 當用香蘇散."

【해설】

위역림은 주굉을 계승한 원나라 의사다.(5-1) 동무의 금원사대가였다. 『득효방』이 곧 가전 비방을 정리하여 1345년에 발간한 『세의득효방』이다.

본조는 동무가 향소산을 이야기하기 위해 인용했다. 『방약합편』에서는 향소산에 대해 "치사시상한治四時傷寒"이라 설명한다.(중통17) 온역뿐만 아니라 상한에도 그대로 사용한다.

6-1-4.

공신이 『고금의감』에서 말한다. "상한에 두통, 신동한데 표리가 분명치 않은 증에는 곽향정기산이 적당하다."

龔信『醫鑑』曰 "傷寒, 頭痛, 身疼, 不分表裏證, 當用藿香正氣散."

【해설】

공신은 명나라 의사로 동무가 매우 중시한 인물이다.(5-1) 『의감』은 『고금의감』이다.

『동의보감』은 상한음증의 처방으로 곽향정기산을 제시하지만(治傷寒陰證, 頭痛, 身疼, 如不分表裏證. 동10-2/18) 동무는 "음증"은 뺐다. 이러한 인용의 창의적 변용은 앞으로 계속해서 나타난다.

본조 역시 처방을 적시하기 위해 인용했다. 구본에는 매우 의미심장한 동무의 포폄이 있다.

> 고인의 계지탕은 병증도 있고 처방도 있는데 집증이 명확하다. 후인의 향소산과 곽향정기산은 병증도 있고 처방도 있으나 집증이 명확하지 못하다. 그래서 내가 지금 개정한 것이다. 병증은 반드시 고인을 따를 것이요, 처방은 고금의 것을 함께 응용하는 것이 좋다.
>
> 古人之桂枝湯, 有證有方而執證分明. 後人之香蘇散, 藿香正氣散, 有證有方而執證未分明. 今玆更定. 證則必從古人之證, 藥則並用古人今人之藥.(구6-1-6)

고인은 장중경이다. 후인은 후세의 의가들이다. 고방과 후세방에 대한 동무의 평론이라 할 수 있다.

6-1-5.

내가 논한다. "장중경이 말한 태양상풍에 발열, 오한하는 것은 바로 소음인의 신腎이 열기를 받아 생긴 표열병이다. 이 병증에 발열, 오한하면서 땀이 나지 않으면 계지탕, 천궁계지탕, 향소산, 궁귀향소산, 곽향정기산이 적당하다. 반면 발열, 오한하면서 땀이 나면 이는 망양 초증이다. 결코 가볍게 보아 넘겨서는 안 되니 먼저 황기계지탕, 보중익기탕, 승양익기탕을 쓴다. 3일을 연이어 먹어도 땀이 멎지 않고 병이 낫지 않으면 계지부자탕, 인삼계지부자탕, 승양익기부자탕이 적당하다."

論曰 "張仲景所論太陽傷風發熱, 惡寒者, 卽少陰人腎受熱表熱病也. 此證發熱, 惡寒而無汗者, 當用桂枝湯, 川芎桂枝湯, 香蘇散, 芎歸香蘇散, 藿香正氣散. 發熱, 惡寒而有汗者, 此亡陽初證也. 必不可輕易視之, 先用黃芪桂枝湯, 補中益氣湯, 升陽益氣湯. 三日連服而汗不止病不愈, 則當用桂枝附子湯, 人蔘桂枝附子湯, 升陽益氣附子湯."

【해설】

『상한론』에 대한 본격적인 해설이 시작된다. 태양상풍병을 분석하고 새로운 처방을 제시한다.

소음인의 발열, 오한은 표열병

찬바람에 상해서 발열, 오한하는 것, 이것이 장중경이 말한 태양병이다. 동무는 좀더 구체적으로 태양상풍병이라 고쳐부른다. 전혀 어려운 이야기가 아니다.

그런데 동무는 태양상풍병이 바로 소음인의 신수열표열병이라 말하고 있다! 그 내용인즉 발열, 오한이라는 매우 단순한 상태를 가리킨다.

"신수열腎受熱"은 손상받는 장기를 지적한 것이다. 주굉이 태양병을 경락론으로 이해했다면 동무는 태양병을 장부론으로 해석하고 있다. 동무의 병리적 이해 방식이라 생각하면 된다.

중요한 건 "표열병"이다. 동무의 언어는 태양상풍병은 소음인 표열병이라는 말로 귀결된다. 전통적으로 태양병의 발열, 오한은 표한병으로 불려왔는데 동무는 표열병이라 주장한다. 여기 동무의 임상적 통찰이 담겨 있다. 태양상풍병이 이후 울광병과 망양병이라는 열증으로 진행되므로 표열병이라 말했던 것이다.

태양상풍병은 표열병이라는 것이 동무의 관찰이고, 그 표열이 신장에서 기인한다는 것이 동무의 관점이다.

땀이 관건이다

동무가 태양상풍병을 보는 가장 독자적인 시각은 땀이다. 땀의 유무를 매우 중시한다. 땀이 나느냐 마느냐에 따라 병은 아주 다른 길로 간다.

땀이 나지 않으면 계지탕, 향소산, 곽향정기산을 사용한다. 모두 동무가 인용문에서 선보인 처방들이다. 그리고 처방을 보완해서 천궁계지탕, 궁귀향소산을 만들었다. 곽향정기산도 새로 만든 것이다.(6-6-11) 즉 소음인 무한 감기는 천궁계지탕, 궁귀향소산, 곽향정기산이다!

그런데 땀이 나면 사태가 급박해진다. 절대 경시하지 말라고 강조한다. 그래서 이름도 붙여 "망양초증亡陽初證"이라 부른다. 땀이 나면 지체 없이 치료해야 한다. 소음인 유한감기는 황기계지탕, 보중익기탕, 승양익기탕이다. 모두 전통의 처방을 동무가 개량한 것들이다.

복약 3일을 넘겨도 땀이 멎지 않으면 소음인에게 가장 강한 약인 부자를 사용한다. 계지부자탕은 이천의 계지부자탕(6-5-8)이 아니라 동무의 황기계지부자탕(6-6-1)이다.

물론 땀이 줄줄 흐른다고 무조건 망양병은 아니다. 동무의 망양병이란 태양상풍이라는 외감병의 연속선에서 벌어지는 사태다. 상한망양병인 것이다. 증상의 맥락을 잘 살펴보아야 한다.

첫 문장부터 동무의 호흡은 가파르게 이어진다. 그것은 망양병에 대한 절박함에서 온다. 병증에 대한 경험이 깊어질수록 이런 절박함은 쌓여갔고 결국 동무는 개초의 대장정에 오르게 된 것이다.

6-1-6.

장중경이 말한다. "태양병에 맥이 부긴하고 발열이 있으면서 땀은 나지 않을 때 코피를 쏟으면서 저절로 낫는 경우가 있다."

張仲景曰 "太陽病, 脈浮緊, 發熱, 無汗而衄者, 自愈也."

【해설】

다시 인용문이 시작된다. 중경은 상한으로 발열하는데 코피가 쏟아지면서 나아버리는 특이한 현상을 기술하고 있다.(『상한론』 48) 울열鬱熱이 땀으로 풀리듯 코피로도 풀리는 것이다. 동무는 왜 이 문장을 인용했을까? 바로 울광증의 포문을 열기 위해서다. 뒤에 나올 동무의 논평(論曰)을 잘 살펴보자.

동무는 저서를 처음 언급할 때에는 저자의 이름을 같이 적는다. 두 번째부터는 저자만 적고 있다.

6-1-7.

태양병에 걸리고 6~7일이 지나도 아직 표증이 있으면서 맥이 미하고 침하며 결흉이 아니라 오히려 광증이 생기는 경우는 열이 하초에 있기 때문이다. 아랫배가 그득해지지만 소변은 잘 나오는데 하혈하면 곧 낫는다. 저당탕으로 주치한다.

太陽病六七日表證因在, 脈微而沈, 反不結胸, 其人如狂者, 以熱在下焦. 小腹當滿, 小便自利者, 下血乃愈. 抵當湯主之.

【해설】

태양병이 좀더 지나 6~7일이 된 경우다.(『상한론』 131) 한사가 더 깊이 들어가 이증이 함께 나타난다. 그런데 일반적인 경우와 달리 광증이 생기는 것은 열이 하초에 몰려 있기 때문이라 한다.

이때 특징 중 하나가 아랫배가 그득한데 소변은 문제가 없다는 것이다. 열이 수水의 영역이 아니라 혈血에 있다는 뜻이다. 그래서 하혈下血을 하면 열이 풀려서 낫게 된다. 상혈上血인 코피를 통해서 치유되는 6조와 동일한 논리다.

6-1-8.

태양증에 몸이 누렇게 되고 발광, 소복경만, 소변자리가 있으면 혈증이다. 저당탕이 괜찮다. 상한에 소복만하면 소변 불리해야 하는데 지금 오히려 잘 나오는 것은 혈의 문제기 때문이다.

太陽證, 身黃, 發狂, 小腹硬滿, 小便自利者, 血證. 宜抵當湯. 傷寒, 小腹滿, 應小便不利, 今反利者, 以有血也.

【해설】

7조에 대한 설명의 글이다. 『상한론』 132조와 133조를 합쳐놓았다. 황달, 발광, 소복경만, 소변자리는 혈의 문제라 밝히고 있다. 태양병의 혈증이 황달까지 야기할 수 있다는 것이다.

"혈증血證"이란 불필요하게 혈이 모여 있는 병리적 상태를 말한다. 예를 들어 부딪혀서 생기는 멍이 대표적이다.

『상한론』은 철저한 임상서다. 개념화는 최소화되어 있다. 증상의 패턴에 대한 세밀한 관찰과 해결책을 기술한다. 그래서 『상한론』인 것이다.

6-1-9.

태양병이 풀리지 않고 열이 방광에 맺혀서 광증이 생길 때 저절로 하혈하면 곧 낫는다. 다만 소복급결하다면 공법을 쓰는 것이 괜찮다. 도인승기탕이 괜찮다.

太陽病不解, 熱結膀胱, 其人如狂, 血自下者, 自愈. 但小腹急結者, 宜攻之. 宜桃仁承氣湯.

【해설】

7조의 병증에 대해 새로운 처방을 제시한다.(『상한론』 111) 저당탕의 소복경만에 비해 도인승기탕의 "소복급결"은 보다 급성의 통증을 시사하고 있다. "열결방광熱結膀胱"은 열재하초熱在下焦와 동일한 의미다. 모두 대황과 도인을 포함한 강력한 처방이다.

6-1-10.

태양병에 외증이 아직 남았는데 자꾸 하법을 쓰면 결국 설사가 멎지 않고 명치가 답답하고 딴딴해진다. 표리가 모두 풀리지 않은 것이니 인삼계지탕으로 주치한다.

太陽病外證未除, 而數下之, 遂下利不止, 心下痞硬. 表裏不解, 人蔘桂枝湯主之.

【해설】

외증이 남아 있다면 강제로 대변을 내보내게 하는 하법은 금물이다. 그런데 하법을 남발한 결과 설사가 멎지 않고 명치도 불편한 사

례를 들고 있다.(『상한론』 171)

본조는 처방을 소개하기 위해 인용했다. 바로 동무가 호평한 인삼계지탕이다. 인삼계지탕은 원래 계지인삼탕이다. 허준도 그렇게 불렀다. 계지보다 인삼을 더 중시해서일까? 동무는 병증론에서 계속 인삼계지탕이라 부른다.

6-1-11.

내가 논한다. "이러한 병증에 광증이 생기는 것은 신양腎陽이 열기로 괴롭기 때문이다. 아랫배가 단단하고 그득한 것은 대장이 한기로 떨고 있기 때문이다. 두 증상이 모두 보이면 당연히 급한 것을 먼저 치료한다. 신양이 열기로 괴로울 땐 천궁계지탕, 황기계지탕, 팔물군자탕을 써서 신양을 도와 올려주어야 한다. 대장이 한기로 떨고 있을 땐 곽향정기산, 향사양위탕을 써서 겉을 풀고 속을 달래주어야 한다.

만약 밖의 열이 속의 냉기를 둘러싸서 냉기가 독기가 되어 속에서 계속 뭉친다면 호랑이를 길러 우환을 남기는 피해를 불러올 수 있다. 파두단으로 한두 차례 설사시킨 후 곽향정기산으로 화해하거나 팔물군자탕으로 준보해야 한다."

論曰 "此證, 其人如狂者, 腎陽困熱也. 小腹硬滿者, 大腸怕寒也. 二證俱見, 當先其急. 腎陽困熱, 則當用川芎桂枝湯, 黃芪桂枝湯, 八物君子湯, 升補之. 大腸怕寒, 則當用藿香正氣散, 香砂養胃湯, 和解之.

若外熱包裹冷, 而毒氣重結於內, 或將有養虎遺患之斃, 則當用巴豆丹下利一二度, 因以藿香正氣散, 八物君子湯, 和解而峻補之."

【해설】

태양병에서 나타나는 기인여광其人如狂과 소복경만小腹硬滿에 대한 해석이다. 전통의 견해와 다른 참신한 시각을 제공하고 있다.

신양곤열과 승보

"신양腎陽"은 신장의 정상적인 생리의 발현이다. "신양곤열腎陽困熱"은 신양이 열기에 휩싸인다는 뜻이다.

소음인이 한사에 상하면 신이 열을 받아 발열, 오한의 증상이 생긴다. 이러한 "신수열腎受熱"이 심화된 상태가 신양곤열腎陽困熱이라 할 수 있다. 그만큼 열과 관련된 증상이 극심하게 나타나게 된다. 광증은 열이 심해 미쳐 날뛰는 것이다.

태양병의 광증에 천궁계지탕과 황기계지탕을 쓸 수 있다. 표열이 극심한 상태이므로 기본적으로 외감약을 사용하는 것이다. 천궁계지탕은 무한을 보고 쓰고 황기계지탕은 유한을 보고 써야 한다. 엄연히 다른 처방들이다.

더불어 팔물군자탕이란 명방이 등장하고 있다. 이는 전통의 팔물탕을 동무가 변용한 처방이다. 천궁계지탕과 황기계지탕이 겉을 푸는 약이 위주인 반면 팔물군자탕은 속을 돕는 약이 위주다. 맥락이 전혀 다르다.

들어가는 약물이 다르면 나타나는 효과가 달라진다. 너무나 상식적인 이야기다. 약물이 하나라도 다르면 다른 처방이다. 동무가 제시한 처방들도 목적과 용도가 모두 다르다.

그런데 여기 동무가 나열한 세 처방에는 공통의 목적이 있다. 바로 "승보升補"라는 것이다. 올려서 보태준다는 뜻인데 신양곤열을 푸는 해법이자 나아가 신수열표열병의 일반적인 치료원칙이다. 자세한 설명은 12조에서 계속된다.

대장파한과 화해

고열에 휩싸이면 미친 듯이 헛소리를 지껄이는 경우가 있다. "기인여광"이란 이런 상황이다. 중경은 방광의 열결 때문이라 했다. 동무 역시 신장에 열이 뭉쳤다고 봤으니 하초의 열이라는 점에서 그 병리가 다르지 않다.

그러나 소복경만에 있어서는 전혀 견해가 다르다. 중경은 소복경만이 혈증 때문이라 했다. 피가 엉겨서 그렇다는 것이다. 그런데 동무는 "대장파한大腸怕寒" 때문이라 했다. 대장이 한기에 떨다라는 뜻인데 쉽게 말하면 얼어서 굳은 것이다. 소양인론에 이에 대해 언급한 문장이 있다.

소음인의 상한병에 소복경만증이 있고 소양인의 상한병에 심하결흉증이 있다. 두 증은 모두 표기의 음양이 허약해져서 정기와 사기가 싸우며 시간이 흘러도 완쾌하지 않다가 결국 이기 역시 비삽하고 불화하면서 이러한 증으로 변한 것이다.

少陰人傷寒病. 有小腹硬滿之證. 少陽人傷寒病. 有心下結胸之證. 此二證俱是表氣陰陽虛弱正邪相爭累日不決之中. 裏氣亦祕澁不和而變生此

소복경만은 찬바람을 맞아 오한, 발열의 겉열이 생겼다가 속으로 번지면서 한기까지 생겨 나타난 증상이라 거듭 밝히고 있다.

새로운 해석은 새로운 대책으로 귀결된다. 중경은 저당탕, 도인승기탕 같은 혈을 풀어내는 하약下藥을 쓴 반면 동무는 곽향정기산과 향사양위탕 같이 속을 덥히는 약을 쓴다. 곽향정기산과 향사양위탕은 전통의 처방을 동무가 가감한 것인데 뱃속을 덥히고 겉도 함께 풀어주기 위해 썼다. 이 처방의 공통된 목적이 바로 "화해和解"라는 한마디에 있다.

화해란 무엇인가? 화해는 표해이화表解裏和다. 겉을 풀고 속을 달랜다는 의미다. 다시 말해 표리병을 함께 치료하는 것이다. 소복경만증은 그 유래가 외감병이기 때문에 속만 달래선 안된다. 중경 역시 태양병이 아직 풀리지 않았다, 여전히 표증이 남아 있다고 누차 언급하지 않았는가.(6-1-7) 곽향정기산과 향사양위탕은 표리겸치表裏兼治의 처방임을 반드시 기억해야 한다.

소음인의 냉독에 파두

신양곤열은 표열병이다. 대장파한은 이한병이다. 오한, 발열에서 시작한 신수열표열병이 신양곤열로, 또는 대장파한으로 진행한다. 그런데 두 병증이 동시에 나타나기도 한다. 그럴 때는 급한 쪽부터 먼저 치료한다. 의사의 노련함이 필요한 시점이다.

두 병증이 심각한 상태까지 이른 것을 동무는 "외열포이랭外熱包裏冷"으로 표현했다. 열기가 심해지는 것만큼 냉기도 심해진다는 뜻이다. 냉기가 극심한 상태를 "독기毒氣"라 부르고 "양호養虎"에 비유하고 있다. 냉기에 생명이 위협받는 지경인 것이다. 이때 소음인의 냉독을 풀어내어 생명을 구해주는 약이 바로 "파두"다.

파두는 매우 강한 설사약이다. 한의학 용어로 사하제瀉下劑라 부르는데 대부분의 사하제가 찬 성질을 가지는 반면 파두만은 극열한 성질을 품고 있다. 매우 다른 성격의 사하제인 것이다. 그래서 동무는 냉독으로 인한 다양한 위급증에 파두를 광범위하게 활용한다. 파두는 소음인의 흑기사라 할 수 있다. 결정적일 때 나타나 결정적인 역할을 해준다.

파두로 냉독을 몰아낸 후에는 원래대로 곽향정기산으로 화해하거나 팔물군자탕으로 준보한다. 이때도 "당선기급當先其急", 급한 증상의 처방을 먼저 써야 할 것이다.

동무가 동시에 열거한 처방에는 말하지 않은 원칙이 있는데 뒤로 갈수록 약력이 세다는 것이다. 말하자면 팔물군자탕의 승보력이 더 세고 향사양위탕의 화해력이 더 강하다.

그런데 외열포이랭의 경우 왜 곽향정기산을 썼을까? 향사양위탕을 써야 하지 않을까? 이는 강력한 축랭약逐冷藥인 파두를 먼저 썼기 때문에 가벼운 곽향정기산으로도 충분히 남은 냉기를 몰아낼 수 있다고 본 것이다.

더 이상 냉기를 걱정할 정도가 아니라면 팔물군자탕을 써야 한다. 팔물군자탕은 승보의 힘이 다르다. 크게 보해서 표열을 해결해준다. 소음인 표열병의 대표적인 준보峻補약이라 기억해두자.

장중경이 이야기한 하초의 혈증은 곧 소음인 비국의 양기가 한
사에 억눌리면서 신국의 양기가 그 한사에 가로막혀 곧바로 올
라가 비국에 연결되지 못하고 엉덩이에 올라붙어 생긴 병증이다.
그 사람이 미친듯하다 함은 이해할 수 없는 말을 마구 지껄인
다는 뜻이다. 귀신을 본 듯한 상태란 멍하게 헛소리를 해대는
것이다. 태양병인데 표증이 아직 있다는 것은 신열에 시달려 괴
로우면서도 오한의 증상이 간혹 나타난다는 말이다. 태양병인
데 외증이 없어졌다는 것은 신열에 시달려 괴로우면서 오한의
증상은 전혀 나타나지 않는다는 말이다. 이러한 하초혈증에 익
기하고 승양하는 것은 최상의 방책을 얻은 것이다. 그러나 파혈
하고 해열하는 것은 낮은 계책에서 나온 것이다. 장중경이 "태
양병에 외증이 아직 없어지지 않았는데 자꾸 하법을 써서 마침
내 설사가 멎지 않는다" 운운한 데서도 역시 옛사람들도 이러
한 증상에 승기탕을 쓰고 설사가 멎지 않게 되자 결국 처방을
바꾸어 저당탕이나 도인승기탕을 썼음을 알 수 있다. 태양병에
외증이 아직 없어지지 않았다는 것은 비록 비국의 양기가 억눌
려 있으나 아직 한기를 떨쳐내어 한사와 표에서 싸울 힘이 남아
있다는 뜻이다. 만약 외증이 모두 없어졌다면 비국의 양기가 한
기를 떨쳐낼 힘이 없어 마침내 완전히 갇혀서 쪼그라든 형세다.
공격하여 사하寫下시키는 약이 얼마나 좋은 약이기에 양기가 완
전히 갇혀서 쪼그라들 때까지 기다려 사용하는 것인가? 표증이
아직 남았을 때 쓰는 인삼계지탕조차 늦은 것이 아니겠는가?

張仲景所論下焦血證, 卽少陰人脾局陽氣爲寒邪所掩抑, 而腎局陽氣爲邪所拒, 不能直升連接於脾局, 鬱縮膀胱之證也.

其人如狂者, 其人亂言也. 如見鬼狀者, 怳惚譫語也. 太陽病表證因在者, 身熱, 煩惱而惡寒之證間有之也. 太陽病外證除者, 身熱, 煩惱而惡寒之證都無之也. 此證, 益氣而升陽, 則得其上策也. 破血而解熱, 則出於下計也. "太陽病外證未除而數下之, 遂下利不止"云云者, 亦可見古人之於此證用承氣湯則下利不止, 故遂變其方而用抵當, 桃仁湯耳. 太陽病外證未除, 則陽氣其力雖有鬱抑, 猶能振寒而與寒邪相爭於表也. 若外證盡除, 則陽氣其力不能振寒而遂爲窮困縮伏之勢也. 攻下之藥何甚好藥, 而必待陽氣窮困縮伏之時而應用耶? 人蔘桂枝湯不亦晩乎?

【해설】

11조에서 이어진다. 중경의 하초혈증설을 거침없이 비판하고 새로운 관점을 내놓는다.

오한은 표증의 기준이며 양기의 지표

표증이 있다는 것은 아직 오한이 있다는 뜻이다. 표증이 없다는 것은 오한이 전혀 없다는 뜻이다. 오한이 표증의 기준이 된다.

나아가 동무는 오한을 양기의 세력을 가늠하는 지표로 삼았다. 오한이 있다는 것은 아직 양기가 한사와 싸울 힘이 있다는 것이다. 오한이 없다는 것은 양기가 한사와 싸울 힘을 잃었다는 것이다.

그러므로 오한이 있다면 익기益氣해서 승양升陽해줘야 한다. 속히 양기를 보태줘야 한다. 왜 파혈破血한단 말인가? 파혈은 말류다. 소음인의 상한병에 표증이 남아 있다면 익기가 본원인 것이다. 태양병 하초혈증에 파혈하는 자는 하수다.

표증이 있을 때는 원래 하법을 쓰지 않는데도 태양병 하초혈증에 아직 표증이 남은 것을 무시하고 하법을 쓰다 낭패을 당한 일이 많았다. 그래서 처방을 살짝 바꾸어 파혈하고 해열하는 저당탕이나 도인승기탕을 썼으나 이 또한 승기탕의 아류일 뿐 제대로 된 치료는 아니라고 말한다. 중경의 방법을 수준 낮다(下計)고 평가하는 동무의 패기를 보라.

익기하고 승양하라. 이것이 소음인 표증의 최고 치료법이다. 동무는 비판을 넘어서 새로운 해법을 내놓았다. 그래서 동무의 언어는 힘이 있는 것이다. 익기의 정법을 시도한 『상한론』의 처방은 오직 계지탕과 인삼계지탕뿐이다.(6-1-20)

새로운 병리관, 비양에서 신양으로

동무는 본조에서 새로운 시도를 한다. 태양병에서 비롯되는 소음인의 다양한 병증을 해석할 사상의학적 병리론을 구성한 것이다.

소음인 표열병은 비양의 문제에서부터 시작한다. 비양이 한사에 가로막히면서 모든 문제가 출발하게 된다. 가장 약한 곳부터 탈이난다. 건강도 그렇고 인생도 그렇다. 무던하게 넘어가지 못하는 곳은 그것이 내 약점이기 때문이다.

소음인의 비양이 보원의 근간이라는 시각은 사상인에 대한 가장 뿌리 깊은 인식이었다. 동무가 두 아들에게 준 교훈의 글을 보자.

1882년, 동무 46세 때의 글이다.

소음인인 용은 급작스런 희심을 경계한다면 비양이 건장하여 질
병이 생기지 않을 것이다. 소양인인 근은 급작스런 애심을 경계한
다면 신음이 충만하여 질병이 생기지 않을 것이다.

勇戒急喜之心, 則脾陽壯健而疾病不生. 謹戒急哀之心, 則腎陰充足而疾
病不生.(『東武遺稿』「敎子平生箴」)

소음인의 비양과 함께 소양인의 신음을 말한다. 초기의 또다른
글에서도 비양이 나온다.(보유6-1) 이러한 관점은 구본에서도 변함
이 없다. "보명지주保命之主"가 바로 그것이다. 그리고 여기 신본에까
지 이어지는 것이다.

그런데 신본에서는 중요한 변화가 나타난다. 단순히 작은 장국에
만 책임을 묻지 않고 한걸음 더 나아가 소음인의 비양과 함께 신양
을 말하는 것이다. 소양인은 신음과 함께 비음을 말한다. 대소 장국
의 상관성 속에서 원인을 찾는 쪽으로 병리관이 바뀐 것이다.

왜 그랬을까? 이러한 시각이 인체에서 일어나는 다양한 증상을
해석하는 데 훨씬 합리적인 설명 방식을 제공해주었기 때문이다. 쌍
방의 상관적 관계로 병리를 설명하면 보다 더 다양한 증상을 쉽게
포용할 수 있다는 장점이 생긴다.

동무는 비양이 한기에 포위되면 신양이 상승하지 못해 울열이라
는 2차적인 문제가 생긴다고 말한다. 이것이 열과 관련된 증상이 발
현되는 이유다. 하초혈증도 신양이 엉덩이에 울축해서 생기는 병증
이라고 했다. 이때 비의 양기를 보태주면 저절로 신의 양기가 상승

하며 울축이 풀리게 된다. 이것이 이른바 "익기이승양益氣而升陽"이고 소음인 표열증의 치료원칙이다. 강력한 열증에 뜨거운 열약을 투여하는 동무의 배포가 여기서 나온다.

소음인의 표열병에 있어서 신수열腎受熱보다 비수한脾受寒이 먼저다. 그래서 소음인약의 기본은 보비약補脾藥이고 온리약溫裏藥이다. 그런데 왜 제목을 신수열표열병이라 지은 것인가? 그것은 병의 원인을 직관적으로 이해시키기 위해서다. 비수한표열병이라고 하면 어리둥절하지 않겠는가? 열의 원인이 한이라니 얼른 이해가 안 가겠지만, 병증의 근인根因을 지적한 것이 아니라 근인近因을 언급한 것이라 말할 수 있다.

"여견귀상如見鬼狀"은 인용문 중에는 나오지 않는다. 다음 조에 나온다.(6-1-13) 그런데 구본에선 6-1-13이 6-1-10에 이어져서 한덩이의 인용문 그룹을 이루고 있었다. 신본을 다시 쓰면서 미처 감안하지 못한 것이다. 사실 본조는 하초혈증의 병리 부분만 새로 쓴 것이고 나머지 뒷부분은 구본 그대로다. 『동의수세보원』의 역사를 보여주는 재미난 파편이다.

6-1-13.

장중경이 말한다. "부인이 상한으로 발열하는데 마침 생리가 있었다가 끊어지고 낮에는 정신이 멀쩡한데 밤만 되면 귀신을 본 것처럼 헛소리를 지껄이는 경우가 있다. 이는 열이 자궁으로 들어간 것이다. 위기와 상초, 중초를 건들지 않으면 반드시 저절로 낫는다."

張仲景曰"婦人傷寒, 發熱, 經水適來斷, 晝日明了, 夜則譫語, 如見鬼狀, 此爲熱入血室, 無犯胃氣及上二焦, 必自愈."

【해설】

상한의 열결방광에 이어 "열입혈실"을 말한다.(『상한론』 153) 혈실血室은 자궁이다. 이는 여성에게만 생기는 병증인 것이다. 열입혈실은 유독 밤에만 광증을 보이는 특징이 있다.

"무범無犯"은 물범勿犯이다. 의사가 손대지 않으면 저절로 낫는다는 뜻이다. 그런데 밤만 되면 미친 듯 헛소리하는 사람을 그냥 두고 볼 가족이나 의사가 있을까? 자칫 잘못 손대면 병이 더욱 깊어진다. 팔물군자탕을 써야 할 것이다.

동무는 6-1-6부터 울광초증을 다뤘다. 이제 논의는 울광중증으로 접어든다.

6-1-14.

양명병에 입이 말라 물을 마시는데 양치만 할 뿐 삼키려고 하지 않을 경우 반드시 코피가 터진다. 하법을 쓰지 말라.

陽明病, 口燥, 嗽水不欲嚥, 此必衄, 不下.

【해설】

양명병이 등장한다. 본격적인 양명병에 관한 내용이 아니라 금기를 먼저 이야기하고 있다.(『상한론』 211) 중경은 "此必衄"으로 끝냈는데 허준이 "不可下, 宜犀角地黃湯"을 덧붙였다.(동10-2/12) 동무는 "宜

犀角地黃湯"을 또 뺀다. 처방은 논의의 대상이 아니기 때문이다.

본조는 입이 마르나 물을 마시지 못할 경우 그 울열이 코피로 터지면서 저절로 낫는다고 말한다. 양명병이지만 함부로 하법을 쓰지 말아야 할 경우다. 허준은 양혈제涼血劑인 서각지황탕을 썼으나 동무의 관점에선 팔물군자탕을 써야 한다.

6-1-15.

양명병에 먹지 못할 경우 그 열을 공격하면 반드시 딸꾹질이 생긴다. 상한에 구역질을 많이 할 경우 비록 양명병일지라도 공법을 써선 안 된다. 위가胃家가 실하여 대변을 못 볼 경우 만약 표가 아직 풀리지 않고 반표에 있다면 먼저 계지, 시호로 화해시킨 후 하법을 쓰는 것이 좋다.

陽明病, 不能食, 攻其熱, 必噦. 傷寒, 嘔多, 雖有陽明不可攻. 胃家實, 不大便, 若表未解及有半表者, 先以桂枝, 柴胡和解, 乃可下也.

【해설】

앞 조에 이어 양명병에 공열攻熱해선 안되는 경우다. 14조와 15조는 모두 허준이 "양명병금기"란 제목 아래 모아둔 문장들이다.(동 10-2/12)

본조는 세 문장이 합쳐져 있다. 앞 두 문장은 『상한론』 203조와 213조다. 그런데 "위가실" 이하의 문장은 허준이 중경의 글이라 했으나 『상한론』에 나오지 않는다.

양명병에 불능식不能食하거나 상한에 구다嘔多할 때는 곽향정기산이나 향사양위탕을 써야 할 것이다. 『상한론』에는 "不能食" 뒤에 "所以然者, 胃中虛冷故也"가 이어진다.

위가실의 부대변不大便에 표증이 아직 있으면 팔물군자탕이 적합하다.

6-1-16.

내가 논한다. "위 모든 병증에는 곽향정기산, 향사양위탕, 팔물군자탕이 적당하다."

論曰 "右諸證, 當用藿香正氣散, 香砂養胃湯, 八物君子湯."

【해설】

앞서 인용한 문장의 사상의학적 치료법을 제시한다.

새 술은 새 부대에

동무는 고대인들이 병을 삼음삼양으로 분류해서 보는 습관이 중경에게 그대로 전해진 것이라 했다.(5-5) 삼음삼양이란 병증을 분류하는 하나의 기준일 뿐 절대적 조건이 아니다. 동무는 삼음삼양을 해체하여 새로운 병증으로 재분류한다.

중경은 태양병과 양명병을 서로 다른 바구니에 담았다. 그런데 동무는 이들을 울광증이란 바구니에 끌어 담고 있다.

상기 증상들은 잘 살펴서 곽향정기산, 향사양위탕으로 화해하거

나 팔물군자탕으로 준보하면 된다. 모든 처방은 고유의 영역이 있게
마련이다. 그 세밀을 생략했다는 데 동무 처방론의 난해가 있다. 각
처방은 약물을 분석하고 사용례를 취합하여 통합적으로 이해해야
한다. 약리론에서 상론하겠다.

6-1-17.

장중경은 말한다. "양명의 병이라는 것은 위가胃家가 실한 것이
다." 누가 묻는다. "그러면 무슨 연유로 양명병을 얻게 되는 것
입니까?" 장중경이 답한다. "태양병은 발한시켜야 하는데 만약
하법이나 이뇨법을 썼다면 이는 진액을 없애는 것이다. 위 속이
건조해져서 그 때문에 양명으로 옮겨가는 것이다. 갑갑해서 옷
을 입고 있질 못하고 속이 그득하며 대변이 나오질 않는 것을
양명병이라 부른다."

張仲景曰 "陽明之爲病, 胃家實也." 問曰 "緣何得陽明病?" 答曰 "太陽
病發汗, 若下, 若利小便者, 此亡津液. 胃中乾燥, 因轉屬陽明. 不更衣,
內實, 大便難者, 此名陽明病也."

【해설】

이제 양명병을 정의하고 그 원인을 설명한다.(『상한론』 188, 189) 중
경은 양명병은 위가실胃家實이라고 간략하게 말했다. 태양병을 오치
해서 위의 진액이 말라붙어 변비가 생기는 병증이다. 동무는 불오한
不惡寒, 반오열反惡熱, 한자출汗自出, 대변비大便祕라 풀었다.(5-5)

감기에 걸려서 저절로 변비가 되는 경우는 없다. 지금도 감기를

제대로 치료하지 못해 각종 후유증을 만드는 경우가 비일비재하다. 양명병 역시 의사가 만든 병이다. 천재天災가 아니라 인재人災인 것이다! 구본에는 본조에 대한 동무의 주석이 있다.

> 내가 논한다. "태양병발한太陽病發汗, 약하약리소변자若下若利小便者란 의사가 마황탕, 승기탕, 저령탕 등으로 잘못 치료했다는 말이다. 불갱의不更衣란 몸에 옷을 걸치지 못하고 갑갑해하며 발광한다는 말이다. 내실대변난자內實大便難者는 배속이 그득하고 대변이 굳는다는 말이다."
> 論曰 "太陽病發汗, 若下, 若利小便者, 醫人者, 誤用麻黃, 承氣, 猪苓等湯之謂也. 不更衣者, 身不着衣, 燥煩, 發狂之謂也. 內實, 大便難者, 腹滿, 大便硬之謂也."(구6-1-25)

이때 승기탕을 쓴다.(不更衣, 內實, 大便難者, 用承氣湯, 則其病能解. 구 6-1-27)

6-1-18.

상한이 태양을 지나 양명으로 옮겨가면 찝찝할 정도로 약간 땀이 나게 된다.
傷寒, 轉屬陽明, 其人濈然微汗出也.

【해설】

『상한론』 197조다. 양명병은 처음에 땀이 나지 않는다. 병이 심해지면 한자출汗自出이 나타난다. 동무는 양기가 바닥난 상태라 본다.

　17, 18, 19조는 구본에 그대로 나온다. "위가실"을 설명하기 위해 인용한 문장들이다.

위가실병의 드러나는 증상은 복만, 대변경, 발광이 위주가 된다. 처음에 신열이 있으나 한출과 오한은 없다. 그런데 위험한 지경에 이르면 찝찝할 정도의 한출과 조열이 생긴다. 찝찝할 정도의 한출과 조열이 나는 것은 겉의 한기를 떨쳐내는 힘이 완전히 바닥났기 때문이다.

少陰人表熱病論 ─ 501

胃家實病形證, 腹滿, 大便硬, 發狂者, 爲主證. 而其始焉, 身熱, 汗不出, 不惡寒也. 若其病尤險, 則濈然微汗出, 潮熱也. 濈然微汗出者, 表寒振發之力永渴故也.(구6-1-26)

위가실병은 태양병이 사라지고 양명병이 된 것이다.

6-1-19.

상한에 토법이나 하법을 썼으나 풀리지 않고 오히려 대변을 5일에서 10일까지 못 보고 해질 무렵 조열이 일어나며 오한은 없고 귀신을 본 듯 미친 소리를 하는 경우가 있다. 만약 극심해지면 사람을 못 알아보고 옷이나 이불을 만지작만지작 거리며 두려워서 불안해하고 약간 숨이 차며 눈을 치켜뜬다. 이때 맥이 현하면 살고 색하면 죽는다.

傷寒, 若吐, 若下後不解, 不大便五六日至十餘日, 日晡所發潮熱, 不惡

寒, 狂言如見鬼狀. 若劇者, 發則不識人, 循衣摸床, 惕而不安, 微喘, 直
視. 脈弦者, 生. 脈濇者, 死.

【해설】

양명병의 극증을 말한다.(『상한론』 222) 죽음의 문턱에까지 다다른
상태인데 그 생사는 맥으로 구분할 수 있다.

위가실병은 이미 중험증이다. 만약 찝찝할 정도로 땀이 나거나
조열潮熱, 미천微喘이 있으면 위증이다. 이때 승기탕을 쓰면 반은 살
리지만 반은 죽는다.(구6-1-27)

6-1-20.

내가 논한다. "진한 교체기의 의약 치료법에는 대변이 막히고 건
조해질 때 대황으로 치료하는 방법은 있었으나 파두로 치료하
는 방법은 없었다. 그래서 장중경도 대황이 들어간 대승기탕을
써서 소음인의 태양병이 양명으로 옮겨가는 증상을 치료한 것
이다. 그 사람이 찝찝할 정도로 약간 땀이 나고 위 속이 건조해
답답하고 꽉 찬 느낌이 들며 대변을 5, 6일에서 10일까지도 보
지못하고 해질 무렵 조열이 발생하며 오한은 없고 귀신을 본 듯
미친 소리를 지껄일 때 이 처방을 쓰면 과연 신효하다. 그러나
증세가 더 극심해져서 사람을 못 알아보고 옷이나 이불을 만지
작거리며 두려워서 불안해하고 약간 숨이 차며 눈을 치켜 뜰
때 이 처방을 쓰면 맥이 현한 자는 살고 색한 자는 죽는다.

그러니 대승기탕은 소음인의 태양병이 양명으로 옮겨가서 대변

을 5~6일 보지 못하고 해질 무렵 조열이 발생할 때는 쓸 수 있으나 그 외에는 사용하지 못한다. 중경도 이 처방을 쓸 수 있을 때와 없을 때를 잘 알고 있었으므로 소음인의 태양양명병증을 소상히 밝힐 수 있었던 것이다. 중경이 온 마음과 힘을 다 쏟았던 것은 오로지 대승기탕을 쓸 수 있는 시기를 찾아내는 데 있었다. 그러므로 사용해선 안되는 시기 역시 소상히 알 수 있었다. 중경의 태양양명병 처방 중 오직 계지탕과 인삼계지탕만이 제대로 된 처방에 가깝다고 할 수 있다. 대승기탕으로 말할 것 같으면 인간을 벼랑 끝 사지로 갈 때까지 방치해두는 꼴이니 대승기탕을 쓸 시기를 구하려고 대변을 5~6일 못 보고 해질 무렵 조열이 발생하며 미친 소리를 지껄일 때까지 기다리는 것이 어찌 훌륭한 방법이라고 할 수 있겠는가?

소음인병에 자한自汗이 나지 않으면 비가 약하지 않은 것이다. 대변이 막히고 건조해지면 위가 실한 것이다. 소음인 태양양명병에 자한이 나지 않으면, 즉 비가 약하지 않은 자는 가벼운 병이다. 대변이 비록 굳더라도 약을 쓰면 쉽게 낫는다. 그래서 대황, 지실, 후박, 망초 등의 약은 이럴 때 쓰면 성공적이지만 극심할 때는 반밖에 못 살리고 반은 죽는다. 만약 팔물군자탕, 승양익기탕을 파두단과 함께 사용한다면 극심하더라도 맥현하면 살고 맥색하면 죽을 리가 없다. 나아가 태양병 표증이 아직 남아 있을 때 왜 서둘러 온보승양하는 약을 파두와 함께 써서 병을 예방하지 않고 꼭 양명병이 되어 해질 무렵 조열이 발생하고 미친 소리를 지껄일 때까지 기다려 승기탕을 사용하여 반은 살리고 반은 죽이는가."

論曰 "秦漢時醫方治法. 大便祕燥者. 有大黃治法. 無巴豆治法. 故張仲景亦用大黃大承氣湯. 治少陰人太陽病轉屬陽明. 其人濈然微汗出. 胃中燥煩實. 不大便五六日至十餘日. 日晡發潮熱. 不惡寒. 狂言如見鬼狀之時. 而用之則神效. 若劇者. 發則不識人. 循衣摸床. 惕而不安. 微喘. 直視. 用之於此. 則脈弦者生. 脈濇者死.

蓋此方治少陰人太陽病轉屬陽明. 不大便五六日. 日晡發潮熱者可用. 而其他則不可用也. 仲景知此方有可用不可用之時候. 故亦能昭詳少陰人太陽陽明病證候也. 蓋仲景一心精力. 都在於探得大承氣湯可用時候. 故不可用之時候. 亦昭詳知之也. 仲景太陽陽明病藥方中. 惟桂枝湯. 人蔘桂枝湯得其彷彿. 而大承氣湯則置人死生於茫無津涯之中. 必求大承氣湯可用之時候. 而待其不大便五六日. 日晡發潮熱. 狂言時. 是豈美法也哉?

蓋少陰人病候自汗不出. 則脾不弱也. 大便祕燥. 則胃實也. 少陰人太陽陽明病自汗不出脾不弱者. 輕病也. 大便雖硬. 用藥則易愈也. 故大黃. 枳實. 厚朴. 芒硝之藥亦能成功於此時. 而劇者猶有半生半死. 若用八物君子湯. 升陽益氣湯與巴豆丹. 則雖劇者亦無脈弦者生. 脈濇者死之理也. 又太陽病表證因在時. 何不早用溫補升陽之藥與巴豆預圖其病. 而必待陽明病日晡發潮熱. 狂言時. 用承氣湯使人半生半死耶."

【해설】

중경의 대승기탕에 대한 호쾌한 논평을 쏟아내고 있다. 동무의 『상한』 인식의 깊이를 유감없이 보여준다.

17~19조는 구본에서 위가실병의 문장으로 인용했다. 그러나 신본에선 울광말증이라 명명하고 더 넓은 지평 위에 올려놓는다.

양명병은 열독이 아니라 냉독

"태양병전속양명太陽病轉屬陽明"은 태양병이 사라지고 병이 새로운 상태로 진입한 것을 말한다. 구체적인 증상은 대변이 5~6일이나 통하지 못하고 해질 무렵 조열이 밀려오는 것이다. 중경은 양병병을 위가실병이라 불렀다.

동무 역시 대변비조大便祕燥는 "위실胃實"이라 하여 중경과 뜻을 같이 한다. 위가 조실燥實하다는 병리적인 용어다. 그리고 소음인의 "태양양명병증"이라 말한다. 사실상 양명병증으로 태양병증은 없지만 양명병이 태양병에서 온 사실을 주지시키기 위한 표현이라 할 수 있다.

중경은 이때 대승기탕을 썼다. 그러나 동무는 매우 비판적이다. 먼저 정확히 쓰기가 너무 어렵다. 매우 제한된 병증에서 효과를 발휘하기 때문이다. 그래서 그 병증이 나타날 때까지 환자를 방치하게 된다. 더욱이 증상이 심할 땐 치료율이 반밖에 안 된다.

동무는 양명병에는 "공하攻下"가 아니라 "온보승양溫補升陽"이 정법이라고 주장한다. 비양을 도와서 신양의 곤열을 풀어주면 조열이 사라지고 변비는 저절로 풀린다. 소음인 양명병의 변비는 열독이 아니라 냉독이라 본 것이다. 그래서 대황이 아니라 파두를 쓴다.

대승기탕은 중경 시대의 한계였다. 진한 교체기에는 양명병 변비에 오직 대황밖에 몰랐기 때문이다. 동무는 파두의 발견으로 과거에 풀지 못한 치료의 한계를 넘어섰던 것이다.

양명병의 유한과 무한

냉독을 풀어낸 후에는 팔물군자탕이나 승양익기탕으로 조리해준다. 팔물군자탕과 승양익기탕의 선택 기준은 땀이다. 땀이 안나면 팔물군자탕이다. 동무는 구본에서 위가실병에 땀이 안 나더라도 이미 중험병이라 말한 적이 있다.

몸에 열이 나면서 땀과 오한은 없고 오히려 오열하면서 대변이 굳고 발광하는 것을 위가실병이라 부른다. 이미 중험증이다. 그런데 여기에 찝찝하게 땀이 약간 나며 조열과 미천이 있으면 위증이 된다.

身熱, 汗不出, 不惡寒, 反惡熱, 腹滿, 大便硬, 發狂者, 謂之胃家實病. 而其病, 爲重險證. 若其病, 又㵑然微汗出, 潮熱, 微喘, 則危證.(구6-1-27)

그런데 신본에서는 위가실병을 보는 입장이 달라졌다. 위가실병에 땀이 나지 않으면 비脾가 아직 약하지 않은 것이며 경병輕病이라 말한다. 자신감이 넘친다. 이것이 바로 팔물군자탕에 대한 확신에서 나온 것이다! 과거의 중병이 현재의 경병으로 바뀌는 것, 이것이야말로 의학의 발전이라고 말할 수 있지 않을까?

위가실병에 땀이 비치면(㵑然微汗出) 위증이다. 이때 승양익기탕을 쓴다. 중경은 반은 살리고 반은 죽였지만 승양익기탕을 쓰면 모두 살릴 수 있다.

가장 나은 방법으로는 위가실병이 되기 전에 서둘러 치료해야 한다. 오한의 표증이 남아 있을 때 치료해야 한다. 계지탕이나 인삼계지탕이라도 써야 한다. 왜 대승기탕을 쓰려고 병자를 사지에 몰아넣는가.

소음인에게도 대승기탕은 신효하다

중경은 증상을 보고 바로 처방을 이야기한다. 그러나 동무는 한 단계를 더 거친다. 타고난 생리의 바탕을 본 것이다. 이에 따라 전혀 다른 병리를 구상하고 대책을 수립했다. 체질을 통해 남들이 보지 못한 것을 보았다.

소음인은 속이 냉하므로 모든 병은 기본적으로 냉병이다. 아무리 열적 표현이 극심할지라도 소음인병은 냉병이다. 오히려 열이 심할수록 냉이 심한 것이라 본다. 그래서 모든 처방은 온보가 기본이다. 소음인은 당뇨건 고혈압이건 중풍이건 류마티스건 무조건 따뜻한 약을 써야 한다.

양명병에 누가 파두를 쓸 생각을 할 수 있겠는가? 팔물군자탕이나 승양익기탕 등의 온보약을 어찌 감히 쓸 수 있겠는가? 체질은 병증에 대한 획기적인 사고의 전환을 가능하게 해줬다. 체질의 스펙트럼을 거치면 같은 병도 다르게 보이는 것이다. 체질이야말로 병에 대한 이해도, 처방에 대한 접근도 다르게 만드는 동무의 위대한 발견이다. 그 결과 전통의 시각에서 풀지 못한 많은 문제를 해결했다.

그러면 과연 소음인에게 대승기탕은 독약일 뿐일까? 동무 이전의 처방들은 모두 폐기처분해야만 할까? 이러한 문제는 사상의학의 매우 중요한 과제상황이다. 자칫 잘못 생각하면 사상의학은 굉장히 독선적이고 거만한 의학이 될 수도 있다.

이에 대한 동무의 일차적인 입장은 해당 체질의 약물이 아니면 빼고 쓰라는 것이다. 그런데 본조는 또 다른 가능성을 보여준다. 대황이 들어간 대승기탕도 소음인의 양명병에 정확히 응용하면 신효하다는 것이다. 놀라운 발언 아닌가? 대황, 망초도 소음인에게 잘 쓰면 기가 막힌다고 한다. 고방도 정확히 쓰면 사상인에게 쓸 수 있다는 뜻이다.

각자 본분에 충실하면 누구나 사람을 치료할 수 있다. 체질의학만이 유일한 건강의 해법이라는 생각은 자칫 오만이 될 수도 있다. 불가불계, 경계하지 않을 수 없다.

6-1-21.

허숙미가 『본사방』에서 말한다. "어떤 사람이 상한에 걸려 대변이 불쾌하고 해질 무렵 조열이 발생하며 옷에 바느질한 자리를 만지작거리고 두 손을 허공에 허우적대기도 하고 눈을 치켜뜨며 숨이 가쁘고 급했다. 모든 의사가 다 도망가버리니 참으로 악성 징후다. 중경도 증은 언급했으나 방법은 없었다. 다만 '맥이 현하면 살고, 맥이 색하면 죽는다'고 했을 뿐이다. 속는 셈치고 또다시 구병해볼 요량으로 소승기탕을 주어 복용시켜보니 대변이 시원해지면서 모든 증상이 점차 사라졌다. 맥이 약간 현해지더니 반달 지나 나았다."

許叔微『本事方』曰 "一人病傷寒, 大便不利, 日晡發潮熱, 手循衣縫, 兩手撮空, 直視, 喘急. 諸醫皆走, 此誠惡候. 仲景雖有證而無法, 但云 '脈弦者生, 脈濇者死.' 謾且救之, 與小承氣湯一服, 而大便利, 諸疾漸退.
脈且微弦, 半月愈."

【해설】

허숙미(1079~1154)는 처음 등장하는 인물이다. 송대의 유명한 『상
한론』 연구자다. 말년에 효과적인 처방 300여 종을 정리하여 『유증
보제본사방類證普濟本事方』을 지었다.

본조는 양명병을 소승기탕으로 치료한 경우다.

6-1-22.

왕호고가 그의 책에서 말한다. "한 사람이 상한인데 발광하면
서 뛰어다니고 맥은 허삭했다. 시호탕을 쓰니 오히려 극심해진
다. 그래서 인삼, 황기, 당귀, 백출, 진피, 감초를 물에 끓여서 한
번 복용하니 발광이 안정되고 두 번 복용하니 편안히 잠들면서
나았다."

王好古海藏書曰 "一人傷寒, 發狂欲走, 脈虛數. 用柴胡湯, 反劇. 以蔘,
芪, 歸, 朮, 陳皮, 甘草煎湯, 一服狂定, 再服安睡而愈."

【해설】

"해장海藏"은 왕호고의 호다.

양명병을 인삼, 황기, 당귀, 백출, 진피, 감초 등의 약재로 치료한
케이스다. 동무가 보고 무릎을 쳤을 것이다. 자신의 주장을 시대를
거슬러 해장이 증명해주고 있기 때문이다.

6-1-23.

『의학강목』에서 말한다. "일찍이 옷을 만지작거리며 침상 모퉁이를 더듬는 자를 치료한 적이 있는데 몇 명은 모두 기혈을 크게 보강하는 처방을 사용했다. 그런데 오직 한 사람만 눈꺼풀이 떨리고 대맥이 나타나 보약 중 계지를 약간 추가했더니 떨림이 멎고 맥도 균형을 회복하면서 나았다."

『醫學綱目』曰 "嘗治循衣摸床者, 數人皆用大補氣血之劑. 惟一人兼瞤振, 脈代, 遂於補劑中略加桂, 亦振止, 脈和而愈."

【해설】

『의학강목』은 명나라 의사 누영樓英(1332~1401)이 쓴 의서다. 『본초강목』은 물론 『동의보감』에도 큰 영향을 끼쳤다.

이쯤 되면 동무가 왜 이런 일련의 문장을 인용하고 있는지 짐작하게 된다. 모두 중경의 대승기탕이 듣지 않아 다른 처방을 사용한 후대의 임상례들이다.

양명병에 기혈을 대보하는 처방을 쓴 것은 중경의 병리관을 벗어나 새로운 병리관이 수립되었음을 의미한다. 팔물군자탕의 목적과 동일하다! 동무의 치법이 역사적으로 전혀 없던 방법은 아니었던 것이다.

6-1-24.

성무기가 『명리론』에서 말한다. "조열은 양명에 속한다. 반드시 해질 무렵에 발생한다는 것이 조열을 말한 것이다. 양명의 병됨은 위가 실이다. 위가 실하면 섬어가 생긴다. 손발이 찝찝하게 땀이 난다는 것은 대변이 벌써 굳었음을 의미한다. 섬어가 생기고 또 조열까지 있으면 승기탕으로 공하시킨다. 열이 조열이 아니라면 복용해선 안 된다."

成無己『明理論』曰 "潮熱, 屬陽明, 必於日晡時發者, 乃爲潮熱也. 陽明之爲病, 胃家實也. 胃實, 則讝語. 手足濈然汗出者, 此大便已硬也. 讝語有潮熱, 承氣湯下之. 熱不潮者, 勿服."

【해설】

"조열潮熱"은 해질 무렵 갑자기 열이 밀려오는 것을 말한다. 조潮는 밀물처럼 밀려든다는 뜻이다. "섬어讝語"는 헛소리를 지껄이는 것이다. 모두 양명병의 대표적인 증상들이다.

섬어에 조열까지 있다면 바로 승기탕의 적증이 된다. 그런데 조열이 없다면 함부로 써선 안된다. 성무기가 승기탕의 투약 기준을 부연한 문장이다.

6-1-25.

주진형이 『단계심법』에서 말한다. "상한의 괴증 중에서 정신이 혼미하여 축 늘어지기만 하면 죽는다. 이러한 일체의 위급증에 좋은 인삼 1냥을 물에 끓여 한번에 마시면 땀이 콧망울에서부터 졸졸 시냇물처럼 흘러나온다."

朱震亨『丹溪心法』曰 "傷寒壞證, 昏沈垂, 死. 一切危急之證, 好人蔘一兩水煎一服, 而盡汗自鼻梁上出涓涓如水."

【해설】

양명병의 위급증에 인삼을 사용한 임상례다. 동무는 양명병에 인
삼이 핵심이라 생각했다. 인삼을 고용량 써서 소음인의 양명병을 해
결했다. 마침 주진형이 속시원하게 적어놓고 있다.

콧잔등에 땀이 흐른다는 언급을 기억하자.

6-1-26.

내가 논한다. "위의 의론은 모두 장중경의 대승기탕이 허수아비
와 같고 그 처방을 쓸 수 있는 시기를 정확히 알아내는 것도 어
려움을 말하고 있다. 그러므로 이것저것 많은 의혹을 품다가 마
침내 장중경만 믿을 수 없겠구나 깨닫게 된 것이다. 장중경의
대승기탕은 원래 사람을 죽이는 약이지 살리는 약이 아니다. 그
러므로 대승기탕은 이제 거론할 필요조차 없다.

이런 위가실병에 변을 보지 못하고 발광하는 증은 파두 한 알
을 통째로 쓰거나 혹 독삼팔물군자탕을 쓰면 된다. 또 먼저 파
두를 쓴 후 팔물군자탕을 써서 제압하기도 한다."

論曰 "右論, 皆以張仲景大承氣湯始作俑, 而可用不可用時候難知. 故紛
紜多惑, 而始知張仲景之不可信也. 張仲景大承氣湯, 元是殺人之藥而非
活人之藥, 則大承氣湯不必擧論.

此胃家實病, 不更衣, 發狂證, 當用巴豆全粒, 或用獨蔘八物君子湯. 或先
用巴豆, 後用八物君子湯以壓之."

【해설】

중경이 양명병에 쓴 대승기탕을 혹독히 비판한다. 새로운 치료법을 정리하면서 울광증의 논의가 일단락되고 있다.

중경의 대황, 동무의 파두

동무는 「의원론」에서 중경을 의학의 개조로 숭상했다. 그런데 본격적인 사상인론에 돌입하면 중경을 가차없이 비판한다. 중경을 존중하면서도 그 공과는 정당히 평가하고자 한 것이다.

본조에 오면 대승기탕에 대한 평은 신랄하다 못해 가혹하기까지 하다. 동무는 속시원히 속말을 내뱉는다. 대승기탕은 사람을 살리는 약이 아니라 죽이는 약이다. 더 이상 상한병에서 대승기탕은 거론할 가치가 없다.

그런데 동무가 처음부터 대승기탕을 혹평한 것은 아니다. 처음엔 소음인에게 대승기탕을 하법의 약으로 썼다. 『동의수세보원』에만 익숙한 분들이 들으시면 깜짝 놀랄 만한 사실일 것이다.

> 소음인의 흉격의 정체를 소통시키는 약으로 경증에는 도인, 당귀, 대소승기탕, 중증엔 여의단을 쓴다.
>
> 少陰通膈之藥, 輕則桃仁, 當歸, 大小承氣湯, 重則如意丹.(권11-7)

당시 동무는 대황, 망초를 법제하여 승기탕을 소음인에게 사용했다.(권11-5) 『동무유고』에도 동일한 의미의 문장이 있다.

소음인의 하약으로 경증에는 도인, 당귀에 대황을 가한다. 중증에는 파두를 쓴다. 대황은 태음인의 하약이지만 도인, 당귀가 있으므로 겸용해도 된다.

少陰人下藥, 輕則桃仁, 當歸加大黃也. 重則巴豆也. 大黃, 則肺之下藥也. 有桃仁, 當歸, 故兼帶用之也.(보유14-1)

동무는 분명 소음인의 하약으로 대황이나 대승기탕을 사용했으며 유효한 효과를 거두고 있었다. "신효神效"란 표현이 그냥 나온 것이 아님을 알 수 있다.(6-1-20) 그러나 『동의수세보원』에 오면 약물에 대해 매우 간간한 입장을 취한다. 넷으로 딱 나눠버리고 혼용을 배격하는 방향으로 나간다. 그리고 마침내 대황을 살인약이라 악평하기에 이른 것이다. 대황에는 동무의 의약경험사가 담겨 있다. 애증의 역사가 담겨 있다.

중경의 대승기탕은 이미 후세 의가들도 더 이상 신뢰하지 않았다. 과연 불신을 해소하고 난제를 해결할 묘법은 무엇인가? 동무가 내놓은 대책은 바로 이것이다.

1. 파두
2. 독삼팔물군자탕
3. 파두 후 팔물군자탕

파두는 냉독을 화끈하게 깨서 변비를 해결해준다. 일반적으로 팔물군자탕을 뒤이어 써서 준보해주는 게 좋다.

독삼팔물군자탕은 팔물군자탕에 인삼 1냥, 황기 1돈을 추가한 독삼팔물탕이다.(6-6-12) 팔물군자탕의 핵심인 인삼을 증량해서 준보력을 더 키웠다. 더욱 심한 열증에 사용할 수 있다. 주진형의 처방에서 선례를 찾을 수 있다.(6-1-25) 위가실의 양명병에 이러한 방법을 활용하면 실수가 없을 것이다.

동무는 표열병론의 후반부에서 이러한 병증들을 울광병이라 명명하고 그 증상과 치방을 다시 한번 정리한다.

6-1-27.

장중경이 말한다. "양명병의 외증은 몸에 열이 나고 땀이 절로 나오며 오한은 없고 오히려 오열이 있다."

張仲景 曰 "陽明病外證, 身熱, 汗自出, 不惡寒, 反惡熱."

【해설】

『상한론』190조다. 원문은 문답으로 되어 있으나 동무가 내용만 추렸다.

이제 동무는 양명병 중에서 자한이 보이는 증상을 인용한다. 초두에 언급한 망양초증(6-1-5)에 이어 본격적으로 망양병을 다루기 시작한다.

6-1-28.

상한양명병으로 땀이 흐르고 소변까지 잦으면 진액이 말라 반드시 대변보기가 어려워진다. 비가 속박받는 것이니 마인환으로 주치한다.

傷寒陽明病, 自汗出, 小便數, 則津液內竭, 大便必難. 其脾爲約, 麻仁丸
主之.

【해설】

본조는 『상한론』 242조에서 병증을, 256조에서 처방을 취합한
것이다. 허준이 결합한 문장이다.(동4-2/23) 허준은 비약환이라 불렀
으나 동무가 원래대로 마인환이라 고쳤다.

양명병에 자한이 나면서 소변까지 잦다면 체내 수액(津液)이 부족
해질 것이다. 그래서 대변까지 건조해지게 된다고 설명한다. 중경은
이를 비가 속박받는 것(脾約)이라고 말했다.

27조부터 31조는 구본에서도 그대로 나온다. 모두 비약병을 설
명하기 위해 인용한 조문들이다. 동무는 비약병을 다음과 같이 정
리한다.

비약병의 나타나는 증상은 전신에 땀이 나는데 인중에만 땀이
없고 소변이 자꾸 나오는 것이 주증상이다. 처음에는 신열이 있
고 땀이 나면서 오한이 없다. 그런데 병이 위험한 지경에 이르면
발열하면서 땀이 많이 흐르고 도리어 오한이 난다.

脾約病形證. 全體有汗, 人中不汗, 小便利者, 爲主證. 而其始焉, 身熱,
汗自出, 不惡寒也. 若其病垂危, 則發熱, 汗多而惡寒也.(구6-1-20)

비약병의 처음에는 오한이 없으나 위증이 되면 다시 나타난다. 그
래서 동무는 인삼, 황기, 계지 등을 활용했다.

그러나 신본에서는 위증의 오한에 관심 갖지 않는다. 동무가 중시한 건 소변적삽이다. 위증이 되면 잘 보던 소변이 적삽으로 바뀐다. 이때 부자를 쓴다. 부자의 재발견이 소음인 표열증론의 가장 큰 진척이라 생각한다.

6-1-29.

양명병으로 땀이 흐르고 소변도 자꾸 나오면 진액이 고갈된다. 대변이 비록 굳더라도 공하해선 안 된다. 밀도법을 써서 소통시키는 것이 좋다.

陽明病, 自汗出, 小便自利者, 此爲津液內竭. 大便雖硬, 不可攻之, 宜用蜜導法通之.

【해설】

앞 조에 이어 또다른 치법을 제시하고 있다. 밀도법이란 약물로 끓인 꿀을 소량 항문에 밀어넣어 대변이 나올 무렵 제거하여 통변시키는 방법이다. 한마디로 관장법이다. 노인이나 허약자의 변비에 사용한다.(6-4-21)

중경은 마인환을 언급하는 한편 밀도법도 소개하고 있지만(『상한론』 242) 동무는 모두 잘못된 방법이라 지적한다.(自汗出, 小便利者, 用麻仁丸, 蜜導法, 則其病益重. 구6-1-21)

"소변자리小便自利"는 앞 조의 소변삭小便數과 같은 의미다.

6-1-30.

양명병으로 열이 나고 땀이 많으면 급히 하법을 쓴다. 대승기탕이 괜찮다.

陽明病, 發熱, 汗多者, 急下之, 宜大承氣湯.

【해설】

『상한론』 262조다. 양명병에 자한이 심할 때 중경은 또다시 대승기탕을 쓴다. 중경에겐 사실 대승기탕 이외의 방법이 없었기 때문이다. 대승기탕을 극복하고 제대로 된 방법을 찾는 것, 이것이 역사의 숙제였고 동무의 과제였다.

구본에서 동무는 대승기탕을 쓰는 건 잘못이라 못박는다.(發熱, 汗多者, 用大承氣湯, 則其病必死. 구6-1-21) 사람 잡는 처방인 것이다.

6-1-31.

이천이 『의학입문』에서 말한다. "땀이 많아 그치지 않는 것을 망양이라 부른다. 심비心痞, 흉번胸煩하고 얼굴이 푸르스름해지며 눈꺼풀이 떨리는 자는 치료하기 어렵다. 안색이 누르고 손발이 따뜻한 자는 치료할 수 있다. 땀이 새서 그치지 않는 것은 진양眞陽이 빠져 없어지는 것이므로 망양亡陽이라고 부르는 것이다. 몸이 반드시 냉해지며 비한痺寒과 사지구급四肢拘急이 많이 생긴다. 계지부자탕으로 주치한다."

李梴 『醫學入門』 曰 "汗多不止, 謂之亡陽. 如心痞, 胸煩, 面靑, 膚瞤者, 難治. 色黃手足溫者, 可治. 凡汗漏不止, 眞陽脫亡, 故謂之亡陽. 其身必冷, 多成痺寒, 四肢拘急, 桂枝附子湯主之."

【해설】

여기 이천의 논의가 양명병 한출汗出에 관한 가장 훌륭한 논의다.
증상에 대한 이해를 심화시켰으며 새로운 처방도 적시했다. 망양亡
陽이라 병명을 붙이고 새로운 시각에서 돌아볼 것을 강조한다.

망양병은 소음인 표열병에서 동무가 가장 강조한 병증이다. 생명
과 직결되기 때문이다. 그러니 이천을 높이 평가하지 않을 수가 있
겠는가? 동무는 구본에서 망양에 대한 기본적인 논평을 하고 있다.

내가 논한다. "소음인의 땀은 인중의 땀을 살펴보아야 한다. 전신
에 땀이 없어도 인중에 땀이 나면 진짜 땀이고 전신에 땀이 나도
인중에 땀이 없는 것이 망양이다. 소음인의 병 중에서 망양이 가
장 예후가 나쁘다. 반드시 인삼, 황기, 계지를 사용해서 급히 치료
해야 한다. 결코 등한시해서 방치하면 안된다."

論曰 "少陰人汗, 當觀於人中之汗, 不汗也. 全體雖不汗而人中發汗, 則眞
汗也. 全體雖汗而人中不發汗, 則亡陽也. 少陰人病, 亡陽最可惡也. 當用
蔘, 芪, 桂, 救急之. 不可等閒任置也."(구6-1-19)

인중의 땀에 관해서 주단계도 유사한 관찰을 한 바 있다. 병이 풀
리면서 콧망울에 땀이 흐르는 것이다.(6-1-25) 동무도 인중의 땀을
매우 의미 있는 현상으로 해석한다.

구본에서는 망양병에 아직 부자를 적극적으로 사용하지 않고 있
음을 알 수 있다.

6-1-32.

일찍이 소음인 11세 아이의 땀이 많이 나는 망양병을 치료한 적이 있다. 이 아이는 늘 노심초사했고 평소의 증상으로는 때때로 설사하는 것이 걱정이었고 매번 밥 먹을 때마다 땀이 흘러 얼굴을 뒤덮었다.

갑자기 어느 날 두통, 발열하면서 땀이 흐르고 대변이 마르면서 막혔다. 이 아이는 소증으로 설사가 걱정이었으므로 두통, 신열, 변비, 한출 등의 열증은 설사의 한증과 상반되므로 관심을 두지 않고 대수롭지 않게 치료했다. 그래서 황기, 계지, 백작약 등으로 발표만 해주었다. 그런데 발병 4, 5일이 되어도 두통, 발열이 낫지를 않는다.

6일째 해 뜰 무렵 증후를 자세히 살펴보니 대변이 말라 막힌 지벌써 4~5일째며 소변이 붉고 시원치 않아 두세 순갈 정도의 양밖에 보질 못하고 하루 밤낮이 지나도록 소변 횟수가 2~3회를 넘지 않는다. 오한도 없어지고 발열이 있었다. 땀이 나는 횟수도 살펴보니 하루 밤낮 동안 두서너 차례 일정하지 않고 인중 부위에는 가끔 땀이 나기도 안 나기도 하는 것이다. 한번 땀이 나면 얼굴을 뒤덮고 온몸을 적셨다. 병증이 매우 심각함을 그제야 깨달았으니 땀이 나는 망양증은 정말 위험한 증후인 것이다. 급히 파두 한 알을 삼키게 한 뒤 바로 부자를 1돈 넣은 황기계지부자탕을 달이기 시작했다. 2첩을 연속해서 마시게 하여 일단병을 제압했다. 오후 2~3시가 되니 대변이 통하고 소변도 점점맑아지며 양도 늘게 되었다.

이튿날이 되니 발병 7일째다. 소아에게 부자를 너무 많이 쓴다는 우려가 있어 황기계지부자탕 1첩으로 이틀간 복용케 했다.

그런데 이틀이 지나니 망양증이 재발하는 것이다. 오한은 없고 발열이 있으며 땀이 많이 흐르고 소변이 붉고 시원치 못하다. 대변이 전처럼 막히고 얼굴에 푸른빛이 돌며 가끔 마른기침까지 한다. 병세가 전보다 훨씬 심해졌다. 그날이 발병 9일째였고 시각은 오전 11시 즈음이었다. 급히 파두 1알을 삼키게 하고 바로 인삼계지부자탕에 인삼 5돈, 부자 2돈을 쓴 처방을 달였다. 2첩을 연이어 마시게 하여 병을 제압했다. 해질 무렵이 되니 대변이 비로소 뚫리고 소변이 점점 많아졌으나 색이 붉은 것은 마찬가지였다. 다시 인삼계지부자탕에 인삼 5돈, 부자 2돈을 써서 1첩을 복용시켰다. 밤 10시쯤 되니 아이가 옆으로 돌아눕기는 하나 머리는 전혀 가누질 못했다. 그러다 가래를 한두 순갈 정도 스스로 토해내더니 마른기침은 이내 멎었다.

이튿날 인삼계지부자탕에 인삼 5돈, 부자 2돈을 3첩 썼고 죽을 두세 순갈 정도 먹었다. 매번 약을 먹은 뒤엔 몸이 가뿐했고 땀이 멎었으며 소변이 점점 늘고 대변도 꼭 보았다.

그 다음 날 이 처방을 2첩 썼고 죽을 반 그릇 정도 먹었다.

또 다음 날 이 처방을 2첩 썼고 죽을 반 그릇 넘게 먹었다. 몸이 가벼웠고 스스로 일어나 방에도 앉았다. 이 날은 발병 12일째다. 이 3일 동안 몸이 가볍고 땀이 멎고 대변이 통하고 소변이 맑아지고 많아진 것은 부자 2돈을 하루에 2~3첩 연이어 복용했기 때문이다.

발병 13일째는 마당까지 일어나 걷기도 했으며 머리는 가누나 뒤로 젖히지는 못했다. 소아에게 부자를 너무 쓴다고 우려한 과

거의 잘못을 뉘우치며 황기계지부자탕에 부자를 1돈을 써서 매일 2첩씩 복용케 했다.

이후 7~8일이 지나니 머리를 좀더 뒤로 젖히게 되었으나 얼굴에 부종이 있었다. 계속 매일 2첩씩 복용케 했다.

다시 7~8일이 지나니 머리를 그제야 뒤로 젖히게 되고 얼굴에 부종도 줄어들었다. 그 뒤로도 이 처방을 매일 2첩씩 복용케 했다. 발병 초기부터 병이 완전히 풀리기까지 한 달여간 사용한 부자의 양이 거의 8냥이었다.

嘗治少陰人十一歲兒汗多亡陽病. 此兒勞心焦思. 素證有時以泄瀉爲憂, 而每飯時汗流滿面矣.

忽一日, 頭痛, 發熱, 汗自出. 大便祕燥. 以此兒素證泄瀉爲憂, 故頭痛, 身熱, 便祕, 汗出之熱證以其反於泄瀉寒證, 而曾不關心, 尋常治之. 以黃芪, 桂枝, 白芍藥等屬, 發表矣.

至于四五日, 頭痛, 發熱不愈.

六日平明, 察其證候, 則大便燥結已四五日, 小便赤澁二三匙而一晝夜間小便度數不過二三次, 不惡寒而發熱. 汗出度數則一晝夜間二三四次不均, 而人中則或有時有汗或有時無汗. 汗流滿面滿體. 其證可惡始覺, 汗多亡陽證候眞是危證也. 急用巴豆一粒, 仍煎黃芪桂枝附子湯用附子一錢, 連服二貼以壓之. 至于未刻, 大便通, 小便稍淸而稍多.

其翌日, 卽得病七日也. 以小兒附子太過之慮, 故以黃芪桂枝附子湯一貼, 分兩日服矣.

兩日後, 其兒亡陽證又作. 不惡寒, 發熱, 汗多而小便赤澁. 大便祕結如前, 面色帶靑, 間有乾咳. 病勢比前太甚. 其日卽得病九日也, 時則巳時末刻也. 急用巴豆一粒. 仍煎人蔘桂枝附子湯用人蔘五錢, 附子二錢. 連二

貼以壓之. 至于日晡, 大便始通, 小便稍多而色赤則一也. 又用人蔘桂枝
附子湯人蔘五錢, 附子二錢. 一貼服矣. 至于二更夜, 其兒側臥而頭不能
擧, 自吐痰一二匙而乾咳仍止.

其翌日, 又用人蔘桂枝附子湯人蔘五錢, 附子二錢三貼, 食粥二三匙. 每
用藥後, 則身淸涼, 無汗, 小便稍多而大便必通.

又翌日, 用此方二貼, 食粥半碗.

又翌日, 用此方二貼, 食粥半碗有餘. 身淸涼, 自起坐房室中. 此日卽得病
十二日也. 此三日內, 身淸涼, 無汗, 大便通, 小便淸而多者, 連用附子二
錢日二三貼之故也.

至于十三日. 又起步門庭而擧頭不能仰面. 懲前小兒附子太過之慮, 用黃
芪桂枝附子湯用附子一錢, 每日二貼服.

至于七八日, 頭面稍得仰擧, 而面部浮腫. 又每日二貼服.

至于七八日, 頭面又得仰擧, 而面部浮腫亦減. 其後用此方, 每日二貼服.

自得病初至於病解前後一月餘, 用附子凡八兩矣.

【해설】

이전과는 다른 서술 방식이 나온다. 인용문에 대한 논평(論曰)이
아니라 자신의 임상례를 직접 보여주고 있다. 망양병을 논술하기 전
에 관심을 유발하고 이목을 집중시키는 역할을 해준다.

평소의 증상, 소증

"소증素證"은 평소증이란 뜻이다. 동무는 현증現證과 함께 늘 소

증을 살핀다. 사상의학의 중요한 임상적 특징이다.

사상인의 타고난 불균형이 생리적 증을 이루고 생리적 증이 발전하여 병리적 증이 나타난다. 소증은 생리적 증과 병리적 증의 중간 지층을 이룬다. 생리적 증(건강의 영역)은 소증이라는 다리를 건너 병리적 증(질병의 영역)으로 넘어가는 것이다. 그래서 임상에서 소증을 파악하는 것은 질병의 추세를 예측하는데 매우 중요한 근거가 된다.

본조에서도 동무는 소증을 통해 질병의 예후를 짐작하고 있다. 이 아이의 소증은 설사였다. 즉 한증인 것이다. 그래서 현증으로 나타난 두통, 발열, 변비, 한출 등의 열증을 가볍게 생각했다. 계지탕의 주재료인 계지와 백작약에 땀이 나므로 황기를 추가해서 발표發表만 해준다. 황기계지탕의 간략 버전이라 할 수 있다.

그런데 이상한 일이 생겼다. 며칠이 지나도 두통, 발열이 낫지 않는 것이다. 동무는 뭔가 잘못되고 있다는 것을 직감했다. 심각성을 깨달은 동무는 6일째 아침 해가 뜨자마자 환자의 집으로 달려가 정밀히 진찰한다. 그 서술이 무척이나 자세하다. 마침내 망양병임을 깨닫고 환자가 위급에 처했음을 알게 되면서 동무의 새로운 각성이 이루어지고 있다.

사실 이 아이는 설사 말고 또 다른 소증이 있었다. "매반시한류만면每飯時汗流滿面"이다. 밥먹을 때마다 그렇게 땀을 흘렸다. 동무는 이 구절을 힌트처럼 초반에 끼워넣고 있다. 결국 원래부터 망양병의 소지가 있었던 아이라는 것이다. 소증에 대한 동무의 확신을 확인할 수 있다. 소증을 파악하면 병의 진행을 예측할 수 있다.

소증과 함께 병자의 평소 심리 상태를 함께 기술한 것도 주목해 보아야한다. 동무는 모든 병증을 다룰 때 심리와 상관성을 늘 살피고 있다.

망양병의 해결사, 부자

망양병에 대한 동무의 해법은 부자다. 사실 소음인론에는 부자가 난무한다. 표리한열을 불문하고 등장하고 있다. 그래서 부자를 이해하면 소음인론이 쉬워보이고 동무가 무엇을 의식하며 처방을 쓰는지 분명히 알 수 있다. 부자가 소음인론을 이해하는 키인 것이다.

중경의 일심정력이 대승기탕에 있었다면 동무의 일심정력은 오로지 부자에 있었다고 말할 수 있다. 부자 일미一味가 가라앉는 생명을 건져낼 수 있기 때문이다.

동무가 부자를 쓴 경우는 두 가지로 압축된다. 하나는 망양병이요, 하나는 소음병이다. 이 둘은 모두 위증, 곧 생명이 경각에 달린 병이다.

망양병은 땀구멍으로 물이 줄줄 새고 소음병은 똥구멍으로 물이 줄줄 새는 것이다. 오줌구멍으로 나가야 될 물이 다른 구멍으로 나가고 있다. 한마디로 수액의 망실이요, 근본적으로 수로의 이탈이라 할 수 있다. 동무가 이때 의지한 유일한 약이 바로 부자다. 요즘엔 링거를 통해 수액을 바로 넣어주지만 과거엔 매우 어려운 문제였다.

전통의 개념에서는 신장이 물길을 주관한다.(腎者, 主水.『素問』「上古天眞論」) 부자는 신장의 기화氣化작용을 돕는 약으로 이해했다. 멈춰버린 신장이라는 공장에 전기를 공급해서 재가동시키는 것이다. 그러면 소변을 시원하게 보면서 극적으로 회복된다.

동무에게는 부자를 사용하는 기막힌 방법이 있었는데, 그것이 바로 소변적삽이다. 땀으로, 설사로 체액이 소모되다 몸이 더 이상 버티지 못하면 소변양이 줄면서 붉어지는 것이다. 소변적삽은 체액 소모가 한계에 다다른 상태다. 이후 환자는 급격히 위험한 상태로 빠지게 된다.

6일이 되던 그날 아침에도 동무는 소변을 자세히 살폈다. 하루가 다가도록 소변을 두세 번밖에 안 봤으며 양도 적고 붉었다. 먼저 변부터 풀기 위해 파두를 쓰고 곧바로 부자를 썼다. 소음인이 상한으로 변이 막히면 항상 파두가 먼저기 때문이다. 동무의 처방은 황기계지부자탕이었다. 그랬더니 오후 들면서 변도 보고 소변도 맑아지면서 양이 느는 것이다. 병의 실상을 파악한 새벽부터 투약하고 안정을 찾아가기까지 긴박한 하루가 지나갔음을 알 수 있다.

환자가 안정세를 보이자 동무는 7일째 부자량을 줄인다. 가족들의 우려도 있었을 것이다. 부자는 결코 쉬운 약재가 아니기 때문이다. 대표적인 독성약이다. 그런데 이틀이 지나자 병이 재발하고 오히려 심해져버렸다.

동무는 처방을 새로 구성한다. 인삼계지부자탕에서 인삼을 5돈으로 올리고 부자를 2돈 가했다. 약력을 훨씬 강화시킨 것이다. 이 처방을 쓴 3일 동안 환자는 점차 호전되어 갔다. 동무는 모든 공을 부자에게 돌린다. 땀이 멎고 대변과 소변이 정상화 된 것은 모두 부자 2돈을 매일 2~3첩씩 썼기 때문이라 자평했다.(此三日內, 身淸涼, 無汗, 大便通, 小便淸而多者, 連用附子二錢日二三貼之故也..)

다음 날 환자는 집밖을 거닐 정도로 회복했다. 소변도 문제없었다. 그러나 동무는 부자쓰기를 멈추지 않았다. 동무는 지금 상한 위급병을 치료 중이다. 소변이 돌아왔다고 열이 다 빠진 게 아니었다. 언제 소변적삽으로 돌아갈지 모른다. 그래서 황기계지부자탕에 부자 1돈을 계속 써준다. 전날의 쓰라린 경험이 약이 되었다 할 수 있다.

"징懲"은 징계하다, 혼이 나서 잘못을 뉘우치고 고친다는 뜻이다. 임진왜란의 혹독한 시련을 겪은 후 유성룡은 『징비록』을 썼다. 징전비후懲前毖後, 즉 전일을 반성하여 후일을 삼간다는 뜻이 담겨 있다. 동무의 징비록은 바로 부자였다.

본조는 소음인의 망양병을 치료하는 과정을 상세히 보여준다. 동무의 부자 활용법을 그대로 담고 있다. 동무는 신정약방에서 이러한 부자활용법을 다시 한번 정리한다.(6-6-5)

6-1-33.

장중경이 말한다. "양명병에는 세 가지 병이 있다. 태양양명이라 부르는 비약이 첫째요, 정양양명이라 부르는 위가실이 둘째요, 소양양명이라 부르는 발한, 이소변, 위중조번실, 대변난이 셋째다."

張仲景曰 "陽明病, 有三病. 太陽陽明者, 脾約是也. 正陽陽明者, 胃家實是也. 少陽陽明者, 發汗, 利小便, 胃中燥煩實, 大便難是也."

【해설】

『상한론』187조로, 「변양명병맥증병치辨陽明病脈證幷治」의 첫 번째 문장이다. 양명병을 세 가지로 분류하고 있다.

첫 구절인 "양명병유삼陽明病有三"은 중경의 말이 아니라 허준의

말이다.(동10-2/12)

6-1-34.

내가 논한다. "장중경이 말한 양명의 세 가지 병에서 첫 번째 비약은 저절로 땀이 흐르고 소변이 잦은 병증을 말한다. 두 번째 위가실은 옷을 걸치지 못하고 갑갑해하며 대변보기가 어려운 병증이다. 세 번째 발한, 이소변, 위중조번실은 위가실과 동일하다. 사실은 세 가지 병이 아니고 두 가지 병인 것이다. 중경이 생각한 비약이라는 것은 진액이 점점 고갈되면서 비의 윤기가 속박받고 있음을 말한다. 또 위가실이라는 것은 진액이 이미 고갈되어 위 전부가 건조해져 굳어짐을 말한다.

중고시대인 전국, 진한시대에는 이미 의가들의 단방 경험 역사가 오래되었다. 당시에는 한토하汗吐下라는 대표적인 3대 치료법이 성행하기 시작하여 태양병에 아직 표증이 남아 있을 경우 혹 마황탕으로 발한도 해보고 혹 저령탕으로 이뇨도 해보고 혹 승기탕으로 공하도 해본 것이다. 그런데 승기탕으로 공하시키면 설사가 멎지 않는 증이 발생하고 마황탕이나 저령탕으로 발한하거나 이뇨시키면 위 속이 건조하고 답답하며 굳어져 대변보기가 힘든 증이 발생하는 것이다. 중경은 이러한 상황들을 지켜보고 비약으로 저절로 땀이 나고 소변이 잦은 것, 즉 비의 윤기가 점점 속박받는 것이 또한 위가 건조해지고 굳게 하는 장본인이라 생각했다. 그러나 비약은 처음부터 비약이요, 위가실은 처음부터 위가실이다. 어찌 그 병이 처음에는 비약이었다가 후에 위가실에 이르는 이치가 있겠는가!"

論曰 "張仲景所論陽明三病, 一曰脾約者, 自汗出, 小便利之證也. 二曰胃
家實者, 不更衣, 大便難之證也. 三曰發汗, 利小便, 胃中燥煩實者, 此亦
胃家實也. 其實非三病也, 二病而已. 仲景意脾約云者, 津液漸竭脾之潤
氣漸約之謂也. 胃家實云者, 津液已竭胃之全局燥實之謂也.

中古戰國, 秦, 漢之時, 醫家單方經驗其來已久. 汗吐下三法始爲盛行, 太
陽病表證因在者, 或以麻黃湯發汗, 或以猪苓湯利小便, 或以承氣湯下
之. 承氣湯下之, 則下利不止之證作矣. 麻黃湯, 猪苓湯發汗, 利小便, 則
胃中燥煩實, 大便難之證作矣. 仲景有見於此, 故以脾約之自汗出, 自利
小便者, 脾之潤氣漸約, 亦將爲胃燥實之張本矣. 然脾約, 自脾約也, 胃家
實, 自胃家實也. 寧有其病先自脾約, 而後至於胃家實之理耶!"

【해설】

33조와 34, 35조는 구본 그대로다. 양명병의 비약과 위가실에 대
해 논평한다.

비약과 위가실은 처음부터 다르다

동무는 비약과 위가실을 전변의 과정으로 보지 않고 서로 독립적
인 병증으로 본다. 비약은 소음인의 망양병이다. 위가실은 소음인의
울광병이다. 망양과 울광은 처음부터 가는 길이 다르다. 망양이 울
광으로 변하지 않는다. 망양은 망양이고 울광은 울광일 뿐이다.

위가실과 비약의 두 병은 음증 중 태음병과 소음병처럼 허실의 증상이 분명하게 구분된다. 태양병에 표증이 아직 남아 있을 때부터 이미 양 갈래 길로 나뉘어져 원래부터 서로 합쳐지지 않는 것이다.

태양병에 표증이 아직 남아 있으면서 광증이 생기는 것은 울광의 초증이다. 양명병에 위가 실하여 화장실을 들락거리며 대변을 보지 못하는 것은 울광의 중증이다. 양명병에 조열이 발생하고 미친 소리를 지껄이며 약간 숨이 차고 눈을 치켜뜨는 것은 울광의 말증이다. 태양병에 발열, 오한하고 땀이 저절로 나는 것은 망양의 초증이다. 양명병에 오한은 없고 오히려 오열이 있으며 땀이 저절로 나는 것은 망양의 중증이다. 양명병에 발열하고 땀이 많이 나는 것은 망양의 말증이다. 대개 울광증은 모두 열이 나면서 땀은 흐리지 않으나 망양증은 모두 열이 나면서 땀이 흐른다.

胃家實, 脾約二病如陰證之太陰, 少陰病, 虛實證狀顯然不同. 自太陽病表證因在時, 已爲兩路分岐, 元不相合.

太陽病, 表證因在而其人如狂者, 鬱狂之初證也. 陽明病, 胃家實不更衣者, 鬱狂之中證也. 陽明病, 潮熱, 狂言, 微喘, 直視者, 鬱狂之末證也. 太陽病, 發熱, 惡寒, 汗自出者, 亡陽之初證也. 陽明病, 不惡寒, 反惡熱, 汗自出者, 亡陽之中證也. 陽明病, 發熱, 汗多者, 亡陽之末證也. 盖鬱狂證, 都是身熱, 自汗不出也. 亡陽證, 都是身熱, 自汗出也.

【해설】

여지껏 논의된 신수열표열병을 울광증과 망양증으로 정리하고 있다. 각각은 다시 초중말로 구분된다. 병증의 세분은 처방의 세밀을 도모하게 만든다.

태양, 양명병에서 울광, 망양병으로

구본의 소음인 외감병은 태양병, 양명병, 궐음병으로 구성된다. 『상한론』의 병명을 그대로 사용한다. 그래서 이해하기가 비교적 수월하다. 동무는 오한의 유무를 기준으로 태양병과 양명병을 나누었다.

그런데 신본에서는 자신의 병명과 기준을 전면에 내세운다. 즉 땀의 유무를 기준으로 울광병과 망양병으로 개정했다. 소음인의 표열병은 오한보다 땀이 훨씬 더 중요한 열쇠라 생각한 것이다. 그리고 처방을 재정비한다. 그 결과 신본은 더욱 강력한 임상의학으로 거듭날 수 있었다.

처방은 병리를 따라간다. 병증을 이해하는 기준이 바뀌면 처방이 바뀐다. 나는 그 기준이 꼭 한의학적일 필요도 없다고 생각한다. 질병의 해결에 필요하다면 동서고금의 이해를 모두 동원할 수 있어야 한다. 처방을 가장 효율적으로 쓸 수 있는 방식이면 되는 것이다. 현대의 한의사가 인삼소염탕, 향부자당뇨탕 이런 처방을 만들지 못할 이유가 없다. 아직은 한의학적인 기준에 따라 만들어진 처방이 더욱 효과적이라 느끼고 있지만, 나는 오늘도 더욱 쉽고 강한 처방을 만들 꿈을 꾼다.

음증 중 입안이 편하면서 복통, 설사가 있는 것은 태음병이다.
입안이 불편하면서 복통, 설사가 있는 것은 소음병이다. 양증 중
땀이 나지 않으면서 두통, 신열이 있는 것은 태양양명병의 울광
증이다. 땀이 나면서 두통, 신열이 있는 것은 태양양명병의 망
양증이다.

음증의 태음병과 양증의 울광병은 경증과 중증으로 나뉜다. 그
런데 음증의 소음병과 양증의 망양병은 험증과 위증으로 나뉜
다. 망양병과 소음병은 처음 발병부터 이미 험증이며 곧바로 위
증이 되는 것이다.

陰證. 口中和而有腹痛, 泄瀉者, 太陰病也. 口中不和而有腹痛, 泄瀉者,
少陰病也. 陽證, 自汗不出而有頭痛, 身熱者, 太陽陽明病鬱狂證也. 自
汗出而頭痛, 身熱者, 太陽陽明病亡陽證也.

陰證之太陰病, 陽證之鬱狂病, 有輕證重證也. 陰證之少陰病, 陽證之亡
陽病, 有險證, 危證也. 亡陽, 少陰病自初痛已爲險證, 繼而危證也.

【해설】

36조부터 38조까지는 신본에서 추가된 문장이다. 울광과 망양
에 대해 하고 싶은 말을 모두 쏟아낸다. 본조는 소음인의 대표 병증
들을 상호 비교한다.

소음인 병증 개략

울광병과 망양병은 신수열표열병의 대표 병증이다. 태음병과 소음병은 위수한표한병의 대표 병증이다.

"양증"은 열나는 병이다. "음증"은 설사하는 병이다. 열나면서 땀이 나지 않으면 울광병이고 땀이 나면 망양병이다. 설사하면서 입안이 편안하면 태음병이고 입안이 불편하면 소음병이다. 동무공의 소음인론 한줄 요약이다.

뒤이어 동무는 각 병증의 예후를 설명한다. 질병과 싸우는 의사가 필수적으로 알고 있어야 할 정보가 예후다. 어떤 상대인지 미리 파악하는 것이다. 동무는 질병의 중증도를 경, 중, 험, 위의 순으로 나열하는데 뒤로 갈수록 위험도가 높아진다.

울광병과 태음병은 조금 만만하다. 크게 어려운 상대가 아니다. 그러나 망양병과 소음병은 신중해야 한다. 처음부터 험증이요, 곧바로 위증이 된다고 했다. 각별히 주의해야 한다.

6-1-37.

망양병은 땀만 보아서는 안 된다. 반드시 소변의 다소를 살펴야 한다. 만약 소변이 맑고 시원하면서 땀이 나면 비약병이다. 이는 험증이다. 그러나 소변이 붉고 시원하지 않으면서 땀이 나면 양명병 발열한다發熱汗多에 해당한다. 이는 위증이다. 그런데 소양인의 이열증과 태음인의 표열증에도 역시 땀이 많이 나면서 소변이 붉고 시원하지 않은 것이 있으니 잘 살펴서 잘못 투약하는 일이 없도록 해야 한다.

亡陽病證, 非但觀於汗也. 必觀於小便多少也. 若小便淸利而自汗出, 則
脾約病也. 此險證也. 小便赤澁而自汗出, 則陽明病發熱, 汗多也. 此危
證也. 然少陽人裏熱證. 太陰人表熱證亦有汗多而小便赤澁者, 宜察之不
可誤藥.

【해설】

망양병의 키워드를 이야기한다. 바로 소변적삽이다.

소변이 망양병의 키워드

동무는 망양병을 땀의 정도에 따라 초중말로 구분했다. 그러나
땀의 정도라 함은 주관적 판단을 벗어나기 어려운 면이 있다. 그래
서 동무는 더욱 확실한 판단 지침을 소개한다. 바로 소변량이다.

"소변청리小便淸利"가 생리적 상태라면 "소변적삽小便赤澁"은 병리
적 상태다. 땀이 나면서 소변청리하다면 망양중증으로 험증으로 판
단한다. 그런데 땀이 나면서 소변적삽하면 망양말증으로 위증이다.
땀으로 인한 수액의 소실이 소변에까지 영향을 미칠 정도면 매우 위
급한 상태인 것이다.

소변은 망양의 위험도를 확인하는 열쇠다. 동무가 망양에 부자를
과감하게 투여하는 일급 노하우는 바로 소변량에 있었다.

태음인의 표열증

그런데 본조는 여기서 그치지 않고 논쟁을 일으킬 만한 문장으로 끝맺고 있다. 소양인과 태음인에게도 땀이 과하게 나면서 소변적삽하는 병증이 나타날 수도 있다는 것이다. 그러면서 태음인의 "표열증"을 언급한다. 신본의 병증론 체계에서는 이해하기가 어려운 표현이다. 동무는 태음인의 상한병증을 표한병과 이열병으로 나누었기 때문이다.

과연 표한병 외에 표열병이 또 있는 것일까? 혹 이열병 안의 일개 병증명으로 이해해야 할까? 그것도 아니면 체표의 열증이라는 단순한 의미로 새겨야 할까? 그렇다면 왜 신열이나 발열 같은 표현을 쓰지 않고 하필 표열증이라 말했을까?

동무가 표열증이란 단어를 굳이 선택한 것은 태음인의 표열表熱에 수반되는 일련의 증상군에 대한 오랜 관찰에 근거한다. 신구본 병증론 체계를 구상하기 전에 이미 발견한 병증이었다. 이를 신본에도 수록하면서 그 명칭도 그대로 가져온 것이다.

문제는 여기서 그치지 않는다. 태음인론에 표열증이 한 번 더 등장한다. 갈근나복자탕이라는 처방도 제시하고 있다.(表熱證泄瀉, 當用葛根蘿葍子湯. 8-2-27) 주의할 점은 갈근나복자탕이 표열증의 대표 처방이 아니라는 것이다. 표열증으로 설사할 때 한해서 쓴다. 본조에서 말한 땀이 흐르고 소변적삽 한 데는 적합하지 않다.

6-1-38.

위가실병은 처음부터 땀이 나지 않고 오한도 없으며 단지 오열
만 있다. 그러나 그 병이 위험한 지경에 이르면 찝찝하게 약간
땀이 나고 조열이 생긴다. 이는 겉의 한기를 떨쳐내는 힘이 완전
히 고갈된 까닭이다. 곧 위기가 고갈된 증후다.

비약병은 처음부터 신열이 있고 땀이 저절로 나며 오한은 없다.
그러나 그 병이 위험한 지경에 이르면 발열하고 땀이 많이 나면
서 오한이 생긴다. 이는 속의 열기를 지탱하는 기세가 이미 다
했기 때문이다. 곧 비기가 단절된 증후다.

胃家實病, 其始焉汗不出, 不惡寒, 但惡熱. 而其病垂危, 則漐然微汗出,
潮熱也. 漐然微汗出, 潮熱者, 表寒振發之力永竭故也. 胃竭之候也.

脾約病, 其始焉身熱, 汗自出, 不惡寒. 而若其病垂危, 則發熱, 汗多而惡
寒也. 發熱, 汗多而惡寒者, 裏熱撑支之勢已窮故也. 脾絶之候也.

【해설】

본조는 구본의 내용을 다듬어 거의 그대로 가져온 것이다. 위가
실병과 비약병의 정리로 모든 논의를 마무리하고 있다.

소음인 표열병 총괄

소음인 표열병의 병증과 처방을 정리하면 다음과 같다.

	병증	중증도	증상	처방
신수열 표열병	울광병	초증	태양병, 無汗, 其人如狂	천궁계지탕 팔물군자탕
		중증	양명병, 胃家實	팔물군자탕
		말증	양명병, 狂言, 微喘直視	독삼팔물탕
	망양병	초증	태양병, 汗出	황기계지탕 보중익기탕 승양익기탕
		중증	양명병, 脾約	황기계지부자탕
		말증	양명병, 汗多, 小便赤澁	인삼계지부자탕 승양익기부자탕 인삼관계부자탕
	궐음병		태양병, 手足厥冷	인삼오수유탕(有汗) 독삼팔물탕(無汗)

동무의 사상인론은 『상한론』을 이해하는 매우 탁월한 해석으로
평가받아 마땅하다. 동무는 중경이 해결하지 못한 여러 병증에 대
해서 새로운 해법을 전격적으로 제시했다.

6-1-39.

장중경이 말한다. "궐음증으로 손발이 궐랭하고 아랫배가 아프
고 답답하며 그득하고 음낭이 수축하며 맥이 미미해서 끊어지
려고 할 때 당귀사역탕이 적당하다."

張仲景曰 "厥陰證, 手足厥冷, 小腹痛, 煩滿, 囊縮, 脈微欲絕, 宜當歸四
逆湯."

【해설】

동무는 중경의 태양병과 양명병에서 소음인 병증을 추출했다. 바로 울광병과 망양병이다. 동무의 안목으로 볼 때 『상한론』의 삼음삼양증은 재정리가 필요했다. 이제는 궐음병을 정리하려고 한다. 바로 여기 소음인론에서 말이다.

본조는 『동의보감』의 문장이다.(동10-2/16) 『상한론』에는 일치하는 문장이 없다. 358조와 가장 가깝다.

6-1-40.

음기와 양기가 서로 순조롭게 이어지지 않으면 궐이 된다. 궐이란 손발이 싸늘해진 것을 말한다.

凡厥者, 陰陽氣不相順接, 便爲厥. 厥者, 手足逆冷是也.

【해설】

궐음병의 "궐厥"에 대한 중경의 해석이다. 궐의 의미와 병리가 나온다.(『상한론』 344)

6-1-41.

상한한 지 6~7일에 촌구맥이 미완한 것은 궐음이 병을 받았기 때문이다. 그 증상은 아랫배가 답답하고 그득하며 음낭이 수축한다. 승기탕을 써서 공하시키는 것이 좋다.

傷寒六七日, 尺寸脈微緩者, 厥陰受病也. 其證小腹煩滿而囊縮, 宜用承氣湯下之.

【해설】

허준이 중경의 말로 인용한 문장이지만(동10-2/16) 『상한론』에는
나오지 않는다.

상한 6~7일은 궐음병이 발병할 수 있는 시기다. 이 때 맥을 통해
궐음병 여부를 판단할 수 있다. 맥이 미완微緩하면 궐음병이다. 당귀
사역탕(6-1-39)이 아니라 대승기탕을 추천하고 있다. 병증론의 인용문
은 모두 확실한 목적을 갖고 있다. 동무는 언어를 낭비하지 않는다.

6-1-42.

상한한 지 6~7일에 촌구맥이 전부 크게 와 부딪히고 답답해하
며 입을 벌리지 못해 말을 못하고 조급해하며 가만히 있지를
못하는 것은 풀리려는 증후다.

六七日, 脈至皆大, 煩而口噤不能言, 躁擾者, 必欲解也.

【해설】

앞 조와 달리 상한 6~7일에 맥이 대大하면 병이 풀리는 징조다.
궐음병의 긍정적 예후를 설명하고 있다. 증상들이 오히려 양적인 양
상을 드러내고 있는 것이 특징이다.

『동의보감』의 문장으로(동11-1/28) 『상한론』에는 일치하는 문장이
없다.

6-1-43.

주굉이 『활인서』에서 말한다. "궐이란 손발이 찬 것을 말한다. 그런데 손끝, 발끝이 약간 찬 경우가 있는데 이는 청淸이라 부르며 경증에 속한다. 음궐은 처음 발병시부터 바로 사지가 싸늘해지며 맥은 가라앉고 미미하나 빠르진 않고 다리는 자꾸 쥐가 난다."

朱肱『活人書』曰 "厥者, 手足逆冷是也. 手足指頭微寒者, 謂之淸, 此疾爲輕. 陰厥者, 初得病便四肢厥冷, 脈沈微而不數, 足多攣."

【해설】

주굉이 궐음병을 부연한 내용이다. 궐음병의 수족냉이 발병 초기부터 나타나는 증상임을 강조하고 있다. 허준은 상한음궐의 항목 아래 인용했다.(동10-2/22)

6-1-44.

상한한 지 6~7일에 답답하고 그득하며 음낭이 수축하고 촌구맥이 모두 미완한 것은 족궐음경이 병을 받아서다. 맥이 약간이라도 부맥이면 나으려는 것이고 부맥이 아니면 저절로 낫기는 어렵다.

맥이 부완하면 결코 음낭이 수축하지 않는다. 외증外證으로 발열, 오한이 있다면 나으려는 것이니 계마각반탕이 좋다. 만약 촌구맥이 모두 침단하면 반드시 음낭이 수축한다. 독기가 뱃속으로 들어간 것이니 승기탕으로 공하시키는 것이 좋다. 속히 승기탕을 써서 생기를 보존하면 여섯 중 다섯은 살릴 수 있다.
6~7일째 맥이 약간 부맥인 것은 비괘가 다하고 태괘가 오는 격
이며 수승화강의 긍정적인 징조니 오한, 발열과 함께 크게 땀이
나면서 풀린다.

傷寒六七日, 煩滿, 囊縮, 尺寸俱微緩者, 足厥陰經受病也. 其脈微浮爲

欲愈, 不浮爲難愈.

脈浮緩者, 必囊不縮. 外證必發熱, 惡寒爲欲愈, 宜桂麻各半湯. 若尺寸

俱沈短者, 必囊縮, 毒氣入腹, 宜承氣湯下之. 速用承氣湯可保, 五生一

死. 六七日, 脈微浮者, 否極泰來, 水升火降, 寒熱作而大汗解矣.

【해설】

『활인서』의 문장이 계속된다. 상한 6~7일이 궐음병이 발병할 수
있는 시기임을 거듭 강조한다. 본조는 궐음병의 증상을 설명한 후 맥
에 따라 예후를 구분하고 각각의 처방을 적시하고 있다. 중경의 화법
脈證幷治 그대로다. 궐음병에 맥이 부완하면 살고 침단하면 죽는다.

비괘否卦(䷋)는 죽음의 괘이며 태괘泰卦(䷊)는 생명의 괘다. 태괘
는 수승화강의 생명력을 상징한다.

동무는 당귀사역탕, 계마각반탕은 적당치 않다고 했다. 약력이
미흡해서 중병과 위증에는 믿고 쓰기 어렵다고 평한다.(구6-1-53) 그
리고 대승기탕 대신 파두를 써야 한다고 했다.(6-1-47)

6-1-45.

모든 수족역랭은 다 궐음에 속한다. 발한법이나 공하법을 써선

안 된다. 그런데 발한법이나 공하법을 써야 한다고 한 것은 수족역랭하더라도 때때로 따듯할 때도 있는 경우를 말한다. 이때 손바닥, 발바닥의 중앙 부위는 반드시 따뜻하다. 정확한 궐음증이 아니므로 잘 가려서 치료해야 한다.

諸手足逆冷, 皆屬厥陰, 不可汗下. 然有須汗, 須下者, 謂手足雖逆冷時有溫時, 手足掌心必煖. 非正厥逆, 當消息之.

【해설】

역시 『활인서』의 문장이다. 궐음병에 대해 서로 다른 치법이 서술되는 이유를 설명하고 있다. 한법이나 하법을 사용하는 궐음병은 엄밀히 말하면 궐음병은 아니라는 것이다. 동무는 이처럼 인용문을 유기적으로 인용하며 그 문제와 한계가 저절로 드러나도록 구성해 나간다.

6-1-46.

이천이 말한다. "혀가 오그라들고 기운이 거꾸로 돌아 손발의 냉기가 팔꿈치와 무릎을 넘어서며 아랫배가 쥐어짜듯 아프면 삼미삼유탕, 사순탕으로 주치한다. 음낭이 수축하고 손발이 별안간 싸늘해졌다 따뜻해지며 답답하고 그득하면 대승기탕으로 주치한다."

李梴曰 "舌卷, 厥逆冷過肘膝, 小腹絞痛, 三味蔘萸湯, 四順湯主之. 囊縮, 手足乍冷乍溫, 煩滿者, 大承氣湯主之."

『의학입문』의 문장이다. 후세에 오면 궐음병에 대한 처방이 확충
된다. 동무는 삼미삼유탕이 좋은 처방이라 호평한다.(6-1-47)

6-1-47.

내가 논한다. "장중경이 말한 궐음병은 처음에는 복통, 하리 등
의 증상이 없다가 6, 7일째 갑자기 궐증이 생기는 것이다. 손발
이 결국 냉해지지만 이는 음증의 부류가 아니다. 다시 말하면
소음인이 태양상풍병으로 오한, 발열하면서 땀이 나는 증상은
정기와 사기가 서로 버티다가 시간이 지나면서 결국 풀려야한
다. 그런데 풀리지 않고 변해서 이러한 병증이 생긴 것이다. 이
병증은 태양병궐음증으로 부르는 것이 타당하다.

이 병증에 당귀사역탕, 계마각반탕은 쓸 필요가 없고 삼유탕,
인삼오수유탕, 독삼팔물탕이 적당하다. 대승기탕 역시 합당하지
않고 파두를 써야 한다."

論曰 "張仲景所論厥陰病, 初無腹痛, 下利等證, 而六七日猝然而厥, 手足
遂冷, 則此非陰證之類也. 乃少陰人太陽傷風, 惡寒, 發熱, 汗自出之證,
正邪相持日久, 當解不解而變爲此證也. 此證, 當謂之太陽病厥陰證也.
此證, 不必用當歸四逆湯, 桂麻各半湯, 而當用蔘茰湯, 人蔘吳茱茰湯, 獨
蔘八物湯. 不當用大承氣湯, 而當用巴豆."

【해설】

중경의 궐음병을 재정의하고 치방을 제시하고 있다.

궐음병은 태양병이다

『상한론』의 궐음병은 무엇인가? 동무가 본 궐음병의 비밀은 궐음병은 바로 태양병이라는 것이다. 태양병이 6, 7일 낫지 않다가 돌연 궐음병이 된다. 그래서 태양병의 변증變證으로 파악하고 치료한다. 수족냉증에 현혹되어 음증으로 보아선 안 된다. 궐음증은 음증이 아니라 양증이다. 동무의 『상한』 이해는 실로 파격적이다.

동무가 태양병궐음증에 제시한 처방은 인삼오수유탕과 독삼팔물탕이다. 유한에 인삼오수유탕, 무한에 독삼팔물탕을 써야 한다. 망양에서 궐음증이 될 수도, 울광에서 궐음증이 될 수도 있음을 시사한다. 독삼팔물탕은 양명병 위가실의 처방으로 기출한 적이 있다.(6-1-26) 울광중증에 쓴다. 변을 풀 일이 있으면 대승기탕이 아니라 파두를 써야 한다.

동무는 궐음병에서 "병"의 지위를 박탈해버린다. 일관되게 궐음증이라 부른다. 태양병의 범주에 속하는 일증一證일 뿐이라는 의미가 담겨 있다. 동무는 일반적으로 병病을 증證의 상위 범주로 설정한다. 물론 늘 그런 것은 아니다.

6-1-48

소음인이 외감병으로 6~7일째 땀을 내지 못하고 죽는 것은 다 궐음증으로 죽는 것이다. 4~5일째 병세를 잘 살피면서 황기계지탕이나 팔물군자탕을 3, 4, 5첩 정도 써서 예방하는 것이 좋다.

凡少陰人外感病六七日, 不得汗解而死者, 皆死於厥陰也. 四五日, 觀其病勢, 用黃芪桂枝湯, 八物君子湯三四五貼, 預防可也.

【해설】

궐음증의 예방에 대해 이야기한다.

궐음증은 위증이다

궐음증은 신구본이 동일하다. 39조에서 46조의 인용문도 그대로 나온다. 47조와 48조의 논조도 기본적으로 같다. 처방만 업그레이드한 것이다.

궐음증은 위증이다. 감기기가 있더니 6~7일째 돌연 사망해버리는 것이다. 구본에서는 태양병의 위증危證이라 명시했다. 그러므로 궐음증은 예방이 우선이다. 궐음증까지 오지 않도록 미리 관리하는 것이 좋다.

외감병이 4~5일이 지나도 풀리지 않는다면 주의를 기울일 필요가 있다. 혹 울광이나 망양이 아닌지 환자의 상태를 예의주시해야한다. 이외의 경우는 오히려 약을 안 쓰는 게 낫다. 망양증을 보인다면 황기계지탕, 울광증을 보인다면 팔물군자탕을 써준다. 인삼오수유탕과 독삼팔물탕의 전구 처방들이다.

"한해汗解"는 외감병 치료의 기본 목적이다. 울광병은 물론이고 망양병에도 복약하면 양기가 돌면서 땀이 살짝 나게 된다. 그러면서 병이 풀리는 것이다. 특히 소음인의 경우 인중에 땀이 나면서 풀린다.

본조의 "부득한不得汗"은 구본에는 "부득진한不得眞汗"으로 되어 있다. 인중에 땀이 나지 않는다는 뜻이다.

6-1-49.

주굉이 말한다. "궐음병에 소갈이 있고 기가 가슴으로 치받쳐 오르며 가슴 속이 우리하게 열이 나고 배가 고프나 먹지를 못한다. 먹으면 회충을 토해낸다."

朱肱曰 "厥陰病, 消渴, 氣上衝心, 心中疼熱, 飢不欲食, 食則吐蚘."

【해설】

본조는 『상한론』의 궐음병 제강提綱이다.(『상한론』333) 허준이 『활인서』에서 인용했기에(동10-2/16) 동무도 그대로 따랐다. 궐음병에는 토회吐蚘하는 증상이 있다.

6-1-50.

공신이 말한다. "상한에 회충을 토하면 비록 큰 열이 있더라도 하법을 삼간다. 서늘한 약이 침범하면 반드시 죽는다. 위 속에 한기가 있으면 회충이 거소를 불안하게 느껴 흉격과 가슴으로 치고 올라오는 징조다. 급히 이중탕을 쓴다."

龔信曰 "傷寒, 有吐蚘者, 雖有大熱, 忌下. 涼藥犯之, 必死. 盖胃中有寒, 則蚘不安所而上膈大凶之兆也. 急用理中湯."

【해설】

궐음증 토회의 이유와 처방을 제시한다. 『고금의감』에 나온다. 『동의보감』에는 이중탕으로 회충을 안정시킨 후 소시호탕으로 열을 내린다고 했지만(동11-1/13) 동무는 생략했다.

6-1-51.

내가 논한다. "이 병증에는 이중탕을 써야 한다. 하루에 서너 번 씩 매일 복용한다. 혹 이중탕에 진피, 관계, 백하수오를 가하기도 한다."

論曰 "此證, 當用理中湯. 日三四服, 又連日服. 或理中湯加陳皮, 官桂, 白何烏."

【해설】

궐음증 토회의 처방을 제시하며 모든 논의를 마무리한다.

표병에서 리병으로

궐음증은 원래 복통, 설사 등의 증상이 없다.(6-1-47) 그러나 이후 소복통이 나타나기도 한다.(6-1-39) 소복통은 동무의 관점에서 이한 병의 태음증이다. 여기 토회까지 나타나면 명백한 위한胃寒의 증거가 된다. 표병에서 시작해서 이병이 된 것이다.

궐음증 토회는 신속히 치료해야 한다. 구본에서는 치료를 지체하면 다른 증상이 생길 수 있다고 했다. 속을 덥히는 이중탕을 쓴다.

이제 표열병론이 모두 끝나고 이한병론으로 넘어간다. 표열병론의 마지막 문장으로 손색이 없다.

정기의 의학, 사기의 의학

한의학은 회충을 박멸의 대상으로 보지 않는다. 세균이나 바이러스에 대해서도 똑같은 입장을 취한다. 본문의 이중탕 역시 구충제가 아니다. 오히려 위장을 따뜻하게 만들어 회충이 편안하게 머물도록 도와준다. 역발상이라 하지 않을 수 없다.

이러한 방법은 지금의 안목으로 보면 안타까운 미봉책에 불과하다. 요즘은 간단한 복약으로 얼마든지 회충을 제거할 수 있기 때문이다. 그러나 한 가지 간과한 사실이 있다. 회충은 사라져도 궐음증은 사라지지 않는다. "위중유한胃中有寒"이라는 문제는 여전히 남는 것이다! 만약 집에 곰팡이가 생긴다면 집에 어떤 문제가 있는지 생각해봐야 할 것이다. 곰팡이약만 뿌려대는 것이 오히려 미봉책일 수도 있다.

한의학은 균을 우선시하지 않는다. 한의학의 성전인 『상한론』은 요즘말로 하면 세균 치료학이라 할 수 있다. 그런데 막상 외사外邪에는 별 관심을 두지 않는다. 시대의 한계이기도 하겠지만 여기에는 나름의 통찰이 담겨 있다. 그것이 암이건 바이러스건 결국 내 몸이라는 집안에서 일어나는 이벤트일 뿐이다. 중경은 몸이라는 환경에 집중했다. 그리고 한약을 통해 환경을 개선할 방책을 모색한 것이다.

궐음증 토회의 조문은 한의학 치료법이 사기의 축출보다 정기의 보존에 있다는 사실을 상징적으로 보여준다. 정기가 체내에 있으면 사기가 간섭할 수 없다.(正氣存內, 邪不可干.『素問』「刺法論」) 정기가 정상화되면 사기는 활성화되지 않아 더 이상 숙주를 해하지 않는다는 것이 한의학 발병론의 기본이다. 이렇듯 한의학은 정기의 의학이라 할 수 있다.

실상 세균과 바이러스의 발견이 인류 복지에 끼친 영향은 지대한 것이다. 수많은 전염병이 살균과 소독을 통해 사라졌다. 한때 페니실린이 인간을 질병의 공포에서 완전히 해방시켜 줄 것이라는 장밋빛 미래를 꿈꾼 적도 있지 않았던가. 서양의학은 명실상부 사기의 의학이었다.

그러나 인류는 현재 또다시 거대한 벽을 맞닥뜨리고 있다. 전염병은 줄어든 반면 알러지나 천식, 아토피 같은 면역질환, 고혈압, 고지혈증 같은 대사질환은 늘어나고 있는 것이다. 최신의 연구에 따르면 체내의 세균은 음식을 분해하기도 하고 호르몬과 비타민을 생성하기도 한다. 면역계와 대사계는 물론 뇌의 활동에도 긍정적인 영향을 미친다고 한다. 세균은 악이 아니다. 자신의 때에 그저 자신의 일을 할 뿐이다.

나는 동무가 오늘날의 항생제 처방을 지켜봤다면 분명 살인약이라 쓴소리를 했을 거라 생각한다. 항생제는 유해균도 죽이고 유익균도 죽이기 때문이다. 도대체 뭐 그리 좋은 약이라고 처방전마다 들어 있는 것인가? 항생제抗生劑는 살생제殺生劑다. 대승기탕처럼 살인약이라 하지 않을 수 없다.

항생제는 생명의 위협을 받는 질환에 한해 매우 제한적으로 사용해야 한다. 일반적인 감기나 비염, 중이염 등에 항생제를 사용하는 것은 하계下計다. 사실 생명의 위협을 받는 질환이라고 항생제가 유일한 방법도 아니다. 보라, 지금 동무는 생명이 경각에 달린 세균병들을 항생제 한 알도 없이 치료해나가고 있다. 몸의 정기가 회복되면 사기는 더 이상 그 거소에서 문제를 일으키지 않는다는 한의학의 지혜를 함께 돌아보아야 할 때다.

6-1-52.

중병과 위증에는 하루 서너 차례 복약하지 않으면 약력이 부족하다. 또 매일 복용하지 않으면 병이 조금 낫다가 만다. 혹 병이 낫더라도 완전치가 못하다. 매일 복용한다는 것은 하루 두 번, 또는 한 번, 또는 세 번 복용하면서 2, 3일 또는 5, 6일 또는 수십 일 이어서 복용하는 것을 말한다. 병세를 잘 살피면서 정해가면 된다.

重病, 危證, 藥不三四服, 則藥力不壯也. 又不連日服, 則病加於少愈也. 或病愈而不快也. 連日服者, 或日再服, 或日一服, 或日三服, 或二三日連日服, 或五六日連日服, 或數十日連日服. 觀其病勢, 圖之.

【해설】
끝으로 복약법을 일러준다.

복약법

앞 조에 언급된 복용 횟수를 부연하고 있다. 경, 중, 험, 위의 단계 중 중병과 위증은 엄중하게 다루어야 한다. 약도 하루 3~4차례 복용시키는 것이 좋다.

일반적인 하루 복약 횟수는 1, 2, 3회다. 특히 2, 1, 3의 순서로 쓴 것은 빈도수가 높은 것부터 적은 듯하다. 복약 기간도 최소 2, 3일부터 수십 일까지 다양하다. 병세를 잘 살펴서 판단할 일이다.

구본에도 거의 유사한 조문이 나온다.(구6-1-44) 신본에서 복약 횟수와 기간이 좀더 강화됐다.

소음인 이한병론
少陰人胃受寒裏寒病論

소음인 이한병론은 태음병과 소음병으로 구성된다. 울광병, 망양병과 같은 새로운 편성 없이 『상한론』의 언어 그대로 기술된다. 그래서 내용이 더 간명하다.

소음인 병증론을 통해 우리는 동무가 무엇을 다루고 있는지 분명히 알 수 있다. 동무는 『상한론』의 삼음삼양병을 해체하여 사상인의 기준에서 재구성하고 있다. 『동의수세보원』은 『상한론』의 사상의학적 재편인 것이다.

6-2-1.

장중경이 말한다. "태음의 증상은 배가 그득하여 토하고 먹은 게 내려가지 않으며 설사가 점점 심해지고 때때로 복통이 생긴다."

張仲景曰 "太陰之證, 腹滿而吐, 食不下, 自利益甚, 時腹自痛."

【해설】

태음병의 강령이다.(『상한론』 280) 태음병은 한마디로 설사병이다.

6-2-2.

배가 그득하고 때로 아프며 구토나 설사를 해도 갈증은 나지 않는 것이 태음병이다. 사역탕, 이중탕이 좋다. 배가 그득한 게 가라앉지 않아 가라앉았다 말하기 어려울 때는 대승기탕이 좋다.

腹滿時痛, 吐利不渴者, 爲太陰, 宜四逆湯, 理中湯. 腹滿不減, 減不足言, 宜大承氣湯.

【해설】

태음병의 체크 포인트를 일러준다. 바로 "불갈不渴"이다. 처방과 감별증도 소개되고 있다. 동무는 사역탕의 부자는 생용生用해선 안 된다고 했다.(구6-2-13) 대승기탕은 파두로 바꿔야 한다.(6-2-5)

6-2-3.

상한에 설사하면서 갈증이 없으면 태음에 속한다. 장臟에 한기
가 있기 때문이니 온법을 써야 한다. 사역탕을 쓰는 것이 좋다.

傷寒, 自利, 不渴者, 屬太陰. 以其藏有寒故也. 當溫之, 宜用四逆湯.

【해설】

태음병의 변증 포인트와 처방을 다시 한번 강조한다.(『상한론』 284)
태음병은 "당온지當溫之"다. 뱃속을 덥혀야 한다.

동무는 태음증의 치료원칙이 "온위이강음溫胃而降陰"이라 했다.(6-
2-11) 위를 덥혀서 냉기를 내려준다는 뜻이다.

6-2-4.

태음증은 복통, 설사가 있으나 갈증은 없다. 이중탕, 이중환이
좋고 사순이중탕이나 환 역시 주치한다.

太陰證, 腹痛, 自利, 不渴. 宜理中湯, 理中丸. 四順理中湯, 丸亦主之.

【해설】

유사한 문장이 반복된다. 다양한 처방을 언급하고 있다.

사순이중탕은 『상한론』의 처방이 아니다. 그러나 동무는 중경의
처방으로 인식하고 있다.(6-4-4) 허준이 중경의 말이라며 인용했기
때문이다. 그런데 허준은 이어지는 문장에서 사순이중탕과 사순이
중환의 출전이 『의방유취』라 밝히고 있다.(동10-2/14)

본조는 허준이 편집한 문장이다. 『상한론』에는 동일한 문장이 없

다. 동무는 허준의 말을 그대로 따르고 있다.

6-2-5.

내가 논한다. "위 병증에는 이중탕, 사순이중탕, 사역탕을 써야
한다. 그러나 고방은 초창기의 것이라 약력이 완전히 구비되지
못했다. 이 병증에는 내가 새로 만든 백하오이중탕이나 백하오
부자이중탕을 써야 한다. 배가 그득하여 가라앉지 않고 가라앉
았다 말하기 어려운 것은 완고한 냉기가 적체했기 때문이다. 파
두를 써야지 대승기탕을 써선 안 된다."

論曰 "右證, 當用理中湯, 四順理中湯, 四逆湯. 而古方草刱, 藥力不具
備. 此證, 當用白何烏理中湯, 白何烏附子理中湯. 腹滿不減, 減不足言
者, 有痼冷積滯也. 當用巴豆, 而不當用大承氣湯."

【해설】

태음증의 사상의학적 해법을 제시한다.

고방을 보완하다

중경의 고방은 약력이 완전하지 못하므로 자신의 신방을 쓸 것을
권하고 있다. 신방은 약력을 온전하게 구비했다는 뜻이다. 동무가
자신의 처방에 얼마나 자부심을 느꼈는지 짐작할 수 있다.

동무는 역사상 가장 많은 처방을 만들어낸 의사에 속한다. 병증

에 따라 무수한 처방을 만들어냈다. 그는 창방의 달인이었다. 본초
에 대한 해박한 지식 없이는 불가능한 사태다.

"고랭적체痼冷積滯"는 냉독을 뜻한다. 동무는 소음인 변비를 냉독
으로 본다. 대승기탕은 병리에 부합하지 않는 살인약이다. 냉독은
파두로 한번 화끈하게 세척하면 된다.

6-2-6.

장중경이 말한다. "병이 음陰에서 발생했는데도 오히려 하법을
쓰면 그로 인해 비증痞證이 생긴다. 상한에 구역이 있으면서 발
열하는 자가 만약 명치 부위가 그득하나 아프지는 않다면 이는
비증이 된 것이다. 반하사심탕으로 주치한다. 위가 허하여 기가
상역하는 자도 역시 주치한다."

張仲景曰 "病發於陰而反下之, 因作痞. 傷寒, 嘔而發熱者, 若心下滿不
痛, 此爲痞. 半夏瀉心湯主之. 胃虛氣逆者, 亦主之."

【해설】

병이 음에서 발생했다는 것은 태음병이 생겼다는 말이다. "당온
지當溫之"해야 하는데 "반하지反下之"했다. 오치한 것이다. 동무는 태
음증이 소음인 위약胃弱에서 생긴 병으로 곽향정기산을 써야 한다
고 말한다.(6-2-11)

태음증에 하법은 금기다. 만약 하법을 쓰면 비증痞證이 생긴다.
비증 역시 의사가 만든 병이다. 구역하고 발열하면서 명치가 그득한
데 아프지는 않은 증상이다.

여기 비증의 병리를 "위허기역胃虛氣逆"이라 했는데, 위의 대표적인 기능이 음식을 아래로 내려주는 것이다. "위주강胃主降"이라 표현한다. 그러니 위의 기능이 떨어지면 기역氣逆의 증상이 발생한다. 구嘔가 그것이다.

6조와 7조, 그리고 9조는 허준이 "상한비기傷寒痞氣"의 항목 아래 모아둔 문장이다.(동11-1/7)

6-2-7.

하법을 쓴 후 설사를 하루 수십 차례나 하고 소화되지 않은 음식이 그대로 나오며 뱃속에서 천둥소리가 나고 명치가 비경痞硬하고 건구乾嘔와 심번心煩이 있는 것은 열이 뭉친 것이 아니라 위 속이 허하여 기운이 상역했기 때문이다. 감초사심탕으로 주치한다.

下後. 下利日數十行, 穀不化, 腹雷鳴, 心下痞硬, 乾嘔, 心煩, 此乃結熱. 乃胃中虛, 客氣上逆故也. 甘草瀉心湯主之.

【해설】

원문에는 "상한중풍傷寒中風, 의반하지醫反下之"가 첫머리에 나온다.(『상한론』 166) 이 또한 의사가 잘못 손댄 것이다.

"차내열결此乃熱結"은 "차비열결此非熱結"로 고쳐야 한다. 허준의 오류를 동무가 그대로 답습했다. 반영하여 번역했다.

비증에 더하여 "심번心煩"까지 생기면 감초사심탕을 쓴다. 심하비경을 주증으로 하는 불면증, 신경증에 활용할 수 있는 처방이다.

6-2-8.

태음증에 소화되지 않은 음식을 설사하는데 만약 발한시키면
반드시 창만이 생긴다. 이렇게 잘못 발한시킨 후 배가 창만하면
후박반하탕을 쓰는 것이 좋다.

太陰證, 下利清穀, 若發汗則必脹滿. 發汗後, 腹脹滿, 宜用厚朴半夏湯.

【해설】

태음증에 한법도 금기다. 한법을 썼을 때 부작용을 서술하고 있
다. 여기서 "창만脹滿"은 위장 기능이 약해져서 생기는 허만虛滿이
다. 동무는 구본에서 후박반하탕이 타당하다고 평했다.(구6-2-13)

중경은 처방명을 후박생강감초반하인삼탕이라 했지만(『상한론』
67) 허준이 후박반하탕이라 불렀다. 처방의 구성은 동일하나 용량이
다르다.(동10-2/14) 동무는 허준을 따랐다.(6-4-7) 동무의 기준은 항
상 『동의보감』이다.

6-2-9.

발한법으로 푼 뒤 위가 불편하고 명치가 비경하며 옆구리 아래
에 수기水氣가 정체하고 뱃속에서 천둥소리가 나며 설사하는 자
는 생강사심탕으로 주치한다.

汗解後, 胃不和, 心下痞硬, 脇下有水氣, 腹中雷鳴, 下利者, 生薑瀉心湯
主之.

【해설】

상한비증의 문장이 계속 이어진다.(『상한론』165)

앞 조와 마찬가지로 한법을 쓰고 비증이 생긴 경우다. 예를 들면 감기에 마황탕을 먹고 위장장애가 생긴 것이다. 의사가 정확하게 처방하지 못한 것이다. 요즘에도 감기약 먹고 오히려 고생하는 경우를 흔히 목격할 수 있다. 약을 무분별하게 처방하는 의사도, 약을 무조건 신뢰하는 환자도 한번쯤 반성해보아야 한다.

같은 오치라도 나타나는 부작용은 다를 수 있다. 증상에 따라 합당한 처방을 선택해야 한다. 감기약을 먹고 속이 그득하고 설사하는 등의 위장장애가 생겼을 때는 생강사심탕을 쓴다.

여기서 "심하비경心下痞硬"은 심하가 비만痞滿한 것이다. 경결硬結이 아니다. 다시 말해서 자각증상일 뿐 복진으로 확인할 수 있는 증상이 아니란 말이다. 혹 배꼽 위 중완혈 근처의 경결로 나타나기도 한다. 다음 조의 심하비경도 마찬가지다. 모두 비증의 부류다. 동무는 소음인에게 진짜 심하경결이 나타난다면 불치라 말한다.(6-2-53)

6-2-10.

상한으로 설사하고 명치가 비경하여 사심탕을 복용했다. 이후 다시 다른 약으로 공하시켰더니 설사가 멎지 않아 이중탕을 주었다. 그런데 설사가 더욱 심해져 적석지우여량탕으로 주치했다.

傷寒, 下利, 心下痞硬, 服瀉心湯, 後以他藥下之, 利不止, 與理中湯, 利益甚, 赤石脂禹餘糧湯主之.

【해설】

끝없는 부작용의 향연이다. 비증에 사심탕을 써야 하는데 하법을 써서 설사가 멎지 않는 경우다. 이때 이중탕을 쓰면 더욱 심해진다. 온리溫裏가 아니라 수삽收澁하는 적석지우여량탕을 쓴다. 좀 희소한 케이스라 할 수 있다. 허준은 소음병 설사로 보았고(동10-2/15) 동무는 관계부자이중탕을 써야 한다고 말했다.(6-2-11)

『상한론』은 오치와 정치를 넘나드는 처절한 분투 끝에 맺은 결실이다. 한의학은 무수한 트라이 앤 에러를 통해 보다 더 안정적인 치료법을 확립해 나간 역사라 할 수 있다. 한의학은 이론에서 도출된 의학이 아니다. 동무가 늘 강조하듯 경험에 기반한 철두철미한 임상의학이다.

이론은 경험을 이쁘게 꾸미기 위한 포장지에 불과하다. 시대가 바뀌면 포장지는 얼마든지 바뀔 수 있다. 음양오행이 있어야 한의학일까? 삼음삼양으로 서술해야 한의학이 될까? 음양오행은 한의학이 형성되던 진한시대의 과학 언어였을 뿐이다. 지금의 한의학은 지금의 과학 언어로 기술해야 한다.

그런데 정작 한의학을 과학화하라고 외치면서 한의사가 한의학을 과학적으로 기술하는 길은 막혀 있다. 이런 역설적인 현실을 직설적으로 바꾸기 위해 불필요한 규제들은 풀어주어야 할 것이다.

6-2-11.

내가 논한다. "병이 음陰에서 발생했는데도 오히려 하법을 썼다고 한 것은 병이 위약胃弱에서 발생해서 곽향정기산을 써야 하는데 반대로 대황으로 공하시켰다는 말이다. 마황과 대황은 원래 태음인 약이지 소음인 약이 아니므로 소음인 병에는 표리를 막론하고 마황으로 발한하거나 대황으로 공하하는 것은 애초에 거론할 것도 없다.

소음인 병에 소화 안 된 음식淸穀을 하리하는 것은 적체가 저절로 풀리는 것이다. 태음증에 소화 안 된 음식을 하리하면 곽향정기산, 향사양위탕, 강출관중탕을 써서 온위溫胃하여 음기를 내려준다. 반면 소음증에 소화 안 된 음식을 하리하면 관계부자이중탕을 써서 건비健脾하여 음기를 내려준다."

論曰 "病發於陰而反下之云者, 病發於胃弱, 當用藿香正氣散, 而反用大黃下之之謂也. 麻黃, 大黃自是太陰人藥, 非少陰人藥, 則少陰人病無論表裏, 麻黃, 大黃汗下元非可論.

少陰人病, 下利淸穀者, 積滯自解也. 太陰證, 下利淸穀者, 當用藿香正氣散, 香砂養胃湯, 薑朮寬中湯, 溫胃而降陰. 少陰證, 下利淸穀者, 當用官桂附子理中湯, 健脾而降陰."

【해설】

태음증과 소음증의 처방을 제시한다.

이한증 치료원칙

태음증은 간단한 증상이다. 어려운 증상이 아니다. 그런데 중경시대에는 태음증에 한법, 하법 등을 쓰다 자주 낭패를 보았다. 태음증에 한법이나 하법은 애초에 잘못된 것이다.

동무는 나아가 소음인 병에 마황과 대황은 전혀 쓸 일이 없다고 말한다. 사람에 따라 특정약은 평생 쓸 일이 없다는 발언은 한의사들이 상상하기 어려운 매우 충격적인 주장이다. 동무는 지금 이런 말을 태연히 내뱉고 있다.

본조에서 태음증은 온위溫胃, 소음증은 건비健脾하라고 했다. 울광증(胃家實)과 태음증은 위의 문제로 보고, 망양증(脾約)과 소음증은 비의 문제로 보고 있다. 동무는 위보다 비를 좀더 근원적인 부분으로 여기고 있음을 알 수 있다. 위가 망가지면 살 수 있으나 비가 망가지면 살기 어렵다.

온위와 건비는 모두 음기를 내리는 것(降陰)을 목적으로 한다. 동무는 음기는 한기고 양기는 열기라 했다.(구6-1-32) 즉 강음은 뱃속의 한기를 내려주는 것이다. 비위를 덥혀 냉기를 풀어라. 온비위이강음溫脾胃而降陰이 곧 소음인 이한병론의 치료원칙이다.

6-2-12.

곽향정기산, 향사육군자탕, 관중탕, 소합원은 모두 장중경의 사심탕에서 변용한 처방이다. 이것이 소위 청출어람이라 말하는 것이다. 아! 그러나 청靑이 본디 푸른 것 같아도 만약 남藍이 없었다면 그 청은 어디서 얻을 수 있었겠는가?

藿香正氣散, 香砂六君子湯, 寬中湯, 蘇合元, 皆張仲景瀉心湯之變劑也. 此所謂靑於藍者, 出於藍. 噫! 靑雖自靑, 若非其藍, 靑何得靑?

【해설】

본조의 처방은 모두 중경 이후 창안된 처방들이다. 통상 중경의 고방에 대비해 후세방이라 불러왔다. 동무는 후세방이 청출어람이긴 하지만 고방의 남상이 없었다면 불가능했다고 말하며 창시의 공을 높이고 있다.

동무는 고방과 후세방을 구분해서 말하지 않는다. 동무의 입장에서는 모두 고방일 뿐이다. 동무의 신방 역시 고방 없이 불가능한 것이라는 사실 또한 함께 기억해야 한다. 나는 분명히 말할 수 있다. 동무는 고방의 계승자다. 태음증에 관한 기본적인 논의가 끝났다.

6-2-13.

장중경이 말한다. "상한의 음독병은 얼굴이 푸르고 몸이 두드려 맞은 듯 아프다. 발병한지 5일이면 치료할 수 있으나 7일만 지나도 불치다."

張仲景曰 "傷寒陰毒之病, 面靑, 身痛如被杖. 五日可治, 七日不治."

【해설】

상한음독병이 등장한다. 발병 7일만 지나도 불치일만큼 중한 병이다. 본조는 『상한론』이 아니라 『금궤요략』의 문장이다.

6-2-14.

이천이 말한다. "삼음병이 깊어지면 반드시 음독으로 변한다. 그

증은 사지가 궐랭하고 구토하며 설사하지만 갈증은 없고 몸을
잔뜩 움츠리고 눕는다. 심하면 인통, 정성이 생기고 더하여 두
통이 있으며 머리에 땀이 나고 눈동자가 아파 빛을 쳐다볼 수
가 없고 얼굴, 입술, 손톱이 검푸르며 몸이 두들겨맞은 듯하다.
또 이 증은 얼굴이 검푸르고 사지가 궐랭하며 계속 자려고만
한다."

李梴曰 "三陰病深, 必變爲陰毒. 其證, 四肢厥冷, 吐利不渴, 靜踡而臥.
甚則咽痛, 鄭聲. 加以頭痛. 頭汗, 眼睛內痛, 不欲見光, 面脣, 指甲靑黑,
身如被杖. 又此證, 面靑白黑, 四肢厥冷, 多睡."

【해설】

중경 이후 음독병에 대한 심화된 이해를 소개한다. "음독陰毒"이란
표현에 이미 한기가 독이 될만큼 심하다는 뜻이 내포되어 있다.

변증의 포인트는 역시 "토리불갈吐利不渴", 수액의 손실이 있지만
갈증까지 이르지는 않는다는 데 있다. 그래서 상한음독병은 태음병
인 것이다.

6-2-15.

내가 논한다. "위 병증에는 인삼계피탕, 인삼부자이중탕을 써야
한다."

論曰 "右證, 當用人蔘桂皮湯, 人蔘附子理中湯."

【해설】

상한음독병의 치방을 제시한다. 동무는 음독증을 태음병의 변증으로 본다.(6-3-6)

인삼계피탕은 신정방에 나오지 않는다. 대신 인삼진피탕이 있다.(6-6-20) 인삼계피탕은 여기서 생강을 구운 건강으로 바꾸고 계피를 1돈 추가한 처방이다. 『동의사상신편』에 동일한 이름의 처방이 있다.

인삼부자이중탕 역시 신정방에 없다. 백하오부자이중탕(6-6-24)에 백하수오 대신 인삼을 쓴 처방으로 추측된다. 태음병의 위증이므로 백하수오로 대용하지 않고 인삼을 쓴 것이다.(6-6-26)

부자는 소변적삽과 구갈을 보고 쓴다. 한출이 심해지면 소변적삽이 오고 자리가 심해지면 구갈이 온다. 수액의 손실을 추측할 수 있는 훌륭한 지표로 동무의 부자 활용 노하우다.

6-2-16.

장중경이 말한다. "상한의 직중음경에 처음에는 두통도 없고 신열도 없고 갈증도 없다가 한기를 두려워하고 잔뜩 움츠려 눕고 몸이 축처져 자려고만 하고 입술이 푸르며 사지궐랭하고 맥이 미약하여 끊어지려고 한다. 혹 복맥이 나타나기도 한다. 사역탕이 괜찮다. 사역이란 사지역랭을 말한다."

張仲景曰 "傷寒直中陰經, 初來無頭痛, 無身熱, 無渴, 怕寒, 踡臥, 沈重欲眠, 脣靑, 厥冷, 脈微而欲絕, 或脈伏, 宜四逆湯. 四逆者, 四肢逆冷也."

【해설】

"직중음경直中陰經"은 한기가 음경에 바로 내리꽂혔다는 뜻이다.
표를 거치지 않고 바로 속에 충격을 가한 것이다. 역시 "무갈無渴"이
눈에 띈다. 태음병의 중증이다. 16조와 17조는 구본에서는 소음증
에서 논했지만 신본에서는 태음증에 배치했다.

6-2-17.

내가 논한다. "일찍이 소음인의 직중음경, 즉 건곽란관격병을 치
료한 적이 있다. 때는 중복이었다. 한 소음인이 안색이 푸르스름
하기도 하고 창백하기도 하며 총알 정도 크기에 4, 5개의 점이
무리를 이루고 있었다. 일상거동은 다름이 없으나 방 안에서 벽
에 기대어 앉았으며 온몸에 맥이 풀려 무기력하게 자꾸 자려고
만 했다. 그 간의 경위를 물어보니 며칠 전 한두 차례 맑은 물
만 쏟아내더니 바로 변이 막혔고 지금까지 이틀간은 별다른 일
이 없었다는 것이다. 그래서 먹은 것을 물어보니 보리밥을 먹었
다고 한다.

그 말을 듣자 나는 급히 파두여의단을 썼다. 1시간 반쯤 지나
니 땀이 인중혈에서 나더니 얼굴 전체에 이르렀다. 설사도 한두
차례 했는데 시간은 이미 해질녘이었다. 설사한 것을 살펴보니
푸르스름한 물속에 찌꺼기가 섞여 있다. 밤새 10여 차례 더 설
사를 했다.

이튿날 아침부터 해질녘까지 또 10여 차례 설사하는데 소화 안
된 음식과 보리가 불어 누런 콩 만했다. 이 병은 곧 식체다. 그

래서 내리 3일 곡기를 끊게 하고 하루 동안 그저 잘 끓여낸 숭늉 한두 사발만 먹게 했다.

3일째 아침이 되니 환자의 안색이 밝지 않은 것은 아니나 온몸이 냉하고 머리를 땅에서 2~3촌밖에 떼지 못해 쳐들지를 못한다. 궁항벽촌이라 병증이 다시 심해지니 어쩌할 도리가 없다. 환자의 전신을 자세히 점검해보니 손발과 엉덩이, 허리, 아랫배가 전부 얼음처럼 차고 배꼽 아래 하복부는 돌처럼 단단하다. 그런데 가슴과 상복부는 열기가 푹푹 올라서 손을 델만큼 뜨거우니 정말 가관이었다.

5일째 아침이 되어 한 번 맑은 거품을 토해내는데 그 속에 곡물 찌꺼기가 한덩이 섞여 나왔다. 이때부터 병세가 크게 나아지더니 미음을 연이어 몇 사발이나 마셨다. 그 다음날은 죽을 먹게 되었다. 궁벽한 시골이라 온위화해溫胃和解하는 약을 쓸 겨를이 없었다.

그 후 또 어떤 소음인이 하루에 설사를 여러 차례 하더니 급기야 맑은 물을 쏟아내며 배 전체에 부종이 생겼다. 처음에는 계부곽진이중탕에 인삼, 관계 2돈을 더하고 부자는 2돈 내지 1돈을 썼다. 하루 4회씩 복용하고 수일 후엔 3회씩 10여 일 복용했다. 마침내 찌꺼기가 섞인 설사를 3일 연속 30~40회 하더니 부종이 크게 경감했다.

또 한 경우는 소음인 소아였다. 푸른 물을 하리하고 안색이 검푸르며 기가 빠져 자는 듯했다. 독삼탕에 생강 2돈, 진피, 사인 1돈을 써서 하루에 3, 4회 복용하니 수일 후 10여 차례 하리하고 크게 땀이 나며 풀렸다.

소음인 곽란관격병은 인중에 땀이 나면 비로소 위험을 벗어난 것이고 설사하며 식체가 크게 내려가면 좀더 위험을 벗어난 것이고 스스로 먹은 것을 토해내면 시원히 위험을 벗어난 것이다. 죽이나 밥을 금하더라도 잘 끓여낸 숭늉이나 미음을 마시면 정기를 돕고 사기를 물리치는 좋은 방법이 된다. 오래된 체기가 아직 남아 있더라도 좋은 숭늉을 마시면 열기를 타고 온기가 퍼지니 소화되면 음식과 다를 게 없다. 비록 2~4일 절식하더라도 염려할 필요 없다."

論曰 "嘗治少陰人直中陰經乾霍亂關格之病. 時屬中伏節候. 少陰人一人, 面部氣色或靑或白, 如彈丸圈四五點成團. 起居如常, 而坐於房室中倚壁, 一身委靡無力, 而但欲寐. 問其這間原委, 則曰數日前下利淸水一二行, 仍爲便閉, 至今爲兩晝夜別無他故云. 問所飮食, 則曰食麥飯云.

急用巴豆如意丹. 一半時刻, 其汗自人中穴出而達于面上下, 利一二度, 時當日暮. 觀其下利, 則靑水中雜穢物而出. 終夜下利十餘行.

翌日平明至日暮, 又十餘行下利而淸穀. 麥粒皆如黃豆大. 其病爲食滯, 故連三日絶不穀食. 日所食, 但進好熟冷一二碗.

至第三日平明, 病人面色則無不顯明, 而一身皆冷, 頭頸墜下去地二三寸, 而不能仰擧. 病證更重, 計出無聊. 仔細點檢病人一身, 則手足, 膀胱, 腰腹皆如冰冷, 臍下全腹硬堅如石, 而胸腹上中元熱氣熏騰灸手可熱, 最爲可觀.

至第五日平朝, 一發吐淸沫, 而淸沫中雜米穀一朶而出. 自此病勢大減, 因進米飮聯服數碗. 其翌日, 因爲粥食. 此病在窮村, 故未暇溫胃和解之藥.

其後又有少陰人一人, 日下利數次, 而仍下淸水, 全腹浮腫. 初用桂附藿

陳理中湯, 倍加人蔘, 官桂二錢附子或二錢或一錢. 日四服數日後, 則日三
服至十餘日. 遂下利淸穀, 連三日三四十行, 而浮腫大減.

又少陰人小兒一人, 下利靑水, 面色靑黯, 氣陷如睡. 用獨蔘湯加生薑二
錢陳皮一錢砂仁一錢. 日三四服數日後, 下利十餘行, 大汗解.

盖少陰人霍亂關格病, 得人中汗者, 始免危也. 食滯大下者, 次免危也. 自
然能吐者, 快免危也. 禁進粥食, 但進好熟冷或米飮者, 扶正抑邪之良方
也. 宿滯之彌留者, 得好熟冷, 乘熱溫進, 則消化無異於飮食. 雖絶食
二三四日, 不必爲慮.”

【해설】

직중음경의 임상 사례를 들며 태음병의 막을 내린다.

식체치료법

중경의 “직중음경直中陰經”은 “건곽란관격병乾霍亂關格病”이다. 곽
란은 토하고 설사하는 병이고 관격은 급체다. 건곽란관격병은 토사
가 없는(乾) 급체병을 말한다.

보건성 『동무유고』에도 소음인 곽란에 대한 언급이 있다. 습곽란
은 급체한 음식을 토해내면서 위급을 벗어나는 것이다. 비교적 가벼
운 증상으로 보았다. 곽향정기산에 향유, 익모초를 3돈 추가해서
쓴다. 건곽란은 다음과 같이 설명한다.

건곽란은 한창 무더운 중복과 말복 사이 늘 있는 일이다. 간혹 설

사하지만 토하지는 않으며 음식은 그대로 먹는데도 입맛이 없다. 뱃속이 딱딱하게 부어오르면서 안색이 푸르죽죽해지면 위증이다.

乾霍亂, 則中伏, 末伏間常有之. 有時泄瀉而無吐, 飮食如常而無味. 腹中硬脹而面色靑點者, 此危症也.(보유20-10)

동무는 본조에서 배가 딱딱하게 부어오르고 안색이 푸르죽죽해지는 건곽란 위증의 임상례 세 건을 들고 있다.

첫 번째는 궁벽한 시골의 일이었다. 병을 짐작한 동무는 음식을 물어본다. 급체의 원인을 찾고자 한 것이다. 보리밥을 먹었다는 말을 듣자 동무는 바로 파두를 꺼낸다. 음경에 내리꽂힌 한기는 바로 보리라는 냉물冷物이었던 것이다. 동무는 식체라 다시 한번 쉽게 풀어주고 있다.

첫 번째 임상례는 음식과 질병의 관계에 대한 충분한 인식이 있었음을 보여준다. 보건성 『동무유고』에도 돼지고기나 메밀면 같은 차가운 음식이 건곽란의 원인이 될 수 있다는 견해를 피력한다.(或因猪, 麵, 生冷飮食. 보유20-11)

두 번째는 하리청수下利淸水하면서 복수가 생긴 경우다. 맑은 물만 좍좍 싼다. 태음증으로 보고 치료했다. 약을 쓰니 물만 나오던 것이 음식찌꺼기가 보이기 시작한다. 수십 차례 청곡淸穀을 싸면서 부종이 크게 감한다. 이런 케이스를 통해 소음인이 청곡을 싸면 적체가 풀리는 것이라는 확신을 하게 된 것이다.(少陰人病下利淸穀者, 積滯自解也.)

세 번째 케이스에서는 땀이 확 나면서 태음증이 풀리는 것을 목격한다. 다양한 태음증 치험례를 통해 인중의 땀이 면위免危의 징표임을 알게 되었을 것이다. 동무의 의학은 사례 하나하나 경험을 통해 축적해나간 임상의학임을 절감하게 된다. 독삼탕에 생강 2돈, 진피, 사인 각 1돈을 추가한 것은 소아의 음독만풍陰毒慢風에 사용한 인삼진피탕과 거의 같다.(6-6-20)

동무는 같은 병증이라도 여러 처방을 자유자재로 활용한다. 처방의 용도만 이해하고 끝나면 한계에 부닥친다. 약물의 약성을 알아야 처방을 자유롭게 쓸 수 있다.

식체에는 숭늉이나 미음이 매우 좋은 약이 된다. 동무는 부정억사扶正抑邪의 훌륭한 방법이라 추천했다.

6-2-18.

장중경이 말한다. "소음병은 맥이 미세하고 단지 자려고만 한다."

張仲景曰 "少陰病, 脈微細, 但欲寐."

【해설】

소음인 위수한이한병론의 2막이 열린다. 소음병이다. 중경의 태음병과 소음병은 모두 소음인 병이다. 본조는 소음병 강령이라 불린다.(『상한론』 288)

6-2-19.

상한에 토하려 해도 토하지 않으며 가슴이 답답하고 자려고만

한다. 5~6일이 되어 설사하면서 갈증이 생기면 소음에 해당한

다. 소변색이 맑으면 사역탕이 괜찮다.

傷寒, 欲吐不吐, 心煩, 但欲寐, 五六日自利而渴者, 屬少陰. 小便色白,

宜四逆湯.

【해설】

소음병의 특징이 드러난다. 바로 갈증이다. 소음병은 "자리이갈自

利而渴"이다. 동무는 구본에서 구중화口中和하면 완, 불화不和하면

급, 하리불청下利不靑하면 경, 청靑하면 중이라 했다. 그런데 소음병

은 모두 중증이라 한다.

소음병의 단욕매, 심번, 하리의 증상은 경중완급과 관계없이 모

두 중증이다. 엄중하게 치료해야 한다. 단욕매라는 것은 진짜 자

는 것이 아니다. 흉격의 기운이 저하되어 정신이 피로하고 사지가

노곤한 것을 말한다.

此少陰病, 但欲寐, 心煩, 下利之證, 無論輕重緩急, 俱是重證. 不可不

重治也. 但欲寐者, 非眞就睡也. 膈氣抵陷, 精神困短, 肢體昏踡之謂

也.(구6-2-48)

단욕매는 기운을 못차리고 병든 병아리마냥 꾸벅꾸벅 조는 것이다.

본조는 『상한론』289조에 나온다. 그런데 원문에는 치방이 없다.

"사역탕"은 허준이 붙여놓은 것이다. 소변이 맑다(白)는 것은 아직

소변은 정상인 상황을 뜻한다.

6-2-20.

소음병에 몸이 여기저기 아프고 손발이 차며 뼈마디가 아프고
맥이 침한 자는 부자탕으로 주치한다.

少陰病, 身體痛, 手足寒, 骨節痛, 脈沈者, 附子湯主之.

【해설】

소음병의 다른 양상을 설명한다.(『상한론』312) "신체통身體痛"은
신통과 지체통이다. 몸과 사지가 다 아픈 것이다. 나아가 뼈마디까
지 쑤신다.(骨節痛)

"수족한手足寒"은 자각증상이다. 손이 시린다. 반면 수족랭手足冷
은 손이 차지만 시리다는 느낌까지 받지는 않는다.

6-2-21.

설사하고 배가 창만하며 온몸이 아프면 먼저 속을 따뜻하게 해
주고 곧이어 겉을 친다. 온리溫裏에는 사역탕이 좋고 공표攻表에
는 계지탕이 좋다.

下利, 腹脹滿, 身體疼痛, 先溫其裏, 乃攻其表. 溫裏, 宜四逆湯. 攻表,
宜桂枝湯.

【해설】

소음병의 해법을 제시한다.(『상한론』94) 표리겸치, 즉 표리를 함께
치료하고 있다.

6-2-22.

내가 논한다. "위 병증에는 관계부자이중탕을 써야 한다."

論曰 "右證, 當用官桂附子理中湯."

【해설】

인용문을 통해 소음병을 충분히 설명했으므로 간단히 처방만 적었다. 소음병에는 오직 한 처방밖에 없다. 관계부자이중탕으로 해결한다.

6-2-23.

장중경이 말한다. "소음병을 얻었는데 오히려 발열하고 맥이 침한 자는 마황부자세신탕으로 주치한다."

張仲景曰 "少陰病始得之, 反發熱, 脈沈者, 麻黃附子細辛湯主之."

【해설】

소음병인데 오한, 발열 등의 표증이 남아 있는 경우다.(『상한론』308) 동무는 소음병에는 마황을 쓰지 말라고 강조한다.(6-2-29)

6-2-24.

소음병 1~2일째 입안은 편안한데 등에 오한이 있으면 부자탕이 괜찮다.

少陰病一二日, 口中和, 背惡寒, 宜附子湯.

【해설】

소음병에 표증이 있을 경우 중경의 방법 중에는 부자탕이 가장 적합하다.(『상한론』311)

6-2-25.

소음병 2~3일에 마황부자감초탕을 써서 약간 발한시킨다. 이러한 방법을 쓰는 이유는 2, 3일간 아무런 증상이 없었기 때문이다. 아무런 증상이 없다 함은 구토, 설사, 궐증 등이 없음을 말한다.

少陰病二三日, 用麻黃附子甘草湯, 微發之. 以二三日無證, 故微發汗也. 無證, 謂無吐, 利, 厥證也.

【해설】

소음병에 발한시키는 경우를 말한다.(『상한론』309) 이증이 안보이기 때문에 발한시킨 것이다. 중경은 "무이증無裏證"이라 했다. 그러나 동무는 소음병에 마황은 해로운 약물이라 말한다.(6-2-29)

"無證, 謂無吐, 利, 厥證也"는 후대의 주석이다.

6-2-26.

하리에 맥이 침지하고 얼굴이 약간 붉으며 몸에는 미미하게 땀이 나는데 소화안 된 음식을 설사하면서 울모가 생긴다면 땀이 나면서 저절로 낫는다. 환자가 반드시 미약하게 궐이 생기니 그 이유는 얼굴에 양이 뜨고 아래는 허하기 때문이다.

下利, 脈沈而遲, 其人面小赤, 身有微汗, 下利淸穀, 必鬱冒, 汗出而解.
病人必微厥, 所以然者, 其面戴陽下虛故也.

【해설】

『상한론』에는 "신유미한身有微汗"이 "신유미열身有微熱"로 되어 있
다.(『상한론』374) 동무는 『동의보감』을 가감없이 인용한 것이다.(동
10-2/15)

소음병이 자연 치유되는 과정을 기술해놓았다. 이때 땀이 나면서
풀리는 것을 보고(汗出而解) 사람들이 함부로 발한의 치법을 썼던 것
이다. 그러나 결과는 참혹했다. 다음 조를 보자.

6-2-27.

소음병에 맥이 세침삭하면 병이 속에 있는 것이니 발한해서는
안 된다. 소음병에 단지 궐만 있는데 땀이 안 난다고 강제로 발
한시키면 반드시 혈을 망동케 해서 코나 입 혹 눈에서 피가 난
다. 이것은 하궐상갈下厥上竭의 증이니 난치다.

少陰病, 脈細沈數, 病爲在裏, 不可發汗. 少陰病, 但厥, 無汗而强發之,
必動其血, 或從口鼻或從目出. 是爲下厥上竭, 難治.

【해설】

중경은 소음병에 살짝 발한시키는 법을 쓰기도 했지만 이증이 보
이면 발한법을 금지했다. 그러나 동무는 소음병이면 아예 발한시키

지 말라고 했다. 억지로 발한을 시켜주려다 낭패를 보기 때문이다.
눈, 코, 입에서 피가 터져나온다. 좀 끔찍하다. 『상한론』292조와
301조를 합쳐놓은 문장이다.

6-2-28.

내가 논한다. "장중경이 말한 태음병과 소음병은 모두 소음인이
위기가 허약해서 설사하는 병증이다. 태음병 설사는 중증重證
중에 평증平證도 있다. 반면 소음병 설사는 위증危證 중에 험증
險證이 있을 뿐이다. 그런데도 사람들은 단지 설사라는 동일한
증상만 보고 쉽게 여겨 대수롭지 않게 접근한다. 만약 소음병
설사를 대수롭지 않게 접근하면 죽음을 면치 못할 것이다.

태음병 설사는 대장에서 발생하는 설사다. 소음병 설사는 위속
에서 발생하는 설사다. 태음병 설사는 온기가 냉기를 쫓아내는
설사다. 소음병 설사는 냉기가 온기를 핍박하는 설사다."

論曰 "張仲景所論太陰病, 少陰病, 俱是少陰人胃氣虛弱泄瀉之證. 而太
陰病泄瀉, 重證中平證也. 少陰病泄瀉, 危證中險證也. 人但見泄瀉同是
一證. 而易於尋常做圖. 少陰病泄瀉尋常做圖, 則必不免死.

盖太陰病泄瀉, 大腸之泄瀉也. 少陰病泄瀉, 胃中之泄瀉也. 太陰病泄瀉,
溫氣逐冷氣之泄瀉也. 少陰病泄瀉, 冷氣逼溫氣之泄瀉也."

【해설】

태음병과 소음병을 비교하며 설명해준다. 구본에 그대로 나온다.

위장에 아직 온기가 남아 있는가?

소음인의 설사는 전부 위기가 허약해서 생기는 병이다. 그래서 위수한이한병인 것이다. 표열병은 비의 양기陽氣, 이한병은 위의 양기陽氣를 병근으로 보았다. 소음인은 비위의 양기가 건강의 본원적인 문제(保命之主)가 된다.

나아가 동무는 태음병 설사는 대장의 문제고 소음병은 위 자체의 문제라고 봤다. 태음병은 위장의 온기가 건재하므로 대장까지 온기가 전달되어 한기를 몰아낼 수 있으나 소음병은 위장의 온기가 감소하여 대장의 한기를 이겨내지 못하는 것으로 이해했다.

위장이 따뜻해야 대장이 따뜻해지고 설사가 멎는다. 태음병이 심해지면 소음병이 된다. 위장의 온기가 얼마나 남았는지에 따라 다를 뿐이다. 울광병과 망양병처럼 처음부터 다른 병증이 아니다.

동무의 강조점은 역시 소음병에 있다. 소음병은 소음인의 생명불이 위협받는 상황이다. 어떻게 소음병을 실수 없이 구분해낼 것인가? 동무의 관심은 여기 있다.

중경은 줄곧 하리下利라 썼으나 동무는 설사라는 익숙한 표현으로 바꿔주고 있다.

6-2-29.

소음병이 저절로 나으려고 할 때 얼굴이 약간 붉어지고 몸에 미미하게 땀이 나며 반드시 울모가 생긴다. 땀이 나면서 풀리므로 옛사람들이 이것을 보고 소음병에 궐만 있고 땀이 안나면 마황으로 억지로 땀을 내서 낫게 하려 한 것이다. 그런데 오히려 혈을 요동시켜 입과 코로 피가 나오니 비로소 조심하고 두려워하게 되었다.

소음병에는 원래 마황을 함부로 써선 안 된다. 하지만 소음병을 얻은 지 1~2일 또는 2~3일 지난 초증에는 마황부자감초탕으로 아주 약간 발한하기도 했다. 그러나 마황은 기본적으로 소음병에 유해한 약임을 알아야 한다. 비록 2~3일밖에 안 된 초증이라 할지라도 마황으로 발한해서는 안 된다. 이 병증에는 관계부자이중탕을 써야 한다. 관계를 구하기 어렵다면 계지로 바꿀 수도 있다.

少陰病欲自愈, 則面小赤, 身有微汗, 必鬱冒. 汗出而解, 故古人有見於此, 少陰病, 但厥, 無汗者, 亦以麻黃强發汗, 欲其自愈, 而反動其血, 從口鼻出. 故於是乎, 始爲戒懼.

凡少陰病, 不敢輕易用麻黃, 而少陰病始得之, 一二日, 二三日初證, 以麻黃附子甘草湯微發之也. 然麻黃爲少陰病害藥, 則雖二三日初證, 必不可用麻黃發之也. 此證, 當用官桂附子理中湯, 或以桂枝易官桂.

【해설】

소음병에 발한은 무조건 금기다. 더욱이 마황은 소음인에게 결코 써선 안 된다. 대황, 마황은 소음인에서 지워야 한다. 동무의 대책은 관계부자이중탕으로 귀결된다. 그런데 관계에 관한 본초학적인 문제가 있다. 관계는 원래 육계의 대용품이었다.

관계는 육계의 대용품

육계나무Cinnamomum cassia의 줄기껍질을 육계肉桂라 부른다. 육계의 표면을 둘러싸고 있는 거친 코르크층과 코르크층 안의 석세포 층까지 벗겨내면 기름진 붉은 속살이 드러나는데 바로 계심桂心이다. 칼칼하고 매운맛이 강하다. 동의대 김인락 교수는『상한론』의 계지와 계피, 육계는 모두 계심을 가리킨다고 주장한 바 있다.(『민족의학신문』 2004년 4월 23일 기고글) 지금처럼 가는 가지를 계지라 한 것은 해석학적 오류의 결과라는 것이다.

육계나무는 국내에서 자라지 않는데 전통적으로 베트남이 주산지였다. 아열대 우림지역에서 잘 자란다.『동의보감』에도 남방에서 난다(生南方. 동22-2/1)고 했다. 그런데 명나라와 베트남의 관계가 악화되면서 중국은 물론 조선에서도 구하기 어려운 귀한 약재가 되었다. 이에 육계의 대용품으로 사용한 광서성 관주觀州의 관계觀桂가 곧 관계官桂다.(김인락 교수 주장) 관觀을 관官으로 고쳐 부른 것이다.

이런 정황은『승정원일기』에도 나타난다. 영의정 김재로金在魯가 내의원에서 육계 대신 관계를 쓰는 것을 보고 임금께 바치는 약에는 아무리 귀해도 반드시 육계를 구해서 써야 할 것이라 주청한 것이다.(영조 24년(1748) 11월 23일) 그러면서 육계와 관계는 전혀 다른 약물이라 말한다.(肉桂與官桂, 性味功用判異, 決非代用之物矣.) 육계는 일국의 왕도 구경하기 힘든 매우 귀한 약이었던 것이다.『정조실록』에와도 상황은 다르지 않다. 육계, 곽향은 베트남산이 최상품인데 시장에서는 전혀 진품을 볼 수 없다는 것이다. 당시 육계는 광서성 심주潯州(현재는 광시성 구이핑桂平)의 것을, 곽향은 중국 각지의 것을 쓰

고 있지만 효과가 많이 부족하다고 말한다.(정조 9년(1785) 2월 14일)
결국 육계 품절 사태가 오래되자 정조는 관계를 육계 대용으로 쓰도
록 허용한다.

임금이 말한다. "경은 금번 사행길에 당연히 우수한 약재를 구입
해 와야 할 것이다. 그런데 육계는 진품이 아니면 가져올 필요 없
다. 관계를 대신 사 와도 무방하노라." 이지가 말한다. "육계 진품
은 제일 구하기가 어렵습니다. 곽향은 더 구하기가 어렵습니다."
上曰 "卿今番使行, 藥材當善爲貿來. 而若肉桂, 非眞品則不必得來, 以
官桂代之無妨矣." 頤之曰 "肉桂眞品最難得, 而藿香尤難矣."(『승정원일
기』 정조 20년(1796) 8월 20일)

동무 역시 육계 진품은 볼 수가 없었다. 그래서 중국산 관계를 가
져다 쓴 것이다. 그런데 이마저도 귀했다. 그러니 정 안되면 계지를
쓰라고 말한다. 계지는 육계나무의 어린 가지로 육계에 비할 바가
못 된다.

이제 육계는 그리 구하기 어려운 약재가 아니다. 임금도 구경하기
어려웠던 베트남산 육계를 등급별로 얼마든지 구할 수 있다. 계지를
쓸 필요도 없고 관계를 쓸 필요도 없다. 당연히 코르크층과 석세포
층을 벗겨낸 자색 향그러운 육계를 써야 할 것이다.

6-2-30.

소음병은 초증부터 험증이 되고 곧이어 위증이 된다. 초증부터

일찍 변증해서 조치하지 않으면 위험한 상황에 이르는 것이다. 복통, 자리하면서 구갈이 없고 입안이 편안하면 태음병이다. 복통, 자리하면서 구갈이 있고 입안이 편치 않으면 소음병이다. 소음병은 신체통과 골절통 등의 표증이 나타난다. 이는 표리구병이요, 대장의 한기가 위속의 온기를 이기고 상승하기 때문이다. 태음병은 신체통과 골절통 등의 표증이 없다. 이는 이병이지 표병은 아니요, 위속의 온기가 오히려 대장의 한기를 이겨 하강하기 때문이다.

少陰病初證, 因爲險證, 繼而爲危證. 此病初證, 早不辨證而措置, 則危境也.

凡腹痛, 自利, 無口渴, 口中和者, 爲太陰病. 腹痛, 自利而有口渴, 口中不和者, 爲少陰病. 少陰病, 有身體痛, 骨節痛表證. 此則表裏俱病, 而大腸寒氣必勝胃中溫氣而上升也. 太陰病, 無身體痛, 骨節痛表證. 此則裏病表不病, 而胃中溫氣猶勝大腸寒氣而下降也.

【해설】

다시 한번 소음병을 강조하고 경계하고 있다. 소음병은 구갈이 나타난다. 그리고 온몸이 쑤시는 등의 표증이 나타나기도 한다.

6-2-31.

장중경이 말한다. "소음병에 순 푸른 물만 설사하고 명치가 아프며 입이 건조한 자는 대승기탕이 괜찮다."

張仲景曰 "少陰病, 自利純靑水, 心下痛, 口燥乾者, 宜大承氣湯."

【해설】

또다시 대승기탕을 말한다.(『상한론』 328) 중경의 대승기탕 사랑을 알 수 있다. 모든 내결의 문제를 대승기탕으로 해결하려고 한다.

"자리순청수自利純靑水"는 말간 물만 쭉쭉 싸는 것이다. 실상인즉 장 속에 굳은 변이 뭉쳐있는데 소음병이 되면서 갑자기 맑은 물만 쏟아지는 것이다. 그 결과 구건이 나타난다. "구조건口燥乾"은 체액이 급격히 소모된 위급증이다.

중경은 먼저 대승기탕으로 변결便結을 풀었다. 동무는 당연 파두다.

6-2-32.

주굉이 말한다. "소음병에 입이 마르고 목구멍이 마르면서 갈증이 나면 급히 하법을 쓰는 게 좋다. 양병병이 아니라도 하법으로 완화시켜주는 것이 좋다."

朱肱曰 "少陰病, 口燥, 咽乾而渴, 宜急下之, 非若陽明, 宜下而可緩也."

【해설】

중경의 설을 재차 강조하고 있다. 소음병에 하법은 오랜 전통이었다. 동무는 파두의 새 치법을 제시한다.

6-2-33.

이동원의 책에서 말한다. "소음증에는 입안이 어떤지 따져보아야 한다. 입안이 편안하면 온법이 합당하다. 입안이 건조하면 하법이 합당하다. 또 소음증에 설사하면 변의 색을 따져보아야 한다. 푸른빛이 없으면 온법이 합당하고 푸르스름하면 하법이 합당하다."

李杲東垣書曰 "少陰證. 口中辨. 口中和者, 當溫. 口中乾燥者, 當下. 少陰證下利, 辨色. 不靑者, 當溫. 色靑者, 當下."

【해설】

동원은 소음증에 하법과 온법을 구분하여 사용하는 법을 일러준다. 요점은 입안과 변색을 살펴보는 데 있다.

6-2-34.

이천이 말한다. "혀가 마르고 입이 마르며 혹 맑은 물을 설사하기도 하고 섬어나 변폐가 있으면 소승기탕이 좋다. 입술이 푸르고 사지가 궐랭하며 손톱이 검푸르면 강부탕이 좋다."

李梴曰 "舌乾, 口燥, 或下利淸水, 譫語, 便閉, 宜小承氣湯. 脣靑, 四肢厥冷, 指甲靑黑, 宜薑附湯."

【해설】

이천은 온법과 하법의 구체적 처방을 들고 있다. 시대가 변해도 대황하법만 보일 뿐 파두하법은 보이지 않는다.

6-2-35.

내가 논한다. "푸른 물만 설사할 때 하법을 쓰고 싶으면 파두가
적당하다. 온법을 쓰고 싶으면 관계부자이중탕이 적당하다. 청
수만 설사하다 곧이어 변이 막혀버리면 먼저 파두를 쓰고 후에
강출관중탕을 쓰면 된다."

論曰 "下利靑水者, 欲下之, 則當用巴豆. 欲溫之, 則當用官桂附子理中
湯. 下利靑水, 仍爲便閉者, 先用巴豆, 後用薑朮寬中湯."

【해설】

동무가 소음병의 처방을 교정해주고 있다. 하법에는 파두, 온법에
는 관계부자이중탕이다. 파두를 쓴 후 다시 온법을 쓰고 싶다면 온
도를 낮춰 강출관중탕을 쓰는 것으로 충분하다.

6-2-36.

일찍이 10세 된 소음인 소아를 본 적이 있다. 생각이며 걱정으
로 기운을 소모하다 매번 하루 이틀 근심하고 나면 반드시 하
루 이틀 복통, 설사가 생기는 것이다. 그럴 때마다 백하오이중탕
을 두세 첩 쓰거나 혹 심할 땐 부자이중탕을 한두 첩 쓰면 꼭
낫곤 했다.

그러던 어느 날 이 아이가 또 마음속에 걱정이 있더니 기분이
며칠 편치 못한 것이다. 그래서 예방 차원에서 곧바로 백하오이
중탕 두첩을 써줬는데 설사하던 것이 하리청수가 되어버린다. 연
이어 6첩을 더 써도 청수가 멎질 않았다. 급히 부자이중탕을

6첩을 쓰니 청수가 흑수로 바뀌었다. 또 2첩을 더 쓰니 흑수의 설사도 나왔다. 2~3첩을 더 써서 조리했다. 이러한 사례를 통해 보면 하리청수라는 것은 환자가 먼저 곽란관격병이 있다가 이후에 생겨난 것이다. 이 병증에 당연히 파두를 써서 고랭적체를 깨주어야 함은 의심의 여지가 없다. 이 아이는 열 살 되던 12월 겨울에 하리청수병이 있었고 열한 살 되던 2월 봄에는 또 망음병까지 얻었다.

嘗見少陰人十歲兒. 思慮耗氣, 每有憂愁一二日, 則必腹痛, 泄瀉一二日, 用白何烏理中湯二三四貼, 或甚則附子理中湯一二貼, 則泄瀉必愈矣.

忽一日, 此兒心有憂愁, 氣度不平數日. 故預治次用白何烏理中湯二貼, 則泄瀉因作下利青水. 連用六貼, 青水不止. 急用附子理中湯六貼, 青水變爲黑水. 又二貼, 黑水泄瀉亦愈. 又二三貼, 調理. 以此觀之, 則下利青水者, 病人有霍亂關格, 而後成此證也. 此證當用巴豆, 破積滯痼冷, 自是無疑. 此兒十歲冬十二月, 有下利青水病, 十一歲春二月, 又得亡陽病.

【해설】

임상례를 통해 소음증 설사를 더욱 강조하고 있다.

청수에는 부자

이 아이는 표열병론에서 이미 망양병 케이스로 다루었던 소녀다. 늘 설사가 걱정이라고 했었다.(此兒勞心焦思, 素證有時以泄瀉爲憂. 6-1-32) 쓸데없는 생각으로 기운을 깎아먹는다. 정말 근심이 병이다. 동

무는 이 아이가 스트레스성 복통, 설사로 고생할 때마다 백하오이중
탕을 써줬다. 태음병인 것이다. 심하면 부자를 추가했다. 소음병으
로 넘어가는 것이다.

청수靑水는 소음병의 증거다. 곧장 백하오부자이중탕을 썼다. 흑
수黑水는 청수가 호전된 것이다. 놀랄 필요없다. 흑수는 곧이어 황수
黃水가 되었을 것이다.

이 아이는 소음인 위증인 망양병과 소음병을 모두 앓으며 동무에
게 강렬한 인상을 남겨주었다. 『동의수세보원』에서 가장 존재감이
큰 환자다. 애정을 가지고 돌보았던 아이였을 것이다.

6-2-37.

주굉이 말한다. "조바심이 생겨 잠시도 진정이 안되면서 궐이 생
기는 것을 장궐이라 한다."

朱肱曰 "躁無暫定而厥者, 爲藏厥."

【해설】

장궐을 설명한다. 중경도 궐음병에서 장궐을 다루고 있다.(『상한
론』 345) "조躁"가 특징이다. 그러나 동무는 소음병이라고 말하고 있
다. 장궐은 소음병의 최고 중증이다.

6-2-38.

이천이 말한다. "장궐이란 조바심이 생겨 잠시도 가만있지 못하

는 것이다. 7, 8일간 발열이 있고 맥은 미하며 피부가 냉하며 조
바심이 생긴다. 혹 구토나 설사를 하기도 한다. 잠시도 안정이
안 된다 함은 바로 궐음의 진장기眞藏氣가 끊어졌다는 말이다.
그러므로 장궐이라 부른다. 중경은 따로 치법이 없어 사역탕을
차게 먹여 구제했다. 또 소음병에 궐하고 토사하며 조바심이 생
기는 것 역시 불치다. 그러나 삼미수유탕으로 구제할 수 있다."

李梴曰 "藏厥者, 發躁無休息時. 發熱七八日, 脈微, 膚冷而躁. 或吐或
瀉. 無時暫安者, 乃厥陰眞藏氣絶, 故曰藏厥. 仲景無治法, 而四逆湯冷
飮救之. 又少陰病, 厥而吐利發躁者, 亦不治, 而三味蔘萸湯救之."

【해설】

이천이 해설을 달아주고 있다. 장궐은 음기가 극성해서 양기가
궁지에 내몰린 상태다.(陰盛格陽) 열증 같아 보이나 심각한 한증인 것
이다.

중경에게는 적방이 없었다. 사역탕이라는 뜨거운 성질의 약을 쓰
는데 장궐증의 환자가 잘 받아먹질 못하니 차게 해서 먹이는 방법을
동원하고 있다. 구본에서는 37조와 38조에 대해 다음과 같은 논평
을 달고 있다.

주굉이 논한 장궐은 마음의 조증으로만 논했다. 소음병에서 가장
중증이다. 이천이 논한 장궐은 다른 증상과 조증을 함께 논했다.
이 또한 소음병의 중증이기는 하나 최고의 중증은 아니다. 소음
병에 발열하는 경우는 중증이지만 여전히 경증이 남아 있는 것이
기 때문이다. 소음병에서 저절로 토하는 것도 중증이지만 경증이

남아 있는 것이며 소음병에서 궐하고 토사하며 조바심이 생기는 것 역시 마찬가지다. 인삼, 부자, 건강, 백출 등을 쓰면 구하지 못할 이유가 없다. 실제로는 진장기가 끊어져서 치료하지 못하는 증상이 아닌 것이다. 계부곽진이중탕, 궁귀총소이중탕을 써야 한다. 가슴이 갑갑하고 조바심이 나는 것이 소음병의 주증이며 조바심이 잠시도 안정되지 못한 상태까지 이르면 가장 중증이라 할 수 있다.

朱肱所論藏厥, 以心躁而論之也. 少陰病最重證也. 李梴所論藏厥, 以證躁而論之也. 亦是少陰病重證, 而非最重證也. 少陰病發熱者, 重證中輕證猶在也. 少陰病自然能吐者, 重證中輕證猶在也. 而少陰病厥而吐利發躁者, 同是一證也. 用蔘, 附, 薑, 尤救之, 則必無不救之理. 實非眞藏氣絶不治之證也. 此證, 當用桂附藿陳理中湯, 芎歸葱蘇理中湯, 心煩膈躁, 爲少陰病主證. 而其躁至於無暫定, 則其證最重矣. (구6-2-53)

건곽란관격병에서도 보았듯 소음병이라고 꼭 설사가 동반되는 것은 아니다. 가슴 갑갑증이 주증이 될 수도 있다. 발병 과정과 수반 증상을 잘 살펴 확진해야 한다.

6-2-39.

내가 논한다. "소음인은 기쁘고 좋은 것만 하려는 마음이 끊임없이 일어난다. 그러다 계획이 바닥나고 힘도 떨어지면 가슴에 번조가 생기는 것이다. 소음병에서 토하려 해도 토하지 못하며 가슴이 답답하고 자꾸 자려고 하는 것이 어찌 계궁력굴자計窮力

屆者의 병이 아니겠는가? 기쁘고 좋은 것만 하려는 마음喜好이
란 욕심이다. 왜 계궁력굴까지 이르러 소음병을 얻는가? 왜 일
찍 군자 같은 너그럽고 평온한 마음을 내지 못하는가?

그러니 상한에 토하려 해도 토하지 못하고 가슴이 답답하고 자
려고만 하는 초증에 일찍 약을 쓰면 죽음을 면할 수 있다. 그런
데 조바심이 잠시도 진정되지 않으며 궐까지 이르면 병세는 극
히 위험하다. 어찌 안타깝지 않겠는가! 이 병증에는 삼유탕, 사
역탕, 관계부자이중탕, 오수유부자이중탕을 써야 한다."

論曰 "少陰人, 喜好不定. 而計窮力屈, 則心煩躁也. 少陰病, 傷寒, 欲吐
不吐, 心煩, 但欲寐者, 此非計窮力屈者之病乎? 盖喜好者, 所慾也. 何故
至於計窮力屈, 而得此少陰病乎? 何不早用君子寬平心乎?

然初證傷寒欲吐不吐, 心煩, 但欲寐者, 早用藥則猶可免死也. 其病至於
躁無暫定而厥, 則勢在極危也. 豈不可憐乎! 此證, 當用蔘茰湯, 四逆湯,
官桂附子理中湯, 吳茱茰附子理中湯."

【해설】

소음병의 원인과 치법을 제시한다.

어찌 즐겁기만 바라는가

장궐은 소음병이다. 소음병이 극심해지면 "조躁"까지 나타난다.
음기가 극성하여 양기가 극한에 내몰린 것이다. 풍전등화의 상황이
다. 구본보다 향상된 새 처방을 제시한다.

동무가 참신한 것은 각종 병증의 심리적 이유를 자꾸 추궁해 들어갔기 때문이다. 소음병 역시 소음인이 타고난 희정을 과하게 좇아가다 길이 막히면 생기는 병증이라고 했다. 그때 안절부절 급격하게 속을 끓이게 된다. 이것이 번조煩躁라는 증상이다. 가슴이 갑갑하고 조바심이 나서 어쩔 줄 모르는 것이다.

기쁜 일, 좋은 일만 찾으려는 마음이 바로 인간의 욕심이다. 어찌 한결같이 희열만 바라며 살 수 있겠는가? 욕심은 생명의 적이다. 욕심은 죽음의 친구다. 어찌 경계하지 않을 수 있겠는가.

6-2-40.

주굉이 말한다. "환자가 몸이 냉하고 맥은 침세하고 빠르며 번조한데도 물을 마시지 않는 것은 음성격양한 것이다. 만약 물을 마신다면 이 증이 아니다. 궐음병에 갈증이 있어 물을 마시려고 하면 조금씩 주면 낫는다."

朱肱曰 "病人, 身冷, 脈沈細而疾, 煩躁而不飮水者, 陰盛隔陽也. 若飮水者, 非此證也. 厥陰病, 渴欲飮水者, 小小與之, 愈."

【해설】

소음병의 범주에서 음성격양을 설명하고 있다. 속이 타서 어쩔 줄 몰라하면서도 물을 마시지 않는 것이 특징이다. 『활인서』의 문장이다.

성무기가 말한다. "번煩은 가슴이 꽉 막히고 답답함을 말한다. 조躁는 기가 밖으로 뻗쳐 열이 나고 조급한 것을 말한다. 번만 있고 조가 없거나 먼저 번하고 후에 조하면 모두 치료할 수 있다. 그런데 조만 있고 번이 없거나 먼저 조하고 후에 번하면 모두 불치다. 먼저 조하고 후에 번한 것은 조민躁悶이 활활 다시 일어난다고 말한다. 이는 음성격양이다. 크게 조하여 구정물 속에라도 들어가 몸을 식히려고 하는데 다만 입에는 도무지 물을 대려고 하지 않는 것이 이것이다. 이는 기가 끊어지려는 때의 마지막 투쟁이니 비유하면 등불이 꺼지기 직전에 사납게 빛을 내는 것과 같다."

成無己曰 "煩, 謂心中鬱煩也. 躁, 謂氣外熱躁也. 但煩不躁及先煩後躁者, 皆可治. 但躁不煩及先躁後煩者, 皆不可治. 先躁後煩, 謂怫怫然更作躁悶, 此陰盛隔陽也. 雖大躁欲於泥水中臥, 但水不得入口, 是也. 此氣欲絕而爭, 譬如燈將滅而暴明."

【해설】

번조에 대한 번거로운 해설이 이어지고 있다. 『상한명리론』에 나온다. "번煩"은 혼자 답답해 죽을 지경이라면 "조躁"는 답답해서 죽으려는 게 밖으로 보이는 것이다. 그래서 의사가 더 쉽게 파악할 수 있다. 조는 음성격양의 상태다.

동무는 "단조불번但躁不煩"은 조무잠정躁無暫定이며 장궐이라 했다. "선조후번先躁後煩"은 궐역번조厥逆煩躁로 음성격양이라 했다. 음성격양은 곧 위기胃氣가 끊어지려는 증후다.(6-2-63)

이천이 말한다. "상한의 음성격양은 그 증이 몸이 냉한데 오히려 조躁가 생겨 우물 속에라도 몸을 던지려고 하며 입술이 푸르고 안색이 검고 갈증이 나서 물을 마시려고 하나 도로 토해버리고 대변은 흑수만 쏟아낸다. 6맥이 모두 침세하고 빠르며 간혹 맥이 없기도 하다. 음성격양은 크게 허한 병증이다. 벽력산이 괜찮다."

또 말한다. "궐역하며 번조한 자는 불치다."

李梴曰 "傷寒陰盛隔陽, 其證身冷, 反躁欲投井中, 脣靑, 面黑, 渴欲飮水復吐, 大便自利黑水, 六脈沈細而疾或無脈. 陰盛隔陽, 大虛證也. 宜霹靂散."

又曰 "厥逆煩躁者, 不治."

【해설】

음성격양은 양기가 거의 끊어지려는 상태다. 증상이 매우 흉흉하다. 벽력산이란 처방이 나온다.

장궐과 음성격양은 모두 죽음을 목전에 둔 소음증이다. 요즘은 죽음에 이르는 병을 거의 서양의학이 담당하고 있지만 20세기 초까지만 해도 모두 한의사의 몫이었다. 그래서 동무는 망양증과 소음증을 특히 소상하게 다루며 엄중히 여기고 있는 것이다. 생명이 경각을 다투는 병증이기에 의사의 경험과 판단이 중요할 수밖에 없다. 동무는 말한다.

"옹저는 숙수가 아니어도 다룰 수 있으나 상한만큼은 숙수가 아니면 결코 다룰 수 없다!"(蓋癰疽, 非熟手猶可也. 傷寒, 非熟手不可也.
권11-4)

6-2-43.

내가 논한다. "이 병증에는 관계부자이중탕, 오수유부자이중탕
을 써야 한다. 간혹 벽력산을 쓰기도 한다."

論曰"此證, 當用官桂附子理中湯, 吳茱萸附子理中湯, 或用霹靂散."

【해설】

음성격양의 처방을 제시한다. 관계부자이중탕은 소음병을 다룰
때 빠지지 않는다. 더욱 중할 땐 오수유부자이중탕을 쓴다.(6-6-23)

6-2-44.

장궐과 음성격양은 병의 양상이 대동소이하다. 모두 극도로 위
험하여 딱 한 올만 남은 것과 같아 손을 대도 기대하기 어렵다.
만약 이 병을 치료하는 가장 좋은 방법을 논한다면 이 증이 생
기기 전에 일찍 관계부자이중탕, 오수유부자이중탕을 쓰는 것
이상이 없다.

藏厥與陰盛隔陽, 病情大同小異, 俱在極危. 如存一髮, 措手難及. 若論
此病之可治上策, 莫如此證未成之前早用官桂附子理中湯, 吳茱萸附子理
中湯.

【해설】

장궐과 음성격양은 병리는 물론 증상, 처방 및 예후까지 별반 다르지 않다. 동무도 이 병 앞에선 한 발 물러선다. 중증 중 중증이다.

6-2-45.

소음인이 병이 생겨 설사가 나기 시작하는 초증이면 가슴이 답답한지(心煩) 아닌지 잘 살펴야한다. 가슴이 답답하다면 입이 마르고 입안이 불편하다. 가슴이 답답하지 않다면 입이 마르지 않고 입안이 편안하다.

소음인이 병이 생겨 위증이 되면 조바심(躁)이 진정될 때가 있는지 없는지 잘 살펴야 한다. 그러면 마음자리가 진정될지 아닐지 정확히 예측할 수 있다. 마음자리가 느긋느긋하다면 마음이 안정되고 조바심 또한 안정된다. 그런데 마음자리가 번쩍번쩍하다면 마음이 안정되지 못하고 조바심 또한 안정되지 못한다. 마음이 비록 번쩍번쩍 깜짝깜짝하나 반시간이라도 느긋느긋 우뚝우뚝하다면 그 병은 치료할 수 있다. 치료할 수 있을 때는 생강, 부자 등을 쓰면 효과를 본다.

凡觀少陰人病泄瀉初證者, 當觀於心煩與不煩也. 心煩, 則口渴而口中不和也. 心不煩, 則口不渴而口中和也.

觀少陰人病危證者, 當觀於躁之有定無定也. 欲觀躁之有定無定, 則必占心之範圍有定無定也. 心之範圍綽綽者, 心之有定而躁之有定也. 心之範圍耿耿者, 心之無定而躁之無定也. 心雖耿耿忽忽, 猶有一半時刻綽綽卓卓, 則其病可治. 可治者, 用薑, 附而可效也.

【해설】

동무가 태음증과 소음증을 구분하는 노하우는 입안에 있다. 그런데 "구중불화口中不和"의 원인은 "심번心煩"이다. 가슴에 생긴 열 때문에 입안이 마르고 불편한 것이다. 그러므로 심번은 구갈을 예측하고 판단하는 변증 포인트가 된다.

심번이 있으면 곧 구갈이 생긴다. 심번과 구조口燥가 없으면 태음병, 있으면 소음병이다.(구6-2-50)

심번이 심해지면 조증이 나타난다. 조증은 위증이다. 심번은 위수한표한병의 경고등이라 할 수 있다. 심번이 나타날 때 미루지 말고 치료해야 한다.

6-2-46.

소음인의 설사는 하루 3회가 1~2회보다 중하다. 4~5회는 2~3회보다 중하다. 그런데 하루 4회 정도 설사하면 사실 크게 중한 것이다. 설사 1일은 2일보다 가볍다. 2일은 3~4일보다 가볍다. 그런데 연속 3일 설사하면 사실 크게 중한 것이다. 소음인이 일반적으로 한 달 사이 혹 두세 차례 설사한다면 가벼운 상태라 말할 수 없다. 하루 사이 마른 변을 3~4회 본다 해도 가벼운 상태라 말할 수 없다.

청곡淸穀을 하리하면 하루에 수십 번 가더라도 입안이 건조해지지 않는다. 냉기가 밖으로 풀리는 것이다. 그런데 청수淸水를 하리하는 것은 배 속에 반드시 청수가 있다는 의미다. 황수黃水를 하리하는 것은 청수와는 다르며 이 또한 반드시 찌꺼기가 보인다.

凡少陰人泄瀉, 日三度, 重於一二度也. 四五度, 重於二三度也. 而日四度
泄瀉, 則太重也. 泄瀉一日, 輕於二日也. 二日, 輕於三四日也. 而連三日
泄瀉, 則太重也. 少陰人平人, 一月間或泄瀉二三次, 則不可謂輕病人也.
一日間乾便三四度, 則不可謂輕病人也.

下利淸穀者, 雖日數十行, 口中必不燥乾, 而冷氣外解也. 下利淸水者, 腹
中必有靑水也. 若下利黃水, 則非淸水而又必雜穢物也.

【해설】

설사의 양상에 대해 자세히 설명하고 있다.

소음인은 탈수에 취약하다

소음인은 땀과 설사를 통해 수액의 손실이 급격히 유발될 수 있
다. 다른 체질은 그렇지 않다. 소음인은 탈수에 특히 취약하다. 물
이 빠지면 양기가 같이 빠져나가기 때문에 그렇다. 생명과 직결된
다. 그래서 동무는 그 손실의 위급도를 따져가는 방법을 세밀히 연
구하고 있는 것이다.

평균적으로 소음인이 하루 4회 이상 설사하거나 3일 연속 설사하
면 심각하게 다루어야 한다. 그러나 찌꺼기가 섞인 설사가 난다면
수십 번을 해도 걱정할 필요가 없다. 맑은 물만 나오는 설사가 정말
심각한 증후인 것이다. 냉기가 속으로 침범한 것이다. 하루 1, 2번이
면 험증이며 4, 5번이면 위증이고 7, 8번이면 사경을 헤맨다고 했

소음인 이한병론

598

다.(구6-2-57)

누런 물(黃水)이 나오는 설사는 하리청곡의 범주로 본다.

6-2-47.

장중경이 말한다. "상한 7~8일에 몸이 치자색처럼 노랗게 되면서 소변이 시원치 않고 배가 약간 더부룩한 것은 태음에 속한다. 인진호탕이 좋다. 상한에 목둘레를 경계로 머리에만 땀이 나고 다른 곳에는 땀이 없는데 소변이 시원하지 않으면 반드시 황달이 생긴다."

張仲景曰 "傷寒七八日, 身黃如梔子色, 小便不利, 腹微滿, 屬太陰. 宜茵蔯蒿湯. 傷寒, 但頭汗出餘無汗, 劑頸而還, 小便不利, 身必發黃."

【해설】

소음병에 관한 논의를 마무리하고 새로운 병증들을 논의한다.

먼저 황달이다. 중경은 태음병으로 보고 처방을 제시했다. 동무도 태음증으로 본다.

구본에서는 "身黃, 小便不利, 腹微滿, 汗出劑頸而還"이 냉적 때문이라고 했다. 먼저 파두로 한두차례 설사시킨 후 향사양위탕을 쓰면 된다.(구6-2-13)

6-2-48.

이천이 말한다. "유행성 전염병으로도 황달이 올 수 있다. 이를 온황이라 부른다. 사람이 순식간에 죽어나간다. 장달환이 좋다."

李梴曰 "天行疫癘, 亦能發黃, 謂之溫黃. 殺人最急, 宜瘴疸丸."

【해설】

이천은 새로운 처방을 제시한다. 장달환에는 인진과 파두가 모두 들어 있다. 동무는 장달환의 효과는 파두에서 나온다고 설명한다.(6-5-20)

6-2-49.

내가 논한다. "위 병증에는 인진귤피탕, 인진부자탕, 인진사역탕, 장달환을 써야 한다. 간혹 파두단을 쓰기도 한다."

論曰 "右證, 當用茵蔯橘皮湯, 茵蔯附子湯, 茵蔯四逆湯, 瘴疸丸, 或用巴豆丹."

【해설】

소음인 황달에 인진이 주약임을 단박에 알 수 있다. 고냉적체가 보이면 여지없이 파두를 쓴다.

구본에서는 태음증과 황달을 비교하여 설명하는 대목이 나온다. 태음증은 식체가 생겼다가 유익한 음식이 들어오면서 소화되어 설사하는 증상이라 한 반면(구6-2-13) 황달은 식체가 생겼는데 해로운 음식이 계속 들어오면서 병이 위중해져가는 증상이라 말한다.(구 6-2-27) 태음증의 위증이라 보았으며 종국에는 천만喘滿에 이른

다.(구6-2-28) 처방으로는 인진귤피탕과 인진사역탕, 장달환과 함께
새로이 궁귀총소이중탕과 계부곽진이중탕을 제시하고 있다.(구6-2-
27)

6-2-50.

『의학강목』에서 말한다. "결흉만 있고 열이 심하지 않은 것은 수
기가 뭉친 것이다. 이때 머리에만 땀이 나면 수결흉이라 부른다.
소반하탕으로 주치한다."

『醫學綱目』曰 "但結胸, 無大熱者, 此爲水結. 但頭汗出, 名曰水結胸. 小
半夏湯主之."

【해설】

이어서 등장하는 병증은 수결흉水結胸이다. 수기가 흉협부에 뭉친
다해서 수결흉이다. 그런데 소반하탕은 『동의보감』에 나오지 않는
다.(동11-1/5) 그래서 동무도 약방에서 언급이 없다.

6-2-51.

공신이 말한다. "한실결흉은 열증이 없는 것으로 삼물백산이
좋다."

龔信曰 "寒實結胸, 無熱證者, 宜三物白散."

【해설】

원문에는 삼물백산과 함께 소함흉탕이 나온다.(동11-1/5) 동무가 삭제했다. 길경, 패모, 파두의 세 가지 약물(三物)을 가루 내어 끓인 물(白湯)에 먹으므로 삼물백산이란 이름이 붙었다.(6-5-18)

동무는 수결흉과 한실결흉은 태음증이며 비증痞證과 동류라 말 한다.(6-2-53)

6-2-52.

내가 논한다. "위 병증에는 계지반하생강탕, 적백하오관중탕, 삼 물백산을 가려 써야 한다. 간혹 파두단을 쓰기도 한다."

論曰 "右證, 當用桂枝半夏生薑湯, 赤白何烏寬中湯, 三物白散, 或用巴豆 丹."

【해설】

소음인 수결흉과 한실결흉의 치방을 제시한다. 구본에도 50, 51조의 인용문이 똑같이 나오지만 구체적인 처방은 나오지 않았다. 계지반하생강탕과 적백하오관중탕의 등장이 눈길을 끈다.

6-2-53.

소양인병에 명치가 뭉치고 딱딱해지는 것(結硬)은 결흉병이라 부른다. 치료 가능하다. 그런데 소음인 병에 명치가 뭉치고 딱딱 해지는 것은 장결병이라 부른다. 불치다.

『의학강목』이나 『고금의감』에서 말한 수결흉이나 한실결흉의 병
증과 처방은 모두 소음인의 태음병에 해당하며 장중경이 인진
호탕을 쓰는 병증과 동류다. 그러니 이 병은 생각컨대 진짜 명
치에 결경結硬한 것이 아니고 그저 명치에 비만痞滿한 것이다.
장중경의 사심탕증에서 상한으로 하법을 쓴 후 설사가 멎지 않
고 명치가 비경한 것이나 한법을 쓴 후 명치가 비경하다 말한
것은 모두 명치에 비만하거나 배꼽 근처가 결경한 것이다. 명치
에 진짜 결경한 것이 아니다. 만약 소음인병에서 명치 우측이
결경했다면 불치다.

少陽人病, 心下結硬者, 名曰結胸病, 其病可治也. 少陰人病, 心下結硬者,
名曰藏結病, 其病不治也.

『醫學綱目』『醫鑑』所論水結胸, 寒實結胸證藥, 俱是少陰人太陰病. 而
與張仲景茵蔯蒿湯證相類, 則此病想必非眞結硬於心下, 而卽痞滿於心下
者也. 張仲景瀉心湯證, 傷寒下利, 心下痞硬, 汗解後心下痞硬云者, 亦皆
痞滿於心下或臍上近處結硬也, 而非眞結硬於心下者也. 若少陰人病而心
下右邊結硬, 則不治.

【해설】

　동무의 안목으로 혼동된 병증을 정리하고 있다. 수결흉과 한실결
흉은 사실 결경이 아니라 비만이므로 결흉이라 불러선 안 된다고
말한다. 구본에 그대로 나온다.

6-2-54.

장중경이 말한다. "병 중 결흉이 있고 장결이 있다. 그 양상이 어떠한가?" 답한다. "누르면 아프고 촌맥이 부하며 관맥이 침하면 결흉이라 부른다.""그러면 장결은 무엇을 말하는가?" 답한다. "결흉과 양상이 비슷하나 음식은 평소와 다름없고 때때로 하리하며 촌맥이 부하고 관맥이 세소침긴하면 장결이라 부른다. 이때 혀를 보아 백태가 있고 미끈미끈하면 난치다. 환자가 가슴에 평소 비증이 있다가 배꼽 주변까지 넓어지고 아랫배까지 또 음근까지 들어가면 장결이라 부르는데 곧 죽는다."

張仲景曰 "病有結胸, 有藏結, 其狀如何?" 曰 "按之痛, 寸脈浮, 關脈沈, 名曰結胸也.""何謂藏結?" 曰 "如結胸狀, 飮食如故, 時時下利, 寸脈浮, 關脈細小沈緊, 名曰藏結. 舌上白胎滑者, 難治. 病人胸中素有痞, 連在臍傍引入小腹入陰筋者, 此名藏結. 死."

【해설】

장결藏結에 대한 논의를 소개한다. 맥이 중요한 변증 기준이 된다.

6-2-55.

주굉이 말한다. "장결은 양상이 결흉과 비슷한데 음식은 여전하고 때때로 설사하면서 혀에는 백태가 낀다."

어떤 가사에서 말한다. "음식은 평소와 같고 때로 설사하며 여기 더하여 혀에 백태가 낄 때 배꼽 주변의 배까지 아프고 음근이 당기면 죽는 병이다. 고칠 수 없다."

朱宏曰 "藏結, 狀如結胸, 飮食如故, 時時下利, 而舌上白胎."

歌曰 "飮食如常, 時下利, 更加舌上白胎時, 連臍腹痛引陰筋者, 此疾元

來死, 不醫."

【해설】

장결은 주굉에 와서도 방법이 없다. 다시 한번 불치를 말하고 있

다.

"가왈歌曰" 이하는 『동의보감』에 나오는데(동11-1/6) 『활인서』의

문장이 아니다.

6-2-56.

내가 논한다. "일찍이 한 소음인을 봤는데 명치 우측으로 경결

이 있었다. 백약이 무효하여 내가 파두여의단을 주었는데 오히

려 심해져 머리를 흔들며 풍이 동하는 것이다. 다행히 잠시 후

멎었다. 수개월 후 죽었다. 그 후로도 어떤 소음인이 이 병증이

있어 파두단을 썼다. 얼굴과 몸에서는 땀이 나는데 유독 윗입술

의 인중혈 주위로는 땀이 안 난다. 이 사람도 1년 후 죽었다.

소음인이 명치가 경결한 이러한 병증을 눈앞에서 4~5인 보았

는데 혹 반년, 혹 1년 침구, 의약 등등 안해본 것이 없으나 하나

같이 회생의 가망이 없었다. 이것이 곧 장결병이니 소음인 병이

다."

論曰 "嘗見少陰人一人, 心下右邊結硬. 百藥無效, 與巴豆如意丹. 反劇搖

頭動風, 有頃而止. 數月後, 死. 其後, 又有少陰人一人, 有此證者, 用巴

豆丹. 面上身上有汗, 而獨上脣人中穴左右邊無汗. 此人一周年後, 亦死.

凡少陰人心下結硬有此證者, 目睹四五人, 或半年, 或一年針灸醫藥無不

周至, 而個個無回生之望. 此卽藏結病, 而少陰人病也."

【해설】

동무 역시 방법이 없다. 히든카드인 파두를 꺼냈으나 결과는 참

패였다. 장결병에는 약석이 무효했다.

장결은 간경화로 추정되는데 지금은 필패의 영역이 아니다. 얼마

든지 겨루어볼 만한 상대다. 자연에서 답을 찾을 수 있다.

54, 55, 56조의 장결병은 구본에서는 표리병론에서 다루지 않았

다. 「범론」에 있던 것을 여기로 옮겨놓은 것이다.(구6-3-12, 13, 14)

6-2-57.

장중경이 말한다. "황달의 병은 18일을 기한으로 삼는다. 10일

이 지나면 차도가 나는데 오히려 심해지면 난치다. 음의 부위에

서 발생하면 구역이 생기고 양의 부위에서 발생하면 한기에 떨

며 발열이 생긴다."

張仲景曰 "黃疸之病, 當以十八日爲期. 十日以上宜差, 反劇爲難治. 發於

陰部, 其人必嘔. 發於陽部, 其人振寒而發熱."

【해설】

다시 황달을 거론한다. 황달은 상한병이 아니다. 본조는 『금궤요

략』의 구절이며 『동의보감』에서도 황달편에서 다루고 있다.(동

14-5/12) 58, 59, 60조도 마찬가지다.

6-2-58.

모든 황달에 소변색이 누르거나 붉으면 습열이다. 습열로 보고
치료한다. 그런데 소변색이 맑으면 열을 제거해선 안된다. 열이
없기 때문이다. 만약 허한증이 보이면 허로에 준해서 치료한다.

諸疸, 小便黃赤色者, 爲濕熱. 當作濕熱治. 小便色白, 不可除熱者, 無熱
也. 若有虛寒證, 當作虛勞治.

【해설】

황달은 습열로 인한 것과 허한으로 인한 것이 있다. 소변 색으로
가린다.

6-2-59.

배가 부어오르고 그득하며 얼굴이 파리하고 누렇고 조바심이
생겨 잠들지 못한다.

腹脹滿, 面萎黃, 躁不得睡.

【해설】

황달에 창만과 조증이 함께 나타난다.

6-2-60.

황달이 있는 사람은 해질 무렵 열이 나는데 오히려 오한이 있는 것은 여색을 과도히 탐한 때문이다. 방광이 댕기고 아랫배가 더 부룩하며 온몸이 다 누런데 이마 위만 검고 발바닥에 열이 나는 것은 흑달이 되려는 것이다. 배가 물이 찬 것처럼 부어오르고 대변은 검고 때로 질퍽한데 여색을 과도히 탐해 생긴 병이지 물 때문이 아니다. 이때 배가 더부룩하면 난치다.

黃家, 日晡時當發熱, 反惡寒, 此爲女勞得之. 膀胱急, 小腹滿, 一身盡黃, 額上黑. 足下熱, 因作黑疸. 腹脹如水狀, 大便黑或時溏, 此女勞之病, 非水也. 腹滿者, 難治.

【해설】

흑달이라고도 불리는 여로달을 설명한다. 허준은 흑달은 치료하기 어렵다고 했다.(黑疸, 難治. 동14-5/6)

6-2-61.

주굉이 말한다. "음황으로 번조하고 숨이 차며 구역이 나는데 갈증은 없으면 인진귤피탕을 쓰는 것이 좋다. 한 사람이 상한으로 황달이 발생했다. 맥이 미약하고 몸이 냉하며 차례대로 약을 썼으나 인진사역탕에서 큰 효과를 보았다. 또 한사람도 상한 황달에 맥이 침세지하고 무력하여 차례대로 약을 썼는데 인진부자탕에서 큰 효과를 보았다."

朱肱曰 "陰黃, 煩燥, 喘, 嘔, 不渴, 宜用茵蔯橘皮湯. 一人傷寒發黃, 脈微弱, 身冷, 次第用藥, 至茵蔯四逆湯大效. 一人傷寒發黃, 脈沈細遲無力, 次第用藥, 至茵蔯附子湯大效."

【해설】

음황을 설명하고 다양한 처방을 소개한다.

6-2-62.

『의학강목』에서 말한다. "습이 많은 사람의 황달은 색이 어두워 밝지 않으며 몸이 어디도 아프지는 않다. 열이 많은 사람의 황달은 귤색이며 온몸이 다 아프다."

『醫學綱目』曰 "濕家之黃, 色暗不明, 一身不痛. 熱家之黃, 如橘子, 一身盡痛."

【해설】

열가와 습가의 황달을 비교한다.

6-2-63.

왕호고가 말한다. "병에 걸려 땀을 내야하는데 땀이 나지 않고 이뇨를 시켜야 하는데 소변이 시원하지 않아도 황달이 생긴다."

王好古曰 "凡病, 當汗而不汗, 當利小便而不利, 亦生黃."

【해설】

황달이 생기는 또 다른 경우다.

6-2-64.

주진형이 말한다. "황달이 식적으로 인한 것은 식적을 내려주면
된다. 이외로는 단지 이뇨시키면 된다. 소변이 맑고 시원하게 나
오면 황달은 저절로 물러간다."

朱震亨曰 "黃疸因食積者, 下其食積. 其餘, 但利小便. 小便利白, 其黃自
退."

【해설】

황달의 치법을 양분하고 있다. 대부분의 황달은 이뇨가 관건이
다. 동무 역시 소음인의 황달에 이뇨의 방법을 제시한다.

6-2-65.

이천이 말한다. "황달이 10일 이상 되어 사기가 복부로 들어가
서 숨이 차고 답답하며 갈증이 나고 얼굴이 검어지면 죽는다."

李梴曰 "黃疸十日以上, 入腹, 喘滿, 煩渴, 面黑者, 死."

【해설】

황달의 사증死證을 말한다.

6-2-66.

왕숙화가 『맥경』에서 말한다. "황달을 앓는 자가 손바닥까지 더
듬어보아도 촌구맥이 느껴지지 않고 코와 입이 냉하며 흑색이

면 이 또한 치료할 수 없다."

王叔和『脈經』曰 "黃家, 寸口脈近掌無脈, 口鼻冷黑色, 並不可治."

【해설】

항달의 또 다른 사증이다.

6-2-67.

내가 논한다. "옛사람들이 말한 음황은 소음인 병이다. 주굉이 말한 인진귤피탕이나 인진사역탕을 써야 한다. 그런데 여로女勞의 황달이나 열가熱家의 황달, 이소변利小便의 황달은 생각건대 소음인병이 아닐 수도 있다. 아직 한 번도 그런 황달을 만나서 치료해본 적이 없으므로 자세하게 얻은 바가 없다. 그러나 비만, 황달, 부종이 모두 하나의 병증에서 나온 것이고 경중의 차이만 있을 뿐임은 내 분명히 말할 수 있다. 만약 이뇨시키고자 한다면 건강, 양강, 진피, 청피, 향부자, 익지인이 소음인의 소변을 시원하게 할 수 있다. 한편 형개, 방풍, 강활, 독활, 복령, 택사는 소양인의 소변을 시원하게 할 수 있다."

論曰 "陰黃, 卽少陰人病也. 當用朱氏茵蔯橘皮湯, 茵蔯四逆湯. 女勞之黃, 熱家之黃, 利小便之黃, 想或非少陰人病. 而余所經驗未嘗一遇黃疸而治之, 故未得仔細裏許.

然痞滿, 黃疸, 浮腫, 同出一證而有輕重. 若欲利小便, 則乾薑, 良薑, 陳皮, 靑皮, 香附子, 益智仁, 能利少陰人小便. 荊芥, 防風, 羌活, 獨活, 茯苓, 澤瀉, 能利少陽人小便."

【해설】

황달에 대한 논의를 끝으로 「소음인위수한표한병론」이 마무리된다. 위수한표한병은 태음증과 소음증이다. 모든 병증이 태음증과 소음증의 관련 속에서 논의되고 있다.

소음인 황달의 치료법

동무는 여러 황달 중 음황을 소음인 병으로 거론한다. 57조에서 66조의 조문은 구본에도 그대로 인용된다. 구본에서는 열가의 황달, 이소변의 황달, 여로의 황달은 모두 소양인 황달이라고 단언하고 있다.(구6-2-27)

그런데 동무는 지금 사실 이러한 황달을 직접 본 적이 없다고 고백한다. 그리고 소음인 병은 아닐 것이라며 겸손한 태도를 취한다. 아마 증상을 보고 대략 소양인 병이겠구나 짐작하셨을 것이다. 그 정도 내공은 쌓여 있었으니까. 그러나 검증을 못해 결국 한발 물러선다. 존경스러운 임상가의 양심이다.

동무는 소음인 황달은 식체로 인한 태음증이라 보았다. 그리고 소음인의 비만과 황달, 부종은 동류라 결론짓는다. 뒤로 갈수록 심한 증상이다. 그래서 치법으로 이뇨를 추가한다! 주진형의 말처럼 식적이 있으면 식적을 먼저 풀고 나머지는 이뇨시키는 치료법을 확립한 것이다.(6-2-64)

동무가 이뇨약으로 열거한 건강, 양강, 진피, 청피, 향부자, 익지인은 적백하오관중탕의 주 재료다. 적백하오관중탕은 이뇨 효과를

강화시켜 만든 부종 치료처방이다.(6-6-16)

　한편 형개, 방풍, 강활, 독활, 복령, 택사는 형방사백산, 저령차전
자탕, 활석고삼탕, 형방지황탕 등 망음병 설사의 처방에 들어 있다.
소양인 설사의 치법이 이뇨에 있음을 알 수 있다. 이외의 여러 처방
중에도 이뇨약이 포함되어 있어 소양인 치료법으로 이뇨를 중시했
음을 짐작할 수 있다.

범론
泛論

"범론"이란 남아 있는 이야기란 뜻이다. 표리병론에서 못다 한 이야기들을 자유로운 형식으로 써내려간다. 개정 없이 구본의 내용 그대로다. 다만 장결병 조문 3개만 「소음인위수한이한병론」으로 옮겨놓았다. 그래서 「범론」은 태양병과 양명병으로 구성된 구본의 표병론 체제를 반영하고 있다.

6-3-1.

내가 논한다. "발열하면서 오한이 있으면 태양병이요, 발열하면
서 오한이 없으면 양명병이다. 태양과 양명의 발열은 겉으로 드
러나는 증상은 동일하다. 그러나 오한이 있고 없고의 거리는 멀
고 머니 양기의 진퇴강약이 태산과 언덕에 비견된다.

설사하면서 갈증이 없으면 태음병이요, 설사하면서 갈증이 있
으면 소음병이다. 태음과 소음의 설사는 겉으로 드러나는 증상
은 동일하다. 그러나 갈증이 있고 없고의 거리는 멀고 머니 냉
기의 취산과 경중이 구름처럼 큰 저수지와 웅덩이에 비견된다.

그러므로 태양병의 곽향정기산과 태음병의 향사양위탕을 쓰는
병세는 평지에 준마가 달리는 병세이며 양명병의 독삼팔물탕,
소음병의 계부이중탕을 쓰는 병세는 원행길에 짧은 지팡이를
짚고가는 병세이다. 만약 온 세상의 소음인 품부자로 하여금 여
러 병 중 양명증과 소음증은 원행의 험난한 길임을 알게 한다
면 발병을 두려워하고 치병 역시 쉽게 생각하지 않을 것이다.

섭생과 치료에 있어서 경계하며 신중하게 길을 찾아서 큰 길을
가듯 미혹이 없다면 도에 가깝지 않겠는가?"

論曰 "發熱, 惡寒者, 爲太陽病. 發熱, 不惡寒者, 爲陽明病. 太陽, 陽明
之發熱, 形證一也. 而惡寒, 不惡寒之間相去遠甚, 而陽氣之進退强弱泰
山之比岡陵也.

自利而不渴者, 爲太陰病. 自利而渴者, 爲少陰病. 太陰, 少陰之自利, 形
證一也. 而渴, 不渴之間相去遠甚. 而冷氣之聚散輕重雲夢之比瀦澤也.
是故藿香正氣散, 香砂養胃湯之證勢, 平地駿馬之病勢也. 獨蔘八物湯,
桂附理中湯之證勢, 太行短節之病勢也. 若使一天下少陰人稟賦者, 自知
其病之陽明, 少陰證如太行之險路, 得之可畏, 救之不易. 攝身療病, 戒懼
謹愼之道有, 若大路然而不迷, 則其庶幾乎?"

구본의 소음인론은 태양병과 양명병이 외감병론을, 태음병과 소
음병이 내촉병론을 이루고 있다. 『상한론』의 용어를 그대로 따른 것
이다.

동무는 태양병, 양명병, 태음병, 소음병의 핵심을 간명하게 전해
주고 있다. 나아가 양명병과 소음병의 위험성을 경고하고 있다.

「범론」의 처방 역시 구본 그대로다. 그래서 신정방에는 나오지 않
는다. 혹 신정방에 나오는 동일명의 처방이 있을지라도 구본의 것은
다르다. 모두 개정했다.

곽향정기산과 향사양위탕은 각각 태양병(太陽傷風病)과 태음병의
대표방이고 독삼팔물탕과 계부이중탕, 즉 계부곽진이중탕은 각각
양명병(陽明病汗多)과 소음병의 대표방이다.

태양병의 땀은 열기가 한기를 물리치는 땀이다. 양명병의 땀은
한기가 열기를 침범하는 땀이다. 태음병의 설사는 온기가 냉기

를 축출하는 설사다. 소음병의 설사는 냉기가 온기를 핍박하는 설사다.

太陽病汗出, 熱氣卻寒氣之汗出也. 陽明病汗出, 寒氣犯熱氣之汗出也. 太陰病下利, 溫氣逐冷氣之泄瀉也. 少陰病下利, 冷氣逼溫氣之下利也.

【해설】

태양병의 땀은 생리적으로, 양명병의 땀은 병리적으로 설명하고 있다. 그런데 신본에 오면 관점이 바뀐다. 태양병의 땀을 망양초증이라 정의하고 심각하게 파악하고 있다.(6-1-5) 병증에 대한 이해가 달라진 것이다. 결국 동무는 태양병과 양명병의 카테고리를 벗어버리고 울광병과 망양병의 새로운 카테고리를 짜게 된다. 태음병과 소음병에 대한 이해는 신구가 다르지 않다.

6-3-3.

소음인 병에 두 가지 길한 증상이 있다. 인중에서 땀이 나는 것이 한 가지 길증이요, 물을 마실 수 있는 것이 또 하나의 길증이다.

少陰人病, 有二吉證. 人中汗, 一吉證也. 能飲水, 一吉證也.

【해설】

"길증吉證"은 예후가 매우 양호한 증상을 말한다.

소음인에게 양기의 탈진과 체액의 손실은 치명적인 상황이다. 인중의 땀은 양기가 상승하며 회복하는 사인이며 음수가 가능한 것은 수액의 정상적인 공급이 가능해졌음을 의미한다.

6-3-4.

소음인 병에 두 가지 급한 증상이 있다. 발열하면서 땀이 많이
나는 것이 한 가지 급증이요, 맑은 물을 설사하는 것이 또 하나
의 급증이다.

少陰人病, 有二急證. 發熱汗多, 一急證也. 下利淸水, 一急證也.

【해설】

2길증에 이어 2급증이다. 예후가 매우 불량한 증상을 말한다. 발
열한다는 양기의 허탈이며 하리청수는 체액의 망실이다. 각각 망양
병과 소음병이다.

6-3-5.

소음인 병에 여섯 가지 중대한 병증이 있다. 첫 번째 소음병, 두
번째 양명병, 세 번째 태음병음독증, 네 번째 태양병궐음증, 다
섯 번째 태음병 황달증, 여섯 번째 태양병위가실증이다.

少陰人病, 有六大證. 一曰少陰病. 二曰陽明病. 三曰太陰病陰毒證也.
四曰太陽病厥陰證也. 五曰太陰病黃疸證也. 六曰太陽病胃家實證也.

【해설】

육대증이란 여섯 가지 중요한 병증들이란 뜻이다. 소음인 표리병

론을 통해 다루고자 했던 것이 바로 육대증인 것이다.

여기서 "소음인병"이란 소음인의 상한병임을 또다시 기억해야 한다. 육대증은 다름 아닌 상한병 육대증인 것이다. 『동의수세보원』은 사상상한론이다.

6-3-6.

발열하며 땀이 나면 병이 반드시 풀린다. 그런데 발열하며 땀이 나는데 병이 더욱 심해지는 것이 양명병이다. 체기가 뚫리며 설사하면 병이 반드시 풀린다. 그런데 체기가 뚫리며 설사하는데 병이 더욱 심해지는 것이 소음병이다. 양명과 소음은 사기가 정기를 침범하는 병이다. 급히 약을 쓰지 않을 수 없다.

오한하며 땀이 나면 병이 반드시 풀린다. 그런데 오한하며 땀이 나는데 병이 반은 풀리고 반은 풀리지 않는 것이 궐음으로 가는 것이다. 복통이 있으며 설사하면 병이 반드시 풀린다. 그런데 복통이 있으며 설사하는데 병이 반은 풀리고 반은 풀리지 않는 것이 음독으로 가는 것이다. 궐음과 음독은 정기와 사기가 서로 다투는 병이다. 미리 약을 쓰지 않을 수 없다.

발열하며 땀이 한번 나고 병이 바로 풀리는 것이 태양병의 가벼운 증이다. 식체하며 설사가 한번 나고 병이 바로 풀리는 것이 태음병의 가벼운 증이다. 태양과 태음의 가벼운 증은 약을 쓰지 않아도 저절로 낫는다. 발열 3일에도 땀으로 풀리지 않는 것이 태양병의 심화된 증이다. 식체 3일에도 소화되어 설사가 나지 않는 것이 태음병의 심화된 증이다. 태양과 태음의 심화된 증은 이미 가벼운 증이라 말할 수 없으나 약을 2, 3첩만 써도 또한 잘 낫는다. 발열 6일에도 땀으로 풀리지 않고 식체 6일에도 소화되어 설사가 나지 않는 것이 태양의 위가실병, 태음의 황달병이다. 태양의 위가실병과 태음의 황달병은 정기와 사기가 단단히 막혀 있는 병이다. 크게 약을 쓰지 않을 수 없다.

發熱, 汗出, 則病必解也. 而發熱, 汗出而病益甚者, 陽明病也. 通滯, 下利, 則病必解也. 而通滯, 下利而病益甚者, 少陰病也. 陽明, 少陰以邪犯正之病, 不可不急用藥也.

惡寒, 汗出, 則病必盡解也. 而惡寒, 汗出而其病半解半不解者, 厥陰之漸也. 腹痛, 下利, 則病必盡解也. 而腹痛, 下利而其病半解半不解者, 陰毒之漸也. 厥陰, 陰毒正邪相傾之病, 不可不豫用藥也.

發熱, 一汗而病卽解者, 太陽之輕病也. 食滯, 一下而病卽解者, 太陰之輕病也. 太陽, 太陰之輕病, 不用藥而亦自愈也. 發熱三日不得汗解者, 太陽之尤病也. 食滯三日不能化下者, 太陰之尤病也. 太陽, 太陰之尤證已不可謂輕證, 而用藥二三貼亦自愈也. 發熱六日不得汗解, 食滯六日不能化下者, 太陽, 太陰之胃家實, 黃疸病也. 太陽, 太陰之胃家實, 黃疸正邪壅錮之病, 不可不大用藥也.

【해설】

육대병증을 통괄적으로 정리하고 있다. 『상한론』의 중요 병증들을 간단명료하게 해설하고 있다. 『상한론』은 최고의 서이자 난해의 서이기도 했다. 동무의 『상한』 이해의 깊이를 엿볼 수 있다. 태양병에서 양명병과 궐음, 위가실로, 태음병에서 소음병과 음독, 황달로 가는 병후가 물 흐르듯 설명된다.

태양병은 기본적으로 무한無汗으로 인식했다. 땀이 나면서 병이 풀린다고 보고 있다. 그러나 땀이 나면서 위급으로 가는 증상을 확인하고 이러한 견해는 신본에서 수정된다.

6-3-7.

태양병과 태음병은 6~7일에 혹 위증이 되기도 하고 혹 중증이 되기도 한다. 10일 내에는 반드시 험증이 된다. 반면 양명병과 소음병은 처음 발생부터 이미 중증이고 2~3일 내에는 역시 험증에 이른다. 그러므로 양명병과 소음병은 처음 발생부터 잘 살피지 않을 수 없다. 태양병과 태음병은 4~5일 사이에는 잘 살피지 않을 수 없다.

太陽, 太陰之病, 六七日或成危證或成重證. 而十日內必有險證. 陽明, 少陰之病, 自始發已爲重證. 而二三日內亦致險證. 是故陽明, 少陰之病, 不可不察於始發也. 太陽, 太陰之病, 不可不察於四五日間也.

【해설】

태양병과 태음병에 비해 양명병과 소음병이 예후가 불량하고 급박함을 설명한다.

6-3-8.

태양병과 태음병은 병세가 완만해서 긴 시간을 보낸다. 그래서 파생되는 증상들이 많다. 양명병과 소음병은 병세가 급박해서

긴 시간을 보내지 않는다. 그래서 파생되는 증상들이 적다.

양명병과 소음병은 1일이 지나고 2일만 되어도 약을 쓰지 않을
수 없다. 태양병과 태음병은 4일이 지나고 5일이 되면 약을 쓰
지 않을 수 없다. 그러나 태양병궐음증과 태음병음독증은 모두
6~7일이 되면 사경을 헤매니 더욱 신중하지 않을 수 없다.

太陽, 太陰之病, 病勢緩而能曠日持久, 故變證多也. 陽明, 少陰之病, 病
勢急而不能曠日持久, 故變證少也.

盖陽明, 少陰病, 過一日而至二日, 則不可不用藥也. 太陽, 太陰病, 過四
日而至五日, 則不可不用藥也. 太陽, 太陰之厥陰, 陰毒, 皆六七日之死境
也. 尤不可不謹也.

【해설】

태양병과 태음병은 병세가 완만하나 궐음증과 음독증만은 매우
신중해야 함을 강조한다.

6-3-9.

양명과 태양의 위급은 독삼팔물탕, 보중익기탕으로 풀 수 있다.
그러나 병세가 위급할 때는 하루에 3, 4회 매일 복용하지 않으
면 풀기가 어렵다. 소음과 태음의 위급은 독삼부자이중탕, 계부
곽진이중탕으로 풀 수 있다. 그러나 병세가 위급할 때 만약 하
루에 3, 4회 매일 복용하지 않으면 풀기가 어렵다.

병세가 매우 위급할 때 하루에 4회 복용한다. 병세의 위급이 반
으로 줄면 하루 3회 복용한다. 그래도 병세가 줄지 않으면 하

루에 2회 복용하고 약간 줄면 2일에 3회 복용한다. 하루는 1번, 하루는 2번 복용하는 것이다. 병세가 크게 줄면 하루에 1회만 복용한다. 병세가 다시 크게 줄면 2~5일에 1번 정도만 복용하면 된다.

병이 있으면 복약하고 병이 없으면 복약하지 않는다. 중병에는 중하게 약을 쓰고 경병에는 중하게 약을 쓰지 않는다. 만약 경병에도 중하게 약 쓰길 좋아하고 병이 없는데 복약하기를 좋아하면 장기가 취약해져서 더욱 병을 부른다.

陽明, 太陽之危者, 獨蔘八物湯, 補中益氣湯可以解之. 而病勢危時, 若非日三四服而又連日服, 則難解也. 少陰, 太陰之危者, 獨蔘附子理中湯, 桂附藿陳理中湯可以解之. 而病勢危時, 若非日三四服而又連日服, 則難解也.

病勢極危時, 日四服. 病勢半危時, 日三服. 病勢不減, 則日二服. 病勢少減, 則二日三服, 而一日則一服, 一日則二服. 病勢大減, 則日一服. 病勢又大減, 則間二三四五日一服.

盖有病者, 可以服藥. 無病者, 不可以服藥. 重病, 可以重藥. 輕病, 不可以重藥. 若輕病好用重藥, 無病者好服藥, 臟氣脆弱, 益招病矣.

【해설】

처방과 복용법을 이야기하며 소음인 상한병에 대한 종합적인 해설이 마무리된다.

양명병은 물론 태양병의 위급에도 독삼팔물탕, 보중익기탕을 쓸 수 있다. 소음병은 물론 태음병의 위급에도 독삼부자이중탕, 계부곽진이중탕을 쓸 수 있다.

동무는 끝으로 투약의 원칙을 제시하고 있다. 약은 늘 병을 좇아 가야 한다. 그러나 의사나 환자나 병이 어서 낫기만을 바란다. 그래서 항상 약을 과하게 쓰려는 욕심이 생긴다. 약이 병을 앞서면 안된다.

6-3-10.

기름진 음식이 입맛을 도우나 늘 먹는다면 오히려 입맛을 감한다. 가죽옷이 추위를 막으나 늘 입는다면 오히려 추위를 부른다. 기름진 음식과 가죽옷도 그러한데 하물며 약이랴? 약을 상복하는 것의 해악을 논해본다면 전혀 복약하지 않아 무익한 것보다 백배나 해롭다. 병이 있을 때 그 증이 분명하면 약을 쓰지 않을 수 없다. 그러나 병이 없으면 비록 증이 분명하더라도 결코 약을 써선 안된다.

세상 사람들이 아편이나 담배, 수은, 산삼, 녹용 등을 복용하는 것을 두루 살펴보면 자주 복용해서 명을 재촉하지 않는 경우가 없다. 이로 미루어보아도 분명히 알 수 있다.

膏粱雖則助味, 常食則損味. 羊裘雖則禦寒, 常着則攝寒. 膏粱, 羊裘猶不可以常食, 常着, 況藥乎? 若論常服藥之有害, 則反爲百倍於全不服藥之無利也. 蓋有病者, 明知其證則必不可不服藥. 無病者, 雖明知其證必不可服藥.

歷觀於世之服鴉片, 煙, 水銀, 山蔘, 鹿茸者, 屢服則無不促壽者. 以此占之, 則可知矣.

계속해서 약의 상복을 경계하고 있다. 건강할 때는 약을 쓸 이유가 없는 것이다.

아편, 담배, 수은은 중독성 약물이다. 산삼, 녹용과 동급으로 취급하는 것은 무리가 있다. 녹용이 체질과 증상에 맞으면 오랜 기간 복용가능하다. 중독성이 없는 것은 물론이다. 그러나 동무가 전하려는 메시지는 숙고해보아야 할 것이다.

그러면 과연 건강하다는 것은 무엇을 의미하는 것일까? 건강을 정의한다는 것은 쉬운 일이 아니다. 건강은 수치나 치수만으로 규정할 수 없기 때문이다. 그것은 참조 사항일 뿐 절대적인 기준은 아니다. 눈에 보이는 것만으로는 건강을 다 정의할 수 없다.

나는 건강의 최종적 기준은 느낌이라고 생각한다. 느낌의 안온함을 건강이라 말할 수 있을 것 같다. 느낌의 안온함이야말로 순조로운 기의 흐름에서 오며 정상적인 기능의 발현에서 생기기 때문이다. 반대로 느낌의 불온함이 곧 불건강이다. 느낌의 불온함이 쌓이면 증상으로 드러나고 더욱 쌓이면 질병으로 나타난다.

한의학은 느낌의 안온함을 추구한다. 막힌 것은 뚫어주고 모자란 것은 채워주며 질병과 증상을 원래의 편안한 상태로 돌이키게 만드는 것이다.

1946년 7월 뉴욕에서 열린 국제보건회의International Health Conference에서 채택되고 1948년 4월 7일 발효된 세계보건기구 헌장Constitution of WHO은 건강을 다음과 같이 정의하고 있다.

건강은 질병이나 허약이 없을 뿐만 아니라 신체적, 정신적, 사회적으로도 완전하게 잘 사는well-being 상태다.

Health is a state of complete physical, mental and social well-being and not merely the absence of disease or infirmity.

한의학은 자연의 산물을 섭취하여 내 몸을 자연의 상태로 되돌리려는 노력의 집약이다. 현대사회에 더욱 빛을 발할 수 있는 '웰빙의학'의 원조인 것이다.

6-3-11.

소음인이 토혈하면 독삼팔물탕을 써야 한다. 인후통에는 독삼관계이중탕을 써야 한다.

少陰人吐血. 當用獨蔘八物湯. 咽喉痛. 當用獨蔘官桂理中湯.

【해설】

이제 다양한 증상을 자유롭게 설명한다. 토혈은 상한으로 인한 토혈을 말한다. 양명병에 속하는 전형적인 열증이다. 구본에서는 비약脾約의 범주라 지적했다.(구7-3-8)

인후통은 태음병 음독증에 나타난다.(6-2-14) 그리고 소음병에도 나타난다. 구본에 관련 조문이 있다.(少陰病. 咽中痛. 宜半夏散. 구6-2-39) 소음증의 범주라 명시한다.(구7-3-8) 독삼관계이중탕은 독삼이중탕에 관계를 2돈 가한 처방이다. 구본의 신정방에 나온다.

한편 「사상인변증론」에도 소음인 인후증이 나온다.(11-13) 성대결절이나 갑상선의 문제로 볼 수 있다. 독계팔물탕을 쓴다.

6-3-12.

일찍이 한 소음인을 보았는데 갑자기 음식을 평소보다 배로 먹으며 입이 심히 달더니 한 달도 못 되어 부종이 생겨 죽었다. 이는 소음인 식소로 부종에 속하며 위급증이다. 급히 치료해야 하니 궁귀총소이중탕을 써야 한다.

嘗見少陰人飮食倍常, 口味甚甘, 不過一月其人浮腫而死. 少陰人食消, 卽浮腫之屬, 而危證也. 不可不急治, 當用芎歸葱蘇理中湯.

【해설】

전통적으로 소갈의 범주에서 논하던 증상을 동무는 태소음양인에 따라 병명을 달리 붙인다. 소음인은 식소食消, 소양인은 소갈消渴, 태음인은 조열燥熱이라 부른다. 병증사분론의 입장을 확인할 수 있다.

소음인의 식소는 비만, 황달과 같이 부종의 범주로 보고 있다.(6-2-67) 궁귀총소이중탕은 구본에서 태음증의 비만과 황달을 비롯, 소음증까지 두루 활용된 처방이다.

6-3-13.

일찍이 소음인의 부종에 노루의 간 한쪽을 편을 썰어 회로 만들어 한 번에 먹고 계속해서 다섯 쪽을 더 썼더니 즉효했다. 또 어떤 소음인은 노루 간 한쪽을 먹더니 시력이 배나 좋아지고 힘이 용솟음쳤다. 그런데 소양인 허로병에 노루 간 한쪽을 먹으니 그 사람이 피를 토하며 죽는 것이다.

嘗見少陰人浮腫, 獐肝一部切片作膾一服, 盡連用五部, 其病卽效. 又有
少陰人服獐肝一部, 眼力倍常, 眞氣湧出. 少陽人虛勞病, 服獐肝一部,
其人吐血而死.

【해설】

부종은 위증이요 급치다. 복수같은 응급 상황을 말한다.

노루간은 소음인 부종에 신효하며 시력 증진과 기력 향상에도
큰 도움을 준다. 반면 소양인에게는 독약이 된다. 해당체질에 큰 효
과를 내고 반대체질에 큰 부작용을 내는 것은 그만큼 약력이 강하
다는 의미다. 노루간의 위효를 보여준다.

6-3-14.

일찍이 소음인 부종에 어떤 의사가 천연소금에서 우러난 즙을
하루 반 숟갈씩 4~5일 먹게 하니 부종이 크게 줄고 한 달 먹
으니 완전히 건강해지며 재발하지 않는 것을 보았다.

嘗見少陰人浮腫, 有醫敎以服海鹽自然汁日半匙四五日服, 浮腫大減. 一
月服, 永爲完健, 病不再發.

【해설】

동무는 소음인 부종의 다양한 치료 사례를 소개하고 있다. 본조
는 어떤 의사의 치험례를 보고 감탄한 것이다. 동무는 동서고금의
경험을 섭렵하여 사상인의 의학을 충실하게 만들고자 했다.

이후 동무는 다른 의사의 치료 사례를 관찰하고 기록하고 있다.

태소음양인의 틀 안에서 세상의 경험을 포섭하고 있는 것이다.

6-3-15.

일찍이 소음인 인후통이 해가 가도 낫지 않더니 어떤 의사가 금
사주를 먹게 하고 즉효한 것을 보았다. 금사주란 금빛의 누런
점이 있는 뱀으로 빚은 술을 말한다.

嘗見少陰人咽喉痛, 經年不愈, 有醫敎以服金蛇酒, 卽效. 金蛇酒, 卽金
色黃章蛇釀酒者也.

【해설】

인후통이 몇 년이나 낫지 않고 있다. 단순한 감기의 인후통이 아
님을 알 수 있다. 동무는 이런 직간접적인 관찰들을 통해 사상인 음
식이나 약재를 분류하고 정리해 나간 것이다.

금사주는 연주창에도 쓴다. 연주창은 목 주위에 멍울이 생기면서
곪아 터지는 병으로 나력瘰癧이라고도 한다. 인후통의 범주에 들어
간다.

일찍이 소음인의 연주창에 금사주를 복용하고 즉시로 효과가 나
타나 창구가 아물었다고 말하는 것을 보았다. 이 약이 있으면 많
은 힘을 들이지 않고 병이 나을 수 있다. 한겨울이나 정초에 미리
이 약을 구해놓고 아플 때 쓰면 좋다. 그러나 구하기가 쉽지 않다.

嘗見一少陰人連珠瘡, 用金蛇酒卽效合瘡云. 若得此藥, 則不費功力而病
或愈也. 冬間正初先得此藥用之, 則好也. 而此藥, 難得.(보유3-6)

한겨울에 금사를 구해 미리 술을 담가놓으면 좋지만 매우 귀하다.

6-3-16.

일찍이 소음인 이질에 어떤 의사가 목이 붉은 뱀을 끓여 탕으로 먹이니 즉효한 것을 보았다. 목이 붉은 뱀의 머리와 꼬리를 잘라내고 두 겹의 명주주머니 속에 넣어 약탕기 안에 별도로 가로목을 설치하고 허공에 달아둔다. 물 다섯 사발을 넣고 한 사발이 될 때까지 끓인다. 두 겹의 명주주머니에 싸고 허공에 달아서 끓이는 이유는 뱀의 뼈를 침범할까 두려워해서다. 뱀의 뼈에는 독성이 있다.

嘗見少陰人痢疾, 有醫敎以服項赤蛇煎湯, 卽效. 項赤蛇去頭斷尾, 納二疊紬囊中, 藥缸內別設橫木懸空掛之. 用水五碗, 煎取一碗. 服二疊紬囊懸空掛煎者, 恐犯蛇骨故也. 蛇骨, 有毒.

【해설】

소음인 이질에 뱀탕을 쓴 사례다. 이런 방법은 한의학의 정법이 아니다. 당대에도 이런 민간요법들이 횡횡했음을 알 수 있다.

여기 등장하는 "유의有醫", 어떤 의사란 이러한 방법에 능숙한 좀 독특한 사람이었을 것이다. 동무는 편견 없이 관찰하고 있다.

6-3-17.

일찍이 소음인 이질에 어떤 의사가 큰 마늘 세 덩이를 맑은 꿀

반 술갈과 함께 끓여 3일 먹게 하고 즉효한 것을 보았다.

嘗見少陰人痢疾, 有醫教以大蒜三顆, 淸蜜半匙同煎, 三日服, 卽效.

【해설】

소음인 이질의 또 다른 사례다. 동무는 이러한 참관을 통해 깨달음을 얻고 산밀탕蒜蜜湯으로 승화시켰다. 신정방에 있다.(6-6-17)

6-3-18.

일찍이 한 소음인이 유방 바깥쪽에 누창이 생겨 7~8개월이 지나도 상처가 아물지 않고 고름이 계속해서 흘러내리는 것을 보았다. 어떤 의사가 산삼과 웅담을 각 한 푼씩 가루 내어 바르라고 시켰더니 즉효했다. 또 한 소음인은 전신에 창이 있어 인삼을 가루 내어 도포했더니 즉효했다.

嘗見少陰人乳傍近脇有漏瘡, 歷七八月, 瘡口不合, 惡汁常流, 有醫教以山蔘, 熊膽末各一分傅之, 卽效. 又少陰人一人滿身有瘡, 以人蔘末塗傅, 卽效.

【해설】

계속해서 간접적으로 관찰한 사례를 기술하고 있다. "창瘡"은 밖으로 개구開口한 종기를 말한다. 외과적인 처치의 사례들이다.

일찍이 소음인이 유방 바깥쪽에 내옹이 생긴데 어떤 의사가 화침으로 농을 짜내는 것을 보았다. 그 의사가 말하길, "내옹의 드러나는 증상이 오한, 발열하여 상한과 비슷하나 통처가 있다는 것이 다르다. 통처를 잘 살펴서 농의 존재가 확실하다면 화침을 쓰지 않을 수 없다"고 했다.

嘗見少陰人乳傍近脇發內癰, 有醫敎以火針取膿, 醫曰 "內癰外證, 惡寒, 發熱, 似傷寒而有痛處也. 察其痛處, 明知有膿, 則不可不用火針."

【해설】

"내옹內癰"은 개구開口가 없는 종기를 말한다. 속으로 고름이 차 있어 염증이 발생한다. 그래서 오한, 발열 등의 증상이 생기는 것이다. 당연히 상한과는 다르다.

소음인의 위급한 증상으로 내옹이 있다. 남자는 7일, 여자는 9일이 지나도록 치료하지 않으면 위험하다. 대침 외엔 방법이 없다.

凡少陰人危症, 內癰, 過男七日女九日, 不治則危也. 大針外無他術也.(보유20-2)

내옹은 위급증이다. 외과적 시술이 필요하다. 소음인의 내옹에 화침으로 농을 짜내는 사례를 기술한 것은 치료를 위해 방법에 구애받지 않는 동무의 개방된 자세를 보여준다.

외과적인 처치는 병을 보고 하는 것이지 체질을 보고 하는 것이 아니다. 수술도 필요하면 얼마든지 할 수 있다. 동무는 체질에 갇힌 사람이 아니었다. 오히려 체질로 인해 더욱 자유로워진 사람이었다.

6-3-20.

일찍이 소음인의 배옹에 어떤 의사가 불에 달군 칼로 종기를 째는 것을 보았다. 그 의사가 말하길, "불에 달군 칼로 종기를 째는 시술은 일찍 할수록 좋다. 만약 의구심을 품고 늦추다 시술을 미룬다면 등 전체로 퍼져 딱딱하게 굳어버리니 후회해도 도리가 없다"고 했다.

嘗見少陰人背癰, 有醫教以火刀裂瘡. 醫曰"火刀裂瘡, 宜早也. 若疑訝而緩不及事, 則全背堅硬, 悔之無及."

【해설】

외과적인 시술에 호기심을 갖고 경청하는 동무의 모습을 볼 수 있다. 명의는 홀로 만들어지지 않는다. 주변의 의사와 교류하며 함께 성장한다.

종기의 덩어리가 커서 화침火針이 아니라 화도火刀로 시술하고 있다. 화도는 불에 달군 수술용 칼을 말한다. 외과적 방법으로 신속하게 구명할 수 있는 경우다.

6-3-21.

일찍이 소음인 반신불수병에 어떤 의사가 철액수를 먹이니 효과가 나는 것을 보았다.

嘗見少陰人半身不遂病, 有醫教以服鐵液水, 得效.

【해설】

후학의 참고를 위해 다양한 사례를 남기고 있다. 반신불수가 회복되기는 쉽지 않다. 그런데 철액수를 복용하고 효과가 있었다.

『동의보감』에도 철액鐵液을 사용한 용례가 나온다. 쇠를 불에 달구어 모루 위에 올려놓고 해머로 두드리면 고운 쇳가루가 떨어지는데 그 쇳가루를 물에 받아 오래 담근 후 쇠는 버리고 물을 사용한다. 철락鐵落이라고도 부른다.(동22-5/8)

화침과 화도, 철액수는 모두 열기를 품고 있다는 공통점이 있다.

6-3-22.

일찍이 소음인 소아의 복학병에 어떤 의사가 학병이 발생하려는 이른 아침 불로 데운 비소 6리를 극세말하여 생감초탕과 함께 먹여 즉효한 것을 보았다. 그 의사가 말하길, "비소약은 반드시 금정비를 만든 후에야 쓸 수 있으며 또 불에 달군 후 써야 한다. 반드시 6리를 넘지 말 것이며 또 6리에 못 미쳐서도 안된다. 6리를 넘으면 약독이 너무 심하고 6리가 안되면 학이 낫지 않는다. 이 약은 누시누험이나 한 번 복용하고 나은 후 학이 재발해서 다시 사용하면 병이 더욱 심해지면서 위급해진다. 그러니 이 약은 한 번만 복용할 수 있고 두 번 복용해서는 안된다"고 했다.

의사의 말을 듣고 그 원리를 생각해 보니 한 번 복용하고 나아서 다시 재발하지 않는 자는 모두 소음인 아이였을 것이고 한 번 복용하고 나았는데 다시 재발한 자는 모두 소음인 아이가 아니었을 것이다. 오직 소음인 아이만 복학병으로 치료가 어려울 때 이 약을 써야 한다. 평범한 학에는 이런 상서롭지 못한 약을 써선 안 된다. 소음인이라도 하루 걸러 학으로 오한이 생기는 평범한 경우에는 천궁계지탕을 2~3첩 쓰면 낫지 않을 것이 없다. 또 배가 그득 차고 대변이 굳으면서 학이 발생하면 역시 파두를 쓸 수 있다.

嘗見少陰人小兒腹瘧病, 有醫敎以瘧病將發之早朝, 用火煆金頂砒極細末六理生甘草湯調下, 卽效. 醫曰 "砒藥必金頂砒然後可用, 而又火煆然後可用也. 必不可過六理, 而又不可不及六理也. 過六理, 則藥毒太過也. 不及六理, 則瘧不愈也. 此藥屢試屢驗, 而有一服愈後瘧又再發者又用之, 則其病益甚而危. 盖此藥可以一服, 不可再服"云.

聽醫言而究其理, 則一服愈而瘧不再發者, 皆少陰人兒也. 一服愈而瘧又再發者, 皆非少陰人兒也. 惟少陰人兒腹瘧病難治者, 用此藥. 尋常瘧, 不必用此不祥之藥. 少陰人尋常間日瘧惡寒時, 用川芎桂枝湯二三貼, 則亦無不愈. 又腹中實滿而大便硬瘧發者, 亦可用巴豆.

【해설】

동무는 지역에서 특이한 치료법으로 소문난 명의를 찾아갔을 것이다. 그 의사의 진료현장을 참관하고 문답한 결과를 기록으로 남기고 있다.

비소는 맹렬한 독성을 가진 약으로 함부로 써선 안 된다. 그런데 이 의사가 비소를 쓰는 노하우를 동무에게 은밀히 일러주고 있다.

동무는 여기 사상의학적 견해를 곁들인다.

6-3-23.

모든 약이 좋은 약이 아닌 게 없으나 소음인의 신비약과 태음인의 과체약만은 가장 몹쓸 약이다. 왜 그런가? 소음인의 신비약은 모든 병에 다 위태로움을 초래하는데 학을 치료하는 단 하나의 효능이 있다 하나 이 또한 유명무실하고 위험성이 없는 게 아니다. 계지, 인삼, 백작약을 서너 번 복용하여 치료하는 것에 전혀 비교할 바가 못 된다. 그러니 학에도 이 약은 천하에 백해무익한 약이 아닌가? 태음인의 과체약은 모든 병에 다 위태로움을 초래하는데 담연옹색을 치료하는 단 하나의 효능이 있다 하나 이 또한 유명무실하고 위험성이 없는 게 아니다. 길경, 맥문동, 오미자를 서너 번 복용하여 치료하는 것에 전혀 비교할 바가 못 된다. 그러니 담연옹색에도 이 약은 천하에 백해무익한 약이 아닌가? 이 두 약은 외치로 쓰는 것은 가해도 내복은 불가하다.

百藥莫非善藥, 而惟少陰人信砒藥, 太陰人瓜蔕藥, 最爲惡藥也. 何哉? 少陰人信砒藥, 百病用之皆殆, 而祇有治瘧之一能者, 亦有名無實不無危慮. 萬不如桂枝, 人蔘, 白芍藥三四服之治. 瘧則此非天下萬害無用之藥乎? 太陰人瓜蔕藥, 百病用之皆殆, 而祇有治痰涎壅塞之一能者, 亦有名無實不無危慮. 萬不如桔梗, 麥門冬, 五味子三四服之治. 痰涎壅塞則此非天下萬害無用之藥乎? 此二藥, 外治可用, 內服不可用.

【해설】

의사가 독성이 강한 약을 쓰는 것이 옳을까? 동무는 기이하고 혹독한 치료를 선호하지 않는다. 한의학의 테두리 안에서 충분히 치료할 수 있다고 봤다. 수천 년 약물학의 저력을 신뢰했다. 한방을 노리지 마라. 극독약은 외용으로 활용하는 것이 바람직하다.

6-3-24.

한번은 소음인이 중기병으로 혀가 말려 들어가고 말을 못하는데 어떤 의사가 합곡혈에 침을 놓으니 신효한 경우를 본 적이 있다. 다른 여러 병에도 약이 속효를 못낼 때 침이 속효를 내는 경우가 있다.

침혈에도 사상인이 응용할 수 있는 혈이 있어 승강완속升降緩束의 오묘한 효과를 낼 수 있는 곳이 분명히 있을 것이다. 이것은 연구하지 않을 수 없는 문제니 훗날 신중하고 사람 살리기 좋아하는 사람이 이루어주기를 삼가 부탁한다.

嘗見少陰人中氣病, 舌卷不語, 有醫針合谷穴, 而其效如神. 其他諸病之藥不能速效者, 針能速效者有之.

盖針穴亦有太少陰陽四象人應用之穴, 而必有升降緩束之妙繫. 是不可不察, 敬俟後之謹厚而好活人者.

【해설】

"승강완속升降緩束"은 각각 소음인, 소양인, 태음인, 태양인의 치료 원칙에 해당한다. 동무는 사상인병의 기본 치료원칙으로 승강통

색升降通塞을 제시한 바 있다.(보유10-15, 17) 소음인약은 승력이, 소양인약은 강력이, 태음인은 통력이, 태양인은 색력이 우수한 것을 골라놓은 것이다.

잘 살펴보면 동무는 소음인과 소양인은 상하의 문제로, 태음인과 태양인은 내외의 문제로 파악했다는 사실을 알 수 있다. 그래서 소음인은 승양升陽하고 소양인은 강음降陰하며 태음인은 통외通外하고 태양인은 고중固中해야 하는 것이다.

"완緩"은 풀어준다는 의미로 통通과 통하며 "속束"은 묶어준다는 의미로 고固와 통한다. 그런데 7판본은 초판본과 달리 "승강완속升降緩速"이라 쓰고 있다. 태양인의 치료 원칙으로 속速은 문제가 있다. 초판본을 따른다.

동무는 『동의수세보원』에서 사상인의 병증약리를 논했다. 사상인의 상한병 약학 체계를 건립한 것이다. 한의학의 개조인 장중경이 상한병 치료서를 썼듯 사상의학의 개조인 이제마 역시 상한병 치료서를 쓰고 있다.

그런데 동무는 주변 명의의 진료현장을 찾아다니면서 침의 효과를 목도했다. 그러면서 확신했다. 침 역시 사상인 고유의 방법이 분명히 있으리라. 약이 그러하므로 침 또한 반드시 그러하리라. 그러나 동무는 어떤 아이디어도 제공하지 않는다. 경락이나 경혈, 보사 등의 여러 문제에 대해 전혀 힌트가 없다.

이 문제를 어떻게 풀어가야 할 것인가? 동무의 약리론은 장리에 따른 약리론과 병증에 따른 약리론으로 구분할 수 있다.(『이제마, 인간을 말하다』, 305~314쪽) 그렇다면 침리론 역시 장리에 따른 침리론과 병증에 따른 침리론으로 구분할 수 있지 않을까? 승강완속은 장리에 따른 약리학과 침리학의 공통된 기반이다. 그러므로 사상약물처럼 사상경혈부터 정립해야 한다는 생각이 든다.

먼저 사상인 각각에 소용될 기본적인 경혈부터 찾아내는 것이다. 동무공은 사상약물과 마찬가지로 사상경혈도 중복해서 사용하지 않으셨을 것 같다. 이것이 "승강완속지묘계升降緩束之妙繫"일 것이다.

그리고 나서 병증에 따라 사상경혈을 조합하는 방식을 사용하지 않았을까? 약리론에서 그렇게 하셨던 것처럼 말이다. 동무의 약리론을 잘 분석한다면 사상의학의 침리론을 세워나갈 수 있을 것이다. 후학의 많은 도전이 필요한 영역이다.

침학은 약학보다 훨씬 더 복잡한 문제들이 있다. 좌우와 보사도 함께 해결해야 한다. 얼마든지 다양한 방식의 해법이 가능하리라 본다. 유일한 침법이 존재하리란 생각은 교만함이 되기 쉽다. 인간이 위대하지만 완벽하진 않지 않은가?

경험약방 1
張仲景『傷寒論』中少陰人病經驗設方二十三方

동무는 병증론에서 언급한 고방들을 경험약방이라는 항목 아래 별도로 모아두고 있다. 경험약방은 장중경의 약방과 후세의가의 약방으로 대별된다. 그만큼 중경약방의 의학적 비중이 높다는 뜻이다. 경험약방은 수정하지 않았다. 신구본이 동일하다.

병증론의 인용문 출처가 『동의보감』이었던 것과 같이 경험약방도 그러하다. 허준은 각 처방을 소개하면서 적응증도 함께 수록해두었는데 동무는 중경약방의 적응증은 생략했다. 생략된 적응증은 『동의보감』에서 찾아 이해를 돕고자 한다.

6-4-1.

계지탕. 계지 3돈, 백작약 2돈, 감초 1돈, 생강 3쪽, 대추 2개.
桂枝湯. 桂枝三錢, 白芍藥二錢, 甘草一錢, 生薑三片, 大棗二枚.

【해설】

治太陽傷風, 自汗, 惡風寒.(동10-2/11)

계지탕은 『상한론』 처방의 시초이자 소음인 처방의 원류다. 실로
한의학은 계지탕에서부터 시작됐다고 말할 수 있을 정도다.

동무는 태양상풍으로 발열, 오한하면서 땀이 없으면 계지탕의 정
증이라 생각했다. 계지탕을 향상시킨 것이 천궁계지탕이다. 땀이 있
으면 황기계지탕을 쓴다.(6-1-5) 계지, 작약 등을 소음인 발표發表의
기본약으로 사용하고 있다.(6-1-32)

중경은 『상한론』에서 계지탕의 복용법을 상세히 소개하며 한약
복용법의 기본 원칙을 제시하고 있다.

위 5개의 약재를 잘게 썰어 물 7되를 넣고 약한 불에 3되가 되게
달여 찌꺼기를 버리고 적당한 온도로 1되를 먹는다. 잠시 후 뜨거
운 죽을 1되가량 먹어 약력을 도와준다. 그리고 1시간가량 따뜻
하게 덮어서 전신이 촉촉할 정도로 땀을 살짝 내주면 더욱 좋다.

땀이 줄줄 흐를 정도로 해선 안 된다. 그렇게 하면 병이 낫지 않는다. 만약 한번 복용해서 땀이 나고 병이 나으면 나머지 약은 중단하고 다 먹을 필요가 없다. 그런데 땀이 나지 않으면 이후 복약 시간을 조금 앞당겨 한나절에 3회 먹도록 한다. 병이 중하다면 하루 밤낮을 연이어 복용하며 시시각각 병세를 살핀다. 준비한 약을 다 먹고도 병증이 아직 있으면 다시 한번 더 복용한다. 땀이 나지 않으면 2, 3차례 더 복용하면서 날 것, 찬 것, 끈적거리거나 미끈거리는 것, 고기나 밀가루, 매운 음식, 술, 유제품, 냄새가 역한 음식 등은 피한다.

右五味㕮咀, 以水七升, 微火煮取三升, 去滓, 適寒溫, 服一升. 服已須臾, 歠熱稀粥一升餘, 以助藥力. 溫覆令一時許, 遍身漐漐微似有汗者, 益佳. 不可令如水流離, 病必不除. 若一服汗出病差, 停後服, 不必盡劑. 若不汗, 更服依前法. 又不汗, 後服小促其間, 半日許令三服盡. 若病重者, 一日一夜服, 周時觀之, 服一劑盡, 病證猶在者, 更作服. 若汗不出, 乃服之二三劑. 禁生冷粘滑, 肉麵五辛, 酒酪臭惡等物.(『상한론』13)

땀을 내주어야 감기가 빨리 떨어진다. 복약 후 따뜻한 죽을 먹고 몸을 덥혀 살짝 땀을 내주는 방법은 감기 치료의 기본이다. 복약으로 간단히 해결되지 않는다면 음식을 각별히 주의해야 한다.

6-4-2.

이중탕. 인삼, 백출, 건강 각 2돈, 구감초 1돈.

理中湯. 人蔘, 白朮, 乾薑各二錢, 灸甘草一錢.

【해설】

治太陰, 腹痛, 自利, 不渴.(동10-2/14)

　동무도 똑같은 말을 했다.(太陰證, 腹痛, 自利, 不渴, 宜理中湯. 6-2-4)

　동무는 이중탕을 개량해서 백하수오이중탕을 만들었다. 그리고
이중탕을 기반으로 소음인의 이한병을 해결하는 무수한 처방을 만
든다.

6-4-3.

강부탕. 포건강 1냥, 포부자 1개를 썰어 5돈을 취해서 물에 끓
여 복용한다. 부자를 생으로 쓰면 백통탕이라 부른다.

薑附湯. 炮乾薑一兩, 炮附子一枚, 剉取五錢, 水煎服. 附子生用, 名曰白
通湯.

【해설】

治傷寒陰證, 及中寒.(동10-2/15)

　동무는 이천의 처방으로 인용했고(6-2-34) 허준은 『단계심법』에
서 인용했다. 원방은 중경의 건강부자탕이다.(『상한론』 62)

　중경의 백통탕은 부자를 생으로 쓰는 것 외에 총백 4줄기가 더
들어간다.(『상한론』 321)

6-4-4.

사순이중탕. 인삼, 백출, 건강, 자감초 각 2돈.

四順理中湯. 人蔘, 白朮, 乾薑, 炙甘草各二錢.

【해설】

治腹痛自利. 卽理中湯, 倍甘草一倍, 是也. 一名四順湯.(동10-2/14)

사순이중탕은 이중탕에 감초를 2배로 넣은 것이다. 말씀드렸듯
중경의 처방이 아니다. 허준은 『의방유취』로 출전을 밝혔다.

사순이중환은 사순이중탕을 가루내고 꿀로 반죽하여 탄알 크기
로 만든 것이다.(동10-2/14) 청심환 정도라 보면 된다. 사순원이라고
도 한다.

6-4-5.

계지인삼탕. 구감초, 계지 각 1돈 8푼, 백출, 인삼, 건강 각 1돈
5푼.

桂枝人蔘湯. 炙甘草, 桂枝各一錢八分, 白朮, 人蔘, 乾薑各一錢五分.

【해설】

울광병 초증에 쓸 수 있는 중경의 방법 중 유일하게 호평한 처방
이다.(6-1-20) 병증론에서는 계속 인삼계지탕이라 부르다가 처방집에
서 제 이름대로 기록하고 있다.

6-4-6.

사역탕. 구감초 6돈, 포건강 5돈, 생부자 1개.

썰어서 2첩으로 나눈 후 물에 달여 먹는다.

四逆湯. 灸甘草六錢, 炮乾薑五錢, 生附子一枚.

到分二貼, 水煎服.

【해설】

治傷寒陰證要藥也. 凡三陰脈遲, 身痛幷用, 又治四肢逆冷.(동10-2/15)

중경이 태음병과 소음병에 두루 활용한 명방이다. 세 가지의 간단한 약재로 생명을 구해낸다. 한약의 위력을 실감할 수 있는 처방이다. 동무가 사역탕을 향상시킨 것이 백하오부자이중탕이다.

6-4-7.

후박반하탕. 후박 3돈, 인삼, 반하 각 1돈 5푼, 감초 7푼 5리, 생강 7쪽.

厚朴半夏湯. 厚朴三錢, 人蔘, 半夏各一錢五分, 甘草七分五里, 生薑七片.

【해설】

治傷寒發汗後, 腹脹滿.(동10-2/14)

태음병을 발한으로 오치 하여 창만이 생겼을 때 사용한 처방이다. 원명은 후박생강반하감초인삼탕이다.(『상한론』 67) 마치 요리 이

름처럼 재료를 다 적고 있다. 중경의 담백한 작명법이다. 참 꾸밈이
없는 사람 같다. 이론적 가식이 전혀 없다.

6-4-8.

반하산. 제반하, 구감초, 계지 각 2돈.

半夏散. 製半夏, 灸甘草, 桂枝各二錢.

【해설】

治少陰客寒咽痛.(동10-2/15)

반하산은 신본의 병증론에는 나오지 않는다. 구본에서 소음병의
조문으로 인용했으나 신본에서 삭제했기 때문이다. 구본의 유산이
다. 탕으로 복용하기도 한다.(『상한론』 320)

6-4-9.

적석지우여량탕. 적석지, 우여량 각 2돈 5푼.

赤石脂禹餘糧湯. 赤石脂, 禹餘糧各二錢五分.

【해설】

治少陰證下利不止, 當治下焦, 宜用此.(동10-2/15)

적석지는 붉은색 고령토로 옹기 만드는 재료로 쓰인다. 수렴하는

효능이 있어 지사제로도 사용했다.

우여량은 갈철석의 침전물이 점토와 응결한 것이다. 역시 수렴하는 성질이 있어 약으로 써왔다. 둘 다 약으로 쓸 때는 수치의 과정을 거쳐야 한다.

6-4-10.

부자탕. 백출 4돈, 백작약, 백복령 각 3돈, 포부자, 인삼 각 2돈.
附子湯. 白朮四錢, 白芍藥, 白茯苓各三錢, 炮附子, 人蔘各二錢.

【해설】

治少陰病, 脈沈, 手足寒, 骨節痛. 又治口中和, 背惡寒.(동10-2/15)

중경이 소음병을 치료하기 위해 만든 처방이다.(『상한론』 311, 312)

6-4-11.

마황부자세신탕. 마황, 세신 각 2돈, 포부자 1돈.
麻黃附子細辛湯. 麻黃, 細辛各二錢, 炮附子一錢.

【해설】

治少陰病, 但欲寐, 發熱, 脈沈.(동10-2/15)

삼양병은 열나는 병이다. 삼음병은 열안나는 병이다. 그런데 소음병은 열이 나는 경우가 있다. 이때 쓴다.

6-4-12.

마황부자감초탕. 마황, 감초 각 3돈, 포부자 1돈.

麻黃附子甘草湯. 麻黃, 甘草各三錢, 炮附子一錢.

【해설】

治少陰病, 無吐利, 厥逆, 宜用此, 微發汗也.(동10−2/15)

소음병이 처음 생겼을 때 살짝 땀을 내서 풀어주기 위해 쓰는 처
방이다. 동무는 바람직한 치법이 아니라고 비판한다. 관계부자이중
탕을 써야 한다.(6-2-29)

6-4-13.

당귀사역탕. 백작약, 당귀 각 2돈, 계지 1돈 5푼, 세신, 통초, 감
초 각 1돈.

當歸四逆湯. 白芍藥, 當歸各二錢, 桂枝一錢五分, 細辛, 通草, 甘草各一
錢.

【해설】

治厥陰證, 手足厥冷, 脈微欲絶.(동10−2/16)

중경의 궐음병 처방이다. 동무는 궐음병은 태양병의 변증으로 보고 새로운 해법을 제시했다.(6-1-47)

6-4-14.

반하사심탕. 제반하 2돈, 인삼, 감초, 황금 각 1돈 5푼, 건강 1돈, 황련 5푼, 생강 3쪽, 대추 2개.

半夏瀉心湯. 製半夏二錢, 人蔘, 甘草, 黃芩各一錢五分, 乾薑一錢, 黃連五分, 生薑三片, 大棗二枚.

【해설】

상한으로 인한 비증痞證에 쓴다.(동11-1/7) 비증은 명치 부위가 더 부룩하지만 아프지는 않은 증상이다. 태음병인데 찬약으로 설사시켜버려 위가 더욱 냉해져 생긴다.(6-2-6) 동무는 곽향정기산을 써서 위를 덥혔다.(溫胃)

6-4-15.

생강사심탕. 생강, 반하 각 2돈, 인삼, 건강 각 1돈 5푼, 황련, 감초 각 1돈, 황금 5푼, 대추 3개.

生薑瀉心湯. 生薑, 半夏各二錢, 人蔘, 乾薑各一錢五分, 黃連, 甘草各一錢, 黃芩五分, 大棗三枚.

【해설】

상한비증에 배가 꾸룩거리며 설사까지 할 때 쓴다. 냉기가 좀더
심해진 것이다. 동무는 향사양위탕을 제시했다.(6-2-11)

6-4-16.

감초사심탕. 감초 2돈, 건강, 황금 각 1돈 5푼, 제반하, 인삼 각
1돈, 대추 3개.

甘草瀉心湯. 甘草二錢, 乾薑, 黃芩各一錢五分, 製半夏, 人蔘各一錢, 大
棗三枚.

【해설】

상한비증에 하루 수십 번씩 설사할 때 쓴다. 냉기가 더욱 심한 경
우다. 동무는 강출관중탕을 쓴다.(6-2-11)

6-4-17.

인진호탕. 인진 1냥, 대황 5돈, 치자 2돈.

먼저 인진을 넣고 달여 반으로 줄면 나머지 두 약재를 넣고 달
인다. 다시 반으로 줄면 복용한다. 하루 2회 먹어 소변이 잘 나
오고 색이 붉으며 배가 점점 줄어드는 것은 황달이 소변을 따라
빠지기 때문이다.

茵蔯蒿湯. 茵蔯一兩, 大黃五錢, 梔子二錢.

先煎茵蔯, 減半, 納二味煎. 又減半, 服. 日二, 小便當利, 色正赤, 腹漸

減, 黃從小便去也.

【해설】

治太陰證發黃.(동10-2/14)

동무는 태음증 황달을 음황이라 불렀다. 음황의 대표적인 처방이다.

6-4-18.

저당탕. 수질(볶은 것), 맹충(볶은 뒤 발과 날개를 제거한 것), 도인(뾰족한 끝부분을 남겨둔 것) 각10개, 대황(찐 것) 3돈.

抵當湯. 水蛭炒, 虻蟲炒去足翅, 桃仁留尖各十枚, 大黃蒸三錢.

【해설】

治一切瘀血結胸, 譫語, 漱水等證.(동11-1/10)

상한병에서 아랫배는 딱딱해지는데 소변은 시원할 때 쓴다. 혈증으로 본 것이다. 동무는 대장의 냉기(大腸怕寒)로 보고 곽향정기산을 썼다.(6-1-11)

6-4-19.

도인승기탕. 대황 3돈, 계심, 망초 각 2돈, 감초 1돈, 도인(뾰족한 끝부분을 남겨둔다) 10개.

桃仁承氣湯. 大黃三錢, 桂心, 芒硝各二錢, 甘草一錢, 桃仁留尖十枚.

【해설】

治血結膀胱, 小腹急結, 便黑, 譫語, 漱水, 宜此攻止.(동11-1/10)

동무는 역시 대장의 냉기로 보고 향사양위탕을 쓴다.(6-1-11)

6-4-20.

마인환. 대황(찐 것) 4냥, 지실, 후박, 적작약 각 2냥, 마자인
1냥 5돈, 행인 1냥2돈5푼.
가루낸 후 꿀로 반죽해서 오동나무씨 크기로 환을 만든다. 빈
속에 따뜻한 물로 50알씩 먹는다.

麻仁丸. 大黃蒸四兩, 枳實, 厚朴, 赤芍藥各二兩, 麻子仁一兩五錢, 杏仁
一兩二錢五分.

爲末蜜丸梧子大, 空心溫湯下五十丸.

【해설】

脾約丸. 一名麻仁丸. 治小便數, 大便難, 名爲脾約證.(동4-2/23)

비약증 치료처방이다. 허준은 비약환이라 불렀다.

6-4-21.

밀도법. 노인과 허약자의 대변불통에 약을 쓸 수 없을 때 꿀을 불에 진하게 졸여 찬물에 넣은 후 바로 손가락 크기 정도 빚은 뒤 조각 가루로 겉을 입혀 좌약으로 만든다. 항문에 넣으면 즉시 변이 나온다.

蜜導法. 老人虛人不可用藥者, 用蜜熬, 入皂角末少許, 稔作錠子. 納肛門, 卽通.

【해설】

밀도법은 고대의 관장법이다. 미리 항문 속에 기름을 발라둔 후 밀도법을 시행한다. 『의학입문』에는 조각을 쓰지 않으면 대변이 나오지 않는다고 했다.(동4-2/25)

6-4-22.

대승기탕. 대황 4돈, 후박, 지실, 망초 각 2돈.

큰 잔으로 물 2잔에 먼저 지실과 후박을 넣어 1잔이 될 때까지 달인 후 대황을 넣고 또 달여 7푼이 되면 찌꺼기를 버리고 망초를 넣고 다시 한번 끓여 따뜻하게 먹는다.

大承氣湯. 大黃四錢, 厚朴, 枳實, 芒硝各二錢.

水二大盞先煎枳朴, 至一盞乃下大黃煎, 至七分去滓入芒硝, 再一沸溫服.

【해설】

治傷寒裏證, 大熱, 大實, 大滿, 宜急下者, 用此.(동10-2/20)

양명병의 대표적인 처방이다. 굳은 변을 풀어준다. 대황은 오래
달이면 효과가 급감한다. 한번 끓고 나면 넣어준다.(後下)

동무에게 대승기탕은 애증의 처방이다. 신효 하기도 하지만 살인
하기도 하기 때문이다. 동무는 대황 하법을 중경시대의 한계로 보았
다.(6-1-20)

6-4-23.

소승기탕. 대황 4돈, 후박, 지실 각 1돈 5푼.

썰어서 한 첩을 만든 후 물에 달여 먹는다.

小承氣湯. 大黃四錢, 厚朴, 枳實各一錢五分.

剉作一貼. 水煎服.

【해설】

治傷寒裏證, 小熱, 小實, 小滿, 宜緩下者, 用此.(동10-2/20)

대승기탕과 비교하여 재밌게 표현했다. 둘 다『의학입문』에서 인
용한 문장이다. 소승기탕은 대황을 후하하지 않고 함께 달인다. 대
황의 약력을 낮춘 것이다.

동원은 하법에 쓰는 약으로 대승기탕이 제일 세고 다음으로 소승
기탕, 조위승기탕, 대시호탕의 순이라 했다.(동10-2/20)

경험약방 2
宋元明三代醫家著述中少
陰人病經驗行用要藥十三方

일반적으로 중경의 처방을 고방古方이라 부르고 이후의 처방을 후세방後世方이라 부른다. 동무 역시 중경과 이후의 약방을 「경험약방1」과 「경험약방2」로 나누어 싣는다.

이제 동무는 송원명 의사가 경험한 소음인 처방을 정리하고 있다. 「경험약방2」도 구본 그대로다.

6-5-1.

십전대보탕. 인삼, 백출, 백작약, 구감초, 황기, 육계, 당귀, 천궁, 백복령, 숙지황 각 1돈, 생강 3쪽, 대추 2개.

이 처방은 왕호고의 책에 나온다. 허로를 치료한다. ○내가 고찰하여 개정한다. 이 처방에서 백복령, 숙지황은 빼고 사인, 진피를 써야 한다.

十全大補湯. 人蔘, 白朮, 白芍藥, 灸甘草, 黃芪, 肉桂, 當歸, 川芎, 白茯苓, 熟地黃 各一錢, 生薑 三片, 大棗 二枚.

此方, 出於王好古海藏書中. 治虛勞. ○今考更定. 此方, 當去白茯苓, 熟地黃, 當用砂仁, 陳皮.

【해설】

저 유명한 십전대보탕이다. 기혈을 모두 보강해서 보약의 대명사처럼 인식되고 있다.

중경의 처방 이름에는 허세가 없으나 후대로 갈수록 지나치게 수식하는 경향이 생긴다. 십전대보탕 역시 그렇다. 동무는 이러한 폐단을 일소하고 자신이 만든 처방의 이름을 중경처럼 소박하게 짓고 있다.

십전대보탕은 신본은 물론 구본의 병증론에도 나오지 않는다. 그런데 「경험약방2」의 첫 자리를 꿰차고 있다. 소음인 처방의 중요한 원형이었음을 암시한다.

6-5-2.

보중익기탕. 황기 1돈 5푼, 구감초, 인삼, 백출 각 1돈, 당귀, 진
피 각 7푼, 승마, 시호 각 3푼, 생강 3쪽, 대추 2개.

이 처방은 이동원의 책에 나온다. 허로, 허약, 신열과 심번, 자
한, 권태를 치료한다. ○내가 고찰하여 개정한다. 이 처방에서
황기는 3돈으로 올려주고 승마, 시호는 빼고 곽향, 자소엽을 써
야 한다.

補中益氣湯. 黃芪一錢五分, 灸甘草, 人蔘, 白朮各一錢, 當歸, 陳皮各七
分, 升麻, 柴胡各三分, 生薑 三片, 大棗二枚.

此方, 出於李杲東垣書中. 治勞倦, 虛弱, 身熱而煩, 自汗, 倦怠. ○今考更
定. 此方, 黃芪當用三錢, 而當去升麻, 柴胡, 當用藿香, 紫蘇葉.

【해설】

보중익기탕 역시 너무나 유명한 처방이다. 동원의 『비위론』에 나
온다. 동무는 망양초증에 응용했다.(6-1-5) 완전히 개정한 동무의 보
중익기탕은 신정약방에 나온다.(6-6-17)

6-5-3.

향사육군자탕. 향부자, 백출, 백복령, 반하, 진피, 후박, 백두구
각 1돈, 인삼, 감초, 목향, 축사, 익지인 각 5푼, 생강 3쪽, 대추

2개.

이 처방은 공신의 『고금의감』에 나온다. 음식 생각이 없고 소화가 되지 않으며 식후에 헛배 부른 것을 치료한다. ○내가 고찰하여 개정한다. 이 처방에서 백복령은 빼고 백하수오를 써야 한다.

香砂六君子湯. 香附子, 白朮, 白茯苓, 半夏, 陳皮, 厚朴, 白豆蔲 各一錢, 人蔘, 甘草, 木香, 縮砂, 益智仁 各五分, 生薑 三片, 大棗 二枚.

此方, 出於龔信『醫鑑』書中. 治不思飮食, 食不下, 食後倒飽. ○今考更定. 此方, 當去白茯苓, 當用白何首烏.

【해설】

동무의 저서 중 향사육군자탕에 관한 유일한 내용은 신본에만 나온다. 향사육군자탕은 사심탕에서 유래한 처방이라고 한 문장이다.(6-2-12) 이 문장에서도 사실은 향사양위탕이라 말했어야 문맥이 자연스럽다.

이외로는 향사육군자탕을 인용하거나 활용한 사례가 없다. 다음에 이어지는 목향순기산과 소합향원도 마찬가지다.

6-5-4.

목향순기산. 오약, 향부자, 청피, 진피, 후박, 지각, 반하 각 1돈, 목향, 축사 각 5푼, 계피, 건강, 구감초 각 3푼, 생강 3쪽, 대추 2개.

이 처방은 공신의 『만병회춘』에 나온다. 중기병을 치료한다. 중기라 함은 사람과 서로 다투다 과격하게 화를 내면서 기운이

거꾸로 솟구쳐 졸도하는 것이다. 먼저 생강을 달인 물을 먹이고
깨어난 후 이 약을 쓴다.

木香順氣散. 烏藥, 香附子, 青皮, 陳皮, 厚朴, 枳殼, 半夏 各一錢, 木香,
縮砂 各五分, 桂皮, 乾薑, 灸甘草 各三分, 生薑 三片, 大棗 二枚.

此方, 出於龔信『萬病回春』書中. 治中氣病. 中氣者, 與人相爭, 暴怒氣逆
而暈倒也. 先以薑湯救之, 甦後用此藥.

【해설】

중기는 중풍과 마찬가지로 졸도하는 병이다. 그러나 중풍이 뇌손
상을 받는 중증인데 비해 중기는 뇌손상이 없는 경증이다. 중풍은
기혈이 모두 쇠한 노인에게 자주 발생한다.

목향순기산은 『동의수세보원』을 통틀어 오직 본조에만 존재한
다. 소음인이 폭노하다 기절할 때 사용하는 처방이다.

6-5-5.

소합향원. 백출, 목향, 침향, 사향, 정향, 안식향, 백단향, 가자피,
향부자, 필발, 서각, 주사(반만 넣고 반은 겉에 입힌다) 각 2냥,
소합유(안식향을 농축시킨 고에 함께 넣는다), 유향, 용뇌 각
1냥.

위 약들을 곱게 가루 내어 안식향으로 만든 고약과 졸인 꿀로
반죽하여 수없이 찧는다. 1냥으로 40알을 만든 후 2~3알씩 정
화수나 따뜻한 물에 먹는다.

중기, 상기, 기역, 기울, 기통 등 기와 관련된 제반 증상을 치료

한다. 이 처방은 『화제국방』에 나온다. 허숙미는 『본사방』에서 "급격히 기뻐하면 양기를 상하고 급격히 화내면 음기를 상한다. 근심으로 울적해지면 기가 궐역하는데 이 처방을 써야 한다. 이때 중풍으로 보고 잘못 치료하면 대부분 사람을 죽이게 된다"고 했다. ○위역림은 『득효방』에서 "중풍은 맥이 부하고 몸이 따뜻하며 입에 가래거품을 문다. 중기는 맥이 침하고 몸이 차며 입에 가래거품이 없다"고 했다. ○내가 고찰하여 개정한다. 이 처방에서 사향, 서각, 주사, 용뇌, 유향은 빼고 곽향, 회향, 계피, 오령지, 현호색을 써야 한다.

蘇合香元. 白朮, 木香, 沈香, 麝香, 丁香, 安息香, 白檀香, 訶子皮, 香附子, 蓽撥, 犀角, 朱砂 各二兩. 朱砂半爲衣. 蘇合油入安息香膏內. 乳香, 龍腦 各一兩.

右細末. 用安息香膏並煉蜜. 搜和千擣. 每一兩, 分作四十丸. 每取二三丸, 井華水或溫水下.

治一切氣疾. 中氣, 上氣, 氣逆, 氣鬱, 氣痛. 此方, 出於『局方』. 許叔微『本事方』曰 "凡人暴喜傷陽, 暴怒傷陰, 憂愁怫意, 氣多厥逆, 當用此藥. 若槩作中風治, 多致殺人." ○危亦林『得效方』曰 "中風, 脈浮, 身溫, 口多痰涎. 中氣, 脈沈, 身涼, 口無痰涎. ○今考更定. 此方, 當去麝香, 犀角, 朱砂, 龍腦, 乳香, 當用藿香, 茴香, 桂皮, 五靈脂, 玄胡索.

【해설】

동무는 소음인 중기병에 소합향원을 다용했다. 보건성 『동무유고』에도 관련 기록이 있다. 중기로 기절했을 때 소합원이나 마늘즙을 쓰면 반드시 깨어난다고 했다.(보유20-15)

중기가 꼭 폭노 후 발생하는 것은 아니다. 식중독으로도 생긴다. 소음인 중기는 건곽란병이라고도 했다.

주사는 1냥만 넣고 1냥은 겉에 입히는 용도로 쓴다. 안식향은 안식향나무 껍질에 상처를 내어 분비되는 수액을 응고시킨 것이다. 포마드pomade의 재료이기도 하다. 상온에선 단단하지만 열을 가하면 말랑말랑해진다. 『방약합편』에는 안식향이 건조된 상태면 굳이 고를 만들 필요가 없다고 했다.

6-5-6.

곽향정기산. 곽향 1돈 5푼, 자소엽 1돈, 후박, 대복피, 백출, 진피, 반하, 감초, 길경, 백지, 백복령 각 5푼, 생강 3쪽, 대추 2개. 이 처방은 공신의 『고금의감』에 나온다. 상한을 치료한다. ○내가 고찰하여 개정한다. 이 처방에서 길경, 백지, 백복령은 빼고 계피, 건강, 익지인을 써야 한다.

藿香正氣散. 藿香 一錢五分, 紫蘇葉 一錢, 厚朴, 大腹皮, 白朮, 陳皮, 半夏, 甘草, 桔梗, 白芷, 白茯苓 各五分, 生薑 三片, 大棗 二枚.

此方, 出於龔信『醫鑑』書中. 治傷寒. ○今考更定. 此方, 當去桔梗, 白芷, 白茯苓, 當用桂皮, 乾薑, 益智仁.

【해설】

공신은 상한음증傷寒陰證의 처방으로, 표리를 구분할 수 없을 때 쓰라고 말했다.(6-1-4) 동무는 소음인 태양병(6-1-5)과 태음증(6-2-11)에 두루 쓴다. 공신의 말처럼 상한에 표리 불문하고 활용한 것이

다. 그래서 굳이 상한음증이라 말하지 않고 "상한"이라고만 기록했
다. 동무가 소음인에게 최척화시킨 새로운 곽향정기산이 「신정약방」
에 실려 있다.(6-6-11)

6-5-7.

향소산. 향부자 3돈, 자소엽 2돈 5푼, 진피 1돈 5푼, 창출, 감초
각 1돈, 생강 3쪽, 총백 2줄기.

이 처방은 위역림의 『득효방』에 나온다. 사계절의 온역을 치료한
다. ○『화제국방』에서는 "옛날 한 노인이 이 처방을 어떤 사람에
게 주어 보시하게 했는데 성내에 역병이 크게 유행했을 때 이
약을 먹고 모두 나았다"고 했다.

香蘇散. 香附子三錢, 紫蘇葉二錢五分, 陳皮一錢五分, 蒼朮甘草各一錢,
生薑三片, 蔥白二莖.

此方, 出於危亦林『得效方』書中. 治四時瘟疫. ○『局方』曰 "昔有一老人,
授此方與一人, 令其合施. 城中大疫, 服此皆愈."

【해설】

중경의 계지탕을 이은 위역림의 처방이다. 동무는 향소산을 『동
의보감』의 온역편에서 인용했다.(동15-2/4) 그런데 향소산은 한상寒上
편에도 나온다.

향소산은 두통, 신동, 발열, 오한하는 사시상한 및 상풍, 상습, 상
한, 시기온역까지 치료한다.

香蘇散. 治四時傷寒, 頭痛, 身疼, 發熱, 惡寒, 及傷風, 傷濕, 傷寒, 時氣 溫疫.(동10-2/19)

동무의 의중에 부합하는 더 자세한 문장이다. 향소산을 향상시 킨 처방이 궁귀향소산이다.(6-6-10)

6-5-8.

계지부자탕. 포부자, 계지 각 3돈, 백작약 2돈, 구감초 1돈, 생강 2쪽, 대추 2개.

이 처방은 이천의 『의학입문』에 나온다. 땀이 줄줄 흘러 멎지 않고 사지가 당겨서 굴신하기 어려운 것을 치료한다.

桂枝附子湯. 炮附子, 桂枝各三錢, 白芍藥二錢, 灸甘草一錢, 生薑三片, 大棗二枚.

此方. 出於李梴『醫學入門』書中. 治汗漏不止, 四肢拘急, 難以屈.

【해설】

이천의 망양병 치료처방이다. 계지부자탕을 강화하여 황기계지 부자탕, 인삼계지부자탕, 승양익기부자탕, 인삼관계부자탕 등의 망 양병 위증危證 치료약을 창방했다.

6-5-9.

인진사역탕. 인진 1냥, 포부자, 포건강, 구감초 각 1돈.

음황병에 식은땀이 멎지 않는 것을 치료한다.

茵蔯四逆湯. 茵蔯一兩, 炮附子, 炮乾薑, 炙甘草各一錢.

治陰黃病, 冷汗不止.

【해설】

태음증 황달의 치료처방이다.

6-5-10.

인진부자탕. 인진 1냥, 포부자, 구감초 각 1돈.

음황병에 몸이 찬 것을 치료한다.

茵蔯附子湯. 茵蔯一兩, 炮附子, 炙甘草各一錢.

治陰黃病, 身冷.

【해설】

인진사역탕에 건강이 빠진 처방이다. 증상도 보다 가볍다.

6-5-11.

인진귤피탕. 인진 1냥, 진피, 백출, 반하, 생강 각 1돈.

음황병에 숨이 차고 구역이 있으며 갈증은 없는 것을 치료한다.

위 세 처방은 주굉의 『활인서』에 나온다.

茵蔯橘皮湯. 茵蔯一兩, 陳皮, 白朮, 半夏, 生薑各一錢.

治陰黃病, 喘, 嘔, 不渴. 右三方, 出於朱肱『活人書』中.

부자가 없는 것이 특징이다. 이상으로 음황의 대표방 셋을 제시했다.

6-5-12.

삼미삼유탕. 오수유 3돈, 인삼 2돈, 생강 4쪽, 대추 2개.

궐음증에 거품을 토할 때, 소음증에 손발이 싸늘하고 번조증이 있을 때, 양명증에 음식을 먹으면 구역질이 생길 때 모두 묘한 효과가 있다.

三味蔘萸湯. 吳茱萸三錢, 人蔘二錢, 生薑四片, 大棗二枚.

治厥陰證嘔吐涎沫, 少陰證厥冷煩躁, 陽明證食穀欲嘔, 皆妙.

【해설】

중경의 오수유탕(『상한론』 252)에서 용량만 조정한 처방이다. 오수유는 효과만 묘한 것이 아니라 맛도 묘하다. 정말 죽기 전에는 먹지 못할 맛이다.

6-5-13.

벽력산. 음성격양증을 치료한다. 부자 1개를 습지에 싸서 구워 1시간쯤 식은 채로 덮었다가 꺼내어 반으로 쪼갠 뒤 잘게 썬다. 여기에 작설차 1돈, 물 1잔을 넣고 6푼이 될 때까지 달인 후 찌꺼기는 버리고 졸인 꿀 반 순갈을 넣어 식힌 뒤 먹는다. 잠시 후 조바심이 멎고 잠이 들면서 땀이 나며 낫는다. 위 두 처방은 이천의 『의학입문』에 나온다.

霹靂散. 治陰盛隔陽證. 附子一箇炮過, 以冷灰培半時, 取出切半箇, 細
剉. 入臘茶一錢, 水一盞, 煎至六分, 去渣, 入熟蜜半匙, 放冷服之. 須臾
躁止得睡汗出差. 右二方, 出於李梴『醫學入門』書中.

【해설】

벽력은 번개다. 부자를 상징한다. 부자의 힘이 번개처럼 강력하다
는 뜻이다.

6-5-14.

온백원. 천오(습지에 싸서 구운 것) 2냥 5돈, 오수유, 길경, 시
호, 석창포, 자완, 황련, 건강(습지에 싸서 구운 것), 육계, 천초
(볶은 것), 적복령, 조각(구운 것), 후박, 인삼, 파두상 각 5돈.
위 약을 가루 내어 졸인 꿀로 반죽하여 오동나무씨 크기로 환
을 만든다. 생강달인 물로 3환, 혹은 5환에서 7환까지 먹는다.
적취, 징가, 현벽, 황달, 고창, 10종의 수기, 9종의 심통, 8종의
비색, 5종의 임질, 오래된 학질 등을 치료한다. 이 처방은 『화제
국방』에 나온다. ○공신이 『고금의감』에서 "부인의 뱃속에 적취
가 있어 임신한 것처럼 보이고 몸이 여위고 피곤하며 혹 귀신들
린 것처럼 노래하거나 통곡할 때 이 약을 먹으면 낫는다. 오래
된 병에 복용하면 벌레나 뱀같이 생긴 더러운 고름이 모두 빠져
나온다"고 했다.

溫白元. 川烏炮二兩五錢, 吳茱萸, 桔梗, 柴胡, 石菖蒲, 紫菀, 黃連, 乾

薑炮. 肉桂. 川椒炒. 赤茯笭. 皂角灸. 厚朴. 人蔘. 巴豆霜各五錢.

右爲末. 煉蜜和丸梧子大. 薑湯下三丸或五丸至七丸.

治積聚. 癥癖. 黃疸. 鼓脹. 十種水氣. 九種心痛. 八種痞塞. 五種淋疾.
遠年瘧疾. 此方. 出於『局方』. ○龔信『醫鑑』曰 "婦人腹中積聚有似懷孕.
羸瘦困弊. 或歌哭如邪崇. 服此藥自愈. 久病服之. 則皆瀉出蟲蛇惡膿之
物."

【해설】

14조부터 19조에서 파두가 들어간 여섯 처방을 소개한다.

"공신『의감』왈"로 인용한 문장은 허준이 위역림『득효방』이라 출
전을 밝혔다.(동14-1/14) 동무의 오기로 보인다.

6-5-15.

장달환. 인진. 치자. 대황. 망초 각 1냥. 행인 6돈. 상산. 별갑. 파
두상 각 4돈. 두시 2돈.

위 약을 가루 내어 시루에 쩐 떡과 함께 반죽하여 오동나무씨
크기로 환을 만든다. 한 번에 3환 또는 5환을 따뜻한 물에 먹는
다. 이 처방은 위역림의 『득효방』에 나온다. 인진환이라 부르기도
한다. 유행성 온역 및 장학으로 인한 황달습열병을 치료한다.

瘴疸丸. 茵蔯. 梔子. 大黃. 芒硝各一兩. 杏仁六錢. 常山. 鱉甲. 巴豆霜各
四錢. 豆豉二錢.

右爲末蒸餠和丸梧子大. 每三丸或五丸溫水送下. 此方. 出於危亦林『得
效方』書中. 一名茵蔯丸. 治時行瘟疫及瘴瘧黃疸濕熱病.

【해설】

장백환은 황달 처방이다. 허준은 유행성 황달(瘟黃)을 치료한다고
했다.(동14-5/8)

6-5-16.

삼릉소적환. 삼릉, 봉출, 신국 각 7돈, 파두(껍질채로 쌀과 함께
넣어 검게 볶은 후 쌀은 제거한다), 청피, 진피, 회향 각 5돈, 정
향피, 익지인 각 3돈.
위 약을 가루 내어 식초를 넣고 쑨 풀로 반죽하여 오동나무씨
크기로 환을 만든다. 생강 달인 물에 30~40알씩 먹는다.
이 처방은 이동원의 책에 나온다. 생것이나 찬 음식을 먹고 소
화되지 않아 더부룩하고 갑갑한 것을 치료한다.

三稜消積丸. 三稜, 蓬朮, 神麯各七錢, 巴豆和皮入米同炒黑去米, 靑皮,
陳皮, 茴香各五錢, 丁香皮, 益智仁各三錢.

右爲末, 醋糊和丸梧子大, 薑湯下三四十丸.

此方, 出於李杲東垣書中. 治生冷物不消滿悶.

【해설】

"생랭물生冷物"은 회 같은 음식을 말한다. 바다에서 나는 음식이
대부분 차다. 삼릉, 봉출, 신국은 식적食積을 내려주는 대표적인 약
들이다. 허준은 삼릉소적환을 식상소도지제食傷消導之劑로 소개하고
있다.(동12-1/8)

비방화체환. 삼릉, 봉출(삼릉과 함께 잿불에 묻어 굽는다) 각 4돈 8푼, 반하국, 목향, 정향, 청피, 진피(청피와 함께 흰부분을 제거한다), 황련 각 2돈 5푼, 파두육(식초에 하루밤 담갔다 볶아서 말린다) 6돈.

위 약을 가루 내어 오매가루에 밀가루를 약간 섞어 끓인 풀로 반죽하여 기장쌀 크기로 환을 만든다. 한 번에 5환 또는 7환 내지 10환까지 먹는다. 변을 통하게 하려면 뜨거운 물에 먹고 적취를 없애려면 진피 달인 물에 먹고 설사를 멎게 하려면 찬물에 먹는다.

모든 기를 다스리고 모든 적을 없앤다. 오래되고 견고한 적은 갈아서 없애버리고 갑자기 생겨서 잠깐 머무르는 적은 바로 제거해버린다. 조화를 이루어 막힌 것을 뚫는 효과가 있고 음양을 조절하여 보하고 사하는 묘미가 있다. 이 처방은 주진형의 『단계심법』에 나온다.

祕方化滯丸. 三稜, 蓬朮並煨各四錢八分, 半夏麴, 木香, 丁香, 靑皮, 陳皮並去白, 黃連各二錢五分, 巴豆肉醋浸一宿熬乾六錢.

右爲末, 以烏梅末入麵少許, 煮作糊和丸黍米大, 每服五七丸至十丸. 欲通利, 則以熱湯下. 欲磨積, 則陳皮湯下. 欲止泄, 則飮冷水.

理一切氣, 化一切積. 久堅沈痼磨之自消, 暴積乍留導之立去. 奪造化有通塞之功, 調陰陽有補瀉之妙. 此方, 出於朱震亨『丹溪心法』書中.

【해설】

비방화체환은 온백원과 함께 적취 제거약으로 나온다.(동14-1/14)

6-5-18.

삼물백산. 길경, 패모 각 3돈, 파두(껍질과 심을 벗기고 볶은 뒤 기름처럼 간다) 1돈.

위 약을 가루 내어 골고루 섞는다. 끓인 물에 반돈씩 먹는데 허약자는 반으로 줄인다. 혹 토하거나 설사하는데 설사하지 않으면 뜨거운 죽 한 사발을 먹고 설사가 멎지 않으면 찬 죽 한 사발을 먹는다.

三物白散. 桔梗, 貝母各三錢. 巴豆去皮心熬研如脂一錢.

右爲末, 和匀. 白湯和服半錢. 弱人減半. 或吐或利. 不利進熱粥一碗. 利不止進冷粥一碗.

【해설】

한실결흉寒實結胸을 치료한다. 출전은 『의학입문』이다.(동11-1/5)

6-5-19.

여의단. 천오(습지에 싸서 굽는다) 8돈, 빈랑, 인삼, 시호, 오수유, 천초, 백복령, 백강, 황련, 자완, 후박, 육계, 당귀, 길경, 조각, 석창포 각 5돈, 파두상 2돈 5푼.

위 약을 가루 내어 졸인 꿀로 반죽하여 오동나무씨 크기로 환을 만들고 주사로 겉을 입힌다. 한번에 5알 또는 7알을 따뜻한 물로 먹는다.

온역과 모든 귀신들림을 전문적으로 치료한다. 위 두 처방은 이천의 『의학입문』에 나온다.

如意丹. 川烏炮八錢, 檳榔, 人蔘, 柴胡, 吳茱萸, 川椒, 白茯苓, 白薑, 黃
連, 紫菀, 厚朴, 肉桂, 當歸, 桔梗, 皂角, 石菖蒲各五錢, 巴豆霜二錢五
分.

右爲末, 煉蜜和丸梧子大, 朱砂爲衣, 每五丸或七丸溫水下.

專治瘟疫及一切鬼祟. 右二方, 出於李梴『醫學入門』書中.

【해설】

온백원에 빈랑과 당귀를 추가한 처방이다. "백강白薑"은 껍질을
벗기고 말린 건강을 말한다.

원문에는 주치증으로 복시伏尸, 노채勞瘵, 전광癲狂, 실지失志, 산
람장기山嵐瘴氣, 음양이독陰陽二毒, 오학五瘧, 오감五疳, 팔리八痢, 오탄
동철誤呑銅鐵, 금석약독金石藥毒, 불복수토不伏水土 등의 기이한 증상
들이 연이어 나온다. 그리고 단을 만드는 방법에서도 길일을 택하여
닭이나 개소리가 들리지 않는 깨끗한 방에서 수치하여 가루 내라고
했다.(동15-2/4) 동무는 불필요한 이야기들은 삭제하고 요점만 기록
했다.

6-5-20.

내가 논한다. "위 파두 6방은 고인들이 각자 처방을 만들어 경
험해본 것들이다. 이 6방은 모두 파두 1미의 힘인즉 그 용도도
서로 다르지 않고 전부 동일하다. 파두는 소음인 병에 반드시
쓸 수밖에 없으나 또 가벼이 쓸 수는 없고 절대 남용해서는 안
되나 또 주저할 필요도 없는 약이다. 그러므로 여섯 처방을 연

이어 기록하여 경험들을 두루 서술했으니 그 이치를 자세히 깨
닫는다면 쓸 때마다 적중하고 쉽게 생각하지도 않을 것이다."

論曰 "右巴豆六方, 卽古人之各自置方, 各自經驗. 而此六方, 同是一巴豆
之力, 則所用亦無異, 而同歸於一也. 盖巴豆, 少陰人病之必不可不用而
又不可輕用, 必不可浪用而又不可疑用之藥. 故聯錄六方, 備述經驗, 昭
明其理者, 欲其用之必中, 而不敢輕忽也."

【해설】

동무는 고방의 용례를 통해 파두의 활용법을 터득하게 되었을 것
이다. 파두는 뜨거운 설사약이다. 몸 속의 냉독을 화끈하게 풀어준
다. 너무 뜨겁기에 잘못 쓰면 크게 혼이 난다. 그러나 체질을 알고
증상을 알면 약을 쓰면서 주저할 필요가 없다. 체질에 정작용과 부
작용의 비밀이 있다.

신정약방
新定少陰人病應用要
藥二十四方

동무는 고인의 경험방을 고방古方이라 부른다. 자신이 새로 만든 처방은 신방新方이라 부른다. 옛것은 가고 새것이 생겼다. 처방사의 획을 긋는 신기원이 열린 것이다.

그렇다고 동무가 고방을 폐기하는 것은 결코 아니다. 병증론에서도 항상 쓸 만한 고방을 함께 열거한다. 약리론에서도 고방을 개정해놓았다. 쓰라는 말이지 쓰지 말라는 말이 아니다.

동무는 신방을 구방과 함께 소개하면서 겸양의 표현을 붙인 적이 있다. "약이라는 것은 최선을 다해 가장 좋은 것을 선택하지 않을 수 없으므로 추가로 덧붙인다(藥不可以不盡善擇美, 則別爲增附. 구6-1-5)"라고 말이다.

동무는 과거를 부정하지 않는다. 다만 새로운 방식으로 정리한다. 온고이지신溫故而知新. 아무리 새 것이라도 옛것 없이는 불가능하다. 동무의 신방 역시 고방의 전통 속에서 제대로 이해될 수 있으며 제대로 평가될 수 있다.

6-6-1.

황기계지부자탕. 계지, 황기 각 3돈, 백작약 2돈, 당귀, 구감초
각 1돈, 포부자 1돈 혹 2돈, 생강 3쪽, 대추 2개.
黃芪桂枝附子湯. 桂枝, 黃芪各三錢, 白芍藥, 二錢, 當歸, 灸甘草各一
錢, 炮附子一錢或二錢. 薑三片, 棗二枚.

【해설】

소음인 병증론은 태양상풍증부터 출발한다. 상한병 초기부터 다
루고 있다. 그러나 약리론은 순서가 다르다. 망양병 위증약부터 시
작한다. 처방집에는 급한병부터 언급하고 있다.

지금부터 부자가 들어간 위급약 4종을 순서대로 나열한다. 뒤로
갈수록 강한 약이다. 망양병에 대한 동무의 다급한 마음을 다시 한
번 읽을 수 있다.

망양위증 4방은 망양초증에 사용하는 황기계지탕(6-6-8)을 강화
시킨 처방들이다. 증상의 심화에 대응하는 동무의 본초 활용법을
관찰할 수 있다. 너무나 당연한 말이지만 처방은 증상의 변화에 따
라 끊임없이 가감하는 것일 뿐이다.

동무의 처방을 보면 마치 살아 있는 생물이라는 느낌이 든다. 시
간이 갈수록 계속해서 변신하며 살아 꿈틀거린다. 우리가 죽여버려
선 안 된다. 수증가감隨證加減은 의학의 기본 중 기본이다.

소음인이 감기에 걸려 으슬으슬하고 열이 날 때 동무는 땀을 주목
하라고 강조했다. 땀이 나면 황기계지탕, 안나면 천궁계지탕을 쓴다.

황기계지부자탕은 황기계지탕에서 백하수오를 빼고 황기를 2돈
에서 3돈으로 올리고 포부자를 추가한 처방이다. 땀을 좀더 흘려
소변이 적삽해지려는 상황임을 알 수 있다.

이미 11세 망양병 여아의 임상례를 통해 황기계지부자탕 활용법
을 살펴봤다.(6-1-32) 감기 4, 5일이 되어도 두통, 발열이 낫지 않고
6일째 오한은 없고 발열만 있으며 땀이 줄줄 흐를 때 썼다. 의학적
으로 표현하면 양명병의 발열, 한출에 쓴다.

6-6-2.

인삼계지부자탕. 인삼 4돈, 계지 3돈, 백작약, 황기 각 2돈, 당
귀, 구감초 각 1돈, 포부자 1돈 혹 2돈, 생강 3쪽, 대추 2개.
人蔘桂枝附子湯. 人蔘四錢, 桂枝三錢, 白芍藥, 黃芪各二錢, 當歸, 灸甘
草各一錢, 炮附子一錢或二錢, 薑三片, 棗二枚.

【해설】

인삼계지부자탕은 황기계지탕에 백하수오를 빼고 인삼과 포부자
를 추가한 처방이다. 백하수오는 가벼운 인삼이다. 동무는 인삼 대
용으로 사용했다.

그런데 인삼을 2돈 이상 써야 하는 위증일 경우는 대용불가라 했
다.(6-6-26) 그래서 망양초증에는 써도 위증에는 쓰지 않는다.

인삼계지부자탕은 황기계지부자탕보다 병세가 더욱 심해진 상황

이다. 인삼은 익기승양의 핵심약이다. 그 결과 소음인에게서 강력한 청열작용을 나타낸다.

본격적인 울광병은 인삼이 아니면 안 된다. 팔물군자탕이 그것이다. 본격적인 망양병도 인삼이 아니면 안 된다. 바로 인삼계지부자탕이다.

6-6-3.

승양익기부자탕. 인삼, 계지, 백작약, 황기 각 2돈, 백하수오, 관계, 당귀, 구감초 각 1돈,
포부자 1돈 혹 2돈, 생강 3쪽, 대추 2개.
升陽益氣附子湯. 人蔘, 桂枝, 白芍藥, 黃芪各二錢, 白何首烏, 官桂, 當歸, 灸甘草各一錢, 炮附子一錢或二錢, 薑三片, 棗二枚.

【해설】

승양익기부자탕은 승양익기탕(6-6-6)에 부자만 추가된 처방이다. 망양초증약을 3일 가량 복용했는데도 땀이 멎지 않으면 황기계지부자탕, 인삼계지부자탕, 승양익기부자탕을 쓰라고 했다.(6-1-5)

그런데 승양익기부자탕은 황기계지부자탕, 인삼계지부자탕과 다른 점이 있다. 황기계지부자탕과 인삼계지부자탕은 비약병의 치료 처방이다.(6-1-27~32 참조) 양명병의 비약병은 처음부터 땀이 흐른다. 망양병 정증이다.

반면 승양익기부자탕은 위가실병에 쓴다.(6-1-17~20 참조) 양명병의 위가실병은 처음에 땀이 나지 않는데 이때는 팔물군자탕을 쓴

다. 위중해지면 찝찝해질 정도로 땀이 나고 조열이 생기게 된다.(6-1-38) 울광병인데 땀이 비치는 다소 이상한 상황인 것이다. 울광병 위증에서 생기는 현상이다. 이때 쓰는 처방이 바로 승양익기부자탕이다. 소변적삽까지 이르지 않았다면 부자를 뺀 승양익기탕을 쓴다.

　동무는 승양익기부자탕을 망양병 위증약으로 분류했다. 그러나 실상은 울광의 끝에 망양할 때 쓰는 처방이다. 하지만 신본은 땀을 그 무엇보다 중시한다. 소음인 상한병에서 땀은 바이탈 사인의 선두주자인 것이다. 땀이 나면 일단 망양병으로 보라. 먼저 땀부터 구제하라. 동무의 생각은 그러한 듯하다.

6-6-4.

　인삼관계부자탕. 인삼 5돈 혹 1냥, 관계, 황기 각 3돈, 백작약 2돈, 당귀, 구감초 각 1돈, 포부자 2돈 혹 2돈 5푼, 생강 3쪽, 대추 2개.

　人蔘官桂附子湯. 人蔘五錢或一兩, 官桂, 黃芪各三錢, 白芍藥二錢, 當歸, 灸甘草各一錢, 炮附子二錢或二錢五分, 薑三片, 棗二枚.

【해설】

　인삼관계부자탕은 병증론에는 나오지 않는다. 황기계지부자탕에 계지를 관계로 바꾸고 인삼을 추가, 포부자를 증량한 처방이다.

　관계는 우량한 계지다. 관계가 없을 때 계지로 대용하기도 하지만 (6-2-29) 본방에서는 관계를 고수한다. 승양익기의 주약인 인삼을 고용량 썼으며 망양병의 핵심인 부자를 최대로 쓴다.

인삼관계부자탕은 생명이 경각에 달린 망양병의 최급증에 사용하도록 동무가 예비해둔 처방임을 알 수 있다.

6-6-5.

상기의 네 처방은 모두 망양병 위증의 약이다. 망양병 환자가 소변색이 맑고 많으면 위증이나 여유가 있는 상황이니 부자를 1돈씩 하루 2회 복용시킨다. 만약 소변색이 붉고 적으면 위증이며 여유가 없는 상황이니 부자를 2돈씩 하루 2, 3회 복용시킨다. 병이 위증이 되려할 때도 1돈을 쓰고 병이 위증을 벗어나려 할 때도 1돈을 쓰며 병이 풀린 후 조리할 때도 역시 1돈을 하루 2회 복용시킨다.

右四方, 皆亡陽危病藥也. 亡陽病人, 小便白而多, 危有餘地, 則用附子一錢, 日再服. 小便赤而少, 危無餘地, 則用附子二錢, 日二三服. 病在將危, 用一錢. 病在免危, 用一錢. 病在調理, 亦一錢, 日再服.

【해설】

망양병의 부자사용법을 정확히 일러준다. 소변이 맑고 많으면 1돈을 쓰고 붉고 적으면 2돈을 쓴다.

망양병은 불과 수일 내 생명을 앗아갈 정도로 경각을 다투는 병이다. 급격한 체액의 손실이 발생한다. 당장은 아니더라도 그대로 두면 불과 수시간, 길어도 수일 내 소변적소로 갈 것이 너무나 당연한 병이다.

부자 사용의 대원칙은 소변적소를 보고 쓰는 것이나 시간이 촉박하다. 망양병이 시작되었다면 지체 없이 치료처방을 쓰고 3일이 지나도 차도가 없으면 소변을 보지 않고 곧바로 부자를 쓴다.(6-1-5) 병을 알고 약을 아니 한발 앞서 써주는 것이다. 소변적소가 곧 되든지, 곧 벗어났든지 한동안은 반드시 1돈을 써주어야 함을 강조하고 있다.

소음병도 다르지 않다. 관계부자이중탕에서도 부자의 용량은 1돈혹 2돈이다.(6-6-22) 망양병 위증의 부자사용법과 동일한 것이다.

요즘은 망양병 처방을 쓸 일이 별로 없다. 수액이 보편화되어서 일선의 한의사가 망양병을 볼 일이 거의 없기 때문이다.

6-6-6.

승양익기탕. 인삼, 계지, 황기, 백작약 각 2돈, 백하수오, 관계, 당귀, 구감초 각 1돈, 생강 3쪽, 대추 2개.

升陽益氣湯. 人蔘, 桂枝, 黃芪, 白芍藥各二錢, 白何首烏, 官桂, 當歸, 灸甘草各一錢, 薑三片, 棗二枚.

【해설】

승양익기탕은 망양초증의 처방이다.(6-1-5) 함께 제시된 황기계지탕, 보중익기탕은 찬기운에 상해서 으슬으슬하고 열이 나면서 땀이 날 때 쓴다. 망양의 정증이다. 그러나 본방은 출신이 다르다. 겉은 망양증이나 속은 울광증인 것이다. 울광에서 땀이 비치는 경우 사용한다.

중경은 위가실병이 의사의 잘못된 투약으로 생긴 결과라 명확히 밝혔다.(6-1-17) 동무 역시 소음인의 태양병을 마황탕으로 발한시키거나 저령탕으로 이뇨시켜 발생한 것이라 말했다.(6-1-34) 중경은 이때 대승기탕으로만 해결하려고 했다.

그러나 동무의 해법은 다르다. 증상에 따라 처방을 분리했다. 위가실에도 땀이 조금 비치는 경우가 있기 때문이다. 변이 막히고 조열이 나면서 땀이 없으면 팔물군자탕, 독삼팔물군자탕으로 갔고 땀이 나는 경우에는 승양익기탕, 승양익기부자탕으로 간다.(6-1-20)

승양익기탕은 기본적으로 오치 후 생긴 괴증을 치료하는 약이라 생각해도 된다. 감기에 걸려 약을 먹고 나서 오한은 사라졌는데 오열惡熱이 있고 변난便難하면서 조금씩 땀이 날 때 활용한다.

승양익기탕을 보면 병증을 다루는 동무의 입장이 드러난다. 울광병 끝에 땀이 조금 비치는 병이지만 울광병약은 없다. 아주 뚜렷한 울광증임에도 불구하고 조금씩 새어나오는 땀에 주목하고 망양병약을 써주는 것이다. 땀을 멎게 하는데 동무의 일심정력이 있다 해도 과언이 아니다.

6-6-7.

보중익기탕. 인삼, 황기 각 3돈, 구감초, 백출, 당귀, 진피 각 1돈, 곽향, 소엽 각 3푼 혹 각 5푼, 생강 3쪽, 대추 2개.
補中益氣湯. 人蔘, 黃芪各三錢, 灸甘草, 白朮, 當歸, 陳皮各一錢, 藿香, 蘇葉各三分或各五分, 薑三片, 棗二枚.

【해설】

보중익기탕은 이동원의 처방으로 경험약방에서 이미 언급했다. 허로와 허약, 신열, 심번 및 자한, 권태를 치료할 목적으로 창방되었다.(6-5-2)

동무 역시 동원의 보중익기탕을 무수히 활용해보았을 것이다. 동무의 여러 저작에서 발견된다.

소음인의 내상에 상한과 비슷한 증상이 나타나는 경우가 있다. 7일이 지나도 위급한 상황이 되지 않고 10일이 지나도 낫지 않는데 오히려 안면에는 화색이 돌고 입맛이 없다고 하나 식량은 줄지 않는 것이 바로 보중익기탕증이다. 스트레스가 심하고 술과 여색을 계속 탐한 끝에 기력이 고갈되어 후회하고 뉘우쳐봤자 손상이 이미 극에 달한 것이다. 그러므로 한번에 확 회복되기가 어렵다. 수 개월에서 4, 5개월까지 신음하는 병이다. 심지어 1~2년 낫지 않는 경우도 있는데 세속에선 귀신들린 병이라 부르기도 한다.

內傷亦猶傷寒. 而過七日不危. 過十日不愈. 面色猶血和色. 飮食無味而亦强食. 此補中益氣湯症也. 盖此症思慮. 酒色積傷之餘, 氣盡力竭, 悔過知非而傷已極矣. 卒難敦復之故也. 或數三十日, 或四五朔呻吟之疾也. 或一二年不愈者, 俗謂之邪祟病也.(보유20-12)

허로가 발발하는 과정을 설명해주고 있다. 심신의 에너지를 과도하게 써버려 더 이상 자가복구가 안 되는 상태다. 스프링이 탄성을 잃고 늘어나버린 상태에 비유할 수 있겠다. 기운을 못 차리고 입맛을 잃게 된다. 그냥 끼니때가 되니까 먹을 뿐이다. 발병도 한참이지만 회복도 한참이다.

보중익기탕. 내상으로 두통과 현훈이 있고 증한장열하며 입맛이 없고 사지가 무력한 것을 치료한다. 황기(꿀을 발라 구운 것) 3돈, 인삼, 구감초 각1돈, 백출, 당귀 각7푼, 진피 5푼.

補中益氣湯. 治內傷頭痛, 眩暈, 憎寒壯熱, 不知食味, 四體無力. 黃芪蜜灸三錢. 人蔘, 灸甘草各一錢, 白朮, 當歸各七分, 陳皮五分.(권13-27)

『초본권』에는 보중익기탕의 적응증이 간명하게 정리되어 있다. 역시 입맛이 없고 팔다리에 힘이 없다. 처방의 변천도 함께 살펴볼 수 있다.

그런데『동의수세보원』의 보중익기탕은 허로처방이 아니다. 망양 처방이다! 그래서 황기와 인삼을 3돈으로 올려 강력한 익기고표益氣固表의 효과를 노린다. 내상의 명방을 상한의 명방으로 혁신한 것이다.『동의수세보원』은 상한론임을 다시 한번 일깨워준다.

6-6-8.

황기계지탕. 계지 3돈, 백작약, 황기 각 2돈, 백하오, 당귀, 구감초 각 1돈, 생강 3쪽, 대추 2개.

黃芪桂枝湯. 桂枝三錢, 白芍藥, 黃芪各二錢, 白何烏, 當歸, 灸甘草各一錢, 薑三片, 棗二枚.

【해설】

황기계지탕은 망양증의 베이스캠프다. 망양증의 초기에 활용하는 기본방이다.

황기계지탕은 중경의 계지탕을 개량한 것이다. 동무는 감기에 땀이 비치면 계지탕 가 황기, 백하수오, 당귀를 투여한 것이다. 황기로 땀을 막는 실무를 맡겼고 백하수오로 보기, 당귀로 보혈하며 보좌하게 했다. 기혈쌍보다. 굳이 인삼까지 동원할 필요가 없어 백하수오를 쓴다.

여기서 황기, 백하수오(인삼), 당귀는 바로 이동원의 처방에서 얻은 것이다. 황기계지탕은 중경의 원방에 보중익기탕의 아이디어를 결합한 처방이라 할 수 있다.

나는 망양증의 여러 처방에서 변함없이 자리를 지키고 있는 당귀가 참 의아했다. 전혀 익기승양의 약이 아니지 않은가? 그런데 망양증 처방에 빠지는 곳이 없다. 당귀는 바로 보중익기탕에서 얻은 것이다.

기는 혈을 만들고(生血) 돌리며(行血) 제길로 가게 한다(攝血). 『동의보감』에서는 "기는 혈의 통솔자"(蓋氣者, 血之帥. 동2-1/3)라 했다. 당귀는 보중도, 익기도 하지 않지만 보중익기탕에 당당히 이름을 올리고 있는 이유는 기허가 심해지면 혈허가 생기기 때문이다. 동원은 보중익기탕을 풀이하면서 당귀는 "이화혈맥以和血脈"한다고 했다.(『脾胃論』「補中益氣湯」)

동무도 망양증에 당귀를 추가했다. 살짝 보혈하여 기의 수고를 덜어준 것이다.

6-6-9.

천궁계지탕. 계지 3돈, 백작약 2돈, 천궁, 창출, 진피, 구감초 각 1돈, 생강 3쪽, 대추 2개.

川芎桂枝湯. 桂枝三錢, 白芍藥二錢, 川芎, 蒼朮, 陳皮, 灸甘草各一錢, 薑三片, 棗二枚.

【해설】

이제 울광증의 처방이 등장한다. 망양증은 위급한 처방부터 가장 기초적인 처방으로 이어졌으나 울광증은 반대다. 울광증 초기에 활용하는 천궁계지탕부터 나온다. 동무가 망양과 울광을 대하는 마음의 자세를 알 수 있다.

천궁계지탕 역시 계지탕에서 출발한다. 동무는 감기에 땀이 없으면 계지탕 가 천궁, 창출, 진피를 한 것이다. 땀이 나지 않는다는 건 열기가 뭉친다는 싸인이다. 무한은 결국 울광으로 가게 된다. 그러므로 천궁으로 혈울血鬱을, 창출로 습울濕鬱을, 진피로 기울氣鬱을 풀어준 것이다.

천궁은 기본적으로 감기약이다. 풍한의 사기를 흩어 두통을 치료한다. 거풍지통祛風止痛이라 한다. 『신농본초경』에서부터 기록된 효능이다. 동무 역시 소음인의 가벼운 감기약으로 곽향, 천궁, 소엽을 거론했다.(少陰發表, 輕則藿香, 川芎, 蘇葉. 보유11-1) 게다가 행기활혈行氣活血 작용이 있다. 그래서 천궁을 무한 감기의 주약으로 쓴 것이다! 대변이 묽을 때는 설사할 수 있으므로 주의해야 한다.

천궁계지탕은 황기계지탕과 쌍벽을 이룬다. 소음인 초기감기의 대표방들이다. 하나는 새는 것을 채워주고 하나는 막힌 것을 풀어준다. 울광증과 망양증의 기본 처방이 모두 중경의 계지탕에서 비롯되었다는 사실은 동무 의학이 품고 있는 속살을 드러내 보여준다.

6-6-10.

궁귀향소산. 향부자 2돈, 자소엽, 천궁, 당귀, 창출, 진피, 구감초 각 1돈, 총백 5경, 생강 3쪽, 대추 2개.

芎歸香蘇散. 香附子二錢, 紫蘇葉, 川芎, 當歸, 蒼朮, 陳皮, 灸甘草各一錢, 葱白五莖, 薑三片, 棗二枚.

【해설】

궁귀향소산은 위역림의 향소산을 개정한 처방이다. 향소산은 사시온역에 쓴다.(6-1-3) 외감에 사용하는 대표적인 후세방이다.

동무 역시 향소산을 애용했다. 『초본권』의 소음인 약방에도 나온다. 사시운기四時運氣를 치료한다고 했다.(권13-23) 운기는 지금의 감기와 같은 의미다. 향소산이란 처방은 계지탕과 또 다른 측면에서 동무에게 많은 계발을 주었다.

동무는 향소산의 약물 비율을 조정하고 천궁과 당귀, 대추를 추가하여 궁귀향소산을 만들었다. 그리고 무한 감기에 썼다.

천궁은 『초본권』의 향소산에도 추가되어 있다. 무한 감기의 효력을 강화시키기 위한 방법이다. 여기 당귀까지 합하여 천궁을 보좌한다.

생강 3쪽과 대추 2개는 모두 1돈으로 환산한다. 강삼조이薑三棗二라 부른다. 본초학에는 사자성어가 많은데 방대한 내용을 효율적으로 암기하기 위한 방편이라 할 수 있다. 동무는 외감약에 모두 강삼조이를 처방한다. 여기서도 조이를 추가하여 세트를 완성시키고 있다.

6-6-11.

곽향정기산. 곽향 1돈 5푼, 자소엽 1돈, 창출, 백출, 반하, 진피, 청피, 대복피, 계피, 건강, 익지인, 구감초 각 5푼, 생강 3쪽, 대추 2개.

藿香正氣散. 藿香一錢五分, 紫蘇葉一錢, 蒼朮, 白朮, 半夏, 陳皮, 靑皮, 大腹皮, 桂皮, 乾薑, 益智仁, 灸甘草各五分, 薑三片, 棗二枚.

【해설】

장중경의 계지탕(6-1-2), 위역림의 향소산(6-1-3), 공신의 곽향정기산(6-1-4)이 동무가 고방에서 발견한 소음인 감기의 3대 처방이다.

곽향정기산은 특별히 아꼈던 처방이다. 외감에 통용할 정도였다.(권13-22) 소음인 감기의 통치방이었던 것이다.

곽향정기산은 곽향을 위주로 안팎의 기운을 모두 바로잡는 처방이다. 태양병과 태음병에 모두 사용한다. 표리에 모두 작용시키기 위해 구상한 처방이다.

사람들은 흔히 감기를 한기 때문이라고만 느끼고 바이러스 탓이라고만 말한다. 그러나 감기의 가장 흔한 원인은 음식이다. 체질을 불문하고 위가 상하면서 감기가 생기는 경우가 가장 많다. 찬바람만 조금 돌아도 금세 감기에 걸리는 아이들이 많은데 꽁꽁 싸주고 보온해주는데도 콧물을 달고 산다. 대부분 음식 때문이다. 음식이 체내 환경을 교란시켜 내 몸을 세균과 바이러스의 안식처로 만들어 주는 것이다.

다음으로 신경을 과하게 써서 감기가 오는 경우가 간혹 있다. 추운데 덜덜 떨어서 열나고 콧물 나는 감기는 그리 많지 않다.

소음인의 위장성 감기는 곽향정기산, 신경성 감기는 궁귀향소산이다. 진짜 상한성 감기라면 계지탕을 쓴다.

그런데 여기 곽향에 문제가 있다. 본문 중 살펴보았듯 진품 곽향 Pogostemon cabin은 조선 후기에 이미 희귀 약재였다.(6-2-29) 그래서 대용으로 활용된 것이 생김새와 향이 비슷한 배초향Agastache rugosa 이다. 곽향은 인도네시아가 주산지며 중국 남부에서 일부 자라는 반면 배초향은 국내 산야에서도 쉽게 볼 수 있는 풀이다. 1848년 간행된 『식물명실도고植物名實圖考』에서는 아예 배초향을 곽향으로, 곽향은 광곽향廣藿香으로 이름을 바꿔버렸다. 주객이 전도된 것이다. 지금도 배초향은 국산 곽향으로 유통되고 있다.

문제는 동무 역시 배초향을 곽향으로 썼으리란 것이다. 곽향은 곽향이고 배초향은 배초향일 뿐이다. 품질의 우열이 존재할 수밖에 없다. 곽향은 국산 배초향 대신 인도네시아산 곽향을 쓰는 것이 정법이다. 현재 건조방법의 개선과 함께 향이 잘 보존된 곽향이 수입되고 있다. 약재의 정확한 기원과 품질의 차를 밝히는 것은 한약을 쓰기 전 반드시 선결해야 할 과제다.

6-6-12.

팔물군자탕. 인삼 2돈, 황기, 백출, 백작약, 당귀, 천궁, 진피, 구감초 각 1돈, 생강 3쪽, 대추 2개.

본방에 인삼을 백하수오로 바꾸면 백하오군자탕이라 부른다.

본방에 인삼, 황기를 각 1돈씩 쓰고 백하수오, 관계를 각 1돈씩 추가하면 십전대보탕이라 부른다. 본방에 인삼 1냥, 황기 1돈을 쓰면 독삼팔물탕이라 부른다.

八物君子湯. 人蔘二錢, 黃芪, 白朮, 白芍藥, 當歸, 川芎, 陳皮, 灸甘草各一錢. 薑三片, 棗二枚.

本方, 以白何首烏易人蔘, 則名曰白何烏君子湯. 本方, 用蔘, 芪各一錢, 加白何烏, 官桂各一錢, 則名曰十全大補湯. 本方, 用人蔘一兩, 黃芪一錢, 則名曰獨蔘八物湯.

【해설】

팔물군자탕은 울광병을 해결하는 익기승양의 요약이며 강력한 보강약이다. 준보약峻補藥이라 표현했다.

소음인이 기력이 쇠잔해질수록 열증이 심해진다. 이것이 울광병의 병리다. 그래서 강한 보약으로 심한 열증을 해결한다. 팔물군자탕과 같은 보약으로 태양병(腎陽困熱. 6-1-11)과 양명병(太陽陽明病. 6-1-20)을 치료하는 방법은 전통에 없는 매우 이례적인 것이다. 동무의 처방학이 새로운 것은 동무의 병리학이 새롭기 때문이다!

신본의 팔물군자탕은 구본의 승양팔물탕을 조정한 처방이다. 승양팔물탕은 인삼, 황기 각2돈, 백출, 백작약, 당귀, 천궁, 관계, 자감초 각1돈, 생강 3쪽, 대추 2개로 구성되는데(구6-6-5) 태양병 기인여광其人如狂과 위가실병 대변난大便難은 물론 비약병 자한출自汗出에 모두 응용했다.

그러나 팔물군자탕은 황기를 1돈으로 줄이고 관계 대신 진피를 넣었다. 무한의 울광병에 집중한 것이다. 팔물군자탕이란 이름에는 사물탕과 사군자탕의 합방이라는 처방의 기원을 내포하면서 동시에 8개의 약물로 울광을 풀어 군자처럼 만들어준다는 뜻도 담겨 있다. 미쳐날뛰는 사람조차 차분하게 만들어준다는 것이다. 기막힌 작명 센스다.

인삼 대신 백하수오를 쓰면 백하오군자탕이다. 백하수오로도 군자처럼 만들 수 있다. 역시 울광에 씀을 알 수 있다. 그러나 가급적 인삼을 쓰는 게 좋다. 인삼은 청월지력清越之力이 뛰어나 소음인의 상한표열병에 탁월하기 때문이다.

백하수오는 온보지력溫補之力이 뛰어나다.(6-6-26) 팔물군자탕에 백하수오와 관계를 추가하면 동무의 십전대보탕이 완성된다.

팔물군자탕에 인삼을 1냥으로 올리고 황기를 1돈 쓰면 독삼팔물탕이다. 그런데 황기는 원래 1돈이므로 굳이 1돈 쓰란 말이 필요 없다. 승양팔물탕의 2돈과 착각하신 게 아닌가 하는 생각이 든다. 독삼팔물군자탕이라 부르기도 했다.(6-1-26)

구본에도 독삼팔물탕이 있다. 「범론」의 독삼팔물탕은 바로 구본의 처방을 가리킨다. 승양팔물탕에서 인삼을 5돈, 황기를 3돈으로 올린 것이다.

6-6-13.

향부자팔물탕. 향부자, 당귀, 백작약 각 2돈, 백출, 백하오, 천궁, 진피, 구감초 각 1돈, 생강 3쪽, 대추 2개.

부인이 근심이 많아 비기를 상한 것을 치료한다. 인후와 혀가 건조하고 은은하게 두통이 있을 때 신효하다.

香附子八物湯. 香附子, 當歸, 白芍藥各二錢, 白朮, 白何烏, 川芎, 陳皮, 灸甘草各一錢, 薑三片, 棗二枚.

嘗治婦人思慮傷脾, 咽乾, 舌燥, 隱隱有頭痛, 神效.

【해설】

향부자팔물탕은 병증론에 없다. 팔물군자탕의 변방인데, 스트레스성 두통에 탁월한 효과가 있어 동무가 자주 활용했던 것 같다. 상한병과 무관하지만 흘려버리기엔 아까운 처방이라 여기 기록해둔 것이다.

"부인婦人"은 결혼한 여성을 말한다. 유독 스트레스 받을 일이 많을 것이다. 그래서 기가 잘 울체된다. 또 가임기 여성은 생리를 하므로 혈이 부족해지기 쉽다. 향부자팔물탕은 이러한 기혼 여성의 상황을 고려한 처방이다.

기울은 향부자가 푼다. 본초학에서는 향부자는 기울을 풀어주는 성약이라 부른다. 그래서 신경성 두통의 주약이 된 것이다. 혈허는 사물탕의 재료인 당귀와 백작약의 용량을 올려 해결했다. 그리고 외감이 아니라 내상이므로 굳이 인삼을 쓰지 않고 저렴한 백하수오로 대체한다.

주치증에 "사려상비思慮傷脾"라 하여 위장 장애를 동반한다고 생각해선 안 된다. 향부자팔물탕은 위장약이 아니다. 소음인도 당귀나 백작약, 천궁 같은 약을 먹으면 위장에 부담을 줄 수 있다. 소화가 안되고 갑갑할 수 있다. 상비傷脾는 소음인 병의 공통된 기전을 지칭한 것이다.

　향부자팔물탕은 스트레스로 가슴에 열이 생겨 인후와 혀가 마르고 머리가 띵하게 아픈 경우에 사용한다. 스트레스로 소화장애가 발생했다면 십이미관중탕을 쓰는 게 좋다.(6-6-16)

6-6-14.

계지반하생강탕. 생강 3돈, 계지, 반하 각 2돈, 백작약, 백출, 진피, 구감초 각 1돈.
허한으로 인한 구토와 수결흉 등의 병증을 치료한다.
桂枝半夏生薑湯. 生薑三錢, 桂枝, 半夏各二錢, 白芍藥, 白朮, 陳皮, 灸甘草各一錢.
治虛寒嘔吐, 水結胸等證.

【해설】

　이한증의 처방이 등장하고 있다. 표열증의 처방은 하나도 빠짐없이 강삼조이가 들어 있다. 그러나 이한증의 처방에는 강삼조이가 없다.

　본방은 수결흉과 한실결흉에 사용한다.(6-2-52) 동무는 이들 병증에 명치 부분의 갑갑증(心下痞滿)이 있는 것을 보고 태음병의 범주에 두었다.(6-2-53)

　반하와 생강은 거담약이다. 특히 흉격의 담음을 내려준다. 『초본권』에는 반하, 생강을 3돈씩 쓰는 반강탕이란 처방이 있다. 흉격담음으로 가래를 토하는 증상을 치료한다.(권13-33) 계지반하생강탕의 주치증과 정확히 일치하고 있다.

계지반하생강탕은 반강탕을 더욱 정교하게 다듬어놓은 것이다. 목적은 위약胃弱으로 인한 흉부담음이다. 소음인은 위가 냉해지면 가슴팍에 물기가 고인다. 황당한 말 같지만 실제 물가래를 토하기도 하고 또 물기를 없애주는 약으로 제거가 된다. 그러니 그렇게 말할 수밖에 없다. 한의학의 병증명은 모두 이런 식이다. 허황한 것 같아도 매우 실증적인 언어들이라 할 수 있다. 명치가 답답하고 속이 미식거리며 가끔 구역질을 한다면 본방으로 담음을 흩어주면 된다.

6-6-15.

향사양위탕. 인삼, 백출, 백작약, 구감초, 반하, 향부자, 진피, 건강, 산사육, 사인, 백두구 각 1돈, 생강 3쪽, 대추 2개.

香砂養胃湯. 人蔘, 白朮, 白芍藥, 灸甘草, 半夏, 香附子, 陳皮, 乾薑, 山查肉, 砂仁, 白豆蔻各一錢, 薑三片, 棗二枚.

【해설】

향사양위탕은 『만병회춘』에 처음 나온다. 『동의보감』에는 위한胃寒으로 밥맛이 없고 속이 답답하고 불편한 것을 치료한다고 했다.(治不思飮食, 痞悶不舒. 동12-1/19)

동무는 향사양위탕을 태양병 소복경만(6-1-11)과 양명병 불능식(6-1-15), 태음병 하리청곡(6-2-11) 등에 사용한다. 구본에도 향사양위탕이 나온다. 적응증이 동일하다.

우리는 향사양위탕이 위장약이 아님을 꼭 기억해야 한다. 위장에 참 좋을 것 같은데 전혀 그렇지 않다. 향사양위탕은 기본적으로 외감약이다. 외감과 무관한 위장병에는 별로 효과가 없다. 동무 역시 감기가 진행되면서 대장이 냉해져 아랫배가 그득해지거나 위장이 상해서 입맛이 떨어질 때 썼다.

그런데 감기를 가만히 두면 소화기가 상하는 일이 거의 없다. 모두 감기 중 찬음식을 먹거나 하약을 잘못 써서 생기는 결과들이다. 이때 향사양위탕으로 화해和解하는 것이다.(6-1-11)

향사양위탕은 항상 곽향정기산과 함께 언급된다. 그런데 나는 처음에 화해라는 말이 참 의아했다. 도대체 무엇을 화해시킨다는 말인가? 쉽고도 애매하게 느껴졌다. 동무공이 화和와 해解를 택하신 뜻을 알 길이 없었던 것이다.

그 후 고민을 거듭하다 화해란 혹시 표해이화表解裏和가 아닐까 하는 생각이 들었다. 나의 생각을 확증해주는 자료는 『동의수세보원』안에 있었다. 동무는 소양인론에서 태양병 소복경만이 외감을 오래 앓은 끝에 이기불화裏氣不和하여 생긴 병임을 분명하게 지적하고 있다.(表氣陰陽虛弱, 正邪相爭, 累日不快之中, 裏氣亦祕澁不和, 而變生此證也. 7-1-19)

그러므로 소복경만의 치법은 표와 이를 동시에 푸는 것, 표리화해가 될 수밖에 없다. 향사양위탕이 바로 겉을 풀고(表解) 속을 편안하게 하는(裏和) 처방인 것이다.

곽향정기산은 표사表邪가 제법 남아 있을 때 쓴다. 그래서 감기 초기에 활용할 수 있다. 그리고 가벼운 태음병에도 사용한다.(표〉리)

그러나 향사양위탕은 표사表邪가 거의 사라졌을 때 쓴다. 표약보다 이약이 더 많다.(표〈리) 그래서 감기 초기에는 사용하지 않고 찬바람 불면 심해지는 만성 비염이나 중이염 등에 활용할 수 있다. 또

풍사와 관련된 피부질환에도 응용가능하다. 처방 속 강삼조이가 조용히 자신의 고유성을 밝히고 있다.

6-6-16.

적백하오관중탕. 백하오, 적하오, 양강, 건강, 청피, 진피, 향부자, 익지인 각 1돈, 대추 2개.

팔다리가 노곤하고 소변이 시원찮으며 발기가 되지 않는 것을 치료한다. 장차 부종이 되려는 상황일 때 쓰는 것이다. 본방에 후박, 지실, 목향, 대복피를 5푼씩 추가하면 기맥을 소통시키는 효력이 더해진다. 비록 부종이 생겼더라도 마음을 안정시켜 근심을 가라앉히면서 100일간 하루 2번씩 복용한다면 효과를 못볼 리가 없다. 본방에 적하수오를 인삼으로 바꾸면 인삼백하오관중탕이라 부른다. 적하수오를 당귀로 바꾸면 당귀백하수오관중탕이라 부른다. ○고방에 건강, 양강, 청피, 진피를 같은 양으로 탕이나 환으로 만들어 관중탕이라 부른 것이 있다. 일찍이 소음인이 소변이 불쾌하고 발기가 되지 않으며 팔다리가 노곤하여 힘이 없을 때 써보면 백발백중이었다. 또 관중환 본방에 오령지, 익지인을 1돈씩 추가해서 복통을 치료해보면 신효했다.

赤白何烏寬中湯. 白何烏, 赤何烏, 良薑, 乾薑, 靑皮, 陳皮, 香附子, 益智仁各一錢, 棗二枚.

治四體倦怠, 小便不快, 陽道不興. 將有浮腫之漸者, 用之. 本方, 加厚朴, 枳實, 木香, 大腹皮各五分, 則又有通氣脈之功力. 雖浮腫已成者, 安心靜慮, 一百日而日再服, 則自無不效之理. 本方, 以人蔘易赤何烏, 則名

曰人蔘白何烏寬中湯. 以當歸易赤何烏, 則名曰當歸白何烏寬中湯. ○古
方, 有乾薑, 良薑, 靑皮, 陳皮等分作湯丸, 名曰寬中湯. 嘗治少陰人小便
不快, 陽道不興, 四體倦怠無力者, 用之必效, 百發百中. 又寬中丸本方,
加五靈脂, 益智仁各一錢, 則治腹痛神效.

【해설】

본방은 수결흉과 한실결흉의 처방이다. 계지반하생강탕과 함께
언급되었다. 위냉으로 명치에 수기水氣가 맺혀서 발생한 비만痞滿을
풀어주는데 활용했던 것이다.(6-2-52) 그러나 이는 일부일 뿐, 본조
에서 적백하오관중탕의 진면목이 유감없이 드러난다.

적백하오관중탕은 기본적으로 외감과 무관한 이한증의 약이다.
강삼조이가 없다. 적백하오관중탕은 한마디로 이뇨약이다! 본조에
서는 소변이 시원치 않고 몸이 부을 때 사용한다고 했다. 건강, 양강,
진피, 청피, 향부자, 익지인은 바로 소음인 이뇨약이다.(6-2-67) 심하
비만에도 응용했던 것 또한 이뇨의 공효功效가 있기 때문이었다.

본방은 고방의 관중환에서 힌트를 얻은 것이다. 관중환은 허준이
적취의 통치방으로 소개한다.(동14-1/14)

관중환. 징가, 적취, 현벽, 기괴로 가슴과 배가 불러오고 아프며
얼굴이 누렇고 살이 빠지는 등 일체의 적체병을 치료한다. 창출
(볶은 것), 오약, 향부자 각 2냥, 삼릉, 봉출(함께 식초에 삶아 불에 쬐
어 말린다), 청피, 진피, 건강(습지에 싸서 굽는다), 양강(습지에 싸서 굽
는다), 회향(볶은 것), 신국(볶은 것), 맥아(볶은 것) 각1냥. 위 약들을
가루 내어 식초를 넣어 쑨 풀로 반죽해서 오동나무씨 크기로 환

을 만든다. 생강달인 물로 50알씩 삼킨다.

寬中丸. 治七癥八瘕, 五積六聚, 痃癖氣塊, 胸腹脹痛, 面黃肌瘦, 一切
沈滯之疾. 蒼朮炒, 烏藥, 香附子各二兩, 三稜, 蓬朮幷醋煮焙, 靑皮, 陳
皮, 乾薑炮, 良薑炮, 茴香炒, 神麴炒, 麥芽炒各一兩. 右爲末, 醋糊和丸
梧子大. 薑湯下五十丸.

백발백중, 관중환은 소음인 부종에 정말 잘 들었다. 관중환에 대
한 무한신뢰를 느낄 수 있다. 관중환에 오령지, 익지인을 넣으니 또
뱃속이 아픈 데도 효험이 좋은 것이다. 뱃속을 편안하게 해주므로
"관중寬中"이다. 신효라며, 정말 침이 마르도록 칭찬한다. 관중환은
동무가 엄청나게 사랑한 처방임을 알 수 있다.

동무는 관중환을 소음인에게 더욱 최적화시켰다. 바로 적백하오
관중탕이다. 아마 속으로 만발만중을 외치셨을 것이다. 또 후박, 지
실, 목향, 대복피를 각 5푼씩 추가하여 순환시키는 힘을 더욱 증강
시키기도 했다. 후학들은 이를 십이미관중탕이라 불렀다. 도저히 효
과가 나지 않을 수 없는 처방이다.

십이미관중탕은 기본적으로 이뇨약이다. 그리고 속을 풀어주는
위장약이다. 각종 위장문제를 시원하게 해결해준다. 복통에도 응용
할 수 있고 변비나 설사에도 든는다.

십이미관중탕은 소음인의 한자의 기본방으로 손색이 없다. 소음
인 이한증 처방 중 가장 많이 활용할 수 있다.

6-6-17.

산밀탕. 백하오, 백출, 백작약, 계지, 인진, 익모초, 적석지, 앵속
각 각 1돈, 생강 3쪽, 대추 2개, 대산 5근, 청밀 반술갈.

이질을 치료한다.

蒜蜜湯. 白何烏, 白朮, 白芍藥, 桂枝, 茵蔯, 益母草, 赤石脂, 罌粟殼各一
錢. 薑三片, 棗二枚, 大蒜五根, 淸蜜半匙.

治痢疾.

【해설】

"산밀蒜蜜"은 마늘과 꿀을 말한다. 동무는 대산과 청밀을 통한 이
질 치료법을 인근의 의사에게 배웠다.(6-3-17) 여기에 자신의 의학
지식을 덧붙여 이질 처방을 완성한 것이다.

이질은 설사와 달리 변에 점액이나 혈액이 섞여 나온다. 그래서
농혈리膿血痢라 부른다. 그리고 뱃속이 당기고 뒤가 묵직하여 사람
을 괴롭게 한다. 변을 봐도 본 것 같지가 않고 항문 속에 매달려 있
는 느낌이 든다. 이급후중裏急後重이다. 허준은 설사가 오래되면 이
질이 잘 생긴다고 했다.(久泄成痢. 동4-2/9)

서양의학은 이질을 시겔라Shigella균에 의해 발생되는 급성세균성
장 감염으로 정의한다. 허준이 열거한 각종 이질 중 역리疫痢에 해
당한다.(동4-2/10)

앵속각이 이질의 특효약인데 양귀비 열매의 꼭지와 속을 제거하
고 껍질만 식초에 볶아 가루내어 미음에 1돈씩 타서 먹는다. 효과가
귀신같다고 했다.(동4-2/26) 오래된 기침에도 꿀물에 타먹으면 탁월
한 효과가 있다.(동13-3/28)

이렇게 효과적인 약이 지금은 마약류로 분류되어 한의사조차 접근이 어렵다. 그래서 산밀탕도 구경만 해야 하는 처방이 되어버렸다. 의사들은 마약류를 다 다룬다. 한의사만 제한할 명분이 없다. 책임질 수 있는 유통구조를 만들면 될 것이다. 한의사의 진찰에 따라 엄격하게 사용할 수 있도록 허용해줘야 한다. 같이 고민해볼 문제다.

구본에는 이질의 치료처방으로 인삼앵속각탕이 있다.(구6-6-17) 인삼앵속각탕을 보다 더 강화한 처방이 산밀탕이다. 적석지를 소음인 이질에 활용하고 있음을 알 수 있다.

6-6-18.

계삼고. 인삼 1냥, 계피 1돈, 닭 1마리.

진하게 끓여서 복용한다. 후추나 꿀로 깊은 맛을 더해도 좋다. 이 처방은 옛날부터 있던 것인데 학질, 이질에 신효하다. 일찍이 오래된 학질에 파두를 먼저 써서 대변을 소통시킨 후 3~4일간 계삼고를 먹게 했더니 쾌효한 적이 있다. 계피는 계심으로 대용해도 된다.

鷄蔘膏. 人蔘一兩, 桂皮一錢, 鷄一首.

濃煎服. 或以胡椒, 淸蜜助滋味, 無妨. 此方, 自古有方, 治瘧疾, 痢疾, 神效. 嘗治久瘧, 先用巴豆, 通利大便後, 數三日連用鷄蔘膏, 快效. 桂皮或以桂心, 代用.

【해설】

학질은 일정한 시간을 두고 오한과 발열이 주기적으로 반복되는 병증이다. 턱이 덜덜 떨릴 정도로 한기를 느끼다 불현듯 열이 밀려오면서 찬물을 찾는다. 한열왕래寒熱往來라 부른다.

보통 하루걸러 오한에 시달리는 학질 발작이 생기므로 하루걸이라 말하기도 했단다. 매우 괴이한 증상으로 느껴졌을 것 같다. 병이 사람을 모질게 학대하는 것처럼 보여 학이라 이름붙인 것이다.(瘧有凌虐之狀. 동15-1/1) '학을 떼다'라는 표현 들어봤는가? 학질이 떨어졌다는 뜻으로 모진 고생 다했다는 말이다.

학질은 상한과 또 다른 병이다. 『내경』시대부터 관심을 가졌는데 한기에 상한게 아니라 더위에 상한 병이라 봤다. 여름에 더위에 상하면 가을에 학질이 된다고 설명하고 있다.(夏傷於暑, 秋爲痎瘧. 『素問』「生氣通天論」) 이는 감염과 발병 사이에 시간차가 있다는 뜻이다.

동무는 소음인의 학질에 인삼과 계피를 넣은 삼계탕을 처방했다. 이질에도 신효하다고 했다. 닭고기는 소음인에게 유익하고 소양인에게 해롭다.(少陰人忌猪糆, 不忌鷄. 少陽人忌鷄酒, 而不忌猪. 권11-24) 신속하게 보하는 효과가 있다.(急補, 鷄肉妙也. 보유20-17) 닭 대신 꿩을 쓰기도 한다. 인삼 1냥, 꿩 1마리로 고아내는 치삼고雉蔘膏다.(구6-6-19)

동무는 체질별로 발현되는 학질의 특이증을 관찰하기도 했다. 태음인은 학질 오한 시 찬물을 마시고 발열 시에는 먹지 못하는데 소음인은 발열 시 찬물을 마시고 오한 시에는 먹지 못한다는 것이다.(권10-29) 이를 소음인 감별법으로 응용하기도 했다.(11-8)

6-6-19.

파두단. 파두 1알.

껍질은 벗기고 알맹이만 취한다. 따뜻한 물에 1알 내지 반 알을 삼킨다. 그러는 동안 탕약을 달이면 탕전시간 동안 파두가 홀로 장위간에 작용하면서 대부분의 효과를 내준다. 이후 탕약을 복용하면 함께 장위를 소통시켜주면서 기운을 끌어올려주는 것이다. 다시 탕약을 달여 대변이 통하고 나면 연복하게 한다. 파두 1알은 설사시키고 반 알은 냉적을 없애준다.

巴豆丹. 巴豆一粒.

去殼取粒. 溫水吞下全粒或半粒. 仍煎湯藥, 以煎藥時刻巴豆獨行腹胃間, 太半用力. 然後服湯藥, 則湯藥可以與巴豆同行, 通快腹胃, 升提其氣也. 再煎湯藥, 大便通後, 又連服之. 巴豆全粒, 下利. 半粒, 化積.

【해설】

동무가 상한병의 소변적삽에 부자를 쓰듯 대변비결에는 파두를 쓴다. 태양병(6-1-11), 양병병(6-1-20), 태음병(6-2-5), 소음병(6-2-35), 궐음병(6-1-47)을 막론하고 변이 막히면 가장 먼저 파두다. 그러나 처음부터 그렇지는 않았다.

파두는 태음증에 중요한 약이다. 태양증에도 간혹 쓰는 것은 하복경만이라는 태음적체증이 있기 때문이다. 양명증에는 절대 금해야 하고 망양증에 잘못 쓰면 위급상황이 생긴다.

巴豆. 太陰證之要藥也. 太陽證或用之者, 以腹硬滿之證兼太陰積滯故也. 大忌陽明證. 若亡陽者誤用, 則危.(구6-1-43)

그러나 동무는 점점 더 파두의 효과에 매료되었고 적응증을 확장해갔다. 급기야 소음인의 상한병에 두루 활용하게 된 것이다. 파두는 소음인의 병에 가벼이 쓸 수도 없지만 빼놓을 수도 없는 약이 되었다.

파두는 처음부터 강력한 거담약(보유18-3)이고 사하약(보유14-1)으로 인식되어왔다. 아마 동무처럼 파두를 적극적으로 활용한 의사는 없을 것이다. 요즘의 임상가에서도 좀처럼 보기 어려운 약이다.

파두는 크지도 작지도 않은 것을 선택한다. 증상 정도가 적당하다. 4쪽으로 쪼개서 삼킨다. 환으로 만들어 먹는 법도 있는데, 백작약 3돈, 구감초 2돈과 파두 1알을 가루내어 골고루 섞은 뒤 꿀로 반죽해서 녹두 크기로 만들어 1알 또는 반 알을 복용한다.(구6-6-22)

6-6-20.

인삼진피탕. 인삼 1냥, 생강, 사인, 진피 각 1돈, 대추 2개.

본방에 생강을 포건강으로 바꾸고 계피를 1돈 추가하면 위를 덥히고 냉기를 몰아내는 힘이 더해진다. 일찍이 본방으로 돌이 안 된 소아의 음독만풍을 치료한 적이 있다. 며칠간 연이어 복용하고 쾌유했다. 병이 나은 후에 더 복약시키지 않으면 재발하여 고치지 못한다.

人蔘陳皮湯. 人蔘一兩, 生薑, 砂仁, 陳皮各一錢, 棗二枚.

本方, 以炮乾薑易生薑, 又加桂皮一錢, 則尤有溫胃逐冷之力. 以本方, 嘗治未周年小兒陰毒慢風. 連服數日. 病快愈矣. 病愈後, 更不服藥, 再發不治.

인삼진피탕은 본문에 나오지 않는다. 대신 인삼계피탕이라는 상한 음독병의 처방이 나온다.(6-2-15) 인삼진피탕에 생강을 건강으로 바꾸고 진피를 가한 처방이 인삼계피탕이다.

"만풍慢風"은 만경풍慢驚風을 말한다. 열이 없으며 경련이 일었다 멎었다 한다. 병세가 완만하게 진행되므로 만경풍이라 부른다. "음독만풍"은 오랜기간 설사가 멎지 않다가 경기가 왔다는 의미다. 특히 소아에게 흔하다. 탈수가 되면 경련이 잘 오는 것이다.

우리는 병증론에서 소아의 물설사 임상례를 본 적이 있다. 독삼탕에 생강 2돈, 진피, 사인 각 1돈을 더한다.(6-2-17) 인삼진피탕의 모처방이라 할 수 있다. 처음엔 원방에 가감하여 사용하지만 자주 쓰면 이름을 붙여주게 된다. 인삼진피탕의 창방사를 짐작할 수 있다.

인삼진피탕은 소음인의 생맥산이라 생각하면 된다. 진액의 손실도 보충하면서 기력도 돕는다. 생강 대신 건강을 쓰고 계피까지 추가하면 위장을 덥히는 효과까지 생긴다.

태음인 소아의 만경풍에는 보폐원탕을 썼다.(8-2-31) 보폐원탕은 태음인의 생맥산이다.

구본에는 소아의 설사만경풍을 치료하는 독삼양붕탕獨蔘良朋湯이 있다.(구6-6-18) 인삼 1냥, 생강 2돈, 당귀, 계피, 진피 각 2돈, 대추 2개를 쓴다. 역시 인삼이 주약이다.

6-6-21.

인삼오수유탕. 인삼 1냥, 오수유, 생강 각 3돈, 백작약, 당귀, 관계 각 1돈.

人蔘吳茱萸湯. 人蔘一兩, 吳茱萸, 生薑各三錢, 白芍藥, 當歸, 官桂各一
錢.

【해설】

본방은 태양병궐음증의 치료처방이다.(6-1-47) 중경의 오수유탕,
이천의 삼미삼유탕을 계승한 것이다. 중경은 오수유탕을 양명병
(『상한론』252), 소음병(『상한론』316), 궐음병(『상한론』386)에 두루 활
용했다.

구본에는 오수유가 든 처방이 없다. 신본에 와서 궐음증과 소음
증에 사용하게 된다. 초본권에는 이질에 가미한 사례가 있다.(권
13-26)

6-6-22.

관계부자이중탕. 인삼 3돈, 백출, 포건강, 관계 각 2돈, 백작약,
진피, 구감초 각 1돈, 포부자 1돈 혹 2돈.

官桂附子理中湯. 人蔘三錢, 白朮, 炮乾薑, 官桂各二錢, 白芍藥, 陳皮,
灸甘草各一錢, 炮附子一錢或二錢.

【해설】

본방은 소음병의 통치방이다. 거의 예외없이 사용한다. 이름에서
드러나듯 중경의 이중탕이 기초가 되었다. 중경은 인삼, 백출, 건강,
감초로 뱃속을 덥혀 태음병을 해소했다.(6-4-2)

동무는 여기 백작약, 진피, 계지를 추가한다. 증상이 심할 땐 인삼을 올리고 우량한 계지인 관계를 썼다. 포부자는 소음증의 소변 적삽을 보고 쓴 것이다. 소변을 기준으로 1돈 내지 2돈을 활용한다.(6-6-5) 관계부자이중탕은 중경의 이중탕을 강력하게 변신시킨 처방이다.

인삼, 관계, 부자가 본방의 핵심이라 할 수 있다. 모두 보약이면서 표에 작용하므로(補藥而兼表功. 권11-8) 오한의 표증이 나타나는 소음증에 더욱 잘 맞다.

6-6-23.

오수유부자이중탕. 인삼, 백출, 포건강, 관계 각 2돈, 백작약, 진피, 구감초, 오수유, 소회향, 파고지 각 1돈, 포부자 1돈 혹 2돈. 吳茱萸附子理中湯. 人蔘, 白朮, 炮乾薑, 官桂各二錢, 白芍藥, 陳皮, 炙甘草, 吳茱萸, 小茴香, 破故紙各一錢, 炮附子一錢或二錢.

【해설】

본방 역시 소음병에 사용한다. 관계부자이중탕의 재료가 모두 들어 있다. 여기 오수유를 비롯, 소회향, 파고지가 추가된다.

소회향은 매우 강한 약으로 산증疝症에 자주 쓰인다. 동무 역시 이급산기裏急疝氣에 가감했다.(권13-25) 파고지도 매우 뜨거운 약으로 냉설冷泄이나 유정遺精 등에 이용한다. 오직 본방에만 나오는 약물들이다.

오수유부자이중탕은 관계부자이중탕에 가장 뜨거운 약들을 추가한 것이다. 그래서 소음증 중에서도 극위증인 장궐과 음성격양에 썼다.(6-2-44) 소음증에 이용하는 최후의 보루같은 처방이다.

6-6-24.

백하오부자이중탕. 백하수오, 백출초, 백작약미초, 계지, 포건강 각 2돈, 진피, 구감초, 포부자 각 1돈.

白何烏附子理中湯. 白何首烏, 白朮炒, 白芍藥微炒, 桂枝, 炮乾薑各二錢, 陳皮, 灸甘草, 炮附子各一錢.

【해설】

본방은 태음병의 치방이다.(6-2-5) 백하오이중탕에 부자를 가했다. 태음병이 심할 때 사용한다.

부자 1돈이라는 말밖에 없는 것은 태음병 중증에 쓰지만 병 자체가 위급으로 가지 않기 때문이다.

6-6-25.

백하수오이중탕. 백하오, 백출, 백작약, 계지, 포건강 각 2돈, 진피, 구감초 각 1돈.

白何首烏理中湯. 白何烏, 白朮, 白芍藥, 桂枝, 炮乾薑各二錢, 陳皮, 灸甘草各一錢.

본방은 이중탕을 직접 개량한 처방이다. 소음인에게 중경의 이중탕을 쓰고자 할 때 쓰면 된다.

동무는 이중탕에 인삼을 기용하지 않았다. 백하수오로 충분하다고 생각했기 때문이다. 그래도 중경의 이중탕보다 우월하다고 자부했다. 백하수오를 처방명으로 강조한 이유도 여기 있다. 태음병에 굳이 값비싼 인삼을 쓸 필요가 없다. 백하수오로 얼마든지 해결할 수 있다!

동무는 진피를 기본적으로 태음병약이라고 생각한다.(6-6-28) 이기理氣하고 이뇨하는 작용이 소음인의 설사에 잘 맞다고 본 것이다.

백작약은 『신농본초경』에서부터 복통약이었다. 동무도 일반적인 복통에 백작약과 백출이 최고라고 했다.(보유20-21) 태음증의 복통을 대비한 구성이다.

계지는 대표적인 외감약이지만 가벼운 온리약이기도 하다. 온리의 효과를 올리고자 할 때는 관계를 쓰는 것이다. 동무는 이렇게 태음병을 치료했다.

6-6-26.

인삼이 있으면 인삼을 쓰고 인삼이 없으면 백하수오를 쓴다. ○ 백하수오는 인삼과 성미가 비슷하나 청월하는 힘은 모자라고 온보하는 힘은 더 좋다. 서로 다른점이 없지 않아 험병과 위증에 인삼을 2돈 이상 쓸 때는 백하수오를 대용하면 효과가 충분하지 못하다. 고방에 경험례가 많지 않은 것은 생소한 약재이기 때문이다. 그러나 결코 보약 목록에서 빼선 안 된다. 고방 중 하인음이란 처방에 백하수오가 5돈 들어가는데 학병을 치료한다.

有人蔘, 則用人蔘. 無人蔘, 則用白何烏. ○白何烏, 與人蔘性味相近, 而淸越之力不及, 溫補之力過之. 不無異同之處, 險病危證人蔘二錢以上, 不可全恃白何烏代用. 古方經驗不多, 藥材生疏故也. 然此一味, 必不可遺棄於補藥中. 而古方何人飮, 用白何烏五錢, 治瘧病.

【해설】

인삼과 백하수오를 비교하며 사용법을 설명하고 있다.

백하수오는 새끼 인삼

소음인에게 가장 중요한 약은 단연코 인삼이다. 인삼은 태양병, 양명병, 태음병, 소음병에 모두 활용된다. 특히 양명병과 소음병에는 빠질 수 없는 약이었다.(6-6-28) 울광병, 망양병, 소음병 등 위기에 처했을 때는 어김없이 인삼이 나타나서 목숨을 구해주었다.

인삼이 보약인 것은 재론의 여지가 없다. 그런데 인삼은 외감약이기도 하다. 동무는 과거의 인삼 사용례를 분석해보면 보하면서 표도 같이 해결해줌을 알 수 있다고 말한다.(有補中善表之力. 권11-8) 그래서 소음인이 외감이 중할 때 인삼을 꼭 쓴 것이다.(권11-7)

그리고 인삼은 속을 덥히기도 한다. 이중탕의 기본약이다. 소음인이 설사가 멎지 않을 때 인삼이 꼭 들어가야 한다.(盖少陰人陰症, 泄瀉多數不止之前, 不可百廢乾薑, 附子, 官桂, 人蔘之屬. 보유21-1)

이처럼 소음인에게 빠질 수 없는 인삼은 고가약이다. 쉽게 구할 수 있는 약이 아니다. 그래서 발굴해낸 약이 바로 백하수오다.

인삼, 부자, 관계는 동네에서 귀한 약재라 빈궁하고 가난한 집에서는 구해 쓰기가 어렵다. 인삼 1, 2돈은 혹 백하수오로 대용하기도 한다. 부자는 혹 밭 마늘로 대용하기도 한다. 관계는 계피나 계지로 대용하기도 한다. 그러나 인삼 2돈 이상은 백하수오로 대용할 수 없다. 밭 마늘은 3돈이면 부자 1돈을 대신할 수 있다.

人蔘, 附子, 官桂爲藥, 村之貴種. 貧窮艱難之家難得爲用. 人蔘一二錢, 或以白何首烏代用. 附子, 或以獨頭蒜代用. 官桂, 以桂皮, 桂枝代用. 而 人蔘二錢以上, 不可何首烏代用. 獨頭蒜三錢, 可代附子一錢.(구6-6-24)

백하수오는 동무의 사군자탕에 들어간다.(권13-24) 즉 보기약의 대표 선수로 생각했다. 구본에서는 거의 쓰지 않다가 신본에서 본격적으로 활용하게 된다. 백하수오는 인삼과 비슷한 효과를 내주면서 가격은 저렴하다. 인삼을 대신할 수 있는 유일무이한 약, 그것이 백하수오였다.

본조의 강조는 역시 백하수오에 있다. 백하수오를 재발견한 동무의 자부심이 담겨 있다. 백하수오는 새끼 인삼이라 할 수 있다. 그런데 백하수오는 인삼보다 온성이 더 강하다. 그래서 이한증에는 다 용해도 표열증에는 별로 쓰지 않았던 것이다.

백하소오는 고방에 별로 활용되지 않았다. 『동의보감』에도 백하수오는 단 두차례밖에 나오지 않는다. 『동의보감』에 기재된 하수오는 모두 적하수오다.

본조에 언급된 하인음 역시 『동의보감』에 없다. 하인음은 『방약
합편』에 나온다.(상통60) 원래는 『경악전서』의 처방이었다. 학질을
떼는데 신효하다고 소개한다.(截瘧如神. 「新方八陳」) 백하수오 3돈
~1냥, 인삼 3돈~1냥, 당귀, 진피 각 2~3돈, 생강 3쪽이 들어간다.
동무는 구질구질하지 않게 백하수오 5돈이라 콕 집어 말했다.

학질과 개똥쑥

본조에 다시 학질이 나온다. 학질에 관한 재밌는 의학사가 있다.
학질은 현대의 말라리아malaria에 해당하는데 말라리아 원충에 감
염된 모기에게 물려 발생하는 급성 열성 전염병이다. 기생충병인 것
이다.

모기의 주둥이를 타고 혈액 속으로 잠입한 원충은 40분도 안되
어 간으로 도망친다. 조용히 숫자를 불린 후 다시 혈액으로 나와 적
혈구로 침입한다. 적당히 증식한 후 약탈을 마치면 적혈구를 터뜨리
고 나와 다른 적혈구로 침입하기를 반복한다. 적혈구가 터질 때 나
오는 말라리아 대사산물이 고열을 일으킨다고 한다.

우리나라에 분포하는 삼일열 말라리아Plasmodium vivax는 생명을
위협하지 않지만 아프리카에 주로 분포하는 열대열 말라리아
Plasmodium falciparum는 치사율이 높다. 말라리아는 현재 한해 100만
명 이상의 목숨을 앗아가는 지구상에서 가장 무서운 질병이다.

알렌이 말라리아 환자를 성공적으로 치료할 수 있었던 비결이 바
로 키니네, 즉 퀴닌quinine이었다. 퀴닌은 남미의 원주민들이 전통적

으로 사용해오던 키나나무 껍질Cinch ona bark에서 추출해낸 알칼로이드다. 수백 년간 유일한 말라리아 치료제로 광범위하게 쓰였다. 17세기 예수회 선교사를 통해 유럽으로 전해졌고 국내에서도 금계랍金鷄蠟이라 불리며 많은 인기를 모은다. 지금도 말라리아 치료제의 대부분은 키닌 기반 합성물질이다.

그런데 퀴닌계 약물에 대한 내성 원충이 출현하면서 새로운 약물의 개발이 시급해졌다. 항말라리아 역사의 다음 장은 중국이 썼다. 1967년 중국 정부는 코드넘버 523이라 불린 대규모의 학질 신약 개발 프로젝트를 통해 전통의 약물학 자료를 스크리닝하며 유효성분을 찾아가는 대규모 연구를 진행했다. 수천 종의 본초와 수백 종의 처방이 동원되었다고 한다. 그 결과 마침내 1971년 투유유屠呦呦(1930~)가 청호菁蒿란 이름의 개똥쑥sweet worm wood에서 아르테미시닌Artemisinin을 추출하는 데 성공한 것이다.

투유유 여사는 갈홍의 『주후비급방肘後備急方』에서 영감을 얻었다고 한다. 청호는 일반적인 고온 탕전 방식으로 추출하면 유효성분이 파괴되는데 실패를 거듭하다 "청호 한 줌을 두 되 분량의 물에 담근 후 짜서 즙을 내어 마신다(青蒿一握, 以水二升漬絞取汁. 盡服之.「治寒熱諸瘧方」)라는 구절에서 힌트를 얻어 60도 정도의 에탄올에서 우려내는 방법을 선택했다. 결과는 대성공이었다.

아르테미신은 현재 말라리아 치료의 1차 약으로 쓰이며 대단한 효과를 내고 있다. 최근 미국의 대표적인 과학저널인 『사이언스』는 전통 의학 특별판을 내고 식물기반의학Plant-based medicine이 치료제의 중요 자원으로 광범위하게 활용되고 있으며 식물기원약품Plant-derived products이 새로운 저분자 치료제의 주요한 공급원이 되고 있다고 평가했다. 그리고 그 대표적인 사례로 아르테미신을 들었다.(*The Art and Sience of Traditionalal Medicine*. Part1. S7) 2015년 10월 5일 투유유 여사는 그 공로를 인정받아 노벨생리의학상을 수상했다.

백하수오 역시 전통적으로 학질에 활용되어왔다. 아르테미신의 내성 원충이 창궐하는 어느 날 인류는 백하수오로부터 꿈의 물질을 구할지도 모를 일이다.

6-6-27.

위 소음인 약들 중에서 부자는 습지에 싸서 구워서 쓰고 감초는 구워서 쓰며 건강은 습지에 싸서 굽거나 생으로 쓰고 황기는 굽거나 생으로 쓴다.

右少陰人藥諸種. 附子炮用. 甘草炙用. 乾薑炮用或生用. 黃芪炙用或生用.

【해설】

식물이나 동물, 광물 등의 자연물을 약으로 사용하기 위해 처리하는 과정을 수치修治라 부른다. 치료 효과를 높이거나 독성을 제거하기 위해 사용한다. 때론 약성이 바뀌어 새로운 효과를 드러내기도 한다. 저장과 복용의 편리를 위해 하는 경우도 있다.

수치에 관한 내용은 『황제내경』과 『신농본초경』에 모두 나온다. 『상한론』과 『금궤요략』에도 100여 종의 약물에 대한 수치법이 나온다. 증蒸, 초炒, 자炙, 단煅, 포炮, 연煉, 자煮, 비沸, 화오火熬, 소燒, 저

咀, 참절斬折, 연研, 좌剉, 도고搗膏, 주세酒洗, 주전酒煎, 고주자苦酒煮, 수침水浸, 탕세湯洗 등이다. 남북조 시대에는 『뇌공포자론雷公炮炙論』이라는 수치 전문 서적이 등장하기도 했다.

동무는 약물의 효과를 높이기 위해 수치를 한다. 부자와 감초는 항상 열을 가해서 썼고 건강과 황기도 가끔 그렇게 했다. 구본의 신정방에도 수치에 관한 사항이 있다.

소음인 신정약방 — 718

> 이상의 모든 약 중에서 건강은 생으로 쓰는데 가끔 습지에 구워서 쓴다. 부자는 습지에 구워서 쓰는데 가끔 생으로 쓴다. 황기와 감초는 구워서 쓴다. 백출은 간혹 약간만 볶아서 쓴다. 소음병이 위중할 때는 초백출, 포건강, 생부자를 쓴다. 그러나 생부자는 좋은 약이 아니므로 5푼을 넘지 않도록 한다.
>
> 已上諸藥中, 乾薑. 生用而或炮用. 附子. 炮用而或生用. 黃芪. 甘草. 灸用. 白朮. 或微炒用. 少陰病極重證, 用炒白朮, 炮乾薑, 生附子. 而生附子. 非好藥也. 不可過五分.(구6-6-23)

수치를 통해 약효를 강화시킬 수도 있고 새로운 효능을 끌어낼 수도 있다. 동무는 수치법에 대해서도 지속적으로 연구했다.

6-6-28.

궁항벽촌에 갑자기 병이 생기면 비록 단방이라도 손을 놓고 있는 것보다는 백 번 낫다. 양명병에는 황기, 계지, 인삼, 작약을 단방으로 쓸 수 있다. 소음병에는 부자, 작약, 인삼, 감초를 단방

으로 쓸 수 있다. 태양병에는 소엽, 총백, 황기, 계지를 단방으로
쓸 수 있다. 태음병에는 백출, 건강, 진피, 곽향을 단방으로 쓸
수 있다. 우선 단방을 쓰고 한편으로 전방을 구한다면 치병에
실기하는 일은 없을 것이다. 단, 전방 중 포함되어 있는 약은 써
도 되지만 포함되어 있지 않은 약은 써선 안 된다.

窮巷僻村病起倉卒, 雖單方猶百勝於束手無策. 陽明病, 雖單黃芪, 桂枝,
人蔘, 芍藥亦可用. 少陰病, 雖單附子, 芍藥, 人蔘, 甘草亦可用. 太陽病,
雖單蘇葉, 葱白, 黃芪, 桂枝亦可用. 太陰病, 雖單白朮, 乾薑, 陳皮, 藿
香亦可用. 爲先用單方, 而一邊求得全方, 則必無救病失機之理. 然當用
全方中所有之藥, 不當用全方中所無之藥.

【해설】

동무의 관심은 힘없는 백성이요, 가난한 민중이었다. 동무는 의
학은 백성의 의학이 되어야 한다고 생각했다. 민중의 의학을 꿈꾼
것이다. 백하수오 대용도, 단방용약도 간절한 애민정신에서 나왔다
고 할 수 있다.

귀하지 않은 생명이 어디에 있겠는가? 동무는 한 사람도 놓치고
싶지 않았다. 모든 사람이 질병에 휘둘리지 않고 맞서 이겨내는 광
명세계를 기대했다. 의학은 그 길을 보여주어야 한다고 믿었다.

감정의 질곡으로부터 자신을 지키라. 병을 바르게 파악하고 함부
로 치료하지 말라. 그러면 건강의 자기를 빚으며 영영히 수세보원하
게 되리라.

제7장 │ 소양인 병증약리론

이제 소음인론을 마치고 소양인론으로 진입한다. 소양인 병증론은 표한병과 이열병으로 구성된다. 겉은 차고 속은 뜨거운 체질의 소인이 질병으로 심화되는 것이다. 소음인과 정반대다.

우리는 소음인론을 통해 『동의수세보원』의 정체를 확인했다. "상한시기傷寒 時氣에 관한 사상인 표리병론"이 구체적으로 무엇을 의미하는지 살펴보았다.

우리는 너무 사상인이라는 파격적인 신설新說에만 집중하여 병증론 자체가 가지는 의미는 다소 소홀히 생각하는 경향이 있다. 『동의수세보원』은 태소음양 인이 없어도 매우 참신하고 계발적인 내용이 들어 있다.

『동의수세보원』은 새로운 『상한론』이다. 그저 『상한론』 해설서에 머무는 것이 아니라 병증을 완전히 새롭게 정리했으며 전혀 다른 치료원칙과 처방을 제시하고 있다. 『동의수세보원』은 『중경상한론』과 맞먹는 또다른 『동무상한론』인 것이다. 소양인론에서는 『상한론』을 어떻게 요리하고 있을까? 숙수의 세계로 함께 가보자.

1절

소양인 표한병론
少陽人脾受寒表寒病論

소양인 표한병론은 소양상풍증과 결흉증, 망음증으로 구성되어 있다. 구본의 체계와 다르지 않다. 그런데 망음증에 더욱 많은 지면을 할애한다. 소양인 표한병론은 망음증의 재발견이라 해도 과언이 아니다. 그리고 모든 처방들을 개량했다.

동무는 이러한 병증들이 소양인의 비가 한기를 받아 생긴다고 추정했다. 그래서 비수한표한병론이라 이름 붙였다. 소음인 신수열표열병과 동일한 논리로 비와 신의 상관성 속에서 표한병증들을 설명하고 있다.(7-1-8)

소음인론에서도 말했듯 우리는 비수한에 집착할 필요가 없다. 병증에 집중해야 한다. 증상을 하나라도 더 관찰하고 약성을 하나라도 더 발견하는 것이 의학의 과정이다. 추상적인 이론에 열광하지 말고 구체적인 실물에 열중해야 한다. 이것이 동무가 말하는 의약의 경험사이며 의학의 역사다.

7-1-1.

장중경이 말한다. "태양병에 맥이 부긴하고 발열, 오한, 신통이 있으며 땀은 나지 않으나 번조가 있는 것은 대청룡탕으로 주치한다."

張仲景曰 "太陽病, 脈浮緊, 發熱, 惡寒, 身痛, 不汗出而煩躁者, 大靑龍湯主之."

【해설】

소음인 병증론에서 이미 익숙해진 인용-해설의 형식이 시작된다.

중경은 "태양중풍太陽中風"이라 했으나(『상한론』 39) 동무는 "태양병"으로 고쳤다. 이미 소음인 병증으로 태양중풍증을 들었으므로 (6-1-2) 소양인에게는 "중풍" 두 자를 허용하지 않은 것이다. 역시 병증사분론의 소산이다. 본조는 태양중풍의 중증重證이라 불린다.

태양병과 양명병은 소음, 소양, 태음인에게 모두 있다고 했다.(5-5) 태양병 중에서 신통과 번조로 대청룡탕을 써야 하는 증상이 바로 소양인의 태양병이다! 발열, 오한이 위주인 소음인의 태양상풍증보다 증상이 더 심하게 나타남을 알 수 있다. 소양인은 표사表邪가 깊숙한 곳까지 곧장 들어가기 때문이다.(7-1-11)

7-1-2.

내가 논한다. "발열, 오한하고 맥이 부긴하고 신통하며 땀은 나지 않으나 번조가 있는 것은 바로 소양인의 비가 한기를 받아 생긴 표한병이다. 이 병증에는 대청룡탕을 써선 안 된다. 형방패독산을 써야 한다."

論曰 "發熱, 惡寒, 脈浮緊, 身痛, 不汗出而煩躁者, 卽少陽人脾受寒表寒病也. 此證不當用大靑龍湯, 當用荊防敗毒散."

【해설】

중경의 대청룡탕을 사상의학적 시각에서 논평한다.

비수한표한병은 외감표증일 뿐

발열, 오한은 모든 감기에 공통된 양상이다. 그런데 소양인은 신통이 있다. 온몸이 쑤신다. 그리고 가슴에 열이 있는 듯한 답답한 증상이 나타난다. 소양인 감기의 특징이라 할 수 있다. 동무는 이것이 비가 한기를 받아 표한병이 시발한 것이라 보았다.

"신통"은 표부에 사기가 심하게 뭉친 결과다. 그래서 신통이 한 번에 안 풀리고 두어 번 재발하기도 한다.(7-1-11)

"번조"는 내열 때문이다. 소양인의 표한병은 시작부터 열과 함께 한다. 소양인 병증은 표리를 막론하고 기본적으로 화열火熱인 것이다. 그래서 처음부터 신중히 다루어야 한다.(7-1-45)

동무는 2000년간 내려온 중경의 대청룡탕을 폐기해버린다. 쓸 일이 없으니 쓰지 말라고 한다. 참 엄청난 이야기다. 그리고 새 처방을 제시한다. 바로 형방패독산이다.

구본에서는 형방패독산과 함께 방풍통성산을 제시하며 오한이 심하면(寒多) 형방패독산, 발열이 심하면(熱多) 방풍통성산을 쓰도록 했다.(구7-1-2) 그런데 신본에선 공히 형방패독산으로 귀결된다. 형방 패독산을 개정하면서 사용영역을 넓혀놓은 것이다.

소양인 비수한표한병은 다른 게 아니라 소양인의 외감표증外感表 證이다. 소음인 신수열표열병도 소음인의 외감표증이다. 구본에서 정확히 지적하고 있다.(구7-1-2) 그것은 오한에서부터 시작하는 외감 이고 표증일 뿐이다.

그런데 비수한이니 신수열이니 하는 표현은 그것이 외감표증이라 는 단순한 사실을 쉽게 인지하지 못하게 만든다.

7-1-3.

장중경이 말한다. "소양의 병됨은 입이 쓰고 목이 건조하며 눈 이 어쩔한 것이다."

張仲景曰 "少陽之爲病, 口苦, 咽乾, 目眩."

【해설】

태양병에 이어 곧장 소양병이 나온다.(『상한론』 271)

동무는 중경의 소양병이 소양인에게만 나타나는 병증이라고 했 다. 구고, 인건, 목현과 함께 이롱, 흉협만, 한열왕래 및 두통, 발열, 맥현세를 소양병증으로 정리한 바 있다.(5-5)

7-1-4.

어지러우면서 입이 쓰고 혀가 마르는 것은 소양에 속한다.

眩而口苦, 舌乾者, 屬少陽.

【해설】

다시 한번 소양병을 설명한다. 어지럼증(眩)이 강조되며 구고를
지나 설건까지 나타난다.

7-1-5.

입이 쓰고 귀가 먹먹하고 가슴이 그득한 것은 소양상풍증이다.

口苦, 耳聾, 胸滿者, 少陽傷風證也.

【해설】

소양병이 점점 진행하고 있다. 이롱과 흉만까지 출현했다. 그러나
모두 소양병의 범주에 속한다. "소양상풍증"은 병인을 강조한 표현
이다.

7-1-6.

입이 쓰고 목이 건조하며 눈이 어쩔한데 귀가 먹먹하고 가슴과
옆구리까지 그득하며 간혹 발열과 오한이 왔다 갔다 하면서 구
역질이 나는 것은 소양에 속한다. 토법과 하법은 삼가고 소시호
탕으로 화해시키는 것이 바람직하다.

口苦, 咽乾, 目眩, 耳聾, 胸脇滿, 或往來寒熱而嘔, 屬少陽. 忌吐下. 宜小
柴胡湯和之.

【해설】

소양병의 증상이 총망라되고 있다. 그리고 치료원칙과 치료처방
을 제시한다. 『상한론』 99조와 유사하지만 다르다. 허준이 깔끔하게
다시 정리한 문장인 것이다.(동11-1/32) 편집력이 곧 실력이다.

7-1-7.

내가 논한다. "이 병증에 소시호탕은 타당하지 않다. 형방패독
산, 형방도적산, 형방사백산을 써야 한다."

論曰 "此證, 不當用小柴胡湯, 當用荊防敗毒散, 荊防導赤散, 荊防瀉白
散."

【해설】

중경이 소양병에 사용한 대표 처방인 소시호탕까지 폐기하고 있
다. 그리고 호기롭게 새로운 처방을 제시한다.

동무는 일반 의사들이 부지불식간에 가질 수 있는 개창자에 대
한 교조적인 인식이 전혀 없다. 냉정한 거리감을 유지하며 그 공과
를 자유롭게 평가하고 있다. 우리는 혹 사상의학의 개창자를 교주
로 만들고 있지는 않은가? 반문해보아야 한다.

형방사백산은 이열병에 속하는 처방이다. 소양인의 표한병은 급
속히 이열증으로 진입함을 짐작할 수 있다.

구본은 소양병에 형방패독산, 천금도적산, 시호과루탕을 제시했
는데(구7-1-10) 천금도적산이 형방도적산으로, 시호과루탕이 형방사
백산으로 개정된 것이다.

7-1-8.

장중경이 말한 소양병에 입이 쓰고 목이 건조하고 가슴에서 옆
구리까지 그득하고 간혹 발열, 오한이 번갈아 오는 병증은 바로
소양인 신국의 음기가 열사에 억눌리면서 비국 음기가 그 열사
로 길이 막혀 아래로 신국에 연결되지 못해 등골 사이에 뭉쳐
서 엉겨붙어 꽉 막혀 생긴 병이다.

이 병증에 구역하는 것은 외한이 이열을 둘러싸서 빠르게 솟구
쳐오르는 것이다. 한열이 왔다갔다 하는 것은 비국의 음기가 내
려가려 해도 내려가지 못하다가 간혹 내려가면서 그런 것이다.

입이 쓰고 목이 건조하며 눈이 어쩔하며 귀가 어두워지기까지
하는 것은 비국의 음기가 등골 사이에 꽉 막혀 내려가려 해도
내려가지 못하여 한기만 있고 열기가 없어지면서 귀까지 어두워
지는 것이다. 입이 쓰고 목이 건조하며 눈이 어쩔한 것은 흔한
증상이나 귀가 어두워지는 것은 중한 증상이다. 가슴과 옆구리
가 그득한 것은 점점 결흉으로 가는 것이다. 옆구리가 그득한
것은 오히려 가벼운 증상이고 가슴까지 그득한 것은 중한 증상
이다.

옛사람들이 이러한 소양병증을 보고 한토하汗吐下의 세 가지 방
법을 써보았으나 섬어하는 괴이한 증상만 더 생기고 병이 더욱

위험해졌다. 그러므로 중경은 변통해서 소시호탕을 써 담痰을 묽히고 말리며 온기와 냉기가 서로 골고루 섞이게 화해시켜 그 병이 전변하지 않고 저절로 낫게 하고자 했다. 이러한 방법은 한 토하의 3법에 비한다면 훌륭하고 기발하다고 말할 수 있다. 그러나 소시호탕 역시 화해시켜 병을 전변하지 못하도록 하는 약이 아니니 예부터 지금까지 이 병에 걸린 사람을 생각하면 정말 마음이 딱할 따름이다. 귀가 어두워지고 가슴과 옆구리가 그득한 소양상풍병을 어찌 소시호탕 정도로 상대할 수 있겠는가? 아! 후세의 공신이 만든 형방패독산은 과연 소양인 표한병에는 전설 속의 삼신산 불사약이 아니겠는가? 이 병증에 이열을 식히고 표음表陰을 내리면 담음은 저절로 흩어지고 결흉을 미리 예방할 수 있다. 담을 식히고 말리는 중경의 방법은 비국의 음기를 내려 담을 흩는 데 아무런 도움이 안 된다. 시간만 끌어 결흉이 생기며 혹 괴이한 증상을 만들기도 한다.

張仲景所論少陽病口苦, 咽乾, 胸脇滿, 或往來寒熱之證, 卽少陽人腎局陰氣爲熱邪所陷, 而脾局陰氣爲熱邪所壅, 不能下降連接於腎局, 而凝聚膂間膠固囚滯之病也.

此證嘔者, 外寒包裏熱, 而挾疾上逆也. 寒熱往來者, 脾局陰氣欲降未降而或降, 故寒熱或往或來也. 口苦, 咽乾, 目眩, 耳聾者, 陰氣囚滯膂間欲降未降, 故但寒無熱而至於耳聾也. 口苦, 咽乾, 目眩者, 例證也. 耳聾者, 重證也. 胸脇滿者, 結胸之漸也. 脇滿者, 猶輕也. 胸滿者, 重證也.

古人之於此證, 用汗吐下三法, 則其病輒生譫語壞證, 病益危險. 故仲景變通之而用小柴胡湯. 淸痰燥痰. 溫冷相雜, 平均和解, 欲其病不轉變而自愈. 此法以汗吐下三法論之, 則可謂近善而巧矣. 然此小柴胡湯亦非平均和解病不轉變之藥, 則從古斯今得此病者, 眞是寒心矣. 耳聾, 脇滿傷風之病, 豈可以小柴胡湯擬之乎?

噫! 後來龔信所製荊防敗毒散, 豈非少陽人表寒病三神山不死藥乎? 此證, 淸裏熱而降表陰, 則痰飮自散, 而結胸之證預防不成也. 淸痰而燥痰, 則無益於陰降痰散. 延拖結胸將成, 而或別生奇證也.

【해설】

소양병의 병리를 분석하고 예후를 설명한다.

비국음기를 내려라

소양병에 대한 동무의 해석이 신묘하다. 양기는 상승이 정도이고, 음기는 하강이 정도다. 비국과 신국은 모두 인체의 후면이란 사실도 되새겨야 한다. 그리고 동무의 논리를 따라가보자. 소양인의 부실한 신음腎陰이 열기에 억눌리면 비음이 하강하지 못하고 등골에 정체되면서 소양병의 다양한 증상이 발현된다.

한열왕래는 가끔 비음이 하강하기도 한다는 증거다. 그래서 가벼운 증상이다. 내려갈 땐 발열, 안 내려갈 땐 오한이라는 것이다. 비국음기의 정체가 심할수록 입, 눈, 귀의 순으로 환부가 확장된다. 또 등, 옆구리, 가슴 순으로 범위가 확대된다. 그래서 구고, 인건, 목현, 이롱으로 갈수록 중증이며, 협만보다 흉만이 중중이다. 흉만이 더욱 심해지면 바로 결흉이 된다. 절로 고개가 끄덕여진다. 정말 기발하다. 동무는 장리를 얻고 사상인을 이해했지만 병증도 더 넓은 시각에서 이해하게 되었다.

그러면 비국음기를 내려주려면 어떻게 해야 할까? 답은 이미 나와 있다. 신국음기가 열사에서 해방되어야 한다. 비수한표한병은 사실은 신수열표한병이었던 것이다.

소양인의 비법, 청열

소양인의 허약한 신국음기를 돕는 법, 그것은 청열이다! 그래서 동무의 소양병 해법은 청열강음이 되었다. 청열해야 신국음기가 해방되고 비국음기가 내려온다는 것이다. 참으로 신묘한 병리에 부응하는 절묘한 치법이다. 개념의 설계에 탁월한 능력이 있다.

소음인의 외감병은 기를 보했다. 소양인의 외감병은 청열한다. 동무의 사고의 근저에 자리잡고 있는 소음인과 소양인의 병리는 각각 "외열포이랭外熱包裏冷"과 "외한포이열外寒包裏熱"이라는 사실을 기억하자. 그래서 치료법 역시 온리溫裏와 청열淸熱이 기본이다.

그런데 우리는 비국양기니 신국양기니 비국음기니 신국음기 따위를 자꾸 근원적인 개념인양 생각하는 경향이 있다. 이것들은 구본에는 없는 언어들이다. 사실 신구본의 소음인론과 소양인론이 다루는 병증은 동일하다. 그런데 신본에서는 같은 증상에 대해 새로운 개념화 작업을 시도한다. 비국과 신국을 인체의 후면(背)이자 표부(表)로 이해하고 음양의 승강으로 병증을 일목요연하게 이해하려고 기획한 것이다. 그리고 상당히 성공했다.

기막힌 성공이 낳은 부작용이라 해야 할까? 어떤 개념으로 어떤 현상을 잘 이해했으면 그걸로 족한 것이다. 마치 소양인의 신비를 풀어줄 마법의 언어처럼 착각해선 안 된다. 무리하게 확장하지 말아야 한다는 말이다.

감히 말하지만 병증론에서 폐비간신은 버려도 된다. 나는 비국음기 같은 개념을 사용하지 않는다. 비국음기 없어도 얼마든지 소양인 병을 이해할 수 있기 때문이다.

소양인은 "청열"이 "비국음기"보다 훨씬 더 포괄적이고 근본적이며 간명하고도 통합적인 언어다. 비국음기는 당장 내버려도 청열은 결코 못 버린다. 소양인은 내상병도 외감병도 모두 청열이다. 소양인은 타고난 이열이 있기 때문이다. 펄펄 끓는 화열의 인간이기 때문이다.

조물주가 내려준 불사약

소양병에 대한 중경의 치법은 소시호탕이다. 그런데 동무는 소시호탕을 애처롭게 바라본다. 한토하 3법으로 해결이 안 되니 담을 삭혀주면서 저절로 낫기를 기다리는 방법을 택한 것이라고 평한다. 그래서 이롱이나 흉만 같은 중증에 이르면 소시호탕은 어림도 없다는 것이다. 오히려 병을 방치하는 꼴이 돼버린다. 그러니 예부터 소양병에 걸린 사람들이 얼마나 불쌍하냐고 한탄하고 있다.

동무의 대안은 바로 형방패독산, 형방도적산, 형방사백산이다.(7-1-7) 증상따라 선택해서 써야 한다. 구본에서는 소양병 각각의 증상마다 처방을 안내했지만 신본에는 생략해버린다. 굳이 이것까지 말해줘야 아느냐고 생각하셨을 것이다.

"한열왕래寒熱往來"에는 형방패독산이다. "구자嘔者"는 천금도적
산이다. "이롱耳聾"에는 시호과루탕이다. 중증도 순으로 처방을 쓰
고 있다. 그리고 남긴 동무의 말, 천금도적산, 시호과루탕은 조물주
가 은밀히 나에게 내려준 처방이 아니겠는가!(其亦造物者之所陰授於人
也歟! 구7-1-25) 처방에 대한 자부심이 엄청나다.

공신의 형방패독산이 동무 형방 시리즈의 원조가 되었다. 청열하
여 담음을 없애 소양병으로 신음하는 인간을 구제해냈다. 그래서
본조에서는 특별히 형방패독산만 들어 극찬한 것이다.

진시황은 좀더 살기 위해 불사약을 추구했지만 오히려 단명하고
말았다. 진정한 불사약은 죽지 않는 약이 아니라 천수를 누리게 하
는 약이 아닐까? 질병으로 허망하게 쓰러져가는 사람을 구해내는
약이 아닐까? 형방패독산이야말로 소양인 표한병의 불사약이다.

7-1-9.

주굉이 말한다. "땀을 내는데 허리 이상은 뚝뚝 흐르나 허리 아
래에서 발까지는 약간 적실 정도만 난다면 병이 끝내 풀리지 않
는다."

朱肱曰 "凡發汗, 腰以上雖淋漓, 而腰以下至足微潤, 則病終不解."

【해설】

상한에 한법을 쓴 후 땀의 상태를 보고 예후를 판단하고 있다. 소
양인 땀의 특징을 이야기하려고 인용했다. 구본에도 나온다.

땀은 태소음양인을 막론하고 매우 중요한 바이털 사인이다. 동무

는 특히 땀의 출처를 중시했다.

소음인의 위급병에 예후를 판단하려면 인중의 땀을 봐야 한다.
소양인의 위급병은 팔꿈치의 땀을 봐야 한다. 태음인의 위급병은
이마의 땀을 봐야 한다. 태양인의 위급병은 생식기의 땀을 봐야
한다.

少陰人之急病, 欲占其吉凶, 則當視於人中之汗不汗也. 少陽人之急病,
欲占其吉凶, 則當視於肘外之汗不汗也. 太陰人之急病, 欲占其吉凶, 則
當視於觀上之汗不汗也. 太陽人之急病, 欲占其吉凶, 則當視於外腎之汗
不汗也.(권10-11)

소음인의 인중 땀과 태음인의 이마 땀은 신본에 그대로 계승된다.

7-1-10.

내가 논한다. "소양인 병에 표리병을 막론하고 손발에 땀이 나
면 병이 풀린다. 그러나 손발에 땀이 나지 않으면 전신에 땀이
나더라도 병이 풀리지 않는다."

論曰 "少陽人病, 無論表裏病, 手足掌心有汗, 則病解. 手足掌心不汗, 則
雖全體皆汗而病不解."

【해설】

소양인의 팔꿈치에서 찾던 예후의 지표가 손바닥, 발바닥으로 바
뀌었다. 구본에서는 새롭게 수정된 태소음양인 땀을 제시하고 있다.

내가 논한다. "소음인의 땀은 반드시 인중에서부터 시작한다. 소
양인의 땀은 반드시 손발에서부터 시작한다. 태음인의 땀은 반드
시 귀 뒤의 고골에서부터 시작한다. 태양인의 땀은 반드시 등허
리에서부터 시작한다. 소음인이 전체에서 다 땀이 나도 인중에서
나지 않으면 위증이다. 소양인이 전체에서 다 땀이 나도 손발에서
나지 않으면 위증이다. 태음인이 전체에서 다 땀이 나도 귀 뒤 고
골에서 나지 않으면 위증이다. 태양인이 전체에서 다 땀이 나도
등허리에서 나지 않으면 위증이다. 인삼, 석고, 승마, 오가피 같은
약을 응용해서 서너 번씩 매일 써도 땀이 나지 않으면 결국 고치
지 못한다."

論曰 "少陰人汗, 必自人中始. 少陽人汗, 必自手足掌心始. 太陰人汗, 必自
耳後高骨始. 太陽人汗, 必自膂間脊上始. 少陰人汗, 全體皆汗而人中不汗
者, 危證也. 少陽人汗, 全體皆汗而手足掌心不汗者, 危證也. 太陰人汗,
全體皆汗而耳後高骨不汗者, 危證也. 太陽人汗, 全體皆汗而膂間脊上不
汗者, 危證也. 若用應用之藥人蔘, 石膏, 升麻, 五加皮之屬, 三四服又連
日服而終不得汗者, 不治."(구7-1-31)

인삼, 석고, 승마, 오가피는 공히 발한약이다. 인삼은 보기해서
발한한다. 석고는 청열해서 발한한다. 약물은 사람을 보고 써야 정
확한 공능을 파악해낼 수 있다.

7-1-11.

소양인의 상한병은 특이하게 신통, 발한이 재발하고 세 번까지

재발하며 낫는 경우가 있다. 이 병은 두 번, 세 번 풍한에 상하여 신통, 발한이 재발, 삼발하는 것이 아니다. 소양인의 두통, 뇌강, 한열왕래, 이롱, 흉만의 병증이 더욱 심해지면 원래 이렇게 된다. 표부의 사기가 하도 깊이 맺혀 세 번까지 아픈 후에야 병이 풀리는 것이다. 초통, 재통, 삼통을 막론하고 형방패독산이나 간혹 형방도적산, 형방사백산을 써야 한다. 매일 2첩씩 병이 풀릴 때까지 쓴다. 병이 풀린 후에도 10여 첩을 더 쓴다. 이렇게 하면 더 이상 아프지 않고 건강해질 것이다.

少陽人傷寒病, 有再痛, 三痛發汗而愈者. 此病非再三感風寒而再痛發汗, 三痛發汗也. 少陽人頭痛, 腦强, 寒熱往來, 耳聾, 胸滿尤甚之病, 元來如此. 表邪深結, 至於三痛然後, 方解也. 無論初痛, 再痛, 三痛, 用荊防敗毒散或荊防導赤散, 荊防瀉白散. 每日二貼式, 至病解而用之. 病解後, 又用十餘貼. 如此, 則自無後病, 而完健.

【해설】

소양인 상한병의 특이한 양상을 소개한다. 소양인은 한기가 깊게 들어간다. 그래서 나은 듯하다 다시 재발하는 현상이 수차례 나타난다. 통증도 심하게 나타난다.

처방은 초통, 재통, 삼통을 막론하고 형방패독산이다. 증상의 경중에 따라 혹 형방도적산이나 형방사백산을 쓰기도 한다.

그리고 병이 한 번 풀린 뒤에도 10여 첩을 더 복약하는 것이 좋다. 조리의 개념이다. 큰 병을 앓은 후에도 조리를 잘 해야 한다. 조리는 소증과 함께 체질의학의 중요한 특질을 이루고 있다.

7-1-12.

장중경이 말한다. "소양증에 축축하게 땀이 나고 명치가 답답하고 단단하며 그득하고 옆구리까지 당기고 아프고 헛구역질을 하고 숨이 가쁘나 오한은 없는 것은 겉은 풀렸으나 속은 편치 않은 것이다. 십조탕이 괜찮다. 하법이 합당한데 만약 쓰지 않으면 창만과 전신 부종이 생긴다."

張仲景曰 "少陽證, 漐漐汗出, 心下痞硬滿, 引脇下痛, 乾嘔, 短氣, 不惡寒, 表解裏未和也. 宜十棗湯. 若合下不下, 令人脹滿, 遍身浮腫."

【해설】

소양병의 또다른 증상을 소개한다. 바로 결흉병이다.(『상한론』 160) 원문은 "태양중풍"으로 시작하는데 허준이 "소양증"으로 바꿨다.(동 10-2/13)

동무는 허준의 제자다! 허준의 상한 이해를 계승했다. 결흉병 역시 소양병의 협만과 흉만이 심화된 증상으로 파악했다.(7-1-8)

"불오한不惡寒"은 겉이 풀린 것이 아니다. 병이 극심해진 것이다. "한출汗出"과 "단기短氣"는 속이 편치 못한 것만이 아니다. 병이 험악해진 것이다.(구7-1-18)

십조탕은 완화, 감수, 대극이 들어간 매우 강한 설사약이자 이뇨약이다.(7-4-9) 흉부의 수음水飮을 배출시키기 위해 구성했다. 강성을 완화시키고자 대추가 가미된 것이다.

동무는 완화, 감수를 함께 쓰면 독성이 강해지므로(助毒) 감수 하나만 쓰는 것이 훨씬 낫다고 했다.(구7-1-19) 동무의 결흉 치료 비결은 바로 감수에 있다!

상한에 표가 풀리지 않았는데 의사가 도리어 하법을 쓰면 흉격 안쪽이 아파서 손을 댈 수가 없게 된다. 이렇게 명치가 그득하면서 단단하고 아픈 것을 결흉이라 부른다. 대함흉탕이 좋다.

傷寒表未解, 醫反下之, 膈內拒痛, 手不可近. 心下滿而硬痛, 此爲結胸. 宜大陷胸湯.

【해설】

결흉의 정증을 소개하고 처방을 제시한다. 『상한론』141조의 번잡한 논의를 허준이 말끔하게 정리한 문장이다.(동11-1/5)

결흉 역시 의사가 오치한 결과다. 안타깝지만 비일비재한 현실이다. 좋은 의사 만나는 것도 인생의 큰 복 중 하나임을 실감한다.

대함흉탕은 대황, 망초, 감수가 들어간 처방이다.(7-4-8) 동무는 대황과 감수가 상충해서(相妬) 해롭다고 했다. 역시 감수 하나만 쓰는 것이 더 낫다.(구7-1-19)

7-1-14.

목이 말라 물을 마시고자 하나 물을 삼키면 곧 토해낸다. 이는 수역이라 부른다. 오령산으로 주치한다.

渴欲飮水, 水入卽吐, 名曰水逆. 五苓散主之.

【해설】

상한 번갈煩渴에 해당한다.(동11-1/1) 『상한론』75조다. 태양병에 발한시켰는데 6, 7일이 지나도 풀리지 않으면서 오히려 갑갑증(煩)이 생긴 것이다. 중경은 너무 땀을 흘려 위가 건조해진 거라 했다. 물을 마시려고 하면 조금씩 모자란듯 주라고 했다.(『상한론』 72) 심할 경우 물을 마시다 토하는 본조의 수역水逆이 발생한다.

동무는 수역을 결흉의 범주에서 이해했다. 결흉인 까닭에 삼킨 물만 역류할 뿐 구토는 없다고 했다.(水逆不吐. 구7-1-18) 그리고 오령산은 잘못된 처방이라 말한다.(구7-1-19)

상한번갈 역시 의원성 질환Iatrogenesis이다. 『상한론』이 다루는 수 많은 증상이 사실 자연의 병이 아닌 인위의 병이다. 동서고금을 막론하고 의료에 희생된 케이스가 의료에 희생된 케이스보다 훨씬 더 많다. 의학은 부작용의 폐허 위에 쌓아간 작은 돌탑 같은 것이다.

서양의학이라 해서 결코 부작용을 피해갈 수는 없다. 오히려 수치에 집착할수록 전체적인 안목은 떨어지고 통계에 집중할수록 개인의 특이성은 무시되기 쉽다. 무수한 양약들이 예상치 못한 부작용을 맞닥뜨리고 기억 속에서 사라지지 않았던가?

의학은 결국 경험이라는 냉엄한 과정을 거치지 않고 성립할 수 없다. 경험, 이 두 글자가 모든 의학이 거쳐야 할 최종 관문인 것이다. 흔히 한의학은 경험의학이라고 말한다. 사실 모든 의학은 경험의학이라고 할 수 있다.

7-1-15.

두임이 말한다. "속이 편안하지 않다(裏未和)는 것은 담이 말라 중초를 막고 있는 것이다. 머리가 아프고 헛구역질이 나며 땀이

흐르는 것은 모두 담이 막고 있기 때문이다. 십조탕이 아니면
치료할 수 없다."

杜壬曰 "裏未和者, 蓋痰與燥氣壅於中焦. 故頭痛, 乾嘔, 汗出, 痰隔也.
非十棗湯不治."

【해설】

결흉병에 대한 두임의 해설이다. 흉격에 담음이 말라붙어 생기는
병으로 봤다. 허준은 이 문장의 출전이 『의학강목』이라 밝혔다.(동
10-2/13)

십조탕의 목적이 강력한 거담에 있음을 알 수 있다.

7-1-16.

공신이 말한다. "명치가 단단하고 아파서 만지지 못하게 하고
입이 마르고 갈증이 나며 헛소리하고 대변이 굳고 맥이 침실,
유력하면 대결흉이다. 대함흉탕으로 공하시킨다. 복약 후 오히
려 번조가 더해지면 죽는다."

또 말한다. "소결흉은 명치가 뭉쳐서 누르면 아프다. 소함흉탕이
좋다."

龔信曰 "心下硬痛, 手不可近, 燥渴, 譫語, 大便實, 脈沈實有力, 爲大結
胸. 大陷胸湯下之. 反加煩燥者, 死."

"小結胸, 正在心下, 按之則痛, 宜小陷胸湯."

【해설】

공신은 결흉을 세분하여 대결흉, 소결흉으로 나누고 각기 치방을 제시한다. 허준이 『고금의감』에서 인용한 문장이지만(동11-1/5) 원래는 중경이 다 언급한 내용들이다.(『상한론』 140, 144, 145)

"조갈燥渴"과 "섬어譫語"는 결흉이 위급으로 치달은 것이다.(구7-1-18) 공신은 번조가 나타나면 죽는다고 했지만 동무는 십조탕으로 공하시킨 후 백호탕을 연이어 쓴다면 구할 수 있다고 했다.(7-1-17)

7-1-17.

내가 논한다. "앞서 장중경이 언급한 세 가지 병증은 모두 결흉병이다. 흉격 안이 손대면 아파 만지지 못하게 하고 입이 마르고 갈증이 나며 헛소리하는 것(16조)은 결흉에서도 가장 심한 증이다. 물을 마시고자 하나 마시면 토하고(14조) 명치가 답답하고 단단하고 그득하며 헛구역질하고 숨이 가빠지는 것(12조)은 다음으로 심한 증이다.

보통 결흉병은 탕약이 입으로 들어가면 번번이 토해낸다. 오직 감수 가루만은 침과 함께 머금었다 삼킨 후 따뜻한 물로 입을 헹궈 마시게 하면 도로 토하지 않는다.

일찍이 결흉을 치료한 적이 있는데 감수산을 써서 따뜻한 물에 개어 넘기게 했더니 다섯 번 모두 도로 토했다. 여섯 번째 이르러서야 토하지 않고 설사를 한차례 하는 것이다. 다음날 또 물을 도로 토하길래 다시 감수를 썼더니 한번에 시원하게 설사하고 병이 나았다.

결흉이 험증이 아닌 것은 아니나 먼저 감수를 쓰고 곧이어 형방도적산을 달여 제압해야 한다. 헛구역질이 나고 숨이 가쁘나 약을 도로 토해내지는 않는다면 감수를 쓰지 않는다. 형방도적산에 복령, 택사를 각 1돈 가해서 매일 2~3회씩 연이어 복용하면 낫는다. 입이 마르고 갈증이 나며 헛소리까지 하면 더욱 심한 험증이다. 급히 감수를 쓰고 바로 지황백호탕을 달여 3~4첩 써서 제압한다. 지황백호탕은 매일 복용시켜야 한다.

장중경이 '상한에 표가 풀리지 않았는데 의사가 오히려 하법을 썼다'(13조)고 한 것은 대승기탕으로 공하시킨 것이지 십조탕이나 함흉탕으로 공하시킨 것을 말한 것이 아니다. 그렇다 하더라도 십조탕이나 함흉탕은 감수 하나만 못하다. 간혹 감수천일환을 쓰기도 한다. 결흉에는 감수 가루를 보통 3푼 쓰고 대결흉에는 5푼 쓴다. 공신은 입이 마르고 갈증이 나며 헛소리하는데 번조까지 있으면 죽는다고 했지만 십조탕으로 공하시킨 후 곧바로 섬어증을 치료하는 백호탕을 썼다면 치료하지 못할 리가 없다."

論曰 "右張仲景所論三證, 皆結胸病. 而膈內拒痛, 手不可近, 燥渴, 譫語者, 結胸之最尤甚證也. 飮水水入卽吐, 心下痞硬滿, 乾嘔, 短氣者, 次證也.

凡結胸病, 皆藥湯入口, 輒還吐. 惟甘遂末, 入口, 口涎含下, 因以溫水嗽口而下, 則藥不還吐.

嘗治結胸, 用甘遂散, 溫水調下, 五次輒還吐, 至六次不還吐而下利一度. 其翌日, 又水還吐, 又用甘遂, 一次快通利而病愈.

凡結胸無非險證, 當先用甘遂, 仍煎荊防導赤散以壓之. 乾嘔, 短氣, 而藥不還吐者, 不用甘遂. 但用荊防導赤散加茯苓, 澤瀉各一錢, 二三服, 又連日服, 而亦病愈. 燥渴, 譫語者, 尤極險證也. 急用甘遂, 仍煎地黃白虎湯三四貼以壓之. 又連日服地黃白虎湯.

張仲景曰'傷寒表未解醫反下之'云者, 以大承氣湯下之之謂也. 非十棗陷胸下之之謂也. 然十棗, 陷胸不如單用甘遂或用甘遂天一丸. 結胸, 甘遂末例用三分. 大結胸, 用五分. 龔信所論燥渴, 譫語, 煩燥死者, 若十棗湯下後因以譫語證治之. 連用白虎湯, 則煩燥者必無不治之理."

【해설】

동무가 결흉을 해설하고 치법을 제시하고 있다. 세 가지 병증이란 12, 14, 16조를 말한다. 각각 "한출단기이결흉자汗出短氣而結胸者" "수역환토이결흉자水逆還吐而結胸者" "조갈섬어이결흉자燥渴譫語而結胸者"다. 구본에 잘 요약되어 있다.(구7-1-18) 순서대로 증상이 심중해진다.

한출단기 정도면 형방도적산에 복령, 택사를 1돈씩 가해서 쓰면 된다. 감수를 써서 곧장 수결水結을 쳐버려선 안 된다.

수역환토하면 감수를 먼저 쓴 후 형방도적산을 쓴다. 수결의 처소를 직접 쳐버리는 것이다.

조갈섬어까지 이르면 감수를 급히 쓴 후 지황백호탕을 쓴다.

7-1-18.

감수는 표한병에 수결을 깨뜨리는 약이다. 석고는 이열병에 대변을 소통시키는 약이다. 즉 표병에 감수는 써도 석고는 못 쓰

고 이병에 석고는 써도 감수는 못 쓰는 것이다. 그러나 양수척
족揚手擲足, 인음引飮하면 설사를 하더라도 석고를 쓴다. 비풍痺風
하고 슬한膝寒하면 대변이 불통하더라도 감수를 쓴다.

甘遂, 表寒病破水結之藥也. 石膏, 裏熱病通大便之藥也. 表病可用甘
遂, 而不可用石膏. 裏病可用石膏, 而不可用甘遂. 然揚手擲足, 引飮, 泄
瀉證, 用石膏. 痺風, 膝寒, 大便不通證, 用甘遂.

【해설】

결흉병의 요약으로 활용한 감수에 대해 설명한다. 감수는 수결을
깨뜨리는 약이다. 표병에는 써도 이병에는 쓰지 않는다. 그러나 예
외도 있다. 관절이나 근육의 감각이상(痺風), 또는 무릎이 시리는(膝
寒) 등 표한이 중할 때는 대변불통이더라도 쓰는 것이다.

반면 석고는 대변을 소통시키는 약이다. 이열병의 성약인 지황백
호탕의 주재료가 석고다.(7-2-8)

감수는 파두에 비한다면 오히려 가벼운 약이다. 그러나 결코 가
벼이 써서는 안 된다. 표리의 기운이 버틸 수 있을 때 써야 하며 미
리 미음을 끓여두었다 서너차례 설사하고 나면 먹여준다. 구본에서
는 수입즉토, 심하수불가근 같은 결흉병과 급성 인후병의 성약이라
불렀다.(구7-1-21)

7-1-19.

소음인의 상한병에 소복경만증이 있고 소양인의 상한병에 심하
결흉증이 있다. 이 두 증은 모두 표기의 음양이 허약해서 정기

와 사기가 서로 싸우다 시간이 흘러도 완쾌하지 않고 결국 이
기 역시 비삽하고 편안해지지 못하면서 생긴 것이다.

少陰人傷寒病, 有小腹硬滿之證. 少陽人傷寒病, 有心下結胸之證. 此二
證俱是表氣陰陽虛弱正邪相爭累日不決之中, 裏氣亦祕澁不和而變生此
證也.

【해설】

소양인 심하결흉과 소음인 소복경만을 비교한다. 심하는 위 부위
이고 소복은 대장 부위다. 소양인과 소음인의 생리 안에서 병증에
대한 이해를 시도하고 있다.

소음인이 상한표병으로 기인여광其人如狂하다가 이한裏寒이 발생
하면 소복경만이 생긴다. 소양인이 상한표병으로 구고口苦, 인건咽
乾, 목현目眩하다가 이열裏熱이 발생하면 심하결흉이 생긴다.(구7-1-
20) 모두 표리구병이다.

여기 "이기불화裏氣不和"란 표현이 재미있다. 겉은 풀어야(解) 하
고 속은 편해야(和) 한다. 동무가 말하는 "화해和解"란 곧 표해이화
表解裏和를 의미한다.

7-1-20.

이자건이 『상한십권론』에서 말한다. "상한 복통에 열증도 있다.
온난한 약을 함부로 복용해서는 안 된다."

또 말한다. "상한 설사에 음증인지 양증인지 잘 살펴야 한다. 흔
히 하듯 온난약이나 지사약만 복용시켜서는 안 된다."

李子建『傷寒十勸論』曰 "傷寒腹痛, 亦有熱證. 不可輕服溫煖藥."

又曰 "傷寒自利, 當觀陰陽證, 不可例服溫煖及止瀉藥."

【해설】

이자건과 함께 새로운 병증이 등장한다. 동무가 소양인 병에서 가장 경계한 망음병이다.

망음병은 설사병이다. 그런데 태음병, 소음병은 한설사인 반면 망음병은 열설사다. 잘 구분해야 한다.

이자건은 송나라 의사로, 상한십계명에 해당하는 『상한십권』을 지었다. 『활인서』의 부록으로 실려 있으며 허준 역시 간결하게 기록해놓았다.(동11-1/35) 본조는 4계명과 5계명에 해당한다. 이자건이 책을 짓고 남긴 후기를 좀더 읽어보자.

나는 늘 아버지와 할아버지가 모두 상한병으로 돌아가신 것을 안타깝게 생각했다. 그래서 중경의 저서를 구해 심사숙고한 지 8년 만에 비로소 확연하게 깨달아 음양과 경락, 병증과 약성을 뚜렷하게 이해하게 된 것이다. 근래 창장강과 화이허강 일대에는 추위와 도적을 피하다 이 병을 얻은 사람이 파다하다. 중경의 치료법에 근거해서 병증에 따라 약을 썼더니 살아난 자가 수백이 넘었다. 이에 상한은 본래 그렇게 나쁜 병이 아닌데 전부 약을 함부로 써서 죽는다는 사실을 깨닫게 되었다. 다시금 아버지와 할아버지를 생각해보니 모두 돌팔이에게 죽임을 당한 것이었다.

予每念父祖俱死于傷寒. 乃取仲景所著, 深繹熟玩, 八年之后, 始大通悟, 陰陽經絡病證藥性, 俱了然于胸中. 緣比年江淮之民, 冒寒避寇, 得此疾

者頗衆. 玆根据仲景法隨證而施之藥, 所活不啻數百人. 仍知傷寒本無惡
證, 皆是妄投藥劑所致. 因追悼父祖之命, 皆爲庸醫所殺.(『活人書』「傷
寒十勸」)

이자건의 절절한 외침을 깊이 새겨야 한다. 오죽하면 그 옛날 반고
조차 "유병불치有病不治, 상득중의常得中醫"라 했을까?(『한서』「예문지」)
병을 손대지 않는 것이 차라리 하수에게 치료하는 것보다 낫다.

어찌 광고만 듣고 또 TV에 나온 유명한 의사의 말이라면서 건강
식품이나 영양제를 주렁주렁 달고 살 수 있는가? 건강은 결코 그런
식으로 찾아갈 수 없다. 식품도 약품도 영양제까지도 모두 사람을
죽일 수 있다는 사실을 명심해야 한다.

우리는 병화病禍 못지않게 약화藥禍를 주의하고 또 경계해야 한
다. 동무 역시 병이 사람을 죽이는 게 아니라 약이 사람을 죽인다고
안타까워했다. 병불살인病不殺人, 약능살인藥能殺人!(8-1-8)

7-1-21.

주진형이 말한다. "상한의 양증에 몸에 열이 있고 맥이 빠르며
갈증으로 물을 찾고 설사할 때는 시령탕이 괜찮다."
朱震亨曰 "傷寒陽證, 身熱, 脈數, 煩渴引飮, 大便自利, 宜柴苓湯."

【해설】
주진형이 신열설사하는 망양증에 처방을 제시하고 있다. 허준이
"상한자리傷寒自利"의 항목 아래 인용해놓은 문장이다.(동11-1/11)

시령탕은 소시호탕과 저령탕을 합한 것이다. 동무는 약력이 미흡해서 중병이나 위중에는 쓰기 어렵다고 평했다.(구7-1-28)

7-1-22.

반룡산 노인이 말한다. "소양인이 신열, 두통, 설사하면 저령차전자탕, 형방사백산을 써야 한다. 신한, 복통, 설사하면 활석고삼탕, 형방지황탕을 써야 한다. 이 병은 망음병이라고 부른다."
盤龍山老人論曰 "少陽人身熱, 頭痛, 泄瀉, 當用猪苓車前子湯, 荊防瀉白散. 身寒, 腹痛, 泄瀉, 當用滑石苦參湯, 荊防地黃湯. 此病, 名謂之亡陰病."

【해설】

이자건은 복통, 설사를 말했고 주진형은 신열, 설사를 말했다. 동무는 신한, 복통, 설사와 신열, 두통, 설사로 양분한다.

구본에서는 20조, 21조에서 인용한 설사병에 대해 한 조(구7-1-28)만 할애하고 논의를 끝낸다. 망음병이라 이름붙이지도 않는다. 그러나 신본에서는 18조에 걸쳐 상세하게 해설한다.(7-1-22~38) 소양인 표한병은 망음병의 재발견이라 해도 과언이 아니다.

동무는 망음병 논의의 첫 장을 반룡산 노인으로 시작한다. 반룡산 노인은 저자 자신을 말한다. 독자의 관심을 모으기 위한 장치라할 수 있다. 『동의수세보원』 어디에도 없는 각별한 표현이다. 망음병에 대한 간곡한 마음을 읽을 수 있다.

7-1-23.

소양인이 신열, 두통, 설사를 1~2일 혹 3~4일 하다 신열, 두통
은 그대로인데 설사가 갑자기 멎고 오히려 변비가 되는 것은 위
급한 증이다. 섬어와 거리가 멀지 않다.

少陽人身熱, 頭痛, 泄瀉一二日或三四日, 而泄瀉無故自止, 身熱, 頭痛不
愈, 大便反秘者, 此危證也. 距譫語, 不遠.

【해설】

신열, 두통, 설사는 급속히 이열증으로 진행하기도 한다. 화열이
중심인 소양인 병증의 특징이다. 설사가 갑자기 변비로 바뀌며 위증
이 되기도 하니 매우 주의해야 한다.

7-1-24.

설사를 하고 나서 하루가 지나도록 간신히 한번 묽게 변을 보거
나 3~5차 조금씩 묽게 보는데 신열과 두통이 여전하다면 이는
변비가 되려는 징조다. 섬어 전에 이러한 병증이 있으면 섬어가
수일 내 발생할 것이고 섬어 후에 이러한 병증이 있으면 동풍이
코앞에 닥친 것이다.

泄瀉後大便一晝夜間艱辛一次滑利或三四五次小小滑利, 身熱, 頭痛因
存者, 此便秘之兆也. 譫語前有此證, 則譫語當在數日. 譫語後有此證, 則
動風必在咫尺.

【해설】

신열, 두통의 설사가 변비로 바뀌는 과정을 설명한다. 설사에서, 변비로, 섬어로, 동풍으로 병이 급속히 치달아 간다. "동풍動風"은 급성 경련을 말한다.

7-1-25.

소양인이 갑자기 토하면 반드시 기이한 증상이 생긴다. 형방패 독산을 쓰고 나서 그 동정을 살펴야 할 것이다. 신열, 두통, 설 사가 있다면 석고를 씀에 의심의 여지가 없고 신한, 두통, 설사 가 있다면 황련, 고삼을 씀에 의심의 여지가 없다.

少陽人忽然有吐者, 必生奇證也. 當用荊防敗毒散以觀動靜. 而身熱, 頭 痛, 泄瀉者, 用石膏無疑. 身寒, 頭痛, 泄瀉者, 用黃連, 苦參無疑.

【해설】

본조의 구토는 습곽란濕癨亂에 가깝다. 토하고 설사한다. "기증奇 證"이란 설사를 의미한다. 즉 망음병의 전구 증상으로 구토가 있을 수도 있음을 말하고 있다.

모든 구토에 형방패독산을 쓰는 것은 당연히 아니다. 결흉이면 형방도적산을 쓰고 식체면 독활지황탕을 써야 한다. 원인과 증상을 살펴 처방할 뿐이다!

석고와 지모는 형방사백산, 저령차전자탕의 주재료다. 황련, 고삼 은 활석고삼탕의 주재료다. 신한에 쓴다고 하지만 황련, 고삼도 매 우 찬 약들이다. 소양인이 얼마나 뜨거운 사람인지 짐작할 수 있다.

7-1-26.

일찍이 돌도 지나지 않은 소양인 아이가 갑자기 한번 토하더니 설사, 신열, 두통이 생기고 손발을 휘저으며 몸을 엎치락뒤치락 하고 물을 찾으면서 4~6회 대중없이 설사하는 것을 본 적이 있다. 형방사백산을 하루 3첩, 이틀간 6첩 쓰니 설사가 멎고 신열, 두통이 가벼워졌다. 이어서 5~6첩을 더 쓰니 편안해졌다.

嘗見少陽人兒生未一周年, 忽先一吐, 而後泄瀉, 身熱, 頭痛, 揚手擲足, 轉輾其身, 引飮, 泄瀉四五六次無度數者. 用荊防瀉白散日三貼兩日六貼, 然後泄瀉方止, 身熱, 頭痛淸淨, 又五六貼而安.

【해설】

구토 후 생긴 기이한 증상의 일례를 들고 있다. 바로 신열, 두통, 설사다. 신생아가 토하고 설사하면서 경련이 일어난다. 석고를 써야 한다.

7-1-27.

소양인이 신열, 두통하면서 손발을 휘젓고 물을 찾으면 이는 험증이다. 설사가 나더라도 반드시 석고를 써야 한다. 설사 유무를 막론하고 형방사백산에 황련, 과루를 각1돈 가해서 쓰거나 심하면 지황백호탕도 쓴다.

少陽人身熱, 頭痛, 揚手擲足, 引飮者, 此險證也. 雖泄瀉, 必用石膏. 無論泄瀉有無, 當用荊防瀉白散加黃連, 瓜蔞各一錢或地黃白虎湯.

【해설】

앞 조를 부연한다. 석고는 이열병에 대변을 소통시키는 약이다. 설사엔 금기다. 그런데 한 가지 예외가 있었다. 양수척족, 인음할 때다. 이때는 설사를 하더라도 석고를 써야 한다.(7-1-18)

신열, 두통, 설사의 처방은 형방사백산과 저령차전자탕이다.(7-1-22) 그런데 험증에는 형방사백산에 황련, 과루를 추가해서 쓴다.

형방사백산과 저령차전자탕의 옛 버전은 각각 시호과루탕(구7-6-4), 시호사령탕(구7-6-5)인데 여기에 황련과 과루실이 모두 들어 있었다. 즉 황련과 과루실은 과거에 즐겨 쓰던 신열 설사 치료약이었던 것이다.

따라서 본조의 과루는 과루실로 새겨야 한다. 과루인은 하늘타리의 씨로 거담작용이 강하다.(腎之痰飮, 竹瀝, 瓜蔞仁也. 보유18-2) 그래서 형방도적산에 들어간다. 반면 열매인 과루실은 청열작용이 더 강하다. 그래서 신열 설사에 더 적합한 것이다.

신열 설사는 곧바로 변비로 이행한다. 만약 변을 못 본 지 만 하루가 지났다면 지체 없이 지황백호탕을 써야 한다.

7-1-28.

소양인이 신열, 두통이 있으면 벌써 경증은 아닌 것이다. 그런데 설사까지 있다면 위험증이다. 반드시 형방사백산을 하루 2~3번 매일 복용하게 하여 신열, 두통이 가라앉은 뒤에야 위험을 모면할 수 있다.

凡少陽人有身熱, 頭痛, 則已非輕證. 而兼有泄瀉, 則危險證也. 必用荊防瀉白散. 日二三服又連日服. 身熱, 頭痛清淨, 然後可免危險.

【해설】

신열, 두통, 설사에 관한 논의를 일단락한다.

소양인은 신열, 두통만 나타나도 가벼운 증상이 아니다. 소양인의 표병에 두통이 생기면 이미 중증이라고 했다.(7-1-45) 여기에 양수척족, 인음까지 더하면 험증이다.(7-1-27) 그리고 설사에 이어 변비까지 가면 위증이 된다.(7-1-23)

소양인의 신열, 두통, 설사는 위험증이라 말하지 않을 수 없다. 신열, 두통까지 완전히 사라진 후 치료를 종결해야 한다. 처음부터 끝까지 예의주시하면서 마음을 놓아선 안 된다.

7-1-29.

소양인이 신한, 복통하면서 하루 사이 3~5회 설사하면 활석고삼탕을 써야 한다. 신한, 복통하면서 2~3일간 설사가 없거나 혹 간신히 한번 설사하면 활석고삼탕을 써야 하고 혹 숙지황고삼탕을 쓰기도 한다.

少陽人身寒, 腹痛, 泄瀉一晝夜間三四五次者, 當用滑石苦蔘湯. 身寒, 腹痛二三晝夜間無泄瀉或艱辛一次泄瀉者, 當用滑石苦蔘湯, 或用熟地黃苦蔘湯.

【해설】

다음으로 신한, 복통, 설사를 설명한다. 신열, 두통, 설사와 달리

29조와 30조, 두 개 조로 끝난다.

신한, 복통은 급격한 열증으로 전환되지 않는다. 그래서 다소 느긋하다. 대변을 2, 3일 거르더라도 석고를 쓰지 않는다. 활석고삼탕이 적방이며 심하면 숙지황고삼탕을 쓰기도 한다. 숙지황고삼탕은 원래 하소下消의 처방이다.(7-2-17)

구본에는 소양인 복통, 설사에 관한 보다 구체적인 양상이 적혀 있다.

소양인이 배가 약간 아프면서 많은 양의 묽은 변을 당일 2~3회 쏟아내고 멎으면 쾌유한다. 그런데 어떤 복통은 깊은 곳에서 은은하게 아프면서 아플 때마다 설사가 나는 경우가 있다. 혹 통증만 있고 설사가 없기도 하다. 엉덩이가 지키던 진음이 허약해져서 열기가 치고 들어왔기 때문이다.

少陽人病, 微腹痛, 大滑泄, 當日二三度而止者, 其病必快解也, 而有一種腹痛, 隱隱深着, 屢痛屢泄. 或但痛不泄者, 卽膀胱內守之眞陰虛弱, 熱氣相迫之故也.(구7-1-28)

은은하게 속에서 우러나오는 복통을 망음병의 복통으로 보고 있다.

7-1-30.

일찍이 한 소양인이 늘 복통으로 괴로워했는데 육미지황탕 60첩을 쓰니 병이 나은 적이 있다.

또 한 소양인은 10여 년 복통으로 괴로워했는데 한 번 통증이 생기면 혹 5~6개월, 혹 3~4개월, 1~2개월 괴로움에 울부짖는 것을 본 적이 있다. 매번 통증이 생길 때마다 급히 활석고삼탕을 10여 첩 썼고 통증이 없을 때는 마음을 평안히 하고 걱정을 가라앉히며 늘 애심과 노심을 경계하라고 일렀다. 이렇게 1년을 끄니 병이 나았다.

또 한 소양인 소년은 늘 체증으로 더부룩하고 답답해했고 간혹 복통, 요통이 있더니 구안와사 초증이 생긴 것을 본 적이 있다. 독활지황탕을 100일간 200첩을 쓰고 마음을 평안히 하고 걱정을 가라앉히며 늘 애심과 노심을 경계시켰다. 100일이 지나니 몸도 건강해지고 병도 나았다.

嘗見少陽人恒有腹痛患苦者, 用六味地黃湯六十貼而病愈.

又見少陽人十餘年腹痛患苦, 一次起痛, 則或五六個月, 或三四個月, 一二個月叫苦者. 每起痛臨時, 急用滑石苦蔘湯十餘貼. 不痛時, 平心靜慮, 恒戒哀心, 怒心. 如此延拖一周年而病愈.

又見少陽人小年兒恒有滯證痞滿間有腹痛, 腰痛, 又有口眼喎斜初證者. 用獨活地黃湯, 一百日內二百貼服. 使之平心靜慮, 恒戒哀心, 怒心. 一百日而身健病愈.

【해설】

복통 임상례 세 건이 나온다. 소양인의 복통은 신한, 복통, 설사의 범주에서 논의된다.

일반적인 만성 복통에는 육미지황탕을 썼다. 3제를 쓰며 서서히 보음補陰시켜 주었다. 육미지황탕은 대표적인 허로약으로 신수부족腎水不足에 쓴다. 우박虞搏의 『의학정전醫學正傳』에 나온다.(7-5-3)

육미지황탕을 복통에 쓴 예는 『동의보감』에 없다. 매우 창의적인 동무의 활법이다. 소양인의 복통은 보음해주면 기가 막힌다는 사실을 발견한 것이다.

그래서 동무는 육미지황탕을 기준으로 여러 처방을 구상했다. 복통이 되기 직전 식체비만이 주증이면 독활지황탕을, 복통이 위주면 육미지황탕을, 복통에 설사까지 나오면 형방지황탕을 창방했다.

위 처방들은 모두 수십 첩에서 수백 첩까지 쓸 수 있는 보약들이다. 본조의 케이스에서도 육미지황탕은 60첩, 독활지황탕은 200첩을 썼다. 형방지황탕은 수백 첩까지 쓸 수 있다고 했다.(7-6-7) 식체비만, 복통, 설사를 모두 보음으로 해결한 놀라운 현장이다!

한편 통증이 극심한 복통에는 활석고삼탕을 썼다. 활석고삼탕은 설사약이라기보다 급성 복통약이다. 그래서 오래 쓰지 않는다.

소양인 복통은 특히 심리적 요인을 중시한다. 마음의 평정을 계속 강조하고 있다.

7-1-31.

옛 의서에 "머리는 냉으로 아픈 법이 없고 배는 열로 아픈 법이 없다"는 말이 있다. 이 말은 틀렸다. 왜 그렇게 말하는가? 소음인은 원래 냉이 우세하다. 그러므로 두통 역시 열이 아니라 냉으로 아픈 것이다. 소양인은 원래 열이 우세하다. 그러므로 복통 역시 냉이 아니라 열로 아픈 것이다.

옛 의서에 또 "땀이 많으면 양이 없어지고 설사가 많으면 음이 없어진다"는 말이 있다. 이 말은 맞다. 왜 그렇게 말하는가? 소음인이 비록 냉이 우세할지라도 음성격양하여 패양이 밖으로 달아나면 번열하면서 땀이 많아진다. 이를 망양병이라 부른다. 소양인이 비록 열이 우세할지라도 양성격음하여 패음이 안으로 달아나면 외한하면서 설사를 한다. 이를 망음병이라 부른다. 망양병과 망음병은 약을 쓰지 않으면 반드시 죽는다. 급히 치료하지 않아도 반드시 죽는다.

古醫有言 "頭無冷痛, 腹無熱痛." 此言, 非也. 何謂然耶? 少陰人元來冷勝, 則其頭痛亦自非熱痛而卽冷痛也. 少陽人元來熱勝, 則其腹痛亦自非冷痛而卽熱痛也.

古醫又言 "汗多亡陽, 下多亡陰." 此言, 是也. 何謂然耶? 少陰人雖則冷勝, 然陰盛格陽, 敗陽外遁, 則煩熱而汗多也. 此之謂亡陽病也. 少陽人雖則熱勝, 然陽盛格陰, 敗陰內遁, 則畏寒而泄下也. 此之謂亡陰病也. 亡陽, 亡陰病, 非用藥, 必死也. 不急治, 必死也.

【해설】

동무는 38조까지 끊임없이 망음병을 해설한다. 단일 병증에 대한 논평으로는 가장 많은 분량을 차지하고 있다. 특히 31조에서 37조는 소음인의 망양과 소양인의 망음을 비교 분석하는 내용이다. 『동의수세보원』을 통틀어 가장 강조한 병증이 곧 망양병과 망음병이라 할 수 있다.

동무는 상한병을 한열로 양분했다. 그러나 소음인 병의 근간에는 냉승冷勝이 있고 소양인 병의 근간에는 열승熱勝이 있다. "승勝"은 우세하다는 뜻이다. 그래서 소음인 병은 냉병 아닌 것이 없고 소양인 병은 열병 아닌 것이 없다.

그런데 소음인이 음기가 지나치게 왕성해지면 양기가 바깥으로 쫓겨나게 된다. 이것이 음성격양陰盛格陽이며 망양병의 기전이다. 소양인은 양기가 지나치게 왕성해지면 음기가 안으로 내몰리게 된다. 이것이 양성격음陽盛格陰이며 망음병의 기전이다. 다시 말해서 소음인의 표열병과 소양인의 표한병 역시 냉승과 열승의 간접적인 표현일 뿐인 것이다.

人	病	藥
소음인(냉승)	표열병(냉지열)	온
	이한병(냉지한)	열
소양인(열승)	표한병(열지한)	량
	이열병(열지열)	한

소음인의 표열병은 냉지열이요, 이열병은 냉지한이다. 소양인의 표한병은 열지한이요, 이열병은 열지열이다.

소음인 약은 기본적으로 따뜻한 약이다. 이한병 약이 더욱 따뜻하다. 소양인 약은 기본적으로 찬 약이다. 이열병 약은 더욱 차다.

7-1-32.

망양은 양이 상승하지 못하고 오히려 하강해서 양이 없어지는 것이다. 망음은 음이 하강하지 못하고 오히려 상승하여 음이 없어지는 것이다.

위에서 음성하여 격양하게 되면 양이 음에 억눌려 흉격으로 상승하지 못하고 대장으로 빠져버려 밖으로 엉덩이로 달아난다.

그러므로 등이 번열하면서 땀이 나는 것이다. 번열하면서 땀이 나는 것은 양이 성해서 그런 것이 아니다. 이는 속은 얼음장 같은데 밖이 활활 탄다는 것으로 양이 장차 없어지려는 징조다.

아래에서 양성하여 격음하게 되면 음이 양에 막혀 엉덩이로 하강하지 못하고 배려로 거슬러 올라가 안으로 흉격 속으로 달아난다. 그러므로 장위가 외한하며 설사하는 것이다. 외한하면서 설사하는 것은 음이 성해서 그런 것이 아니다. 이는 속이 활활 타는데 밖이 얼음장 같다는 것으로 음이 장차 없어지려는 징조다.

亡陽者, 陽不上升而反爲下降, 則亡陽也. 亡陰者, 陰不下降而反爲上升, 則亡陰也.

陰盛格陽於上, 則陽爲陰抑, 不能上升於胸膈, 下陷大腸而外遁膀胱. 故背表煩熱而汗出也. 煩熱而汗出者, 非陽盛也. 此所謂內氷外炭, 陽將亡之兆也.

陽盛格陰於下, 則陰爲陽壅, 不能下降於膀胱, 上逆背膂而內通膈裏. 故腸胃畏寒而泄下也. 畏寒而泄下者, 非陰盛也. 此所謂內炭外氷, 陰將亡之兆也.

【해설】

망양과 망음의 병리를 대비적으로 정리하고 있다. 동무의 도식적 정교함이 여실히 드러난다. 망양과 망음의 정확한 대응관계는 매우 짜릿한 지적 쾌감을 불러일으켰을 것이다. 마치 자신이 발굴한 사상인을 통해 인체의 신비를 간파해낸 듯한 전율을 느꼈을지도 모를 일이다. 그래서 동무는 망양과 망음에 특별히 열광했던 것 같다.

동무는 끊임없이 도식을 추구했다. 구본에서도 수많은 도식을 구상한다. 그러나 신본에서는 모두 파기해버렸다. 신본의 도식 역시 시험적 시도일 뿐임은 너무나 자명한 사실이다.

우리는 흥분을 가라앉히고 병증을 바라보아야 한다. 도식에 과도하게 집착하지 말아야 한다. 나도 옛날에는 이런 내용이 나오면 별표치며 궁리하곤 했으나 지금은 그리 중요하게 생각되지 않는다. 망양은 양성陽盛이 아니고 음성陰盛이다. 망음은 음성이 아니고 양성이다. 이걸로 족하다.

병증에 대한 이해는 간단명료할수록 좋다. 우리가 집착해야 할 것은 도식이 아니다. 증상과 예후를 세밀히 파악하고 정확하게 치료하는 일이다.

7-1-33.

소음인 상한병에 첫날 땀이 나면 양기가 상승하는 것이다. 인중혈에 먼저 땀이 나면 반드시 병이 풀린다. 그러나 2~3일에도 땀이 멎지 않고 병이 낫지 않으면 양기가 상승하지 못해 망양이 될 것이 분명하다. 소양인 상한병에 첫날 설사하면 음기가 하강하는 것이다. 손발에 먼저 땀이 나면 반드시 병이 풀린다. 그러나 2~3일에도 설사가 멎지 않고 병이 낫지 않으면 음기가 하강하지 못해 망음이 될 것이 분명하다.

망양증과 망음증은 그 병리를 명확히 아는 자라면 발병 전에 미리 병증을 짚어낼 수 있다. 발병 1~2일에는 명백하게 알 수 있다. 3일이 되면 어리석은 자라도 명약관화하게 짚어낼 수 있다. 투약은 절대 2~3일을 넘겨선 안 된다. 4일이면 늦고 5일이면 위급에 직면한다.

少陰人病, 一日發汗, 陽氣上升. 人中穴先汗, 則病必愈也. 而二日, 三日汗
不止, 病不愈, 則陽不上升而亡陽無疑也. 少陽人病, 一日滑利, 陰氣下
降. 手足掌心先汗, 則病必愈也. 而二日, 三日泄不止, 病不愈, 則陰不下
降而亡陰無疑也.

凡亡陽, 亡陰證, 明知醫理者, 得病前可以預執證也. 得病一二日, 明白易
見也. 至于三日, 則雖愚者執證亦明若觀火矣. 用藥, 必無過二三日矣. 四
日, 則晚矣. 五日, 則臨危也.

【해설】

망양과 망음에 대한 정확한 진단과 신속한 치료를 강조한다. 진
단은 발병 1, 2일 내에 이루어져야 한다. 사전 지식이 충분하면 얼
마든지 가능하다. 투약은 발병 2, 3일을 넘기지 않아야 한다. 불과
5일째 위급한 상황이 될 수 있는 병이기 때문이다.

인중과 손발의 땀을 예후의 지표로 삼고 있다. 인중의 땀은 양기
회복, 손발의 땀은 음기 회복의 증거다.

7-1-34.

소음인이 평소 속이 덥고 땀이 많은 자는 발병하면 반드시 망
양이 된다. 소양인이 평소 추위를 타고 설사를 자주 하는 자는
발병하면 반드시 망음이 된다. 망양과 망음이 되는 사람은 평소
에 미리 보음하고 보양해두는 것이 좋다. 망양병과 망음병이 발
병하여 위급해진 후 치료하지 말 것이다.

少陰人平居裏煩汗多者, 得病則必成亡陽也. 少陽人平居表寒下多者, 得
病則必成亡陰也. 亡陽, 亡陰人, 平居預治補陰, 補陽可也. 不可至於亡
陽, 亡陰得病臨危然後救病也.

【해설】

망양과 망음은 예방이 우선이다. 소음인이 평소 속이 덥고 땀이
많으면 보중익기탕으로 보양해두는 것이 좋다. 소양인이 평소 추위
를 타고 설사가 잦으면 형방지황탕으로 보음해두는 것이 좋다.

더 이상 소음인은 몸이 냉하고 소양인은 몸에 열이 많다는 등의
왜곡된 인식은 갖지 말아야 한다. 소음인은 냉기가 많아 몸이 차다
는 말인가? 음성격양! 냉기가 많으므로 오히려 더 뜨거울 수도 있
다는 음양의 도를 생각해야 한다.

7-1-35.

소음인의 망양이 풀리려면 인중에서 먼저 땀이 난다. 한번 땀이
나면 흉격이 상쾌하고 활기가 생긴다. 그러나 망양의 땀은 인중
에 혹 나기도 나지 않기도 하며 여러 차례 땀이 나도 흉격은 답
답하고 기분이 가라앉는다.

소양인의 망음이 풀리려면 손발에서 먼저 땀이 난다. 한번 설사
하면 겉이 시원하고 정신이 또렷하다. 그러나 망음의 설사는 손
발에 땀이 나지 않으며 여러 차례 설사해도 겉이 춥고 정신이
멍하다.

少陰人病愈之汗, 人中先汗, 而一次發汗, 胸膈壯快而活潑. 亡陽之汗, 人

中或汗或不汗, 屢次發汗, 胸膈悶燥而下陷也.

少陽人病愈之泄, 手足掌心先汗. 而一次滑泄, 表氣淸寧而精神爽明. 亡

陰之泄, 手足掌心不汗, 屢次泄利, 表氣溯寒而精神鬱冒.

【해설】

인중의 땀과 손발의 땀을 구체적으로 설명한다. 소음인은 인중에 땀이 나면서 가슴속이 상쾌해진다. 소양인은 손발에 땀이 나면서 기분이 시원해진다. 땀이 나는 양상과 더불어 땀이 난 후 상태가 중요하다.

건강의 최종적 기준은 느낌이라고 말씀드린 적이 있다.(6-3-10) 느낌의 안온함이 건강이며 느낌의 불온함이 건강하지 않은 것이다. "장쾌壯快"와 "청녕淸寧"이 바로 느낌의 안온함이며 건강의 증표다.

"정신精神"은 한의학 고유의 정과 신을 말하는 것이 아니라 요즘의 정신mind과 통한다. 동무는 생각만큼 그리 옛날 사람이 아니다.

7-1-36.

소양인의 위가실병과 소양인의 결흉병은 정기와 사기의 음양 관계가 서로 맞수가 되어 겨루는 것이다. 그러므로 시간이 오래된 이후에야 비로소 위증이 나타난다.

그러나 소음인의 망양병과 소음인의 망음병은 정기와 사기의 음양 관계가 적수가 안 되는데 겨루는 것이다. 그러므로 초증부터 이미 험증이며 곧이어 위증이 된다. 비유하면 병사들이 전투에서 서로 싸우는데 첫날 아군이 적군에게 패하여 얼마간의 병사를 잃고 이튿날 다시 패하여 또 얼마간의 병사를 잃고 3일째 다시 패하여 또 얼마간의 숫자를 잃었다. 3일간 전투로 짐작할 때 장차 싸우면 싸울수록 더욱 패하고 더욱 잃을 것이다. 만약 4일째, 5일째 계속 싸운다면 아군 전체가 전멸할 것임은 자명하다. 이것이 투약이 3일을 넘어서는 안되는 이유다.

少陰人胃家實病, 少陽人結胸病, 正邪陰陽相敵而相格. 故日久而後危證始見也. 少陰人亡陽病, 少陽人亡陰病, 正邪陰陽不敵而相格. 故初證已爲險證, 繼而因爲危證矣.

譬如用兵合戰交鋒. 初一日合戰正兵爲邪兵所敗, 折正兵幾許兵數. 二日又戰又敗, 又折幾許數. 三日又戰又敗, 又折幾許數. 以三日交鋒觀之, 則將愈益戰而愈益敗愈益折矣. 若四日復戰五日復戰, 則正兵之全軍覆沒可知矣. 所以用藥必無過三日也.

【해설】

위가실과 결흉은 정기가 버틸 수 있는 병이다. 그러나 망양과 망음은 정기가 버틸 수 없는 병이다. 이것이 망양과 망음이 위급하고 3일 이내 치료에 나서야 하는 이유라고 말한다.

동무는 상호 병증의 짝을 계속 찾아가고 있다. 체질 고유의 병증을 발굴하고 상관적인 관계 속에서 분석하려 한 것이다. 이러한 병증사분론은 병증의 이해를 심화시키기도 했으나 한편으로 경직시키기도 했다.

반룡산 노인이란 내가 사는 곳에 반룡산이 있어 스스로 반룡
산 노인이라 부른 것이다. 본서의 "논왈" 두 글자는 나의 이야기
가 아닌 게 없다. 그런데 여기 특별히 반룡산 노인을 든 것은 망
양병과 망음병이 가장 위험한 병인데도 사람들이 별것 아닌 것
으로 여겨 쉽게 치료해버리고 마는 것에 경종을 울리고 경각심
을 일깨우고자 함이다.

盤龍山老人者, 李翁所居地有盤龍山, 故李翁自謂盤龍山老人也. 此書中
"論曰"二字, 無非盤龍山老人之論. 而此章特擧盤龍山老人者, 盖亡陽,
亡陰最是險病, 而人必尋常視之易於例治, 故別以盤龍山老人提擧, 驚呼
而警覺之也.

【해설】

반룡산 노인에 대해 해명한다. 동무는 함흥 사람이다. 함흥에서
태어났고 함흥에서 묻혔다. 고향에 대한 애정이 특별했다. 서울 남
산에 앉아 『동의수세보원』을 마무리하면서도 "함흥의 이제마가 남
산에서 글을 마침"(11-26)이라고 했다. 어디에 있건 함흥 출신이라는
사실을 잊지 않았다.

반룡산은 함흥의 북쪽에 있다. 지금은 동흥산東興山이라 불린다.
서울의 북한산 같은 곳이다. 동무는 스스로 반룡산 노인이라 부르
며 반룡산을 매우 사랑했다.

망양과 망음이 무서운 이유는 체액의 급격한 소모를 가져오기 때
문이다. 생명의 직접적인 위협이 되는 것이다. 그러나 링거의 발명은
망액亡液의 공포로부터 인류를 해방시켰다. 복잡한 생리적 고려 없

이 바로 혈관 속으로 수액을 공급할 수 있게 된 것이다.

이제 체액의 손실로 갑자기 생명을 잃는 일은 찾아보기 어렵다. 그렇다고 동무의 장광설이 빛을 잃는 것은 아니다. 망양병과 망음병이 신중히 다루어야 할 병이라는 사실은 변함이 없으며 보양과 보음의 처방은 그것대로 유용한 효능을 발휘하기 때문이다.

7-1-38.

망음병은 옛의사들이 경험하고 투약해서 이야기한 것이 별로 없다. 이자건과 주진형의 글 중 약간의 언급이 있을 뿐이다. 명확히 지적해서 시원하게 밝혀둔 곳이 없는 것이다. 아마도 삽시간에 목숨을 앗아가버리니 경험하고 섭렵할 만한 겨를이 없었기 때문일 것이다.

亡陰證, 古醫別無經驗用藥頭話. 而李子建, 朱震亨書中, 若干論及之. 然自無明的快驗. 盖此病從古以來殺人孟浪甚速, 未暇經驗獵得裏許故也.

【해설】

망음병의 논의를 끝내며 간략한 소회를 밝힌다. 반룡산 노인의 정체까지 밝히고도 아쉬워 또 사족을 달고 있다. 태양인 동무답지 않은 뒤끝 있는 마무리다. 동무는 당시 망음병에 상당히 고무되어 있었던 것 같다.

역사상 망음병에 관한 기술이 희소하다는 사실 속에서 동무의 논의가 가진 역사적 의의가 드러나고 있다.

7-1-39.

장중경이 말한다. "태양병이 낫지 않고 소양으로 전입하면 옆구리 아래가 단단하고 그득하며 헛구역질이 나서 먹지를 못하고 한열이 왕래한다. 아직 토법이나 하법을 쓰지 않았고 맥이 침긴하다면 소시호탕을 준다. 이미 토법이나 하법, 한법을 써서 섬어증이 생기고 시호증이 없어졌으면 이는 괴병이다. 괴병 치료법을 따른다."

張仲景曰 "太陽病不解, 轉入少陽者, 脇下硬滿, 乾嘔不能食, 往來寒熱者, 尙未吐下, 脈沈緊者, 與小柴胡湯. 若已吐下發汗, 譫語, 柴胡證證罷, 此爲壞病, 依壞法, 治之."

【해설】

소양병의 괴증이다.(동10-2/13) 소양병은 한토하 3법으로 구제할 수 없다. 쓰면 괴이한 증상만 더 생기고 병이 더 심해진다. 그래서 중경이 변통하여 소시호탕을 구상했던 것이다.(7-1-8)

본조는 금기를 어겨서 발생한 괴증을 설명하고 있다.(『상한론』 274) 바로 섬어인데, 섬어는 열에 치어 헛소리를 하는 증상이다.

7-1-40.

상한에 맥이 현세하고 두통, 발열이 있으면 소양에 속한다. 발한시켜서는 안 된다. 만약 발한시키면 섬어가 생긴다.

傷寒, 脈弦細, 頭痛, 發熱者, 屬少陽, 不可發汗, 發汗, 則譫語.

【해설】

소양병에 한법은 금기다. 역시 섬어가 생긴다.(『상한론』 273) "발광-섬어-동풍"을 한 세트로 기억해두자. 그리고 임상례들을 살펴보겠다.

7-1-41.

일찍이 소양인이 상한으로 발광, 섬어하는 병증을 치료한 적이 있다. 때는 을해년(1875, 동무 39세) 청명절후(4월 5, 6일)였다. 한 소양인이 상한으로 한다열소병이 생기더니 4, 5일 지나서 한낮에 숨이 가쁘고(喘促) 호흡이 짧아졌다(短氣). 그때는 경험이 미숙하여 소양인에게 응용할 수 있는 약은 육미탕이 최고라고만 생각했었다. 그래서 감히 다른 약을 쓸 생각을 못하고 그저 육미탕을 한 첩 써주었다. 그랬더니 환자의 숨찬 증상이 그 즉시 진정되었다.

며칠 후 환자가 발광, 섬어, 천촉이 다시 발생해 또 육미탕을 한 첩 썼더니 천촉이 약간 안정되는데 전날처럼 즉시 진정되지는 않았다. 환자가 발광을 3일 계속하더니 오후 들어 천촉이 다시 발생했다. 또 육미탕을 썼더니 천촉이 전혀 진정되질 않고 잠시 후 설권, 동풍, 구금불어가 생긴다. 이때서야 비로소 육미탕으로 되는 게 아니라는 걸 깨닫게 되었다. 급히 백호탕 한 첩을 달인 후 대나무 관을 이용해 코로 불어넣어 목구멍으로 넘기게 하고 상태를 지켜보니 설권, 구금은 그대로나 뱃속에서 꾸르륵 소리가 약간 들린다. 곧바로 양 화로에 약을 끓여 코로 두세 첩 졸졸 부어넣었더니 환자 뱃속이 크게 꾸르륵거리면서 방기가 나왔다. 이번에는 세 명이 환자를 붙들고 대나무 관으로 코에 약을 붓는데 기력이 갈수록 강해져 세 명도 감당키 어려웠다. 계속해서 코로 졸졸 들이부어 오후 3시부터 밤 11시까지 석고 8냥을 사용했다. 끝에는 환자의 배가 크게 부풀어 오르더니 각궁반장이 나타났다. 각궁반장 후 좀 있다가 땀이 나면서 잠들었다.

다음 날 해뜰 무렵 또 백호탕 한 첩을 복용시켰다. 해가 뜨고 무른 변을 한 번 보더니 병이 쾌차했다.

병이 나은 후 눈병이 있어서 석고와 황백가루를 각 1돈씩 하루 2회 복용하게 했더니 7~8일 후 눈병 역시 나았다.

당시는 아직 대변 관찰법을 모를 때라 대변이 며칠이나 막혔는지 살피지 못했다. 아마도 이 환자는 먼저 표한병부터 발생한 후 대변이 막히면서 이 병증이 발생했을 것이다.

嘗治少陽人傷寒發狂, 譫語證. 時則乙亥年淸明節候也. 少陽人一人得傷寒寒多熱少之病, 四五日後午未辰刻, 喘促, 短氣. 伊時經驗未熟. 但知少陽人應用藥六味湯最好之理. 故不敢用他藥, 而祇用六味湯一貼. 病人喘促, 卽時頓定.

又數日後. 病人發狂, 譫語, 喘促又發. 又用六味湯一貼, 則喘促雖少定而不如前日之頓定矣. 病人發狂連三日, 午後喘促又發. 又用六味湯, 喘促略不少定, 有頃舌卷, 動風, 口噤, 不語. 於是而始知六味湯之無能爲也. 急煎白虎湯一貼, 以竹管吹入病人鼻中下咽, 而察其動靜, 則舌卷, 口噤之證不解, 而病人腹中微鳴. 仍以兩爐煎藥, 荏苒灌鼻數三貼後. 病人腹中大鳴, 放氣出焉. 三人扶持病人, 竹管吹鼻灌藥, 而病人氣力益屈强, 三人扶持之力幾不能支當矣. 又荏苒灌鼻, 自未中時至亥子時, 凡用石膏

八兩. 末境, 病人腹中大脹, 角弓反張之證出焉. 角弓反張後, 少頃得汗
而睡.

翌日平明, 病人又服白虎湯一貼. 日出後, 滑便一次而病快愈.

愈後有眼病, 用石膏黃柏末各一錢, 日再服. 七八日後, 眼病亦愈. 伊時
未知大便驗法, 故不察大便之祕閉幾日. 然想必此病人先自表寒病得病
後, 有大便祕閉而發此證矣.

【해설】

상한 후 발광, 섬어의 치험례다.

少陽人表寒病論
—
771

소양인 상한병의 중증도

"한다열소寒多熱少"란 오한이 발열보다 심하다는 뜻이다. 소양인
의 상한병이며 형방패독산을 쓰면 된다. 그런데 4, 5일이 지나니 숨
이 가쁘고(喘促), 호흡이 짧아지는(短氣) 증상이 생긴다. 육미탕으로
해결을 봤다. 우박의 육미지황탕이다.(7-5-3)

그런데 며칠 후 증상이 더욱 심각해져왔다. 천촉에 더해 발광, 섬
어가 나타난 것이다. 이때부터 병과의 한판 승부가 시작된다. 그래
서 초두에 발광, 섬어 치험례라고 밝힌 것이다.

동무의 해법은 또다시 육미탕이었으나 어찌된 일인지 효과가 없
다. 오히려 심해진다. 동풍, 즉 경련이 생겼다. 혀가 경직되고(舌卷)
입이 벌어지지 않는 것(口噤)이다. 아주 난감한 상황이 돼버렸다.

이 환자는 상한병으로 한다열소, 천촉단기, 발광섬어, 설권동풍

의 과정을 밟는다. 으슬으슬 한기가 들며 열이 있더니 호흡이 가빠
지고 급기야 미친듯 헛소리하고 마침내 혀가 마비되며 경련이 생기
게 된다. 소양인 상한병의 순서를 고스란히 밟고 있다. 소양인 외감
병의 과정이 구본에 일목요연하게 기술되어 있다.

소양인 외감방광병에 발열, 오한, 신통, 번조, 맥부긴하면 초기 경
증이다. 한열왕래, 흉협만하면 좀더 심한 증이다. 결흉은 좀더 중
증이다. 단기, 천촉은 좀더 험증이다. 단기, 천촉은 방광부족이
바닥난 형세다. 급히 치료하지 않으면 위험해진다. 시호과루탕,
천금도적산을 하루 3, 4회 수일 복용해야 한다.
少陽人膀胱病, 發熱, 惡寒, 身痛, 煩躁, 脈浮緊者, 初輕證也. 寒熱往
來, 胸脇滿者, 次尤證也. 結胸者, 次重證也. 短氣, 喘促者, 次險證也.
短氣, 喘促者, 膀胱不足之竭勢也. 不急治, 必危. 當用柴胡瓜蔞湯, 千金
導赤散. 日三四服又連日服.(구7-1-25)

구본은 1894년에 완성했다. 천촉단기에 육미탕을 쓰던 시절로부
터 20여 년이 지났다. 동무의 처방도 그간 획기적으로 도약했다.
　발광섬어는 더욱 심한 험증이다.(尤極險證. 7-1-17) 동무는 그전에
먼저 대변비폐가 나타났을 것이라 짐작한다. 본격적인 이열증으로
진입한 것이다. 그리고 마침내 설권동풍까지 간다.
　동무는 발광섬어를 만나고 비로소 육미탕의 한계를 절감했다. 그
리고 병증의 한열 개념이 의식 속에서 급부상하게 되었다! 대변이
막히면서 생기는 두드러진 열적 증상을 확연히 인식하게 된 것이다.
열을 바로 쳐내기 위해 선택한 것이 바로 백호탕이다.(7-4-1)

사상인 처방의 시원

본조에는 사상인 처방의 출발에 관한 매우 중요한 단서가 포함되어 있다. 동무는 처음에 소양인에게 오직 하나의 처방만을 사용했다는 사실이다.

당시에는 경험이 미숙하여 소양인 응용약으로 육미탕이 최고라고만 알아서 다른 약은 감히 쓰질 못했다.

伊時經驗未熟, 但知少陽人應用藥六味湯最好之理, 故不敢用他藥.

1875년, 동무 39세의 일이다. 당시 소양인이라는 이름조차 없었을지 모른다. 유학적 관심에서 시작한 비박탐나인에 대한 의학적 탐색이 처음 시행될 시기였다. 박인薄人의 베스트 처방으로 육미탕을 확보했다. 보음만 해주면 경망스럽던 사람이 묵직해지고 건강이 좋아지는 경험을 했을 것이다.

반면 나인懦人은 보양만 해주면 게으르던 사람이 활발해지고 건강이 좋아졌을 것이다. 나인의 베스트 처방으로는 사군자탕이 가장 유력하다. 우리는 그 근거를 동무의 약성가에서 찾을 수 있다.

「동무유고 약성가」는 각 체질에서 가장 취약점을 보강하는 의미에서 소음인에서는 인삼, 백출, 자감초를 중심으로 한 보비補脾를, 소양인에서는 숙지황, 산수유, 복령을 중심으로 한 보신補腎을, 태음인에서는 맥문동, 오미자, 길경砂糖을 중심으로 한 보폐補肺를 강조했다.(박성식, 「「동무유고 약성가」에 대한 연구」, 『사상체질의학회지』, 2001:13(2):25)

탐인貪人의 최적방은 생맥산이었다. 먹기만 하면 기력이 용솟음쳤다.(8-4-4) 비인鄙人은 미후도였을 것이다. 동무가 자신의 구토병을 고치기 위해 찾아낸 약이 바로 다래, 곧 미후도다.(권15-3)

동무의 30대에는 사상인이 없었다. 사상인의 의학이 시작되지 않았다. 표리한열은 물론 병증도 없다. 오직 비박탐나인만 있었다. 당시 동무는 사종인四種人 최고의 처방을 찾아 나섰고 마침내 전속 처방을 선정하기에 이르렀던 것이다.

동무는 전속 처방을 연구하면서 의학적 안목을 길러갔을 것이다. 육미탕을 최고의 처방으로 등록하기까지 무수한 경험의 과정이 있었을 것 아닌가? 육미탕의 미흡을 깨닫고 곧바로 백호탕을, 그것도 코로 삽관해서 투여했다는 임상례 자체가 이미 이론적 지식과 임상적 감각이 일정 수준에 도달했음을 보여준다. 『상한론』에 대한 식견이 상당했던 것이다.

동무는 처음에 사람만 봤다. 그러나 그것만으론 한계가 너무 명확하다. 그리고 비로소 병을 보기 시작했다. 병을 분석하고 분류하기 시작한 것이다. 병은 의사를 겸손하게 만드는 것 같다. 병은 우리를 안주하게 하질 않는다. 병이야말로 의사의 참 스승이다.

동호 권도원의 8체질침 또한 현재 질병에 따른 화려한 용법을 자랑하지만 그 시작은 단 여덟 가지 처방을 통한 모든 질병의 해결이었다. 그 여덟 가지 치료처방을 1965년 처음으로 공개했던 것이다.

동호의 사고의 근저는 동무와 맞닿아 있다. 그리고 동무가 걸었던 창방의 역정을 그대로 밟는다. 사람만 보다가 질병을 보기 시작한 것이다. 체질의학이 쉬운 듯하나 쉽지 않은 이유가 여기 있다.

7-1-42.

그 후 또 한 소양인이 상한으로 열다한소한 병을 얻은 자가 있었다. 어떤 사람이 꿩고기 국을 먹으라 해서 먹었더니 바로 양독으로 두드러기가 생겼다. 내가 백호탕을 3첩 연이어 복용하라 일렀으나 반첩만 복용했다. 이후 환자 집이 어쩔 줄 몰라 난리가 나서 왕진을 갔더니 환자가 정신이 혼미하고 이미 풍이 동하려 하며 소리를 듣지 못하고 헛소리하며 혀에는 백태가 가득했다. 마침 들고 간 약 가방에 석고 1근과 활석 1냥밖에 다른 약이 없어 급히 석고 1냥과 활석 1돈을 끓여 단번에 마시게 했다. 이튿날 또 석고 1냥, 활석 1돈을 복용시켰다. 이 양일간 대변은 만 하루를 넘지 않고 보았다.

3일째 이르러 환자의 집에서 석고를 너무 과용해 잘못되지 않을까 걱정해서 임의로 하루 동안 석고를 쓰지 않았다.

4일째 또다시 환자 집이 난리가 나서 왕진을 갔더니 환자가 대변이 막힌 지 이틀 밤이 되었고 발음이 불분명하고 아관긴급하여 마시질 못한다. 급히 석고 2냥을 달여 간신히 넘기게 하니 반은 토하고 반은 삼킨다. 잠시 후 어금니 사이(牙關)가 풀렸으나 발음은 여전히 불분명하다. 다시 석고 1냥을 연복시켰다.

그다음 날에는 오후에 또다시 풍이 동해 약을 삼키지 못할까 걱정해서 오전에 미리 약을 써서 동풍을 대비했다. 다시 5, 6일 정도 복용했으니 전후로 석고를 사용한 것이 대략 14냥이다. 마지막에는 수일간 발광하더니 발음이 우렁차지며 병이 나았다. 수개월 뒤에는 드디어 문 앞을 나다녔다.

其後又有少陽人一人得傷寒熱多寒少之病. 有人敎服雉肉湯, 仍成陽毒發斑. 余敎服白虎湯連三貼, 而其人只服半貼.

數日後, 譫語而病重. 病家愳急顚倒往觀, 則病人外證昏憒, 已有動風之

漸, 而耳聾, 譫語, 舌上白胎. 藥囊祗有石膏一斤, 滑石一兩, 而無他藥,

故急煎石膏一兩, 滑石一錢, 頓服.

而其翌日, 又服石膏一兩, 滑石一錢. 此兩日則大便皆不過一晝夜.

至于第三日, 病家以過用石膏歸咎, 故一日不用石膏矣.

至于第四日, 病家愳急顚倒往觀, 則病人大便祕閉兩夜一晝, 而語韻不分

明, 牙關緊急, 水飮不入. 急煎石膏二兩, 艱辛下咽, 而半吐半下咽. 少頃

牙關開, 而語韻則不分明如前. 又連用石膏一兩.

其翌日則以午後動風藥不下咽之慮, 故預爲午前用藥以備動風. 而又五六

日用之, 前後用石膏凡十四兩. 而末境發狂數日, 語韻宏壯而病愈. 數月

然後, 方出門庭.

【해설】

상한 후 섬어, 동풍의 치험례다. 발광, 섬어의 앞 조보다 더 심한

경우다. 대변험법을 터득한 것으로 보아 제법 시간이 흐른 뒤임을

알 수 있다.

열독에는 석고

"열다한소熱多寒少"는 발열이 오한보다 더 심한 것이다. 시작부터

열이 심상치 않다. 그런데 주변의 권유로 꿩을 삶아 먹었더니 붉은

반점이 올라오는 것이다. 불에 기름을 부은 격이라 할 수 있다. 바로

열독이다. 동무는 "양독발반陽毒發斑"이라 불렀다. 매우 위험한 증상
이다.

상한시기병에 가슴과 등, 손발, 혹은 얼굴까지 비단의 자그마한
무늬처럼 발진이 생기는 증상이 가장 위험한 양독이다. 양독백호
탕을 3~4회씩 수일간 복용해야 한다.

傷寒時氣病, 胸背手足或面部發斑如錦紋細粒者, 最爲奇險之陽毒也. 宜
用陽毒白虎湯, 三四服又連日服.(구7-2-7)

본조에서는 백호탕을 처방했다. 그런데 병가에서 처음부터 의사
의 지시를 잘 따라주질 않는 것이다. 의학에 대한 약간의 지식이 있
었던 집인 듯하다. 석고 과용을 끝까지 우려하고 있다. 덕분에 석고
의 효과를 드라마틱하게 보여주는 사례가 되어버렸다.

마지막에 발광한 것은 병증의 호전을 보여주는 것이다. 발광-섬
어-동풍에서 첫 단계인 발광으로 병이 내려온 것이다. 병가는 사색
이 됐고 동무는 내심 흐뭇한 미소를 지었을 것이다. 섬어에는 석고
1냥을, 동풍에는 2냥을 썼다.

총 석고 사용량을 언급한 것은 핵심 약재를 강조하는 동시에 기
존에 없던 과량 복용에 대한 의구심을 완화시켜주고자 하는 의도라
볼 수 있다.

41, 42조는 구본의 내촉병론에 그대로 나오는데 마지막에 짧은
해설이 달려 있다.

이들 병을 통해 보면 양독발반은 가장 위험한 초증임을 알 수 있

다. 발광하고 우렁차게 말하는 것은 섬어보다 더 가벼운 것이다.
그리고 섬어에서 정신이 혼미하면 섬어보다 더욱 위험한 상태다.
천촉에서 기운이 가라앉으면 천촉보다 더욱 위험한 상태다.

以此病觀之, 則陽毒發班, 最險於初證也. 發狂壯談, 猶賢於譫語也. 而
譫語之昏憤者, 譫語之尤危也. 喘促之低陷者, 喘促之尤險也.(구7-1-11)

뭔가 시끌벅적하다면 아직 싸울 힘이 남아 있다는 증거다.

7-1-43.

그 후로 또 한 소양인을 본 적이 있다. 처음에 두통, 신열 등의
표한병을 얻어 8, 9일이 될 때까지 황련, 과루, 강활, 방풍 등의
표한병약을 사용했는데 병세가 조금 나은 듯하더니 결국 깔끔
히 없어지진 않았다. 곧이어 3일간 발광하는데도 환자 집에서는
보통 있는 흔한 증상으로 보고 계속 황련, 과루 등만 쓸 뿐이었
다. 다시 섬어를 수일 하니 그제서야 지황백호탕을 한 첩 복용
했다.

이튿날 오후 동풍이 발생하니 급히 지황백호탕을 달여 3첩으
로 구급했는데 간신히 삼켰다.

그다음 날 백호탕에 석고 1냥을 가하여 오전에 복용시켜 동풍
에 대비했다. 3일을 그렇게 복용시켰더니 환자가 혼자 일어나
앉고 서서 대소변을 보며 병세가 전에 비해 한결 좋아졌다. 그러
나 불행하게도 병이 좀 낫더니 다시 도져 안타깝게 완치에 이
르지는 못했다. 이 사람은 끝내 구하지 못했다. 한스러운 것은

오전에만 백호탕을 2첩 써서 동풍에 대비했을 뿐 오후에는 전혀 약을 쓰지 않아서 그 효과를 이어주지 못했다는 것이다.

이상 세 건의 임상례로 보면 발광, 섬어의 증상에는 백호탕을 오전에만 써서 동풍에 대비해선 안 된다. 하루에 5, 6첩이든 7, 8첩이든 10여 첩이든 낮에도 쓰고 밤에도 더 써주는 것이 좋다. 반드시 섬어를 기다려 약을 쓸 필요도 없고 발광하면 바로 약을 써주는 것이 바람직하다. 발광을 기다려 약을 쓸 필요도 없다. 발광 전에 일찍 발광이 되려는지 살펴주는 것이 바람직하다.

其後又有少陽人一人, 初得頭痛, 身熱表寒病八九日. 其間用黃連, 瓜蔞, 羌活, 防風等屬, 病勢少愈而永不快袪矣. 仍爲發狂三日, 病家以尋常例證視之, 而祗用黃連, 瓜蔞等屬. 又譫語數日, 始用地黃白虎湯一貼.

其翌日午後, 動風, 急煎地黃白虎湯連三貼救急, 而艱辛下咽.

其翌日則白虎湯加石膏一兩午前用之, 以備動風. 而連三日用之, 病人自起坐立, 能大小便. 病勢比前快蘇快壯矣. 不幸, 病加於少愈, 慮不周於完治, 此人竟不救. 恨則午前祗用白虎湯二貼以備動風, 而午後全不用藥以繼之也.

以此三人病觀之, 則發狂, 譫語證白虎湯非但午前用藥以備動風而已矣. 日用五六貼, 七八貼, 十餘貼, 以晝繼夜則好矣. 不必待譫語後而用藥. 發狂時, 當用藥可也. 不必待發狂後而用藥. 發狂前, 早察發狂之漸可也.

【해설】

신열, 두통 후 발생한 섬어의 치험례다.

41, 42조는 결흉병의 범주에서 급속히 발광, 섬어로 이환되는 사례를 한다寒多와 열다熱多 각 1케이스씩 들었다. 43, 44조는 망음병

의 범주에서 급격히 발광, 섬어로 진입하는 사례다. 역시 신열身熱과 신한身寒 각 한 예씩 보여주고 있다.

결흉의 섬어(7-1-17)와 망양의 섬어(7-1-24)에 대해서는 미리 충분히 언질을 주었다. 모두 지황백호탕을 쓴다.

발광, 섬어, 동풍은 늘 하나로 움직인다. 동풍 전에 지황백호탕을 쓰는 것이 좋다. 섬어 전에 지황백호탕을 쓰는 것이 좋다. 발광 전에 지황백호탕을 쓰는 것이 좋다. 변이 막히면 바로 지황백호탕을 쓰는 것이 좋다. 소양인의 불길은 반드시 초기에 진압해주어야 한다.

지황백호탕이야말로 소양인 상한이열병의 성약이다.(7-2-8) 석고야말로 소양인 상한이열병에 결코 뺄 수 없는 성약이다!.

7-1-44.

그 후 또 한 소양인 17세 여자아이를 본 적이 있다. 소증으로 간혹 짜증을 부리며 식체, 복통이 있었다. 어느 날 두통, 오한, 발열, 식체가 있어 어떤 의사가 소합원 세 개를 생강 끓인 물과 함께 먹게 했다. 곧바로 설사가 나더니 하루 십여 차례씩 십여 일을 그치지 않는 것이다. 물이 당기고 잠을 못자며 간혹 섬어 증도 있었다. 때는 1899년 겨울 11월 23일이었다. 밤이 되어 바로 생지황, 석고 각 6냥, 지모 3냥을 썼더니 그날 밤 설사 횟수가 반으로 줄었다.

이튿날 형방지황탕에 석고 4돈을 가해 2첩 연복했더니 편안히 자고 소변도 통했다. 형방지황탕 2첩의 약력이 지모가 든 백호탕보다 열 배나 더함을 알 수 있다. 이때부터 이 약을 매일 4첩

씩 낮에 2첩, 밤에 2첩 연복시켜 며칠 썼더니 설사가 완전히 멎
고 머리와 구레나룻에 땀이 나고 아이의 섬어증이 발광증으로
바뀌었다. 이를 보고 환자 집에서 놀라고 당혹하여 이틀 밤낮
을 약을 쓰지 않았다. 그랬더니 병세가 매우 위급해져 머리에
땀이 나지 않고 소변은 잘 나오질 않으며 입안이 얼음장 같고
인사불성이 되어 예후가 매우 나빠졌다. 병세를 어찌할 수가 없
어 부득이한 방법으로 하룻밤 사이 형방지황탕에 석고 1냥을
가해 10첩을 연달아 입으로 부어 넣었다. 그날 밤 소변을 세 사
발 정도 보고 광증은 그치지 않았으나 사람의 얼굴을 알아보
고 점차 지각이 돌아왔다.

그다음 날 다시 6첩을 썼고 5일간 4~6첩씩 매일 썼다. 발광이
비로소 멈추고 밤에 혹 잠이 드나 오래 자진 못하고 바로 깬다.
또 하루에 3, 4첩씩 5일을 복용하니 정수리와 구레나룻에 땀이
나고 30분 정도 잠을 자며 미음을 조금 먹게 되었다.

그 후 매일 형방지황탕에 석고 1돈을 가해서 2첩씩 복용했으며
만약 대변이 하루를 넘기면 석고 4돈을 가했다. 12월 23일이
되니 비로소 위급을 벗어나 방안에 혼자 서게 되었다. 1달 동안
석고 45냥을 사용했다. 신년 정월 15일에는 1리 길을 걸어 나를
보러오기도 했다. 그 후 또 형방지황탕에 석고 1돈을 가하여 신
년 3월까지 계속 복용시켰다.

其後. 又有一少陽人十七歲女兒. 素證. 間有悖氣. 食滯. 腹痛矣. 忽一日.
頭痛. 寒熱. 食滯. 有醫用蘇合元三介. 薑湯調下. 仍爲泄瀉日數十行. 十
餘日不止. 引飮. 不眠. 間有譫語證. 時則己亥年冬十一月二十三日也. 卽
夜用生地黃. 石膏各六兩知母三兩. 其夜泄瀉度數減半.

其翌日, 用荊防地黃湯加石膏四錢二貼連服, 安睡而能通小便. 荊防地黃湯二貼藥力, 十倍於知母白虎湯可知矣. 於是每日用此藥四貼晝二貼連服夜二貼連服數日用之, 泄瀉永止, 頭部兩鬢有汗, 而病兒譫語證變爲發狂證. 病家驚惑, 二晝夜疑不用藥. 病勢逾危, 頭汗不出, 小便祕結, 口嚙冰片, 不省人事, 爻象可惡矣. 勢無奈何, 以不得已之計一夜間用荊防地黃湯加石膏一兩連十貼灌口. 其夜小便通三碗, 狂證不止, 然知人看面稍有知覺.

其翌日, 又用六貼. 連五日, 日用四五六貼. 發狂始止, 夜間或曀時就睡, 然不能久睡便覺. 又日用三四貼連五日, 頭頂兩鬢有汗, 而能半時刻就睡, 稍進粥飮少許.

其後, 每日荊防地黃湯加石膏一錢日二貼用之. 大便過一日, 則加四錢. 至于十二月二十三日始得免危, 能起立房室中. 一朔內, 凡用石膏四十五兩. 新年正月十五日, 能行步一里地而來見我. 其後又連用荊防地黃湯加石膏一錢. 至于新年三月.

【해설】

끝으로 복통, 설사 후 발생한 섬어의 치험례다. 43조와 44조는 신본에서 추가된 것이다.

평소에 식체, 복통이 간혹 있었던 처녀다. 독활지황탕이 잘 맞겠다. 그러던 어느 날 감기기운이 있어 가까운 의원을 찾았더니 소합원을 처방한 것이다. 소합원은 중경의 사심탕을 변용한 처방으로 (6-2-12) 소합향원蘇合香元을 말한다. 소음인에게 쓸 수 있다.(6-5-5)

결국 약을 먹은 날부터 10여 일 설사를 하더니 섬어가 생긴다. 동무가 보고 생지황, 석고, 지모가 들어간 백호탕(구7-6-6)을 처방했더니 설사가 반으로 줄었다.

그런데 이튿날 처방을 확 바꾼다. 복통, 설사 처방인 형방지황탕에 석고를 가미해서 쓴 것이다. 설사의 위중함을 아는 노숙한 동무가 운용의 묘를 발휘하고 있다. 결과는 매우 만족스러워 백호탕보다열 배는 더 효과적이었다. 설사가 이내 멎었고 섬어가 발광으로 후퇴한다. 그렇게 한 달을 석고 용량만 조절해가며 복약시켰다.

동무는 소증을 파악하고 현증을 관찰한 후 형방지황탕을 과감히선택했다. 형방지황탕은 보음약이다. 설사병에 보음약을 쓴다는 것은 한의학의 상식으로 있을 수 없는 일이다. 그러나 동무는 병의 성격을 확신했고 형방지황탕을 통해 확인했다.

동무의 상한병증론이 중경의 상한병증론을 넘어설 수 있다면 그힘은 바로 신방이 고방의 효력을 넘어선다는데서 찾을 수 있을 것이다. 신방이 무의미하다면 동무의 병증론도 그 창의적인 의미가 퇴색될 수밖에 없다.

이 사례는 『동의수세보원』에 기록된 최후의 임상례다. 동무63세, 1899년의 일이다. 그리고 이듬해인 1900년 9월 21일 세상을떠났다. 동무는 고원군수를 끝으로 모든 관직에서 물러나 하향하여서함흥역 인근에 보원국이라는 한의원을 개설했다. 삶의 마지막까지 환자를 돌보며 지냈던 것이다.

7-1-45.

내가 논한다. "소양인병은 근원적으로 화열병증이다. 그러므로변동이 매우 빨라 초증부터 가볍게 보아 넘기지 말아야 한다.

소양인 표병에 두통이 있고 이병에 변비가 있으면 이미 중한 병이다. 중한 병은 부당한 약을 1~3첩만 잘못 써도 사람을 죽인다. 험한 병이나 위급한 증은 적당한 약을 1~3첩만 늦게 써도 역시 생명을 구하지 못한다."

論曰 "少陽人病, 以火熱爲證. 故變動甚速, 初證不可輕易視之也. 凡少陽人表病有頭痛, 裏病有便祕, 則已爲重病也. 重病不當用之藥一二三貼誤投, 則必殺人. 險病, 危證當用之藥一二三貼不及, 則亦不救命."

【해설】

소양인은 불이다. 그것이 표예호용剽銳好勇한 개성으로 드러나기도 하지만(11-6) 화열火熱의 급격한 병태로 나타나기도 한다. 이처럼 체질을 안다는 것은 사람과 질병을 이해하는 매우 중요한 열쇠가 된다.

소양인은 외감병의 시작부터 불이 발생한다. 그래서 번조煩燥가 나타난다.(7-1-2) 가슴에서 시작해 머리까지 올라오면 두통이 생긴다. 불길이 거세진 것이다. 소양병, 결흉병, 망음병 속에서도 항상 불을 조심해야 한다.

앞서 장문의 임상례를 통해 한결같이 강조한 것은 바로 소양인의 화열을 주의하라는 것이다. 불길을 막아라, 이것이 표리병을 막론한 소양인의 치료지침이다.

소양인 이열병론
少陽人胃受熱裏熱病論

소양인 이열병론은 흉격열증과 소갈증, 음허오열증으로 구성된다. 음허오열증은 소갈의 범주에 포함시킬 수도 있다. 소양인 이열병의 세계로 들어가보자.

7-2-1.

장중경이 말한다. "태양병 8, 9일에 학질처럼 발열, 오한하는데 발열이 심하고 오한은 가볍다. 맥이 미하면서 오한이 있는 것은 음양이 모두 허하기 때문이다. 다시 한법이나 하법, 토법 등을 써선 안 된다. 안색이 도리어 붉어지는 것은 아직 풀리려는 것이 아니다. 땀을 조금도 내지 못해 몸이 반드시 가렵다. 계마각반탕이 좋다."

張仲景曰 "太陽病八九日, 如瘧狀, 發熱, 惡寒, 熱多寒少. 脈微而惡寒者, 此陰陽俱虛. 不可更發汗, 更下, 更吐. 面色反有熱色者, 未欲解也. 不能得小汗出, 身必痒. 宜桂麻各半湯."

【해설】

1조와 2조는 허준이 "태양병사학太陽病似瘧"의 항목 아래 인용한 문장이다.(동10-2/11) 태양병에서 학질과 비슷한 양상이 나타나는 경우다. 발열이 오한보다 더 우세하며 맥이 부긴浮緊하지 않고 미微하다는 특징을 보인다. 동무는 흉격열증이라 불렀다.(7-2-12)

얼굴에 불그스름한 열기가 보이고 몸이 가려우면 계마각반탕을 쓴다. 원명은 계지마황각반탕이다.

7-2-2.

태양병이 학질과 유사하게 발열, 오한하는데 발열이 심하고 오한은 가볍다. 맥이 미약한 것은 망양이다. 몸이 가렵지 않으면 발한시켜서는 안 된다. 계비각반탕이 좋다.

太陽病, 似瘧, 發熱, 惡寒, 熱多寒少, 脈微弱者, 此亡陽也. 身不痒, 不可發汗, 宜桂婢各半湯.

【해설】

앞 조와 마찬가지로 열다한소하고 맥미약하나 몸은 가렵지는 않다는 차이가 있다. 그런데 "신불양身不痒"은 중경의 원문에는 없다.(『상한론』 28)

처방명 역시 각반탕이 아니라 계지이월비일탕桂枝二越婢一湯이다. 계지탕과 월비탕을 2대 1로 합방한 것인데 월비탕은 『상한론』이 아니라 『금궤요략』에 나온다.

1조와 2조는 구본에서는 외감병으로 논했다. 소양인 외감병을 한다와 열다로 구분하고 한다자에 형방패독산, 열다자에 방풍통성산을 제시하며(구7-1-2) 열다는 다시 신양과 신불양으로 구분했다.

지금 고찰하여 개정한다. 발열, 오한하는데 열다한소 하면서 몸이 가려우면 경증은 아니나 아직 중증도 아니다. 몸이 가렵지 않으면 경증이 아니고 이미 중증이다. 이 병증에 대변이 만 하루가 지나도록 나오지 않으면 백호탕을 써야 한다. 만 하루가 넘지 않으면 천금도적산, 시호과루탕을 써야 한다. 계마각반탕, 계비각반탕은 쓸 수 없다.

今考更定. 發熱, 惡寒, 熱多寒少而身痒者, 其病不輕而猶非重證也. 身
不痒者, 其病不輕而已爲重證也. 此證, 大便過一晝夜有餘而不通者, 當
用白虎湯. 大便不過一晝夜有餘而通者, 當用千金導赤散, 柴胡瓜蔞湯.
此證, 桂麻各半湯, 桂婢各半湯, 不當用.(구7-1-5)

즉 1조와 2조는 발열, 오한하면서 번조가 있는 소양인 외감병에
서 열이 더욱 심화된 병증이다. 열증이 너무 우세하므로 개정하면서
이열병론으로 옮긴 것이다. 그리고 흉격열증이라 칭했다. 소양인 이
열병의 흉격열증에 처음부터 가슴답답증이 있다고 한 말이 바로 이
것이다.(7-2-12)

계비각반탕은 소양인 경험약방에 나오지만(7-4-6) 계마각반탕은
태음인 경험약방에 나온다.(8-3-2) 단순한 오류일 수도 있으나 집필
초기에 태음인 병증으로 파악했다가 다시 소양인 병증으로 옮긴 것
일 수도 있다.

7-2-3.

내가 논한다. "위 병증에 대변을 만 하루를 넘기지 않고 보면
형방사백산을 쓰고 만 하루를 넘겨도 보지 못하면 지황백호탕
을 써야 한다."

論曰 "此證, 大便不過一晝夜而通者, 當用荊防瀉白散. 大便過一晝夜而
不通者, 當用地黃白虎湯."

【해설】

중경의 해법을 대체할 동무의 치법이 등장한다. 동무는 상기 병증을 "음양구허"나 "망양" 등의 병리로 보지 않는다. 화열로 본다! 그래서 대변험법으로 처방을 논의하는 것이다.

소양인은 오한의 표증이 있다 하더라도 대변이 만 하루 이상 나오지 않으면 이열이 이미 생긴 것이다! 이틀이 넘으면 열이 중한 것이고 삼일까지 이르면 위험하다.(구7-2-9)

소양인 감기에 오한이 심할 경우 형방패독산을 쓰고 발열이 심할 경우 대변을 확인하고 형방사백산 또는 지황백호탕을 쓴다. 사실은 대변과 무관하게 지황백호탕을 써도 된다. 그만큼 소양인의 화열은 심중하고 또 급격하다.

7-2-4.

장중경이 말한다. "양명증에 소변이 시원하지 않고 맥이 부하며 갈증이 있으면 저령탕으로 주치한다."

張仲景曰 "陽明證, 小便不利, 脈浮而渴, 猪苓湯主之."

【해설】

태양병에서 곧장 양명병으로 이어진다. "양명증"은 발열만 있고 오한은 없어졌다는 뜻이다.(7-2-6) 이 조 역시 흉격열증이라 부를 수 있다.

태양병, 양명병은 소음인, 소양인, 태음인에게 다 있으나 소음인에게 가장 많다고 했다. 실제로 각 병증론에서 출현하는 횟수와 비레하는 평가다.

갈증은 내열이 심해 진액이 손상되는 것이다. 소변불리도 같은 맥락이다. 모두 양명병을 오치한 결과다.

저령탕도 괜찮으나 동무는 저령차전자탕을 새롭게 제시한다. 그리고 대변이 굳으면 바로 지황백호탕으로 넘어가야 된다고 말한다.(7-2-6) 소양인 상한병의 가장 중요한 기준은 대변이다. 대변이 곧 이열의 지표이기 때문이다.

7-2-5.

삼양의 합병으로 머리가 아프고 얼굴에 때가 끼며 헛소리하고 소변이 새고 겉과 속에서 모두 열이 나고 땀이 나며 번갈, 복통이 있고 몸이 무거우면 백호탕으로 주치한다.

三陽合病, 頭痛, 面垢, 譫語, 遺尿, 中外俱熱, 自汗, 煩渴, 腹痛, 身重, 白虎湯主之.

【해설】

"삼양합병"이란 태양병, 양명병, 소양병의 증상이 모두 있다는 뜻이다.(7-2-6) 그중 양명병이 위주인 병증이다. 백호탕이 등장하고 있다.

7-2-6.

내가 논한다. "중경이 말한 양명증이란 발열만 있고 오한은 없음을 말한다. 삼양합병이란 태양, 소양, 양명의 병증이 모두 있

음을 말한다. 위 병증은 저령탕, 백호탕이 적당하다. 그런데 고
방의 저령탕은 신방의 저령차전자탕보다 완전하지 못하고 고방
의 백호탕은 신방의 지황백호탕보다 온전하지 못하다. 만약 양
명증에 소변이 시원하지 않은데 대변까지 굳고 건조해지면 지황
백호탕을 써야 한다."

論曰 "陽明證者, 但熱無寒之謂也. 三陽合病者, 太陽, 少陽, 陽明證俱有
之謂也. 此證, 當用猪苓湯, 白虎湯. 然古方猪苓湯, 不如新方猪苓車前子
湯之俱備. 古方白虎湯, 不如新方地黃白虎湯之全美矣. 若陽明證, 小便
不利者, 兼大便秘燥, 則當用地黃白虎湯."

【해설】

동무의 논평이다. 그리고 처방을 업그레이드시킨다. 자신의 신방
이 중경의 고방보다 구비具備하고 전미全美하다고 말한다. 자부심이
넘친다.

7-2-7.

주굉이 말한다. "양궐은 처음 발병할 때 반드시 열이 나고 두통
이 있으며 밖으로 양증이 드러나다가 4, 5일이 지나면 마침내
수족궐랭이 생긴다. 수족궐랭이 한나절 계속되다 또다시 신열이
올라온다. 열기가 깊이 들어가서 수족궐랭이 생기는 것이다. 수
족궐랭이 미약하면서 갑자기 열이 올라오는 것은 열이 미약하기
(주굉의 원문에 따라 고침) 때문이다. 그 맥이 복하더라도 누르
면 활한 것은 이열 때문이다. 혹 물을 자꾸 마시고 혹 손발을

휘저으며 혹 번조해서 잠을 못자고 대변이 막히고 소변이 붉으며 외증으로 정신이 자주 혼미하면 양궐증인데 백호탕을 쓴다."

朱肱曰"陽厥者, 初得病, 必身熱, 頭痛, 外有陽證, 至四五日, 方發厥. 厥至半日, 却身熱. 盖熱氣深, 方能發厥. 若微厥却發熱者, 熱甚故也. 其脈雖伏, 按之滑者, 爲裏熱. 或飮水, 或揚手擲足, 或煩燥不得眠, 大便祕, 小便赤, 外證多昏憒, 用白虎湯."

【해설】

주굉의 양궐이다. 그런데 문장에 문제가 좀 있다. 하나씩 살펴보겠다.

"궐厥"은 수족궐랭으로 손발이 싸늘해진다는 뜻이다. 열궐에 속한다.(『활인서』「28문」) 허준이 양궐이라 바꿔놓았다.(동10-2/23)

그리고 "열심고야熱甚故也"는 허준의 오류다. 문맥이 통하질 않는다. 원문은 "열미고야熱微故也"로 되어 있다. 수족궐랭이 미약한 것은 열기가 미약하게 침범했기 때문이다. 동무는 허준의 오류를 반복하고 있다.

또 주굉의 원문에는 "다혼궤多昏憒" 뒤에 "지기열궐야知其熱厥也"가 있다. 허준이 생략해서 뜻이 좀 모호해졌다. 번역에 반영했다.

마지막으로 주굉과 허준은 모두 승기탕과 백호탕을 함께 제시하고 "수증용지隨證用之"하라고 했다. 그러나 동무는 백호탕만 인용한다. 번잡을 피한 것이다.

"양궐" 역시 열다한소가 심화된 증상으로 볼 수 있다. 주굉은 양궐에서 대변을 놓치지 않았다.

내가 논한다. "소양인 이열병에 지황백호탕이 성약이다. 이것을
사용하려면 반드시 대변이 통하는지 아닌지 살펴보아야 한다.
대변이 만 하루를 지나도 통하지 않으면 쓸 수 있다. 만 이틀이
지나도 통하지 않으면 반드시 써야 한다. 소양인 대변이 만 하
루 동안 통하지 않으면 위열이 맺힌 것이다. 만 이틀 동안 통하
지 않으면 위열이 중한 것이다. 만 삼일 통하지 않으면 위험하다.
만 하루하고도 8, 9시간이 지나면 만 이틀이 된 것처럼 꼭 써서
만 삼일의 위험한 지경에까지 이르지 않도록 해야 한다. 만약 섬
어증이 변비와 함께 있다면 만 하루를 넘겨선 안 된다."

論曰 "少陽人裏熱病, 地黃白虎湯爲聖藥. 而用之者, 必觀於大便之通不
通也. 大便一晝夜有餘而不通, 則可用也. 二晝夜不通, 則必用也. 凡少
陽人大便一晝夜不通, 則胃熱已結也. 二晝夜不通, 則熱重也. 三晝夜不
通, 則危險也. 一晝夜八九辰刻二晝夜恰好用之, 無至三晝夜之危險. 若
譫語證便祕, 則不可過一晝夜."

【해설】

동무는 흉격열증의 병증들을 관찰하면서 한결같이 대변에 관심
을 두었다. 다시 말해서 흉격열증이란 곧 변비가 동반될 수 있는 소
양인의 태양병과 양명병인 것이다.

소양인 상한병의 변비는 지황백호탕으로 해결한다. 구본에는 대
변을 중심으로 다양한 이열병증의 경중을 논하는 문장이 있다.

소양인의 상한병에 대변이 만 하루가 지나도록 나오지 않으면 가

습답답증의 초기다. 물이 당기고 소변이 붉으면 다음으로 심한 증세다. 손발을 휘저으면 다음으로 험한 증세다. 섬어는 다음으로 위태한 증세다. 섬어의 다음은 혀가 말리며 경련이 오는 것이며 더 이상은 없다. 전후풍, 순종, 배옹, 뇌저 등은 발병한 날부터 험증이 된다. 유주단독, 발반양독, 인후, 황달, 안이비인치과의 병은 병이 생긴 날부터 모두 중증이 된다.

위에 열거한 모든 병증 중 물이 당기는 증상부터 안이비인치과의 병까지 하나라도 나타날 때 대변이 만 하루하고도 1, 2시간이 지나도 나오지 않으면 의심의 여지없이 백호탕을 연이어 써야 한다.

凡少陽人病, 大便過一晝夜有餘者, 胸煩悶燥之初證也. 引飮, 小便赤者, 次尤證也. 揚手躑足者, 次險證也. 譫語者, 次危證也. 譫語之次, 則舌卷, 動風而無及矣. 纏喉風, 脣瘇, 背癰, 腦疽, 受病之日已爲險證也. 流注丹毒, 發斑陽毒, 咽喉, 黃疸, 面目口鼻牙齒之病, 成病之日皆爲重證也.

上項諸證, 引飮以下至于面目口鼻牙齒之病, 一證顯出而大便過一晝夜一二辰刻, 則皆連用白虎湯必無可疑.(구7-2-5)

상한병으로 인한 다양한 응급질환에 하루가 넘도록 대변불통하면 곧바로 백호탕을 써야함을 강조하고 있다. 소양인 이열병은 변폐-발광-섬어-동풍의 과정을 밟는다는 사실을 기억해둔다면 실기하는 우를 범하지 않을 것이다.

본조의 "소양인이열병" 역시 상한 이열병임을 분명히 인식해야 한다. 3일간 변을 보지 못하면 위험하다는 것은 상한병, 곧 급성 열성 질환의 경우를 말한다.

일반적인 만성병의 변비는 전혀 위험하지 않다. 그리고 지황백호 탕을 써도 거의 효과가 없다. 약재만 낭비할 뿐이다. 지황백호탕을 변비약이라 착각하면 안 된다. 지황백호탕은 상한약으로, 상한으로 인한 변비에 쓴다.

7-2-9.

소양인의 위가 열을 받으면 대변이 건조해진다. 비가 한을 받으면 설사한다. 그러므로 망음증에서 2, 3일 설사하다가 하루 동안 변비가 되면 청음이 없어지려는 위험한 상황이다. 위열증에서 3일간 대변이 불통하다가 갑자기 땀이 나면 청양이 고갈되려는 위험한 상황이다.

少陽人胃受熱, 則大便燥也. 脾受寒, 則泄瀉也. 故亡陰證泄瀉二三日而大便祕一晝夜, 則淸陰將亡而危境也. 胃熱證大便三晝夜不通而汗出, 則淸陽將竭而危境也.

【해설】

대변을 기준으로 소양인의 상한병을 이분하고 있다. 소양인의 상한병은 대변이 관건이다.

"망음증"이란 음기가 설사와 함께 쏟아져 내리는 것이다. 양성해서 격음하는 것이다. 그런데 설사하다 돌연 변비가 되는 것은 더 이상 내몰(格) 음기조차 없다는 뜻이다. 이를 "청음장망淸陰將亡"이라 표현했다. 신열, 두통하는 설사에서 잘 나타난다.(7-1-23, 24)

"청양장망淸陽將亡" 역시 동무의 독특한 병리관에서 비롯된 표현이다. "청양淸陽"이란 생리적인 양기를 말한다. 경청하게 상승하여 인체를 충족시키는 원기元氣다. 반면 상승하지 못하고 체내에 울체되면 "위열증"이 생겨 변이 굳게 된다. 이를 "모양耗陽"이라 말한다.(7-2-18) 변비가 심해지다 땀까지 흘리면 양기의 소모는 극에 다다른 "청양장망淸陽將亡"이 된다. 망양이란 표현은 소음인 외에는 허락하지 않는다. 동무의 고집이라 할 수 있다.

청음과 청양을 심각하게 생각할 필요는 없다. "위경危境"이란 사실이 중요할 뿐이다.

7-2-10.

소양인의 상한대변불통병에는 백호탕을 3, 4회 복용한다. 그날 대변이 통하지 않더라도 곧 버무려져 뚫리려는 매우 좋은 징조이니 조금도 의심할 필요가 없다. 이튿날 다시 2, 3첩을 복용하면 반드시 통한다.

少陽人大便不通病, 用白虎湯三四服. 當日大便不通者, 將爲融會貫通大吉之兆也.. 不必疑惑, 而翌日又服二三貼, 則必無不通.

【해설】

전체적인 문맥을 보지 않고 이러한 문장만 단장취의하면 소양인 변비에 무조건 백호탕이라는 식의 공식이 만들어지게 된다. 주의해야 한다.

백호탕을 서너 차례 먹었는데 대변이 통하지 않아도 동무는 아무런 근심이 없다. 오히려 대길大吉이라고 말한다. 백호탕에 대한 동무의 확신은 임상경험의 축적 위에 일말의 의혹 없이 굳건히 서 있음을 알 수 있다.

구본에는 본문에 뒤이어 다음과 같은 문장이 계속된다. 복약 횟수에 대해 정리해주고 있다. 참고할 만하다.

약을 쓸 때 하루 4번 복용한다는 말은 아침에 2첩 연복하고 저녁에 2첩 연복한다는 뜻이다. 하루 3번 복용한다는 말은 낮에 2첩 연복하고 밤에 1첩 복용한다는 뜻이다. 간혹 병세를 보고 시간에 구애받지 않고 복용하기도 한다. 일반적으로는 청열약은 낮에, 발표약은 밤에 복용하는 것이 바람직하다.

평상시 음식은 아침, 저녁 두 차례가 장과 위가 번갈아 비고 차는 주기와 합치하여 표준이 되고 질 병시 복약은 아침, 저녁이나 낮, 밤으로 두 차례가 맥의 흐름과 일치하여 기준이 된다.

凡用藥, 日四服者, 朝二貼連服, 暮二貼連服, 日三服者, 晝二貼連服, 夜一貼單服, 或觀其病勢, 不拘時, 淸熱藥, 宜晝, 發表藥, 宜夜.

平時食飮, 一日兩次於朝夕, 則腸胃盈虛之度數得其觳率, 有病服藥, 一日兩次於朝暮晝夜, 則脈道流行之度數得其準例.(구7-2-12)

식사는 1일 2회가 표준이고, 복약은 1일 2회가 기준이다.

7-2-11.

소양인의 상한병에서 표리병이 생기거나 풀릴 때 반드시 대변을 살펴보아야 한다. 소양인 대변이 처음은 마르고 끝은 무르며 모양이 크고 시원하면 평소 병이 없는 사람의 대변이다. 그 다음이 크게 무른 변을 한두 차례 시원하게 쏟아내며 많은 양을 보고 나서는 멎으면 병이 있다가 시원하게 풀리려는 대변이다. 그다음이 한두 차례 보통의 무른 변을 보면 병이 더 심해지지는 않는 대변이다. 그 다음이 혹 하루가 꼬박 지나도 통하지 않고 혹 하루 만에 3~5번 조금씩 무른 변을 흘리듯 보면 장차 막히려는 것이다. 좋은 변이 아니니 예방해 두는 것이 좋다.

少陽人表裏病結解, 必觀於大便. 而少陽人大便頭燥尾滑體大而疏通者, 平時無病者之大便也. 其次大滑便一二次快滑泄廣多而止者, 有病者之病快解之大便也. 其次一二次尋常滑便者, 有病者病勢不加之大便也. 其次或過一晝夜有餘不通或一晝夜間三四五次小小滑利者, 將澁之候也. 非好便也. 宜預防.

【해설】

소양인의 상한병은 반드시 대변을 살펴보아야 한다. 처방도 예후도 거기서 나오기 때문이다. 소양인 대변험법의 중요성을 다시 한번 새길 수 있다.

소양인의 변은 무조건 시원해야 한다. 보고 나서도 덜 본 듯한 후중기가 남아 있으면 안 된다. 그리고 양은 많을수록 좋다. 아낌없이 싸야 한다. 모양이 설날 가래떡마냥 굵직하고 예쁘면 금상첨화다. 사실 모든 체질에 공통된 호변의 조건이다.

구본의 문장(구7-2-15)을 살짝 다듬어놓은 것이다.

소음인 이한병 중 하복이 냉한 병증은 병이 생길 때 이미 배가
꾸르륵거리고 설사하는 현상이 나타난다. 그 현상이 두드러지므
로 진단도 쉽고 투약도 서둘러 할 수 있다. 소양인 이열병 중 가
슴이 뜨거운 병증은 병이 생길 때 가슴이 답답하고 초조한 현
상이 나타난다. 그러나 그 현상이 그다지 두드러지지 않아 진단
이 어렵고 투약도 매우 늦어진다. 만약 소양인의 가슴 답답하고
초조한 증상이 뚜렷하게 드러나서 스스로 느낄 정도면 이미 험
증이 된 것이라 손을 쓰기 어렵다.

소양인 표병에 두통이 있으면 표병의 초증임을 명백하게 알 수
있다. 그런데 여기에 물이 댕기고 소변이 붉으면 주의해야 한다.
설사하고 양수척족(손발을 휘젓는 증상)이 있으면 매우 주의해
야 한다. 소양인 이병에 대변이 하루 이상 통하지 않으면 이병
의 초증임을 명백하게 알 수 있다. 그런데 대변이 3일이 지나도
통하지 않으면 위험하다. 배옹, 옹저, 순종, 전후풍, 인후 등의 병
은 발병한 날부터 이미 위험증이다. 양독발반, 유주단독, 황달
등의 병은 발병한 날부터 이미 험증이다. 얼굴과 눈, 코, 입, 이
의 병은 병이 생긴 날부터 모두 중증이다. 소양인 표병에 두통
이 있으면 형방패독산을 써야 하고 이병에 대변이 하루 이상 통
하지 않으면 백호탕을 써야 한다.

少陰人裏寒病臍腹冷證, 受病之初已有腹鳴, 泄瀉之機驗. 而其機甚顯,
則其病執證易見而用藥可早也. 少陽人裏熱病胸膈熱證, 受病之初雖有胸
煩悶燥之機驗. 而其機不甚顯則執證難見而用藥太晩也. 若使少陽人病
胸煩悶燥之驗顯然露出使人可覺, 則其病已險而難爲措手矣.

凡少陽人表病有頭痛, 則自是表病明白易見之初證也. 若復引飮, 小便赤,
則可畏也. 泄瀉, 揚手擲足, 則大畏也. 少陽人裏病大便過一晝夜有餘而
不通, 則自是裏病明白易見之初證也. 若復大便過三晝夜不通, 則危險
矣. 背癰, 腦疽, 脣瘇, 纏喉風, 咽喉等病, 受病之日已爲危險證也. 陽毒
發斑, 流注丹毒, 黃疸等病, 受病之日已爲險證也. 面目口鼻牙齒之病, 成
病之日皆爲重證也. 凡少陽人表病有頭痛證, 則必用荊防敗毒散. 裏病有
大便過一晝夜不通證, 則用白虎湯.

【해설】

구본의 문장(구7-2-5)을 일부 수정해서 싣고 있다. 특별히 표병과
이병의 사인을 지적해주고 있다. 각각 두통과 변비다. 형방패독산은
상한두통을 보고 쓴다. 지황백호탕은 상한변비를 보고 쓴다. 형방
패독산과 지황백화탕은 소양인의 상한병의 쌍두마차라 할 수 있다.

본조에 언급된 배옹, 뇌저, 순종, 전후풍, 인후병, 양독발반, 유주
단독, 황달, 이비인치과의 병은 모두 백호탕을 써야 하는 상한의 이
열병들이다.(구7-2-5)

신본에서도 전후풍과 순종에 양독백호탕을 쓰는 케이스가 나온
다.(7-3-14) 신본의 양독백호탕(7-6-10)은 구본의 처방(구7-6-9)에 비
해 훨씬 간명해졌다.

7-2-13.

왕호고가 말한다. "갈증이 나는 병에 세 가지가 있다. 소갈, 소
중, 소신이 그것이다. 첫 번째, 열기가 위로 올라와 가슴이 답답

하고 혀와 입술이 붉으면서 갈증으로 늘 물을 많이 마시고 소변은 자주 보나 양이 적은 경우이다. 병이 상초에 있으므로 소갈消渴이라 부른다. 두 번째, 열기가 가운데 쌓여 금방 소화되고 자주 배고파 음식을 두 배로 먹지만 살이 붙진 않는다. 갈증은 있으나 가슴이 그다지 답답하지는 않고 소변은 자주 보며 달다. 병이 중초에 있으므로 소중消中이라 부른다. 세 번째, 열기가 아래에 엎드려 있어 허벅지와 무릎이 마르고 가늘어지며 뼈마디가 시리고 우리하며 물은 많이 마시지 않으나 마시는 대로 소변을 본다. 소변량이 많고 갈증이 있다. 병이 하초에 있으므로 소신消腎이라 부른다. 한편 광물성 약재를 과도하게 먹은 사람이 진기眞氣가 소진해버리고 광물의 기운만 잔류하여 발기 상태가 지속되고 성교도 없이 사정하는 것을 강중強中이라 부른다. 소갈은 가볍고 소중은 심각하고 소신은 더욱 심각한 것이다. 만약 강중이라면 선채로 죽음을 맞이할 정도로 심각하다."

王好古曰 "渴病有三. 曰消渴, 曰消中, 曰消腎. 熱氣上騰, 胸中煩燥, 舌赤, 脣紅, 此渴引飲常多, 小便數而少. 病屬上焦, 謂之消渴. 熱蓄於中, 消穀善飢, 飲食倍常, 不生肌肉. 此渴亦不甚煩, 小便數而甛. 病屬中焦, 謂之消中. 熱伏於下, 腿膝枯細, 骨節痠疼, 飲水不多, 隨卽尿下, 小便多而渴. 病屬下焦, 謂之消腎. 又有五石過度之人, 眞氣旣盡, 石勢獨留, 陽道興強, 不交精泄, 謂之強中. 消渴, 輕也. 消中, 甚焉. 消腎, 尤甚焉. 若強中, 則其斃可立而待也."

【해설】

흉격열증에 이어 나오는 병증은 소갈이다. 위열병론의 후반부를 차지하고 있다. 소갈은 상한이 아니다. 그래서 『상한론』에는 나오지 않는다. 왕호고는 "갈병渴病"이라 말한다.

소갈은 만성 소모성 질환에 해당한다. 호고는 열이 각각 상중하에 있을 때 발생한다고 보았다. 열이 아래에 있을수록 병이 심각해진다. 강중은 하초의 끝자락이라 할 수 있다.

7-2-14.

주진형이 말한다. "상소는 혓바닥이 붉으며 갈라지고 갈증이 심해 물을 찾는다. 백호탕으로 치료한다. 중소는 잘 먹는데 살이 마르고 땀이 저절로 나며 대변이 굳고 소변은 잦다. 황련저두환으로 치료한다. 하소는 가슴이 답답하고 물을 찾으며 소변이 기름지고 허벅지와 무릎이 마르고 가늘어진다. 육미지황탕으로 치료한다."

朱震亨曰 "上消者, 舌上赤裂, 大渴引飮, 白虎湯主之. 中消者, 善食而瘦, 自汗, 大便硬, 小便數, 黃連猪肚丸主之. 下消者, 煩燥引飮, 小便如膏, 腿膝枯細, 六味地黃湯主之."

【해설】

주진형이 증상을 요약하고 처방을 제시한다. 상소, 중소, 하소로 병증명도 재정리했다. 후대로 올수록 병에 대한 이해가 간명해짐을 알 수 있다.

본조는 『동의보감』의 소갈문에 나온다. 상소의 처방은 백호가인삼탕이고 중소와 하소에는 황련저두환, 육미지황환 외로도 여러 처방이 나온다.(동14-4/4) 동무가 자신의 관점에서 편집한 것이다.

7-2-15.

『의학강목』에서 말한다. "갈증이 나서 물을 많이 마시는 것이
상소다. 금세 소화되고 자주 배고픈 것이 중소다. 갈증이 나면
서 소변이 잦고 기름진 것이 하소다."

『醫學綱目』曰 "渴而多飮, 爲上消. 消穀善飢, 爲中消. 渴而尿數有膏油,
爲下消."

【해설】

병에 대한 이해가 더욱 간결해진다. 요점만 지적하고 있다.

그러면 과연 동무는 소갈을 어떻게 이해했을까? 먼저 구본의 입
장을 살펴보면(구7-2-13) 한마디로 "위열육란胃熱肉爛의 병"이라 말한
다. 위에서 발생한 열로 살이 서서히 익어가는 병이라는 뜻이다. 머
리에 쏙 들어온다. 질병을 이해하게 해주는 훌륭한 그림이다.

그래서 중소가 소갈의 주증主證이고 상소는 중소의 초증初證이며
하소는 중소의 말증末證이라 설명한다. 상중하로 진행한다. 노골적
으로 말해 상소는 살이 설풋 익었고 중소가 살이 제대로 익었으며
하소는 살이 폭삭 익은 병증이란 것이다.

그런데 위열은 또 음허에서 비롯된다고 했다.(陰虛火動) 이 말인즉
슨 천천히 진행하는 만성병이라는 뜻이다. 상한병 같은 급성병이 아
니다.

치료는 빠를수록 좋다고 했다. 상소, 중소에서 서둘러 치료해서

하소까지 내려가지 않게 주의해야 한다. 그리고 애로哀怒와 주색을
반드시 경계하라고 강조한다.

7-2-16.

위역림이 말한다. "색을 탐닉하거나 단석을 망용하여 진기가 사
라지고 열사만 홀로 치성하게 되면 음식이 끓는 물에 눈 녹듯
소화되어버리는데 살이 날마다 빠지고 소변은 기름지며 발기가
사그라들지 않고 성교도 안 했는데 사정해버린다. 삼소 가운데
가장 난치다."

危亦林曰. "因耽嗜色慾或服丹石, 眞氣旣脫, 熱邪獨盛, 飮食如湯消雪,
肌膚日削, 小便如膏油, 陽强興盛不交精泄. 三消之中, 最爲難治."

【해설】

위역림의 강중 설명이다. "색욕"과 "단석"을 원인으로 지목하고
있다. 과거 도가의 수행자 중에는 신선불사의 꿈을 좇아 금석을 복
용하다 광물 중독에 시달리는 자가 많았다. "탐기색욕耽嗜色慾", 인
간의 끈질긴 탐욕이 강중의 원인이라는 위역림의 말이 동무는 더욱
더 마음에 들었을 것이다.

강중은 소갈의 위증(구7-2-27)이며 난치다. 다년간 조리하며 복약
해야만 활로를 찾을 수 있다.(구7-2-32)

내가 논한다. "소갈이란 환자의 가슴속이 넓고 관대하지 못하고
좁고 완고해져 견문은 얕은데 마음만 앞서니 계획이 뜬금없고
생각이 모자라서 대장의 청양이 상승하는 기운이 충분하지 못
해 날이 갈수록 소모되면서 생긴 병이다. 위국의 청양이 상승해
서 머리와 손발로 충분히 가지 못하면 상소병이 생긴다. 대장국
의 청양이 상승하여 위국으로 충분히 가지 못하면 중소병이 생
긴다.

상소도 이미 중증인데 중소는 상소보다 곱절이나 더 중하다. 중
소도 이미 험증인데 하소는 중소보다 곱절이나 더 험하다. 상소
는 양격산화탕이 좋고 중소는 인동등지골피탕이 좋고 하소는
숙지황고삼탕이 좋다. 나아가 마음을 관대하게 하고 완고하게
하지 말라. 관대하면 마음이 이완하면서 청양이 위로 잘 도달한
다. 그러나 완고하면 마음이 긴장하면서 청양이 아래에서 소모
되어버린다."

論曰 "消渴者, 病人胸次不能寬遠闊達而陋固膠小, 所見者淺, 所欲者速,
計策鵑突, 意思艱乏, 則大腸淸陽上升之氣自不快足, 日月耗困而生此病
也. 胃局淸陽上升而不快足於頭面, 四肢, 則成上消病. 大腸局淸陽上升
而不快足於胃局, 則成中消病.

上消自爲重證, 而中消倍重於上消. 中消自爲險證, 而下消倍險於中消.
上消, 宜用涼膈散火湯. 中消, 宜用忍冬藤地骨皮湯. 下消, 宜用熟地黃苦
蔘湯. 尤宜寬闊其心, 不宜膠小其心. 寬闊, 則所欲必緩, 淸陽上達. 膠
小, 則所欲必速, 淸陽下耗."

【해설】

구본보다 한층 더 심화된 관점으로 소갈의 병인, 병리, 예후 및 치법을 설명한다.

구본과 달리 소갈의 병리를 청양의 상승으로 풀고 있다. 청양이 위장까지 올라오면 상소, 올라오지 못하면 중소라는 것이다. 하소는 설명하지 않았으나 상승은커녕 대장에서도 부족해지는 상태임을 짐작할 수 있다. 신선하고 재밌는 발상이다.

그리고 소갈의 원인을 새롭게 규명한다. 역시 마음에서 원인을 찾고 있다. 옹졸하고 완고한 심리 상태가 대장에서부터 상승하는 청양의 길을 방해한다는 것이다. 마음이 너그러우면 몸이 이완하고 마음이 꽉 막히면 몸이 긴장할 수밖에 없다. 평범하지만 기막힌 통찰이다.

예후와 치법도 일목요연하게 서술하고 있다. 정리하면 다음과 같다.

소갈		병인	병리	예후		치법
초증	상소	속이 좁고 완고한 것	청양이 위국 이상 올라가지 못함	중증	서둘러 치료刑治	양격산화탕
주증	중소		청양이 대장국 이상 올라가지 못함	험증 (상소의 두배)	급히 치료 急治	인동등 지골피탕
말증	하소		청양이 대장국에서도 부족해짐	험증 (중소의 두배)	죽음 임박 瀕死	숙지황 고삼탕

상소, 중소, 하소에 대응하는 처방을 발굴하여 각각 제시하고 있다.

마음이 평안하고 생각이 안정되면 양기가 경청하여 상승해서
머리와 손발에 충만해진다. 이것은 원기元氣이고 맑은 양기淸陽
다. 그런데 마음이 고단하고 생각이 초조하면 양기가 중탁하여
하함해서 머리와 손발에 열이 쌓인다. 이것은 화기火氣이고 양기
가 소모되는 것耗陽이다.

平心靜思, 則陽氣上升輕淸, 而充足於頭面, 四肢也. 此元氣也, 淸陽也.
勞心焦思, 則陽氣下陷重濁, 而鬱熱於頭面, 四肢也. 此火氣也, 耗陽也.

【해설】

앞 조에 이어 소갈의 병리를 부연한다.

양기가 순행하면 온몸을 충전하는 원기가 된다. 경청한 상태 그
대로인 것(淸陽)이다. 양기가 역행하면 온몸을 불태우는 화기가 된
다. 양기를 소모시키는 것(耗陽)이다.

이처럼 양기는 원기가 되기도, 화기가 되기도 하는데 그것은 마
음이 결정한다. "평심平心"하면 양기가 순행하고 "노심勞心"하면 역
행한다.

평심은 이완이고 노심은 긴장이다. 이완을 유지하면 몸은 순리대
로 작동하고 에너지를 생산하여 건강한 원기를 만들지만 과도하게
긴장하면 기계가 열받는다. 쓸데없이 에너지를 낭비하고 불필요한
화기를 만들어내는 것이다. 마음은 이완이 최고다.

구본에서 파악한 소갈의 병리는 기본적으로 음허다.(구7-2-27) 그
런데 신본에서는 소갈이 양허라고 말한다. 음허로 화동火動한 것이
라기보다 양허로 울열鬱熱한 것이라 봤다. 동무가 음허라 그러면 음

허가 되고 갑자기 양허라 하면 양허가 되는가? 아무렴 어떤가? 개
념은 이해를 돕는 도구일 뿐이다. 병증과 처방만 취하면 그만이다.

7-2-19.

위역림이 말한다. "소갈은 반드시 옹저의 발생을 막아야 한다.
인동등 적당량을 뿌리, 줄기, 꽃, 잎 가리지 않고 다 복용하는
것이 좋다."

危亦林曰 "消渴, 須防發癰疽. 忍冬藤不拘多少, 根, 莖, 花, 葉皆可服."

【해설】

소갈에 옹저가 발생할 수 있다. 이때 인동등이 특효약이라 말하
고 있다. 『세의득효방』의 문장이다. 『동의보감』 옹저 챕터에는 인동
환이란 약이 있다.

인동환은 모든 옹저와 종기를 치료한다. 소갈 후 옹저가 생겼을 때
더욱 좋다. 인동초 적당량을 뿌리, 줄기, 꽃, 잎 상관없이 다 쓴다.

忍冬丸. 通治一切癰疽諸瘡. 消渴後發疽, 尤宜服此. 忍冬草不以多少, 根
莖花葉皆可用.(동16-1/12)

옹저와 종기의 통치방으로 사용하고 있다. 옹저의 특효약으로 널
리 사용되었음을 알 수 있다.

허준은 인동초라고 했으나 사실은 풀이 아니라 나무다. 인동나무
는 가는 줄기를 길게 뻗으며 자라는 덩굴성 관목으로 사람 키를 훌

쩍 넘어 자라기도 한다. 인동나무의 줄기가 인동등이다. 6, 7월이 되면 인동나무는 하얀 꽃을 피우기 시작해 수정이 되면 노랗게 물들어가는데 금꽃, 은꽃이 어지러이 장관을 이룬다 하여 금은화라 부른다. 만개하기 전 꽃봉오리가 약리작용이 강하다.

7-2-20.

이고가 말한다. "소갈병에 음식이 당기면 마지막에 반드시 뇌저, 배창이 발생한다. 반대로 잘 먹지 못한다면 반드시 중만, 고창이 발생한다."

李杲曰 "消渴之疾, 能食者, 末傳必發腦疽, 背瘡. 不能食者, 必傳中滿, 鼓脹."

【해설】

소갈에 음식을 너무 먹으려 드는 것은 중소다. 결국 뇌저나 배창 같은 외과질환이 생긴다. 살이 너무 익어서 곪아터지는 것이다. 동무는 중소의 변증變證이라 말한다.(7-2-22)

7-2-21.

『동의의방유취』에서 말한다. "소갈병이 전이되면 옹저가 발생한다. 간혹 복수병이 생기기도 하고 실명이 되기도 한다."

『東醫醫方類聚』曰 "消渴之病變成, 發癰疽, 或成水病, 或雙目失明."

【해설】

『의방유취』는 1443년 세종이 집현전 부교리 김예몽金禮蒙 등에게 명하여 1445년 총 365권으로 완성한 의학 대백과사전이다. 이후 개정을 거듭하여 성종 8년(1477) 마침내 총 266권 264책의 형태로 출간된다. 금속활자본으로 모두 30질을 인쇄했다. 국가에서 관련 지식인을 총동원하여 의학 데이터베이스를 구축한 것이다. 5대 34년에 걸친 대역사였다.

그러나 『의방유취』는 너무나 방대하여 당대에도 구하기가 어려웠고 이후에도 중간重刊된 일이 없었다. 그래서 『동의보감』 이후에는 거의 잊힌 책이 되어버리고 만다. 국내에는 1997년 한 권이 발견되어 현재 보물로 지정되어 있다.

다행인지 불행인지 임진왜란때 약탈해간 한 질이 일본에 남아 있다. 훔쳐갈 때 이미 12책이 결손된 252책이었다.

1861년에는 기타무라 나오히로喜多村直寬가 10년의 작업 끝에 결편을 보충하고 목판 인쇄하여 266권의 형태로 재간했다. 이후 세상에 널리 알려지게 된다.

1876년 강화도조약 성립 당시 기타무라본 2질을 한국에 선물했다고 한다. 원질을 줘도 시원찮을 판에 재판본으로 생색낸 것이다. 지금은 그조차 귀중본이 되었다. 그때 받은 1질이 현재 연세대 도서관에 소장되어 있다.

불행을 다행으로 만드는 것은 우리 몫이다. 『의방유취』는 반드시 돌려받아야 한다.

『의방유취』는 150여 종의 서적을 인용하고 있으며 총론 이하 각과의 질병을 92문 2만7000항으로 분류하고 6만 개에 달하는 처방을 수록하고 있다.

1981년에는 중국 런민위생출판사에서 일본의 목간본을 저본으로 교점 작업을 거쳐 간체자로 편집하여 발행했다. 근래에는 북한에서 국역하여 발간하기도 했다. 국내에선 한의학연구원 주관으로 연구가 진행되고 있다.

『동의보감』에는 본문의 출처를 "유취類聚"라고 했다.(동14-4/13) 그런데 동무는 출전 서명에 개입한다. "동의"를 의도적으로 삽입한 것이다.

『동의수세보원』은 『동의보감』의 품 안에서 태어났다. 그리고 『의방유취』의 자부심을 계승하고 있다. 『동의의방유취』『동의보감』『동의수세보원』은 한국 의학의 자존심이라 하겠다.

7-2-22.

내가 논한다. "옹저와 눈병은 모두 중소에서 전이된 증상이다. 중소는 이미 험증이므로 상소일 때 먼저 치료해야 하고 중소면 반드시 서둘러 치료해야 하며 하소까지 가면 죽음이 임박하다."

論曰 "癰疽, 眼病, 皆是中消之變證也. 中消自爲險證, 則上消當早治也, 中消必急治也, 下消則濱死."

【해설】

중소의 변증變證을 이야기한다. 모두 인동등지골피탕의 적응증이다. 그래서 19조에서 인동등을 먼저 언급한 것이다.

소갈의 주증인 중소는 이미 험증이다. 중소병을 마주한 의사의 마음은 문경새재의 험난한 고개를 맞닥뜨린 선비의 마음과 같다 할 것이다.

7-2-23.

왕호고가 말한다. "한 아이가 갓난 애기 때부터 7년간 도한이 있었다. 어떤 약도 효과가 없었는데 양격산을 3일 복용하고 병이 나아버렸다."

王好古曰 "一童子自嬰至童, 盜汗七年. 諸藥不效, 服涼膈散三日, 病已."

【해설】

오래된 도한에 양격산을 복용하고 나은 드라마틱한 케이스다. "도한盜汗"은 잘 때만 나오는 도둑 같은 땀을 말한다. 깨면 안 난다.

『동의보감』의 원문에는 양격산과 함께 삼황원三黃元이 언급된다.(동2-5/6) 초점을 흐리지 않으려고 동무가 삭제했다.

7-2-24.

내가 논한다. "소양인의 대장의 청양이 위장으로 충분히 올라오고 머리와 손발까지 충만하면 결코 도한이 나지 않는다. 그러니 소양인의 도한은 양기가 약해졌기 때문이다. 양격산을 먹고 병이 나았다는 말은 이 병이 상소였고 그 병이 가벼웠다는 것을 의미한다."

論曰 "少陽人大腸淸陽快足於胃, 充溢於頭面, 四肢, 則汗必不出也. 少陽人汗者, 自是陽弱也. 而服涼膈散病已, 則此病卽上消而其病輕也."

【해설】

본조의 땀을 일반적인 땀으로 확대해석해선 안 된다. 본조는 23조에 대한 동무의 논평이라는 사실을 기억해야 한다.

소양인은 양기가 정상적으로 운행되면 도한이 나지 않는다. 도한은 상초의 양허陽虛로 봤다. 다시 말하면 상초에 울열鬱熱이 있다는 것이다. 양격산화탕을 쓰면 된다.

그런데 구본에서는 23조를 25, 26조와 나란히 붙여놓고 음허오열陰虛午熱의 범주로 설명한다. 그래서 하소, 강중과 맞먹는 매우 엄중한 병증으로 이해하고 있다.(구7-2-31)

도한은 전통적으로도 음허나 혈허로 생긴 열 때문이라 봤다.(동2-5/6) 아마 구본을 쓸 무렵 소양인의 도한에 대한 경험이 미숙했던 것 같다.

동무는 소양인의 도한이 별 것 아니라는 걸 깨닫게 된다. 양허로 인한 상초의 울열이며 오히려 상소에 속하는 비교적 가벼운 증상이라는 사실을 발견한다. 7년 된 도한이 낫는 사례가 전혀 드라마틱한 사례가 아니라는 것이다. 드라마가 일상이 되는 것, 이것이 진정한 의학의 발전이다.

7-2-25.

『동의의방유취』에서 말한다. "갈渴이란 자주 물을 마시는 것이다. 만약 머리가 어찔하며 등이 차면서 구역질을 한다면 허하기 때문이다."

『東醫醫方類聚』曰 "夫渴者, 數飮水. 其人必頭面眩, 背寒而嘔, 因虛故也."

【해설】

다시 『동의의방유취』가 등장한다. 소갈병에 등이 차면서 구역질 하는 증상은 허해서 그렇다고 말한다. 원문은 "인이허고야因裏虛故也"로 되어 있다. 진액이 말라버린 것이다.(동14-4/2)

소갈병인데 어지럽거나 등이 시리면서 구역질을 하는 소양병의 양상이 함께 나타나고 있다. 그래서 동무는 표리구병表裏俱病이라 보았다. 독활지황탕을 쓴다.(9-2-28)

7-2-26.

공신이 말한다. "음허증이란 매일 오후에 오한, 발열이 있다가 저녁이 되면 땀이 약간 나면서 풀리는 것이다. 그런데 학질로 보고 잘못 치료하면 대부분 구할 수 없게 된다."

龔信曰 "凡陰虛證, 每日午後惡寒, 發熱至晚, 亦得微汗而解. 誤作瘧治, 多致不救."

【해설】

음허증에 대해 설명하고 있는 『동의보감』의 문장이다. 그런데 원 문에는 "미한이해微寒而解"로 되어 있다.(동12-2/10) 약간 추우면서 풀린다는 뜻이다. 동무의 오류인지 의도인지 애매하다. 신구본 모두 "미한微汗"으로 되어 있다.

허준은 음허증에 사물탕이나 자음강화탕 같은 처방들을 나열했다.(동12-2/10) 동무는 음허오열陰虛午熱이라 부르고 십이미지황탕을 제시한다.(7-2-28)

7-2-27.

손사막이 『천금방』에서 말한다. "소갈에 주의해야 할 것이 세 가지가 있다. 첫째 음주, 둘째 성생활, 셋째 짠 음식과 밀가루다. 이 셋을 주의한다면 복약하지 않더라도 저절로 나을 수 있다."

孫思邈 『千金方』書曰 "消渴宜愼者, 有三. 一飮酒, 二房勞, 三鹹食及 麵. 能愼此三者, 雖不服藥, 亦可自愈."

【해설】

소갈의 섭생법이다. 동무가 섭생법만 단독으로 인용한 경우는 처음이다. 신본에 추가된 문장이다. 갈수록 소갈의 섭생법을 중시했음을 의미한다.

손사막(581~682)은 「의원론」에서 언급하지 않은 인물이다. 수당 시대를 대표하는 의가로 『천금방』이라는 불리는 최초의 의학백과사전을 편찬했다.

당나라 사람 손사막의 섭생법은 현재도 그대로 유효하다. 소갈에는 식색食色을 가장 주의해야 한다.

내가 논한다. "상소와 중소는 속에서 상승하는 양기가 비록 허
손하더라도 겉에서 하강하는 음기는 아직 든든하고 튼튼한 것
이다. 그러므로 병이 비록 험하지만 세월을 견뎌낼 수 있는 것이
다. 그런데 만약 음허로 오후만 되면 발열하고 물을 자꾸 마시
며 등이 시리면서 구역질을 한다면 표리의 음양이 모두 허손한
것이다. 병이 더욱 험해진 것으로 하소와 경중이 비슷하다. 그럼
에도 몸과 마음을 잘 가다듬으며 복약하면 열에 예닐곱은 살릴
수 있다. 몸과 마음은 잘 가다듬지 않고 복약만 한다면 백이면
백 다 죽는다. 이 병증에는 독활지황탕, 십이미지황탕을 써야
한다."

論曰 "上消, 中消, 裏陽升氣雖則虛損, 表陰降氣猶恃完壯. 故其病雖險,
猶能歲月支撐者, 以此也. 若夫陰虛午熱, 飮水, 背寒而嘔者, 表裏陰陽
俱爲虛損. 所以爲病尤險, 與下消略相輕重. 然能善攝身心, 服藥, 則十
之六七尙可生也. 不善攝身心, 服藥, 則百之百必死也. 此證當用獨活地
黃湯, 十二味地黃湯."

【해설】

"이양승기裏陽升氣"란 대장에서 시작하는 양기의 순행이고 "표음
강기表陰降氣"란 비국에서 시작하는 음기의 순행이다.

동무는 소양인의 병증을 이해할 통합적인 개념을 세우려 계속해
서 노력하지만 오히려 머리만 복잡해지는 결과를 초래했다. 후학의
에너지를 불필요하게 소모시켰다. 구본의 병리적 개념은 신본에서
모조리 삭제되는 운명을 맞이했다. 그러나 아무 일도 일어나지 않

았다!

상소와 중소는 이열병이라는 사실이 중요하다. 그런데 소갈인데 등이 차면서 구역질이 나거나 오후에 발열, 오한하는 증상이 있으면 표한병이 겹쳤다는 말이다. 표리구병으로, 하소병과 맞먹을 정도로 험한 병이라 봤다. "선섭신심善攝身心", 몸은 물론 마음까지 섭생하는 것이 무엇보다 중요하다. 그러고 나서 약을 논해야 한다. 구본에는 구체적인 섭생법과 복약법이 드러나 있다.

하소, 강중과 음허오열의 병증에 다년간 복약하고 조리하면서 치료해야 한다 함은 한 달에 10첩에서 20첩을 넘기지 말고 하루 1번 복용하는 것을 말한다. 간혹 10일 복약하고 10일 쉬고 1달 복약하고 1달 쉴 수도 있다. 약을 복용하지 않는 날은 녹두, 해삼, 굴, 돼지고기 등을 먹어준다. 동변이나 생지황, 인동등, 고삼 등을 먹을 수도 있다. 이렇게 음식이나 차를 이것저것 써주는 게 좋다. 몇 달 동안 약을 쉴 수도 있다.

1달에 10첩에서 20첩을 넘기지 않고 하루 1번만 복용하는 것은 오래된 병을 급하게 치료해선 안 되기 때문이다. 이것저것 써주는 것은 음식이나 차에도 약리가 깃들어 있기 때문이다. 몇 달 동안 약을 쉬기도 하는 것은 결국 의지하는 것은 약이 아니기 때문이다. 소양인이 애심과 노심을 경계하지도 않고 주색을 끊지도 않으면서 100일간 빠지지 않고 약을 복용한들 하루 일상에서 입는 손상을 보충하고 생명을 구하는 데는 부족할 것이다!

此證之數年服藥調治者. 一月之服不過十貼二十貼. 日一服. 或十日服藥. 十日不服藥. 或一月服藥. 一月不服藥. 不服藥日, 則用綠豆, 海蔘, 石花,

豬肉. 或用童便. 生地黃. 忍冬藤. 苦蔘. 因其飮食. 茶湯而雜試用之. 或
數月不服藥.

盖一月之服不過十貼二十貼日一服者. 久病不可急治之故也. 雜試用之
者. 飮食. 茶湯亦寓藥理之故也. 數月不服藥者. 所恃者不在藥之故也.
若不戒哀怒. 不斷酒色. 雖百日服藥而不足補損於一日尙法求活乎!(구
7-2-32)

만성병을 치료하고 관리하는 동무의 임상 노하우를 그대로 엿볼
수 있다. 복약법은 물론 음식과 건강식품 및 마음가짐에 대한 구체
적인 조언이 들어 있다. 만성병에 약은 거들 뿐. 약만으로 끝장을
볼 순 없다. 약을 끊어줄 줄 아는 의사가 진짜 의사다.

죽을 때까지 먹는 약? 그런 약은 결단코 없다. 어떻게 의자가 병
자를 병에 가두고 약에 가두어버린단 말인가? 정말 이해할 수 없는
일이다. 그런 약이 과연 환자를 위한 약일까? 나는 의사를 위한 약
이라 생각한다. 생명력은 결국 내 안에서 나오지 약에서부터 나오
지 않는다. 약은 끊으려고 먹는 것이다. 의사가 안 끊어주면 스스로
끊으라. 섭생이 관건이다. 섭생에 집중하면서 잠깐씩 끊어도 된다.
부디 의사에게 속지 말기 바란다. 동무는 이어 매우 구체적인 섭생
의 일반 원칙을 제시한다.

음식과 차에 약리가 깃들어 있다는 말은 반드시 평소의 양을 지
칭하는 것이다. 속효를 보고자 과식, 과음해서는 안 된다. 과식,
과음은 자연스러운 것이 아니다. 자연스럽지 않은 것은 생명을
살리는 길이 아니다!

飲食, 茶湯之寓藥者, 必如平時飲食, 茶湯也. 不可欲速不達而過食, 過
飲也. 過食, 過飲者, 非自然也. 非自然者, 非生生之道也!(구7-2-32)

7-2-29.

『주역』 수괘 구삼의 효사에서 말한다. "진흙 속에서 기다리다
도적떼가 들이닥친다."「상」에서 부연한다. "진흙 속에서 기다리
지만 재앙은 아직 밖에 있다. 도적이 쳐들어오는 것은 모두 내
탓이니 조심하고 삼가면 낭패 보지 않는다." 경전의 뜻을 본떠
내가 논한다. "음허로 오후에만 발열하고 등이 시리면서 구역질
이 나면 그 병이 비록 험하지만 죽음은 아직 밖에 있다. 마음을
경건하게 하고 몸을 공경하게 하면서 좋은 약까지 복용한다면
죽지 않으리라."

『易』之需九三爻辭曰 "需于泥, 致寇至."「象」曰 "需于泥, 災在外也. 自
我致寇, 敬愼不敗也." 以此意而倣之曰 "陰虛午熱, 背寒而嘔. 其病雖
險, 然死尙在外也. 能齋戒其心, 恭敬其身, 又服好藥, 不死也."

【해설】

죽음을 앞둔 병, 음허오열증에 대한 경계의 말이 이어진다. 마음
을 경건하게, 몸을 공경하게! 동무가 사용한 경계의 표현(齋戒, 恭敬)
에는 종교적인 엄숙함마저 서려 있다. 모든 난치병에 귀감으로 삼아
야 할 메시지다.

죽음이 너를 삼키려 문밖에 기다리고 있는가? 모든 욕심을 내려
놓고 공손히 엎드리라. 그러면 끝내 살리라.

범론
泛論

신본의 범론은 23조다. 41조였던 구본의 범론에서 이론적인 논의들을 대거 삭제하고 병증 위주로 개정했다.

구본의 소양인 범론에는 유명한 "보명지주保命之主"가 나온다. 소음인은 따뜻한 양기陽煖之氣가, 소양인은 시원한 음기陰淸之氣가 보명의 근원이다.(구7-3-3) 그래서 소음인은 속이 차서 덥혀야 살고 소양인은 속이 더워 식혀야 산다. 병리와 약리의 기본 원리가 나온다. 그리고 나아가 소음인과 소양인의 병증까지 상반관계로 나열했다.(구7-3-5) 이를 신본에서는 모두 삭제한 것이다.

7-3-1.

소양인 병 가운데 중풍, 토혈, 구토, 복통, 식체비만의 5증은 한 계통에서 나와서 경중의 차이만 있다. 부종, 천촉, 결흉, 이질, 한 열왕래흉협만의 5증은 한 계통에서 나와 경중의 차이만 있다.

少陽人病, 中風, 吐血, 嘔吐, 腹痛, 食滯痞滿, 五證同出一屬而自有輕重.
浮腫, 喘促, 結胸, 痢疾, 寒熱往來胸脇滿, 五證同出一屬而自有輕重.

【해설】

동무는 구본에서 앞의 5증은 표지이병表之裏病이고 뒤의 5증은 표지표병表之表病이라 말한다.(구7-3-12, 13) 모두 표병이라는 것이다.

이지표병裏之表病은 소갈과 옹저고 이지이병裏之裏病은 음허오열과 상한섬어다.(구7-3-10, 11)

더이상 이러한 분류는 무의미하므로 병증 위주의 서술로 바꾸고 있다. 이후 동무는 각 병증을 하나하나 설명해나간다.

7-3-2.

소양인 중풍에 반신불수나 한쪽 팔이 불수가 된 것은 결국 어쩔할 방법이 없다. 중한 자는 죽고 가벼운 자는 살 수 있다. 간혹 복약으로 안정되어 회복하기도 하나 스스로 낫기를 기다리는 병이지 필치법을 기대할 순 없다.

少陽人中風, 半身不遂, 一臂不遂, 末如何之疾也. 重者, 必死. 輕者, 猶
生. 間以服藥, 安而復之, 待其自愈, 而不可期必治法之疾也.

【해설】

구본에서 중풍, 토혈, 구토, 복통, 비만은 모두 풍병風病으로 분류
했다. 특히 인체 좌측의 흉복이나 수족이 불쾌한 증상이 나타난다
고 했다. 중풍은 그 중 최후의 단계로 수족의 마비까지 이른 질환이
다.(구7-3-16) 중풍에도 경중의 차이가 있다.

소양인 중풍 중에서 한쪽 팔을 쓰지 못하거나 반신을 쓰지 못하
는 것이 가장 위증이다. 구안와사가 다음으로 중하고 양쪽 다리
나 한쪽 다리를 쓰지 못하는 것은 오히려 가볍다.

少陽人中風, 一臂不遂, 半身不遂, 最危證也. 口眼喎斜, 次重也. 兩脚不
遂, 一脚不遂, 猶輕也.(구7-3-17)

본조는 소양인 중풍의 가장 위중한 케이스를 언급한 것이다. 구
본 그대로다.(구7-3-18) 복약으로 회복을 도울 수는 있으나 확실한
방법을 기대하긴 어렵다고 했다. 지금도 별반 다르지 않다.

7-3-3.

소양인 토혈자는 반드시 강퍅하고 편급한 마음을 씻어야하고
남과 다투는 일은 없어야 한다. 담백한 음식을 먹고 복약하며

스님처럼 100일을 수양하면 조금 나을 수 있다. 200일이면 많이 나을 수 있다. 1주년이면 깨끗이 나을 수 있다. 3주년이면 원래 수명을 지킬 수 있다.

그런데 토혈은 섭생을 조절하지 못하면 반드시 재발한다. 재발하면 이전의 공이 모두 수포로 돌아간다. 만약 재발하면 또 재발일로부터 100일이면 조금 낫는다. 1주년이면 깨끗이 낫는다. 10년, 20년 섭생하면 반드시 장수를 누린다.

少陽人吐血者, 必蕩滌剛愎偏急, 與人並駈爭塗之. 淡食服藥, 修養如釋道一百日, 則可以少愈. 二百日, 則可以大愈. 一周年, 則可以快愈. 三周年, 則可保其壽.

凡吐血, 調養失道, 則必再發. 再發, 則前功皆歸於虛地. 若再發者, 則又自再發日計數, 一百日少愈. 一周年, 快愈. 若十年, 二十年調養, 則必得高壽.

【해설】

다음으로 토혈이다. 중증도 넘버2다. 중풍과 달리 토혈은 필치의 방법이 있다. 복약하면서 스님처럼 수양하는 것이다. 첫 번째는 마음 수양, 두 번째는 음식 수양이다. 이렇게 100일이면 조금 낫고 1년이면 씻은 듯이 나을 수 있다고 했다.

그런데 수행이 한결같지 못하면 도중에 재발한다. 그간의 공이 도로아미타불이다. 초심으로 돌아가 처음부터 다시 시작해야 한다. 구본에서는 기본 1년부터 시작한다. 1년 해야 조금 낫고 3년이면 완전히 낫는다.(구7-3-20) 신본에서는 파격적으로 깎아준다. 처방에 자신이 섰기 때문이다. 십이미지황탕 덕분이다.(7-3-6)

"석도釋道"는 석가의 도를 좇는 무리를 말한다. 동무는 젊은 시절 출가하여 오랜 외유를 경험했다. 30대 후반에 정착해서는 60대까지 관직에 머물며 다양한 사회경험도 쌓았다. 동무의 불교 이해를 상고할 자료는 없지만 나는 동무의 불교가 매우 경험적인 것이었으리라 생각한다. 절을 다니며 직접 스님의 수행을 겪어보았을 수도 있다.

스님처럼 수행하면 건강한 삶을 누릴 수 있다. 스님의 수양은 마음공부이기 이전에 몸 공부이기 때문이다.

중한 병은 백일정성이 기본이다. 한번 자리 잡은 습속은 백일 정도의 시간을 두고 꾸준히 노력하지 않으면 바꾸기 어렵다고 한다. 백일기도하는 심정으로 병을 마주본다면 그 굴레를 벗어날 수 있다. 이렇게 10년, 20년 살 수 있다면 반드시 장수할 것이다.

7-3-4.

소양인은 간혹 코피가 조금씩 나는 경우가 있다. 혹 입이나 코의 분비물에 피가 섞여 있기도 한다. 비록 아주 미세한 양이더라도 모두 토혈의 범주로 본다.

또 입속에서 자기도 모르게 차가운 침이 거슬러 오르기도 하는데 구토가 없더라도 구토의 범주로 본다. 청소년 중 이러한 증상이 있는 아이는 요절하는 경우가 많다. 등한시하여 방치하기 때문이다. 위 두 병증은 중병, 험병 계열에 속하니 미리 예방하여 복약하지 않을 수 없다. 병근을 완전히 제거한 후에야 마음을 놓을 수 있다.

凡少陽人間有鼻血少許. 或口鼻間痰涎中有血. 雖細微. 皆吐血之屬也.

又口中暗有冷涎逆上者, 雖不嘔吐, 亦嘔吐之屬也. 少年有此證者, 多致
夭折. 以其等閑任置故也. 此二證必在重病險病之列, 不可不預防服藥.
永除病根, 然後可保無虞.

【해설】

토혈을 부연하며 자연스레 구토로 이어진다. 구토는 중증도 세 번
째다. 토혈과 구토는 모두 중병, 험병에 속한다. 뿌리를 완전히 뽑아
내야 생명을 지킬 수 있다.

7-3-5.

중풍은 처음 발병부터 매우 중하다. 그러므로 치법에 반드시라
는 걸 기대할 수 없다. 이에 비해 토혈은 처음 발병은 오히려 가
벼운 셈이다. 그러므로 치법에 반드시를 기대할 수 있다. 중풍과
토혈은 섭생 조절을 위주로 하고 복약은 다음이다. 구토부터 복
통, 식체비만은 복약하고 섭생 조절을 하면 쉽게 낫는다.
中風, 受病太重. 故治法, 不可期必. 吐血, 受病猶輕. 故治法, 可以期必.
中風, 吐血, 調養爲主, 服藥次之. 嘔吐以下腹痛, 食滯痞滿, 服藥調養,
則其病易愈.

【해설】

풍병 5대증의 치료 난이도와 예후를 정리한다.

중풍과 토혈은 난치다. 그러나 반드시 죽는 병이 아니다. 필사의
병이라서 죽는 게 아니고 필사의 마음 때문에 죽는다 그랬다.

중풍과 토혈병이 나날이 심해져 결국 죽고마는 것은 그 병이 끝내 죽는 병이기 때문이 아니다. 그 마음이 결국 죽는 마음이기 때문이다.

凡中風. 吐血之病 日月益甚必死乃已者, 其病非必死之病也. 其心, 乃必死之心也.(구7-3-19)

소양인은 더딘 회복에 한 번 실망하고 재발의 두려움에 또 한 번 실망한다. 그렇지만 끝내 포기하지 않으면 결국 고칠 수 있다. 스님처럼 살 각오를 가지면 된다. 섭생이 무엇보다 중요하다. 포기하지 않는 마음이 가장 중요하다.

스스로 바른 길로 돌아가 절실히 깨달으면 반드시 살 길이 있다.

若自反善道而覺之, 則必有生路矣.(구7-3-19)

희망을 놓지 않고 반성의 삶을 살면 반드시 살 길이 열린다. 죽을 때까지 약 먹으란 소리나 뇌까리면서 불안과 절망을 심어주는 의사는 마음을 죽이고 있는 것이다. 피하시는 것이 생명 보존의 길이다.

7-3-6.

중풍과 구토에는 독활지황탕을 쓰는 것이 좋다. 토혈에는 십이미지황탕을 쓰는 것이 좋다.

中風, 嘔吐, 宜用獨活地黃湯. 吐血, 宜用十二味地黃湯.

【해설】

드디어 처방이 나온다. 중풍에는 독활지황탕, 토혈에는 십이미지황탕이다. 구토, 복통, 식체비만은 다시 독활지황탕을 쓴다. 모두 숙지황 4돈이 군약이다.

구본에서는 토혈, 구토, 복통, 비만에 생지황이 4돈 들어간 칠미고삼탕을 썼다. 중풍에는 목단피 1돈이 추가된 팔미고삼탕을 쓴다.(구7-3-11) 처방의 한열이 전혀 다르다.

우리는 신본의 문자에만 집착해서 중풍에 오직 독활지황탕만 쓰는 우를 범해선 안 된다. 중풍에 독활지황탕이 좋긴 하나 많이 약하다. 동무가 말했듯 필치방이 아니다. 한열에 따라 서로 다른 처방을 구사하면서 가감의 묘를 살려야 한다.

7-3-7.

부종이라는 병은 신속하게 치료하면 살지만 그렇지 않으면 위험하다. 일찍 약을 쓰면 쉽게 낫지만 그렇지 않으면 허망하게 죽어버린다. 이 병은 겉보기에 병세가 완만해서 일찍 죽을 것 같지 않으므로 사람들이 쉽게 생각해버린다. 그러나 실로 급증이니 발병 4, 5일내 반드시 치료해야 하는 질환이고 늦어도 10일을 넘겨서는 안 된다.

부종이 처음 발생하면 목통대안탕을 써야 하고 혹 형방지황탕에 목통을 가해 쓰기도 한다. 하루 2번 복용하면 6, 7일 내 반드시 풀린다. 부종이 풀리고 나서도 100일 동안은 반드시 형방지황탕에 목통 2, 3돈을 가해서 매일 1, 2첩석 복용해야 한다.

소변이 맑아지면 재발을 방지할 수 있다. 만약 재발하면 난치다. 부종이 처음 풀릴 때 배가 고파도 참고 소식해야 한다. 평소처럼 많이 먹으면 재발을 면키 어렵다. 부종병은 소변이 붉은 것을 제일 두려워해야 한다. 소변이 맑으면 부종이 풀리고 소변이 붉으면 부종이 생긴다.

浮腫爲病, 急治則生, 不急治則危. 用藥早, 則容易愈也. 用藥不早, 則孟浪死也. 此病, 外勢平緩, 似不速死, 故人必易之. 此病, 實是急證, 四五日內必治之疾, 謾不可以十日論之也.

浮腫初發, 當用木通大安湯, 或荊防地黃湯加木通. 日再服, 則六七日內浮腫必解. 浮腫解後百日內, 必用荊防地黃湯加木通二三錢每日一二貼用之. 以淸小便, 以防再發. 再發, 難治. 浮腫初解, 飮食尤宜忍飢而小食. 若如平人大食, 則必不免再發. 大畏小便赤也. 小便淸, 則浮腫解. 小便赤, 則浮腫結.

【해설】

새로운 병증 5종이 등장한다. 구본에서 말한 표지표병이다. 제일 먼저 부종이다. 중증도 넘버1이다.

부종은 흔히 말하는 부기가 아니다. 급작스럽게 생긴 복수를 말한다. 10일 이내 치료하지 않으면 위험한 응급질환(急證)이다. 병세가 완만해 보인다는 것은 동반 증상이 별로 없다는 말이다. 정신도 온전하다. 그러니 쉽게 생각할 수밖에 없다.

목통대안탕은 구본의 처방이다. 목통대안탕으로 치료와 조리를 다했다. 신본에서 처방명은 그대도 썼지만 처방 내용은 개정했다. 그리고 형방지황탕을 추가하고 조리에 사용한다.

부종이 재발하면 난치다. 발병 1달이 경과해도 난치다. 간혹 10여 일 내에 벌써 고창이 생기면서 백약이 무효한 경우도 있다. 목통대안탕이 무효하면 백약이 무효하다.

凡浮腫再發, 則難治. 過一月, 則難治. 或十餘日內已成鼓脹而百藥無效者, 有之. 木通大安湯無效, 則百藥亦無效也.(구7-3-25)

고창은 복수가 심해져 배가 빵빵해진 상태를 말한다. 두들기면 북소리가 난다하여 고창이라 부른다.

구본에선 목통대안탕밖에 없었으나 신본에는 형방지황탕이 등장하고 있다. 지금은 또 더 좋은 처방이 있다. 목통대안탕이 무효하면 백약에서 찾으면 된다!

7-3-8.

소양인 중소병에 배가 빵빵해지면 반드시 고창이 발생한다. 고창은 불치다. 소양인 고창병은 소음인 장결병처럼 5~8개월이나 1년이 지나면서 결국 죽는다. 소음인 장결은 표양의 온기가 거의 끊겨가도 이음의 온기가 아직 건장하다. 소양인 고창은 이양의 청기가 거의 끊겨가도 표음의 청기가 아직 건장하다. 그러므로 모두 오랫동안 지내다가 죽는 것이다.

少陽人中消者, 腹脹則必成鼓脹. 鼓脹, 不治. 少陽人鼓脹病, 如少陰人藏結病, 皆經歷五六七八月或周年而竟死. 盖少陰人藏結, 表陽溫氣雖在幾絶, 裏陰溫氣猶恃完壯. 少陽人鼓脹, 裏陽淸氣雖在幾絶, 表陰淸氣猶恃完壯. 故皆經歷久遠而死也.

【해설】

중소병에도 부종이 생길 수 있다.(7-2-21) 결국 고창병까지 진행한다.

소양인 고창은 소음인 장결과 맞먹는다. 둘 다 불치며 한동안 시간을 끈 후 죽음에 이른다. 표리 중 한쪽은 멸절했으므로 결국 죽게 되고 한쪽은 건강하므로 한동안 버티는 것이다.

신구본을 비교해보면 장결과 고창의 병리에 대한 이해가 다르다. 신본 자체에서도 다르다. 보라. 장결은 소음인 이한병론에서 논의했는데 지금은 표기가 끊어진 것이라 말한다. 또 고창은 이기가 끊어진 것이라 했지만 구본에서는 장결과 고창 모두 표병으로 봤다.(表氣已絶. 구7-3-26)

복잡한 굴레는 벗어버려도 좋다. 표리음양온청表裏陰陽溫淸에 머리 싸매기 시작하면 사상의학의 진수를 맛볼 수 없다. 병리는 이한표열, 이열표한이면 충분하다. 우수한 두뇌를 병리 탐구에 쏟지 말고 병증과 처방에 쏟아야 한다. 이론을 탐하지 말고 실제를 구해야 한다. 그것이 제중혜민의 길이다.

7-3-9.

소양인이 상한으로 천촉하면 먼저 주사 1푼을 써준다. 따뜻한 물에 개어 삼킨다. 동시에 형개, 방풍, 과루 등을 달여 복용한다면 탕전 시간으로 인한 치료의 지연을 막을 수 있다.

少陽人傷寒喘促, 宜先用靈砂一分, 溫水調下. 因煎荊, 防, 瓜蔞等藥用之, 則必無煎藥時刻遲滯救病.

【해설】

중증도 넘버2인 상한 천촉이다. 표한병론에서 실감나는 상한 천촉의 임상례를 다룬 적이 있다.(7-1-41) 역시 신속히 치료해야 한다. 약 달이는 시간조차 아까워 영사를 먼저 복용시킨다. 구본에 영사에 대한 설명이 나온다.

수은과 유황을 함께 불에 구운 것이 영사다. 유황이 수은의 독을 제거할 수 있으므로 영사는 수은이 함유된 약 중 가장 안전한 약이다. 청양산화탕(구7-6-13)에 1, 2푼 풀어서 마시면 흉격 사이에 완고하게 쌓여있는 열을 쳐낸다. 4, 5회 이상 복용해선 안 된다. 4, 5회 복용 후에는 청양산화탕만 복용하여 서서히 열을 식히는 것이 좋다. 배옹의 내복약으로 쓰면서 외용약도 함께 쓰면 좋다.

水銀, 硫黃合煆者, 爲靈砂. 而硫黃能制水銀毒, 故靈砂最爲水銀藥中無毒之藥. 淸涼散火湯調下一二分, 則胸膈間痼積之熱可以攻擊. 而亦不可過四五服. 四五服後, 則單用淸涼散火湯, 緩緩淸熱可也. 背癰內服藥, 可用此法. 而外用外潰之藥, 則好.(구7-5-9)

영사는 수은과 유황을 원료로 가열 제조한 황화수은HgS을 말한다. 약불에 오랜시간 제련해서 만든다. 산뜻한 적색 분말로 불순물이 거의 없으며 냄새도 맛도 없다. 동무는 수은 함유 약물 중 가장 안전하다고 말했다.

형개, 방풍, 과루 등이 포함된 처방은 형방도적산이다.(7-6-2) 천촉과 결흉에 모두 활용한다. 천촉에는 영사와 더불어 쓰고 결흉에는 감수와 더불어 쓴다.

천촉과 결흉은 서둘러 용약하지 않으면 허망하게 죽어버린다.(구 7-3-25) 신속한 대응이 요구된다.

7-3-10.

영사는 약력이 급박해서 한두 번 쓸 수는 있어도 더 이상은 안 된다. 구급약은 구급에 민첩할 뿐이다. 약은 반드시 탕으로 복용하고 나서야 장과 위에 가득 차서 보음과 보양을 할 수 있다.

靈砂藥力急迫, 可以一再用而不可屢用. 盖救急之藥, 敏於救急而已. 藥必湯服, 然後充滿腸胃, 能爲補陰, 補陽.

【해설】

앞 조에서 이어진다. 영사靈砂의 효과가 얼마나 영특하기에 신령한 모래라 이름 붙였을까? 그러나 효과가 신묘하다 해서 독약을 자주 쓸 수는 없다. 오히려 생명을 해치기 때문이다.

요즘은 구급약들이 한의사의 손을 많이 떠났다. 거의 양의사들의 손에 있다. 마약성 제재나 스테로이드 등을 무분별하게 사용하는 양의사들이 더 귀담아들어야 할 내용이다. 구급약을 구급약으로 쓸 수 없는 자는 의사의 자격이 없다.

한의학 전통의 복약법은 탕전이다. 동무는 탕으로 끓여야 장위를 흠뻑 적셔 보강이 가능해진다고 말한다. 보음도 하고 보양도 해야 몸을 근간부터 도울 수 있다.

7-3-11.

이질은 결흉에 비하면 오히려 순증이다. 이질을 중증이라 말하는 것은 부종과 가깝기 때문이다. 구토는 복통에 비하면 오히려 역증이다. 구토를 악증이라 말하는 것은 중풍과 거리가 멀지 않기 때문이다.

痢疾之比結胸, 則痢疾爲順證也. 而痢疾之謂重證者, 以其浮腫相近也. 嘔吐之比腹痛, 則嘔吐爲逆證也. 而嘔吐之謂惡證者, 以其距中風不遠也.

【해설】

중증도 네 번째 이질이다. 결흉은 표한병론에서 충분히 논했으므로 생략했다.

소양인의 표지표병 중에서 부종이 가장 위험하다. 천촉이 두 번째다. 결흉이 세 번째다. 이질이 네 번째다.

少陽人表之表病, 浮腫, 最危證也. 喘促, 次證也. 結胸, 次證也. 痢疾, 又次證也.(구7-3-24)

그러나 이질이 결코 가벼운 증상은 아니다. 부종으로 진행할 위험성이 크므로 더욱 주의해야 한다.

한편 중풍의 위험성이 가장 높은 병은 구토다. 동무는 구토를 악증이라 불렀다. 중풍이 바로 최악증이기 때문이다. 마치 발목지뢰처럼 신체의 일부를 못 쓰게 만들어 환자나 주변인을 도탄에 빠뜨린다. 중풍은 예나 지금이나 참 못된 병이다.

7-3-12.

소양인의 이질은 황련청장탕을 쓰는 것이 좋다.

少陽人痢疾, 宜用黃連淸腸湯.

【해설】

소양인 이질의 특효약은 황련이다. 황련만 1냥 끓여 먹여도 된
다.(보유25-1)

구본에도 동명의 처방이 있다. 그러나 처방의 내용은 수정했다.
동무는 처방을 끝없이 개선했다. 우리도 그리해야 한다. 동무의 처
방만 쓰는 것은 더 이상 자랑이 될 수 없다.

소양인 5대 병증

병증	중증도	특징	치료	처방
중풍	1	발병초기부터 심각	필치법이 없다 간혹 복약	독활지황탕
토혈	2	발병초기엔 경증	필치법이 있다 섭생하면서 복약	십이미지황탕
구토	3	악증	쉽게 낫는다 복약하면서 섭생	독활지황탕
복통	4	·		
식체비만	5	·		
부종	1	매우 급증 (발병 4, 5일내 치료)	치료시 반드시 소식할 것	목통대안탕, 형방지황탕 가 목통
상한 천촉	2	지체없이 치료	영사는 1, 2회 이상 쓰지 말 것	영사 선복 후 형방도적산
결흉	3	(표한병론에서 논의함)		
이질	4	중증		황련청장탕
한열왕래흉협만	5	(표한병론에서 논의함)		

이로써 1조부터 이어진 소양인 5대병증론이 마무리된다.

7-3-13.

소양인 학병에 3일마다 발작하는 것이 바로 노학이다. 느긋하게 치료해야지 급하게 치료하지 말라. 이 병은 학이 발작하지 않는 날에 독활지황탕 2첩을 아침, 저녁 복용하고 발작하는 날에 미리 형방패독산 2첩을 끓여놓고 오한이 오기를 기다렸다가 2첩 연복한다. 한달 동안 독활지황탕 40첩, 형방패독산 20첩을 기준으로 삼으면 병을 물리치지 못할 리가 없다.

少陽人瘧病, 有間兩日發者, 卽勞瘧也. 可以緩治, 不可急治. 此證, 瘧不發日, 用獨活地黃湯二貼朝暮服. 瘧發日, 預煎荊防敗毒散二貼, 待惡寒發作時, 二貼連服. 一月之內, 以獨活地黃湯四十貼, 荊防敗毒散二十貼爲準的, 則其瘧必無不退之理.

【해설】

소양인의 학병을 이야기한다. "노학勞瘧"은 오래된 학질을 말한다.

노학은 곧 오래된 학이다. 오한이나 발열이 미미하고 오한 중에 발열이 있고 발열 중에 오한이 있는 것으로 치료하기 가장 어렵다. 표리가 모두 허하고 원기가 회복되지 않은 것이다. 병이 잠시 멎었다가도 약간 피로하면 다시 발작하고 여러 해가 지나도 낫지 않는다.

勞瘧, 卽久瘧也. 寒熱微微, 寒中有熱, 熱中有寒, 最難調治. 由表裏俱虛, 眞元未復. 疾雖暫止, 小勞復來, 經年不差.(동15-1/10)

동무가 말한 노학은 이틀은 잠잠하다가 3일째마다 오한발작이

나타나는 소양인의 학질을 말한다. 증상이 없는 이틀은 독활지황탕
을 아침, 저녁으로 복용한다. 오한발작이 나타나는 날은 미리 형방
패독산을 달여두었다가 오한이 나타나면 곧바로 2회 연복시킨다.

그래서 한 달이면 독지 40첩, 패독 20첩을 쓰게 된다. 이렇게 석
달 정도 용약해주면 된다. 소음인 학질에는 계삼고를 썼다.(6-6-18)

7-3-14.

소양인이 인후에서부터 발발해 밖으로 뒷목과 볼이 부어오르는
것을 전후풍이라 부른다. 2, 3일 만에 죽음에 이르니 가장 급한
병이다. 또 입술 위 인중혈에 종기가 나는 것을 순종이라 한다.
인중과 손가락 한마디 정도로 가까운 주변에 종기가 발생하면
비록 좁쌀만큼 미미해도 역시 위증이다.

이 두 병증은 처음 발생해서 가벼울 때 양격산화탕이나 양독백
호탕을 써야 한다. 중하면 수은훈비방 한 주로 훈비해서 뒷목과
볼에 땀이 나면 낫는다. 만약 경황이 없어 훈비약을 구할 수 없
다면 경분 1푼 5리, 유향, 몰약, 감수 각 5푼을 곱게 가루 내어
골고루 섞어서 풀로 반죽한 다음 환으로 뭉쳐 한번에 복용한다.

少陽人內發咽喉外腫項頰者, 謂之纏喉風. 二三日內, 殺人最急. 又上脣人
中穴瘇, 謂之脣瘇. 凡人中左右逼近處一指許發瘇, 雖微如粟粒亦危證也.
此二證, 始發而輕者, 當用涼膈散火湯, 陽毒白虎湯. 重者, 當用水銀熏鼻
方一炷熏鼻, 而項頰汗出則愈. 若倉卒無熏鼻藥, 則輕粉末一分五里乳
香, 沒藥, 甘遂末各五分和勻糊丸, 一服盡.

【해설】

전후풍과 순종은 발병일부터 이미 험증이라고 했다.(7-2-12) 여기서는 구체적인 치료법을 소개한다.

치료의 기준은 역시 대변이다. 대변을 그대로 보고 있으면 양격산화탕을, 대변이 하루가 지나도록 나오지 않으면 바로 양독백호탕을 쓴다. 상한 이열병에 백호탕을 쓰는 요령과 동일하다.(7-2-12)

마지막에는 수은훈비방을 쓴다. 너무 독해 연기만 마셔도 기효를 발휘한다. 이독치독以毒治毒의 방법이다. 경험약방에서 상세히 설명하고 있다.(7-5-9)

대용으로 사용한 경분, 유향, 몰약, 감수 작환법은 구본에서부터 사용했다.(구7-3-34) 신본에서는 유향몰약경분환이라 이름붙이고 신정방에서 소개한다.(7-6-17)

7-3-15.

소양인 아이가 많이 먹는데도 살이 빠질 때 노회비아환이나 인동등지골피탕을 쓴다.

少陽人小兒食多肌瘦, 宜用蘆薈肥兒丸, 忍冬藤地骨皮湯.

【해설】

소아의 병 중 감병疳病이라는 것이 있다. 많이 먹는데도 자꾸 여위어가는 병이다. 감疳은 마른다는 뜻이다.(疳者, 乾也. 동19-1/37)

감질나다는 말을 들어본 적이 있는가? 감질疳疾, 곧 감병 생기겠다는 뜻이다. 먹어도 채워지지가 않는다는 말이다. 동무도 지금 감병을 이야기하고 있다.

소양인 아이가 다리는 말랐는데 배만 크게 불러오는 것이 감병이
다. 비아환 본방에 인삼을 빼고 쓴다. 서둘러 치료해야 한다. 느긋
하게 방치하면 다른 병으로 전이되어 죽기 십상이다.

少陽小兒身脚瘦而肚腸大者, 此疳病也. 肥兒丸本方, 去蔘而用之. 可急
治也. 若緩置而不疑, 則恐成他病而瀕死也.(보유26-4)

소양인 아이의 감병은 위열로 인한 것이다. 대장청양의 상승지기
가 위국까지 올라오지 못하면 생긴다. 중소의 범주라 할 수 있다.

인동등지골피탕이 바로 중소 치료처방이다.(7-6-12) 노회비아환
은 아이를 살찌게 하는(肥兒) 감병 치료처방이다. 공신이 만들었
다.(7-5-7)

7-3-16.

일찍이 소양인 어깨 위에 생긴 독종을 본 적이 있다. 불에 끓인
참기름을 종기의 헌데다 들이부어 살이 타서 문드러지는데도
전혀 열감을 느끼지 못했다. 어떤 의사는 소뿔 조각을 숯불에
두고 태워 그 연기를 쐬게 했다. 연기가 종기 헌데로 들어가더니
독즙이 줄줄 흘러내리면서 그 자리에서 나아버렸다.

嘗見少陽人肩上有毒瘇. 火熬香油灌瘡, 肌肉焦爛, 而不知其熱. 有醫敎
以牛角片置火炭, 上燒而熏之. 煙入瘡口, 毒汁自流, 其瘇立愈.

【해설】

외과적 처치로 위독한 외과질환을 고친 사례다. 동무는 외과적
처치에 매우 관심이 많았다.

과거에는 종기로 목숨을 잃는 경우가 상당했다. 조선의 임금
27명 중 12명이 종기 때문에 승하했다는 기록이 있다. 『조선, 종기
와 사투를 벌이다』라는 책까지 있다.

여기 등장하는 어떤 의사有醫는 「소음인범론」에서 놀라운 실력을
선보였던 그 의사일 것이다. 동무가 교류하던 외과 전문의였다. 또다
시 마술 같은 치료법을 보여주며 혀를 내두르게 한다.

"종창腫"은 종腫을 뜻한다. 『동의보감』에 기본적인 설명이 있다.

피부가 약간 불룩하게 일어나면서 단단하고 두터워지며 혹 아프
거나 혹 가려운 것을 "종腫"이라 부른다. 풍한으로 생기면 종기가
단단하고 희며 열독으로 생기면 화끈거리면서 붓고 벌겋게 된다.

皮膚微高起而堅厚, 或痛或痒, 謂之腫. 有因風寒而得, 則腫硬色白. 有
因熱毒而得, 則焮腫色赤.(동15-4/4)

동무가 말한 "독종毒腫"은 바로 열독으로 생긴 종기다.

우각은 태음인 약물이다. 동무는 외과적 처치에 사용하는 재료
를 그렇게 엄격하게 구분하지 않는다.(구7-5-8)

7-3-17.

일찍이 소양인 일흔 노인에게 뇌저가 생긴 것을 본 적이 있다.

어떤 의사가 복어 알을 가루 내어 붙이게 했더니 그 자리에서 나았다. 복어 알은 매우 독해서 개, 돼지가 먹으면 바로 죽어버리고 나무에 걸어두어도 까마귀든 까치든 먹으려 들지 않는다.

嘗見少陽人七十老人發腦疽. 有醫教以河豚卵作末傅之, 其疽立愈. 河豚卵至毒, 彘犬食之, 則立死. 掛於林木間, 烏鵲不敢食.

【해설】

독종에 이어 뇌저의 처치법이다. 뇌저는 머리에 발생한 저를 말한다. 옹저에 속한다. 옹과 저는 크기로 구분한다.

지름 1~2촌 되는 것이 절이고, 3~5촌 정도에 둥글고 벌겋게 붓는 것이 옹이고, 8촌 정도 되면 저다.

徑一寸二寸爲癤, 三寸五寸腫圓赤爲癰, 八寸爲疽.(동15-4/3)

그리고 옹은 환부의 피부가 얇아서 윤이 난다. 저는 두터워서 딱딱한 느낌이 난다. 소 목덜미와 비슷한 형태라고 했다.(동15-4/5)

"하돈河豚"은 민물 복어를 말한다. 『동의보감』에 "강에서 산다"(生江河中. 동21-1/16)고 했다.

복어는 참복과에 속하는 바닷물고기를 통틀어 부르는 말로 130여 종에 달한다고 한다. 그중 황복은 바다에서 자라다 5, 6월이 되면 알을 낳으러 민물로 올라온다. 하돈은 이 황복을 가리킨다. 복중에 복이라 불리는 고급 어종이다. 우리나라엔 임진강에 많았는데 산란기에 마구 잡은 탓에 지금은 보호종으로 보호받고 있다. 지금은 허가 없이 포획할 수 없다.

복어의 독이 테트로도톡신tetrodotoxin이다. 청산가리 10배에 달하는 맹독으로 중추신경계를 마비시킨다. 치사율이 80퍼센트에 육박하는데 산란기의 난소에 가장 많고 간이 그 다음이라고 한다. 허준도 손질할 때 간과 알을 반드시 제거하라고 했다.(동21-1/16) 그런데 산란기의 황복이 가장 맛있다고 하니 정말 치명적인 맛이 아닐 수 없다.

최근 인공사육에 성공하여 대량으로 양식한 후 강화도 등지에 방류하고 있다고 한다. 자연산 황복의 크기는 양식 황복의 2배에 달해서 45센티미터 정도 된다.

7-3-18.

일찍이 소양인의 사두창을 치료한 적이 있다. 복어 알을 가루로 만들어 약간 떼서 물에 개어 고약처럼 살 위에 붙였다. 하루에 한 번씩 새로 갈아붙였더니 5, 6일이 지나 효과가 나면서 새살이 급속히 돋아났다. 그런데 우둘투둘한 군살이 남아 있어 칼 가는 숫돌을 가루 내어 붙였더니 군살이 그 자리에서 소실되고 병이 나았다.

또 연주담에도 사용했는데 여러 날 붙이면 반드시 효과가 난다. 숯불에 상한 데나 개나 벌레에 물린데도 사용하면 효과를 보지 못하는 경우가 없다.

嘗治少陽人蛇頭瘡. 河豚卵作末, 少許点膏藥上傅之. 而一日一次易以新末傅藥. 五六日病效, 而新肉急生. 而有姤肉, 因以磨刀砥末傅之. 姤肉立消而病愈.

又用之於連珠痰. 多日傳之者. 必效. 用之於爲炭火所傷與狗咬. 蟲咬. 無不得效.

【해설】

"사두창蛇頭瘡"은 생인손이다. 손가락 끝에 종기가 나서 곪는 병이다. 퉁퉁 부은 모양이 뱀대가리 같다 해서 붙은 이름이다. 심하면 손발톱이 모두 빠져버린다. 대지代指라고도 한다.

허준도 대지의 각종 외치법을 소개한다. 그 중 매실의 씨를 가루낸 후 식초에 개어 고약으로 만들어 붙이는 법도 있다.(동8-1/18) 동무 역시 복어 알 가루를 물에 개어 고약처럼 만들어 붙였을 것이다.

"연주담連珠痰"은 연주창이다. 목 주위에 단단한 멍울이 진주목걸이마냥 주렁주렁 생겨난다 해서 붙은 이름이다. 더 진행되면 고름이 생기면서 곪아 터진다. 나력瘰癧이라 부르기도 한다.

연주담은 결핵균이 림프선에 침입하여 생기는 결핵병이다. 폐결핵 다음으로 흔하다. 멍울은 결핵결절이라 부른다. 결핵이라는 이름자체가 멍울이 맺힌다는 뜻이다.

대개 연주창은 죽는 병이라 한다. 왜 죽는 병이라 말할까? 처음 멍울을 없앨 때 내치와 외치가 완전치 못하여 멍울이 다 없어지지 않고 창구가 아물어버렸기 때문이다. 멍울을 없앨 때 환자는 심신이 상하기 마련이다. 한 번 상하고 회복하면 열이면 열 다 살릴 수 있지만 여러 번 상하면서 결국 멍울을 제거하지 못하면 심신이 지쳐 열에 일곱여덟은 죽는다. 그러니 숙수가 아니면 감당키 어려운 것이다. 내치법과 외치법을 몰라도 안 되고 환자의 심신이 지치는 것을 몰라도 안 된다.

大抵連珠瘡, 死病也. 何謂死病也? 一次去核時, 內治外治不俱全, 而去
核未盡, 合瘡故也. 大凡去核時, 病人心傷氣傷也. 一次心傷氣傷, 而因爲
快復, 則十病十生也. 若屢次心傷氣傷, 而終未去核, 則心敗氣敗, 而十死
七八也. 是故非熟手, 則不可也. 不知內治外治, 則不可也. 不知病人之心
敗氣敗, 則不可也.(보유3-4)

상한도 고수가 아니면 불가하지만 연주창도 고수가 아니면 어렵
다. 동무의 연주창 치료법은 이렇다.

소음인의 외용약은 신석을 위주로 한다. 가벼우면 유황도 괜찮다.
소양인의 외용약은 경분을 위주로 한다. 가벼우면 복어알도 괜찮
다. 소음인의 내복약은 당귀, 천궁을 위주로 한다. 소양인의 내복
약은 강활, 생지황을 위주로 한다.

少陰人去核藥, 信石爲主. 而輕症, 則硫黃可也. 少陽人去核藥, 輕粉爲
主. 而輕症, 則河豚卵可也. 少陰人內服藥, 當歸, 川芎爲主也. 少陽人內
服藥, 羌活, 生地黃爲主也.(보유3-2)

신석은 신중하게 수치해야 하며 유황은 꿀에 개어 사용한다. 외
용약은 통증이 심해지기 전에 사용하는 것이 좋다. 특히 봄, 여름이
치료의 적기라고 했다.

동무는 외과 전문의의 경이로운 치료 광경을 목격하고 복어 알을
다양한 외과 질환에 적용해보았다. 결과는 매우 만족스러웠다. 손가
락 종기나 연주창, 화상, 개나 벌레에 물린 데에도 모두 효과적이었

던 것이다. 소양인의 여러 외과질환이 열독이라는 증거다. 복어 알은 냉독이다. 냉독으로 열독을 치료한 것이다.

7-3-19.

일찍이 소양인 60세 노인이 중풍으로 한손을 쓰지 못하는 병을 치료한 적이 있다. 경분을 5리 썼더니 그 병이 더욱 나빠졌다. 소양인 20세 소년이 한 다리가 조금 무감각한 비풍痺風에 경분감수용호단을 두세 차례 썼더니 효과적이었다.

嘗治少陽人六十老人中風一臂不遂病. 用輕粉五里, 其病輒加.

少陽人二十歲少年一脚微不仁痺風, 用輕粉甘遂龍虎丹二三次用之, 得效.

【해설】

중풍에 다양한 시도를 하고 있다. 그러나 동무는 적방을 찾지 못하고 번번이 실패의 경험을 맛보았다. 만족할만한 사상의학적 해법을 찾지 못한 것이다.

동무는 이것이 병 자체의 특성이라 보았다. 그래서 섭생을 중시하게 된 것이다. 약으로는 한계가 있다고 보았다. 삶이 바뀌어야 한다.

"경분輕粉"은 진사辰砂(HgS)를 백반, 식염과 함께 가공하여 제조한 염화제일수은(Hg₂Cl₂)의 백색 결정이다. 질이 약해 잘 부서지며 가벼워서 경분이란 이름을 얻었다. 비교적 완만한 수은제재라 할 수 있다.

경분은 공기 중에 노출되거나 햇빛을 접촉하면 점차 극독을 지닌 염화제이수은(HgCl₂)으로 변한다. 보관에 주의해야 한다. 염화제이

수은은 방부 처리할 때나 의료기 소독할 때 사용한다.

경분 역시 수은 제재인 이상 결코 가벼운 약은 아니다. 사용에 매우 신중해야 한다.

경분은 매우 유독하다. 기력이 약한 사람은 써선 안 된다. 부득이 사용할 경우 소량을 시험적으로 써보고 감당해 낸다면 기회를 봐서 시도하는 것이 좋다.

輕粉, 有大毒. 命脉弱者, 不可. 若不得已用之, 則小賞試之. 而可堪然後, 見機而圖之, 可也.(권11-26)

그래서 경분은 1푼 이상 쓰는 법이 없다. 1푼이면 충분하고 5리면 부족함이 없다고 했다.(7-6-17)

동무는 경분을 소양인의 각종 질환에 응용했다. 그리고 양다리가 마비된 증상에 가장 유효하다는 결론을 내린다.(輕粉之於少陽人也, 無處不當. 而兩脚不仁, 最補. 보유24-1) 그런데 주의점은 팔이 마비된 경우에는 쓰지 못한다는 것이다. 창을 거꾸로 들고 자신을 찌르는 것과 같다.(권12-17) 본조 역시 팔에 써서 실패하고 다리에 써서 성공한 사례다.

경분감수용호단은 감수 1돈, 경분 5푼으로 만든 독한 약이다.(7-6-17) 주의를 요한다.

7-3-20.

일찍이 소양인 인후병에 물이나 음료수를 마시지 못하고 대변이 3일간 불통하며 위급한 상황에 이른 것을 치료한 적이 있다. 감수천일환을 썼더니 즉효했다.

嘗治少陽人咽喉, 水漿不入, 大便不通三日, 病至危境. 用甘遂天一丸, 卽效.

【해설】

"인후"는 인후가 갑자기 퉁퉁 붓고 아픈 것을 말한다. 관절염을 속칭 관절이라 부르는 것과 상통한다. 유아乳蛾, 후폐喉閉, 전후풍纏喉風, 후비喉痺, 매핵기梅核氣, 인통咽痛, 인창咽瘡 등 인후와 관련된 다양한 병명이 있다.(동6-5/6)

소양인의 인후는 발병 당일부터 위험증이라 했다.(7-2-12) 심하면 목구멍을 막아 한나절도 안 되어 죽기도 한다. 본조 역시 물을 넘기지 못할 정도로 인후가 부은 매우 위험한 케이스다.

소양인 인후는 대변을 보면 양격산화탕, 대변을 못보면 양독백호탕을 쓴다.(7-3-14) 본조처럼 생명이 경각에 이른 경우는 감수천일환을 쓴다. 감수 1돈, 경분 1푼으로 환을 만든 것이다.(7-6-17) 동무는 급성 인후에 감수가 성약이라고 했다.(구7-1-21)

7-3-21.

일찍이 소양인 70세 노인이 대변이 4, 5일 혹 6, 7일까지 불통한 병을 치료한 적이 있다. 자세히 보니 음식은 평소와 다름없는데 양 다리와 무릎이 차고 무력한 것이다. 그래서 경분감수용호단을 쓰니 대변이 바로 통했다. 수일 후 대변이 다시 막혀 다시 복용했다. 여러 차례 복용하니 마침내 대변이 하루 1번으로 안정되고 병이 나았다. 이 노인은 결국 80세까지 장수했다.

嘗治少陽人七十老人大便四五日不通, 或六七日不通. 飮食如常, 兩脚膝寒無力. 用輕粉甘遂龍虎丹, 大便卽通. 後數日大便又祕, 則又用. 屢次用之, 竟以大便一日一度爲準, 而病愈. 此老竟得八十壽.

【해설】

감수는 대변불통에 사용하지 않는다. 원래 통변약通便藥이 아니라 파수약破水藥이다. 그러나 한 가지 예외가 있었다. 비풍이나 슬한의 대변불통에는 사용할 수 있다.(7-1-18) 본조가 그런 경우다.

일흔이 넘은 할아버지는 감수와 경분이 용호龍虎처럼 덤비는 약을 여러 차례 먹고도 오히려 강건해져 장수를 누렸다. 독약의 위독危毒도 정확한 진단에 근거하면 위효偉效가 될 수 있다.

7-3-22.

일찍이 소양인의 두 앞니 사이 잇몸에서 출혈하는 것을 본 적이 있다. 눈깜빡할 사이 몇 사발이나 흘리더니 바로 위험한 상태에 빠지는 것이다. 어떤 의사가 불에 끓인 참기름을 햇솜에 한 방울 묻혀 그 열기로 잇몸을 지지니 피가 바로 멎었다.

嘗見少陽人當門二齒齦縫血出. 頃刻間數碗, 將至危境. 有醫敎以火熬香油以新綿點油, 乘熱灼齒縫, 仍爲血止.

【해설】

"유의有醫"가 다시 나온다. 모두 동일한 의사였을 것이다. 외과치료에 거침이 없다. 정말 능수능란한 외과의였던 것 같다.

"신면新綿"은 햇명주솜이다. 누에고치를 모아 삶아서 늘여 만든 솜이다. 태우면 지혈하는 효능이 있어 약으로도 사용한다.(동 21-2/12)

『동의수세보원』에 이렇게 외과 치험례가 많이 수록되어 있다는 사실은 잘 알려져 있지 않다. 관심을 요한다.

7-3-23.

일찍이 한 소양인이 날마다 한 번씩 머리를 빗는 것을 본 적이 있다. 수개월 후 구안와사병이 생겼다. 그 후에도 소양인이 매일 머리 빗고 와사병이 생긴 자를 세 명 더 본 적이 있다. 그러니 매일 머리 빗는 것은 소양인에게 금기다.

반면 여든 정도의 태음인 노인이 매일 머리를 빗으며 하는 말이 "매일 머리를 빗었더니 정말 좋더라. 내가 매일 머리를 빗은 지 벌써 40년이 되었다"고 했다.

嘗見少陽人一人每日一次梳頭. 數月後, 得口眼喎斜病. 其後又見少陽人日梳得喎斜病者凡三人. 盖日梳, 少陽人禁忌也.

嘗見太陰人八十老人日梳者, 老人自言曰 "日梳極好, 我之日梳已爲四十年"云.

【해설】

참 어리둥절한 문장이다. 이것이 소양인 병증론의 마지막 자리를 차지하고 있으니 좀 민망한 느낌마저 든다. 갑자기 머리 빗기라니? 도대체 무슨 말일까?

동무는 소양인이 매일 머리를 빗더니 결국 구안와사가 생기는 희한한 현장을 수 차례나 목격했다. 그런데 태음인은 오히려 그렇게 하면 좋다고 한다. 동무는 태소음양인에 따라 나타나는 체질적 특성이 아닌가 생각했던 것이다. 무수한 경험의 홍류에 떠밀려 망각 속으로 사라져버리는 이러저러한 현상을 자신의 그물로 건져내려 하고 있다.

소양인 머리 빗기는 위열의 상승을 자극한다고 이해할 수 있다. 그래서 두면부의 장애를 가져오는 것이다. 나 역시 탈모를 걱정하던 한 소양인이 압박 빗으로 밤낮없이 두피를 문지르고 두들겨대더니 결국 하얗게 광이 나버린 경우를 본 적이 있다.

동무는 소양인의 인후병 등이 회복된 후 냉기를 쐬는 일을 극도로 경계한다. 나아가 세수나 옷 갈아입기, 머리 빗기 등도 마음대로 해선 안 된다고 했다.(7-5-13) 한기를 만날 기회를 급격히 높이는 행위들이다. 예전엔 지금처럼 이발이 흔치 않았다. 보통 긴 머리를 땋아 비녀를 꽂거나 상투를 틀었다. 병자가 머리 한 번 빗는다는 것이 보통일이 아니었던 것이다. 너무나 타당한 조언이라 할 수 있다.

위험한 병에서 되돌아온 사람은 유리잔처럼 다루어야 한다. 큰 병을 앓은 후 너무 과한 빗질은 삼가는 게 좋다. 하지만 건강인의 경우까지 무리하게 적용할 필요는 없을 것 같다.

경험약방 1
張仲景『傷寒論』中
少陽人病經驗設方十方

소양인 병증론에 등장한 의가들의 처방목록이 「경험약방1」과 「경험약방2」에 정리되어 있다. 처방의 내용은 전부 『동의보감』에서 인용한 것들이다.

「경험약방1」은 중경의 상한방이다. 그런데 중경의 약방은 적응증을 일괄적으로 생략했다. 원과 명의 약방들은 자상하게 설명해준 것과 대조적이다. 이것은 무슨 의미일까?

동무는 중경방의 임상활용도를 결코 낮게 보지 않는다. 중경의 약방은 처음부터 그 탁월한 효과로 칭송받아왔다. 계지탕, 마황탕, 이중탕, 시역탕, 백호탕, 승기탕, 소시호탕, 사심탕 등등 너무나 유명한 처방들이 즐비하다. 『상한론』이 의학의 원톱을 지켜온 저력은 곧 효력에 있었다.

의학도에게 『상한론』은 기본 필수 과목이다. 오히려 너무나 기초적인 내용에 해당하기에 굳이 적응증을 기록하지 않았던 것 아닐까? 의사가 『상한론』 정도는 암송하고 있어야 한다고 생각했던 것 같다.

기본 과정이라고 쉽다는 말은 결코 아니다. 오히려 난해의 서라 할 수 있다. 『상한론』은 의학도라면 한번은 거쳐야 할 순례의 길이다. 생략된 적응증은 『동의보감』에서 찾아 보완했다.

7-4-1.

백호탕. 석고 5돈, 지모 2돈, 감초 7푼, 멥쌀 반 홉.

白虎湯. 石膏五錢, 知母二錢, 甘草七分, 粳米半合.

【해설】

治陽明病, 汗多煩渴, 脈洪大.(동10-2/12)

허준이 양명병 치료의 3인방으로 제시한 처방이 갈근해기탕과 백호탕, 저령탕이다.(동10-2/12) 백호탕과 저령탕이 나란히 1조와 2조를 차지하고 있다.

백호탕은 대표적인 청열약이다. 동무는 백호탕에 대한 매우 강렬한 기억을 가지고 있었다. 소양인에게 육미탕만 줄곧 처방하다 백호탕을 투약하면서 새로운 차원에 눈뜨게 된 것이다.(7-1-41) 소양인 병증에 대한 이해가 도약하는 계기가 되었다.

이후 동무는 무수한 백호탕을 창방한다. 동무가 초창기에 만든 백호탕을 『초본권』에서 볼 수 있다. 처방은 석고 4돈, 지모 2돈, 멥쌀 조금이고 적응증은 상한으로 인한 번열과 발광이다.(권12-10)

구본에 오면 백호탕은 더욱 정제된 내용을 갖추게 된다.(구7-6-6) 멥쌀은 완전히 빼버리고 대신 생지황 4돈이 자리한다. 게다가 산수유, 복분자 2돈을 추가하면 더욱 좋다며 이름까지 금상첨화백호탕이라 붙였다. 주치증은 섬어라고 밝힌다.

아예 도해백호탕渡海白虎湯이라 하여 섬어에 더욱 완전한 처방을
만들어놓기도 했으며(구7-6-7) 저령백호탕, 양독백호탕도 창방한
다.(구7-6-8, 9)

그리고 결국 신본에 이르러 지황백호탕이 탄생한다. 신흥 강자의
등장으로 중고 거장들은 대거 퇴진했다. 중경의 백호탕을 완전하게
개량해놓은 것이 바로 지황백호탕인 것이다.(7-2-6) 동무는 소양인
이열병의 성약이라고 불렀다.(7-2-8)

7-4-2.

저령탕. 저령, 적복령, 택사, 활석, 아교 각 1돈.

猪苓湯. 猪苓, 赤茯苓, 澤瀉, 滑石, 阿膠各一錢.

【해설】

治陽明證, 小便不利, 汗少, 脈浮而渴.(동10-2/12)

양명증 소변불리에 사용하는 이뇨약이다. 소양인에게 쓰려면 아
교를 빼야한다.(구7-2-4) 동무가 저령탕을 개량한 것이 저령차전자탕
이다.(7-2-6)

7-4-3.

오령산. 택사 2돈 5푼, 적복령, 저령, 백출 각1돈 5푼, 육계 5푼.

五苓散. 澤瀉二錢五分, 赤茯苓, 猪苓, 白朮各一錢五分, 肉桂五分.

【해설】

治太陽證入裏, 煩渴而小便不利.(동11-1/1)

　　상한에 물을 마시면 토해내는 수역증의 치료처방이다.(7-1-14) 오령산은 수역에 쓰지만 설사에도 쓴다. 설사는 기본적으로 濕濕을 겸하는 것이므로 이뇨가 중요한 치료법에 속한다. 똥길로 유입되는 수분을 오줌길로 가게 해준다는 개념이다.(分利水穀. 동4-2/6) 동무도 복통, 설사에 오령산을 썼다.

　　오령산. 운기로 방광에 열이 뭉치거나 여름철 복통, 설사를 치료한다. 택사 3돈, 적복령, 저령 각2돈, 활석, 시호 각1돈.

五苓散. 治運氣熱結膀胱, 夏月腹痛, 泄瀉. 澤瀉三錢. 赤茯苓, 猪苓各二錢, 滑石, 柴胡各一錢.(권12-7)

　　전통의 오령산을 소양인에게 적합하도록 고친 것이다.

7-4-4.

소시호탕. 시호 3돈, 황금 2돈, 인삼, 반하 각 1돈 5푼, 감초 5푼.

小柴胡湯. 柴胡三錢, 黃芩二錢, 人蔘, 半夏各一錢五分, 甘草五分.

【해설】

治少陽病半表半裏, 往來寒熱. 能和其內熱, 解其外邪, 傷寒方之王道也.(동
10-2/13)

소양병에 한법, 토법, 하법은 금기다. 그래서 중경은 찬약과 뜨거
운 약을 짬뽕해서 소위 화해시킨다는 소시호탕을 발명한 것이다.

그러나 동무는 갸륵하긴 해도 한심한 처방이라 혹평한다.(7-1-8)
동무가 극찬한 소양병 처방은 바로 공신의 형방패독산이다.

7-4-5.

대청룡탕. 석고 4돈, 마황 3돈, 계지 2돈, 행인 1돈 5푼, 감초
1돈, 생강 3쪽, 대추 2개.

大靑龍湯. 石膏四錢, 麻黃三錢, 桂枝二錢, 杏仁一錢五分, 甘草一錢, 生
薑三片, 大棗二枚.

【해설】

善解風寒兩傷.(동10-2/11)

발열, 오한에 신통, 번조까지 있을 때 쓰는 처방이다.(7-1-1) 동무
는 대청룡탕증이 소양인 감기의 특징적인 증상이라 파악했으며 대
청룡탕 대신 형방패독산을 쓰도록 했다.(7-1-2)

중경의 약방을 최초로 수집하여 후세에 전해준 의가는 손사막이
다. 손사막은 말년에 『천금요방』의 보충편인 『천금익방千金翼方』을

쓰면서 「상한」 편을 오직 중경의 처방으로만 채워넣었다. 그리고 서두에 다음과 같은 감회를 남기고 있다.

중경의 처방은 다음 3종을 넘지 않는다. 첫째 계지탕, 둘째 마황탕, 셋째 청룡탕이다. 이 세 처방이면 상한을 재발 없이 치료할 수 있다. 시호탕 등의 기타 여러 처방은 토법이나 하법, 한법을 쓴 후에도 병이 풀리지 않았을 때 사용하는 것으로 상한에 대한 정법은 아닌 것이다. 그간 상한에 대한 치료기술이 미숙하여 세상의 현인들이 내버려두고 배우지 않았으니 참으로 슬픈 일이다.

夫尋方之大意, 不過三種. 一則桂枝, 二則麻黃, 三則靑龍. 此之三方, 凡療傷寒不出之也. 其柴胡等諸方, 皆是吐下發汗後不解之事, 非是正對之法. 術數未深, 而天下名賢, 止而不學, 誠可悲夫.(『千金翼方』「傷寒上」)

상한은 간단한 병이다. 오치가 병을 복잡하게 만들었다. 그래서 『상한론』이 복잡해진 것이다.

계지탕은 소음인의 상한방이며 청룡탕은 소양인의 상한방이고 마황탕은 태음인의 상한방이니, 이 세 처방이면 상한을 다 치료할 수 있다는 손사막의 호언이 크게 틀리지는 않은 것 같다.

7-4-6.

계비각반탕. 석고 2돈, 마황, 계지, 백작약 각 1돈, 감초 3푼, 생강 3쪽, 대추 2개.

桂婢各半湯. 石膏二錢, 麻黃, 桂枝, 白芍藥各一錢, 甘草三分, 生薑三片,大棗二枚.

【해설】

治太陽病, 脈微, 身不痒.(동10-2/11)

원 처방명은 계지이월비일탕桂枝二越婢一湯이다.(『상한론』28) 계지
탕과 월비탕을 2대1로 합방한 것이다. 동무는 대신 형방사백산이나
지황백호탕을 썼다.(7-2-3)

7-4-7.

소함흉탕. 반하(법제한 것) 5돈, 황련 2돈 5푼, 과루 큰 것의
1/4.

小陷胸湯. 半夏製五錢, 黃連二錢五分, 瓜蔞大者四分之一.

【해설】

治小結胸.(동11-1/5)

하제다. 복용 후 설사를 하지 않으면 한 번 더 먹는다. 단계는 과
루의 껍질만 썰어 넣고 씨는 넣으면 안 된다고 했다.(동11-1/5)

7-4-8.

대함흉탕. 대황 3돈, 망초 2돈, 감수 가루 5푼.

大陷胸湯. 大黃三錢, 芒硝二錢, 甘遂末五分.

【해설】

治大結胸.(동11-1/5)

강력한 하제다. 감수는 마지막에 넣어서 저어 먹는다. 복용 후 시원하게 설사하면 더 먹지 않아도 된다. 『초본권』에 동무가 변용한 함흉탕이 있다.

함흉탕. 운기로 인한 결흉과 수역을 치료한다. 결흉이 시일이 지나면 수역이 되고 수역이 시일이 지나면 위험해진다. 먼저 오령산을 쓰고 다음으로 이 처방을 쓴다. 달인 약의 1/3을 먼저 복용하고 2시간이 지나도 반응이 없으면 나머지 2/3를 다시 복용한다. 설사를 1, 2차례 하면 적중한 것이고 3, 4차례 하면 과도한 것이다. 황련 3돈, 망초 2돈, 감수 1돈.

陷胸湯. 治運氣結胸, 水逆. 結胸過時, 則水逆. 水逆過時, 則危. 先用五靈散, 後用此方. 煮湯三分之一先服, 二時刻無應, 然後再服三分之二. 泄下一二次爲適中. 三四次爲過度. 黃連三錢, 芒硝二錢, 甘遂一錢.(권12-11)

중경의 함흉탕에 대해 오랜 임상의 경험을 쌓아왔음을 알 수 있다. 그리고 결국 감수로 귀착하게 된다.(7-1-17)

7-4-9.

십조탕. 원화(약간 볶은 것), 감수, 대극(볶은 것)을 같은 양으로 가루 낸다. 따로 대추 10개를 물 1잔이 반잔이 되도록 달인후 대추를 빼고 가루 낸 약을 섞는다. 튼튼한 사람은 1돈, 허약한 사람은 반 돈을 복용한다. 대변이 물처럼 좔좔 나오고 나면죽으로 보해준다.

十棗湯. 芫花微炒, 甘遂, 大戟炒, 等分爲末. 別取大棗十枚, 水一盞煎至半盞. 去棗, 調藥末. 强人一錢, 弱人半錢服. 大便利下水, 以粥補之.

【해설】

治傷寒有懸飮, 伏飮, 脇下引痛.(동10-2/13)

십조탕 역시 강력한 하제다. 원화의 매운맛으로 담음을 흩어주고 대극과 감수의 쓴맛으로 수기를 배설한다. 설수泄水의 성약이라 했다.(동10-2/13) 복용하면 대변이 소변처럼 나온다. 유독하므로 가벼이 써선 안 된다.

동무는 원화와 감수를 같이 쓰면 독성이 증가한다고 했다.(芫花, 甘遂竝行而助毒. 구7-1-19) 십조탕 역시 감수로 귀결된다.(7-1-17)

7-4-10.

신기환. 육미지황탕에 오미자 일미를 추가한다.

腎氣丸. 六味地黃湯加五味子一味.

【해설】

治虛勞腎損(동12-2/17)

『동의보감』에는 폐의 근원을 길러 신수를 생기게 한다滋肺之源, 以
生腎水也고 설명한다. 육미지황원과 함께 대표적인 신허약이다.

재밌는 사실은 신기환은 소양인론에 나오지 않는다는 것이다. 태
음인론에 나온다.(8-2-19) 구본에서 소양인 소갈병으로 논하던 조문
을 신본에서 태음인 조열병으로 옮겼으나 처방은 미처 옮겨놓지 못
한 때문이다.

경험약방 2
元明二代醫家著述中少陽
人病經驗行用要藥九方

사상인의 경험약방은 신구본이 모두 동일하다. 전혀 손대지 않았다.

그래서 신기환(7-4-10) 사건도 목격할 수 있는 것이다. 소양인론에 등

장한 중경 이후의 약방을 모아두고 있다.

7-5-1.

양격산. 연교 2돈, 대황, 망초, 감초 각 1돈, 박하, 황금, 치자 각 5푼.

이 처방은 『화제국방』에 나온다. 열이 쌓여 번조가 있고 입과 혀가 헐며 눈이 벌겋고 머리가 어지러운 것을 치료한다. 내가 고찰하여 개정한다. 이 처방에서 대황, 감초, 황금은 빼야 한다.

涼膈散. 連翹二錢, 大黃, 芒硝, 甘草各一錢, 薄荷, 黃芩, 梔子各五分. 此方, 出於『局方』. 治積熱, 煩燥, 口舌生瘡, 目赤, 頭昏. 今考更定. 此方, 當去大黃, 甘草, 黃芩.

【해설】

어린아이의 오래된 도한 처방으로 인용된 양격산이다.(7-2-23) 양격산화탕의 기원처방이다.

7-5-2.

황련저두환. 수퇘지 밥통 1개, 황련, 밀(볶은 것) 각 5냥, 천화분, 백복신 각 4냥, 맥문동 2냥.

위 약을 가루 내어 돼지 밥통 속에 넣고 입구를 봉한다. 시루에 넣고 푹 쪄서 짓찧어 반죽하여 오동나무 씨 크기로 환을 만든다. 이 처방은 위역림의 『득효방』에 나온다. 강중증을 치료한다. 내가 고찰하여 개정한다. 이 처방에서 맥문동은 폐약이다. 폐와 신은 하나는 오르고 하나는 내리면서 상하로 관통한다. 신약 5개 중 폐약 1개는 비록 불필요하긴 하지만 넣어도 무방하다. 까다롭게 굴 필요 없다.

黃連猪肚丸. 雄猪肚一箇, 黃連, 小麥炒各五兩, 天花粉, 白茯神各四兩, 麥門冬二兩.

右爲末, 入猪肚中封口. 安甑中蒸爛. 搗作丸梧子大. 此方, 出於危亦林 『得效方』書中. 治強中證. 今考更定. 此方中, 麥門冬一味肺藥也. 肺與腎, 一升一降, 上下貫通. 腎藥五味中肺藥一味, 雖爲贅材, 亦自無妨, 不必苟論.

【해설】

주단계가 중소의 처방으로 제시한 것이다.(7-2-14) 소양인에게 기막히게 들을 것 같다. 미음에 70~90환 정도 먹으면 된다.(동 14-4/12)

사상 처방을 하는 사람 중에 고방을 완전히 무시하는 사람이 간혹 있다. 체질식을 한다는 사람 중에 해로운 음식 하나에 손을 벌벌 떠는 사람도 있다. 제대로 하는 것 같지만 꼭 그렇지가 않다.

정말 아는 사람은 전체를 본다. 대세를 파악할 줄 알면 잔챙이 한둘에 과히 신경 쓰지 않는다. 불필가론不必苟論이다.

7-5-3.

육미지황탕. 숙지황 4돈, 산약, 산수유 각 2돈, 택사, 목단피, 백복령 각 1돈 5푼.

이 처방은 우박의 『의학정전』에서 나왔다. 허로를 치료한다. 내가 고찰하여 개정한다. 이 처방에서 산약은 폐약이다.

六味地黃湯. 熟地黃四錢, 山藥, 山茱萸各二錢, 澤瀉, 牧丹皮, 白茯苓各一錢五分.

此方, 出於虞博『醫學正傳』書中. 治虛勞. 今考更定. 此方中, 山藥一味肺藥也.

【해설】

신허를 치료하는 대표 처방이다. 신정腎精을 너무 소모해서 맥아리가 없고 초췌할 때 사용한다. 도한, 발열이 생길 수도 있으며 허리나 무릎이 시큰거리고 한 번씩 어지러울 수도 있다.

동무는 육미지황탕을 소양인의 대표 처방으로 활용했다. 소양인은 기본적으로 신정부족증이 있다고 생각한 것이다. 외감에 형방패독산, 내상에 육미지황탕이 소양인 처방의 양대 산맥이었다. 『초본권』에 자세한 용법이 나온다.

육미지황탕. 내상으로 인한 허로와 허손을 치료한다. 본방에 지골피와 패모를 1돈씩 추가하면 지골피지황탕이라 부른다. 도한과 해수를 치료한다. 황백과 지모를 2돈씩 추가하면 지백지황탕이라 부른다. 음허로 혈변을 보는 것을 치료한다. 우슬과 차전자를 1돈씩 추가하면 수종을 치료한다. 죽력과 생지황을 추가하면 토혈을 치료한다. 허손한 사람은 15일간 30첩을 복용하고 허로한 사람은 150일간 300첩을 복용한다. 물 세 바가지를 넣고 한 바가지 될 때까지 숯불로 진하게 달여낸다. 뱃속이 반쯤 비었을 때 하루 2회 복용한다. 숙지황 4돈, 산수유, 구기자 각3돈, 백복령, 택사 각2돈, 목단피 1돈.

六味地黃湯. 治內傷虛勞, 虛損. 本方加地骨皮, 貝母各一錢, 名曰地骨皮地黃湯. 治盜汗, 咳嗽. 加黃柏, 知母各二錢, 名曰知柏地黃湯. 治陰虛便血. 加牛膝, 車前子各一錢. 治水腫. 加竹瀝, 生地黃. 治吐血. 虛損者, 十五日三十貼服之. 虛勞者, 百五十日三百貼服之. 用水三瓢, 煮成一瓢, 炭化濃煎. 半空心. 日再服. 熟地黃四錢, 山茱萸, 枸杞子各三錢, 白茯苓, 澤瀉各二錢, 牧丹皮一錢.(권12-2)

"허로虛勞"는 허약을 말하고 구병久病이며, "허손虛損"은 손상을 말하고 신병新病이다. 둘다 허증이지만 완급이 다르다. 육미지황탕을 기본방으로 다양한 적응증의 처방을 만들고 있다.

육미지황탕 역시 신약 다섯에 폐약 하나다. 산약 하나에 까다롭게 굴 필요는 없지만 더 나은 처방을 위해 구기자로 대체했다.

7-5-4.

생숙지황환. 생건지황, 숙지황, 현삼, 석고 각 1냥.

위 약을 가루 내어 풀로 반죽하여 오동나무 씨 크기로 환을 만든다. 공복에 찻물로 50~70환석 먹는다. 이 처방은 이천의 『의학입문』에 나온다. 눈이 어두운 것을 치료한다.

生熟地黃丸. 生乾地黃, 熟地黃, 玄參, 石膏各一兩.

糊丸梧子大. 空心, 茶淸下五七十丸. 此方, 出於李梴『醫學入門』書中. 治眼昏.

【해설】

『동의보감』에는 혈허안혼血虛眼昏을 치료한다고 나온다.(동5-3/12) 동무는 병리적 이해는 취하지 않았다.

본방은 소양인 병증론에 나오지 않는다. 구본의 작업 과정 중 생략된 내용일 수도 있고 병증론과 무관하게 효과만으로 소개해놓은 처방일 수도 있다.

7-5-5.

도적탕. 목통, 활석, 황백, 적복령, 생지황, 산치자, 감초(잔뿌리) 각 1돈, 지각, 백출 각 5푼.

이 처방은 공신의 『만병회춘』에 나온다. 소변이 쌀뜨물 같은 것을 치료한다. 2번만 복용해도 낫는다. 내가 고찰하여 개정한다. 이 처방에서 지각, 백출, 감초는 빼야 한다.

導赤湯. 木通, 滑石, 黃柏, 赤茯苓, 生地黃, 山梔子, 甘草梢各一錢, 枳殼, 白朮各五分.

此方, 出於龔信『萬病回春』書中. 治尿如米泔色, 不過二服愈. 今考更定. 此方, 當去枳殼, 白朮, 甘草.

【해설】

도적탕 역시 병증론에서 언급한 처방이 아니다. 형방도적산의 기원처방이 된다. 동무는 도적탕에서 목통을 중시했다. 『초본권』에 도적산이 나온다.

도적산. 외감으로 내열이 생겨 눈이 충혈되고 머리가 아프며 소변이 붉고 시원찮은 것을 치료한다. 생지황 3돈, 목통 2돈.

導赤散. 治外感內熱. 其證, 目赤, 頭痛, 小便赤澁. 生地黃三錢, 木通二錢.(권12-9)

목통은 내열을 소변으로 빼준다.

7-5-6.

형방패독산. 강활, 독활, 시호, 전호, 적복령, 형개수, 방풍, 지각, 길경, 천궁, 인삼, 감초 각 1돈, 박하 약간.

이 처방은 공신의 『고금의감』에 나온다. 상한시기로 발열과 두통이 있고 항강과 지체통이 있는 것을 치료한다. 내가 고찰하여 개정한다. 이 처방에서 지각, 길경, 천궁, 인삼, 감초는 빼야 한다.

荊防敗毒散. 羌活, 獨活, 柴胡, 前胡, 赤茯苓, 荊芥穗, 防風, 枳殼, 桔梗, 川芎, 人蔘, 甘草各一錢, 薄荷少許.

此方, 出於龔信 『醫鑑』 書中. 治傷寒時氣, 發熱, 頭痛, 項强, 肢體煩疼.

今考更定. 此方, 當去枳殼, 桔梗, 川芎, 人蔘, 甘草.

형방패독산은 인삼패독산에서 형개수와 방풍을 추가한 처방이다. 본조의 적응증은 원래 인삼패독산의 적응증이다.(동10-2/19)

동무는 형방패독산을 삼신산 불사약이라 극찬하고 소양인 외감의 기본방으로 삼았다. 『초본권』에서부터 패독산은 외감의 기본방이었다. 패독산을 변용하여 다양한 증상에 활용했다.

패독산. 소양인의 외감에 쓴다. 본방에 석고 2돈을 추가하면 석고패독산이라 부른다. 운기와 학질로 발열이 심하고 오한은 적은 것을 치료한다. 시호 1돈을 추가하면 시호패독산이라 부른다. 주치는 위와 같다. 저령 1돈, 목통 1돈을 추가하면 목통패독산이라 부른다. 부종을 치료한다. 현삼 1돈을 추가하면 현삼패독산이라 부른다. 인후를 치료한다.

3첩의 약을 모아서 부엌의 가마솥 안에 넣고 큰 그릇으로 3사발의 물을 붓고 1사발이 될 때까지 달인다. 3회에 나누어 복용하거나 혹 한번에 다 마신다. 3회에 나누어 먹을 때는 약을 미리 달여서 오한이 막 생기려할 때 한번 복용하고 30분쯤 뒤 오한이 크게 발생하면 다시 한번 먹고 또 30분쯤 뒤 다시 한번 복용한다. 만약 약이 아직 다 끓지도 않았는데 오한이 생겼다면 오한이 크게 올라올 때 한 번에 복용하면 된다.

계절성 유행병(天行時期之病)을 장중경은 전부 상한병이라 불렀다. 요즘에는 속칭 운기라 부르기도 하는데, 속칭을 좇아도 무방하다. 병명이 서로 다를 뿐이다.

강활, 독활, 시호, 전호, 차전자, 목통, 생지황, 적복령, 방풍 각

2돈, 형개 5푼, 감초 3푼.

敗毒散. 少陽外感. 本方加石膏二錢, 名曰石膏敗毒散. 治運氣與瘧疾, 熱多寒少之証. 加柴胡一錢, 名曰柴胡敗毒散. 治上同. 加猪苓一錢, 益加木通一錢, 名曰木通敗毒散. 治浮腫. 加玄蔘一錢, 名曰玄蔘敗毒散. 治咽喉.

合因三貼藥, 置釜中鼎中, 用水三大碗, 煮成一大碗. 分三次服, 或一次頓服. 分三次服者, 預煎藥, 惡寒欲發未發之時一次服, 間一食頃惡寒大發時又一次服, 又間食頃又一次服. 若煮藥未及而惡寒已發頃, 大發時一次恒服.

天行時期之病, 張仲景盡稱傷寒病. 今俗稱運氣, 從俗無妨. 故病名異稱. 羌活, 獨活, 柴胡, 前胡, 車前子, 木通, 生地, 赤茯苓, 防風各二錢, 荊芥五分, 甘草三分.(권12-1)

약물의 효능을 능란하게 다루는 동무의 능력을 살펴볼 수 있다. 약물마다 어디에 특효한지 정확히 알고 있다.

장중경이 말한 상한병은 계절성 유행병이다. 당시 민간에서는 운기라 부르기도 했다. 운기병의 준말이다. 5운과 6기의 복잡한 계산을 통해 기후의 변화와 질병의 발생을 예측하던 학문이 운기학인데 계절의 변화와 관계 있는 유행성 질환이므로 운기병이라 부른 것이다.

7-5-7.

비아환. 호황련 5돈, 사군자육 4돈 5푼, 인삼, 황련, 신국, 맥아, 산사육 각 3돈 5푼, 백복령, 백출, 구감초 각 3돈, 노회(불에 구운 것) 2돈 5푼.

위 약들을 기장쌀로 쑨 풀로 반죽하여 녹두 크기로 환을 만들어 미음에 20~30환 먹는다.

이 처방은 공신의 『고금의감』에 나온다. 소아의 감적병을 치료한다. 내가 고찰하여 개정한다. 이 처방에서 인삼, 백출, 산사육, 감초는 빼야 한다. 사군자는 아직 약성을 제대로 경험해보지 못했기에 가벼이 논하지 않겠다.

肥兒丸. 胡黃連五錢, 使君子肉四錢五分, 人蔘, 黃連, 神麴, 麥芽, 山査肉各三錢五分, 白茯苓, 白朮, 炙甘草各三錢, 蘆薈煆二錢五分.

右爲末, 黃米糊和丸菉豆大, 米飮下二三十丸.

此方, 出於龔信『醫鑑』書中. 治小兒疳積. 今考更定. 此方, 當去人蔘, 白朮, 山査肉, 甘草. 而使君子一味, 未能經驗的知藥性, 故不敢輕論.

【해설】

감병으로 수척해진 아이를 살찌게 하는 비아환이다.(7-3-15) 『초본권』에 동무의 비아환이 있다.

비아환. 소아의 감병을 치료한다. 천황련 1냥, 호황련, 사군자, 맥아, 백복령 각 5돈, 노회(불에 구운 것) 2돈반.

肥兒丸. 治小兒疳病. 川黃連一兩, 胡黃連, 使君子, 麥芽, 白茯苓各五錢, 蘆薈煆二錢半.(권12-14)

천황련은 쓰촨성에서 나는 황련을 말한다. 고급이고 가격이 비싸다. 호황련은 인도 등지에서 생산되는 황련을 말한다. "호胡"는 오랑

캐란 뜻인데, 약재 이름 앞에 붙으면 중국산이 아닌 외국산이라는
뜻이 된다. 천황련이 미나리아재비과인데 반해 호황련은 현삼과에
속한다. 모양도 약성도 다소 다르다.

동무는 소양인에게 천황련을 사용했다. 인동등지골피탕, 목통대
안탕, 황련청장탕 등에 모두 천황련이라 명시했다. 비아환에도 천황
련을 군약으로 쓰고 있다. 국내산인 토황련은 깽깽이풀이란 것인데,
효과가 매우 떨어진다. 동무는 고가지만 황련은 중국산 천황련을
구해 썼다. 사군자는 『초본권』에서 소양인약으로 사용하다 구본에
서 의심을 품기 시작했고 신본에 오면 태음인약으로 쓰고 있다.(마황
정통탕. 8-5-6)

7-5-8.

소독음. 우방자 2돈, 형개수 1돈, 생감초, 방풍 각 5푼.
이 처방은 공신의 『고금의감』에 나온다. 두창이 시원하게 돋지
않고 가슴에 빽빽하게 난 것을 치료한다. 서둘러 3, 4회 복용하
면 시원하게 돋아나고 해독된다. 신효하다. 내가 고찰하여 개정
한다. 이 처방에서 감초는 빼야 한다.

消毒飮. 牛蒡子二錢, 荊芥穗一錢, 生甘草, 防風各五分.
此方, 出於龔信『醫鑑』書中. 治痘不快出及胸前稠密. 急用三四服, 快透
解毒, 神效. 今考更定. 此方, 當去甘草.

【해설】

두창은 두창 바이러스smallpox virus로 발병하는 급성 발진성 전염병이다. 과거 천연두라 불리며 공포의 대상이 되던 질환이다. 한때 전 세계 사망 원인의 10퍼센트를 차지하기도 했으나 1979년 완전 퇴치가 선언되면서 현재는 질병목록에서 사라진 질환이다.

소독음은 소아 두창의 치료처방이다.(동19-1/70) 그런데 소양인 병증론에는 소독음도, 두창도 없다. 양독백호탕의 기원 처방으로 실어놓은 듯하다. 『초본권』에 소독음을 개량한 소독산화탕이 나온다.

소독산화탕. 소아의 두진과 은진을 치료한다. 본방에 석고, 생지황을 추가하면 열을 식히는 힘이 더욱 커진다. 소아의 치료는 어른과 달라서 약을 너무 과하게 쓰지 말 것이며 먹일 때도 억지로 하지 말고 부드럽게 타일러야 한다. 현삼, 지골피, 연교, 황련, 산치자, 방풍, 형개, 우방자 각1돈.

消毒散火湯. 治小兒痘疹, 癮疹. 本方加石膏, 生地黃, 淸火之力尤大. 治小兒異於大人, 用藥不可太峻. 服藥時可以誘導, 不可却抑. 玄蔘, 地骨皮, 連翹, 黃連, 山梔子, 防風, 荊芥, 牛蒡子各一錢.(권12-3)

은진은 두드러기를 말한다. 소양인 피부병에 활용해볼 수 있을 것이다.

7-5-9.

수은훈비방. 흑연, 수은 각 1돈, 주사, 유향, 몰약 각 5푼, 혈갈,

웅황, 침향 각 3푼.

위 약들을 가루 내어 골고루 섞어 담배처럼 7개비를 만든다. 참기름으로 불을 붙여 평상 위에 놓은 뒤 환자가 두 다리로 감싸게 한다. 위로는 홑이불로 온몸을 덮고 입에는 찬물을 머금고 자주 갈아주면 입을 상하지 않는다. 첫날 3대를 쓰고 다음 날부터는 하루 1대씩 사용한다. 이 처방은 주진형의 『단계심법』에 나온다. 양매창, 곧 천포창을 치료하는 데 매우 기효하다.

水銀熏鼻方. 黑鈆, 水銀各一錢. 朱砂, 乳香, 沒藥各五分. 血竭, 雄黃, 沈香各三分.

右爲末, 和勻, 捲作紙燃七條. 用香油點燈, 放床上令病人放兩脚包住. 上用單被, 通身盖之, 口嚼涼水頻換, 則不損口. 初日用三條, 後日每用一條熏鼻. 此方, 出於朱震亨『丹溪心法』書中. 治楊梅天疱瘡, 甚奇.

【해설】

양매창과 천포창은 같은 말로 현재의 매독을 일컫는다. 매독은 매독균이라 불리는 트레포네마 팔리듐균Treponema pallidum에 의해 발생하는 성병이다. 항문이나 성기, 구강 등에 소귀나무楊梅의 열매를 닮은 특징적인 피부궤양이 나타난다 하여 붙은 이름이다. 산딸기처럼 생겼다.

동무는 천포창의 정체를 명확히 인식하고 있다. 천포창은 세균성 질환으로 성적 접촉으로 감염된다고 정확하게 지적한다.(天疱瘡, 有蟲而男女傳染. 구7-5-8) 그리고 자연이 만든 괴이한 질환으로 성적 문란을 삼가지 않으면 반드시 죽는다고 경고했다.(盖天生奇疾, 使男女之好色荒淫而不愼者必死也. 구7-5-8)

과거에는 동서를 막론하고 매독에 수은을 많이 활용했다. 그런데 역사는 1909년부터 바뀐다. 독일 과학자 파울 에를리히Paul Ehrlich(1854~1915)가 특정 세균을 선택적으로 염색할 수 있다는 사실을 알아내고 매독균만을 선택적으로 죽일 수 있는 마법의 탄환 magic bullet을 발견한 것이다. 결국 수많은 비소 유기화합물을 합성한 결과 606번째 화합물이 매독균에 탁월한 효과를 나타낸다는 사실을 발견하고 살바르산Salvarsan이라 명명한다. 사람을 죽이던 비소 독이 사람을 살리는 매독약으로 거듭난 것이다. 세계 최초의 화학약품이 실험실에서 탄생하는 순간이다.

살바르산의 엄청난 성공은 인공적으로 만든 합성 화합물을 통해 의약의 신세계를 열 수 있다는 위대한 충격을 선사한다. 살바르산에 이어 페니실린의 발견으로 인류는 매독의 공포에서 완전히 벗어나게 되었다.

동양에서는 허준에 이어 동무까지 수은을 꾸준히 활용했다. 허준이 소개한 천포창 훈비방熏鼻方 중 하나가 본조의 방법이다.(동 16-2/2) "수은훈비방"이란 이름은 동무가 붙인 것이다. 동무는 수은에 살충효과가 있어 태소음양인을 막론하고 훈비법으로 천포창을 치료할 수 있다고 말한다.(惟水銀可以殺蟲, 故無論太少陰陽人, 非熏鼻不治. 구7-5-8) 체질을 넘어서는 궁극의 치료법을 말하고 있다.

동무가 20세기 조선이 아니라 유럽에서 태어났다면 수은 제제에서 인류를 구원할 살바르산을 찾고 있지 않았을까? 간혹 의학에 지역과 시대의 구분은 무의미하다는 생각이 들 때가 있다. 모든 의학은 과거를 딛고 미래로 나아가는 현대의학일 뿐이다.

내가 논한다. "수은은 쌓인 열을 쳐내고 머리와 눈을 맑게 해준다. 양기를 제압해 음기가 하초로 돌아갈 수 있게 하니 양기를 누르고 음기를 도와주는 소양인 약 가운데 최고다. 다만 첫날 구급용으로만 써야지 보음한다고 매일 써서는 안 될 것이다. 그 힘이 산을 뽑고 솥을 들만 할 정도라 한 번에 적군의 소굴을 짓이겨버리니 두 번이면 이미 적들이 흩어진 뒤라 오히려 아군을 해치는 우려가 있기 때문이다. 전후풍에는 반드시 써야 할 약이다."

論曰 "水銀, 破積熱, 淸頭目. 制陽回陰於下焦, 爲少陽人抑陽扶陰藥中無敵之藥. 而祇可用之於當日救急之用, 不可用之於連日補陰之用者, 以其拔山扛鼎之力, 一擧而直搗大敵之巢穴, 再擧則敵已解散, 反有倒戈之患故也. 纏喉風, 必用之藥."

【해설】

수은은 독성이 강하므로 내복해선 안 된다. 그런데 『신농본초경』에는 장기간 복용하면 신선이 된다고 했고 『포박자』에도 불로장생약으로 소개하고 있다.

이시진은 육조 이래 수은을 복용하고 폐인이 된 자를 헤아릴 수 없다며 『본초경』의 문장을 망언이라 통렬히 비판한다.(『본초강목』 「금석3」)

『동의보감』에서도 수은을 과하게 복용하면 다리가 위축된다(痿躄)며 경계한다.(동22-5/1) 수은 중독으로 가장 크게 손상받는 곳이 중추신경계다. 1956년 일본의 구마모토현 미나마타시에서 화학공장에서 방류한 유기수은에 오염된 조개와 어류를 먹은 주민들이 집단적으로 수은에 중독된 유명한 사건이 있었다.

수은은 죽음과 맞바꾸는 약이다. 요단강 건너기 전 마지막으로 내미는 손이다. 전후풍에도 수은은 최후의 방책일 뿐이다.

7-5-11.

소양인이 한쪽 다리나 양쪽 다리를 못 쓸 때 경분 가루 5리 또는 1푼을 3일 연속 복용한다. 차도가 있건 없건 절대 3일을 넘겨서도 5리 또는 1푼을 넘겨서는 안 된다. 찬바람을 조심하고 여러 금기를 삼가야 한다. 한쪽 팔을 못 쓰거나 반신을 못 쓸 경우, 구안와사 등에는 써선 안 된다. 쓰면 위험하다.

少陽人一脚不遂, 兩脚不遂者, 輕粉末五里或一分連三日服. 無論病之瘥不瘥, 必不過三日服, 必不過日服五里或一分. 謹風冷, 愼禁忌. 一臂不遂, 半身不遂, 口眼喎斜, 不可用. 用之, 必危.

【해설】

수은지제를 사용할 때는 금기가 많다. 그만큼 위험한 약이기 때문이다. 『초본권』에 정리되어 있다.

경분을 사용하는 자는 한두 달간 극도로 섭생에 주의해야 한다. 금기는 마음대로 바람을 맞거나 냉기를 쐬거나 옷을 갈아입고 머리를 빗는 것이며 닭고기, 개고기, 면과 날것, 찬 것을 피해야 한다. 금기를 어기면 반드시 죽는다.

用之者, 一二月間極愼調攝. 禁忌不可任意冒風, 觸冷, 易衣, 梳頭, 恐食 雞, 狗, 酒, 麵, 生冷物. 犯忌, 必死.(권12-17)

『동의보감』에 경분 제조법이 있다. 소금과 녹반 같은 양을 솥에 넣고 누렇게 될 때까지 졸인 후 가루를 내어 수은과 섞어 항아리 속에 넣어 밀봉한 후 숯불로 가열하면 경분을 얻을 수 있다.(동 17-5/3)

7-5-12.

급성병은 서둘러 치료해야 하고 만성병은 서둘러 치료해선 안 된다. 경분은 위험한 약이므로 조급한 마음으로 사용하여 속효를 기대해선 안 된다. 만성병은 천천히 나아야 진짜 나은 것이라 할 수 있다. 만성병이 신속히 좋아진다면 결국 재발하여 난치가 된다. 3일간 계속 쓰는 경우도 있고 하루, 이틀, 사흘 간격을 두고 3회 연속해서 쓰는 경우도 있다.

急病可以急治. 緩病不可以急治. 輕粉劫藥, 不可銳意用之以望速效. 緩病緩愈, 然後可謂眞愈. 緩病速效, 則終必更病難治. 有連三日用之者, 有間一二三日服連三次用之者.

【해설】

천천히 낫고자 하는 환자는 없을 것이다. 천천히 고치고자 하는 의사도 없을 것이다. 속치를 하고 속효를 보려는 마음은 의사나 환자 모두 같다고 할 수 있다.

그러나 동무는 만성병은 천천히 낫는 것이 제대로 낫는 것이라 말한다. 속효를 보려는 마음에 결코 무리하게 치료해선 안 된다. 급성병은 약이 병을 조금 앞서도 되지만 만성병은 약이 병을 앞서 가선 안 된다.

발발한 지 얼마 안 된 병과 경과가 급한 병은 약이 병을 조금 넘어서도 괜찮다. 하지만 발발한 지 오래된 병과 경과가 완만한 병은 약을 약하게 써서 효과가 나는 게 좋은 것이다. 오래된 병과 만성병은 한 번 복약할 때 10첩, 20첩을 넘지 말고 하루 한 번 복용한다. 얼마 안 된 병과 급성병은 20~30첩 내지 40~50첩을 하루 두 번 복용하여 병근을 뿌리 뽑고 나서야 멈춘다. 역시 한 번 복용할 때 50첩은 넘지 않아야 한다.

新病, 急病, 藥必勝病可也. 久病, 緩病, 罕藥有效吉也. 久病, 緩病之藥, 一連之服不過十貼, 二十貼, 日一服. 新病, 急病之藥, 恰用二三十貼, 四五十貼, 日再服, 快制病根然後乃已. 而亦不過五十貼, 一連服也.(구 7-3-40)

급성병은 처음부터 확실히 제압하여 뿌리를 뽑아야 한다. 만성병은 약을 부드럽게 적셔주듯 치료한다. 그리고 섭생과 함께 주기적인 복약지도를 해야 한다.

7-5-13.

일찍이 소양인의 인후병과 눈코병, 다리 마비병을 본 적이 있다.

수은을 3, 4일 연이어 훈비하기도 하고 내복하기도 했다. 병이 나은 후 한 달간 찬 데 있지 않고 바람을 쐬지 않도록 했다. 나아가 마음대로 세수나 세면을 하거나 옷을 갈아입고 머리를 빗지 못하게 했다. 이러한 금기를 어기면 어김없이 죽는다. 또 찬 방에 있어도 안 된다. 방이 차면 냉기를 접해 갑자기 죽어버린다. 또 너무 뜨거운 방도 안 된다. 방이 뜨거우니 갑갑해서 창을 열었다가 바람을 쐬면 갑자기 죽어버린다. 어떤 사람은 인후병에 첫날 2대, 이튿날 2대를 훈비하고 그날 밤 뜨거운 방에서 바람을 쐬더니 갑자기 죽어버렸다.

민간에서는 수은을 복용하면 간장을 피해야 한다고 한다. 간장 안에 들어 있는 메주콩이 수은독을 해독해버리기 때문이라고 한다. 그러나 독한 약의 독을 약간 풀어주는 것도 무방하니 굳이 간장을 피할 필요는 없다.

嘗見少陽人咽喉病, 眼鼻病, 脚痺病, 用水銀連三四日, 或熏鼻或內服. 病愈者, 病愈後一月之內必不可內處冷, 外觸風. 尤不可任意洗手, 洗面, 更着新衣, 梳頭也. 犯此禁者, 必死. 又不可冷室. 冷室, 則觸冷而猝死. 又不可燠室. 燠室煩熱, 開牖觸風而亦猝死. 此皆目擊者也. 一人病愈十餘日, 更着新衣而猝死. 一人病愈二十日後, 梳頭而猝死. 一人咽喉病, 熏鼻初日二條翌日一條, 當夜燠室觸風而猝死.

時俗服水銀者忌鹽醬者, 以醬中有豆豉能解水銀毒故也. 然毒藥解毒, 容或無妨, 則不必苟忌鹽醬.

【해설】

당시 수은이 민간에서 횡행했었음을 읽을 수 있다. 꼭 필요한 주

의사항도 많고 불필요한 금기도 많다. 수은을 의학적으로 활용하기
위해선 엄격한 관리와 감독이 필수적이다.

신정약방
新定少陽人病應用要藥
十七方

동무가 소양인에게 적용한 최초의 처방은 육미지황탕이었다. 소양인의 병리는 신수腎水를 보하면 모두 해소할 수 있다고 생각했던 것이다. 육미지황탕은 동무에게 놀라운 경험을 선사했지만 점점 한계를 노출하기도 했다. 결국 화열을 함께 고려해야 소양인의 다양한 문제를 두루 해결할 수 있다는 사실을 깨닫게 된다.

『동의수세보원』에서 정리한 소양인의 약리는 보음과 청열로 양분할 수 있다. 보음의 대표약은 숙지황이다. 보음의 군약이라 말했다.(보유 22-1) 청열의 대표약은 생지황이다. 그래서 처방을 살펴보면 보음약인지 청열약인지 쉽게 파악할 수 있다. 17종의 신정방 중 숙지황이 든 처방은 4종, 생지황이 든 처방이 9종이다.

7-6-1.

형방패독산. 강활, 독활, 시호, 전호, 형개, 방풍, 적복령, 생지황,
지골피, 차전자 각 1돈.
위 처방은 두통, 한열왕래를 치료할 때 쓴다.

荊防敗毒散. 羌活, 獨活, 柴胡, 前胡, 荊芥, 防風, 赤茯苓, 生地黃, 地骨
皮, 車前子各一錢.
右方, 治頭痛, 寒熱往來者, 宜用.

【해설】

형방패독산은 감기약이다. 소양인의 오한, 발열, 두통이 있는 태
양병과 한열왕래하는 소양병에 두루 활용할 수 있다. 공신의 형방패
독산을 소양인에게 최적화시킨 처방이다. 외감의 통치방으로 임상
초기부터 많이 사용해왔다.

동무는 소양인의 표병에서 두통을 중시했는데 신열, 두통의 표증
은 곧장 대장을 침범하여 망음증이 될 수 있기 때문이다. 화열의 특
성상 급속히 내침한다. 그래서 표병의 두통은 초증이긴 하지만 이미
경증이 아니라 경계한 것이다.(7-1-28)

형방패독산은 감기 초기에 바로 쓰면 된다. 오한, 발열만 보이면
바로 쓰는 것이다. 두통까지 있으면 급히 써서 병의 전이를 막아주
어야 한다.

7-6-2.

형방도적산. 생지황 3돈, 목통 2돈, 현삼, 과루인 각 1돈 5푼, 전
호, 강활, 독활, 형개, 방풍 각 1돈.

위 처방은 두통, 흉격번열을 치료할 때 쓴다.

荊防導赤散. 生地黃三錢, 木通二錢, 玄參, 瓜蔞仁各一錢五分, 前胡, 羌
活, 獨活, 荊芥, 防風各一錢.

右方, 治頭痛, 胸膈煩熱者, 宜用.

【해설】

소양인 표증은 오한, 발열, 두통 순으로 진행한다. 두통 이후 흉격
번열이 있으면 형방도적산, 방광경조가 있으면 형방사백산을 쓴다.

소양인 상한병은 시작부터 번조煩燥가 있었다.(7-1-2) 이때는 형방
패독산을 쓰지만 번조가 심해져 흉협만胸脇滿이 생기면 형방도적산
을 쓰는 것이다. "흉격번열"은 번조가 심해진 상황을 말한다. 흉협
만은 결국 결흉병結胸病까지 간다. 이때도 물론 형방도적산이다.(7-1-
17) "도적導赤"은 흉격의 열을 끌어내린다는 뜻이다.

요즘 말로 하면 형방패독산은 상기도 감염에 쓴다고 할 수 있다.
외사가 비강, 인후부 등을 침범하여 오한, 발열, 콧물, 기침, 두통 등
의 증상이 나타난다.

반면 형방도적산은 하기도 감염에 쓴다. 기관지와 폐까지 침입한
것이다. 그래서 가래가 심하게 끓거나 숨이 찰 때(短氣) 쓰면 효과적
이다. 천식에도 매우 잘 듣는다. 동무도 상한천촉傷寒喘促에 쓴다고
밝혀놓았다.(7-3-9) 그러므로 형방도적산은 한마디로 기관지약이라
할 수 있다. 약재의 구성에서도 이 점은 분명히 드러난다.

목통은 이뇨약이다. 가슴의 열을 소변으로 빼준다. 그래서 심장의 열도 내려주고 기관지의 객담도 없애줄 수 있다. 체내 수분대사를 정상화시켜주는 좋은 약이라 했다.(通水之善藥. 보유22-1)

과루인은 대표적인 거담약이다. 신담腎痰을 뚫어준다고 했다.(보유9-2) 소양인의 담음을 치료한다는 의미다. 그래서 기침의 전문약이 된다.

현삼은 청열해독약에 속한다. 몸 구석구석을 돌아다니며 불필요한 열을 제거해준다. 『동의보감』에서는 무근지화無根之火를 치료하는 성약이라 말한다.(동22-1/14) 그래서 위로는 심폐, 아래로는 간신의 열을 내리는 데 다양하게 활용된다. 특히 인후통과 기침 등에도 효과적이다. 동무는 인후병을 치료하기 위해 현삼패독산이란 처방을 만들기도 했다.(권12-1) 구본에서는 아예 형방패독산에 넣어놨다.(구7-6-1)

전호는 두말할 것도 없는 기침약이다. 『초본권』에서 신구본에 이르기까지 패독산에 항상 포함되어 있었고 형방지황탕의 가감법에도 기침엔 전호였다.

이처럼 형방도적산은 흉격의 열과 담을 제거함으로써 결흉병에도, 기관지병에도 우수한 효과를 나타낸다.

7-6-3.

형방사백산. 생지황 3돈, 복령, 택사 각 2돈, 석고, 지모, 강활, 독활, 형개, 방풍 각 1돈.

위 처방은 두통, 방광경조를 치료할 때 쓴다.

荊防瀉白散. 生地黃三錢, 茯苓, 澤瀉各二錢, 石膏, 知母, 羌活, 獨活, 荊

芥, 防風各一錢.

右方, 治頭痛, 膀胱熒躁者, 宜用.

【해설】

"방광膀胱"은 엉덩이다. "경熒"은 외롭다. "조躁"는 조급하다는 뜻
이다. 소양인은 방광지좌세膀胱之坐勢가 고약孤弱하다고 했다.(11-2)
앉아 있는 폼을 보면 엉덩이가 빈약하다. 반면 흉금지포세胸襟之包勢
는 성장盛壯하다. 흉금의 성장이 지나치면 흉격번열이 되고 방광의
고약이 지나치면 방광경조가 된다고 말할 수 있다.

방광경조를 좀더 이해하기 위해서 구본을 살펴보자. 구본은 소양
인의 외감병이 곧 방광병이라 말한다. 태양병에서 시작하여(구7-1-2)
방광으로 내려가는 음기가 차단되면 소양병, 결흉병이 생기고(구7-1-
11) 마침내 방광의 음기가 부족해져 망음병이 된다고 했다.(구7-1-28)
다시 말해서 방광경조란 방광의 음기가 말라버린 상태인 것이다.

소양인은 상한으로 내열이 심해지면 방광의 음기가 말라버릴 수
있다. 그래서 망음병이 생기면 원래 조급한 마음이 더욱 조급해진
다. 안그래도 빈약한 엉덩이가 바닥에 붙어 있질 못한다. 엉덩이가
가볍다는 말 그대로다. 방광경조라는 어휘에는 소양인의 체형과 심
리, 병리가 모두 함축되어 있다.

신열, 두통에서 비롯된 망음병은 비록 망음이라 하지만 보음보다
청열이 상책이다. 신속히 불을 끄는 것이 급선무인 것이다. 이것이
형방사백산을 쓰는 이유다. 형방사백산은 소양인의 내열을 꺼주는
탁월한 처방으로 광범위하게 응용할 수 있다. 열자의 기본방으로 삼

기에 부족함이 없다.

7-6-4.

저령차전자탕. 택사, 복령 각 2돈, 저령, 차전자 각 1돈 5푼, 지
모, 석고, 강활, 독활, 형개, 방풍 각 1돈.
위 처방은 두통, 복통과 함께 설사가 있을 때 쓴다.

豬苓車前子湯. 澤瀉, 茯苓各二錢, 豬苓, 車前子各一錢五分, 知母, 石膏,
羌活, 獨活, 荊芥, 防風各一錢.

右方, 治頭腹痛, 有泄瀉者, 宜用.

【해설】

저령차전자탕은 신열, 두통, 설사에 쓴다. 형방사백산과 같은 열
성 망음병의 치료처방이다. 형방사백산에서 생지황을 빼고 저령, 차
전자를 추가했다.

열성 망음병은 신열, 두통에서 비롯되지만 복통이 있을 수도 있
다. 그래서 두복통이라 기록한 것이다.

동무는 형개, 방풍, 강활, 독활, 복령, 택사가 소양인 이뇨약이라
고 했다.(6-2-67) 동무의 설사 치료 기본 전략은 이뇨다! 형방사백산,
저령차전자탕, 형방지황탕, 활석고삼탕 등 망음병 치료약에 모두 이
뇨약이 들어 있다. 뒤로 나갈 물을 앞으로 빼주는 것이다.

형방사백산은 이뇨약과 함께 생지황이라는 대표적인 청열약을
사용했다. 반면 저령차전자탕은 오로지 이뇨약으로만 구성한다. 설
사를 보다 적극적으로 해결할 목적을 갖고 있음을 알 수 있다. 저령

차전자탕은 이뇨를 통해 급성 설사를 치료하는 처방으로 이해하면
된다.

7-6-5.

활석고삼탕. 택사, 복령, 활석, 고삼 각 2돈, 천황련, 황백, 강활,
독활, 형개, 방풍 각 1돈.
위 처방은 복통이 있으면서 설사는 없을 때 쓴다.

滑石苦蔘湯. 澤瀉, 茯苓, 滑石, 苦蔘各二錢, 川黃連, 黃柏, 羌活, 獨活,

荊芥, 防風各一錢.

右方, 治腹痛, 無泄瀉者, 宜用.

【해설】

활석고삼탕은 신한, 복통, 설사에 사용한다.(7-1-29) 그래서 보통
한성 망음병의 치료처방이라 부른다. 그런데 본문에는 "설사는 없
다"고 밝힌다. 우리는 여기서 활석고삼탕의 정체를 분명히 알아챌 수
있다. 설사는 부수적인 효과일 뿐이다. 활석고삼탕은 복통약이다.

동무는 활석과 고삼을 복통의 주치약으로 사용했다. 모두 청열조
습약에 속한다. 그리고 이뇨작용도 있다.

특히 고삼은 흉복통을 치료하는 고삼패독산의 군약으로 사용했
다. 패독산에 고삼을 추가하여 수십년된 급복통을 다스린 것이다.

고삼패독산. 고삼, 적복령 각2돈, 저령, 택사, 강활, 독활, 전호, 시
호, 방풍, 차전자 각1돈반, 형개 1돈. 이 처방은 김경오의 흉복통

에 사용했던 약이다. 거의 수십 년간 앓았으며 때로 혼절하여 죽을 것만 같다고 말했다. 통증이 있을 때 3첩을 쓰고 다시 통증이 있을 때 3첩, 또다시 통증이 있을 때 4첩을 썼더니 쾌유했다.

苦蔘敗毒散. 苦蔘, 赤茯苓各二錢, 猪苓, 澤瀉, 羌活, 獨活, 前胡, 柴胡, 防風, 車前子各一錢半, 荊芥一錢. 此方, 金慶五胸腹痛藥也. 此疾幾數十年, 間間昏死云. 痛時用三貼, 又再痛時又用三貼, 三痛時又用四貼, 則快愈.(권13-5)

활석은 위와 장의 열을 내려준다.(石膏, 滑石, 大淸腹胃之火. 보유22-1) 여름철 복통을 치료하는 익원산의 군약으로도 활용했다.(권12-8)

7-6-6.

독활지황탕. 숙지황 4돈, 산수유 2돈, 복령, 택사 각 1돈 5푼, 목단피, 방풍, 독활 각 1돈.
위 처방은 식체비만을 치료할 때 쓴다.

獨活地黃湯. 熟地黃四錢, 山茱萸二錢, 茯苓, 澤瀉各一錢五分, 牧丹皮, 防風, 獨活各一錢.

右方, 治食滯痞滿者, 宜用.

【해설】

독활지황탕의 핵심은 "비만痞滿"이다. 항시 속이 그득하고 더부룩하다. 아랫배가 아니고 윗배가 그렇다. 비만이 심해지면 곧 체기가 생긴다. 그래서 속이 늘 더부룩하고 한 번씩 체하는 사람이 적증이다.

병증론의 임상례에서도 항상 더부룩하며 체증이 있고 간혹 복통이나 요통이 있는 사람에게 활용했다.(恒有滯證, 痞滿, 間有腹痛, 腰痛. 7-1-30) 아랫배는 간혹이고 윗배가 항상이다. 독활지황탕은 상복부에 주로 작용한다. 여기서 요통은 식적요통이라 할 수 있다.

독활지황탕은 육미지황탕에서 나왔다. 동무는 육미지황탕을 만성복통에 활용했다.(7-1-30) 복통의 전단계가 식체비만이고, 다음단계가 설사다. 즉 비만, 식체, 복통, 설사의 순으로 진행하는 것이다. 위에서 아래로 내려간다. 병증을 파악한 동무는 육미지황탕에 일임하지 않고 비만과 식체는 독활지황탕에게 맡기고 복통, 설사는 형방지황탕이라는 전문 처방을 만든다.

그래서 독활지황탕에는 보음으로 식체를 해결하려는 동무의 전략이 드러나 있다. 특히 독활과 방풍이 중요하다. 독활은 행기이습行氣利濕하는 효과가 강하다. 향이 강하여 온몸을 두루두루 다니며 눅눅한 곳을 말려준다. 긴장된 위장 근육도 풀어주고 뱃속을 뽀송뽀송하게 만들어준다. 독활이 식체의 요약이기에 처방의 이름으로 삼은 것이다.

방풍은 소양인의 가장 기본적인 외감약이었다. 심할 때는 강활, 시호, 형개 등을 쓴다.(보유11-1) 방풍은 가벼운 발산약으로 거풍승습祛風勝濕의 효과가 있어 근육통에도 활용된다. 그래서 식체를 넘어 복통, 요통, 구안와사 등에도 독활지황탕의 효과가 나타나는 것이다.

다시 말해서 독활지황탕은 보음의 바탕 위에 독활, 방풍을 추가하여 속을 풀어주고 이완시켜주는 위장약인 것이다. 비만, 식체, 복통, 구토를 넘어 중풍까지 적용할 수 있다고 했다.(7-3-6) 숙지황은 위장 장애가 잘 생기기로 유명한 약인데, 숙지황을 4돈이나 쓰면서 오히려 위장을 치료하다니 실로 놀라운 처방이다.

독활지황탕은 소양인 한자의 기본방으로 삼을 정도로 다용하는 명방 중 명방이다.

7-6-7.

형방지황탕. 숙지황, 산수유, 복령, 택사 각 2돈, 차전자, 강활, 독활, 형개, 방풍 각 1돈.

해수에 전호를 가한다. 혈증에 현삼, 목단피를 가한다. 편두통에 황련, 우방자를 가한다. 식체비만에 목단피를 가한다. 화가 있으면 석고를 가한다. 두통, 번열과 혈증이 있으면 생지황을 쓴다. 석고를 가하면 산수유를 뺀다. 형개, 방풍, 강활, 독활은 모두 보음약이다. 형개, 방풍은 흉격의 바람을 크게 잠재우고 강활, 독활은 엉덩이의 진음을 크게 보충한다. 두통, 복통, 비만, 설사는 물론이고 허약자에게 수백 첩을 쓰면 반드시 효과를 본다. 쓸 때마다 효험을 보았다.

荊防地黃湯. 熟地黃, 山茱萸, 茯苓, 澤瀉各二錢, 車前子, 羌活, 獨活, 荊芥, 防風各一錢.

咳嗽, 加前胡. 血證, 加玄參, 牧丹皮. 偏頭痛, 加黃連, 牛蒡子. 食滯痞滿者, 加牧丹皮. 有火者, 加石膏. 頭痛, 煩熱與血證者, 用生地黃. 加石膏者, 去山茱萸. 荊芥, 防風, 羌活, 獨活, 俱是補陰藥. 荊, 防, 大淸胸膈散風. 羌, 獨, 大補膀胱眞陰. 無論頭腹痛, 痞滿, 泄瀉, 凡虛弱者數百貼用之, 無不必效. 屢試屢驗.

【해설】

형방지황탕은 신한, 복통, 설사를 치료하는 처방이다.(7-1-22) 망음병은 내열로 방광의 음기가 말라버리는 병이라 했다. 형방사백산이 내열을 식히는 처방이라면 형방지황탕은 음기를 보충하는 처방이다. 형방지황탕은 육미지황탕에서 기원한 보음약이다.

형방지황탕에는 복령, 택사, 강활, 독활, 형개, 방풍의 이뇨약이 모두 들어 있다. 게다가 차전자까지 추가해 이뇨의 효과를 더욱 강화시킨다. 이뇨를 통해 설사를 해결하고자 하는 강력한 의지가 실려 있다.

처방을 다시 보면 숙지황, 산수유, 복령, 택사는 육미지제다. 보음의 뜻이 담겨 있다. 재밌는 건 형개, 방풍, 강활, 독활조차 보음약이라 말하고 있다는 점이다. 형개, 방풍은 흉격의 열을 식혀 보음하고 강활, 독활은 방광의 음기를 바로 채워넣는다. 하지만 형방강독이 보음약이라는 주장보다 이뇨약이라는 사실이 훨씬 직접적이고 중요한 발견이라 할 것이다.

형방지황탕의 부드럽지만 강력한 이뇨는 놀라운 결과를 가져왔다. 설사 외로도 해수, 토혈, 육혈, 편두통, 식체 등 다양한 질환에 효과를 발휘한 것이다. 부종에도 매우 훌륭했다.(7-3-7)

그리고 마침내 허약한 소양인이 오래 복용하면 아주 좋다는 결론을 내리게 된다. 아마 소양인의 모든 병을 흔들 수 있는 병근 치료방을 찾았다고 여겼을지도 모르겠다. 지황백호탕 대신 형방지황탕에 석고를 가해서 응용할 정도였으니까.(7-1-44)

그러나 형방지황탕을 무턱대고 쓴다고 효과가 나는 것은 아니다. 형방지황탕을 쓰는 중요한 요령이 있다. 이미 동무가 언질을 준 적이 있다. 즉 평소 한기를 자주 느끼고 가끔 설사를 하는 사람에게 쓰는 것이다!(少陽人平居表寒下多者, 得病則必成亡陰也. 7-1-34)

이때 형방지황탕을 기본으로 두고 병증에 따라 동무의 가감법을 적용하면 된다. 물론 만성적인 질환이 있다면 수백 첩을 써도 될 정도로 안정적인 효과를 보여준다. 동무가 본조에서 이야기한 내용 그대로다.

나는 임상에서 독활지황탕을 주로 사용하는데, 형방지황탕보다는 독활지황탕에 가감하는 일이 더 많다. 적용 범위가 훨씬 넓다. 독활지황탕은 위장약이다. 형방지황탕은 대장약이며 신장약이다. 현대인은 체질을 불문하고 위장을 다스리는 처방이 월등히 효과적이다. 식상食傷이 너무 흔한 세상이 되어버렸기 때문이다. 신보토파新補土派의 시대라 할 수 있을 정도다.

1927년 이상화李尙和는 『방약합편』에 새로이 363방을 증보하여 『변증방약합편』을 발간했다. 증보방에는 사상방도 추가해놓았다. 그리하여 현재의 『방약합편』에서 형방지황탕을 찾아볼 수 있다.

이상화는 가감법에서 "혈증血證"이라 쓰지 않고 "토육혈吐衄血"이라 기록했다. 훌륭한 안목이다.

7-6-8.

십이미지황탕. 숙지황 4돈, 산수유 2돈, 백복령, 택사 각 1돈 5푼, 목단피, 지골피, 현삼, 구기자, 복분자, 차전자, 형개, 방풍 각 1돈.

十二味地黃湯. 熟地黃四錢, 山茱萸二錢, 白茯苓, 澤瀉各一錢五分, 牧丹皮, 地骨皮, 玄蔘, 枸杞子, 覆盆子, 車前子, 荊芥, 防風各一錢.

【해설】

오열午熱, 음수飮水, 배한이구背寒而嘔 등으로 표현되는 음허증의 말기에 사용하는 처방이다. 만성 소모성 질환이 말기에 이르면 이러한 증상들이 나타난다. 오후가 되면 뜨끈뜨끈하게 미열이 오르며 물을 찾는다. 그러면서 으슬으슬 한기도 느낀다.

동무는 표리가 모두 허하기 때문이라 했는데, 갈 때까지 간 것이다. 십이미지황탕과 함께 독활지황탕을 제시했다.(7-2-28)

독활지황탕에는 독활과 방풍이 있어 표치表治의 능력이 있다. 그래서 표리의 허손이 가벼운 상황에 응용할 수 있다. 십이미지황탕은 이보다 훨씬 엄중한 상황에 쓴다. 현삼, 복분자, 구기자로 보음력을, 지골피, 차전자, 형개, 방풍으로 해표력을 모두 증강시켰다.

임상을 하다보면 이왕지사 약물 가짓수가 더 많은 처방이 낫지 않을까 하는 막연한 기대를 하게 된다. 십이미지황탕은 그렇지 않다는 사실을 쓰라리게 일러준다. 유난히 부작용이 많이 난다. 매우 제한된 용도의 처방인 것이다. 독활지황탕의 광범위한 효용에 전혀 미치지 못한다. 약물의 구성에 따라 용도와 성능이 얼마나 달라질 수 있는지 깨닫게 해준다.

少陽人新定藥方 —

899

7-6-9.

지황백호탕. 석고 5돈 혹 1냥, 생지황 4돈, 지모 2돈, 방풍, 독활 각 1돈.

地黃白虎湯. 石膏五錢或一兩. 生地黃四錢. 知母二錢. 防風. 獨活各一
錢.

【해설】

동무가 상한 이열병의 성약이라 부른 지황백호탕이다. 지황백호
탕의 투약 포인트는 대변에 있다. 소양인 상한병에 대변이 만 하루
이상 통하지 않으면 바로 쓴다. 그래서 결흉병의 조갈燥渴, 섬어譫語,
대변실大便實에도(7-1-17), 신열, 두통의 망음병이 변비로 이행할 때
도(7-1-27)도 지체 없이 썼다. 표리를 막론하고 상한으로 변이 굳으면
바로 투여하는 것이다.

소양인은 화열의 인간이다. 그래서 오한, 발열의 상한병이 급속히
열화하여 다양한 화독에 휩싸이는 경우가 유독 많다. 지황백호탕은
강력한 소화기다. 불을 확실하게 꺼준다. 소양인 상한병의 성약이라
고 하지 않을 수 없다.

그러나 중요한 사실은 지황백호탕은 변비약이 아니라는 것이다.
만성적인 변비에 써봐야 전혀 차도가 없다. 성스럽기는커녕 약이라
부르기도 민망할 정도다.

지황백호탕은 해열제다. 급격한 내열을 시원하게 식혀주는 소양
인 해열제다. 일반적인 감기에 오한이 심하면 형방패독산, 발열이
심하면 지황백호탕을 써보라. 변비가 없어도 상관없다. 급성 열성
질환에 탁월한 지황백호탕의 성스러움에 전율하게 될 것이다. 질병
의 완급과 신구를 파악하지 않고 증상에만 매달린다면 신정방의 진
면목을 실감하기 어렵다.

7-6-10.

양독백호탕. 석고 5돈 혹 1냥, 생지황 4돈, 지모 2돈, 형개, 방
풍, 우방자 각 1돈.
위 처방은 열독으로 붉은 반점이 생기고 변비가 되는 것을 치료
할 때 쓴다.

陽毒白虎湯. 石膏五錢或一兩, 生地黃四錢, 知母二錢, 荊芥, 防風, 牛蒡
子各一錢.

右方, 治陽毒發斑, 便祕者, 宜用.

【해설】

　구본의 신정방에는 백호탕이 있다.(구7-6-6) 석고, 생지황 4돈, 지
모 2돈으로 구성된다. 신본에 이르러 석고를 올리고 방풍과 독활을
추가해서 지황백호탕으로 개정한 것이다. 생지황은 중경의 백호탕
에 없는 동무의 창안이기에 처방명으로 뽑아냈다.

　방풍, 독활은 가벼운 이기약이자 발산약이다. 동무는 대표적인
보음약인 육미에 방풍, 독활을 가미해서 독활지황탕이란 명방을 만
들고 대표적인 청열약인 백호에 방풍, 독활을 가미해서 지황백호탕
이란 성약을 만든 것이다!

　양독백호탕은 백호탕에 형개, 방풍, 우방자가 가미된 것이다. 형
개, 방풍은 약력이 상부에 작용하고 표부에 작용한다. 그래서 열독
이 위로 치솟아 겉으로 튀어나오는 양독발반증에 안성맞춤이다.

　우방자는 우엉의 씨다. 열매의 껍질에 뾰족한 가시가 가득하여
악실惡實이라고도 하고 쥐가 가시에 들러붙기도 한다 해서 서점자鼠
粘子라고도 한다. 예부터 풍열이 심하여 인후통이 생기거나 반진이

솟아오르는 것을 치료하는 데 써왔다. 고한苦寒한 약이라 변을 푸는 힘도 있다. 소양인 두드러기의 특효약이라 할 수 있다.

그래서 양독백호탕은 양독으로 인한 두드러기 외에도 인후가 심각하게 붓는 전후풍이나 인중 부위에 솟아오르는 위험한 종기에도 쓸 수 있다.(7-3-14) 동무는 형개, 방풍, 우방자는 표부의 열을 제거하는 데 신효하다고 했다.(荊芥, 防風, 牛蒡子, 去外熱之神藥也. 보유22-1)

신본의 양독백호탕은 구본(구7-6-9)에 비해 훨씬 간명해졌다. 약물을 정확히 이해할수록 처방은 간단해진다.

7-6-11.

양격산화탕. 생지황, 인동등, 연교 각 2돈, 산치자, 박하, 지모, 석고, 방풍, 형개 각 1돈.
위 처방은 상소를 치료할 때 쓴다.
涼膈散火湯. 生地黃, 忍冬藤, 連翹各二錢, 山梔子, 薄荷, 知母, 石膏, 防風, 荊芥各一錢.
右方, 治上消者, 宜用.

【해설】

왕호고는 소아의 도한을 치료하는데 양격산을 썼다.(7-2-23) 양격산을 개량하여 상소 치료용으로 만든 처방이 양격산화탕이다. 상소는 입안이 바짝바짝 타는 증상을 말한다. 갈증이 심해 물을 찾고 혓바닥이 붉어지며 쩍쩍 갈라지기도 한다.

양격산화탕에는 상소의 해결을 위한 동무의 전략이 담겨 있다.

먼저 병의 뿌리인 흉격의 열을 식혀준다. 그리고 얼굴로 올라오는 열을 흩어버리는 것이다. 양격涼膈과 산화散火가 바로 그것이다!

생지황은 대표적인 청열양혈淸熱涼血약이다. 몸을 시원하게 적셔주며 청량음료마냥 갈증을 덜어준다. 허준은 각종 혈증과 갈증에 두루 사용했다. 동무는 생지황을 소양인 청열의 기본약으로 삼았다. 청열을 하면서 보음까지 곁들이는 기막힌 약이기 때문이다.

동무는 소갈을 위열육란胃熱肉爛의 병이라 했는데(구7-2-27) 육란에 가장 적합한 약이 바로 인동등이다. 살 속에 숨은 열을 제거해서 종기나 궤양에 효과적이다. 여기서는 혀가 갈라지고 궤양이 생기는 것을 대비해 인동등을 준비한 것이다.

연교는 양격산의 군약으로 심열心熱을 내려준다. 그래서 입안이나 혀에 생긴 궤양(口舌生瘡)을 치료한다. 그리고 비슷한 기능을 가진 치자로 보좌했다. 박하는 특히 눈이 충혈(目赤)되고 머리가 어질한 것頭昏을 잘 없애준다. 두목頭目을 시원하게 해주는 묘약이다.(보유 22-1)

보라. 모두 흉격을 식혀서 두면의 열을 끄기 위해 소집된 약들이다. 여기에 석고, 지모로 양격을 돕고 형개, 방풍으로 산화를 도와 처방을 완성했다.

사정이 이러하니 양격산화탕은 심화가 있는 사람에게 뛰어난 효과를 발휘한다. 쉽게 말해서 신경안정제고 화병약인 것이다. 속을 많이 끓여서 심계, 불안, 불면 등이 나타나고 열이 올라와 머리가 맑지 않고 입이 마르며 심하면 헐기도 할 때 쓴다.

인후염이나 구내궤양이 심할 때도 쓴다. 동무는 전후풍이나 순종 초기에 쓴다고 했다.(7-3-14) 베체트병에도 응용해볼 수 있다.

또 도한에도 쓴다. 동무는 소양인의 도한을 상소라 말했다. 동일한 병리로 파악했다. 두면에 울열이 생긴 것이다.(7-2-17, 24)

처방이 군대라면 약물은 군인이라 할 수 있다. 군대를 꼭 동일한 전장에만 쓸 필요는 없다. 소속된 군인의 특성을 파악한다면 얼마든지 다양한 전투에 활용할 수 있을 것이다.

7-6-12.

인동등지골피탕. 인동등 4돈, 산수유, 지골피 각 2돈, 천황련, 황백, 현삼, 고삼, 생지황, 지모, 산치자, 구기자, 복분자, 형개, 방풍, 금은화 각 1돈.

위 처방은 중소를 치료할 때 쓴다.

忍冬藤地骨皮湯. 忍冬藤四錢, 山茱萸, 地骨皮各二錢, 川黃連, 黃柏, 玄蔘, 苦蔘, 生地黃, 知母, 山梔子, 枸杞子, 覆盆子, 荊芥, 防風, 金銀花各一錢.

右方, 治中消者, 宜用.

【해설】

중소는 소곡선기消穀善飢를 말한다. 아무리 먹어도 채워지지 않고 돌아서면 배가 고프다. 그러면서 마른다(善食而瘦).

소消는 태운다는 뜻이다.(消者, 燒也. 동14-4/1) 즉 중소는 속에서 끊임없이 태워서 말라가는 질병이다. 중소의 변증으로 옹저, 안병, 부종 등이 생기기도 한다.

인동등지골피탕은 동무가 중소를 치료하기 위해 개발한 전문 처방이다. 중소가 생기면 끊임없이 먹어대는 데도 살이 찌지 않고 오히려 말라가며 종기가 터지고 실명이 되기도 한다. 위열육란胃熱肉爛이란 표현이 실감난다.

중소와 맞설 주약이 바로 인동등과 지골피다. 인동등으로 살이 익는 육란肉爛을 상대했고 지골피로 뼈가 마르는 골증骨蒸을 대비했다. 예부터 소갈에 인동등과 지골피를 달여먹곤 했다.(동14-4/17)

소아의 감병도 중소의 범주다. 인동등지골피탕을 쓸 수 있다.(7-3-15)

7-6-13.

숙지황고삼탕. 숙지황 4돈, 산수유 2돈, 백복령, 택사 각 1돈 5푼, 지모, 황백, 고삼 각 1돈.

위 처방은 하소를 치료할 때 쓴다.

熟地黃苦蔘湯. 熟地黃四錢, 山茱萸二錢, 白茯苓, 澤瀉各一錢五分, 知母, 黃柏, 苦蔘各一錢.

右方, 治下消者, 宜用.

【해설】

하소는 위열로 소모가 극에 달한 질병이다. 소변으로 단백질이 줄줄 샌다. 뼈가 말라서 다리가 앙상해진다. 주진형은 신정腎精을 돕는 육미지황탕으로 치료를 도모했다.(7-2-14) 동무 역시 동일한 해법을 제시한다. 대신 목단피를 빼고 지모, 황백, 고삼을 추가했다.

지모, 황백, 고삼은 모두 청열조습약淸熱燥濕藥에 속한다. 그래서 소변백탁小便白濁에 쓴다. 소변이 탁한 것을 맑혀주는 것이다. 본방에서는 청열을 더하여 보음을 돕고자 썼다고 볼 수 있다. 육미지황탕에 지모, 황백을 가해서 허로 치료에 쓴 것도 동일한 의도다.(보유 23-1) 동무는 아예 지모, 황백은 소양인의 자음약이라고 말하기도 했다.(少陽人滋陰, 知母, 黃柏等藥. 보유19-1) 고삼도 허준은 보음약이라 말했다.(峻補陰氣. 동22-1/7)

숙지황고삼탕은 복통약으로도 사용된다.(7-1-29) 복통처방인 육미지황탕에, 복통약인 고삼도 들어 있으니 활용해봄직하다. 고삼은 특히 진무르는 피부병에도 탁월해서 여성의 냉증이나 남성의 낭습이 심해 가렵고 진무를 때도 쓴다.

7-6-14.

목통대안탕. 목통, 생지황 각 5돈, 적복령 2돈, 택사, 차전자, 천황련, 강활, 방풍, 형개 각 1돈.

위 처방은 부종을 치료할 때 쓴다. 험한 병에 처음부터 끝까지 약을 써보면 100여 첩까지도 간다. 황련, 택사는 귀한 약재라 넉넉하지 못한 환자에게는 빼고 쓰기도 한다.

木通大安湯. 木通, 生地黃各五錢, 赤茯苓二錢, 澤瀉, 車前子, 川黃連, 羌活, 防風, 荊芥各一錢.

右方, 治浮腫者, 宜用. 險病, 始終用藥, 當至百餘貼. 黃連, 澤瀉爲貴材, 則貧者或去連, 澤.

【해설】

부종은 급증이다. 병세가 완만해 보이지만 위증에 속한다.(7-3-7) 또 한열왕래흉협만, 이질, 결흉, 천촉을 지나 가장 중한 증상이기도 하다.(7-3-1) 부종은 지금의 복수에 해당하는데 간경화나 신부전의 복수에 사용할 수 있을 것이다.

동무의 부종 치료법은 이뇨다. 통수通水의 선약善藥 목통을 전쟁을 책임질 장수로 내보낸다. 혹 부종에 형방지황탕을 쓸 때도 목통은 꼭 참가시켰다. 목통은 부종이란 전장을 크게 안정시켜주는大安 약이다.

그리고 언제나 기대 이상의 결과로 보답하며 확고한 신뢰를 쌓아온 청열 장군 생지황을 든든한 조력자로 삼았다.

이뇨의 공이 탁월한 복령, 택사를 중진에 배치했으며 차전자로 목통을 돕고 천황련으로 생지황을 돕게 했다.

강활, 독활, 형개, 방풍도 이뇨하는데 그중 독활은 출전시키지 않았다. 아마 이뇨의 힘이 가장 미흡해서 그랬던 것 같다. 『동의보감』에도 요풍療風에는 독활, 겸수兼水하면 강활이라 했다.(동21-5/14)

7-6-15.

황련청장탕. 생지황 4돈, 목통, 복령, 택사 각 2돈, 저령, 차전자, 천황련, 강활, 방풍 각 1돈.
위 처방은 이질을 치료할 때 쓴다. 목통 2돈을 빼고 형개 1돈을 가해서 임질에도 쓴다.
黃連淸腸湯. 生地黃四錢, 木通, 茯苓, 澤瀉各二錢, 猪苓, 車前子, 川黃連, 羌活, 防風各一錢.

右方, 治痢疾者, 宜用. 去木通二錢, 加荊芥一錢, 淋疾者宜用.

【해설】

　이질은 시겔라균Shigella에 감염되어 발생하는 급성세균성 장염이다. 잔변감을 동반하는 점성 내지 혈성 설사가 주증이다. 발열, 구토, 복통 등도 동반한다.

　황련청장탕은 황련으로 장을 식혀 이질을 치료하는 처방이다. 황련은 설사에도(활석고삼탕), 소갈에도(인동등지골피탕), 부종에도(목통대안탕) 참가하지만 그 본분은 이질이다. 『초본권』의 단황련탕은 황련 단독으로 이질을 감당하고 있다.(권12-13)

　구본에도 황련청장탕이 있다.(구7-6-15) 황련과 생지황을 3돈씩 쓴다. 신본에서는 생지황을 올리고 황련은 내렸다.

　임질은 임균에 감염되어 생식기에 염증이 발생하는 성병이다. 임淋은 방울방울 떨어지는 것을 말한다. 소변이 찔끔찔끔 나오는 것이다. 배뇨통과 빈뇨가 생기며 농성 분비물이 요도로 배출된다. 심하면 요도가 막혀 기절하기도 한다.

　동무는 이질을 부종과 같은 병리로 이해한다.(7-3-1) 임질도 별반 다르지 않다. 그래서 이뇨의 방법을 적극 동원하고 있다. 그런데 임질에 목통을 뺀 것은 좀 의아하다. 오히려 목통은 임질약으로 적합하기 때문이다. 허준도 임질치료제로 지목한 바 있다.(동4-1/23) 오히려 형개가 임질에 사용된 예를 찾아보기 어렵다.

　동무는 인간의 전혀 새로운 측면을 간파해냈듯 약물도 숨어 있던 여러 성질을 발굴해냈다. 처방학과 별도로 본초학을 정리했으면 한

의학을 공부하는 모든 후학의 귀감이 될 수 있었을 것인데 아쉬운
마음이 든다.

7-6-16.

주사익원산. 활석 2돈, 택사 1돈, 감수 5푼, 주사 1푼.
위 약을 가루 내어 따뜻한 물이나 정화수에 섞어 먹는다. 여름
철 더위를 물리칠 때 쓴다.

朱砂益元散. 滑石二錢, 澤瀉一錢, 甘遂五分, 朱砂一分.

右爲末, 溫水或井華水調服. 夏月滌暑, 宜用.

【해설】

한의학에는 서병暑病이란 개념이 있다. 추위에 상하듯 더위에도
상하는 것이다. 속칭 더위 먹었다고 한다. 사람이 축축 늘어지고 식
은땀을 흘리며 갈증으로 물을 찾는다. 한열이 있기도 하고 토사하
기도 한다.

서병에 사용하는 대표적인 처방이 익원산이다. 활석 6냥, 감초
1냥으로 구성되어 육일산六一散이라고도 한다.(동11-2/10) 동무 역시
익원산을 서병에 활용했다.

여름에 복통이 있고 외감도 약간 있으면 서증이다. 익원산을 2,
3, 4첩 연복하면 신효하다.

夏月腹痛, 微有外感者, 此暑症也. 而白益元散二三四貼連服, 則神效
也.(보유25-1)

여름에 덥다고 자꾸 찬 음식을 먹다가 배 아프고 한기도 들 때 쓰면 좋다. 처방은 활석 2돈반, 감초 5푼, 주사 1푼인데(권12-8) 효과가 너무 탁월하여 굳이 감초를 뺄 필요를 못 느꼈을 것이다. 구본에서는 감초를 빼고 석고, 생지, 지모, 택사를 달여 만든 백호고白虎膏(구7-6-17)란 약을 1돈 반 넣었다.

익원산의 또 다른 장점은 설사다. 설사 통치방으로 사용할 정도도 탁월하다.(동4-2/6) 모든 설사에 일단 효과가 난다. 소아가 열이 오를 때도 아주 좋다.(동19-1/42) 임상에 구비해놓으면 매우 유용하다.

동무도 익원산을 소양인 설사에 썼다.(보유12-1) 그러나 지금 나오는 주사익원산은 감수가 들어간 이상 설사에 쓰기는 어려울 것이다.

7-6-17.

감수천일환. 감수 가루 1돈, 경분 가루 1푼.

골고루 섞은 후 풀로 반죽해 10개의 환으로 만들고 주사로 옷을 입힌다. 환이 말라서 오래되면 딱딱해져 잘 풀어지지 않으므로 복용 시 종이로 두세 겹 싼 후 공이로 찧어 잘게 부수어 서너댓 쪽을 입에 넣고 정화수를 마시면서 삼킨다. 6~8시간 내 설사가 낫지 않으면 다시 2환을 더 복용한다. 설사를 3회 하면 적당하고 6회 하면 과도한 것이다. 미리 미음을 끓여놓고 2, 3회 설사한 후 바로 먹인다. 그렇게 하지 않으면 기운이 처져 견디기 어렵다. 결흉으로 물을 마시면 도로 토하는 증상을 치료한다.

감수 1돈, 경분 5푼으로 10환을 만들어 경분감수용호단이라 부른다. 경분과 감수 각 1돈으로 10환을 만들어 경분감수자웅

단이라 부른다. 경분 1돈, 유향, 몰약, 감수 각 5푼으로 30환을
만들어 유향몰약경분환이라 부른다.

경분은 땀을 내주고 감수는 물을 내려준다. 경분의 약력은 1푼
이면 충분하고 5리면 부족함이 없다. 감수의 약력은 1푼5리면
충분하고 7, 8리면 부족함이 없다. 경분과 감수는 원래 독약이
므로 1푼 이상은 함부로 써선 안 된다. 병증의 경중을 참작하
되 두뇌의 열을 쓸어내려면 경분을 군약으로 삼고 흉격의 물을
쏟아내려면 감수를 군약으로 삼는다.

甘遂天一丸. 甘遂末一錢. 輕粉末一分.

和勻糊丸. 分作十丸, 朱砂爲衣. 作丸乾久, 則堅硬難和. 每用時以紙
二三疊包裹, 以杵搗碎作麤末, 三四五片口含末, 因飮井華水和下候.
三四辰刻內不下利, 則再用二丸. 下利三度, 爲適中. 六度, 爲快過. 預煎
米飮, 下利二三度因進米飮. 否則氣陷而難堪耐. 治結胸水入還吐.

甘遂一錢, 輕粉五分. 分作十丸, 則名曰輕粉甘遂龍虎丹. 輕粉, 甘遂各等
分. 作十丸, 則名曰輕粉甘遂雌雄丹. 輕粉一錢, 乳香, 沒藥, 甘遂各五分.
分作三十丸, 則名曰乳香沒藥輕粉丸.

輕粉發汗, 甘遂下水. 輕粉藥力一分, 則快足. 五里, 則無不及. 甘遂藥力
一分五里, 則快足. 七八里, 則無不及. 輕粉, 甘遂自是毒藥, 俱不可輕易
過一分用之. 斟酌輕重, 病欲頭腦滌火, 則輕粉爲君. 病欲胸膈下水, 則
甘遂爲君.

【해설】

감수와 경분을 조합하여 다양한 처방을 만들고 있다. 감수와 경
분은 모두 응급에 사용하는 유독한 약이다. 함부로 쓸 수도, 자주

쓸 수도 없다.

"하수下水"는 소변이 아니라 대변으로 물을 빼주는 것이다. 감수
는 이뇨약이 아니라 강력한 설사약이다.

7-6-18.

위 소양인 약들은 전부 굽거나 볶는 등 열을 가해선 안 된다.

右少陽人藥諸種, 不可炮灸炒煨用.

【해설】

소음인론(6-6-27)과 마찬가지로 소양인론도 수치에 관한 사항으
로 마무리된다.

소음인의 약물은 불을 가하는 다양한 방식을 활용했다. 온성의
효능을 증진시키기 위함이다. 반면 소양인의 약물은 불을 가하지
않고 쓴다. 냉성의 효능을 그대로 활용하기 위해서다.

상한병과 같은 급성병에서는 동무의 수치법을 따르는 것이 바람
직하다. 그러나 다양한 만성질환에 응용할 때는 소양인 약일지라도
일정한 수치를 거쳐 약물의 성질을 증진시키거나 변화시킬 수 있다.
동무의 수치법을 너무 경직된 시각에서 받아들일 필요는 없다.

제8장 | 태음인 병증약리론

태음인론은 개초의 시작이자 끝이다. 태음인론의 부실함이 개초의 방아쇠가
되었고 태음인론을 마지막으로 개초의 대장정은 막을 내린다.

　동무는 태음인론의 확충에 남은 정력을 쏟아부었다. 태음인론은 질적으로나
양적으로 가장 큰 변화를 겪은 장이다. 동무가 남긴 최후의 작품 속으로 들어가
보자.

태음인 표한병론
太陰人胃脘受寒表寒病論

동무는 태음인의 상한병을 표한병과 이열병으로 파악했다. 표한병론은 다시 배추표병과 장감병으로 구성된다.

배추표병은 태음인의 일반적인 상한병이며, 장감병은 독특한 양상을 보이는 상한병이다. 병증의 특징이 뚜렷하고 처방이 간명하여 쉽게 읽을 수 있다.

8-1-1.

장중경이 말한다. "태양상한으로 두통, 발열이 있고 몸이 쑤시고 허리가 아프며 뼈마디도 다 아프다. 오한이 있는데 땀은 나지 않고 숨이 차면 마황탕으로 주치한다."

주에서 말한다. "상한하여 두통이 있고 몸이 쑤시고 허리가 아프며 온몸의 관절이 다 아픈 것은 영혈이 순조롭지 못하기 때문이다."

張仲景曰 "太陽傷寒, 頭痛, 發熱, 身疼, 腰痛, 骨節皆痛, 惡寒, 無汗而喘, 麻黃湯主之."

註曰 "傷寒, 頭痛, 身疼, 腰痛, 以至牽連百骨節俱痛者, 此太陽傷寒榮血不利故也."

【해설】

태음인론의 첫조는 『상한론』의 유명한 마황탕이다.(『상한론』 36) 전신에 관절통이 나타나고 땀이 마르며 숨이 약간 가쁘다(無汗而喘). 동무는 태음인의 상한병에서 관찰되는 특징적인 증상으로 이해했다. 태음인의 전형적인 외감병인 것이다.

"무한이천無汗而喘"은 개가 피부의 발한작용이 없어 입을 벌리고 과호흡을 하는 것에 비유할 수 있다. 폐의 보상작용이라 볼 수 있다.(『상한론역전』, 41쪽)

『동무유고』에서 태음인 외감에 대한 초기 기록을 엿볼 수 있다.

태음인이 오한과 구역이 있으면서 3일만에 가래를 토하면서 낫는
것은 평범한 외감이다. 마황탕을 쓴다. 이는 소음인 곽향정기산
이나 소양인 형방패독산을 쓰는 경우와 동일하다.

太陰人惡寒, 嘔逆, 而有數三日內吐痰而起者, 此則尋常外感. 宜麻黃湯.
此如少陰人藿香正氣散, 少陽人荊防敗毒散症一般. (보유28-3)

마황탕은 태음인 감기약이다. 곽향정기산은 소음인 감기약이다.
형방패독산은 소양인 감기약이다. 지금도 그대로 활용할 수 있다.

"주왈註曰" 이하의 문장은 중복에 지나지 않는다. "영혈불리榮血
不利"에서 의미를 찾을 수도 있지만 크게 중요해보이진 않는다. 태양
인론의 병리에서도 혈을 언급하고 있다. (9-1-1, 9-2-1)

8-1-2.

내가 논한다. "이것이 바로 태음인이 상한으로 생긴 배추표병의
경증이다. 이 병증에 마황탕이 부적합하진 않지만 처방 중 계지
나 감초가 약효를 좀먹는다. 이 병증에는 마황발표탕을 써야 한
다."

論曰 "此卽太陰人傷寒背顀表病輕證也. 此證, 麻黃湯非不當用, 而桂
枝, 甘草皆爲蠹材. 此證, 當用麻黃發表湯."

【해설】

마황탕증에 대한 동무의 해석이다. "배추표병경증背傾表病輕證"이라 했다. 가벼운 표병이라는 뜻이다. 구본에서는 외감표병의 경증이라 말한다.

구본의 편명 자체가 외감뇌추병론外感腦傾病論이었다. 그런데 신본은 위완수한표한병론으로 바뀐다. 그러면서 초두에 구본의 유산을 남겨놓은 것이다. 배추표병은 외감뇌추병과 정확히 같은 뜻이다.

마황탕은 마황, 계지, 감초, 행인으로 구성된다. 계지, 감초는 소음인 약이므로 약효를 깎아먹는다고 했다. 그렇다고 마황탕을 버리진 않는다. 다만 더좋은 처방을 제시한다. 고방에서 둔재蠹材를 골라내고 미흡한 약효를 보완하는 것, 이것이 동무의 가장 기본적인 창방 수칙이다.

8-1-3.

장중경이 말한다. "상한으로 4, 5일 한궐이 생기면 반드시 발열도 생긴다. 궐이 심하면 열도 심하고 궐이 미미하면 열도 미미하다." "궐이 4일간 생기고 열이 3일간 생기더니 다시 궐이 5일간 생기면 궐다열소로 그 병이 심해지려는 것이다." "열이 4일간 생기고 궐은 3일간 생기면 궐소열다로 그 병은 저절로 낫는다."

張仲景曰 "傷寒, 四五日而厥者, 必發熱. 厥深者, 熱亦深. 厥微者, 熱亦微." "傷寒, 厥四日, 熱反三日, 復厥五日, 厥多熱少, 其病爲進." "傷寒, 發熱四日, 厥反三日. 厥少熱多, 其病當自愈."

【해설】

외감에 이어나오는 병증은 한궐이다. 『상한론』 342, 348, 349조
를 한 문장으로 편집했다. 한궐은 태음인에게 나타나는 독특한 상
한의 양상이다.

여기서 "궐厥"은 오한을 의미한다. 그러니까 한궐이란 상한으로
오한과 발열이 번갈아 발생하는 병증이다. 특히 중경은 오한을 앓는
일수에 따라 예후가 결정된다는 사실을 발견한다. 참 특이하다. 상
한으로 얼마나 다양한 증상들이 나타나는지 알 수 있다.

중경은 한궐의 핵심을 간파했다. 한궐에서 중요한 것은 오한의 지
속기간이다. 동무는 이같은 중경의 탁견을 상찬하고 있다.(8-1-8)

太
陰
人
表
寒
病
論
—
921

8-1-4.

내가 논한다. "여기서 말하는 궐이란 오한만 있고 발열은 없는
것을 말한다. 손발이 싸늘해진다(厥逆)는 뜻이 아니다. 태음인
상한표증에 한궐이 4, 5일간 지속된 후 발열이 나타나는 것은
중증이다.

이 병증은 발열하면서 땀이 머리털 가장자리에서부터 비치더니
이마에서 제일 먼저 솟아난다. 또 며칠 후에는 발열하면서 눈썹
두덩에서 땀이 난다. 또 며칠 후에는 발열하면서 광대뼈 위에서
땀이 난다. 또 며칠 후에는 발열하면서 아래턱에서 땀이 난다.
또 며칠 후에는 발열하면서 가슴 속에서 땀이 난다. 이마 위에
서 땀이 수차례 난 후 눈썹두덩에 이르고 눈썹두덩에 땀이 수
차례 난 후 광대뼈에 이르고 광대뼈에 땀이 수차례 난 후 입술

과 턱에 이르고 아래턱에서는 땀이 한 차례를 넘지 않고 바로
가슴 속까지 이르게 되는 것이다.

이 병증은 처음부터 끝까지 거의 20일이 걸린다. 한 궐이 예닐
곱 번 지나간 후에야 비로소 병이 풀린다. 오래 앓는다 하여 속
칭 장감병이라 불리기도 한다. 태음인병 중에서 이마와 눈썹에
서 먼저 땀이 나는데 한 번 나고 풀리지 않고 여러 번 나고서야
풀리는 것을 장감병이라 부른다."

論曰 "此謂之厥者, 但惡寒不發熱之謂也. 非手足厥逆之謂也. 太陰人傷
寒表證, 寒厥四五日後發熱者, 重證也.

此證, 發熱, 其汗必自髮際而始通於額上. 又數日後, 發熱而眉稜通汗. 又
數日後, 發熱而顴上通汗. 又數日後, 發熱而唇頤通汗. 又數日後, 發熱而
胸臆通汗也. 而額上之汗數次, 而後達於眉稜. 眉稜之汗數次, 而後達於
顴上. 顴上之汗數次, 而後達於唇頤. 唇頤之汗不過一次, 而直達於胸臆
矣.

此證, 首尾幾近二十日. 凡寒厥六七次, 而後病解也. 此證, 俗謂之長感
病. 凡太陰人病, 先額上眉稜有汗, 而一汗病不解屢汗病解者, 名曰長感
病."

【해설】

동무의 한궐 해설이다. 먼저 "궐厥"의 의미부터 설명한다. 소음인
의 궐음증과 구분하기 위해서다.(6-1-47) 소음인의 궐은 수족궐랭이
고 태음인의 궐은 오한이다. 그래서 특별히 한궐이라 명명한 것이다.

조선 사람들은 중경의 한궐을 장감병이라 불렀다. 오한과 발열이
번갈아가며 거의 20일간 시달리므로 붙인 이름이다.

동무는 한궐에서 나타나는 매우 특이한 땀의 양상을 관찰했다.
발열이 나타나는 동안 꼭 특정 부위에서 땀이 나는 것이다. 그 땀은
이마에서 시작해 가슴까지 순차적으로 내려온다. 결국 장감병의 핵
심은 땀에 있다. 그래서 땀을 중심으로 장감병을 새롭게 기술한다.

8-1-5.

태음인의 한궐이 6, 7일 지속되면서 발열이 생기지 않고 땀도
나지 않으면 죽는다. 한궐이 2, 3일 지속되다 발열과 땀이 나면
경증이다. 한궐이 4, 5일 지속되다 발열하면서 이마 위에 약간
땀이 나면 이것을 장감병이라 부른다. 중증이다.

이 병증은 원래 노심초사 끝에 위완이 약해지면서 표국表局이
얇어져 한사를 이기지 못하고 포위된 것이다. 정기와 사기가 서
로 싸우는 형세이나 적군이 우세하고 아군은 약하다. 비유하면
일개 사단의 고립된 군사들이 포위망 속에 갇혀 전몰의 위기에
처했다가 선봉의 한 소대가 다행히 뚫고나가 포위망 한쪽을 무
너뜨려 가까스로 퇴로를 확보했으나 후군後軍의 전대대는 아직
갇혀 있어 수차례 더 힘을 다해 싸우면 나올 수 있으니 효상爻
象이 참으로 위태롭다 할 수 있다. 이마 위에 땀이 나는 것은 바
로 선봉의 한 소대가 포위망을 무너뜨려 뚫고나가는 상이다. 눈
썹두덩에 땀이 나는 것은 전군前軍의 모든 대대가 포위망을 전
부 무너뜨려 그 기세가 용감무쌍한 상이다. 광대뼈 위에 땀이
나는 것은 중군中軍의 절반 부대가 여유 있게 포위망을 빠져나
오는 상이다. 눈썹에 땀이 나면 위험에서 벗어나고 있는 것이다.

광대뼈에서 땀이 나면 위험이 아주 사라진 것이다.

太陰人病, 寒厥六七日而不發熱不汗出, 則死也. 寒厥二三日而發熱汗出,
則輕證也. 寒厥四五日而發熱得微汗於額上者, 此之謂長感病. 其病爲重
證也.

此證, 原委勞心焦思之餘, 胃脘衰弱而表局虛薄, 不勝寒而外被寒邪所
圍. 正邪相爭之形勢, 客勝主弱. 譬如一團孤軍困在垓心, 幾於全軍覆沒
之境, 先鋒一隊倖而跳出, 決圍一面, 僅得開路, 後軍全隊尙在垓心, 將又
屢次力戰, 然後方爲出來, 則爻象正是凜凜之勢也. 額上通汗者, 卽先鋒
一隊決圍跳出之象也. 眉稜通汗者, 卽前軍全隊決圍全面氣勢勇敢之象
也. 顴上通汗者, 中軍半隊緩緩出圍之象也. 此病, 汗出眉稜, 則快免危
也. 汗出顴上, 則必無危也.

【해설】

한궐의 예후와 병리를 설명한다.

동무 역시 한궐의 예후를 판단하는 가장 기본적인 지표는 오한
의 기간으로 보았다. 중경보다 훨씬 더 상세하게 분류해놓았다.

오한이 2, 3일 지속되다 발열과 한출이 나타나면 경증이다. 오한
이 4, 5일 지속되다 발열과 이마 위에 땀이 나타나면 중증이다. 이
것이 장감병이며 치료의 대상이 된다. 오한이 6, 7일 지속되며 발열
과 땀이 나지 않으면 사증이다. 즉 오한의 지속시간은 침범한 한사
의 강도와 맞먹는 것이다.

한궐의 병리는 위완이 쇠약한 틈을 타서 한사가 침범하여 발생한
것으로 본다. 그리고 위완의 쇠약은 노심초사라는 심리적 원인에 의
해 발생한다고 말한다.

만병이 심화心火에서 생긴다는 동무의 명제는 너무나 명명백백한 사실임에도 불구하고 단지 눈에 보이지 않는다는 이유만으로 임상에서는 무시되기 일쑤다. 의사보다 오히려 환자가 더 먼저 안다. 심화를 고려하지 않으면 인간을 깊게 건드려 줄 수가 없다. 질병은 퇴치할지 몰라도 사람은 치유하기 어렵다.

한궐에 나타나는 땀의 양상을 전투에 비유한 대목이 인상적이다. 40대를 서울에서 무관으로 지낸 동무의 직접적인 경험에서 우러나온 실감나는 표현들이다. 땀이 미릉골까지만 내려오면 한사의 포위망을 통쾌하게 무너뜨린 것으로 보았다.

8-1-6.

태음인은 땀이 날 때 이마든 눈썹두덩이든 광대뼈든 상관없이 기장쌀 크기로 솟아나다가 발열 기간도 점점 늘어나면서 도로 들어가면 정기가 강하고 사기가 약한 시원한 땀이다. 그러나 입자가 아주 미미하거나 젖기만 하고 맺히지 않으면서 잠깐 사이 도로 들어가면 정기가 약하고 사기가 강한 시원치 못한 땀이다.

太陰人汗, 無論額上, 眉稜上, 顴上, 汗出如黍粒, 發熱稍久而還入者, 正強邪弱快汗也. 汗出如微粒, 或淋漓無粒, 乍時而還入者, 正弱邪強非快汗也.

【해설】

한궐에서 땀의 부위 못지않게 땀의 모양도 중시했다. 땀방울이 맺혀야 좋다. 입자가 생기는 듯 마는 듯 하거나 이조차 못되고 번들

거리기만 하면 쾌한이 아니다.

　한궐의 땀은 발열 기간 동안 발생한다. 발열 기간이 길면 땀이 나는 시간도 길다는 의미다. 그래서 발열 기간이 길면 좋다고 말한 것이다.

　발열을 오래하며 기장쌀 같은 땀방울을 흘리다 다시 오한으로 진입한다면 정기가 튼튼하게 자리 잡은 시원한 땀이라 볼 수 있다.

8-1-7.

태음인이 뒤쪽 머리털 아래서는 땀이 나는데 앞쪽 머리털 아래서 땀이 나지 않으면 흉증이다. 모든 곳에 땀이 다 나도 귀 주변에 땀이 나지 않으면 사증이다. 대개 태음인의 땀이 귀 뒤 고골에서부터 앞쪽 머리털로 시작하여 가슴까지 크게 통하면 병이 풀린다. 앞쪽 머리털의 땀은 비로소 죽음을 벗어난 것이다. 이마의 땀은 가까스로 위험을 벗어난 것이다. 눈썹두덩의 땀은 시원하게 위험을 벗어난 것이다. 광대뼈의 땀은 살 길이 확 트인 것이다. 아래턱의 땀은 병이 이미 풀린 것이다. 가슴 속의 땀은 병이 완전히 풀린 것이다.

일찍이 이 병증에 이마에 땀이 난 후 눈썹두덩에 땀이 나려는 자가 한궐의 세력은 그다시 맹렬하지 않은 것을 본 적이 있다. 그런데 광대뼈에 땀이 난 후 아래턱에 땀이 나려는 자가 오히려 한궐의 세력이 매우 맹렬한 것이다. 한기로 이를 덜덜 떨며 완전히 풍이 동한 것 같은 지경에 이르더니 땀이 곧바로 겨드랑이까지 도달하면서 병이 풀렸다. 장중경이 "궐이 심하면 열도 심하

고 궐이 미미하면 열도 미미하다" 한 것이 이를 두고 한 말이
다.(오한이 심한 것은 정기도 그만큼 강하다는 뜻) 이 병증에 한
궐이 오래 지속되는 것은 병의 세력이 중하다는 것이다. 그러나
한궐이 맹렬하다는 것은 병의 세력이 중하다는 것이 아니다.

太陰人背部後面自腦以下有汗, 而面部髮際以下不汗者, 兇證也. 全面皆
有汗, 而耳門左右不汗者, 死證也. 大凡太陰人汗, 始自耳後高骨面部髮
際, 大通於胸臆間, 而病解也. 髮際之汗, 始免死也. 額上之汗, 僅免危也.
眉稜之汗, 快免危也. 顴上之汗, 生路寬闊也. 脣頤之汗, 病已解也. 胸臆
之汗, 病大解也.

嘗見此證額上汗欲作眉稜汗者, 寒厥之勢不甚猛也. 顴上汗欲作脣頤汗
者, 寒厥之勢甚猛. 至於寒戰叩齒完若動風, 而其汗直達兩腋. 張仲景所
云"厥深者, 熱亦深. 厥微者, 熱亦微.", 蓋謂此也. 此證, 寒厥之勢多日
者, 病重之勢也. 寒厥之勢猛峻者, 非病重之勢也.

【해설】

다시 한번 땀을 정리한다. 태음인 한궐에서 땀을 얼마나 중시하
는지 알 수 있다.

한궐의 땀은 인체의 앞쪽이 중요하다. 귀 뒤의 고골을 기준으로
안면의 머리털부터 땀이 시작해서 가슴까지 내려온다.

본조에서 가장 중요한 말은 오한의 맹렬함과 병증의 맹렬함은 무
관하다는 것이다. 오한이 심한 것은 오히려 정기가 강하다는 뜻이
다. 일례로 한 환자가 이를 덜덜 떨며 한기로 전율하는데도 오히려
땀은 겨드랑이 쪽으로 내려가며 병은 호전된 적이 있었다.

한궐의 예후는 오직 오한의 지속기간으로 결정된다! 땀의 양상까

지 함께 관찰한다면 실수가 없을 것이다.

이 병증은 경기도 사람은 장감병이라 부른다. 함경도 사람은 40일통 혹은 무한건병이라 부른다. 사람들이 흔히 쓰는 형방패독산, 곽향정기산, 보중익기탕은 모두 잘못된 치료법이다. 오직 웅담만이 어쩌다 봉사가 바로 문으로 들어간 모양새다. 그러나 다시 다른 약을 이어 복용하면 병세가 또 변해버린다. 옛사람들이 "병이 사람 잡는 게 아니라 약이 사람 잡는다"고 한 말이 정말 그렇지 않은가?

어떤 병이라도 더하고 덜한 정도를 평범한 눈으로 살핀다면 참 추측하기 어렵지만 이 병은 더욱 그러하다. 이 병증에서 땀이 눈썹두덩과 광대뼈에서 나면 비록 약을 복용하지 않아도 저절로 낫는다. 그러나 환자가 조바심에 의사를 불러다가 잘못된 약을 함부로 투여하면 광대뼈의 땀이 다시 돌아가 이마에서 난다. 그런데 겉으로는 한결의 증세가 점점 줄어드는 것이다. 이때 의사는 스스로 약효를 믿게 되고 환자 역시 스스로 약효를 보았다 여겨 다시 며칠간 약을 써버리면 이마에 나던 땀이 더 이상 나지 않으면서 죽어버리고 만다.

이 병증은 꼭 땀의 진퇴로 병의 경중을 점쳐야 한다. 결코 오한의 맹렬함으로 병의 경중을 점쳐선 안 된다. 그러니 장중경의 "이 병은 저절로 낫는다"는 한마디가 어찌 귀하고 진실한 말이 아니겠는가?

장감병에 전염성이 없다면 저절로 낫기를 기다리는 것이 좋다. 그러나 온병으로 발생하여 전염성이 강할 경우 증과 약을 의심의 여지없이 명확히 안다면 저절로 낫기를 기다리지 말라. 기이한 증이 생길까 두렵기 때문이다.

此證. 京畿道人, 謂之長感病. 咸鏡道人, 謂之四十日痛, 或謂之無汗乾病. 時俗所用荊防敗毒散, 藿香正氣散, 補中益氣湯, 箇箇誤治. 惟熊膽, 雖或肓人直門. 然又連用他藥, 病勢更變. 古人所云"病不能殺人, 藥能殺人."者, 不亦信乎?

百病加減之勢以凡眼目觀之, 固難推測, 而此證又有甚焉. 此證之汗在眉稜額上時, 雖不服藥亦自愈矣. 而病人招醫, 妄投誤藥, 則額上之汗還爲額上之汗. 而外證寒厥之勢, 則稍減矣. 於是焉醫師自以爲信藥效, 病人亦自以爲得藥效, 又數日誤藥, 則額上之汗又不通而死矣.

此證, 當以汗之進退占病之輕重, 不可以寒之寬猛占病之輕重. 張仲景曰"其病當自愈."云者, 豈非珍重無妄之論乎?

然長感病無疫氣者, 待其自愈則好也. 而瘟病疫氣重者, 若明知證藥無疑, 則不可尋常置之待其勿藥自愈. 恐生奇證.

太陰人表寒病論—

929

【해설】

　당시의 병명이 재밌다. 장감병은 경기도의 속칭이다. 동무의 고향인 함경도에서는 40일통 또는 무한건병이라 불렀다. 한궐은 오한 시 땀이 나지 않는다. 그리고 보통 20일에서 길면 40일까지 앓는다. 모두 병의 특징을 지적한 명칭들이다. 『동무유고』에도 40일통에 대한 기술이 있다.

태음인은 중초가 실해서 잘 참고 버틴다. 그래서 병이 생겨 불편할지라도 일상생활은 그대로 한다. 만약 태음인이 병으로 침상에 누워 며칠씩 정상적인 활동을 못한다면 중병인 것이다. 이러한 증상은 거의 20일을 끈 후에야 위급을 벗어나고 이후로도 20일을 더 지나야 낫게 된다. 흔히 세상 사람들이 40일통이라 부르는데 바로 태음인의 상한병이다. 발병 5, 6일에 웅담 3푼을 써서 크게 발산하는 게 가장 좋다. 조각 1돈반, 대황 3돈으로 한번 통설하는 게 다음으로 좋다.

太陰之人, 中焦實而能堅忍. 雖身病不寧, 而猶起居動作. 故太陰人病臥枕席而不能動作多日, 則其病重矣. 如此症幾如二十日, 而免危證也. 又二十日, 而得愈. 此俗稱之四十日痛, 卽傷寒也. 始病五六日, 熊膽三分重發散, 最爲上策也. 皂角一錢半, 大黃三錢一次通泄, 次計也.(보유29-1)

태음인은 잘 버틴다. 지구력이 좋고 인내심이 강하다. 발병에도 이러한 특성이 반영된다. 태음인이 몸져누울 정도면 정말 아픈 것이다. 그래서 약물도 센 게 많다. 태음인은 마황, 대황, 조각 이런 걸 너끈히 받아들인다. 효과도 기가 막히다. 오랫동안 앓아눕는 40일통은 태음인 상한병의 특징이라 말하고 있다.

한궐의 또 다른 문제는 의사도 속고 환자도 속기 쉽다는 것이다. 의사나 환자 모두 오한의 맹렬함을 예후의 기준으로 착각하기 때문이다. 한궐의 경중은 오한의 맹렬함이 아니라 땀의 양상이다. 활인의 애절함이 담긴 동무의 간곡한 외침이다.

그렇다면 장감병의 치료원칙은 무엇일까? 오한이 아무리 심하더라도, 환자가 미친듯이 떨고 있더라도 전염성(疫氣)만 없다면 손대지

말라는 것이다! 병을 모르면 사람이 사람을 죽인다. 병불살인病不殺
人, 약능살인藥能殺人! 살인을 추억하는 의사가 되지 말아야 한다.
그러니 중경의 저절로 낫는다는 한마디가 어찌 만고의 귀언이 아니
겠는가! 전염성이 강력한 경우에 한해 신중하게 치료에 나설 것을
권하고 있다.

8-1-9.

내가 논한다. "태음인병에 한궐이 4일간 있으면서 그사이 땀이
나지 않는 것은 중증이다. 한궐이 5일간 있으면서 땀이 나지 않
는 것은 험증이다. 웅담산을 써야 하며 간혹 한다열소탕에 제조
5, 7, 9개를 가해서 쓰기도 한다. 대변이 물기가 많으면 반드시
건율, 의이인 등을 사용해야 하며 대변이 건조하면 반드시 갈
근, 대황 등을 사용해야 한다. 만약 이마나 눈썹두덩에 땀이 나
면 저절로 낫기를 기다리면 된다. 그리고 병이 풀린 뒤에도 약
을 써서 조리한다. 그렇지 않으면 또 다른 병이 생길까 두렵기
때문이다."

論曰 "太陰人病寒厥四日而無汗者, 重證也. 寒厥五日而無汗者, 險證也.
當用熊膽散. 或寒多熱少湯加蠐螬五七九介. 大便滑者, 必用乾栗, 薏苡
仁等屬. 大便燥者, 必用葛根, 大黃等屬. 若額上, 眉稜上有汗, 則待其自
愈. 而病解後, 用藥調理. 否則恐生後病."

【해설】

마침내 한궐의 치료처방을 제시한다. 바로 웅담산과 한다열소탕

이다. 땀이 미릉골까지 내려오면 투약을 멈춰도 된다. 그리고 병이
나은 후 한다열소탕을 좀더 써서 조리해준다.

앞서 동무는 전염성을 치료의 기준으로 삼았다. 여기서는 오한
지속기간으로 치료의 기준을 삼는다. 종합하면 한궐의 치료대상은
전염성이 강할 경우와 오한이 4, 5일간 지속되는 경우다.

제조는 피부를 열어 발한을 도와준다. 『동의보감』의 파상풍 치험
례에 비견될 수 있다. 파상풍이 생기려 할 때 상처에 바르고 또 마
시기도 하면 땀이 나면서 풍이 빠져나온다며 매우 신효하다고 했
다.(동10-1/60)

동무는 한궐의 또 다른 처방 노하우를 일러준다. 바로 대변이다.
대변의 묽기(乾滑)에 따라 약재의 가감을 달리한다. 대변이 태음인
처방의 중요한 기준임을 웅변해준다!

대변이 묽으면 건율, 의이인을 써야 한다. 한다열소탕이 건율, 의
이인이 들어간 처방이다.(8-5-8) 대변이 되면 갈근, 대황을 써야 한
다. 갈근승기탕을 염두에 둔 언질이다.(8-5-9) 한다열소탕에 건율,
의이인을 빼고 갈근, 대황을 가하는 방식은 의미가 없다. 바로 갈근
승기탕을 투여하면 된다. 사실 구본에서 한궐의 처방은 갈근해기탕
이었다.

태음인이 한궐로 4일간 땀이 나지 않으면 중증이다. 5일간 땀이
나지 않으면 위증이다. 갈근해기탕 1, 2숟갈에 웅담 가루 3푼을
섞어 먼저 복용하고 남은 탕약을 마신다. 다시 연이어 갈근해기
탕을 두세 차례 복용한다. 이튿날은 낮에 길경생맥산, 밤에 갈근
해기탕을 복용한다. 8, 9일에서 10일 정도 병이 다 풀릴 때까지

매일 이렇게 복용한다. 만약 웅담이 없다면 승마개뇌탕을 두세
차례 복용한다.

太陰人病, 寒厥四日而無汗者, 重證也. 寒厥五日而無汗者, 危證也. 當用
葛根解肌湯, 調下熊膽三分. 又連用葛根解肌湯二三服. 翌日, 則晝服桔
梗生脉散, 夜服葛根解肌湯. 每日如此服, 或八九日十餘日以至於病快解.
若熊膽闕材, 則當用升麻開腦湯二三服.(구8-1-9)

구본의 갈근해기탕에는 갈근과 대황이 모두 들어 있다.(구7-5-3)
즉 한궐은 대변에 따라 한열을 가려 서로 다른 처방을 쓰는 게 정법
인 것이다. 한다열소탕만 떠올려선 안 된다!
다시 한번 말하지만 한궐에 대변이 굳으면 갈근승기탕을 쓴다.
갈근해기탕보다 더 효과적이다. 우리는 갈근승기탕을 전혀 겁낼 필
요가 없다. 변이 되다면 외감에 얼마든지 사용해도 된다. 놀라운 경
험을 하게 될 것이다.

태음인의 한궐

병증	원인	증상	예후			치료	
한궐	노심초사	오한과 발열이 반복됨	오한 6, 7일	사증		·	
			오한 5일	험증	장감병	한증(便滑)	열증(便燥)
						웅담산	
			오한 4일	중증		한다열소탕 가 제조	갈근승기탕
			오한 2, 3일	경증		자연치유	

명지증약무의明知證藥無疑, 병과 약을 명확히 파악하여 의심이 없도록 하라! 동무는 한궐의 특징과 치료법을 제시하며 자신의 말을 스스로 지켰다.

8-1-10.

일찍이 태음인의 위완한증에 속하는 온병을 치료한 적이 있다. 어떤 태음인이 평소 심장이 두근거리고 땀이 없으며 숨이 가쁘고 목에 이물감(結咳)이 있었다. 홀연히 여기에 한 가지 증상이 더 나타났는데 설사가 10일이나 멎지 않은 것이다. 이는 곧 표병 중에서도 중증이다. 태음조위탕에 저근피 1돈을 가해서 하루에 두 번씩 10일간 복용했더니 설사가 멎었다. 계속해서 30일 더 복용하는데 매일 얼굴에 땀이 가득 흘러내리면서 평소 증상들도 감소했다.

그러다 갑자기 일가족 5, 6인이 한 번에 온역에 걸려 병간호에 매달리다가 수일간 약을 먹지 못했다. 결국 이 사람 역시 온병에 감염되어 입맛을 잃고 전혀 먹으려 들지 않았다. 이에 태음조위탕에 승마, 황금 각 1돈을 가해서 10일간 계속 복용했더니 얼굴 가득 땀이 흐르고 온역기도 조금 줄어들었다. 그런데 2일 간 대변불통증이 생겨 이에 갈근승기탕을 5일간 복용했다. 이 5일간 식사량이 크게 늘고 온역기도 크게 줄면서 병이 풀렸다. 다시 태음조위탕에 승마, 황금을 가하여 40일간 조리시켰더니 온역기가 완전 없어지고 평소병도 모두 사라졌다.

결해란 억지로 기침을 해서 가래를 뱉어내려 하나 나오지 않고

간혹 나오는 것을 말한다. 소음인의 결해는 흉결해라 부르고 태
음인의 결해는 함결해라 부른다.

대개 온역은 먼저 그 사람의 평소병이 어떠했는지 살펴보면 병
증의 표리허실을 예측할 수 있다. 평소병이 한자寒者면 온병이
생기면 역시 한증寒證으로 간다. 평소병이 열자熱者면 온병이 생
기면 역시 열증熱證으로 간다. 평소병이 가벼우면 온병이 생기
면 중증으로 간다. 평소병이 무거우면 온병이 생기면 험증으로
간다.

嘗治太陰人胃脘寒證瘟病. 有一太陰人, 素有怔忡, 無汗, 氣短, 結咳矣.
忽焉又添出一證, 泄瀉數十日不止, 卽表病之重者也. 用太陰調胃湯加樗
根皮一錢, 日再服十日, 泄瀉方止. 連用三十日, 每日流汗滿面, 素證亦減.
而忽其家五六人一時瘟疫, 此人緣於救病, 數日不服藥矣. 此人又染瘟病
瘟證. 粥食無味, 全不入口. 仍以太陰調胃湯加升麻, 黃芩各一錢, 連用十
日, 汗流滿面, 疫氣少減. 而有二日大便不通之證, 仍用葛根承氣湯五日,
而五日內粥食大倍, 疫氣大減而病解. 又用太陰調胃湯加升麻, 黃芩, 四十
日調理, 疫氣旣減, 素病亦完.

結咳者, 勉强發咳. 痰欲出不出而或出, 曰結咳. 少陰人結咳, 謂之胸結
咳. 太陰人結咳, 謂之頷結咳.

大凡瘟疫先察其人素病如何, 則表裏虛實可知. 已素病寒者, 得瘟病則亦
寒證也. 素病熱者, 得瘟病則亦熱證也. 素病輕者, 得瘟病則重證也. 素
病重者, 得瘟病則險證也.

【해설】

한 꼭지의 논의를 마친 후 관련 임상례 2건을 기록하며 「위완수한표

한병론」을 마무리한다. 본조는 위완한증 온병이다. "온병瘟病"은 전염병을 말한다. 온역瘟疫, 역질疫疾, 시행병時行病, 천행天行 등으로 부른다.(동15-2/1) 위완한증으로 나타나기도 하지만 간열증의 양상을 보이는 온병도 있다.(8-2-13)

한 태음인이 온가족이 온역에 걸리는 통에 덜컥 전염이 돼버렸다. 위장이 상해서 입맛을 잃고 대장에도 영향을 미쳐 대변불통증까지 이른다.

"음식무미"는 가벼운 열증으로 보고 태음조위탕에 승마, 황금을 추가해 처리했으나 "대변불통"은 심각한 열증으로 판단, 대황이 5돈 든 갈근승기탕을 투여한다.

본조에는 한자와 열자의 개념이 명료하게 나타난다. 신본에서 이루어진 가장 중요한 발견에 속한다. 평소의 한열을 파악하면 현증의 표리허실을 쉽게 알 수 있다! 소증은 매우 높은 임상적 유용성을 제공한다. 임상에서 꼭 확인해야 한다.

그런데 본조의 임상례를 잘 보면 소증이 한자였다. 그러다 온역에 걸리면서 급속히 열증으로 이환되고 있다. 예외없는 법칙은 없음을 스스로 보여준다. 소증은 엄격히 구분해야 하나 현증 역시 세밀히 관찰해야 한다.

소증으로 가지고 있던 "결해"란 밭은기침을 말한다. 목에 무엇이 뭉쳐 있는 듯(結) 이물감이 들어 일부로 하는 기침(咳)이다. 전통의 매핵기와 같은 개념이다. 소음인의 결해는 가슴(胸)에서 나오고 태음인은 목(頷)에서 나온다고 봤다. "함頷"은 앞목이다. 턱은 순이脣頤라 부른다.

동무는 같은 병증이라도 사상인에 따라 구분하여 부르고자 했지만 군이 그럴 필요 없다. 결해는 결해일 뿐이다.

또 한 태음인이 평소병으로 목구멍이 건조하고 안색이 창백하
고 체표에 한기가 들면서 설사를 하기도 했다. 목구멍이 건조한
것은 간열로 인한 것이다. 안색이 창백하고 체표에 한기가 들며
혹 설사하는 것은 위완한으로 인한 것이다. 그러므로 이 병은
표리가 모두 병난 것(表裏俱病)이며 평소병이 매우 중한 것이다.
이 사람이 온병에 걸려 그 병증이 시작된 날부터 풀리기까지
20일 동안의 과정을 총괄해보면 대변이 처음은 묽거나 설사가
나더니 중간은 묽고 끝은 되게 매일 2~4차례씩 보며 하루도
거르는 날이 없었다. 그래서 처음에는 한다열소탕을 썼고(7일째
잠깐 쓴 것) 병이 풀리고 나서는 조리폐원탕을 써서 40일간 조
리하여 근근이 목숨을 구했다.

이 온병이 처음 시작할 때는 대변이 묽거나 설사를 했다. 그리
고 발병 후 6일 동안 이마와 눈썹두덩, 광대뼈 등에 땀이 보였
고 음식이나 생활은 평소와 다름이 없었다. 6일이 지나고(곧
7일째) 처음 약을 썼다.(한다열소탕) 그랬더니 안면의 머리털 전
체에서 아래턱까지 땀이 얼굴 가득 흘러 흠뻑 적셨다. 그런데
땀이 난 뒤 안색이 푸른색을 띠고 어눌증이 있는 것이다. 8일,
9일이 되니 어눌에 이롱이 더해졌고 아래턱의 땀이 도로 광대
뼈로 돌아가고 광대뼈의 땀이 도로 눈썹두덩의 땀이 되었다. 땀
의 입자도 아주 미미했으며 금세 났다가 들어가버리더니 결국

이마에만 땀이 났다. 호흡은 짧고 가빴다. 10일째 밤이 되니 이마의 땀이 도로 들어가버리고 어눌과 이롱은 더욱 심해졌다. 가래가 목구멍을 막고 있는데도 뱉어내질 못해 환자가 제 손가락으로 입안을 더듬어 빼내고 있었다. 11일째 호흡이 짧고 가쁜 것이 더욱 심해졌다. 그런데 12일째 갑자기 죽을 두 그릇이나 먹었다. 이때 만약 적당한 약을 논한다면 바로 웅담산이라 할 수 있다. 간혹 구할 때도 있으나 끝내 웅담을 구할 수 없어 이 사람은 오늘 밤을 못 넘기겠구나 체념하고 있었다. 그런데 그날 해질 무렵 호흡이 잠시 안정의 기미를 보였다. 그리고 13일째 이른 새벽 닭이 울 때쯤 안면의 머리털에서 땀이 났다. 14일, 15일까지 내리 3일을 죽 두세 그릇을 먹었고 이마와 눈두덩, 광대뼈 등에서 땀이 차례차례 솟아났고 안색에 푸른 기가 없어졌다. 16일째 가슴 속에 비로소 땀이 터지고 점점 가래도 토해내더니 어눌도 나았다. 20일째가 되어 가슴 속에 땀이 여러 번 크게 터지더니 마침내 방안에 설 수 있게 되었다. 모든 증상이 다 안정되었으나 이롱증만 여전했다. 병이 풀린 후 조리폐원탕을 써서 40일간 조리하니 이롱과 눈이 흐릿한 것도 모두 사라졌다.

有一太陰人, 素病, 咽嗌乾燥而面色靑白, 表寒或泄. 盖咽嗌乾燥者, 肝熱也. 面色靑白, 表寒或泄者, 胃脘寒也. 此病表裏俱病, 素病之太重者也. 此人得瘟病, 其證自始發日至于病解二十日, 大便初滑或泄, 中滑, 末乾, 每日二三四次無日不通. 初用寒多熱少湯. 病解後用調理肺元湯, 四十日調理, 僅僅獲生.

此病始發大便或滑或泄, 而六日內, 有額汗, 眉稜汗, 顴汗, 飮食起居有時如常. 六日後, 始用藥. 七日, 全體面部髮際以下至于脣頤汗流滿面淋漓洽足. 而汗後面色帶靑有語訥證. 八日九日, 語訥, 耳聾而脣汗還爲顴汗, 顴汗還爲眉稜汗. 汗出微粒乍出乍入, 而只有額汗. 呼吸短喘矣. 至于十日. 夜額汗還入而語訥耳聾尤甚. 痰涎壅喉, 口不能喀. 病人自以手指探口拭之而出. 十一日, 呼吸短喘尤甚. 至于十二日, 忽然食粥二碗, 斯時若論其藥, 則熊膽散. 或者可也, 而熊膽闕材, 自念此人今夜必死矣. 當日初昏, 呼吸暫時少定. 十三日鷄鳴時, 髮際有汗. 十四日十五日, 連三日食粥二三碗. 額汗, 眉稜汗, 顴汗次次發出, 面色脫靑. 十六日, 臆汗始通, 稍能喀痰, 語訥亦愈. 至于二十日, 臆汗數次大通, 遂能起立房中. 諸證皆安, 而耳聾證則自如也. 病解後, 用藥調理四十日, 耳聾目迷自袪.

【해설】

두 번째 온역 임상례다. 전염성이 있는 한궐에 해당한다. 20일간의 병력을 자세하게 기록하고 있다.

발병 후 6일 동안 광대뼈까지 땀이 내려왔다. 일반적인 한궐이라면 투약하지 않고 기다리는 것이 원칙이다. 하지만 7일째 투약을 결정한다. 소증이 중한데다 전염성도 있었기 때문이다.

그런데 병세는 예기치 않은 곳으로 흘러간다. 어눌이 생기더니 이롱에 호흡까지 막히는 것이다. 목구멍을 가득 메운 가래는 그 원인이 담음痰飮임을 보여준다. 인후와 이도耳道를 넘어 기도까지 담음이 퍼져가는 것이다. 7일차에 한다열소탕을 투여했지만 담음의 진행이 너무 급속하여 속수무책이었다.

담음이 백척간두에 이르렀을 때 동무는 웅담산을 적방으로 여겼다. 그러나 아쉽게도 구할 수가 없었다. 그런데 이 환자가 그 다음날부터 스스로 나아지는 것이다. 기사회생이요 천우신조라 할 수밖에 없다.

동무가 한 일이라곤 온병이 모두 회복된 후 조리해준 것이다. 조리폐원탕은 말 그대로 큰 병을 앓은 후 초췌해진 폐원肺元을 조리해 주는 약이다.

이 환자는 처음 득병한 후 대변을 거르지 않고 매일 두 번 이상 봤다. 대변활자大便滑者임을 확인하고 한다열소탕을 선택했음을 알 수 있다.(8-1-9) 대변이 처방 선택의 기준임을 다시 한번 확인할 수 있다.

태음인 이열병론
太陰人肝受熱裏熱病論

「태음인이열병론」은 『동의수세보원』에서 가장 큰 변화를 겪은 챕터다. 구본의 「내촉위완병론」은 병증과 처방의 단순한 나열에 그치고 있다. 그러나 신본에서는 구색을 다 갖춰놓는다. 조문 수만 봐도 10개에서 36개로 증가했다.

구본의 완성 이후 태음인에 대한 경험이 깊어지면서 태음인론의 수정은 피해갈 수 없는 숙제가 되었다. 태음인 이열병의 재발견이 개초의 대장정에 돌입하는 견인차가 되었던 것이다.

태음인 이열병론은 상한양독과 간열온증 그리고 조열증으로 대분된다.

8-2-1.

주굉이 말한다. "양독으로 얼굴에 비단무늬 같은 붉은 반점이 생기고 인후통이 있고 고름과 피가 섞인 가래를 뱉으면 갈근해 기탕이나 흑노환이 좋다. 양독 및 괴상한으로 의사도 치료할 수 없고 이미 생명력(精魄)이 다한 경우 명치가 아직 따뜻하면 입을 벌려 흑노환을 부어준다. 약이 목구멍으로 넘어가면 살아난다."

朱肱曰 "陽毒, 面赤斑, 斑如錦紋, 咽喉痛, 唾膿血, 宜葛根解肌湯, 黑奴丸. 陽毒及壞傷寒, 醫所不治, 精魄已竭, 心下尙煖, 斡開其口, 灌黑奴丸, 藥下咽, 卽活."

【해설】

「이열병론」의 첫 병증은 상한 양독이다. 양독의 증상과 치방을 인용한다.

양독은 얼굴과 목구멍에 극심한 열이 생기는 병증이다. 죽음 직전에 이르렀다 해도 명치(心下)에 아직 온기가 남아 있으면 살길이 있다고 말한다.

본조는 『동의보감』의 문장을 편집한 것이다.(동10-2/29) 처방도 동무의 구미에 맞게 선별했다. 원문에는 갈근탕으로 나오는데 동무가 갈근해기탕으로 바꿔버렸다. 그리고 심한 갈증이 없으면 흑노환을 쓸 수 없다는 내용도 삭제했다.

『예기』「교특생」에 "사람이 죽으면 혼기는 하늘로 돌아가고 형백은 땅으로 돌아간다(魂氣歸于天, 形魄歸于地)"는 말이 나온다. "정백精魄"은 인간의 땅의 부분으로 하초에 속하며 죽으면 다시 땅으로 돌아간다. "정백이갈精魄已竭"은 생명이 다해간다는 뜻이다.

8-2-2.

이천이 말한다. "오한이 미미하고 발열이 있으면 갈근해기탕이 좋다. 눈이 우리하고 코안이 마르며 땀이 물밀듯 쏟아지고 폐, 삽, 만, 갈, 광, 섬 등이 있으면 조위승기탕이 좋다. 열이 표에 있으면 눈이 우리하고 불면이 생긴다. 갈근해기탕을 써야 한다. 열이 속으로 들어가면 광증과 섬어가 나타난다. 조위승기탕을 써야 한다."

李梴曰 "微惡寒, 發熱, 宜葛根解肌湯. 目疼, 鼻乾, 潮汗, 閉, 澁, 滿, 渴, 狂, 譫, 宜調胃承氣湯. 熱在表, 則目疼, 不眠, 宜解肌湯. 熱入裏, 則狂, 譫, 宜調胃承氣湯."

【해설】

『동의보감』에 나오는 양명병의 용약법이다.(동10-2/12) 양명은 기육이 표가 되고 위장이 이가 된다고 했다. 고로 기육에 열이 있으면 갈근해기탕을, 위장에 열이 있으면 조위승기탕을 쓴다는 내용이다.

갈근해기탕은 목동, 불면에, 조위승기탕은 광언, 섬어에 쓴다. 동무는 갈근해기탕은 개정하여 신정방으로 사용하고 조위승기탕은 갈근승기탕으로 업그레이드했다.

太陰人裏熱病論 —

본조는 갈근해기탕의 적응증을 설명하기 위해 인용했다.

8-2-3.

공신이 말한다. "양명병에 눈이 우리하고 코안이 마르며 가만히 누워있질 못하면 갈근해기탕이 좋다."

龔信曰 "陽明病, 目疼, 鼻乾, 不得臥, 宜葛根解肌湯."

【해설】

갈근해기탕의 적응증을 다시 언급한다. 갈근해기탕을 주시하고 있다.

『고금의감』에는 "양명경병陽明經病"이라고 나온다.(동10-2/12) 족양명위경이 머리에서 눈과 코를 지나 아래로 내려간다. 그래서 안면병은 양명경병이라고 곧잘 불렸다.

8-2-4.

상한으로 인한 삼양병이 심해지면 변해서 양독이 된다. 얼굴이 붉고 눈이 충혈되며 몸에 누런 반점이 생기고 간혹 황적색 변을 설사하며 6맥이 모두 홍대해진다. 흑노환이 괜찮다.

三陽病深, 變爲陽毒. 面赤, 眼紅, 身發斑黃, 或下利黃赤, 六脈洪大. 宜黑奴丸.

【해설】

다음으로 양독에 흑노환을 쓰는 경우다.

『동의보감』에는 면적 앞에 "광란狂亂"이 있다. 열이 속으로 들어간 것이다. 허준은 심한 갈증이 있을 때 흑노환을 쓰라고 했다.(동 10-2/29)

그러나 대변을 보고 쓰는 것이 더욱 정확하다. 흑노환에는 대황이 들어간다. 대변이 굳었을 때 쓰면 된다.

8-2-5.

내가 논한다. "위에서 언급한 모든 병증에는 갈근해기탕이나 흑노환을 써야 한다."

論曰 "右諸證, 當用葛根解肌湯, 黑奴丸."

【해설】

양독의 처방을 언급한다. 병증은 앞서 충분히 설명했다. 상부로 급격히 열이 올라온다. 얼굴이 붉어지고 눈이 충혈되며 코도 마른다. 심해지면 얼굴에 열꽃이 피거나 극심한 인후통이 나타난다.

이상 양독의 문장은 구본에서 태음인 외감병에서 논의한 것이다. 구본에서는 갈근해기탕보다 가감해기탕이, 흑노환보다 조각대황탕이 더 좋다고 말했다.(구8-1-15)

사실 흑노환은 쓸 처방이 못된다. 처방 내용을 보면 무슨 말인지 이해가 될 것이다. 가감해기탕은 구본의 신정방에 갈근해기탕이라는 이름으로 등록되어 있다.(구8-5-3)

8-2-6.

『영추』에서 말한다. "척부에 열이 심하고 맥이 성대하면서 변이 마르면 온병이다."

『靈樞』曰 "尺膚熱深, 脈盛, 燥者, 病瘟也."

【해설】

최초로 『영추』가 등장한다. 그 내용은 온병이다. 본조는 온병을 관찰한 역사가 오래되었음을 밝히려는 의도가 함께 있다.

『영추』와 『동의보감』의 원문은 모두 "조躁"로 되어 있다. 그런데 동무는 "조燥"로 바꾼다. 변조便燥, 즉 변비로 해석한 것이다! 동무는 이러한 온병을 간열열증 온병이라 말한다.(8-2-13)

8-2-7.

왕숙화가 말한다. "온병에서 맥의 음양이 모두 성대한 것은 열이 극심하기 때문이다. 얕게 누르면 활하고 깊게 누르면 산삽하다."

王叔和曰 "瘟病, 脈陰陽俱盛, 病熱之極, 浮之而滑, 沈之散澁."

【해설】

왕숙화는 맥의 전문가답게 온병의 맥을 다루고 있다.

『동의보감』에서는 본조의 출전을 『맥결脈訣』이라고 밝혔다.(동 15-2/3) 동무는 바로 "왕숙화왈"로 받았다. 『왕숙화맥결』로 알려져 있기 때문이다.

그러나 『맥결』은 육조의 고양생高陽生이 왕숙화를 탁명해서 지었다는 게 일반적인 견해다. 『맥경』의 내용을 추려 가결형식으로 요약한 작품이다.

8-2-8.

『맥법』에서 말한다. "온병에 걸려 2, 3일째 몸에서 열이 나고 배가 더부룩하며 두통이 있으나 먹고 마시는 것은 평소와 같은데 맥이 곧고 빠르면 8일에 죽는다. 온병에 걸려 4, 5일째 두통이 있고 배가 더부룩하여 토하며 맥이 가늘고 강하면 12일에 죽는다. 8, 9일째 머리나 몸은 아프지 않고 눈이 충혈되지 않고 안색도 변하지 않으나 설사하며 맥이 삽하되 누르면 없어지고 들면 커지고 명치가 굳어 있으면 17일에 죽는다."

『脈法』曰 "溫病二三日, 體熱, 腹滿, 頭痛, 食飮如故, 脈直而疾, 八日死. 溫病四五日, 頭痛, 腹滿而吐, 脈來細而強, 十二日死. 八九日, 頭身不痛, 目不赤, 色不變而反利, 脈來澁, 按之不足擧時大, 心下堅, 十七日死."

【해설】

온병의 무시무시함을 말하고 있다. 온병은 죽는 것으로 이야기하지 사는 것을 이야기하기 어렵다. 동무는 상기의 증상 중 체열, 복만, 자리를 단서로 삼고 여기서부터 활로를 찾아간다.

허준은 본조의 출전을 『맥법』이라 기록했는데(동15-2/3) 이것이 『맥경』이다. 7조가 아니라 8조를 "왕숙화왈"로 시작했어야 한다.

공신이 말한다. "온병에 후끈후끈 큰 열이 나는데 맥이 가늘고 작으면 죽는다. 온병에 하리 하고 통증이 심하면 죽는다."

龔信曰 "溫病, 穰穰大熱, 脈細小者, 死. 溫病, 下利, 痛甚, 死."

【해설】

온병은 수많은 명의가 두려워한 질병이다. 공신 역시 죽음을 이야기한다. 『고금의감』의 문장이다. 증상 중 "하리下利"를 기억해야 한다.

8-2-10.

만력으로 병술년에 대량에서 온역이 크게 유행하는 것을 보았다. 백성이 많이 죽었고 심하면 멸문지화를 입기도 했다. 병에 걸리면 한기가 심하게 들고 열이 굉장하며 머리, 얼굴, 목이 붉게 부어오르고 인후도 퉁퉁 붓고 아프며 혼수상태에 이른다. 그리하여 내가 한 가지 비방을 발명했는데 이성구고환이라 이름 붙였다. 대황 4냥, 저아조각 2냥을 밀가루풀로 반죽하여 녹두 크기의 환으로 만들어 50~70환을 한 번에 복용하면 곧 땀이 나는데 땀이 나면 바로 나았다. 원래 건장했던 자였으면 백발백중이다. 저아 조각은 땀구멍을 열어 발표發表하며 대황은 모든 화를 꺼서 통리通裏한다.

萬曆丙戌, 余寓大梁瘟疫大作, 士民多斃. 其證, 增寒壯熱, 頭面頰項赤腫, 咽喉腫痛, 昏憒. 余發一祕方, 名二聖救苦丸. 大黃四兩, 猪牙皂角二雨, 麪糊和丸菉豆大. 五七十丸一服卽汗, 一汗卽愈. 稟壯者, 百發百中.

牙皂, 開關竅, 發其表. 大黃, 瀉諸火, 通其裏.

【해설】

드디어 무시무시한 온병을 대적할 치방이 나온다. 『만병회춘』의 문장이다. 그러므로 본문의 "나(余)"는 공신으로 새길 수 있다.

공신은 엄청난 온병의 유행을 목도하고 직접 처방을 만든다. 대황과 조각만으로 구성했다. 한번 먹고 땀을 내면 나아버리니 대단한 약이라 할만하다. 그래서 두 약물을 높여 이성二聖이라 부른 것이다.

동무의 평가도 다르지 않다. 동무는 이성구고환을 개량하여 조각대황탕을 만들었다.(8-5-15) 대황과 조각은 태음인의 성약이라 할만하다.

대량은 후한의 수도였다. 후한後漢은 중국 오대의 4번째 왕조(947~950)로 한나라와 구별하기 위해 후後자를 붙였다.

8-2-11.

사계절의 바르지 못한 기운에 감염되면 가래가 막혀서 그득해지고 번열이 생기며 머리가 우리하고 몸이 쑤시고 한기가 심하고 열이 굉장하며 목이 뻣뻣해지고 눈동자가 아프다. 간혹 먹고 마시는 게 일상과 다름없고 생활도 평소와 같기도 하다. 심하면 목소리가 안 나오고 간혹 눈이 붉어지기도 하며 입안이 헐고 볼에 크고 작은 종기가 생기며 목안에 마비가 생기고 끈적한 가래기침을 하고 재채기가 난다.

感四時不正之氣. 使人痰涎壅盛, 煩熱, 頭疼, 身痛, 增寒壯熱, 項强, 睛

疼. 或飮食如常, 起居依舊. 甚至聲啞. 或赤眼, 口瘡, 大小腮腫, 喉痺,

咳嗽稠粘, 噴嚏.

【해설】

인간은 시간이라는 우주의 질서 안에 살아간다. 그런데 전염병은
그 질서의 뭔가가 어그러졌을 때 발생한다고 생각했다. 추워야할 때
따뜻하다거나 더워야할 때 서늘한 등 우주 시계가 오작동하는 것이
다. 이를 "사시부정지기四時不正之氣"라 불렀다.

온병의 증상을 다시 한번 상세히 나열하고 있다. "증한장열增寒壯
熱"이 보이며 심해지면 "두면항頭面項" 부위에 집중적으로 문제가
나타난다. 심각하기 이를 데 없으나 희한하게 간혹 비위가 멀쩡하고
일상생활에 지장이 없을 때도 있다.

이상의 온병 역시 구본에서는 외감병론에서 다루었다.

8-2-12.

내가 논한다. "위의 온병 증상에서 증한장열하고 대변이 조삽하
면 조각대황탕이나 갈근승기탕을 써야 한다. 머리나 얼굴, 목과
뺨이 발적하고 부어도 조각대황탕이나 갈근승기탕을 써야 한
다. 반면 체열, 복만, 자리가 있으면 열이 우세할 때는 이증이니
갈근해기탕을 써야 하고 한이 우세할 때는 표증에서도 매우 중
한 증세니 태음조위탕에 승마, 황금을 가해야 한다."

論曰 "右諸證. 增寒壯熱, 燥澁者, 當用皂角大黃湯, 葛根承氣湯. 頭面項

頰赤腫者, 當用皂角大黃湯, 葛根承氣湯. 體熱, 腹滿, 自利者, 熱勝則裏
證也. 當用葛根解肌湯. 寒勝則表證而太重證也. 當用太陰調胃湯加升
麻, 黃芩."

【해설】

전염병은 한 개인의 문제가 아닌 국가적인 재난이다. 2015년 메
르스 파동으로 온나라가 공포에 휩싸이기도 했다. 동무는 과연 이
런 무시한 온병에 어떤 묘안을 내놓았을까? 사상인의 의학이 지금
중대한 과제를 직면하고 있다.

먼저 동무는 온병의 다양한 증상들을 크게 두 부류로 나눈다. 하
나는 변비고 다른 하나는 설사다.

증한장열 하면서 대변이 조삽하면 말할 것도 없다. 두면항협이
퉁퉁 부을 정도의 극심한 열도 마찬가지다. 곧바로 조각대황탕이나
갈근승기탕을 쓴다. 조각대황탕은 이성구고환의 유산이고 갈근승
기탕은 조위승기탕의 후손이다.

반면 복만, 자리에는 태음조위탕을 쓴다. 그런데 체열을 포함하
여 다른 열증이 우세하면 설사임에도 불구하고 갈근해기탕을 써준
다. 복만, 자리 등의 한증이 우세하더라도 승마, 황금 등의 열증약
을 기본적으로 가해준다. 위완한증의 온역과 같은 케이스다.(8-1-10)
그만큼 온병은 기본적으로 열병이라 할 수 있다!

온병의 치료원칙

증상	증한장열, 조삽	두면항협적종	체열, 복만, 자리	
처방	조각대황탕, 갈근승기탕		갈근해기탕 (열승)	태음조위탕 가 황금, 승마(한승)
감별	변비		설사	

이것이 태음인 온병의 사상의학적 해법이다.

8-2-13.

일찍이 태음인의 간열로 인한 열증의 온병을 치료한 적이 있다. 한 태음인이 평소병으로 수년간 안병이 생겼다 말았다 했는데 어느 날 온병에 걸려서 첫날부터 열다한소탕을 썼다. 발병 3~5일에는 대변이 혹 묽기도 혹 설사하기도 하면서 매일 보더니 6일째에는 하루 종일 대변을 보지 않는 것이다. 이에 바로 갈근승기탕을 3일 연속 복용했더니 죽을 곱절이나 더 먹게 되었다. 다시 3일 더 쓰니 온역기가 크게 감소했다. 온병이 풀린 후 다시 열다한소탕을 썼다. 대변이 조금이라도 조삽하면 대황 1돈을 가하고 너무 묽거나 설사가 심하면 대황을 뺀다. 이렇게 20일간 조리했더니 그 사람이 완전히 건강해졌다.

이 병은 처음부터 구역, 구토가 있었으며 정신이 혼미하여 사람을 알아보지 못할 정도로 심했고 통증도 극심했다. 끝에는 오히려 가벼운 증상으로 바뀌어 12일 만에 나은 것이다.

嘗治太陰人肝熱熱證瘟病. 有一太陰人, 素病, 數年來眼病時作時止矣. 此人得瘟病, 自始發日用熱多寒少湯. 三四五日大便或滑或泄, 至六日有大便一日不通之證. 仍用葛根承氣湯連三日, 粥食大倍. 又用三日, 疫氣大減. 病解後, 復用熱多寒少湯. 大便燥澁, 則加大黃一錢, 滑泄太多, 則去大黃. 如此調理二十日, 其人完健.

此病始發, 嘔逆, 口吐, 昏憒不省, 重痛矣. 末境反爲輕證, 十二日而病解.

【해설】

간열열증의 온병 임상례다. 말미에 그 증상을 구체적으로 풀어놓았다. 첫날부터 구토를 하며 인사불성이 되는 것이다. 앞 조에서 언급한 증상들과 조금씩 다르다. 그래서 처방도 다르다. 소병과 조리가 병증의 치료와 유기적으로 연결되는 동무 특유의 치료법을 유감없이 볼 수 있다.

간열열증 온병의 핵심은 대변

열다한소탕은 갈근해기탕을 강화시킨 처방이다. 갈근해기탕은 열증의 온병에 설사할 때 썼다.(8-2-12) 장에 냉기가 있으므로 대변조자大便燥者에 쓰는 갈근을 과용하기 어렵다. 그래서 갈근해기탕은 갈근을 3돈 쓴다.

그런데 열다한소탕은 변이 활설滑泄할 때 쓴다. 풀어지긴 해도 물처럼 나오진 않는다. 장의 냉기가 줄어든 것이다. 그래서 갈근과 황금 등 찬약을 증량했다. 만약 대변이 조삽燥澁하면 대황을 1돈 추가한다.

대변이 불통하면 갈근승기탕으로 넘어간다. 열다한소탕을 약간 조정하고 대황을 2돈 추가한 처방이다. 온병의 대변불통증은 열이 급증하는 신호이므로 처음부터 강력하게 진압한 것이다.

조리에는 다시 열다한소탕을 썼다. 큰 병일수록 조리가 필수다. 대변이 조금이라도 건조한 느낌이 들거나 시원하지 않으면 바로 대황을 1돈 추가한다. 변이 좀 많이 묽을 정도가 되어서야 대황을 빼준다. 이러한 대황 용법은 일반적인 내과질환에도 그대로 응용할 수 있다.

갈근해기탕, 열다한소탕, 갈근승기탕은 열증의 온병을 해결하기 위해 동무가 준비한 해법들이다. 내열의 정도에 따라 처방을 선택한다. 온병에서 내열을 판가름하는 열쇠는 바로 대변이다. 대변이 달라지면 처방이 달라져야 한다.

8-2-14.

한 태음인 10세 아이가 이열의 온병에 걸렸다. 죽이든 밥이든 전혀 먹지 못하고 약도 먹질 못한다. 열이 후끈후끈 굉장하고 때때로 찬물을 찾는다. 발병 11일째가 되니 대변을 못 본 지 벌써 4일째였다. 그리고 겁에 질려 헛소리하기를, "온갖 벌레들이 방 안에 가득해요" "쥐가 자꾸 품속으로 기어들어요"라고 한다. 그러고는 허둥대며 기어가다 놀라 소리치며 운다. 가끔 열이 극심해 경련이 생기며 두 손이 싸늘하게 차고 양 무릎을 펴긴 하나 굽히질 못한다. 이때서야 급히 갈근승기탕을 달여서 울든 말든 억지로 입안에 부어넣었다. 그랬더니 당일로 죽을 곱절이

나 더 먹고 온역기가 풀리면서 요행히 살아났다.

이 병은 처음 4, 5일간은 먹고 지내는 게 평소와 같아 일반인과 다를 바가 없었다. 끝에서야 오히려 중증으로 바뀌어 17일 만에 나은 것이다.

一太陰人十歲兒, 得裏熱瘟病. 粥食全不入口, 藥亦不入口. 壯熱穰穰, 有時飮冷水. 至于十一日, 則大便不通已四日矣. 怔忡讝語曰 "有百虫, 滿室." 又"有鼠, 入懷."云. 奔遑匍匐, 驚呼啼泣. 有時熱極生風, 兩手厥冷, 兩膝伸而不屈. 急用葛根承氣湯, 不憚啼泣, 强灌口中. 卽日粥食大倍, 疫氣大解, 倖而得生.

此病始發四五日, 飮食起居如常, 無異平人矣. 末境反爲重證, 十七日而病解.

【해설】

이열 온병의 임상례를 한 건 더 들고 있다. 앞선 케이스에서는 처음은 심하다 끝에 쉽게 풀린 경우인데 이 케이스는 처음에는 멀쩡하다 뒤에 가서 심해진 경우다. "온병 2, 3일에 체열, 복만이 있고 음식은 평소와 다름없다가 8일째 죽었다"라는 『맥법』의 기록에 비견된다.(8-2-8) 숙화는 죽었으나 동무는 살렸다.

10살짜리 꼬마가 전염병에 걸려 열로 끙끙대고 헛소리를 하며 경기를 한다. 얼마나 안타까운가? 동무의 구명필생의 신방은 갈근승기탕이다.

다양한 증상의 폭풍 속에서 동무가 잔잔히 지켜본 것은 대변이다! 대변만 통하면 열이 빠지고 산다는 걸 알았다. 그래서 대변을 확인하고 망설임 없이 갈근승기탕을 투여한다.

동무가 지금 시대의 전염병을 만났다면 어떻게 했을까? 서슴없이 환자에게 나아갔을 것이다. 그리고 정밀하게, 또 과감하게 활로를 열어갔을 것이다. 그런데 지금 한의사는 전염병 관리 시스템에서 완전히 소외되어 있다. 우리 주변의 동무가 전염병 치료에 뛰어들 수 있도록 국가가 지원해주어야 할 것이다.

8-2-15.

『내경』에서 말한다. "까칠하고 마르고 물기 없고 주름지고 갈라진 것은 다 건조하기 때문이다."

『內經』曰 "諸澁, 枯, 涸, 皺, 揭, 皆屬於燥."

【해설】

또다른 태음인의 병증인 조증이 시작된다.

본조는 구본에서 상한양독의 인용문과 함께 나온다. 신본에서는 분리해서 서로 다른 병증으로 이해하고 있다.

8-2-16.

내가 논한다. "태음인이 안색이 청백하면 『내경』에서 말한 건조증이 별로 없다. 그런데 안색이 황적흑하면 건조증이 많다. 간열로 폐가 건조해져서 그런 것이다.

일찍이 태음인이 조열증으로 손가락이 검게 타들어가는 반창병을 치료한 적이 있다. 왼손 중지가 검게 타들어가며 무력해지더니 2년이 지나지 않아 검게 피떡이 져서 손바닥 한가운데까지 퍼지고 손등도 퉁퉁 부어 결국 칼로 손가락을 잘라내고야 말았다. 이후 1년이 지나지 않아 반창은 전신으로 가득 퍼져나갔다. 큰 것은 큰 동전만하고 작은 것은 작은 동전만 했다. 병을 얻은 지 이미 3년이 되었는데 한창때임에도 손 힘이 반시간을 쓰기 어렵고 다리 힘은 30리를 걷기가 어렵다. 이에 열다한소탕에 고본은 2돈을 쓰고 대황 1돈을 가해서 28첩을 썼더니 대변이 비로소 묽어지는 것이다. 1, 2일이 지나지 않아 다시 말라서 막히니 다시 그대로 20첩을 썼다. 대변이 심하게 묽거나 설사하지는 않았으며 안면의 반창이 약간 차도를 보였고 손발의 힘도 점점 좋아지며 효과가 나타났다. 또다시 20첩을 쓰니 병이 쾌차했다."

論曰 "太陰人面色靑白者, 多無燥證. 面色黃赤黑者, 多有燥證. 盖肝熱肺燥而然也.

嘗治太陰人燥熱證手指焦黑癍瘡病. 自左手中指焦黑無力, 二年內, 一指黑血焦凝, 過掌心而掌背浮腫, 以刀斷指矣. 又一年內, 癍瘡遍滿全體. 大者, 如大錢. 小者, 如小錢. 得病已爲三年, 而以壯年人手力不能役勞一半刻. 足力不能日行步三十里. 以熱多寒少湯用藁本二錢加大黃一錢, 二十八貼用之, 大便始滑. 不過一二日, 又祕燥, 又用二十貼. 大便不甚滑泄而面部癍瘡少差, 手力足力稍快有效矣. 又用二十貼, 其病快差."

【해설】

동무는 『내경』의 조증이 간열폐조肝熱肺燥의 결과라 말한다. 그래서 줄여 조열증이라 부른다.

동무는 가장 먼저 조열증의 발생 가능성을 예측할 수 있는 노하우부터 일러준다. 바로 안색이다. 간열이 있으면 얼굴이 누래지거나 붉어지고 심하면 검어진다는 것이다. 간열이 올라오지 않으면 얼굴이 하얗고 간혹 푸른빛이 돌기까지 한다.

반창병 열다한소탕 성공례

동무가 설명한 첫 번째 조열증은 반창병이다. 조직이 괴사되는 병이다. 손가락이 시커멓게 타들어가더니(手指焦黑) 심한 부위에 반점이 생기고 그 자리가 헐어버린다(瘢瘡). 발병한 지 3년이 되었고 1년 전에 이미 손가락을 하나 잘라낸 상태였다. 이제는 반창이 전신에 가득하고 손발에 힘이 없어 운신을 못할 지경에 이르렀다.

이때 동무가 사용한 처방은 열다한소탕이다. 온병에 이어 조열증에도 쓰고 있다. 심각한 반창병을 68첩에 완쾌시켰으니 명방임은 틀림없다. 열다한소탕에 고본을 2돈 쓰고 대황을 1돈 추가해서 처방했다.

따로 언급하지는 않았으나 환자는 대변비삽했다. 복약하면서 비로소 대변이 묽어진다. 그래서 대변이 다시 굳지 않도록 계속 대황을 가해서 쓴 것이다. 역시 대변이 처방 선정의 중요한 지표임을 알 수 있다.

여기서 한 가지 의아한 점이 있다. 열다한소탕에는 원래 고본이 2돈 들어 있다.(8-5-7) 그런데 또다시 고본을 2돈 쓰라고 하는 것이다. 아마 당시의 열다한소탕은 다른 구성을 갖고 있었으리라 짐작된다. 동무의 창방사를 보면 전혀 이상할 일이 아니다. 아마 고본 2돈이 다용되니 최종적으로 지금과 같은 열다한소탕이 된 것이 아닐까 생각해본다.

8-2-17.

『영추』에서 말한다. "이양二陽이 뭉친 것을 소消라고 부른다."
"한 번 마시면 두 번 소변보는 것은 사증으로 불치다."
이에 대해 주에서 말한다. "이양이 뭉쳤다는 것은 위와 대장에 모두 열이 뭉쳤다는 것을 말한다."

『靈樞』曰 "二陽結, 謂之消." "飮一溲二, 死不治."
註曰 "二陽結, 謂胃及大腸熱結也."

【해설】

조증燥證에 이어 소증消證이 시작된다. 소음인의 식소食消, 소양인의 소갈消渴과 상응하는 소모성 질환이다. 『동의보감』에는 전부 소갈문에서 논의되지만 동무는 사상인에 따라 구분했다. 태음인의 소증은 마시는 양에 비해 소변 양이 많은 것이 특징이다.

"二陽結, 謂之消"는 『소문』의 「음양별론陰陽別論」에서, "飮一溲二, 死不治"는 「기궐론氣厥論」에서 확인할 수 있다. 허준은 『내경』이라 출전을 밝혔는데(동14-4/1) 왜 굳이 동무가 『영추』라 바꾸며 오류를 범했는지 의아한 일이다.

8-2-18.

편작이 『난경』에서 말한다. "소갈은 맥이 긴실하고 빨라야 한다.
그런데 반대로 침색하고 미약하면 죽는다."

扁鵲『難經』曰 "消渴, 脈當得緊實而數, 反得沈濇而微者, 死."

【해설】

소증의 맥을 설명한다. 허준은 소갈일 때 맥이 삭대數大해야지 허
소虛小하면 안 된다고 했다.(동14-4/3)

8-2-19.

장중경이 말한다. "소갈병에 소변 양이 많으면, 예를 들어 물을
한되 먹었는데 소변도 한되 보면 신기환으로 주치한다."

張仲景曰 "消渴病, 小便反多, 如飮水一斗, 小便亦一斗, 腎氣丸主之."

【해설】

본조는 『금궤요략』의 문장이다. 소증의 증상과 처방을 제시하고
있다. 음수량보다 소변량이 두배에 가까우면 불치라 했다. 그러나
비슷하면 치료를 해볼 만하다. 신기환을 썼으나 동무는 적방이 아
니라고 평한다.(8-2-20)

이상의 소증 3조는 구본에서 소양인 병증론에 등장한다. 상기의
증상과 처방을 소양인 소갈병으로 파악했던 것이다.

8-2-20.

내가 논한다. "이 병은 소양인의 소갈이 아니다. 바로 태음인의 조열이다. 이 병증에 신기환은 쓰지 못한다. 열다한소탕에 고본, 대황을 가해서 써야 한다."

論曰 "此病, 非少陽人消渴也. 卽太陰人燥熱也. 此證, 不當用腎氣丸, 當用熱多寒少湯加藁本, 大黃."

【해설】

소증에 대한 동무의 첫마디는 소양인병이 아니라는 것이다. 구본과 다른 새로운 인식이 생겼다. 동무의 새 결론은 태음인의 조열병이라는 것이다.

동무는 소증 3조를 태음인론으로 옮겨오면서 처방은 미처 옮겨놓지 못했다. 그래서 신기환은 여전히 소양인 경험방에 남아 있게 된다.(7-4-10) 구본의 발견은 신본을 훨씬 생동감 있게 읽게 해주었다.

8-2-21.

일찍이 오십이 다 된 쇠약한 태음인의 조열병을 치료한 적이 있다. 물을 많이 찾고 소변도 많이 보고 대변은 막혀서 열다한소탕에 고본을 2돈 쓰고 대황을 1돈 가해 20첩을 쓰니 효과를 보았다. 이후 1달 정도 다른 의사의 약을 5첩 먹고 병이 재발하여 다시 열다한소탕에 고본, 대황을 가하여 50~60첩 썼다. 약을 쓸 동안은 근근이 버텼으나 결국 죽음을 면치 못했다.

또 나이가 얼마 되지 않은 태음인의 조열병을 치료한 적이 있다.

같은 처방을 300첩이나 써서 1년은 버텨냈으나 역시 죽음을 면치는 못했다. 이 사람도 발병하고 1년간 간혹 다른 의사의 처방을 복용했으니 정확한 이유는 모르겠다.

조열로 소변량이 음수량의 배가 넘으면 위독해져서 난치임이 분명하다. 대개 태음인이 대변이 막히고 딱딱해지며 소변이 많다고 느끼고 물을 자꾸 찾으면 일찌감치 치료하여 예방하지 않을 수 없다.

嘗治太陰人年五十近衰者燥熱病. 引飮, 小便多, 大便祕者, 用熱多寒少湯用藁本二錢加大黃一錢二十貼, 得效矣. 後一月餘, 用他醫藥五貼, 此人更病, 復用熱多寒少湯加藁本, 大黃五六十貼. 用藥時間其病僅僅支撐. 後終不免死.

又嘗治太陰人年少者燥熱病. 用此方三百貼, 得支撐一周年, 此病亦不免死. 此人得病一周年或間用他醫方, 未知緣何故也.

盖燥熱至於飮一溲二而病劇, 則難治. 凡太陰人大便祕燥, 小便覺多而引飮者, 不可不早治豫防.

【해설】

소증의 임상례 두 건을 제공하고 있다.

태양인은 소변량이 많으면 아주 건강한 상태라 했다.(11-15) 그러나 태음인은 소변량이 증가하면 경계해야 한다. 변이 굳고 갈증까지 생기면 서둘러 치료하는 것이 좋다. 간열폐조로 보고 열다한소탕을 쓴다.

본조 역시 당시의 열다한소탕이 신정방의 열다한소탕과 차이가 있음을 보여준다.

8-2-22.

이 병이 반드시 불치의 병이라 할 수는 없다. 이 소년도 발병한 뒤 용약하여 1주년을 지내다가 죽었다. 이 병은 원래 부끄러움을 모르고 쾌락을 탐하다 탐욕의 불길이 밖으로 치달아 간열이 극성해져 폐가 극심하게 말라 생긴 것이다. 만약 이 소년도 마음을 안정시키고 욕화를 씻어내면서 100일간 복약했다면 어찌 치료하지 못할 리가 있겠는가? 이는 처음 발병한 날부터 죽는 날까지 하루도 욕화가 치닫지 않는 날이 없었기 때문이다.

세상의 속담 중에 "조상 덕은 일일이 보답 못받아도 공경 덕은 반드시 보답받는다"라는 말이 있다. 어떤 병을 앓고 있든 마음을 공경하게 하여 욕화를 씻어내고 안정을 취하며 좋은 마음을 써라. 백일이면 낫지 않는 병이 없을 것이며 200일이면 건강이 완전히 회복되지 않을 수가 없다. 공경 덕은 일일이 보답받는다는 말이 모든 일에 다 해당하지만 질병에 있어서는 더더욱 그러하다.

此病, 非必不治之病也. 此少年, 得病用藥一周年後, 方死. 盖此病, 原委侈樂無厭, 慾火外馳, 肝熱大盛肺燥太枯之故也. 若此少年安心滌慾一百日而用藥, 則焉有不治之理乎? 盖自始病日至于終死日, 慾火無日不馳故也.

諺曰 "先祖德澤, 雖或不得一一箇報, 而恭敬德澤, 必無一一不受報." 凡無論某病人, 恭敬其心, 蕩滌慾火, 安靜善心. 一百日, 則其病無不愈. 二百日, 則其人無不完. 恭敬德澤之箇箇受報, 百事皆然而疾病尤甚.

【해설】

소증消證의 원인과 병리, 그리고 섭생에 대해 설명한다. 태음인의 소증은 쾌락과 탐욕의 불길이 끝없이 치솟아 생긴 병이라 못박고 있다. 간열폐조의 병리는 결국 마음에서 야기되는 것이라 주장하는 것이다.

병이 주는 메시지는 바로 자신의 애오소욕愛惡所欲을 돌아보게 한다는 것이다. 집착(愛)과 미움(惡)이 욕심이 되어 병이 생긴다. 그러니 집착도 내려놓고 미움도 내려놓아야 하지 않겠는가? 내 뜻대로 하고자하는 마음, 그것이 욕심이 아니고 무엇이겠는가?

내 뜻대로 하고자 하는 마음을 도려내고 내 뜻대로 되고자 하는 마음을 씻어내야 한다. 나의 좁은 의지를 비우면 하늘의 고귀한 것으로 채워지는 우주의 섭리를 어찌 모를 수 있겠는가?

"탕척욕화蕩滌慾火", 동무가 유학을 다시 쓰고 의학을 새로 쓰는 평생의 수고를 아끼지 않은 이유가 이 한마디에 있다.

8-2-23.

위역림이 말한다. "음혈이 고갈되어 귀가 먹고 눈이 어두워지고 다리가 약해지며 허리가 아프면 흑원을 쓴다."

危亦林曰 "陰血耗竭, 耳聾, 目暗, 脚弱, 腰痛, 宜用黑元."

【해설】

조열증의 세 번째 병증은 음혈모갈陰血耗竭이다. 음혈이 고갈되면 눈과 귀가 어두워지고 허리와 다리가 약해진다. 전형적인 허로 증상이다. 원문은 『세의득효방』에 나온다.

흑원은 웬일인지 경험방에 없다. 당귀 2냥, 녹용 1냥을 가루 내어

매실을 달여 만든 고약에 반죽해서 환을 만든 것이다.(동12-2/14)

　태음인론은 영혈불리로 시작해서(8-1-1) 음혈모갈로 막을 내리고 있다. 동무는 음혈의 소모가 태음인의 중요한 병리과정이라 생각하고 일련의 체계를 짜넣으려 했다고 볼 수도 있다. 그러나 아직은 초보적인 인식에 그치고 있다.

8-2-24.

　남자가 건장한 나이에 이르렀는데도 진기가 아직 겁약한 것은 나면서부터 받은 것이 약해서 그런 것이지 병으로 허해져서 그런 것이 아니다. 보익하는 처방이 아무리 많다하나 약력이 미미하여 효과를 보기 어렵다. 오직 나면서부터 받은 하늘의 원기를 견고하게 하고 동시에 건강의 원리인 수승화강이 이루어져야 오장이 제 기능을 찾아가고 모든 병이 사라진다 할 수 있다. 공진단을 쓰는 것이 좋다.

　凡男子方當壯年而眞氣猶怯, 此乃禀賦素弱, 非虛而然. 滋益之方群品稍衆, 藥力細微, 難見功效. 但固天元一氣, 使水升火降, 則五臟自和, 百病不生. 宜用拱辰丹.

【해설】

　역시 위역림의 『세의득효방』에 나온다. 공진단은 녹용, 당귀, 산수유 각 4냥을 가루내고 사향 5돈은 따로 가루 내어 섞은 후 밀가루 풀로 반죽하여 오동나무씨만 한 크기로 환을 빚은 약이다.(동12-2/14) 경험방에는 싣지 않았다.

체질은 유전된다. 하지만 질병은 유전되지 않는다. 이것이 출생시 건강 수준이 다 똑같다는 의미는 아니다. 나면서부터 장약壯弱은 있게 마련이다.

부모의 건강의 정도가 난자와 정자에 영향을 미치고 수태가 결정되면 태중의 환경이 끊임없이 태아에 영향을 미친다. 그래서 예부터 어른들은 합방과 태교를 그렇게 중시했던 것이다.

태어날 때 건강 상태는 사람마다 차등이 있다! 본문은 이팔청춘이 되어도 비실비실한 사람이 있다면 날 때 이미 약했음이 확실하다고 말한다. 이럴 경우 병을 따라가지 말고 타고난 허약을 도와야 한다는 것이다. 세상에 수많은 보약이 있지만 선천허약을 다스리는 탁월한 약이 바로 공진단이라고 주장한다.

공진단이 명약임은 분명하지만 그렇다고 만병통치약은 아니다. 근래 공진단이 유행하며 조잡한 복제약들을 대량으로 판매하는 세태는 우려할 만하다. 약물의 남용을 세상이 조장하고 의사가 방관하니 어찌 우려하지 않을 수 있겠는가?

가벼운 병은 가벼운 약을 쓰고 무거운 병은 무거운 약을 쓰는 것은 누구나 생각할 수 있는 지극히 상식적인 일이다. 가벼운 병에 무거운 약을 쓰고 병이 없는데 약을 좋아하면 오히려 병을 불러들인다고 했다.(6-3-9) 병의 경중을 모르고 약의 경중도 모른 채 좋다는 이야기만 늘어놓는 방송만 믿고 약을 집어삼키고 있으니 어찌 안타까운 일이 아니겠는가!

8-2-25.

내가 논한다. "이 병증에는 흑원과 공진단을 함께 써야 한다. 그러나 당귀와 산수유는 약효를 좀먹는 약재다. 약효가 불완전하므로 온전한 힘을 발휘하려면 공진흑원단이나 녹용대보탕을 쓰는 게 좋다."

論曰 "此證, 當用黑元與拱辰丹. 當歸, 山茱萸, 皆爲蠹材. 藥力未全, 欲收全力, 宜用拱辰黑元丹, 鹿茸大補湯."

【해설】

타고난 허약자를 위한 태음인 처방이 나온다. 공진흑원단과 녹용대보탕이다.

동무는 기존 공진단과 흑원의 단점을 삭거하고 장점을 보완하여 공진흑원단을 만들었다. 태음인 열증의 허약자에게 썼다. 그리고 한증의 허약자를 위해 녹용대보탕을 창방한다. 이로써 태음인의 음혈陰血을 돕고 진기眞氣를 보충하는 처방을 완비했다.

공진단은 사상의학적인 관점에서 태음인 열증의 약골에 쓴다. 제대로 쓰면 탁효를 볼 것이요, 분별없이 쓰면 불신만 키울 것이다. 정확히 처방하는 것, 그것이 의사의 책무며 의학의 존재 이유다.

8-2-26.

태음인의 병증에 식후에 비만하고 퇴각이 무력한 병이 있다. 공진흑원단, 녹용대보탕, 태음조위탕, 조위승청탕 중에서 가려쓰는 것이 좋다.

太陰人證, 有食後痞滿, 腿脚無力病. 宜用拱辰黑元丹, 鹿茸大補湯, 太陰調胃湯, 調胃升清湯.

【해설】

본조부터는 「범론」에 해당한다. 그러나 별도로 분장分章하지 않았다. 출판시 누락되었을 가능성도 있으나 다분히 동무가 의도한 것으로 보인다. 구본에서도 태음인과 태양인은 병증론 자체가 워낙 소략하여 「범론」이 없었다.

그런데 개초를 통해 태음인론을 확충하고 「범론」에 해당하는 내용까지 구비했음에도 따로 분장하지 않았다. 이는 이하의 내용 중 상당부분이 구본의 「내촉병론」에서 논의됐다는 사실에서 찾을 수 있다. 그래서 「내촉병론」을 계승한 「이열병론」에 그대로 이어붙인 것이다. 상한과 무관한 내상병이 주를 이루고 있다.

비위에는 태음조위탕과 갈근조위탕

"식후비만食後痞滿"이란 밥을 먹고 나면 속이 답답하고 그득한 것을 말한다. "퇴각무력腿脚無力"은 다리가 아픈 것도 아닌데 무력한 느낌이 드는 것이다.

선천적인 문제가 의심되면 공진흑원단과 녹용대보탕을 쓴다. 현증보다 소증을 보고 쓰는 약들이다. 타고난 허약자의 각종 병증에 활용한다.

후천적인 문제라면 비위를 돕는 태음조위탕이나 조위승청탕을 쓴다. 모두 한자에게 쓴다. 퇴각무력까지 나타나면 조위승청탕이 더 좋다. 퇴각무력은 상실하허上實下虛해서 오기 때문이다. 그래서 청심淸心하고 보신補腎하는 약을 추가한 조위승청탕이 더 좋은 효과를 발휘한다.

태음인 신정방의 문제는 열자의 비위약이 부족하다는 것이다. 열다한소탕이나 갈근해기탕으로는 해결할 수 없다. 열자의 비위약으로는 갈근조위탕이 적합하다. 김주의 『성리임상론』에 나온다.

8-2-27.

태음인의 병증에 설사병이 있다. 체표가 오한하면서 설사하면 태음조위탕을 쓰고 체표가 발열하면서 설사하면 갈근나복자탕을 쓴다.

太陰人證, 有泄瀉病. 表寒證泄瀉, 當用太陰調胃湯. 表熱證泄瀉, 當用葛根蘿葍子湯.

【해설】

식체비만에 이어 설사병의 처방이 나온다.

갈근나복자탕은 지사제, 갈근해기탕은 해열제

"표한증설사"는 체표에 한기가 들면서 설사한다는 것이다. 「표한병론」에서 "표한혹설表寒或泄"(8-1-11)이라 한 것과 동일한 맥락이다.

장을 말리고 한을 날리는 태음조위탕이 적방이다.

"표열증설사"는 체표에 열이 나면서 설사하는 것이다. 상한 음식을 먹거나 오염된 식수를 먹었을 때 나타나는 급성 장염 같은 경우다. 장을 말리면서 열을 배출하는 갈근나복자탕을 쓴다. 그런데 갈근나복자탕은 신정방에 나오지 않는다. 한두정이 보완하여 기록한 내용은 다음과 같다.(부-5)

갈근, 의이인 각 3돈, 맥문동 1.5돈, 나복자, 길경, 오미자, 황금, 마황, 석창포 각 1돈

태음조위탕에서 건율이 빠지고 갈근이 추가됐다. 설사의 지반은 동일한데 오한과 발열의 차이만 있는 것이다.

본조는 특히 체열복만자리의 조문과 비교된다.(8-2-12) 온역으로 열이 심하게 나면서 설사하는 케이스였다. 열이 우세하면 일단 해열이 급선무라 갈근해기탕을 썼다. 한이 우세하더라도 태음조위탕에 열을 내리는 승마, 황금을 추가한다.

그런데 체열복만자리는 전염병이었다. 그래서 일차적 목적이 해열에 있다! 그러나 본조는 설사병이다. 해열이 아니라 지사가 목적이다. 그래서 갈근나복자탕을 쓴 것이다. 갈근해기탕이 대신할 수 없다. 태음인 표열증은 「소음인신수열표열병론」에 기출한 바 있다.(6-1-37)

8-2-28.

태음인의 병증에 해수병이 있다. 태음조위탕, 녹용대보탕, 공진
흑원단을 쓰는 것이 좋다.

太陰人證, 有咳嗽病, 宜用太陰調胃湯, 鹿茸大補湯, 拱辰黑元丹.

【해설】

다음은 해수병이다. 외감에서 벗어난 만성적인 기침을 말한다.

외감성 해수, 식도성 해수

기침이 오한, 발열과 더불어 나타나면 감기약을 쓰면 된다. 초기
면 마황발표탕을 쓴다. 외감이 진행되어 기침, 가래가 주요 증상이
라면 한다열소탕을 쓴다.

태음조위탕은 오한, 발열이 사라진 해수에 쓸 수 있다. 감기 뒤끝
에 기침만 하는 경우에 해당한다. 식도성 해수가 그 예에 해당한다.
목이 간질간질해서 기침을 하지만 가래는 별로 없는 기침이다. 이는
위산이 미세하게 역류하면서 인후부를 자극해서 발생한다. 이때는
항생제나 진해거담제를 써도 듣지 않는데 음식을 주의하면서 치료
해야 한다.

중요한 것은 한다열소탕이나 태음조위탕은 마황에 의한 심계, 불
면 등이 발생할 수 있다는 것이다. 그래서 한열을 엄격히 구분해서
사용해야 한다. 마황을 태음인 한자에 정확히 사용하면 신기하게도
전혀 부작용이 없다. 그러나 열자에는 부담이 되기 쉽다. 마황을 쓰

기 전에 꼭 커피 반응을 확인해야 한다.(8-5-1)

해수가 선천허약에 기인한다고 판단되면 녹용대보탕과 공진흑원 단을 쓰면 된다. 겨울만 되면 한두 달 기침으로 오래 고생하는 사람 이 있다. 적증이다.

류주열이 만든 기침 처방도 참고할 만하다. 기관지성 해수에 한 자는 자완상백피탕, 열자는 갈근포공영탕을 쓴다. 식도성 해수라면 한열을 불문하고 사삼유근피탕이 효과적이다.(『새로쓴 사상의학』, 491, 522쪽) 모두 동무의 처방을 능가하는 명방들이다.

8-2-29.

태음인의 병증에 효천병이 있는데 중증이다. 마황정천탕을 써 야 한다.

太陰人證, 有哮喘病, 重證也. 當用麻黃定喘湯.

【해설】

"효천병哮喘病"이란 천식을 말한다. 천식이 발작할 때 호흡이 급격 히 가빠지며 정말 효효하는 소리가 난다. 중증이다.

천식엔 거담

천식은 갑작스런 기관지의 염증으로 기관지 점막이 부어오르고 기관지 근육이 경련하면서 기관지가 좁아져서 생긴다. 대표적인 알

레르기 질환으로 본다.

한의학에서 보는 원인은 간단하다. 폐규肺竅에 담이 있어서 생긴다는 것이다.(동13-3/17) 그리고 거담약을 쓴다.

동무는 마황을 고용량 사용하여 정천定喘하는 방법을 썼다. 마황정천탕은 『동의보감』에서 효천에 사용했던 정천탕을 태음인에게 적합하게 손본 처방이다.(동13-3/17) 단 효천이 있다고 무조건 써서는 안 된다. 반드시 한열을 구분한 뒤 한자에만 사용해야 한다.

1887년 나가이 나가요시長井長義는 마황에서 에페드린ephedrine이라는 알칼로이드를 추출했다. 기관지 평활근을 이완시키는 작용이 있어 천식의 특효약으로 사용된다.

8-2-30.

태음인의 병증에 흉복통병이 있는데 위험증이다. 마황정통탕을 써야 한다.

太陰人證, 有胸腹痛病, 危險證也. 當用麻黃定痛湯.

【해설】

"위험증"은 자칫 생명을 잃을 수도 있는 증상을 말한다. 즉 생명과 직결되는 위급한 흉복통이다. 통증이 극심한 담석증이나 위경련, 협심증 등의 경우를 생각해볼 수 있다.

마황은 발표도 하고 정천도 하지만 진통도 한다. 마황정통탕 역시 한자에만 투여해야 한다.

8-2-31.

태음인 소아가 설사를 10여 차례 계속하면 반드시 만경풍이 발
생한다. 보폐원탕을 써서 만경풍을 예방해주어야 한다.

太陰人小兒, 有泄瀉十餘次無度者, 必發慢驚風. 宜用補肺元湯, 豫備慢
風.

【해설】

소아 질환 중 가장 위급한 것이 경풍이다.(동19-1/21) 일반적으로
급경풍과 만경풍으로 구분한다. 급경풍이 발작 등 급작한 증상이 나
타나는데 비해 만경풍은 축 처지는 등 완만한 증상을 가진다.

특히 소아가 설사를 심하게 한다면 반드시 만경풍을 주의해야 한
다. 갓난아이는 아직 생기가 미숙하여 탈수가 있으면 경련이 잘 생
기기 때문이다.

보폐원탕은 진액보충제

동무가 소아의 설사에 사용한 처방이 보폐원탕이다. 보폐원탕은
생맥산을 보완한 처방이다.(8-5-12) 태음인의 생맥산이라 할 수 있
다. 여름철 이온음료처럼 진액을 보충하는 효과가 있다.

다시 말하면 보폐원탕은 설사약이 아니다. 탈수를 회복시켜 경련
을 예방하려는 목적으로 썼다.

8-2-32.

태음인에게 복창부종병이 있는데 건율제조탕을 써야 한다. 이
병은 극도로 위험한 병증이라 열 중 아홉은 죽는다. 비록 한약
을 쓰더라도 병이 낫고 3년간 재발하지 않아야 살았다고 말할
수 있다. 그러니 쾌락을 경계하고 탐욕을 금하라! 3년간 몸과
마음을 공경히 하라. 조리하고 섭생하는 일은 오로지 환자의
몫이다.

태음인이 발병하여 만약 부종이 올 때까지 기다렸다 치료하면
열 중 아홉은 죽는다. 부종병은 질병으로 논하기 어렵고 차라
리 죽음으로 논해야 할 것이다. 그러면 도대체 어찌해야 좋을
것인가? 일반적으로 태음인이 노심초사하고 계속해서 일이 뜻
대로 되지 않으면 만성 설사나 이질이 생기기도 하고 임질이나
소변불리, 또는 식후비만, 퇴각무력병이 생기기도 한다. 이 모든
것이 다 부종으로 진행하는, 이미 중험한 상태의 병들이다. 이
때부터 벌써 부종의 범주로 다루어야 한다. 욕화를 씻어내고
마음을 공경히 하며 용약하고 치료해야 한다.

太陰人有腹脹浮腫病, 當用乾栗蠐螬湯. 此病極危險證, 而十生九死之病
也. 雖用藥, 病愈三年內不再發然後, 方可論生. 戒侈樂, 禁嗜慾! 三年
內, 宜恭敬心身. 調養愼攝, 必在其人矣.

凡太陰人病若待浮腫已發而治之, 則十病九死也. 此病不可以病論之, 而
以死論之可也. 然則如之何其可也? 凡太陰人勞心焦思屢謀不成者, 或有
久泄, 久痢, 或淋病, 小便不利, 食後痞滿, 腿脚無力病. 皆浮腫之漸, 已
爲重險病. 而此時已浮腫論, 而蕩滌慾火, 恭敬其心, 用藥治之, 可也.

【해설】

태음인 부종은 매우 엄중한 병이다. 현대적 의미의 복수에 해당하는 극히 위험한 증상이다. 소양인 부종 역시 마찬가지였다.(7-3-7)

복수의 특효약

동무가 부종에 제시한 처방은 건율제조탕이다. 건율은 밤이고 제조는 굼벵이다. 구본에서는 황률오미자고를 썼다.

태음인의 병증으로 복창부종병이 있다. 매우 위중한 병이다. 서둘러 치료해야 하니 황률오미자고를 써야 한다. 부종이 막 생기려 할 때는 밤 2, 3말을 굽거나 삶아서 먹으면 설사가 5, 6일 크게 쏟아지면서 병이 낫는다. 그러나 부종은 위중이니 3년 안에 재발하지 않아야 살았다고 말할 수 있다. 탐욕을 금하고 쾌락을 경계하라. 조리하고 섭생하는 일은 오직 환자의 몫이다.

太陰人一證, 有腹脹浮腫病. 其病, 太重而危也. 不可不急治, 當用黃栗五味子膏. 浮腫將發, 黃栗二三斗灸食, 煮食, 則泄瀉五六日大下而病愈. 然浮腫, 危證也. 三年內不再發, 然後方可論生. 禁嗜慾, 戒侈樂. 調養攝身之道, 必在其人.(구8-2-4)

동무는 태음인의 부종에 밤이 탁효를 내준다는 사실을 발견했다. 『동무유고』에서도 부종에 황률 2말을 구워먹으면 신효하다고 했다. 함흥읍내에 살던 60대 여인이 이렇게 해서 나았단다.(보유

29-5)

동무는 굼벵이 역시 특효임을 발견했다. 그래서 황률오미자고를 개선하여 건율제조탕을 만든 것이다. 이후에는 갈근부평탕까지 개발하여 열자의 부종에 쓴다.(8-5-16) 부종 처방의 변천사는 단방 특효약에서 출발하여 한열의 처방이 완성되어가는 동무의 창방사를 상징적으로 보여준다.

유일한 살길

신본에 이르면 부종에 대한 견해는 훨씬 냉정해진다. 복수는 사실 삶의 문턱을 넘어선 병이다. 이미 의사가 손댈 수준을 넘어섰다. 그래서 의약보다 섭생을 더욱 강조하고 있다.

"조양섭신調養愼攝, 필재기인의必在其人矣"

끊임없는 욕화의 불길이 솟구치며 지금도 오장육부를 활활 태우고 있는데 어찌 약만으로 치료할 수 있겠는가? 요행히 약으로 치료됐다 한들 욕화를 잡지 않는다면 재발은 불 보듯 뻔하다. 병의 근원이 나의 마음에 있음을 절실히 깨우치지 못한다면 끝내 병마를 이겨낼 수 없다. 동무는 살 수 있는 유일한 방법은 오직 환자 자신에게 달려 있다고 말한다.

만성 설사, 이질, 임병, 소변불리, 식후비만, 퇴각무력 등은 모두 노심초사로 발병하며 부종으로 발전할 수 있는 전구 증상들이라는 사실도 기억해야 한다.

8-2-33.

태음인의 병증에 몽설병이 있다. 한 달에 서너 번 발생하면 허
로 중증이다. 대변이 하루라도 막히면 열다한소탕에 대황 1돈
을 가해서 쓰는 것이 좋다. 대변이 매일 막힘없이 나오면 용골
을 가하고 대황을 줄인다. 간혹 공진흑원단이나 녹용대보탕을
쓰기도 한다. 이 병은 걱정, 근심이 너무 많고 생각이 끝이 없을
때 생긴다.

太陰人證, 有夢泄病. 一月內三四發者, 虛勞重證也. 大便祕一日, 則宜用
熱多寒少湯加大黃一錢. 大便每日不祕, 則加龍骨減大黃. 或用拱辰黑元
丹, 鹿茸大補湯. 此病, 出於謀慮太多, 思想無窮.

【해설】

몽설병은 몽정하는 병이다. 몸의 근본이며 보물인 정액을 허망하
게 쏟아내버리니 허로가 갈수록 중하게 된다. 근심 걱정으로 몸이
축나서 생긴다 봤다. 역시 복약과 함께 섭생을 강조하고 있다.

몽설병 투쟁사

몽설은 『동무유고』에도 나온다. 일찍부터 관찰해온 태음인 병증
이었다. 맥문동, 산약, 오미자, 원지, 산조인, 황률을 쓰고 혹 저근백

피 1돈을 가할 수도 있다고 했다. 청심淸心의 방법이다. 이외로는 다른 방법이 없다고 했다.(보유29-2) 몽설은 구본에도 있다. 청심의 방법을 더욱 보완한다.

태음인 병증에 몽설병이 있다. 허로병이며 근심으로 몸이 상한 것이다. 매우 중하며 또 난치다. 서둘러 치료해야 한다. 탐욕을 금하고 쾌락을 경계하면서 청심산약탕이나 청심연자탕에 용골 1돈을 추가해서 쓴다.

太陰人一證, 有夢泄病. 其病, 爲虛勞, 而思慮所傷也. 太重且難, 不可不急治. 必禁嗜慾, 戒侈樂. 此證, 當用淸心山藥湯, 淸心蓮子湯加龍骨一錢.(구8-2-7)

청심연자탕은 연자육이 군약, 맥문동이 신약으로 들어간 전형적인 청심약이다. 청심산약탕은 청심연자탕과 처방 구성이 같다. 다만 용량이 좀 다르다. 산약을 군약, 원지를 신약으로 올려 보신補腎을 강화했다. 용골은 대표적인 삽제澁劑로, 예부터 설정요약泄精要藥으로 사용해왔다.(동1-3/16)

그런데 신본에서는 더 이상 청심의 방법을 쓰지 않는다. 동무는 새로운 해법을 제시한다. 간열을 푼 것이다. 신본에서는 다양한 병증의 뿌리를 간열로 보는 시각이 확립된다. 그러면서 몽설병에도 열다한소탕을 적용하게 된 것이다.

과연 동무의 대안은 성공적이었을까? 몽설엔 역시 청심이 동원되어야 한다고 생각한다. 선천적으로 허약한 사람이라면 공진흑원단, 녹용대보탕을 쓸 수 있다.

태음인의 병증에 졸중풍병이 있다. 갑자기 발병하여 가슴팍에
서 꾸룩꾸룩 하는 막힌 듯한 소리가 나면서 눈을 치켜뜬다면
과체산을 써야 한다. 반면 손발이 오그라들면서 눈을 질끈 감
고 뜨지 못한다면 우황청심환을 써야 한다.

평소 안색이 누르거나 붉거나 검은 사람은 졸중풍시 눈을 치켜
뜨는 경우가 많다. 평소 안색이 푸르거나 흰 사람은 눈을 뜨지
못하는 경우가 많다. 평소 안색이 청백한 자가 발병하여 눈을
뜨지 못하고 잠시 후 손발이 오그라들기 시작하면 그 병은 위
급한 것이다. 그러니 오그라들 때까지 기다리지 말고 눈을 뜨지
못할 때 평소 안색이 청백한 자라면 급히 청심환을 써야 한다.
고방의 청심환은 쓸 때마다 얼마나 신효한지 모른다.

눈을 치켜뜨는 자도 갑자기 발생하긴 하나 자못 천천히 죽음에
이른다. 눈을 질끈 감는 자는 갑자기 발생하고 갑자기 죽어버린
다. 그러나 눈을 치켜뜨는 자라도 천천히 치료해서는 안 된다.
급히 치료해야 한다.

太陰人證, 有卒中風病. 胸臆格格有窒塞聲而目瞪者, 必用瓜蔕散. 手足
拘攣, 眼合者, 當用牛黃淸心丸.

素面色黃赤黑者, 多有目瞪者. 素面色靑白者, 多有眼合者. 面色靑白而眼
合者, 手足拘攣則其病危急也. 不必待拘攣, 但見眼合而素面色靑白者,
必急用淸心丸. 古方淸心丸, 每每神效.

目瞪者, 亦急發而稍緩死. 眼合者, 急發急死. 然目瞪者, 亦不可以緩論,
而急治之.

【해설】

태음인 중풍에 대한 동무의 해법이다. 먼저 중풍을 두가지로 구분한다. 병리가 다르고 따라서 치료가 다르기 때문이다.

중풍 처방 요령

중풍이 발발하여 가슴에서 가래 소리가 나고 눈을 치켜뜨면 과체산을 쓴다. 평소 안색이 황적흑에 속한 사람이 많다. 반면 중풍이 발생해 손발이 경직되고 눈을 뜨지 못하면 우황청심환을 쓴다. 평소 안색이 청백한 사람이 많다.

구본에서는 복통 유무에 따라 중풍을 나누기도 했다. 복통이 있으면 길경생맥산에 사향을 섞어 먹으면 좋고 복통이 없으면 우황으로 구급한 후 청심산약탕이나 청심연자탕을 쓴다고 했다.(구8-2-5, 6) 모두 중풍을 효과적으로 치료하기 위해 고심한 동무의 노력이다.

중풍은 한결같이 응급증이다. 잠시도 지체해선 안되며 최대한 서둘러 치료해야 한다.

8-2-35.

우황청심환은 집집마다 꼭 있는 물건은 아니다. 그럴 경우 원지와 석창포 가루를 쓰는 것이 좋다. 각 1돈을 입에 붓고 곧이어 조각을 가루 내어 3푼을 코로 불어넣는다.

졸중풍병에 손발이 오그라들며 목이 뻣뻣하게 굳으면 위태롭다. 옆에 있는 사람이 두 손으로 환자의 양 팔목을 잡고 좌우로 어깨를 흔들어준다. 혹 환자의 발목을 잡고 두 다리를 굽혔다 폈다 해도 된다. 태음인의 중풍에는 환자의 어깨와 다리를 흔들어주는 것이 좋다. 소양인의 중풍에는 환자의 손발을 흔들어주는 것을 절대 금하며 또 환자를 안아 서고 앉게 해서도 안된다. 소음인의 중풍에는 옆에 있는 사람이 환자를 안아 서고 앉게 운동시켜주는 것이 좋으나 양 어깨를 흔들어 주어서는 안되며 천천히 손발을 주물러 주는 것이 좋다.

牛黃淸心丸, 非家家必有之物. 宜用遠志, 石菖蒲末. 各一錢灌口. 因以皂角末三分吹鼻.

此證, 手足拘攣而項直, 則危也. 傍人以兩手執病人兩手腕, 左右撓動兩肩. 或執病人足腕屈伸兩脚. 太陰人中風, 撓動病人肩脚好也. 少陽人中風, 大忌撓動病人手足. 又不可抱人起坐. 少陰人中風, 傍人抱病人起坐則可也. 而不可撓動兩肩. 可以徐徐按摩手足.

【해설】

앞 조에 이어 우황청심환을 부연한다.

우황청심환 대체약

동무는 앞서 우황청심환이 한 번도 실망시키지 않는 신효한 약이라 극찬했다. 여기서는 집집마다 구비해놓아야 할 가정상비약으로 꼽고 있다. 그러나 현실은 그렇지 못하다. 가공과정이 복잡하고 구하기 힘든 약재가 많아 제대로 된 우황청심환을 보기가 어렵다. 시중에 유통되는 유황청심환은 중요한 약물을 빼거나 줄인 약들이 대부분이다. 그리고 대량유통을 위해 보존료 등이 들어가 약효를 갉아먹는다.

특히 사향은 보편화시킬 수가 없다. 사향 때문에 사향노루가 멸종 위기에 처했다. 세계적인 희귀종이 되었으며 우리나라에서도 천연기념물 제216호로 보호받고 있다. 결국 우황청심환을 대체할 새로운 처방을 도모할 수밖에 없다.

동무의 대안이 바로 석창포, 원지, 조각자다. 이것이 한자의 중풍에 쓰는 석창포원지산이다.(8-5-22) 열자에게는 맥문동원지산을 쓴다.(8-5-23) 개정한 태음인론에서는 모든 병증을 한열로 구분하여 처방하려는 의도가 분명하게 드러난다. "한열"이 처방의 열쇠이자 개초의 동기였던 것이다.

중풍 운동법

사상인에 따른 중풍 운동법도 흥미롭다. 태음인은 경련과 강직이 발생하면 손목을 잡고 어깨를 흔들어주며 발목을 잡고 다리를 굴신시켜준다. 소통과 순환을 중시한 것이다. 그러나 소양인은 전혀 다르다. 소양인은 가만히 두어야 한다. 절대안정이 필요하다. 화열을 자극하지 않으려는 세심한 배려다. 소음인은 부드럽게 손발을 마사지하는 정도가 좋다. 순기시켜주는 것이다.

체질이 정말 체형, 성격, 병증, 용약, 식이, 운동의 차이를 설명할 수 있는 기준이 될 수 있다면 진정 진리의 발견이라 말할 수 있을 것이다. 사상의학은 한번 연구해볼 가치가 있다. 후학의 신중한 접근이 필요하다.

8-2-36.

식중독으로 토하고 설사할 때 사향을 쓰는 것이 좋다.

中毒吐瀉, 宜用麝香.

【해설】

"중독"이란 식중독을 말한다. 식중독 치료법이다.

사향과 서제지탄

음식을 잘못 먹고 심하게 토하고 설사할 때 사향을 쓸 수 있다. 사향은 탁월한 해독작용과 각성작용을 갖고 있다. 동무는 사향의 신묘함을 여러 차례 경험해보았을 것이다. 『초본권』에서도 사향의 용법이 나온다.

우황은 중풍병을 치료한다. 웅담은 전염병을 풀어준다. 사향은 가슴 답답함을 치료한다. 황률은 설사를 치료한다. 태음인의 부종에 황률로 효과를 본 적이 있다. 태음인의 전신 피부병에 사향을 많이 먹고 효과를 본 자가 있다.

牛黃. 治中風. 熊膽. 解疫氣. 麝香. 治痞悶. 黃栗. 治泄瀉. 太陰人浮腫,
有黃栗得效. 太陰人滿身瘡, 有大服麝香而得效者.(권14-11)

과거엔 목포를 기산지로 한반도 전역에서 사향노루를 볼 수 있었
다고 한다. 그런데 무분별한 포획으로 지금은 거의 보기 힘들다. 예
전엔 수컷 사향노루를 잡아 배를 갈라버리고 사향주머니를 절개해
냈다고 한다. 사향 25그램을 얻기 위해 생명 하나가 죽임을 당하는
것이다.

살아 있는 사향노루를 잘 묶은 후 소독한 스푼으로 사향주머니
안을 조심스레 긁어내면 얼마든지 산채로 사향을 채취할 수 있다.
채취한 후 상처 부위를 잘 소독해서 감염을 막아주면 해마다 한두
차례씩 사향을 얻을 수 있다.

최근 화천군의 DMZ 인근에서 사향노루가 발견되어 관심을 모은
적이 있다. 사람에게 쫓기는 사향노루는 배꼽의 사향낭 때문에 잡
힌다고 여겨 배꼽을 물어뜯는다고 한다. 그러나 이미 돌이킬 수 없
다는 뜻으로 서제막급噬臍莫及이라 표현한다. 더 이상의 서제지탄噬
臍之歎이 있어선 안 될 것이다.

경험약방 1
張仲景『傷寒論』
中太陰人病經驗設方藥四方

태음인 병증에 사용했던 『상한론』 처방 4종이다. 그런데 태음인 병증
론에는 마황탕과 조위승기탕은 나와도 계마각반탕과 대시호탕은 나오지
않는다. 경험방은 구본을 기준으로 작성한 것이기 때문이다.

그런데 구본에도 대시호탕은 나오지 않는다. 구본의 작업 도중 병증
론에서 삭제된 것이 아닌가 추정된다.

8-3-1.

마황탕. 마황 3돈, 계지 2돈, 감초 6푼, 행인 10개, 생강 3쪽, 대추 2개.

麻黃湯. 麻黃三錢, 桂枝二錢, 甘草六分, 杏仁十枚, 生薑三片, 大棗二枚.

【해설】

治太陽傷寒, 頭痛, 身疼, 百節痛, 無汗, 惡風寒.(동10-2/11)

마황탕은 태음인 감기약이다. 『동의보감』에는 복약 후 땀이 나면 다시 복용하지 말라고 했다. 마황의 강한 발한력이 원기를 상할 우려가 있기 때문이다.

8-3-2.

계마각반탕. 마황 1돈 5푼, 백작약, 계지, 행인 각 1돈, 감초 7푼, 생강 3쪽, 대추 2개.

桂麻各半湯. 麻黃一錢五分, 白芍藥, 桂枝, 杏仁各一錢, 甘草七分, 生薑三片, 大棗二枚.

【해설】

治太陽病, 脈微, 身痒.(동10-2/11)

계마각반탕의 원래 이름은 계지마황각반탕이다.(『상한론』 24) 그런데 계마각반탕은 태음인론에 나오지 않는다. 소음인론(6-1-44)과 소양인론(7-2-1)에 나온다. 그런데 왜 태음인 경험방에 실려 있을까? 구본에는 흥미로운 조문이 있다.

지금 고찰하여 개정한다. 이 병증에 계마각반탕은 적당하지 않다. 갈근해기탕이 적당하다.

今考更定. 此證, 不當用桂麻各半湯, 當用葛根解肌湯.(구8-1-3)

그런데 논의의 대상이 되는 인용문이 없다. 구본을 필사했던 한민갑韓敏甲이 누락시킨 것 같다. 구본에는 태음인 외감병론에 계마각반탕이 있었던 것이다.

8-3-3.

조위승기탕. 대황 4돈, 망초 2돈, 감초 1돈.

調胃承氣湯. 大黃四錢, 芒硝二錢, 甘草一錢.

【해설】

治傷寒裏證, 大便硬, 小便赤, 譫語, 潮熱(동10-2/20)

양명병으로 위장에 열이 있을 때 쓰는 처방이다. 갈근해기탕과 짝으로 인용되었다.(8-2-2)

동무는 조위승기탕을 모델로 갈근승기탕을 만들었다.(8-5-9)

8-3-4.

대시호탕. 시호 4돈, 황금, 백작약 각 2돈 5푼, 대황 2돈, 지실 1돈 5푼.

소양병이 양명병으로 전변되어 몸에서 열이 나고 오한은 없으며 오열이 있고 대변이 단단하고 소변이 붉고 섬어, 복창, 조열이 있는 것을 치료한다.

大柴胡湯. 柴胡四錢, 黃芩, 白芍藥各二錢五分, 大黃二錢, 枳實一錢五分.

治少陽轉屬陽明, 身熱, 不惡寒, 反惡熱, 大便堅, 小便赤, 譫語, 腹脹, 潮熱.

【해설】

대시호탕은 『동의수세보원』의 어디에도 나오지 않는다. 『동의보감』에 나오는 주치증을 중경의 처방에 붙여둔 것도 드문 일이다.(동10-2/20)

그런데 동무는 대시호탕을 분석하고 새 처방을 만들어놓은 적이 있다.

장중경이 반표반리병에 쓴 소시호탕은 패독산으로 바꾸는 게 좋고 대시호탕은 황금대황탕으로 바꾸는 게 좋다.

張仲景半表半裏病, 小柴胡湯易之以敗毒散, 可也. 大柴胡湯易之以黃芩

大黃湯, 可也.(권11-2)

대시호탕을 태음인과 관련하여 논의하고 있는 것이다.

경험약방 2
唐宋明三代醫家著述中
太陰人經驗行用要藥九方

「태음인 경험약방2」 역시 구본 그대로다. 당 손사막의 처방 1개, 송 주
굉의 처방 2개, 명 이천의 처방 2개, 공신의 처방 4개가 나온다.

8-4-1.

석창포원지산. 석창포, 원지를 곱게 갈아 한번에 1돈씩 하루
3번 술이나 미음과 함께 먹는다.

눈과 귀를 밝게 해준다. 이 처방은 손사막의『천금방』에 나온다.

石菖蒲遠志散. 石菖蒲, 遠志爲細末. 每服一錢, 酒飮任下, 日三.

令人耳目聰明. 此方, 出於孫思邈『千金方』書中.

【해설】

『동의보감』에도『천금방』에도 석창포원지산이란 처방명은 나오지
않는다. 다만 본조의 내용은 허준이 석창포를 설명하는 중에 나온
다.(동5-20/1) 석창포원지산은 동무가 붙여준 이름인 것이다.

허준은 눈과 귀가 밝아져서 속을 들여다볼 수 있으며 천리 밖도
볼 수 있다고 손사막이 풍을 쳐놓은 것까지 인용했다. 방사들의 언
어가 때로 이러하니 너무 탓할 필요는 없다. 동무는 당연히 삭제했
다. 간혹『동의보감』은 투명인간 되는 법(隱形法. 동17-5/3)이 나오는
등 오류투성이의 정신사나운 삼류 의서라며 비판하는 사람들을 보
면 안타까운 마음 금할 길 없다.

어둠을 찾는 이에게 세상은 어둠을 보여줄 것 아닌가? 동무를 보
라. 본방에서 힌트를 얻어 중풍을 깨우는 석창포원지산을 만들었
다.(8-5-22)

8-4-2.

조중탕. 대황 1돈 5푼, 황금, 길경, 갈근, 백출, 백작약, 적복령, 고본, 감초 각 1돈.

이 처방은 주굉의 『활인서』에 나온다. 여름에 조역이 생겨 입이 마르고 목이 막히는 것을 치료한다. 내가 고찰하여 개정한다. 이 처방에서 백출, 작약, 복령, 감초는 빼야 한다.

調中湯. 大黃一錢五分, 黃芩, 桔梗, 葛根, 白朮, 白芍藥, 赤茯苓, 藁本, 甘草各一錢.

此方, 出於朱肱『活人書』中. 治夏發燥疫口乾, 咽塞. 今考更定. 此方, 當去白朮, 芍藥, 茯苓, 甘草.

【해설】

『동의보감』에 나오는 온역의 치료처방이다. 여름에 발생하는 온역을 "조역燥疫"이라 부른다. 내열로 입이 마르고 혀가 터지며 목구멍이 막히고 목이 쉰다.(동15-2/4)

신구본을 막론하고 태음인 병증론에는 조중탕이 없다.

8-4-3.

흑노환. 마황, 대황 각 2냥, 황금, 솥 밑의 그을음, 망초, 아궁이 굴뚝의 그을음, 들보 위의 먼지, 밀깜부기 각 1냥.

위 약을 가루 내어 꿀로 반죽해서 탄자 크기로 환을 만든다. 매번 1환을 새로 길어온 물에 녹여 먹는다. 잠시 후 한기에 몸이 떨리고 땀이 나면서 낫는다. 이 처방은 주굉의 『활인서』에 나온

다. 상한양독과 괴상한으로 의사도 치료하지 못하고 생명력이
다해 가는데 명치가 아직 따뜻하면 입을 벌려 흑노환을 부어준
다. 약이 목구멍으로 넘어가면 살아난다.

黑奴丸. 麻黃. 大黃各二兩. 黃芩, 釜底煤, 芒硝, 竈突墨, 樑上塵, 小麥
奴各一兩.

右爲末. 蜜丸彈子大. 每一丸新汲水化服. 須臾振寒. 汗出而解. 此方, 出
於朱肱『活人書』中. 陽毒及壞傷寒, 醫所不治, 精魄已竭, 心下尙煖, 幹開
其口. 灌藥下咽卽活. 今考更定. 此方, 當去芒硝.

【해설】

상한양독에 쓰는 흑노환이다.(동10-2/29) 동무도 가끔 썼던 처방
이다.(8-2-5) 지금은 쓰기도 어렵고 굳이 쓸 필요도 없다. 조각대황
탕을 쓰면 된다.(8-5-15)

8-4-4.

생맥산. 맥문동 2돈, 인삼, 오미자 각 1돈.

여름철에 끓인 물 대신 마신다. 기력이 솟아나게 한다. 이 처방
은 이천의 『의학입문』에 나온다. 내가 고찰하여 개정한다. 이 처
방에서 인삼은 빼야 한다.

生脉散. 麥門冬二錢, 人蔘, 五味子各一錢.

夏月代熟水飲之. 令人氣力湧出. 此方, 出於李梴『醫學入門』書中. 今考
更定. 此方, 當去人蔘.

【해설】

생맥산은 기력을 돕는 약이다. 동원은 "맥脈"은 원기元氣라고 했다. 여름 더위에는 보기補氣해야 한다.(동11-2/7)

동무는 생맥산에 관심이 많았다. 인삼을 빼고 길경을 넣어 태음인의 생맥산을 만들기도 했다. 맥문동 3돈, 오미자 2돈, 길경 1돈이 들어간다.(권14-7) 신본에서는 용량을 조정하고 보폐원탕으로 이름을 바꾼다. 그리고 소아의 설사에 응용했다.(8-2-31) 생맥산을 40일통, 곧 상한에도 활용한 기록이 있다.

태음인이 일반적인 외감으로 병의 경과가 빠르면 마황이 번개같이 빠르고 운기병이 중하여 병의 경과가 느리면 웅담을 한두차례 복용하면서 생맥산으로 서서히 돕는 게 좋다.

太陰人尋常外感, 日限速者, 則麻黃神速. 若運氣重證, 日限遲者, 熊膽一二次用之. 生脉散徐徐以助之, 可也.(권11-3)

태음인의 40일통 같은 중한 운기병에 웅담을 쓰면서 간간히 맥문동, 오미자 같은 약으로 발한을 돕는 방법을 썼다.(보유29-1)

구본에서는 생맥산을 길경생맥산으로 업그레이드하고 한궐(40일통)에 갈근해기탕과 번갈아 쓰는 방법을 정립한다.(구8-1-9) 그리고 온병으로 설사(체열복만자리)할 때도 길경생맥산을 썼다.(구8-1-22) 모두 동무가 생맥산을 써오던 방식을 진일보시킨 것이다.

생맥산은 임상 초기부터 태음인에게 다양하게 활용했으며 결국 태음조위탕 등을 창립하는 근간이 된 의미 있는 처방이다.

8-4-5.

저근피환. 저근백피를 가루 내어 술을 넣어 쑨 풀에 반죽해서 환을 만든다.

이 처방은 이천의 『의학입문』에 나온다. 몽설을 치료한다. 이 약은 성질이 차고 건조하기 때문에 단독으로 복용하지 않는다.

樗根皮丸. 樗根白皮爲末, 酒糊和丸.

此方, 出於李梴『醫學入門』書中. 治夢遺. 此藥, 性涼而燥. 不可單服.

【해설】

저근백피는 가죽나무의 뿌리껍질이다. 『동의보감』에서는 몽설, 이질, 설사, 붕루, 대하 등 다양한 질환에 이용하고 있다. 몽설에는 단복하지 말고 팔물탕과 함께 복용하라고 했으나(동1-3/10) 동무는 삭제했다.

동무는 저근피를 태음인의 설사와 이질에 쓴다. 『동무유고』에서부터 설사약이자 이질약으로 명시했다. 몽설병에 가하기도 했다.(보유29-2) 전통의 활용법 그대로 태음인에게 쓴 것이다.

8-4-6.

이성구고환. 대황 4냥, 저아조각 2냥.

위 약들을 가루 내어 밀가루 풀로 반죽하여 녹두 크기로 환을 만든다. 50~70환을 한 번에 복용하면 곧 땀이 난다. 한 번 땀을 내면 낫는다. 이 처방은 공신의 『만병회춘』에 나온다. 유행성 온역을 치료한다.

二聖救苦丸. 大黃四兩, 猪牙皂角二兩.

麵糊和丸菉豆大. 五七十丸一服, 卽汗. 一汗, 卽愈. 此方, 出於龔信『萬病
回春』書中. 治天行瘟疫.

【해설】

후한의 수도였던 대량을 휩쓴 온역에 사용한 공신의 처방이다.(8-
2-10) 공신은 약효에 대만족하며 참으로 선방仙方이라 자찬한다.(동
15-2/6)

대황과 조각으로 구성된 처방으로 태음인에게 적합하다.

8-4-7.

갈근해기탕. 갈근, 승마, 황금, 길경, 백지, 시호, 백작약, 강활,
석고 각 1돈, 감초 5푼.

이 처방은 공신의 『고금의감』에 나온다. 양명병으로 눈이 아프
고 코가 마르며 눕지 못하는 것을 치료한다. 내가 고찰하여 개
정한다. 이 처방에서 시호, 작약, 강활, 석고, 감초는 빼야 한다.

葛根解肌湯. 葛根, 升麻, 黃芩, 桔梗, 白芷, 柴胡, 白芍藥, 羌活, 石膏各
一錢, 甘草五分.

此方, 出於龔信『醫鑑』書中. 治陽明病目疼, 鼻乾, 不得臥. 今考更定. 此
方, 當去柴胡, 芍藥, 羌活, 石膏, 甘草.

【해설】

갈근해기탕은 상한양독과 양명병에 활용하던 공신의 처방이다.

동무는 갈근해기탕을 주목하고 태음인의 중요한 처방으로 사용한다.

8-4-8.

우황청심환. 산약 7돈, 감초(볶은 것) 5돈, 인삼, 포황(볶은 것), 신국(볶은 것) 각 2돈 5푼, 서각 2돈, 대두황권(볶은 것), 육계, 아교(볶은 것) 각 1돈 7푼, 백작약, 맥문동, 황금, 당귀, 백출, 방풍, 주사(수비한 것) 각 1돈 5푼, 시호, 길경, 행인, 백복령, 천궁 각 1돈 3푼, 우황 1돈 2푼, 영양각, 용뇌, 사향 각 1돈, 웅황 8푼, 백렴, 건강(습지에 싸서 구운 것) 각 7푼, 금박 140장 (40장은 옷을 입힌다), 대추 20개(쪄서 살을 발라 갈아서 고약으로 만들어둔다).

위 약들을 가루 내어 대추로 만든 고약과 꿀을 넣어 골고루 섞어서 1냥으로 10환을 만들고 금박으로 옷을 입힌다. 1알씩 따뜻한 물에 먹는다. 이 처방은 공신의 『고금의감』에 나온다. 졸중풍으로 인사불성이 되고 담연이 막히며 정신이 희미해지고 어눌, 구안와사, 수족마비 등의 증상이 생기는 것을 치료한다. 내가 고찰하여 개정한다. 이 처방에서 백출, 인삼, 감초, 신국, 육계, 아교, 백작약, 당귀, 천궁, 건강, 대조, 청밀, 시호, 백복령, 웅황, 주사는 빼야 한다.

牛黃淸心丸. 山藥七錢, 甘草炒五錢, 人蔘, 蒲黃炒, 神麴炒各二錢五分, 犀角二錢, 大豆黃卷炒, 肉桂, 阿膠炒各一錢七分, 白芍藥, 麥門冬, 黃芩, 當歸, 白朮, 防風, 朱砂水飛各一錢五分, 柴胡, 桔梗, 杏仁, 白茯苓, 川芎各一錢三分, 牛黃一錢二分, 羚羊角, 龍腦, 麝香各一錢, 雄黃八分, 白斂,

乾薑炮各七分. 金箔一百四十箔內四十箔爲衣. 大棗二十枚蒸取肉. 研爲
膏.

右爲末. 棗膏入煉蜜和勻. 每一兩作十丸. 金箔爲衣. 每取一丸. 溫水和
下. 此方. 出於龔信『醫鑑』書中. 治卒中風不省人事. 痰涎壅塞. 精神昏
憒. 言語蹇澁. 口眼喎斜. 手足不遂等證. 今考更定. 此方. 當去白朮. 人
蔘. 甘草. 神麯. 肉桂. 阿膠. 白芍藥. 當歸. 川芎. 乾薑. 大棗. 淸蜜. 柴
胡. 白茯苓. 雄黃. 朱砂.

【해설】

원명은 우황청심원으로(동10-1/12) 중풍 구급약이다. 평소 얼굴빛
이 푸르거나 흰 사람은 중풍을 맞으면 혼절하면서 눈을 뜨지 못하
는 경우가 많다. 이때 지체없이 공신의 청심원을 쓰면 신효하다고 했
다. 손발이 오그라들기 시작하면 병은 매우 위급한 상황으로 빠져
든다.(8-2-34)

『동의보감』에서는 신병神病 통치약으로도 사용했다.(동1-5/19) 지
금은 우황청심원의 재료를 다 구비할 수가 없다. 나는 신병 통치약
으로 가미영신환加味寧神丸을 직접 조제하여 쓴다.(동1-5/19)

8-4-9.

마황정천탕. 마황 3돈, 행인 1돈 5푼, 황금, 반하, 상백피, 소자,
관동화, 감초 각 1돈, 백과 21개(껍질을 벗기고 부순뒤 노릇하
게 볶는다).

노래에 "모든 병에 처방이 있지만 코고는 소리가 나는 천식이

가장 난감하다. 환자가 이 선단의 약을 만나고 나서야 정천탕의
위력을 알게 될 것이다"했다. 이 처방은 공신의 『만병회춘』에
나온다. 효천을 치료하는 신방이다. 내가 고찰하여 개정한다.
이 처방에서 반하, 소자, 감초는 빼야 한다.

麻黃定喘湯. 麻黃三錢, 杏仁一錢五分, 黃芩, 半夏, 桑白皮, 蘇子, 款冬
花, 甘草各一錢, 白果二十一枚去殼碎, 炒黃色.

歌曰 "諸病原來有藥方. 惟愁齁喘. 最難當. 病人遇此仙丹藥. 服後方知
定喘湯." 此方, 出於龔信『萬病回春』書中. 治哮喘神方. 今考更定. 此方,
當去半夏, 蘇子, 甘草.

【해설】

마황정천탕의 원명은 정천탕이다.(동13-3/17) 효천에 귀신같은 효
과가 난다고 했다.

동무는 정천탕을 개량하여 마황정천탕을 만들어(8-5-5) 태음인
효천에 사용했다.(8-2-29)

5절

신정약방
新定太陰人病應用要
藥二十四方

태음인 신정방의 특징은 한열의 구분이 뚜렷하다는 것이다. 같은 병증이라도 한지와 열지의 처방을 각각 구비하고 있다. 의이인, 건율, 마황 등은 대표적인 한증약이고 갈근, 대황 등은 대표적인 열증약이다.

나는 태음인론에서 정립된 한열의 개념을 소음인론과 소양인론까지 적용한 것이 바로 신본의 탄생이라 생각한다. 한열의 가장 큰 성과는 처방의 수준을 한 차원 끌어올렸다는 것이다. 동무의 처방은 한열을 획득하고 더욱 정밀해지고 강력해졌다.

신본에서 등장한 소증素證 역시 한열과 관련 있다. 소증의 개념은 구본에선 전혀 나타나지 않는다. 신본에 이르러 현증의 한열을 넘어 소증의 한열까지 주목하게 된 것이다. 결국 소증에 따라 현증의 표리허실과 한열이 결정된다는 결론에 도달하게 된다.(8-1-10)

소증의 한열을 엄격히 나누어 임상에 활용하면서 후학들에게 깊은 영향을 끼친 사람은 김주金洲다. 그리고 류주열은 소증과 현증의 한열을 구분하여 정리했다. 소증의 한열은 한지, 열지라 부르고 거의 변치 않으며 현증의 한열은 한증, 열증이라 부르고 바뀔 수도 있다고 본다.(『새로 쓴 사상의학』, 242쪽)

8-5-1.

태음조위탕. 의이인, 건율 각 3돈, 나복자 2돈, 오미자, 맥문동,

석창포, 길경, 마황 각 1돈.

太陰調胃湯. 薏苡仁, 乾栗各三錢, 蘿葍子二錢, 五味子, 麥門冬, 石菖蒲,

桔梗, 麻黃各一錢.

【해설】

태음인 신정방의 첫머리는 태음조위탕이다. 태음인의 위를 조절

한다는 처방의 목표가 드러나 있다. 병증론에서도 식후비만食後痞滿

에 쓴다고 밝혔다.(8-2-26) 밥만 먹으면 속이 그득하고 더부룩할 때

쓴다. 물론 한자寒者에 써야 한다.

손쉬운 한자, 열자 구분법이 있는데 태음인은 대변을 확인해보면

된다. 대변을 하루라도 거른 적이 있으면 열자다. 그런데 살면서 단

한 번도 대변을 거르지 않았다는 사람이 종종 있다. 거르긴커녕 오

히려 두세 번도 본다고 푸념한다. 이런 사람이 바로 태음인 한자다.

간단하지만 임상에서 거의 실수가 없는 중요한 요령이다. 동무 역시

대변으로 한열을 구분했다!(8-1-9)

태음조위탕은 태음인 한자의 기본방이라 할 수 있다. 질환에 따

라 가감하면 정말 광범위하게 활용할 수 있다. 동무는 설사가 수십

일 그치지 않을 때 저근백피를,(8-1-10) 열이 심하게 나고 설사하는

온역에는 승마, 황금을 가해서 썼다.(8-2-12) 태음조위탕은 태음인 한자의 거의 모든 질환에 유효하다.

태음조위탕의 목표는 표병이라는 사실도 눈여겨봐야 한다. 설사하던 사람도 표병지중자表病之重者였고 온역에 걸린 사람도 표증이 태중증表證而太重證이라 말했다. 마침내 표한증表寒證 설사에 쓴다고 명시하기도 했다.(8-2-27) 다시 말해서 태음조위탕은 오한의 표증을 염두에 두고 구성한 처방이다. 그래서 마황이 들어 있다. 동무는 태음조위탕을 해수에도 썼는데(8-2-28) 감기 끝에 기침이 남은 경우 잘 듣는다. 역시 표증과 관련 있다.

마황의 부작용을 미리 예측하는 방법으로는 커피 문진법이 있다. 커피를 어느 때고 얼마든지 마셔도 전혀 수면에 지장이 없다면 마황을 마음껏 써도 된다. 그러므로 대변을 한 번도 거른 적이 없고 커피를 마셔도 전혀 수면에 지장이 없는 태음인은 태음조위탕이 최고의 처방이 된다!

8-5-2.

갈근해기탕. 갈근 3돈, 황금, 고본 각 1돈 5푼, 길경, 승마, 백지 각 1돈.

葛根解肌湯. 葛根三錢, 黃芩, 藁本各一錢五分, 桔梗, 升麻, 白芷各一錢.

【해설】

공신의 갈근해기탕(8-4-7)을 사상의학적으로 업그레이드한 처방이다. 원방을 존중하는 의미에서 이름을 그대로 둔 것이다.

원방과 비교해보면 시호와 석고가 빠지는 대신 갈근과 황금의 용량을 올렸다. 강활의 공백은 고본으로 메웠다. 그래서 공신의 갈근해기탕을 능가하는 태음인 갈근해기탕을 완성한 것이다.

"해기解肌"는 기육의 열을 풀어준다는 의미다. 열이 기육에 있으면 눈이 욱신거리고 불면증이 생긴다.(8-2-2)

갈근해기탕은 태음인 열자의 해열제라 할 수 있다. 동무가 열증의 온역에서 설사할 때 응용한 것 또한 지사보다 해열이 급선무라 보았기 때문이다.(8-2-12)

갈근해기탕의 주약은 갈근, 즉 칡이다. 『동의보감』에서는 땀을 나게 하는 발표약으로(동2-5/28), 또 소화를 돕고 주독을 푸는 약으로(동3-8/11) 사용했다. 번갈煩渴을 없애주어 숙취 해소에 적합하다.

동무는 갈근을 태음인의 대변조자大便燥者에 폭넓게 사용한다. 마침내 태음인 열증에 쓰는 대표적인 약으로 확립했다. 신정방 중 열다한소탕, 갈근승기탕에 4돈, 갈근해기탕, 조각대황탕, 갈근부평탕에 3돈 들어간다. 부드러운 약이라 다량 사용해야 좋다. 초기에는 소양인의 발표약으로 쓰기도 했던 나름 곡절 있는 약물이다.(보유11-1)

신본에서 갈근은 오직 열증의 처방에만 쓴다. 하지만 한증에 추가해도 우수한 효과가 있다. 태음조위탕을 쓸 때도 갈근을 1, 2돈 정도 넣으면 원방보다 훨씬 더 좋다.

8-5-3.

조위승청탕. 의이인, 건율 각 3돈, 나복자 1돈 5푼, 마황, 길경, 맥문동, 오미자, 석창포, 원지, 천문동, 산조인, 용안육 각 1돈.

調胃升清湯. 薏苡仁, 乾栗各三錢, 蘿葍子一錢五分, 麻黃, 桔梗, 麥門冬,

五味子, 石菖蒲, 遠志, 天門冬, 酸棗仁, 龍眼肉各一錢.

【해설】

조위승청탕은 태음조위탕의 변방이다. 나복자를 1돈반으로 줄이고 원지, 천문동, 산조인, 용안육을 추가했다. 조위와 함께 승청을 목표로 삼은 처방이다.

조위승청탕은 병증론에서 단 한차례 출현한다. 식후비만, 퇴각무력병에 사용했다.(8-2-26)

"승청升淸"은 청양淸陽을 끌어올린다는 의미다. 청양은 생리적인 양기이며 원기元氣라 했다. 양기가 상승하지 못하면 몸에 울열이 생겨 화기火氣가 만들어진다.(7-2-18) 조위승청탕은 특히 가슴의 화기를 내려주는 목적으로 만든 것이다.

가슴에 화가 있으면 심장을 흥분시킨다. 그래서 불안, 초조가 생기고 심하면 심계가 느껴지기도 한다. 그리고 열이 머리로 올라와서 늘 멍하고 맑지 않으며 두통을 호소하기도 한다.

또 가슴에 화가 몰려 있으면 상대적으로 아랫배가 냉해진다. 아랫배가 냉해지면서 대장이나 자궁이 나빠지기 쉽고 하체가 무기력해지는 원인이 되기도 한다. 그래서 동무가 병증론에서 언급한대로 식후비만에 퇴각무력까지 동반했을 때 쓸 수 있는 것이다.

결국 조위승청탕은 태음인 한자의 심화心火로 인한 각종 증상에 쓴다고 할 수 있다. 하지만 심화가 있다해서 항상 조위승청탕이 맞지는 않다. 오히려 태음조위탕에 가감해야 하는 경우가 많다. 임상을 하다 보면 태음조위탕이 훨씬 안정적이고 기본적인 처방임을 실감하게 된다.

8-5-4.

청심연자탕. 연자육, 산약 각 2돈, 천문동, 맥문동, 원지, 석창포,
산조인, 용안육, 백자인, 황금, 나복자 각 1돈, 감국화 3푼.
淸心蓮子湯. 蓮子肉, 山藥各二錢, 天門冬, 麥門冬, 遠志, 石菖蒲, 酸棗
仁, 龍眼肉, 柏子仁, 黃芩, 蘿葍子各一錢, 甘菊花三分.

【해설】

신정방에서 가장 의아한 처방이 청심연자탕이다. 병증론에서 전
혀 언급이 없기 때문이다. 뭐하라는 처방인지 일언반구도 없이 갑자
기 튀어나온다. 유일한 단서는 처방명에 있다. 연자육으로 청심하는
처방인 것이다.
연자육도 매우 의아한 약물이다. 『동의수세보원』을 통틀어 오직
청심연자탕에만 나온다. 이러한 청심연자탕에 대한 의문은 구본이
발견되고 풀렸다.

태음인 병증으로 복통, 설사가 없으면서 혀가 말리며 말을 못하
는 중풍병이 있다. 위급증으로 잠시라도 지체 말고 서둘러 치료해
야 한다. 우황을 구급약으로 쓴뒤 청심산약탕, 청심연자탕을 쓴다.
太陰人一證, 無腹痛, 下利而有舌卷, 不語中風病. 危急證也. 不可瞬息
遲滯而急治. 當用牛黃救急, 因用淸心山藥湯, 淸心蓮子湯.(구8-2-6)

중풍병에 청심산약탕과 청심연자탕을 쓰고 있다. 몽설병에도 두 처방을 함께 썼다.(구8-2-7) 청심산약탕은 『초본권』에서부터 몽설과 중풍의 치방으로 등장해서 구본에 그대로 전승된다. 반면 청심연자 탕은 구본에서 비로소 모습을 드러낸다. 말하자면 청심산약탕의 미흡이 청심연자탕이란 동생을 낳은 것이다.

청심산약탕(권14-25, 구8-5-8)
산약 3돈, 원지 2돈, 천문동, 맥문동, 연자, 백자인, 산조인, 원육, 길경, 황금, 석창포 각 1돈, 감국 5푼

청심연자탕(구8-5-9)
연자육 3돈, 맥문동 2돈, 천문동, 산약, 원지, 백자인, 산조인, 용안육, 길경, 황금, 석창포 1돈, 감국화 5푼

신본에선 중풍에 과체산과 우황청심환을,(8-2-33) 몽설엔 열다한 소탕을 쓴다.(8-2-34) 병리도 바뀌고 처방도 바뀌었다. 그래서 청심 산약탕과 청심연자탕은 수면 아래로 가라앉아버린 것이다.

그런데 신본의 처방집에 청심연자탕만 덩그러니 남겨놓은 이유가 무엇일까? 더욱이 처방을 개량해놨다. 구 청심산약탕과 청심연자탕 의 의미를 한 곳으로 모으고 소화제인 나복자를 추가한 것이다.

『동의수세보원』이 발간된 후 수많은 임상가가 청심연자탕의 진의 를 궁구했다. 그들은 "청심"을 이정표 삼아 심화心火로 인한 각종 증 상에 적용해왔다. 조위승청탕이 한자의 심화방이라면 청심연자탕은 열자의 심화방인 셈이다.

그러나 청심연자탕 역시 심화의 기본방으로 삼기엔 부족하다. 청심연자탕은 청심을 통해 중풍과 몽설을 치료하기 위한 처방이었다. 태생이 중풍 처방이요, 몽설 처방이다. 그래서 생각보다 활용의 폭이 넓지 않다.

태음인 열자의 심화는 갈근조위탕에 가감하는 경우가 훨씬 더 많다. 갈근조위탕은 탁월한 성능에 압도적인 안정성을 겸비한 태음인 처방의 걸작이다. 류주열의 심장 처방을 사용해도 우수한 효과를 거둘 수 있다.(『새로�쓴 사상의학』, 502쪽)

8-5-5.

마황정천탕. 마황 3돈, 행인 1돈 5푼, 황금, 나복자, 상백피, 길경, 맥문동, 관동화 각 1돈, 백과(노릇하게 볶는다) 21개.
麻黃定喘湯. 麻黃三錢. 杏仁一錢五分. 黃芩, 蘿葍子, 桑白皮, 桔梗, 麥門冬, 款冬花各一錢. 白果二十一箇炒黃色.

【해설】

공신이 효천 신방神方이라고 극찬한 정천탕(8-4-9)을 개정한 처방이다. 소음인 약물인 반하, 소자, 감초를 빼고 나복자, 길경, 맥문동을 넣었다. 태음인 한자의 천식에 활용한다.

구본의 마황정천탕에도 마황이 3돈 들어간다.(구8-5-2)

8-5-6.

마황정통탕. 의이인 3돈, 마황, 나복자 각 2돈, 행인, 석창포, 길
경, 맥문동, 오미자, 사군자, 용안육, 백자인 각 1돈, 건율 7개.
麻黃定痛湯. 薏苡仁三錢, 麻黃, 蘿葍子各二錢, 杏仁, 石菖蒲, 桔梗, 麥
門冬, 五味子, 使君子, 龍眼肉, 柏子仁各一錢, 乾栗七箇.

【해설】

태음인의 흉복통 처방이다.(8-2-30) 급성 흉통이나 복통을 치료한
다. 태음조위탕의 변방으로 한자에 써야 한다. 마황을 증량하여 진
통의 첨병으로 사용했고 행인, 사군자, 용안육, 백자인을 첨가했다.

행인은 해표약이면서(권11-7) 거담약이다.(보유9-3) 사군자는 살충
약이며 용안육은 안신약이고 백자인은 청심약이다. 태음조위탕에
흉부를 편안하게 하는 약을 추가한 것이다.

본조에서 관심을 끄는 것은 사군자의 존재다. 사군자는 「소양인
경험약방2」에서 공신의 비아환을 언급 중 등장했다. 경험이 부족해
서 아직 약성을 파악하지 못했다고 했다.(使君子一味, 未能經驗的知藥
性, 故不敢輕論. 7-5-7)

사실 사군자는 『초본권』에서 소양인 약으로 사용했다.(권12-14)
중간에 잠시 회의를 갖기 시작하다 마침내 태음인 약으로 확정하게
된 것이다.

사군자는 비위에 부담을 주지 않는 온화한 구충제다. 소아의 회충
에는 더욱 좋다고 한다.(동3-14/24) 예로부터 소아감병에 활용해왔다.
(동22-1/73)

8-5-7.

열다한소탕. 갈근 4돈, 황금, 고본 각 2돈, 나복자, 길경, 승마, 백지 각 1돈.

熱多寒少湯. 葛根四錢, 黃芩, 藁本各二錢, 蘿葍子, 桔梗, 升麻, 白芷各一錢.

【해설】

태음인의 이열병론은 상한양독과 간열온증 그리고 조열증으로 구분된다.

상한양독(8-2-5)과 간열온증으로 설사할 때는(8-2-12) 갈근해기탕을 썼다. 공신의 해법을 계승한 것으로, 구본에서부터 활용해온 처방이다.(구8-1-15, 22)

그런데 동무는 신본에서 간열온증에 열다한소탕을 추가로 내놓는다. 대변이 활설滑泄하면 그대로 쓰고 조삽燥澁하면 대황을 더 넣었다. 대변불통까지 이르면 갈근승기탕을 쓴다.(8-2-13) 대변에 따라 간열온증의 처방을 더욱 세분화한 것이다.

대변에 따른 간열온증 치료법

	갈근해기탕	열다한소탕	갈근승기탕
갈근	3돈	4돈	4돈
황금	1.5돈	2돈	2돈
고본	1.5돈	2돈	·
대황	·	(대변조삽시 1돈)	2돈
나복자	·	1돈	·
길경			
승마		1돈	
백지			

적응증	간열열증 온병		
	설사	대변활설	대변불통

약물 구성을 보면 열다한소탕의 입지를 더욱 정확히 알 수 있다. 갈근해기탕(8-5-2)에서 군약인 갈근과 신약인 황금, 고본의 용량을 더 올린다. 기본적인 약력을 강화했다. 나복자를 추가하여 혹시 모를 위장의 부담도 방지했다.

갈근해기탕은 태음인 열자의 해열제라 했다. 열다한소탕은 더욱 강력해진 해열제다. 우리는 그간 열다한소탕을 태음인 간열의 주치방으로 너무 광범위하게 활용해왔다. 열다한소탕은 결코 신비의 묘약이 아니다. 열다한소탕은 해열제다. 갈근승기탕 역시 해열제다. 동무는 태음인 열자의 해열제를 대변에 따라 3종으로 구비해두었다.

동무는 애초에 온병의 처방으로 열다한소탕을 개발했다. 그러나 여기서 멈추지 않고 다양한 병증에 적용한다. 대표적인 것이 반창병이다. 손발이 시커멓게 타들어가며 허는 병을 열다한소탕 60여 첩으로 완쾌시켰으니(8-2-16) 실로 엄청난 결과다. 동무에게 강렬한 인상을 남겼을 것이다.

음일수이飮一溲二하는 소모성 질환에도 사용했다. 끝내 성공하진 못했지만 일정한 효과는 있었다.(8-2-21) 마침내 반창병과 음일수이를 조열증으로 묶고 이열병론의 중요병증으로 등재한다.

동무는 계속해서 다양한 내상병으로 적용 범위를 확대해갔다. 몽설병에도 청심연자탕을 대신해 쓰기 시작한다.(8-2-33) 열다한소탕은 동무 말년의 애용방이었음이 틀림없다. 『동의수세보원』을 읽다보면 태음인의 이열병은 열다한소탕으로 모두 해결될 것 같은 인상을 받는 게 사실이다.

후학들은 동무의 태도를 답습하여 열다한소탕을 열렬히 사용해왔다. 마치 태음인 이열병의 성약처럼 취급했다. 해열제로 개발된 아스피린이 각종 내과질환에 응용되는 것과 비슷한 상황이라 하겠다.

그러나 열다한소탕은 전혀 태음인 열자의 기본방이 아니다. 기본방의 요건은 첫째 안정성이며 둘째 유효성이다. 그런데 열다한소탕은 전혀 안정적인 처방이 아니다. 간혹 생기는 탁효를 기대하며 무수한 무효를 만들 필요가 없지 않은가? 열다한소탕에 실망하고 다른 체질을 헤매며 고생한 태음인이 셀 수 없이 많다.

나는 태음인 열자의 기본방으로 갈근조위탕을 사용한다. 열다한소탕과 격이 다른 태음인 열자의 명방이다. 갈근조위탕을 발견하면 태음인의 수가 확실히 늘어난다.

갈근조위탕을 공개한 김주의 스승이 성운成雲인데 성운이 동무의 제자였던 것을 감안한다면 갈근조위탕이 동무의 처방일 가능성도 배제할 수 없다.

8-5-8.

한다열소탕. 의이인 3돈, 나복자 2돈, 맥문동, 길경, 황금, 행인, 마황 각 1돈, 건율 7개.

寒多熱少湯. 薏苡仁三錢, 蘿葍子二錢, 麥門冬, 桔梗, 黃芩, 杏仁, 麻黃 各一錢, 乾栗七箇.

【해설】

상한으로 인한 궐다열소厥多熱少를 치료하는 처방이다.(8-1-3) 궐
厥은 오한을 말한다.(8-1-4) 오한과 발열이 반복하는데 오한할 땐 땀
이 나지 않고 발열할 땐 땀이 나는 증상이다. 그래서 무한건병無汗乾
病이라고도 하며 오래 앓는다고 40일통 또는 장감병長感病이라고도
부른다.(8-1-8)

이 병은 오한이 길수록 병세가 깊다. 4, 5일간 계속되면 중험증이
다. 이때 사용하는 처방이 한다열소탕이다.(8-1-9) 한다열소탕이란
이름에 처방의 목적이 드러나 있다. 한다, 즉 오한의 해소다.

신정방에서 열다한소탕과 한다열소탕을 나란히 배열한 의도를
헤아려보아도 열다한소탕의 목적이 발열의 해결, 즉 해열에 있음을
명확히 알 수 있다.

한다열소탕은 태음인 한자의 기관지약으로 활용해도 된다. 감기
후반에 오한, 발열이 가라앉고 기침, 가래가 주증일 때 쓰면 매우
효과적이다.

8-5-9.

갈근승기탕. 갈근 4돈, 황금, 대황 각 2돈, 승마, 길경, 백지 각
1돈.
본방에 대황을 2돈 더하면 갈근대승기탕이라 부른다. 대황을
1돈 줄이면 갈근소승기탕이라 부른다.

葛根承氣湯. 葛根四錢, 黃芩, 大黃各二錢, 升麻, 桔梗, 白芷各一錢.

本方, 加大黃二錢, 則名曰葛根大承氣湯. 減大黃一錢, 則名曰葛根小承氣湯.

【해설】

열다한소탕에 고본, 나복자가 빠지고 대황이 들어간 처방이다. 태음인의 가장 강력한 해열제라 할 수 있다. 동무는 온병으로 증한 장열增寒壯熱하거나 두면항협적종頭面項頰赤腫할 때 썼다.(8-2-12) 극심한 열증이다.

갈근승기탕을 쓰는 비결은 바로 대변에 있다. 대변험법大便驗法을 알면 외감에 갈근승기탕을 자유롭게 쓸 수 있다. 한궐에도 대변조자大便燥者에게 쓸 수 있고(8-1-9) 위완한증 온병에도,(8-1-10) 간열열증 온병에도(8-2-13, 14) 대변불통하면 바로 쓴다.

갈근승기탕은 외감약이란 사실을 분명히 인식해야 한다. 태음인 열자의 외감에는 처음부터 갈근승기탕을 써도 된다. 갈근승기탕을 먹으면 설사가 나면서 열이 내린다. 열이 심할수록 효과적이며 대변이 마르면 적증이다.

태음인의 만성 변비는 갈근조위탕에 대황을 증량해서 써야 한다. 대황의 놀라운 통변력을 실감할 수 있다. 처방의 정확한 목적을 알아야 임병무퇴臨病無退다.

8-5-10.

조리페원탕. 맥문동, 길경, 의이인 각 2돈, 황금, 마황, 나복자 각 1돈.

調理肺元湯. 麥門冬, 桔梗, 薏苡仁各二錢, 黃芩, 麻黃, 蘿葍子各一錢.

【해설】

태음인 위완한증 온병의 조리에 사용한 처방이다. 한다열소탕으로 온병을 치료한 후 조리폐원탕으로 40일간 조리했다.(8-1-11)

처방을 보면 한다열소탕의 비중은 줄이고 보폐원탕의 의미를 추가했다. 전염병에 걸려 사지를 헤매다 온 환자의 체액 소모를 염두에 둔 처방이다. 기운 차리라고 링거 한방 꽂아주는 것이다.

조리폐원탕의 가장 큰 문제는 처방 이름에 있다. 이름을 너무 멋들어지게 짓는 바람에 과대평가를 받아왔다. 폐의 근원을 조리하는 명방같이 보이지만 실상은 거의 쓸 일이 없다. 태음인 한자가 오랜 감기로 기력이 떨어졌을 때 활용해볼 수 있다.

8-5-11.

마황발표탕. 길경 3돈, 마황 1돈 5푼, 맥문동, 황금, 행인 각 1돈.

麻黃發表湯. 桔梗三錢, 麻黃一錢五分, 麥門冬, 黃芩, 杏仁各一錢.

【해설】

태음인의 가벼운 외감에 쓰는 처방이다. 상한배추표병傷寒背顀表病의 경증이라 표현했다.(8-1-2) 다시 말해서 태음인 한자의 감기약인 것이다. 오한, 발열이 있는 초기 감기에 쓴다.

동무가 사상인을 발견하고 곧장 창방에 돌입한 것은 아니다. 처음에는 사상인에 부합하는 고방부터 활용했다. 무척이나 당연한 과정이다. 그래서 고방에 대한 상당한 식견을 갖고 있다.

동무가 태음인 외감에 응용했던 처방은 마황탕이었다.(보유28-3) 그러나 처방 중 계지와 감초가 약효를 좀먹는단 사실을 깨닫고 개정한다. 그것이 바로 태음마황탕이다.

태음마황탕. 외감으로 땀이 마르고 오한과 구역이 있거나 혹 거품을 토하는 등의 다양한 증상을 치료한다. 마황 3돈, 행인, 황금 각 2돈.

太陰麻黃湯. 治外感諸証. 無汗, 惡寒, 嘔逆, 或嘔吐涎沫. 麻黃三錢, 杏仁, 黃芩各二錢.(권14-1)

마황탕의 마황, 행인에 황금을 더하여 약력을 보완했다. 그리고 개정을 거듭하여 마황발표탕에 이른 것이다. 구본의 마황발표탕은 신본과 또 다르다.(구8-5-1) 마황이 1돈 들어 있다.

그러므로 신본의 마황발표탕은 중경의 마황탕을 개선해서 태음인에게 최적화시킨 것이라 할 수 있다. 처음에는 중경의 선례를 따라 마황을 3돈 썼으나 1돈으로 줄이게 되었고 결국 1.5돈에서 과하지도 모자라지도 않은 발표의 최적량을 찾은 것이다. 3돈은 정천定喘에, 2돈은 정통定痛에 사용했다. 각각 마황정천탕과 마황정통탕이다.

8-5-12.

보폐원탕. 맥문동 3돈, 길경 2돈, 오미자 1돈,
산약, 의이인, 나복자를 1돈씩 추가하면 더욱 좋다.
補肺元湯. 麥門冬三錢, 桔梗二錢, 五味子一錢.

加山藥, 薏苡仁, 蘿葍子各一錢, 則尤妙.

【해설】

갓난아기가 설사를 심하게 할 때 만경풍을 예방하기 위해 사용한 처방이다.(8-2-31) 설사로 인한 체액 손실을 회복시켜 경련을 방지한 것이다.

보폐원탕의 기원은 생맥산이다. 이천은 땀을 많이 흘리는 여름철에 물 대신 마시면 기력을 복구하는 데 최고라 말했다.(8-4-4)

동무는 이천의 생맥산을 태음인에게 적합하도록 개량하고 보폐원탕이라 이름붙였다. 지친 태음인의 활력을 되찾아주니 과연 폐원을 보한다 할 만하다.

여기 산약, 의이인, 나복자를 추가한다면 잃어버린 입맛도 찾아줄 수 있을 것이다.

8-5-13.

녹용대보탕. 녹용 2~4돈, 맥문동, 의이인 각 1돈 5푼, 산약, 천문동, 오미자, 행인, 마황 각 1돈.
허약한 사람의 표증으로 한증이 많을 때 쓴다.

鹿茸大補湯. 鹿茸二三四錢, 麥門冬, 薏苡仁各一錢五分, 山藥, 天門冬, 五味子, 杏仁, 麻黃各一錢.

虛弱人表症寒證多者, 宜用.

【해설】

"허약인虛弱人"은 타고난 약골이란 뜻이다. 쉽게 말하면 노인과 같은 상태를 뜻한다.

어려서부터 병약한 태음인 한자의 다양한 병증에 사용할 수 있는 처방이다. 동무는 음혈모갈(8-2-25), 식체비만, 퇴각무력(8-2-26), 해수병(8-2-28), 몽설병(8-2-33) 등에 활용한다. 태음인 열자는 공진흑원단을 쓴다.

8-5-14.

공진흑원단. 녹용 4~6냥, 산약, 천문동 각 4냥, 제조 1, 2냥, 사향 5돈.

위 약을 가루 낸 후 매실의 과육을 삶아 만든 고와 섞어서 오동나무씨만 한 크기로 환을 만든다. 따뜻한 물로 50~70환을 삼킨다. 소주로 삼켜도 된다. 허약한 사람이 이증이 많을 때 쓴다.

拱辰黑元丹. 鹿茸四五六兩, 山藥, 天門冬各四兩, 蠐螬一二兩, 麝香五錢.

煮烏梅肉爲膏, 和丸梧子大. 溫湯下五七十丸, 或燒酒下. 虛弱人裏症多者, 宜用.

【해설】

위역림의 흑원과 공진단을 개량한 처방이다. 공진단에서 녹용과 사항을 취하고 흑원에서는 매실 과육으로 환을 빚는 법을 취했다. 두 처방의 적응증에 그대로 활용할 수 있다.(8-2-23, 24) 동무는 본조에서 허약한 태음인 열자에 쓴다고 정리하고 있다.

제조蠐螬는 굼벵이다. 정확하게는 딱정벌레목 검정풍뎅이과인 참검정풍뎅이(朝鮮黑金龜子, Holotrichia diomphalia)의 애벌레다. 『신농본초경』에서부터 등장하는 유서 깊은 약물이다. 어혈약으로 써왔으며 피부에 외용하기도 한다. 허준은 두엄을 쌓아둔 곳에서 아무 때나 잡을 수 있으나 뽕나무나 버드나무 속에 살고 있는 깨끗한 것이 좋다고 했다.(동21-2/10)

그런데 지금은 제조 구경하기가 쉽지 않다. 사향도 마찬가지다. 그래서 실제로 공진흑원단은 임상에서 거의 쓰기가 어렵다. 나는 임상에서 제조와 사향을 빼고 유황 등을 추가한 유황공진단을 직접 만들어 쓴다.

8-5-15.

조각대황탕. 승마, 갈근 각 3돈, 대황, 조각 각 1돈.
이 처방은 3, 4첩 이상 써선 안 된다. 승마 3돈을 대황, 조각과 함께 쓰면 약력이 맹렬하기 때문이다.
皂角大黃湯. 升麻, 葛根各三錢, 大黃, 皂角各一錢.
用之者, 不可過三四貼. 升麻三錢, 大黃, 皂角同局, 藥力峻猛故也.

【해설】

처방 아래 주치증이 아니라 주의사항이 붙어 있다. 그만큼 사나운 처방이란 뜻이다. 특별히 승마를 지칭한 것은 갈근보다 더 강한 약이기 때문이다.

조각대황탕은 이성구고환二聖救苦丸(8-4-6)을 모티브로 만든 것이다. 무시무시한 전염병에 공신이 썼던 처방이 이성구고환이다.(8-2-10) 평소 건장했던 자면 백발백중이며 복약 후 땀이 나면 바로 낫는다고 했다. 조각은 모든 땀구멍을 열어주며(開關竅) 대황은 모든 열기를 식혀준다(瀉諸火).

동무는 이성구고환에 승마와 갈근을 더했다. 그리고 온병으로 증한장열增寒壯熱하거나 두면항협적종頭面項頰赤腫할 때 쓴다.(8-2-12) 이른바 동무의 사성구고환이라 할 수 있다.

동무는 대형 화재를 진압하기 위해 가장 강력한 소화전을 준비했다. 그래서 조각대황탕은 함부로 꺼내 쓸 수 있는 물건이 아니다. 쓰기 전에 반드시 주의사항을 숙지하고 있어야 한다.

8-5-16.

갈근부평탕. 갈근 3돈, 나복자, 황금 각 2돈, 자배부평, 대황 각 1돈, 제조 10개.

이증으로 열이 많은 자의 부종을 치료할 때 쓴다.

葛根浮萍湯. 葛根三錢, 蘿葍子, 黃芩各二錢, 紫背浮萍, 大黃各一錢, 蠐螬十箇.

治浮腫裏症熱多者, 宜用.

【해설】

"부종浮腫"은 복창부종腹脹浮腫으로 요즘의 복수에 해당하는 극도로 위험한 증상이다. 열중 아홉은 죽는다고 했다.(8-2-32)

동무가 복수 치료를 위해 구성한 처방이 건율제조탕과 갈근부평 탕이다. 건율제조탕은 병론에 나오지만 갈근부평탕은 약방에만 나온다.

자배부평은 개구리밥과 식물로 등쪽이 자색이라 붙은 이름이다. 『신농본초경』에서부터 부종약으로 사용했다.(下水氣.) 동무도 똑같이 활용했다. 음낭수종에 쓰는 여지핵탕荔枝核湯에도 있고(권14-31) 구본의 부평대황탕에도 있다.(구8-5-11)

제조는 어혈약이다. 『신농본초경』에는 피가 옆구리 아래 딱딱하게 뭉쳐서 통증이 있을 때 쓴다고 했다.(血在脇下堅滿痛.) 지금의 시각으로 보면 간장약인 셈이다. 실제로 간경화나 간암에 효과적이다. 제조는 한마디로 간의 특효약이라 할 수 있다.

갈근부평탕은 제조로 굳은 간을 풀면서 갈근, 부평 등으로 부종을 내리는 복수 처방이라 할 수 있다. 동서고금을 꿰뚫는 듯한 동무의 절묘한 약물활용법이 놀랍다.

8-5-17.

건율제조탕. 건율 100개, 제조 10개.

탕으로 복용하는데 혹 구워서 먹기도 한다. 황률과 제조 10개를 가루낸 후 별도의 황률 끓인 물에 섞어 마신다. 표증으로 한이 많은 자의 부종을 치료할 때 쓴다.

乾栗蠐螬湯. 乾栗百枚, 蠐螬十介.

湯服或灸食. 黃栗, 蠐螬十介作末, 別用黃栗湯水調下. 治浮腫表症寒多者, 宜用.

【해설】

건율제조탕은 부종약이다. 간장약인 제조와 부종약인 건율로 태음인 한자의 복수를 치료한 것이다.

복창부종병에 제조를 쓴 건 병의 원인을 간파한 동무의 탁견이라 할 수 있다. 태음인에게 제대로 쓰면 간장병을 고친다. 간혹 한약이 간에 나쁘니 먹지 말라고 했다는 황당한 소리를 듣는다. 혹 음식 먹고 몇 번 체했다고 음식 먹지 말라고 할 텐가? 체하는 음식은 체질마다 따로 있다. 한약 중에는 간에 효과적인 약들도 즐비하건만 정말 악의적인 루머가 아닐 수 없다. 생각해보라. 간이 이건 한약이고, 저건 양약이라며 가리겠는가? 천만의 말씀. 간은 오직 자기 이익만 좇는다.(1-27) 아는 자는 고치고 모르는 자는 망칠 뿐이다.

건율도 초창기부터 활용해온 부종의 명약이다.(보유29-5) 부드럽지만 강력한 거습제라 할 수 있다.

8-5-18.

건율저근피탕. 건율 1냥, 저근백피 3∼5돈.

이질을 치료한다. 탕으로 복용하거나 환으로 복용한다. 환으로 복용할 때는 저근백피만 3∼5돈 쓰기도 한다.

乾栗樗根皮湯. 乾栗一兩, 樗根白皮三四五錢.

治痢疾. 或湯服, 或丸服. 而丸服者, 或單用樗根白皮五錢.

【해설】

건율저근피탕은 태음인의 이질 처방이다. 소양인 이질에는 황련

청장탕을 썼다.(7-6-15)

태음인의 이질은 노심초사로 생기며 이미 중험병으로 부종의 전조증이라 했다.(8-2-32)

환으로 만들땐 저근백피만 써도 된다 함은 저근백피가 주약이란 의미다. 저근백피는 성질이 차고 건조해서 탕으로 먹을 땐 이것만 먹지 않는다.(8-4-5) 그래서 건율이란 태음인의 정장제整腸劑를 함께 쓴 것이다.

저근피는 전통적인 설사약이자 이질약이다. 동무도 이질과 설사에 모두 활용했다.(8-1-10)

8-5-19.

과체산. 과체(노릇하게 구워 가루낸 것) 3~5푼. 따뜻한 물에 개어 삼킨다. 간혹 말린 과체 1돈을 급히 달여 탕으로 쓰기도 한다.

졸중풍을 치료한다. 중풍으로 쓰러져 가슴팍에서 그륵그륵 막히는 듯한 소리가 나면서 눈을 치켜들 때 반드시 써야 한다. 이 약은 이 병과 이 증에만 쓸 수 있다. 다른 병과 다른 증에는 결코 써선 안 된다. 흉복통이나 냉기로 인한 기침, 천식에는 더욱 주의해야 한다. 음식에 체했더라도 이 약을 쓰지 말고 다른 약을 쓰라.

안색이 푸르거나 희고 평소에 한증으로 표기가 허한 사람은 중풍으로 졸도하면 웅담산, 우황청심원, 석창포원지산을 써야 한다. 과체산은 써선 안 된다.

瓜蔕散. 瓜蔕炒黃爲末三五分.

溫水調下. 或乾瓜蔕一錢, 急煎湯用. 治卒中風. 臆膈格格有窒塞聲及目
瞪者, 必可用. 此藥此病此證可用, 他病他證必不可用. 胸腹痛, 寒咳喘,
尤忌用. 雖滯食物, 不可用此藥而用他藥.

面色靑白而素有寒證表虛者, 卒中風則當用熊膽散. 牛黃淸心元, 石菖蒲
遠志散, 而不可用瓜蔕散.

【해설】

과체산은 효능보다 금기가 더 많은 약물이다. 동무는 한때 과체
를 필수의약품으로 꼽기도 했다.

나와 동년배인 김최돌이 7월에 복통을 동반한 서증이 있었다. 대
황을 썼으나 효과가 없고 수박 잎으로 즙을 내어 먹여도 효과가
없었다. 3일이 지난 후 중풍으로 정신이 혼미해지고 머리와 얼굴
에 땀이 마르는 것이란 생각이 들었다. 속으로 깜짝 놀라 급히 과
체 가루 5푼을 찬물에 개어 먹였더니 잠시 후 먹은 음식을 다 토
해내고 그날 밤 쾌유했다. 그러므로 태음인에게 과체는 왕진가방
에 빠져선 안 된다.

仝年金催乭七月間腹痛暑症. 用大黃而不效. 用水瓜葉汁而不效. 數三日
後, 漸覺有中風之非精神昏冒而頭面無汗. 心中驚異, 急用瓜蔕末五分重,
冷水調服, 則須臾大吐食物, 其夜卽愈. 然則太陰人瓜蔕不可闕於囊
中.(보유29-6)

참 진솔한 임상례다. 그러나 동무는 점점 과체에 회의를 품게 되

었다. 본조에서도 과체를 매우 제한적으로 사용한다. 통쾌한 사례보다 침통한 사례를 더 많이 겪었을 것이다. 급기야는 태음인의 과체는 가장 몹쓸 약이라 악평한다.

태음인의 과체약은 모든 병에 다 위태로움을 초래하는데 담연옹색을 치료하는 단 하나의 효능이 있다하나 이 또한 유명무실하고 위험성이 없는 게 아니다. 길경, 맥문동, 오미자를 서너 번 복용하여 치료하는 것에 전혀 비교할 바가 못 된다. 그러니 담연옹색에도 이 약은 천하에 백해무익한 약이 아닌가?

太陰人瓜蔕藥, 百病用之皆殆, 而祇有治痰涎壅塞之一能者, 亦有名無實不無危慮. 萬不如桔梗, 麥門冬, 五味子三四服之治, 痰涎壅塞則此非天下萬害無用之藥乎? 此二藥外治可用, 內服不可用.(6-3-23)

결국 외치로 쓰지 내복하지 말라고 말한다. 하수는 늘 어려운 길로 가고 고수는 늘 쉬운 길로 간다고 한다. 쉬운 길로 가야 한다. 과체산은 쓰지 않는 것이 좋다.

8-5-20.

웅담산. 웅담 3~5푼. 따뜻한 물에 개어 삼킨다.

熊膽散. 熊膽三五分. 溫水調下.

【해설】

웅담산은 한궐의 치료처방이다.(8-1-9) 웅담 단미로 구성되어 있다.

웅담은 태음인의 강력한 해표약이다.(권11-7) 가벼우면서 맑히는 힘이 있다.(熊膽, 有輕淸之力. 권11-3) 강한 발산력으로 역기를 풀어주는 것이다.(熊膽, 解疫氣. 권14-11)

웅담산이 없으면 승마개뇌탕을 대신 쓰기도 한다.(구8-1-9) 한궐이 풀리면서 머리와 이마에서 땀이 나므로 개뇌開腦란 이름을 붙였다.

웅담을 상한에 사용한 것은 동무의 독특한 용례다. 그리고 신본에서는 또다른 적응증을 추가했다. 바로 한자의 졸중풍이다.(8-5-19) 동무는 본초의 약성을 계속해서 발굴해나가고 있다.

8-5-21.

사향산. 사향 3~5푼.

따뜻한 물에 개어 삼킨다. 또는 따뜻한 술에 개어 삼키기도 한다. 3푼과 5푼만 언급했으나 4푼도 역시 포함된다.

麝香散. 麝香三五分

溫水調下. 或溫酒調下. 只擧三五分, 則四分在其中.

【해설】

사향산은 식중독으로 토하고 설사할 때 쓴다.(8-2-36) 구본에서는 전염병(體熱, 腹滿, 自利證. 구8-1-23)과 중풍병(腹痛, 下利, 舌卷, 不語, 中風病. 구8-2-5)에 길경생맥산과 함께 썼다.

동무는 사향이 가슴답답증을 푼다고 했다.(麝香, 治痞悶. 권14-11) 그래서 공진흑원단(8-5-14)과 우황청심원(8-5-24)에 들어간 것이다.

온몸에 진물이 흐르는 증상에 사향을 사용한 임상례도 흥미롭

다.(太陰人滿身瘡, 有大服麝香而得效者. 권14-11) 지금의 아토피 같은 병에
응용해볼 수 있다.

8-5-22.

석창포원지산. 원지 가루 1돈, 석창포 가루 1돈, 저아조각 가루
3푼.
따뜻한 물에 개어 삼킨다. 또는 원지와 석창포 가루를 따뜻한
물에 개어 삼키고 조각 가루는 코에 불어넣기도 한다.
石菖蒲遠志散. 遠志末一錢, 石菖蒲末一錢, 猪牙皂角末三分.
溫水調下. 或遠志, 菖蒲末溫水調下, 皂角末吹鼻.

【해설】

석창포원지산은 한자의 졸중풍약이다. 안색이 푸르거나 희면서
평소 한증인 자의 졸중풍에 쓴다.(8-5-19) 동무가 우황청심환을 대
체하기 위해 만든 구급약이다.(8-2-35)

눈과 귀를 밝게 하는 데 석창포와 원지 가루를 쓴 손사막의 방법
을 보고 힌트를 얻었다.(8-4-1)

8-5-23.

맥문동원지산. 맥문동 3돈, 원지, 석창포 각 1돈, 오미자 5푼.
麥門冬遠志散. 麥門冬三錢, 遠志, 石菖蒲各一錢, 五味子五分.

【해설】

맥문동원지산은 병증론에선 언급하지 않은 처방이다. 석창포원지산과 짝을 이루는 졸중풍 구급약이다.

석창포원지산이 우황청심원을 대신하듯 맥문동원지산은 과체산을 대체하기 위한 것이다. 과체산은 중풍으로 쓰러져 가슴에 가래 끓는 소리가 나고 눈을 치켜뜰 때 쓴다.(8-5-19) 하지만 워낙 부작용이 심해 폐기했다. 차라리 맥문동, 길경, 오미자를 쓰라고 했다.(6-3-23) 마침내 과체산을 대신할 열자의 졸중풍약으로 맥문동원지산을 만든 것이다. 역시 원지와 석창포가 들어 있다.

8-5-24.

우황청심원. 산약 7돈, 포황(볶은 것) 2돈 5푼, 서각 2돈, 대두황권(볶은 것) 1돈 7푼, 맥문동, 황금 각 1돈 5푼, 길경, 행인 각 1돈 3푼, 우황 1돈 2푼, 영양각, 용뇌, 사향 각 1돈, 백렴 7푼, 금박 70장(20장은 옷을 입힌다), 매실 20개(쪄서 살을 발라 갈아서 고약으로 만들어둔다).

위 약들을 가루 내어 매실로 만든 고약에 골고루 섞어 1냥으로 20환을 만들고 금박으로 옷을 입힌다. 1환씩 따뜻한 물에 먹는다.

牛黃淸心元. 山藥七錢, 蒲黃炒二錢五分, 犀角二錢, 大豆黃卷炒一錢七分, 麥門冬, 黃芩各一錢五分, 桔梗, 杏仁各一錢三分, 牛黃一錢二分, 羚羊角, 龍腦, 麝香各一錢, 白斂七分.

金箔七十箔內二十箔爲衣. 烏梅二十枚蒸取肉硏爲膏. 右爲末烏梅膏和

匀, 每一兩作二十丸. 金箔爲衣. 每取一丸, 溫水化下.

【해설】

공신의 우황청심환(8-4-8)을 태음인에게 적합하도록 개량한 것이
다. 동무는 태음인 한자의 졸중풍에 사용했다.(8-2-34) 동무가 초기
에 쓰던 중풍 치료법이 『동무유고』에 나온다.

태음인의 위급한 증상으로 중풍으로 혼절하는 것이 있다. 우황청
심환을 쓰는데 혹 우황 하나만 쓰기도 하고 혹 과체로 토를 시킬
때도 있다. 복약 후 정수리에 땀이 나면서 점점 등쪽까지 이르면
위급에서 시원하게 벗어나는 것이다.

太陰人危症, 中風昏冒也. 牛黃淸心丸, 或單牛黃, 或瓜蔕吐之. 頂上有汗
而次次至於背, 則快免危也.(보유29-3)

우황청심환에서 가장 중요한 약은 우황이다. 우황청심환을 구하
기 힘들면 우황만 복용시키기도 했다. 그래서 구본에서는 우황산약
원을 만든다. 우황청심환의 간략 버전이라 할 수 있다.

우황산약원. 우황 2푼, 산약, 원지 각 2돈을 가루내어 맥문동으로
쑨 풀에 반죽하여 4환으로 나눈다. 1환씩 따뜻한 물에 먹는다.

牛黃山藥元. 牛黃二分, 山藥, 遠志各二錢. 麥門冬糊分作四丸. 每一丸,
溫水調下.(구8-5-15)

마침내 신본에서 제대로 된 태음인 우황청심원을 만들어놓았다.

허준이 우황청심환을 중풍을 비롯한 신경정신과 질환에 두루 활용했듯 동무의 우황청심원도 마찬가지다. 다만 보호동물의 원료가 포함되어 있어 더 이상 쓰기 어려운 약이다.

8-5-25.

위 태음인 약들 중에서 행인은 씨가 둘인 것은 버리고 껍질과 뾰족한 부분도 제거한다. 맥문동과 원지는 심을 제거한다. 백과와 황률은 껍질을 벗긴다. 대황은 술에 찌기도 하고 생으로 쓰기도 한다. 녹용과 조각자는 우유에 적신 후 굽는다. 산조인, 행인, 백과는 볶아서 쓴다.

右太陰人藥諸種, 杏仁, 去雙仁去皮尖. 麥門冬, 遠志, 去心. 白果, 黃栗, 去殼. 大黃, 或酒蒸或生用. 鹿茸, 皂角, 酥灸. 酸棗仁, 杏仁, 白果, 炒用.

【해설】

행인은 살구나무의 씨다. 딱딱한 껍질을 깨면 붉은 빛이 감도는 동그란 아몬드 모양의 씨가 하나 들어 있다. 예부터 씨가 두개 들어 있는 것은 쓰지 않았다. 『명의별록』에는 쌍인은 사람을 죽인다며 으름장을 놓았다. 허준도 쌍인을 금기시하고 해독법까지 적어뒀다.(동 17-2/9)

행인은 살이 쪄서 통통한 것이 좋다. 충분히 발육하지 못하면 약성이 약하고 독성이 강해지므로 쓰지 않았던 것이다. 볶는 것(炒)도 독성을 제거하는 방법이다. 껍질을 제거한다고 알려져 있지만 최근의 연구에 따르면 껍질째 쓰는 것이 더 효과가 좋다고 한다.

대황은 생용하면 청열해독하고 공하작용이 강하고 주증하면 공하보다 파혈작용이 더 강해진다. 병증에 따라 알맞게 사용해야 한다.

"수구酥灸"는 부드러운 우유에 적신 후 굽는 것을 말한다. 양질의 우유에 적신 녹용이나 조각을 약한 불에 고기 굽듯 뒤집어주면서 노릇노릇 구워준다.

소음인, 소양인과 달리 태음인 약은 다양한 수치법을 활용하고 있다.

이상으로 태음인론을 모두 마친다. 「의원론」에서부터 이어져온 개정의 대장정이 여기서 멈춘다. 동무는 『격치고』 10년의 고난길이 끝나자마자 1년간 『동의수세보원』의 강행군을 재촉했다. 1894년 『동의수세보원』을 완성하고 동무는 "정력이비精力已憊"란 짧은 탄식을 내지른다. 극도의 정신력을 요하는 창작 작업에 몸도 마음도 너무 지쳐 있었다. 그런데도 마지막 사력을 다하여 다시 개정작업에 돌입한 것이다.

동무는 『동의수세보원』을 개초하면서 하루가 다르게 쇠약해져가는 자신의 모습을 분명히 알았을 것이다. 그러나 멈출 수가 없었다. 이것이 자신의 소명임을 누구보다 잘 알고 있었기 때문이다. 『동의수세보원』이 삶의 이유였던 것이다. 동무는 『동의수세보원』에 기꺼이 생명을 바쳤다. 그리고 1900년 11월 12일, 스산한 바람과 함께 조용히 세상을 떠난다.

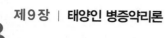

제9장 | 태양인 병증약리론

태양인론은 1894년 완성된 구본의 모습 그대로다. 개초의 여정은 태음인론에서 끝났다.

태양인론은 『동의수세보원』에서 가장 미숙한 영역이다. 구본을 완성했을 때도 그러했고 개초를 거치지 않아 더욱 그러하다. 동무는 그 자신 태양인이었음에도 불구하고 태양인의 병증과 약리에 대한 경험이 제일 부족했던 것이다. 그래서 태양인론은 사상의학의 미완성을 보여주는 대표적인 장이 되었다.

태양인 외감병론
太陽人外感腰脊病論

구본의 병증론은 외감과 내촉으로 구분된다. 태양인은 외감요척병론外感腰脊病論과 내촉소장병론內觸小腸病論으로 나뉜다. 모든 질병은 취약한 장국에서 발생한다고 생각했다. 외감요척병이란 태양인의 외감이 허약한 요척에서 기인한다는 뜻이다.

태양인 병증론의 두드러진 특징은 그 내용이 매우 간소하다는 것이다. 외감병은 해역병, 내촉병은 열격병이 전부다. 그래서 초기 연구자들은 태양인에게 이들 외의 병증은 없다는 황당한 해석을 가하기도 했다. 동무가 먹여주는 『동의수세보원』이라는 모유가 너무 절대적이었기 때문이었을까?

언제까지 동무의 무릎에만 앉아 있을 순 없다. 동무가 사상의학을 남긴 지 100년, 이제 스스로 걸음마를 해나갈 때다.

9-1-1.

『내경』에서 말한다. "척맥이 완삽하면 해역이라 부른다."

해석해서 말한다. "척이라는 부위는 음에 속하는 부위로 간과 신이 주관한다. 완한 것은 속에 열이 있고 삽한 것은 혈이 부족한 것이므로 해역이라 부른다. 해역은 추운 것 같은데 춥지 않고 열이 나는 것 같은데 열이 나지 않고 약한 것 같은데 약하지 않고 튼튼한 것 같은데 튼튼하지도 않다. 뭐라고 이름 붙이기가 어려워 해역(풀린다는 뜻)이라 부른 것이다."

『內經』曰 "尺脈緩澁, 謂之解㑊."

釋曰 "尺爲陰部, 肝腎主之. 緩爲熱中, 澁爲亡血, 故謂之解㑊. 解㑊者, 寒不寒, 熱不熱, 弱不弱, 壯不壯. 獰不可名, 謂之解㑊也."

【해설】

태양인의 외감요척병인 해역이다. 해역에 관한 가장 오래된 기록은 『내경』에서 찾을 수 있다. 『소문』 「평인기상론平人氣象論」의 문장이다. 후인의 해석이 같이 붙어 있다. 동무는 해역의 맥에는 별 관심이 없다.

9-1-2.

『영추』에서 말한다. "골수가 손상되면 정강이가 시리고 몸이 풀린다. 그래서 가지 못한다." 가지 못한다 함은 걸어갈 수 없음을 말한다.

『靈樞』曰 "髓傷則消爍胻痠, 體解㑊, 然不去矣." 不去, 謂不能行去也.

【해설】

계속해서 해역의 원인과 증상을 설명한다. 원인은 골수의 손상이고 증상은 걸어다니지 못하는 것이다.

허준이 『영추』의 문장이라 적어놓았으나(동12-2/24) 사실은 『소문』「자요론刺要論」의 문장이다.

9-1-3.

내가 논한다. "이 병증은 태양인의 요척병이 매우 중한 것이다. 깊은 슬픔을 경계하고 욱하는 분노를 멀리하면서 맑고 고요하게 수양해야 나을 수 있다. 이 병증에는 오가피장척탕을 써야 한다."

論曰 "此證, 卽太陽人腰脊病太重證也. 必戒深哀, 遠嗔怒, 修淸定, 然後其病可愈. 此證, 當用五加皮壯脊湯."

【해설】

동무의 해역병 치료법이다. 해역병은 매우 엄중한 병으로 마음의 평정이 가장 중요한 치법이라 말하고 있다.

태양인론의 일관성

우리는 「사단론」을 항해하며 희로애락의 병리론을 탐험해왔다. 태양인은 타고난 노정怒情이 폭발하면 간이 상한다.(2-16) 그래서 간이 붙은 자리인 허리도 충격을 받게 된다.(2-17) 타고난 애성哀性 역시 노정을 자극하여 간을 상하게 만든다.(2-22)

해역병의 병인과 병리 및 치료와 예방이 성정을 중심으로 절묘하게 돌아가고 있다. 열격병도 마찬가지다. 그래서 태양인론을 보면서 이론적 일관성이 내용적 완벽성으로 오인되는 착시 현상이 쉽게 생긴다.

오가피장척탕은 오가피로 척주를 튼튼하게 만들어 해역을 치료하는 처방이다. 마음으로 큰불을 다스리고 탕약으로 작은 불을 처리하는 것이다.

9-1-4.

해역이란 것은 상체는 튼튼한데 하체가 풀리는 것을 말한다. 그러니 다리가 힘이 없어 걷지를 못한다. 그런데 다리가 마비가 있거나 붓고 아픈 증상이 있는 것은 아니며 다리 힘이 그리 약한 것도 아니다. 이것이 이른바 약한 것도 아니고 강한 것도 아니며 오한이 있는 것도 발열이 있는 것도 아니라고 한 이유다. 이 병은 다리의 병이 아니라 바로 허리의 병이다.

해역증이 있는 사람은 실제 오한이나 발열 또는 몸이 아픈 것 같은 증상이 크게 없다. 태양인이 만약 이런 증상이 나타난다면 요척의 표기가 충실한 것이다. 그런 병은 쉽게 치료할 수 있고 그 사람 또한 건강한 것이다.

解㑊者, 上體完健而下體解㑊. 然脚力不能行去也. 而其脚自無痲痺, 腫痛之證, 脚力亦不甚弱. 此所以弱不弱, 壯不壯, 寒不寒, 熱不熱. 而其病, 爲腰脊病也.

有解㑊證者, 必無大惡寒, 發熱, 身體疼痛之證也. 太陽人若有大惡寒, 發熱, 身體疼痛之證, 則腰脊表氣充實也. 其病易治, 其人亦完健.

【해설】

동무의 해역병 해설이다.

해역은 외감병이 아니다

해역병에 관한 가장 중요한 시선은 다리병이 아니라 허리병이라는 것이다. 해역병 환자가 누워서 힘을 써보면 다리에 힘이 들어간다. 그런데 희한하게 걷지를 못하는 것이다. 동무는 해역병을 허리병으로 봤다. 그래서 허리를 강화시키는 처방을 구상했다.

해역병의 또 다른 특징은 한열이 드러나지 않는다는 것이다. 오한, 발열, 신통 같은 외감 증상이 전혀 없다. 그래서 사실 외감병이라 보기 어렵다. 상한과 무관한 것이다. 해역병은 요척병이긴 하나 외감병은 아니다. 허준은 해역을 허로의 범주로 본다.(동12-2/24)

이처럼 『동의수세보원』에는 태양인의 외감병이 없다. 그렇다고 동무가 태양인의 외감을 마냥 도외시한 것은 아니다. 다만 대수롭지

않게 생각했을 뿐이다. 태양인의 오한, 발열은 오히려 건강의 증표
라 보기까지 한다.

동무가 태양인의 외감에 사용한 약이 바로 교맥, 즉 메밀쌀이
다.(外感, 蕎麥米飮好藥也. 보유32-5) 실제로 뜨끈한 메밀죽을 한사발 먹
은 뒤 따뜻하게 땀을 좀 내면 많이 편해진다. 동무 자신 외감으로
열이 나고 쑤시면 메밀죽을 먹으며 쉬었을 것이다.

『초본권』에는 태양인 표증 치료제로 건시탕乾柹湯을 만들어두기
도 했다.(권15-1) 교맥과 더불어 오가피와 건시가 3돈씩 들어간 처방
이다. 건시는 백시白柹라고도 하는데(동21-3/16) 곶감이다.

오가피장척탕 역시 외감병에 조금 효과가 난다. 오가피와 교맥
등 외감약이 포함되어 있기 때문이다.

그런데 태양인 외감을 가볍다고 하고 넘어가기엔 무리가 있다. 적
극적인 복약이 필요할 때도 많기 때문이다. 외감 하나만 보아도 동
무의 태양인 경험량이 얼마나 미흡한지 짐작할 수 있다.

이로써 『동의수세보원』의 가장 짧은 챕터「태양인외감요척병론」
이 끝난다.

2절

태양인 내촉병론
太陽人內觸小腸病論

태양인의 내촉병론은 열격병만을 담고 있다. 후반부에서는 열격과
해역에 대해 남은 이야기를 한다.

9-2-1.

주진형이 말한다. "열격과 반위라는 병은 혈과 액이 모두 소모되어 위완(곧 식도)이 말라붙은 것이다. 위쪽에 있는 목구멍 근처가 말라붙었다면 마실 것은 넘어가도 음식물은 들어가기 어렵게 된다. 들어가도 그 양이 많지 않다. 이를 열이라 부른다. 반면 아래쪽의 위장 근처가 말라붙었다면 음식물이 들어갈지라도 위장으로 다 넘어가기는 어렵다. 꽤 오래 머문다 해도 결국 다시 나온다. 이를 격이라 부르며 반위라고도 한다. 대변이 마르고 줄어 염소 똥처럼 되는데 이름은 달라도 병의 뿌리는 같다."

또 말한다. "상초 열격은 먹으면 위완에서 가슴까지 아프고 금방 토해버리며 토하면 통증이 멈춘다. 중초 열격은 먹을 것을 넘기긴 하지만 위장으로 다 들어가지 못해 한참 머물다가 도로 나온다. 하초의 열격은 아침에 먹으면 저녁에 토하고 저녁에 먹으면 아침에 토한다."

"기혈이 모두 허한 사람은 입에서 거품을 많이 토해낸다. 거품만 많이 토해내는 사람은 반드시 죽는다."

"대변이 염소똥 같은 사람은 난치다."

"음식을 담백하게 먹지 않는 사람도 난치다."

朱震亨曰 "噎膈, 反胃之病, 血液俱耗, 胃脘乾槁. 其槁在上近咽, 則水飮可行, 食物難入. 入亦不多, 名之曰噎. 其槁在下近胃, 則食雖可入, 難盡入胃. 良久復出. 名之曰膈. 亦曰反胃. 大便祕少若羊屎. 然名雖不同, 病出一體."

又曰 "上焦噎膈, 食下, 則胃脘當心而痛, 須臾吐出, 食出痛乃止. 中焦噎膈, 食物可下, 難盡入胃, 良久復出. 下焦噎膈, 朝食暮吐, 暮食朝吐."

"氣血俱虛者, 口中多出沫. 但見沫多出者, 必死."

"大便如羊屎者, 難治."

"不淡飲食者, 難治."

【해설】

주진형은 열격이라는 희귀한 병증을 자세히 다루고 있다. 그래서 태양인 병증의 윤곽은 깨달았다고 평가한 것이다.(5-3)

주진형은 첫머리에 열격의 병리를 못박고 있다. 혈액이 소모되어 위완이 말라붙었다는 것이다. 여기서 "혈액"이란 혈과 액을 말한다. 혈은 기와, 액은 진과 짝을 이루는 개념으로 전부 체내의 생리적 순환을 담당한다. 음혈이 바닥나서 발생하는 해역의 병리와 상통한다.(9-1-1)

"열噎"은 상부의 식도 기능이 부전하여 액체는 넘어가도 고체는 못넘기는 것이며 "격膈"은 하부의 식도 기능이 부전하여 고체를 넘기기는 하나 결국 토해버리는 것으로 "반위反胃"라고도 부른다.

허준은 본문의 출처를 모두 『단계심법』이라 밝혔지만 사실과 다르다. "주단계왈"의 문장은 『국방발휘局方發揮』「치법변혹治法辨惑」에 나온다. "우왈"의 문장은 이천의 말이다. 『의학입문』「격열증치膈噎證治」에 나온다.

『동의보감』에는 "부담음식不淡飲食"과 함께 "부단방실不斷房室"도 난치라고 했다. 그러나 동무는 섹스보다 음식이 훨씬 더 중요하다 생각했기에 생략한 것으로 보인다.

9-2-2.

장계봉이 말한다. "열은 분명히 정신과 생각에서 기인하는 병이다. 오직 내면을 관조하고 스스로 수양함으로써만 치료할 수 있다."

張鷄峯曰 "噎, 當是神思間病, 惟內觀自養, 可以治之."

【해설】

본문 역시 『국방발휘』「치법변혹」에 나온다. 장계봉은 열격이 심리적인 원인으로 발생하며 수양이 중요함을 짚어주고 있다. 주단계는 "병의 정황을 정확히 꿰뚫은 말"(其言深中病情, 동13-2/7)이라 평했다. 동무의 생각도 동일하다.

9-2-3.

공신이 『고금의감』에서 말한다. "반위나 격이나 열의 병인은 모두 동일하다."

(『의림집요』에서 말한다) "열격의 병증은 허에도 실에도 냉에도 열에도 속하지 않는다. 이는 인간의 정기신 중 신의 영역에서 생긴 병일 뿐이다."

龔信『醫鑑』曰 "反胃也, 膈也, 噎也, 受病皆同."

"噎膈之證. 不屬虛. 不屬實. 不屬冷. 不屬熱. 乃神氣中一點病耳."

【해설】

허준은 전반부가 『고금의감』의 글이고 후반부가 『의림집요醫林集要』의 글이라 했다.(동13-2/7) 『의림집요』는 명나라 왕새王璽가 지은 의서다.

열격병의 특징 역시 해역과 동일하다. 허증이라 말하기도, 실증이라 말하기도, 한증이라 말하기도, 열증이라 말하기도 어려운 것이다. 한의학은 한열허실이라는 도구를 통해 천변만화하는 수없는 질병을 간명하게 분석하는데 한열허실에 속하지 않는다는 것은 당혹스러운 상황일 수밖에 없다.

열격병의 원인도 해역과 동일하다. 심리적인 문제가 발병의 중요한 원인이며 치료에 있어서도 심리적 안정이 매우 중요하다.

9-2-4.

내가 논한다. "이 병증은 바로 태양인의 소장병이 매우 중한 것이다. 진노를 멀리하고 기름진 음식을 끊어야 나을 수 있다. 이 병증에는 미후도식장탕을 써야 한다."

論曰 "此證. 卽太陽人小腸病太重證也. 必遠嗔怒. 斷厚味. 然後其病可愈. 此證. 當用獼猴藤植腸湯."

【해설】

열격병의 치료법이다. 열격 치료의 첫째는 마음이다. 분노의 통제를 가장 중시했다. 둘째는 음식이다. 반드시 기름진 음식을 끊어야 한다. 마지막은 복약이다. 다시 말해서 열격병은 올바른 섭생이 치료의 관건인 것이다.

기름진 음식을 끊으라

동무는 해역병에서 특히 음식을 주의시킨다. 기름진 음식을 끊으라고 단호하게 말한다. 태소음양인의 치료법을 논하면서 음식을 경계한 거의 유일한 대목이다. 그만큼 해역병에서 음식의 영향은 지대하다.

현대의학은 담즙이 기름진 음식의 소화를 담당한다고 말한다. 그런데 담즙의 생산은 간에서 이루어진다. 그렇다면 간의 생리 작용이 부실한 태양인은 담즙의 생산 역시 부족한 것 아닐까? 사상의학의 간과 현대의학의 간이 묘하게 일치하는 부분이다. 이러한 상응관계가 사상인의 장부대소를 실질 장기의 문제로, 그리고 현대의학적 의미로 확대해석해보려는 동력이 되어왔다.

태양인은 정말 기름진 음식에 취약하다. 후미를 끊으라고 한 이 짧은 한마디가 태양인의 삶의 질을 결정해줄 평생의 격언이 될 것이다.

9-2-5.

음식을 삼키는데 잘 넘어가지 않는 것을 열이라 한다. 삼켰으나 거리낌이 있는 것을 격이라 한다. 아침에 먹은 것을 저녁에 토하

고 저녁에 먹은 것을 아침에 토하는 것을 반위라 한다. 그렇다
고 해서 먹은 것을 전부 다 토해내는 것은 아니다. 잘 넘어가지
않거나 위의 입구에서 거리낌이 있어도 하루가 지나서 토하기도
하니 반위라는 병 역시 열격과 다를 바가 없다.

열격이란 위완에서 발생하는 것이다. 반위란 위의 입구에서 발
생하는 것이다. 모두 동일한 병증이다. 열격증이 있는 사람은 결
코 복통, 장명, 설사, 이질과 같은 증상이 동반되지 않는다. 태
양인이 만약 복통, 장명, 설사, 이질 등의 증상이 있으면 소장의
이기가 충실한 것이다. 그런 병은 쉽게 치료할 수 있고 그 사람
역시 건강한 것이다.

食物自外入而有所妨碍, 曰噎. 自內受而有所拒格, 曰膈. 朝食暮吐, 暮食
朝吐, 曰反胃. 然朝食而暮吐, 暮食而朝吐者, 非全食皆吐也. 有所妨碍而
拒格於胃之上口者, 經宿而自吐也, 則反胃亦噎膈也.

盖噎膈者, 胃脘之噎膈也. 反胃者, 胃口之噎膈也. 同是一證也. 有噎膈
證者, 必無腹痛, 腸鳴, 泄瀉, 痢疾之證也. 太陽人若有腹痛, 腸鳴, 泄瀉,
痢疾之證, 則小腸裏氣充實也. 其病易治, 其人亦完健.

【해설】

동무가 열격과 반위를 다시 정의한다. 병의 부위만 약간 다를 뿐
증상은 대동소이하다. 모두 음식을 받아들이지 못하고 토해내는 병
으로, 결국 열격병이라 할 수 있다.

해역과 열격은 중병

열격병 역시 복통, 장명, 설사, 이질 등의 이증이 나타나지 않는다. 정말 해역과 깔맞춤이다. 태양인의 복통, 장명, 설사, 이질 등은 이증지경병裏證之輕病이다. 그리고 태양인의 오한, 발열, 신체동통 등은 표증지경병表證之輕病이다.

동무는 엄중한 병증을 먼저 다루느라 가벼운 병증은 다루지 않고 넘어갔다. 태양인의 병은 해역과 열격밖에 없다는 황당한 발언을 해선 곤란하다.

9-2-6.

해역과 열격은 모두 중증이다. 그러나 똑같이 중증이지만 경중의 차이가 있다. 해역이 있으면서 열격이 없으면 해역의 경증이다. 열격이 있으면서 해역은 없으면 열격의 경증이다. 그런데 만약 해역과 열격이 함께 있으면 그 중험함은 이루 다 말할 길이 없다. 그런데 중험 중에서도 또 경중이 있다.

태양인의 해역과 열격은 사경에 이르기 전까지는 생활이나 먹고 마시는 것이 평소와 같아 사람들이 별 것 아닌 병으로 보게 된다. 그래서 위험한 지경에 이르면 만회하기가 어려운 것이다.

나는 태양인의 장리를 품부받아 일찍이 열격병을 6, 7년 앓은 적이 있다. 가래거품을 토해내던 것이 수십 년 섭생으로 다행히 요절을 면했다. 이런 부끄러운 과거를 기록하여 병을 가진 태양인의 경계로 삼는다. 만약 치법을 논한다면 오직 "진노를 멀리하라" 이 한마디에 있다.

解㑊噎膈俱是重證. 而重證之中有輕重之等級焉. 解㑊而無噎膈, 則解
㑊之輕證也. 噎膈而無解㑊, 則噎膈之輕證也. 若解㑊兼噎膈, 噎膈兼解
㑊, 則其爲重險之證不可勝言, 而重險中又有輕重也.

太陽人解㑊, 噎膈, 不至死境之前起居飮食如常, 人必易之視以例病. 故
入於危境, 而莫可挽回也.

余稟臟太陽人. 嘗得此病六七年. 嘔吐涎沫, 數十年攝身, 倖而免夭. 錄
此. 以爲太陽人有病者戒. 若論治法, 一言弊曰 "遠嗔怒" 而已矣.

【해설】

해역과 열격을 함께 비교하고 있다. 각각도 중증이지만 둘다 있으
면 더욱 중증이다. 그런데 특이하게 사경을 헤매기 전에는 멀쩡해
보인다. 한열허실이 전혀 나타나지 않는 것이다. 참 특이한 병증들
이다.

화내지 말라

"품장태양인稟臟太陽人"이란 태양인의 장리로 태어났다는 의미다.
동무가 자신의 장리를 밝히고 투병의 과거를 기록하고 있다. 열격병
을 6, 7년 앓으면서 요절할 뻔했다는 것이다.

내 몸처럼 절박하고 절실한 문제가 또 있을까? 왜 나는 기존의 방
법으로 낫지 않는가? 여기 동무의 인생이 부닥친 거대한 장벽이 있
었다. 그리고 마침내 타고난 인간의 부동을 깨닫고 희로애락의 심각

太陽人內觸病論 —
1053

한 의미를 헤아리게 된 것이다.

　진노를 멀리하라! 이 한마디의 힘을 동무는 절절히 체험했다. 그는 분노를 토해내다 음식을 토해내고 생명까지 토해낼 뻔했던 것이다. 그리고 이제 우리도 분명히 알라고 외치고 있다.

　동무는 자신의 병을 이해하고 해결하려는 사투의 과정에서 유학과 의학의 의미를 온몸으로 씹어 삼켰다. 그리고 마침내『동의수세보원』으로 결실을 맺은 것이다.

9-2-7.

태양인은 의가 강하고 조가 약하다. 의가 강하면 위완의 기가 상승하여 내뿜는 것이 너무 과해 넘친다. 조가 약하면 소장의 기가 뭉쳐서 들이키는 것이 버티지 못하고 주린다. 그래서 그 병이 열격과 반위가 되는 것이다.

太陽人意强而操弱. 意强, 則胃脘之氣上達, 而呼散者, 太過而越也. 操弱, 則小腸之氣中熱, 而吸聚者, 不支而餒也. 所以其病爲噎膈, 反胃也.

【해설】

열격의 사상의학적 병리를 제시한다. 소장에서 거두어들이질 못하고 위완에서 내뿜는 기운만 강해져 토하게 된다는 것이다.

열격의 병리

주진형은 열격병을 위완병이라 보았다.(9-2-1) 그러나 동무는 소장병이라 말한다.(9-2-4) 강한 것보다 약한 것이 병의 뿌리라 본 것이다.

의意와 조操(1-20), 위완胃脘과 소장小腸(4-1), 호산呼散과 흡취吸聚(2-12)는 모두 동무 특유의 술어다. 구본은 이처럼 기의 승강완속을 통해 질병을 해명하고자 하는 시도가 강하게 드러난다.

9-2-8.

혹자가 묻는다. "주진형이 열격, 반위를 논하면서 '혈과 액의 소모로 위완이 말라붙어서 음식물이 넘어가지 않는다'라고 했는데 이것이 무슨 말입니까?"

내가 논한다. "음식이 위로 들어오면 비가 호위하고 대장으로 들어가면 신이 호위한다. 비와 신은 음식이 들락거리는 창고로 찼다 비었다 한다. 기액이 위완에서 내뿜으면 폐가 호위하고 소장에서 흡수되면 간이 호위한다. 폐와 간은 기액이 들락거리는 문으로 번갈아 나갔다 들어왔다 한다.

그러므로 비대신소한 소양인은 대장에서 음식을 내보내는 음한陰寒한 기가 부족해지면서 위장에서 음식을 받아들이는 양열陽熱한 기가 왕성해진다. 폐대간소한 태양인은 소장에서 기액을 흡수하는 음량陰涼한 기가 부족해지면서 위완에서 기액을 내뿜는 양온陽溫한 기가 왕성해진다. 위완의 양온한 기가 너무 왕성하면 위완의 혈과 액이 말라붙어 그 세력이 갇혀버린다. 그러니 열격, 반위란 단순히 말라붙어서 생기는 것이 아니다. 위로 내뿜는 기운이 과도하고 속으로 흡수하는 기운이 너무 미흡해서 음식 역시 흡수되어 들어가지 못하고 도로 내뿜어 튀어나가는 것이다."

問 "朱震亨論噎膈反胃曰, '血液俱耗, 胃脘乾槁, 食物難入.', 其說如何?"

曰 "水穀納於胃而脾衛之, 出於大腸而腎衛之. 脾腎者, 出納水穀之府庫, 而迭爲補瀉者也. 氣液呼於胃脘而肺衛之, 吸於小腸而肝衛之. 肺肝者, 呼吸氣液之門戶, 而迭爲進退者也.

是故少陽人大腸出水穀陰寒之氣不足, 則胃中納水穀陽熱之氣必盛也. 太陽人小腸吸氣液陰涼之氣不足, 則胃脘呼氣液陽溫之氣必盛也. 胃脘陽溫之氣太盛, 則胃脘血液乾槁其勢固然也. 然非但乾槁而然也. 上呼之氣太過而中吸之氣太不支, 故食物不吸入而還呼出也."

【해설】

열격병에 대한 논의를 마치고 문답이 이어진다. 첫 번째 질문은 주진형의 열격병 병리에 대한 것이다.

이해의 깊이가 명품을 만든다

주진형은 위완의 혈액이 말라붙어 열격이 생긴다고 설명한다. 그런데 동무는 주진형이 심층의 원인을 놓쳤다고 보았다. 위완의 혈액이 말라붙는 이유는 위완이 지나치게 강해지기 때문이라는 것이다.

양온한 기운이 왕성해서 혈액을 말려버리고, 내뿜는 기운이 과도해서 음식을 토하게 만든다는 것이다. 「장부론」의 논리가 그대로 적용되고 있다.(4-2)

동무는 위완의 과강화過强化는 결국 소장의 과약화過弱化라는 체질적인 문제에 기인하고 있다고 말한다. 병리의 차이는 이해의 차이에서 온다. 그리고 처방의 차이, 즉 효과의 차이를 낳는다.

주진형은 열격을 혈허血虛, 기허氣虛, 담담痰, 열熱 등으로 또다시 세분하여 각각의 치료법을 제시한다.(동13-2/8) 그러나 동무는 오직 소장을 강화하는 방법으로 열격병의 뿌리를 제거하고자 했다. 미후도로 소장을 든든하게 만들어 열격병을 치료하는 처방이 바로 미후도식장탕이다.

9-2-9.

혹자가 말한다. "선생께서는 주진형이 논한 열격, 반위라는 것이 어찌 소음인, 소양인, 태음인 병이 아니며 반드시 태양인 병이라 말씀하시는 것입니까? 또 『내경』에서 논한 해역이라는 것이 어찌 소음인, 소양인, 태음인 병이 아니며 반드시 태양인 병이라고 말씀하시는 것입니까? 견강부회이진 않을는지요? 말씀을 듣고 싶습니다."

내가 논한다. "소양인도 구토가 있다. 그런데 구토하면 반드시 열이 심하게 난다. 소음인도 구토가 있다. 그런데 구토하면 반드시 오한이 심하게 난다. 태음인도 구토가 있다. 그런데 구토하면 반드시 병이 나아버린다. 지금 여기서 말하는 열격, 반위는 한도 열도 없고 허도 실도 아니다. 그러니 이것이 태양인 병이 아니면 무엇이겠는가? 또 해역이란 것은 상체는 건강한데 하체가 풀려버려 정강이가 시리며 걸어다닐 수 없는 것을 말한다. 소음인, 소양인, 태음인도 이러한 증상이 있다. 그런데 이런 증상이 있으면 다른 증상도 겹겹이 생긴다. 결코 한도 열도 없고 약하지도 강하지도 않을 리가 없다."

或曰 "朱震亨所論噎膈, 反胃者, 安知非少陰, 少陽, 太陰人病, 而吾子必名目曰太陽人病? 『內經』所論解㑊者, 安知非少陰, 少陽, 太陰人病, 而吾子必名目曰太陽人病? 莫非牽強附會耶? 願聞其說."

曰 "少陽人有嘔吐, 則必有大熱也. 少陰人有嘔吐, 則必有大寒也. 太陰人有嘔吐, 則必病愈也. 今此噎膈, 反胃, 不寒, 不熱, 非實, 非虛, 則此非太陽人病而何也? 解㑊者, 上體完健而下體解㑊然腳痠不能行去之謂也. 少陰, 少陽, 太陰人有此證, 則他證疊出. 而亦必無寒不寒, 熱不熱, 弱不弱, 壯不壯之理矣."

【해설】

두 번째 질문은 병증사분론에 관한 것이다.

사상인 전속병

열격은 구토병이다. 해역은 하지무력병이다. 태소음양인 모두 구토와 하지무력이 나타난다. 이처럼 태양인만 구토를 하거나 하지무력이 생기는 것이 아닌데 왜 태양인의 구토는 열격이라 하고 하지무력은 해역이라 부를까?

동무는 같은 증상이라도 사상인에 따라 병명을 다르게 붙이려고 한다. 자꾸 병을 넷으로 나누려고만 한다. 이건 좀 무리 아닐까? 체질이 넷이라 설정해놓고 너무 견강부회하고 있는 건 아닐까? "막비 견강부회야莫非牽强附會耶?" 동무에게 의학을 배운 제자였던듯 매우 조심스럽게 묻고 있다. 과연 동무는 자신의 병증사분론에 관한 주위의 의문에 어떻게 답변했을까?

증상이 같아도 병리가 다르다는 것이 동무의 논리다. 즉 소음인은 냉승冷勝하고 소양인은 열승熱勝하며 태음인은 한열이 동반하고 태양인은 불한불열不寒不熱해서 그렇다. 인물사분론이 병리사분론을 낳고 병리사분론이 병증사분론을 낳은 것이다. 그래서 마침내 열격과 해역이라 특칭한 태양인 전속병이 탄생했다.

전속 계약을 해지하라

하지만 전속병은 의도치 않게 사상의학을 매우 협애하게 만들어버리는 결과를 낳았다. 태양인론이 그 극명한 사례다. 태양인을 한열허실도 없는 이상한 병을 앓는 사람처럼 인식하게 만들어놓은 것이다.

그 자신 태양인인 창시자 동무공은 태양인이 천에 하나도 안 되는 희소한 족속인데다 멀쩡하다가 갑자기 희한한 병으로 죽어버리고 아파도 한열허실도 나타나지 않는다고 직접 말한다. 그러니 어떻게 감히 태양인을 찾을 마음을 갖겠는가? 후학들은 대부분 태양인은 제껴놓고 생각했다. 말로는 사상의학이지만 사실은 삼상의학을 해왔던 것이다.

이러한 동무의 주장은 사상의학을 100년은 후퇴시켰다. 태양인 병을 미궁에 빠뜨려버렸고 태양인을 기억에서 지워버렸다. 어찌 병증사분론의 폐해라 하지 않을 수 있겠는가? 사상의학의 영향을 받은 8체질론 역시 독점병을 주장하고 있으니 더욱 안타까운 일이 아닐 수 없다.

태양인은 전혀 특이하지 않다. 별나지도 않다. 바람 불면 감기 들고 과식하면 배 아픈 똑같은 인간이다. 모든 병에 다 걸리고 모든 약이 다 필요하다. 그냥 우리와 함께 어울더울 지내는 친구요 가족일 뿐이다. 병증사분론은 잊으라. 병증으로 태양인을 가려낼 생각이면 평생 찾기 어렵다. 태양인 또한 체형과 성질만으로 얼마든지 감별해낼 수 있다는 사실을 첨언해둔다.

전속병은 우주의 원리를 4라는 수리로 관철하려했던 동무의 당연한 귀결이었다. 동무는 모든 병을 사상인과 전속계약시킨 것이다. 그러나 이제 동무의 계약은 해지해야 한다. 열격은 구토로, 해역은 하지무력으로 돌려보내야 한다. 병에서 자유를 얻어야 병에서 구해낼 수 있다.

9-2-10.

혹자가 말한다. "선생께서 태양인 해역병의 치법을 논하면서는 '깊은 슬픔을 경계하고 진노를 멀리하며 맑고 고요히 수양하라'고 했으나 열격병의 치법을 논하면서 '진노를 멀리하고 기름진 음식을 끊으라'고만 한 의도는 태양인은 해역병이 열격병보다 더 중하고 슬픔에 상한 것이 노여움에 상한 것보다 더 중하기 때문입니까?"

내가 논한다. "아니다. 열격병이 해역병보다 훨씬 더 중하다. 태양인은 노여운 마음에 상하는 것이 슬픈 마음에 상하는 것보다 훨씬 더 중하다. 태양인이 슬픈 마음이 깊게 들러붙으면 표기를 상한다. 노여운 마음이 갑자기 발동하면 이기를 상한다. 그러므로 해역의 표증은 슬픔을 경계하고 노여움을 멀리하라고 함께 말한 것이다."

그러자 다시 묻는다. "그러면 소양인의 노성은 입과 방광의 기를 상하고 애정은 신과 대장의 기를 상하며 소음인의 낙성은 눈과 여의 기를 상하고 희정은 비와 위의 기를 상하며 태음인의 희정은 귀와 뇌추의 기를 상하며 낙정은 폐, 위완의 기를 상하는 것입니까?"

내가 논한다. "그렇다."

或曰 "吾子論太陽人解㑊病治法曰, '戒深哀, 遠嗔怒, 修淸定.' 論噎膈病治法曰, '遠嗔怒, 斷厚味.' 意者, 太陽人解㑊病重於噎膈病, 而哀心所傷者重於怒心所傷乎?"

曰 "否. 太陽人噎膈病, 太重於解㑊病. 而怒心所傷者, 太重於哀心所傷也. 太陽人哀心深着, 則傷表氣. 怒心暴發, 則傷裏氣. 故解㑊表證, 以戒哀遠怒兼言之也."

曰 "然則少陽人怒性傷口, 膀胱氣, 哀情傷腎, 大腸氣. 少陰人樂性傷目, 膂氣, 喜情傷脾, 胃氣. 太陰人喜性傷耳, 腦䭫氣, 樂情傷肺, 胃脘氣乎?"

曰 "然."

【해설】

마지막 질문이다. 태양인 표병과 이병의 섭생법에 관한 것이다.

희로애락의 발병론

예리한 질문에 놀라운 답변이 이어진다. 그 스승에 그 제자라 해야 할까? 스승의 한마디 한마디를 깊이 사려하고 반추하던 제자의 질문이라 할 것이다.

"선생님께서는 해역병은 애와 노를 주의시키시고 열격병은 노만 말씀하셨어요. 둘을 주의해야 하는 병이 하나만 주의해야 하는 병보다 더 중하다고 이해해도 될까요?"

동무는 제자의 질문에 흠칫 놀랐을 것이다. 그래서였을까? 애정 어린 마음으로 그간 꺼내놓지 않았던 사상의학의 중요한 이론 한 귀퉁이를 밝혀준다.

"내가 성정과 장부에 대해 이야기한 것은 다 들어보았을 것이다. 성정이 사상인의 장국 형성의 근원이란 이야기 말이다. 그러면 이제 성정과 병증에 대해 말해주겠다. 잘 들어보거라. 성의 심착은 표기를 상하느니라. 정의 폭발은 이기를 상하느니라."

이것은 성정론과 장부론, 그리고 병증론을 연접해주는 중요한 해독 코드다. 제자의 질문이 없었으면 우리는 『동의수세보원』의 표리병까지 아우르는 성정의 진정한 의미를 알기 어려웠을 것이다.(2-22 참조)

뜻밖의 내용을 전해들은 제자는 놀라운 마음에 스승의 말씀을 다시 한번 확인한다. 「장부론」의 내용이 술술 나오는 것을 보면 정말 성실한 제자임에 틀림없다. 동무는 흐뭇해하며 한마디를 남긴다. "네 말이 맞다."

희로애락이라는 성정이 장리의 원인이며 표리병의 기준이라는 동무의 말은 실로 유학과 의학의 대통합이라 할 만한 충격적인 언설이다. 동무는 이 말을 『동의수세보원』을 통해 증명하고자 했다.

9-2-11.

태양인의 건강한 대변은 첫째, 묽어야 한다. 둘째, 굵고 많아야 한다. 건강한 소변은 첫째, 많아야 한다. 둘째, 자주 보아야 한다. 건강한 안색은 하얗지 검어서는 안 된다. 살은 말라야지 쪄서는 안 된다. 구미혈 아래 부위에 덩어리가 있어서는 안 된다. 덩어리가 작으면 병이 가볍고 덩어리도 쉽게 없어진다. 덩어리가 크면 병이 중하고 덩어리도 잘 없어지지 않는다.

太陽人大便, 一則宜滑也. 二則宜體大而多也. 小便, 一則宜多也. 二則宜數也. 面色, 宜白不宜黑. 肌肉, 宜瘦不宜肥. 鳩尾下, 不宜有塊. 塊小, 則病輕而其塊易消. 塊大, 則病重而其塊難消.

【해설】

태양인의 평소 증상에 따른 건강상태를 논하고 있다.

건강한 태양인

동무는 사상인에 따라 병리적인 상태가 다르듯 생리적인 측면에서도 차이가 난다고 생각했다. 생리적으로 정상의 기준이 서로 조금씩 다르다는 것이다. 임상을 통해 발견한 태양인의 정상 생리를 기록하면서 태양인 병증론을 마무리하고 있다.

첫 번째는 대변이다. 활변滑便이란 수분기가 많은 건조하지 않은 변을 의미한다. 모양을 갖추지 못하고 퍼지거나 설사가 날 정도의 변을 말하는 것은 아니다.

태양인은 수분을 많이 머금은 약간 묽은 변을 굵게 많이 보는 게 좋다. 하지만 8, 9일 정도 못 봐도 괜찮다. 위험한 증상은 아니라고 말한다.(11-14) 태양인의 장은 깨끗하게 비워질수록 좋지만 용량이 커서 변을 꽤 담고 있을 수도 있다는 뜻이다.

장은 무조건 빌수록 좋다. 똥은 아낌없이 싸야 된다. 많은 양의 변을 굵고 시원하게 본 후 뱃속이 다 비워진 듯한 느낌이 든다면 체질을 막론하고 건강한 대변이라 할 수 있다!

두 번째는 소변이다. 방광 역시 깨끗하게 비우는 것이 최고다. 양이 많을수록 좋다고 했다. 그리고 자주 볼수록 좋다. 소변을 오래 담고 있으면 부담을 많이 받기 때문이다. 『초본권』에서도 태양인의 소변이 삽단澁短하면 병이라고 했다. 그런데 두 시간 동안 여러 번

본다 해도 나쁜 증상이 아니라고 말한다.(권10-18) 같은 말이다.

동무는 소변이 태양인의 가장 중요한 건강지표라 보기도 했다. 태양인 소변왕다小便旺多는 완실무병完實無病이라 했다.(11-15)

세 번째는 안색이다. 태양인은 얼굴이 흴수록 좋다. 맑고 희면(淡白) 무병이고 검으면 유병이라 보았다.(권10-6)

네 번째는 살집이다. 날씬해야 좋다. 날씬하고 소변을 시원하게 자주 보는 태양인이 건강한 것이다.(肉瘦溺數. 太陽之吉祥. 권10-35) 자꾸 붓고 많이 먹으려는 것은 건강의 적신호다.(肉浮多食. 太陽之凶證. 권10-36)

마지막은 명치다. "구미하鳩尾下"는 명치를 말한다. "괴塊"는 덩이를 말한다. 『동의보감』에는 담음이나 식적, 어혈로 생긴다고 했다.(동14-1/7)

동무는 복진을 소홀히 하지 않았다. 소음인이 명치가 뭉치고 딱딱해지면 장결병이며 불치이고 소양인이라면 결흉병이라 말했다.(6-2-53) 태양인 역시 명치 아래가 뭉치지 않아야 건강하다. 덩이가 클수록 안 좋다. 작게 만져질 때 미리 치료해야 한다.

이상으로 태양인의 일반적인 건강 상태에 대해 살펴보았다. 피부가 뽀얗고 날씬한 태양인이 대소변을 시원하게 많이 본다면 아주 건강하다고 할 수 있다.

경험약방
本草所載太陽人病經驗要藥單方十種及李梴龔信經驗要藥單方二種

태양인의 경험약방은 모두 12종에 불과하다. 그것도 단방單方, 즉 단일 약물뿐이다. 본초서에 10종의 약물이 등장하고 이천과 공신이 각각 1종씩 언급했다. 물론 관련내용은 모두 『동의보감』에서 인용한 것이다. 동무의 본초학 역시 『동의보감』이 기반이다.

태양인은 쓸 만한 약물 자체가 너무 부족하다. 동무가 찾아놓은 것도 20개 남짓밖에 안 된다. 이러한 약물의 부실이 신정약방의 부실로 이어지는 것이다. 그러므로 태양인의 처방학을 확장하려면 본초학부터 확장해야 한다. 태양인에게 적합한 약물을 찾아가는 일부터 시작해야 할 것이다.

9-3-1.

『증류본초』에서 말한다. "오가피는 다리가 아프고 저린 것, 관절이 당기는 것, 다리에 힘이 빠져 걷지 못하는 것을 치료한다. 소아가 세 살이 되어도 걷지 못할 때 이 약을 복용하면 걸을 수 있다."

『本草』曰 "五加皮, 治兩脚疼痺, 骨節攣急, 痿躄. 小兒三歲不能行, 服此便行走."

【해설】

본조의 "本草"는 『증류본초』를 말한다. 허준은 『동의보감』에서 『증류본초』를 모두 "본초"란 약어로 표기했기에 동무도 똑같이 인용한 것이다. 『동의보감』은 『증류본초』를 무려 3000여 회 이상 인용하고 있다. 단연 압도적인 횟수다. 당대 명실상부한 최고의 본초 백과사전이었기 때문이다. 『동의보감』의 본초학 정보가 전부 『증류본초』에 근거했다고 말할 수 있을 정도다.

그러나 허준이 『증류본초』를 그대로 인용한 것은 아니다. 문장을 취사선택하여 재편집하고 있다. 때론 적극적으로 개입하여 수정하기도 한다. 위대한 편집장의 능력이 본초학에서도 유감없이 발휘되고 있다. 허준은 『증류본초』 중에서도 『정화본초』 계열을 참고한 것으로 추정된다.(오재근, 「『동의보감』과 『향약집성방』의 『증류본초』 활용」,

『대한한의학원전학회지』, 2011:24(5):107-118.)

오가피는 오가피나무의 뿌리껍질이다. 동무는 「탕액」 편에서 하지무력과 관련된 부분만 인용한다.(동22-2/13)『신농본초경』에서부터 보행 장애가 있거나 소아가 걷지 못할 때 쓴다고 기록되어 있으니(療躄, 小兒不能行.) 그 역사가 자못 오래되었음을 알 수 있다. 동무 역시 오가피는 소아각기병小兒脚氣病 약이라 밝히고 있다.(권15-3)

9-3-2.

송절은 다리가 연약한 것을 치료한다.

松節, 療脚軟弱.

【해설】

송절은 소나무 줄기와 가지의 마디를 말한다. 일반적으로 거풍습약去風濕藥으로 분류한다. 허준도 백절풍을 치료한다고 했다.(主百節風. 동22-2/2) 관절약인 것이다.

동무는 오가피와 마찬가지로 하지무력 부분만 인용했다.

송절이 없으면 송엽松葉으로 대신한다. 『동의보감』에도 솔잎으로 술을 담가 먹으면 하지무력(脚氣)이나 팔다리가 쥐나고 저릴 때(風痺) 좋다고 했다.(동20-4/23)

9-3-3.

모과는 구역질을 멎게 한다. 모과 달인 물을 마시면 가장 좋다.

木瓜, 止嘔逆. 煮汁飮之, 最佳.

【해설】

모과는 구역질을 멎게 하는 데 가장 좋다.(동13-2/11) 그리고 하지 무력증에도 효과가 있다.(強筋骨, 療足膝無力. 동21-3/15) 그래서 오가피장척탕과 미후도식장탕에서 공히 역할을 해낸다.

모과는 거습작용이 강해 설사에도 응용할 수 있다. 변비가 심하면 줄이거나 뺀다.

9-3-4.

포도근은 구토와 딸꾹질을 멎게 한다. 진하게 달인 물을 조금씩 마시면 좋다.

葡萄根, 止嘔, 噦. 濃煎取汁, 細細飮之, 佳.

【해설】

포도근은 포도의 뿌리다. 포도는 인류의 역사와 함께 한 가장 오래되고 친근한 과일이다. 그만큼 품종이 다양하고 복잡한 과일이기도 하다.

포도의 기원

우리가 알고 있는 포도는 분류학상으로 포도속Vitis에 속한다. 약

6000만 년 전부터 현재와 같은 포도속 식물의 화석이 발견된다고 한다. 그런데 빙하기를 거치며 거의 멸종했고 살아남은 종들이 서아시아와 동아시아, 북아메리카에 일부 존재하게 된다.

서아시아종군은 유럽종v. vinifera이라 불리는 1종이 남아 있다. 이것이 전 유럽으로 퍼지면서 수많은 재배종으로 분화하게 된다. 현재는 전 세계적으로 재배되며 생식용, 양조용, 건포도용 등 세계 포도 생산량의 대부분을 차지하고 있다.

북아메리카종군에는 30여 종이 있다. 그러나 품질이 그다지 좋지 않아 직접 품종으로 개발하기보다는 육종breeding 소재로 많이 활용한다고 한다. 일명 여우포도Fox grape라 불리는 미국종v. labrusca이 널리 알려져 있다.

동아시아종군도 40여 종이 알려져 있다. 중국에 26종, 일본에 7종, 한국에 5종이 분포하는 것으로 보고되고 있다. 거의 야생의 것을 그대로 채집해 이용하는 수준이다.(박교선,『포도속 식물의 종류와 분포』, 한국포도회)

중국의 포도

중국의 포도 재배 역사는 사뭇 오래되었다. 그런데 그 유래는 모두 유럽이었다. 유럽종 포도의 탁월한 풍미에 반한 중국인들이 종자를 입수해 재배하기 시작한 것이다.『한서』에 중국에 유럽종 포도가 들어온 내력이 나온다. 이시진의 글을 통해 살펴보자.

나 시진이 말한다. "포도는 『한서』에 포도蒲桃로 나온다. 술로도 담글 수 있다. 사람들이 마시면 자연스레 취하므로 그렇게 이름 붙인 것이다. 둥글게 생긴 것은 초룡주라 부르고 길쭉하게 생긴 것은 마유포도, 흰 것은 수정포도, 검은 것은 자포도라 부른다. 『한서』에는 '장건이 서역에서 사신으로 갔다 돌아올 때 처음으로 포도 종자를 얻어왔다'고 했다."

時珍曰 "葡萄, 『漢書』作蒲桃. 可以造酒. 人飮之, 則然而醉, 故有是名. 其圓者, 名草龍珠. 長者, 名馬乳葡萄. 白者, 名水晶葡萄. 黑者, 名紫葡萄. 『漢書』言 '張騫使西域還, 始得此種.'" (『本草綱目』「果之五」)

장건은 실크로드를 개척한 한나라의 외교관이다. 실크로드와 함께 유럽종 포도가 중국으로 수입되었던 것이다. 다양한 포도 품종이 재배, 유통되고 있음을 알 수 있다.

포도 품종에 관한 좀더 자세한 기술은 『광군방보廣群芳譜』(1708)에 나온다. 갖가지 곡물과 채소, 과일, 화훼 등의 종류 및 재배법, 효능 등을 자세히 설명하고 있다.

수정포도는 훈색(보일 듯 말 듯 희미하고 얇은 무지개 같은 빛깔)에 흰색가루가 붙은 듯하다. 모양은 크고 길쭉하다. 맛이 매우 달다. 서번 지역(지금의 티베트)에서 나는 것이 더욱 좋다. 마유포도는 자색이며 크고 길쭉하다. 맛이 달다. 자포도는 흑색이고 큰 것과 작은 것 두 종류가 있다. 시고 달달한 두 가지 맛이 난다. 녹포도는 촉 땅(지금의 쓰촨성)에서 산출된다. 익으면 녹색을 띤다. 서번 지역에서 나는 녹포도는 토정이라 부르는데 맛이 당밀(설탕을 추출하

고 남은 쩐득한 시럽)보다도 더 뛰어나다. 씨가 없는 것은 다른 품종
이다. 쇄쇄포도는 서번 지역에서 난다. 알이 작아 후추 만하다.
지금은 중국 내에서도 재배하는데 가지 하나에 한두 송이 정도
달린다.

水晶葡萄 暈色帶白, 如著粉, 形大而長, 味甚甘. 西番者更佳. 馬乳葡萄
色紫, 形大而長, 味甘. 紫葡萄 黑色, 有大小二種, 酸甜二味. 綠葡萄 出
蜀中. 熟時色綠. 若西番之綠葡萄, 名兔睛, 味勝糖蜜. 無核, 則異品也.
其價甚貴. 瑣瑣葡萄 出西番, 實小如胡椒. 今中國亦有種者, 一架中間生
一二穗.(『廣群芳譜』「果譜」)

주목할 것은 이시진이 포도의 품종에 따라 약효를 나누진 않았
다는 사실이다. 쇄쇄포도의 약효가 우수하다는 평이 있기도 하지만
(『중약대사전』 9, 4560쪽) 여러 포도를 모두 같은 약으로 쓴 것 같다.
다만 산포도山葡萄는 별도의 항목으로 설명한다. 허준도 마찬가지
다. 산포도는 야생하는 자생종을 말한다.

조선의 포도

그러면 허준이 사용한 포도는 무엇이었을까? 허준은 마유와 수
정 두 가지를 언급한다.(동21-3/7) 모두 중국을 통해 들어온 유럽종
이다. 그런데 문제는 이들이 매우 귀한 과일이었다는 사실이다. 『조
선왕조실록』에는 태조 이성계가 투병 중에 수정포도를 먹고자 하여
교지를 내려 구하게 한 기사가 있다.(태조 7년(1398년) 9월 1일) 임금

조차 맛보기가 힘들었던 것이다. 김정준이 서리를 맞아 반쯤 익은 포도 한상자를 진상하니 크게 기뻐하며 쌀 10석을 하사했다고 한다. 또 신흠申欽(1566~1628)은 아들 신익성申翼聖이 그린 포도 그림이 마유포도와 흡사함을 보고 과거를 회상하는 글을 남긴 적이 있는데 1594년 외교사절로 중국 요양(지금의 랴오닝성 중부)에 머물 때 대접받은 마유포도가 맛과 모양이 특이하여 한양에서 재배하는 포도와 비교가 안 된다고 말한다.(『象村集』「書東陽葡萄帖後」)

실제로 조선을 통틀어 포도는 민가에서 간혹 소규모로 재배되기도 했으나 집단적인 재배나 양조로 발전하지 못했다. 『농가집성』(1614), 『증보산림경제』(1766), 『임원경제지』 등에 포도의 품종과 재배법이 기록되어 있지만 20세기에 와서야 과수원 형태로 본격적인 재배가 시작된 것이다.

그럼 과연 동무는 어떤 포도를 쓴 것일까? 중국에서 산출된 유럽종 포도를 구해서 썼을 수도 있으나 상당히 고가였을 것이다. 그래서 국내산 야생포도를 썼을 가능성이 높다. 포도 대신 산포도를 쓴 것이다. 허준은 "산포도山葡萄"가 "영먹蘡薁"이며 우리말 "뫼멀위"라 기록했는데, 이는 산머루라는 뜻이다. 일반적인 포도보다 알이 더 잘고 시다.(동21-3/7) 최근의 연구에 따르면 국내 머루 자생종으로는 머루V. coignetiae, 왕머루V. amuresis, 새머루V. flexuosa, 까마귀머루V. thunbergii, 개머루Ampelopsis heterophylla 등이 있다.

현재 우리에게 익숙한 포도는 캠벨campbell이나 거봉巨峯 같은 것이지만 이는 최근의 개량종들이다. 캠벨얼리는 1892년 미국에서 개발됐고 거봉은 1945년 일본에서 개발됐으니 모두 동무의 포도와는 거리가 멀다. 헷갈리지 말아야 한다. 그래서 류주열은 일반 포도의 뿌리는 쓰지 말고 왕머루나 머루의 뿌리만 사용하도록 지정해놓기도 했다.(『새로 쓴 사상의학』, 461쪽) 실제로 태양인은 캠벨이나 거봉을 먹으면 좀 불편한 느낌을 받는 경우가 있다. 그런데 머루포도는 괜찮다고 한다. 품종 사이에 분명히 기미氣味의 차이가 존재함을 알 수 있다.

포도는 이제 무척 대중적인 과일이 됐다. 엄청나게 많은 품종이 개발되었고 지금도 개량되고 있다. 더 나은 약력의 품종을 찾는 일은 우리 몫이다.

9-3-5.

미후도는 열이 뭉쳐서 생긴 반위를 치료한다. 덩굴의 즙을 내어 먹기도 한다. 덩굴의 즙은 매우 미끈거려서 위가 막혀 토할 때 주로 쓴다. 달인 물을 먹어도 아주 좋다.

獼猴桃, 治熱壅反胃. 取汁服之. 藤汁至滑, 主胃閉吐逆. 煎取汁服之, 甚佳.

【해설】

미후도는 다래나무의 열매다. 미후리獼猴梨, 등리藤梨, 양도陽桃 등으로 불리기도 한다. 이시진은 다양한 이름에 대해 모양이 배나무 같고 색이 복숭아 같으며 원숭이가 즐겨먹기 때문이라 해명했다.(其形如梨, 其色如桃, 而獼猴喜食, 故有諸名.『本草綱目』「果之五」) 미후가 곧 원숭이다.

미후도의 품종

다래나무가 속해 있는 다래나무속Actinidia Lindl 식물들은 주로 동아시아와 인도에 자생한다. 중국에만 52종이 분포하며 우리나라에도 개다래나무A. polygama, 쥐다래나무A. kolomikta, 다래나무A. arguta, 섬다래나무A. rufa 등 4종이 있다.(김윤영 등, 「한국산 다래나무속의 분류학적 연구」, 『식물분류학회지』, 2013:43(4):285~295.)

우리에게 널리 알려진 키위kiwi fruit는 1904년 중국을 방문한 뉴질랜드인이 귀국 시 가져간 야생 다래 종자를 1920년 무렵 개량에 성공한 품종이다. 개발자의 이름을 따 헤이워드Hayward라 부른다. 지금도 세계 그린키위 시장의 90퍼센트를 차지하는 메가히트 상품이다.

최근에 등장한 골드키위 또한 1977년 입수해간 중국 다래를 1995년 뉴질랜드의 한 원예연구소에서 육성한 것이다. 정식 명칭은 Hort16-1로 헤이워드와는 품종이 다르다.

중국에서는 헤이워드를 미미미후도美味獼猴桃(A. deliciosa)로 분류하고 Hort16-1는 중화미후도中華獼猴桃(A. chinensis)라 명명한다. 그리고 개다래는 갈조미후도葛棗獼猴桃, 쥐다래는 구조미후도狗棗獼猴桃, 다래는 연조미후도軟棗獼猴桃, 섬다래는 선치미후도腺齒獼猴桃라 부른다.

동무의 미후도

동무가 쓴 미후도는 다래, 즉 연조미후도다! 전국의 계곡이나 바위 주변에서 자라나며 10월이 되면 2.5센티미터가량 되는 대추 같이 생긴 달달한 녹색의 열매가 익어간다. 동무의 생명을 구하고 새로운 의학의 길을 열어준 약물은 우리 산야에서 흔히 보던 다래였던 것이다.

다래는 갈증과 번열을 시원하게 풀어 열이 막혀 생긴 반위를 치료한다.(동21-3/28) 성질이 차서 많이 먹으면 설사할 수도 있다.(太過, 則令人臟寒作洩.『本草綱目』「果之五」) 태양인의 소화불량을 비롯한 위장장애에 확실한 효과를 보여준다.

다래의 덩굴은 미후등이라 부르는데 역시 반위에 효과적이다. 동무는 미후도가 없으면 미후등으로 대용하라고 했다.(9-4-2)『동의보감』에는 미후도나 미후등의 즙을 생강즙과 섞어 먹으라고 했지만(동13-2/11) 태양인에게 불합리하여 삭제했다.

국내에는 1977년 헤이워드 품종을 개량하여 재배하면서 양다래라는 이름 대신 참다래라 불렀다. 그래서 키위의 다른 이름이 된 것이다.

우리나라에서 가장 크고 오래된 다래나무가 창덕궁 후원에 있다.(천연기념물 제251호) 수령 6백여 년 정도로 추정되며 수나무라 열매는 맺지 않는다고 한다.

노근은 헛구역질과 딸꾹질 및 5종 열격으로 인한 가슴 답답증을 치료한다. 노근 5냥을 물에 달여 1되를 한 번에 마신다. 3되를 마시기 전에 낫는다.

蘆根. 治乾嘔, 噦及五噎煩悶. 蘆根五兩水煎, 頓服一升. 不過三升, 卽差.

【해설】

노근은 벼과 식물인 갈대의 뿌리줄기다. 역시 구역과 열격에 쓴다. 갈증을 내리고 소화를 돕기도 한다.(동22-1/112) 음식량이나 주량을 늘리려면 노근과 후박을 달여 먹으라는 말도 있다.(동12-1/41)

오가피장척탕과 미후도식장탕에 모두 1돈씩 들어간다.

9-3-7.

방합은 반위로 음식을 토하는 것을 치료한다.

蚌蛤. 治反胃吐食.

【해설】

방합은 조개다.

이시진은 길게 생긴 것은 방蚌, 둥근 것이 합蛤이며 구분해야 한다고 했다. 그 종류가 엄청나게 많고 강이나 호수에서 자란다고도 했다(蚌類甚繁, 今處處江湖中有之. 『本草綱目』「介之二」). 즉 민물조개로 본 것이다.

한편 바다조개는 해합海蛤으로 따로 설명하고 있다. 이름과 모양

이 제각각이지만 약성이나 효과가 비슷해서 굳이 가릴 필요는 없다
고 했다(但海中蛤蚌名色雖殊, 性味相類, 功用亦同, 無甚分別也).

허준은 방합이 바다에서 나는 큰조개大蛤라고 했다. "바다굵은
조개"라 훈을 단다. 그리고 합리蛤蜊, 차오車螯, 문합文蛤과 해합海蛤,
현蜆, 감蚶, 정蟶, 담채淡菜 등을 들고 있다.(동21-2/21) 동무 역시 방
합으로 바다조개를 썼을 것이다!

본조는 『동의보감』의 구토문에서 인용했다. 방합분蚌蛤粉으로 나
오는데 껍질을 불에 구워 가루낸 것이다. 허준은 방합 껍질의 가루
를 1, 2돈 미음에 타서 먹는다고 설명한다.(동13-2/11)

방합의 살은 방육蚌肉이라 부르는데 가슴이 답답하거나 열이 심
할 때 쓴다.(除煩, 解熱毒. 동11-5/28) 그래서 주독(동12-1/41)이나 소갈
(동14-4/17)에도 쓴다. 주치가 다소 다르므로 구분해야 한다.

9-3-8.

즉어는 반위를 치료한다.

鯽魚, 治反胃.

【해설】

즉어는 붕어다. 연못에서 흔히 볼 수 있다. 붕어는 진흙土을 먹기
때문에 비위를 돕는 효능이 있다고 말하기도 한다. 탕이든 찜이든
회든 어떻게 먹어도 다 좋다.(동3-4/14)

특히 순채를 넣어 국을 끓이면 위가 약해 음식이 내려가지 않을
때 좋고 회로 먹으면 이질에 더 좋다고 한다.(동21-1/2) 치질에도 효과

가 있다.(동8-5/20)

반위에 쓸 때는 쓸개만 두고 내장은 제거한 후 녹반을 뱃속 가득 채워 불에 타도록 구워서 가루 내어 1돈씩 먹는 방법도 있다.(동 13-2/11)

9-3-9.

순은 붕어와 함께 국을 끓여 먹는다. 반위로 음식이 내려가지 않는 것을 주치하고 구토를 멎게 한다.

蓴和鯽魚, 作羹食之. 主反胃食不下, 止嘔.

【해설】

순은 수련과 식물인 순채다. 연꽃처럼 연못에서 자라나는 수초이고 어린잎을 식용한다. 순나물이라고도 한다. 무색, 무취, 무미로 부드럽고 미끈거린다. 일식집에 가면 가끔 도르르 말려 있는 순채 요리를 내주기도 한다.

동무의 반위 단방들은 모두 『동의보감』 구토문에서 인용된다.(동 13-2/11) 동무는 반위를 앓으며 허준이 기술한 30종의 구토 단방을 모두 테스트해보았을지도 모른다. 그중 모과, 포도근, 미후도, 노근, 방합, 즉어, 순, 저두강, 방해 등을 태양인 단방으로 확정했던 것이다.

9-3-10.

교맥은 장과 위를 튼튼하게 하고 기력을 돕는다.

蕎麥, 實腸胃, 益氣力.

【해설】

교맥은 메밀쌀이다. 장과 위를 도와 반위에 도움이 될 것 같은데 미후등식장탕에는 없다. 오가피장척탕에만 썼다. 동무는 내상보다 외감에 썼던 것이다.(보유32-5)

『동의보감』에는 오래 먹으면 어지럼증이 생길 수도 있다고 했다.(동20-4/15) 그러나 태양인이 주식으로 먹으면 기력만 든실해질 뿐 전혀 부작용이 생기지 않는다. 메밀가루는 여성의 대하에도 효과적이다.(동3-13/23)

9-3-11.

이천이 말한다. "저두강은 음식이 내려가지 않거나 목구멍이 막힌 경우를 치료한다. 자잘한 겨 1냥을 흰죽의 윗물에 타서 먹는다."

李梴曰 "杵頭糠, 主噎食不下, 咽喉塞. 細糠一兩白粥淸調服."

【해설】

저두강은 절굿공이(杵頭)에 붙어 있는 쌀겨(糠)를 말한다. 본조는 「잡병」편에서 인용한 것인데(동13-2/11), 「탕액」편에는 용저두세강 舂杵頭細糠이란 이름으로 나온다. 긁어서 입안에 머금고 있으면 좋아진다고 했다.(동20-4/29)

요즘은 구하기 어려워 미강米糠으로 대용하기도 하는데 미강은 쌀을 찧을 때 나오는 고운 속겨를 말한다.

공신이 말한다. "방합은 반위를 치료한다."

螃蛤曰 "螃蛤, 治反胃."

【해설】

방합螃蛤은 방해螃蟹로 고쳐야 한다. 허준이 방합이라 했으나(동 13-2/11) 공신의 『고금의감』에는 방해로 나온다. 방게를 말한다. 우리나라 전 해역에 분포한다.

방게의 다리를 떼내고 태워서 가루 내어 2돈씩 복용하면 취유吹乳에 신효하다고도 한다.(동7-2/15) 취유는 지금의 급성유선염에 해당한다.

신정약방
新定太陽人病應用設方藥二種

태양인의 신정방은 오가피장척탕과 미후등식장탕의 두 가지뿐이
다. 이 두 처방에 대해 병론에서는 해역과 열격이라는 구체적인 적응증
을, 약방에서는 표증과 이증이라는 병의 카테고리를 제시했다. 다시말
해서 오가피장척탕은 해역을 치료하는 표증약이고 미후등식장탕은 열
격을 치료하는 이증약이다.

9-4-1.

오가피장척탕. 오가피 4돈, 모과, 청송절 각 2돈, 포도근, 노근, 앵도육 각 1돈, 교맥쌀 반 숟갈. 청송절이 없으면 좋은 솔잎으로 대용한다.

이 처방은 표증을 치료한다.

五加皮壯脊湯. 五加皮四錢, 木瓜, 靑松節各二錢, 葡萄根, 蘆根, 櫻桃肉各一錢, 蕎麥米半匙. 靑松節闕材, 則以好松葉代之.

此方, 治表證.

【해설】

태양인 해역의 치료처방이다. 해역은 매우 심각한 증상이다. 애노를 멀리하고 마음을 가라앉히며 복약해야 효과를 볼 수 있다.(9-1-3) 본조에서는 표증을 치료한다고 포괄적으로 밝혀놓았다.

동무가 태양인의 표증에 쓴 초기의 처방은 건시탕乾柿湯이다. 건시, 오가피, 교맥 각 3돈으로 구성된다.(권15-1) 교맥은 외감약이다.(보유32-5) 오가피는 하지무력약이다.(9-3-1) 건시는 비위약으로 입맛이 없고 소화가 잘 되지 않을 때 쓰며(主脾虛薄食不消化. 동3-4/14) 장에도 좋다.(厚腸胃. 동3-8/11) 노골적으로 말해 해열제(교맥), 진통제(오가피), 소화제(건시)로 표증약을 만든 것이다. 건시에는 진해거담 작용도 있다.(보유1-4 柿子 항)

이렇듯 건시탕은 외감약에 가깝다. 그러나 오가피장척탕은 관절약에 가깝다. 허리를 강화해서 하지가 무력하고 저린 증상을 치료하기 위해 설계했다. 그래서 오가피를 주축으로 모과와 송절을 추가해 하지무력에 초점을 맞췄다. 미후등식장탕에도 들어가는 포도근, 노근, 앵도육으로 속을 달랬다.

오가피장척탕은 외감약으로는 미흡하다. 태생이 그렇다. 사실 관절약으로도 부족하다! 관절에 작용하는 약물이라 해봐야 오가피와 송절 밖에 없기 때문이다. 제한된 약물을 통해 최선의 처방을 구하고자 했던 동무의 고민이 느껴진다.

태양인 처방을 개선하려면 무엇보다 약물의 풀pool이 확장돼야 한다! 가용 약물이 늘어나야 제대로 된 처방을 생산할 수 있다.

9-4-2.

미후등식장탕. 미후도 4돈, 모과, 포도근 각 2돈, 노근, 앵도육, 오가피, 송화 각 1돈, 저두강 반 숟갈. 미후도가 없으면 미후등으로 대용한다.
이 처방은 이증을 치료한다.

獼猴藤植腸湯. 獼猴桃四錢, 木瓜, 葡萄根各二錢, 蘆根, 櫻桃肉, 五加皮, 松花各一錢, 杵頭糖半匙. 獼猴桃闕材, 則以藤代之.
此方, 治裏證.

【해설】

태양인 열격의 치료처방이다. 열격 역시 매우 심각한 증상이다.

분노를 삼가고 기름진 음식을 끊으면서 복약해야 한다.(9-2-4)

태양인 이증에 사용한 초기의 처방은 미후도탕이다. 미후도와 포도근이 3돈, 모과 2돈이 들어간다. 백작약과 생감초도 1돈씩 포함되어 있다.

미후등식장탕은 미후도탕을 개량한 처방이다. 위장을 안정시켜 구역을 치료한다. 실제로 태양인의 위장병에 적용해보면 상당히 효과적이다. 처방의 목적에 부합하는 약물이 제법 갖춰져 있기 때문이다.

태양인은 음식에 매우 민감하다. 몸에 맞지 않는 음식을 먹으면 금세 더부룩하고 그득한 증상이 생긴다. 태양인에게 미후등식장탕은 한결같이 탁월한 결과를 보여준다.

미후등은 대용약이다. 미후도를 쓰는 것이 정법이다. 그런데 웬일인지 동무는 처방명을 미후등식장탕으로 삼았다. 의아한 일이다. 지금은 미후도 구하기가 어렵지 않아 대용품을 찾을 일도 없으니 미후도식장탕으로 부르는 것이 바람직하다.

동무 처방의 변천사

태양인의 신정방을 통해 동무 처방의 변천사를 탐색해볼 수 있다. 동무는 최초에 사상인별로 가장 적합한 1종의 처방만 추구했다. 오직 하나의 처방으로 태소음양인의 모든 병증을 해결하고자 했다. 이러한 시도는 1875년, 동무 39세 때까지 계속된다.(7-1-41) 이를 병근방의 시기라 부를 수 있다. 소양인은 육미탕, 소음인은 사군자탕, 태음인은 생맥산, 태양인은 미후도로 추정된다. "병근病根"
이란 표현은 소양인론에 나온다.(7-3-4)

동무는 40대 들면서 새로운 처방의 구상에 나선다. 내외를 기준
으로 처방을 양분한 것이다. 그 결과가 바로 『동의수세보원사상초
본권』이다. 외감과 내상의 처방을 먼저 제시하고 이하 각 병증에 적
합한 약방을 나열하고 있다. 즉 내외방과 병증방의 체계를 확립한
것이다. 나는 내외방의 시기라 부른다.

소양인의 외감방은 패독산, 내상방은 육미지황탕이다.(권12-1, 2)
소음인의 외감방은 곽향정기산과 향소산, 내상방은 사군자탕과 사
물탕이다.(권13-22, 23, 24, 25) 태음인의 외감방은 태음마황탕과 영신
승음전, 내상방은 구미천문동탕이다.(권14-1, 2, 3) 태양인의 외감방
은 건시탕, 내상방은 미후도탕이다.(권15-1, 2)

이후 동무는 내외의 개념을 유지하면서도 병증에 더욱 집중하게
된다. 그 성과는 1894년 동무 58세에 완성된 『동의수세보원』에 압
축되어 있다. 이후 『동의수세보원』을 개정하면서 내외 대신 한열을
도입했으나 병증에 대한 관심은 변함이 없다. 이를 병증방의 시기라
부를 수 있다.

이러한 변화 속에서 태양인 약방만은 『초본권』이후 동일한 논조
를 유지하고 있다. 거의 발전이 없다. "약험불광자藥驗不廣者, 병험불
광고야病驗不廣故也!" 『초본권』에서도(권15-3), 『동의수세보원』에서도
(9-4-4) 똑같은 한탄을 반복할 뿐이다. 태양인 신정방은 내외방 시
기의 초보적 수준에서 벗어나지 못하고 있는 것이다.

임상에서 내가 처방을 쓰는 법을 간략히 말하면 사상인에 따라
한열의 기본방을 설정해놓고 가감하는 방식이다. 굳이 말하면 한열

방이라 할 수 있을 것이다. 한열은 그만큼 강력하다. 한열을 통해 병근에 가장 효율적으로 접근할 수 있고, 가감을 통해 병증에 가장 효율적으로 접근할 수 있다고 생각한다.

이러한 방식은 쉽고도 어렵다. 8개의 한열방을 기본으로 만들어 두었기 때문에 쉽고 병증에 따라 유기적으로 가감하기 때문에 어렵다. 처방은 방식의 문제다. 더 나은 방식은 얼마든지 존재할 수 있음은 물론이다.

9-4-3.

야채나 과일 종류 중 시원하고 담담한 것은 모두 태양인에게 약이 된다. 조개 종류도 간을 도와 태양인에게 좋다.

凡菜果之屬淸平疏淡之藥, 皆爲肝藥. 蛤屬, 亦補肝.

【해설】

야채나 과일 중 태양인에게 유익한 것들이 많다.(菜果中肝藥爲多也. 권15-3) 본조는 특히 시원하고 담담한 것 중에 많다고 말한다.

동무는 신선한 채소나 과일, 조개 등이 태양인에게 좋다는 일반론을 이야기했다. 그러나 우리는 더욱 구체적으로 연구해야 한다. 음식 역시 약리가 깃들어 있어 작용이 각각 다르기 때문이다.

동무의 사상인 식이법은 『이제마, 인간을 말하다』 322~337쪽을 참고하기 바란다.

9-4-4.

내가 논한다. "약에 대한 경험이 부족한 것은 병에 대한 경험이 부족하기 때문이다. 태양인은 그 수가 예부터 희소했기에 고서에 기록된 병증은 물론 약리도 희소하게 된 것이다. 지금 내가 만든 오가피장척탕과 미후등식장탕이란 처방이 엉성하여 비록 두루 아우르지는 못하지만 태양인 환자에게 이 두 처방을 근거로 자세히 연구하고 창조적으로 처방한다면 어찌 좋은 약이 없다고 근심만 할 수 있겠는가!"

論曰 "藥驗不廣者, 病驗不廣故也. 太陽人數從古稀少, 故古方書中所載證藥亦稀少也. 今此五加皮壯脊湯, 獼猴藤植腸湯立方草草, 雖欠不博, 而若使太陽人有病者因是二方詳究其理而又變通置方, 則何患乎無好藥哉!"

【해설】

동무는 이상하게도 태양인이 희귀하다고 생각했다. 그래서 태양인에 대한 연구가 많이 미흡했다. 그 자신 태양인으로 태어나 평생토록 경험해왔지만 태음인, 소음인, 소양인의 병증약리에 비해 너무 부족하다고 한탄한다.(권15-3)

"내가 만든 처방의 원리를 궁구해보고 새로운 처방을 만들어 활용하라!"(詳究其理, 而又變通置方.)

이것이 태양인론을 마치며 동무가 남긴 마지막 유언이다. 동무의 처방만으로 인간을 질병에서 구원하려는 시도는 무모하다. 내가 골방에 홀로 앉아 『동의수세보원』을 한자 한자 번역하고 있는 이유가 여기 있다. 『동의수세보원』을 잘 안다면 『동의수세보원』에 안주할 수 없다! 『동의수세보원』은 창방의 모본을 보여줄 뿐이다. 이를 창조적으로 계승하여 다양한 질병을 해결할 답을 찾아가야 하는 것이다. 그래야 사상의학의 미래가 있다.

> 지금 나의 신방들은 고방에 얽매이지 않았다. 후인들 또한 나의 처방에 얽매이지 말라. 가감의 묘를 살리고 변통의 방법을 얻어 더 나은 것을 구하라!
>
> 今玆新方不泥古方, 後人亦不可必泥今方. 加減之妙, 變通之數, 益其救善.(권15-5)

『초본권』의 「약방」 역시 동일한 충고로 끝이 난다. 이것이 우리가 한순간도 잊지 말아야 할 동무의 유지인 것이다!

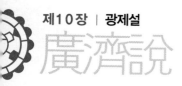

제10장 | 광제설

廣濟說

"광제설廣濟說"은 널리 인간을 구제한다는 뜻이다. 어떻게 하면 건강하고 행복하게 살 수 있을까? 「광제설」은 어떻게 살 것인가 하는 주제와 맞닿아 있다. 질고에서 벗어나 안녕을 누리는 삶을 담담한 필체로 써내려간다. "동무 이제마가 전하는 건강과 행복의 비결", 이것이 「광제설」이다.

　「광제설」의 특징은 사상인을 논하지 않는다는 것이다. 「성명론」 역시 사상인을 말하지 않았지만 사상인론을 위한 토대를 구축하면서 『동의수세보원』의 서론 역할을 충분히 했다. 그런데 「광제설」은 사상인론과 전혀 무관하다.

　그래서 「광제설」은 『동의수세보원』보다 오히려 『격치고』에 가깝다는 느낌을 받는다. 실제로 동무는 「광제설」에서 장수에 관한 주제만 추려 「권수론勸壽論」이란 글을 짓기도 했다. 고원군수 시절(1897) 일반인을 위해 쓴 짤막한 건강지침서였다. 이는 한두정이 『격치고』의 부록으로 실어두었다.

　「광제설」 문장의 상당 부분이 『초본권』의 「원인」 5통과 「병변」 1통에 나타난다는 사실 또한 주목해보아야 한다. 동무는 이같은 주제를 의학론과 관련해서 오래전부터 구상해왔던 것이다. 그리고 『동의수세보원』을 집필하면서 과거의 원고를 손보아 「광제설」로 완성했다고 할 수 있다.

　「의원론」 이후 동무는 본격적인 사상인 병증약리론을 논했다. 오랫동안 드넓은 의학의 바다를 유랑하며 촉각을 곤두세우고 질병과 약물의 세계를 탐험했다. 그런데 모든 여정이 끝난 지금 동무는 다시 본론으로 돌아간다.

　인간의 구원은 결국 의약에 달려 있는 것이 아니다! 행복도, 건강도 나로부터 기인하지 않음이 없다!(禍福無不自己求之者, 而壽夭無不自己求之. 『제중신편』「오복론」) 광제의 길은 내 안에 있다. 끝내 밖에서 구할 수 없는 것이다.

　이제 사상인 병증약리론의 감격과 흥분은 잠시 가라앉히고 다시 한번 동무의 말을 되새김질해보자.

10-1.

태어나 1세부터 16세까지를 유년이라 한다. 17세부터 32세까지를 소년이라 한다. 33세부터 48세까지를 장년이라 한다. 49세부터 64세까지를 노년이라 한다.

初一歲至十六歲, 曰幼. 十七歲至三十二歲, 曰少. 三十三歲至四十八歲, 曰壯. 四十九歲至六十四歲, 曰老.

【해설】

인간을 나이에 따라 넷으로 나누고 있다. 인생을 4×4를 한 주기로 모두 4주기로 구분했다. 4×4×4가 보편적인 일생인 것이다. 4를 우주의 신비를 푸는 신기의 열쇠처럼 사용하는 듯하다.

태어나면 한 살이 된다. 뱃속에 잉태될 때부터 세상에 난 것으로 치는 것이다. 그래서 출생하면 한 살부터 헤아려준다.

16세까지는 아직 어린이(幼)다. 모든 것이 유치함을 벗어나지 못한다. 32세까지는 젊은이(少)다. 몸이 가장 왕성할 때다. 48세까지는 사회적으로 가장 활발할 시기다. 비로소 어른(壯)이 된다. 49세가 되면 인생은 황혼기(老)로 접어든다.

인생에는 때가 있다. 어린이는 어린이의 일을, 어른은 어른의 일을 해야 한다. 인간은 성장과 함께 어떻게 살아야 할 것인가? 「광제설」은 이러한 인생의 문제를 설파한다. 다시 말하면 '유유소소장장

노노幼幼少少壯壯老老'의 서인 것이다.

자신의 말이 예언이 된 것일까? 동무는 64세까지 살고 세상을 떠났다.

10-2.

일반적으로 유년기에는 견문을 좋아하고 존중하고 공경할 줄 알아야 한다. 봄에 돋아나는 새싹들처럼. 소년기에는 용맹을 좋아하고 날래고 재빨라야 한다. 여름에 자라나는 나무들처럼. 장년기에는 교제를 좋아하고 스스로 닦고 삼갈 줄 알아야 한다. 가을에 거둬들이는 열매들처럼. 노년기에는 지혜를 좋아하고 잠그고 지킬 줄 알아야 한다. 겨울에 갈무리하는 뿌리들처럼.

凡人幼年, 好聞見而能愛敬, 如春生之芽. 少年, 好勇猛而能騰捷, 如夏長之苗. 壯年, 好交結而能修筋, 如秋斂之實. 老年, 好計策而能祕密, 如冬藏之根.

【해설】

인간의 유소장로는 자연의 춘하추동과 같다. 저기 저 나무가 세상을 살아가는 것과 내가 세상을 살아가는 것이 그리 다르지 않다. 인간의 유소장로를 사계의 생장수장에 비유하고 있다.

어려서는 많이 겪어보고, 젊어서는 직접 부닥쳐보고, 어른이 되어서는 많이 나누고 늙어서는 은은히 우러나와야 한다. 노년의 동무가 인생을 통관하며 읊조리는 음유시라 할 만하다.

10-3.

유년기에 문자를 좋아한다면 유년의 호걸이라 할 만하다. 소년
기에 어른을 공경할 줄 안다면 소년의 호걸이라 할 만하다. 장
년기에 인간을 사랑할 줄 안다면 장년의 호걸이라 할 만하다.
노년기에 인물을 키울 줄 안다면 노년의 호걸이라 할 만하다.
좋은 재능을 갖고 있고 또 좋은 마음을 쓸 줄 알면 진정한 호
걸이다. 하지만 좋은 재능을 갖고도 좋은 마음을 쓸 줄 모르면
그저 재능에 머물 뿐이다.

幼年好文字者, 幼年之豪傑也. 少年敬長老者, 少年之豪傑也. 壯年能汎
愛者, 壯年之豪傑也. 老年保可人者, 老年之豪傑也.

有好才能而又有十分快足於好心術者, 眞豪傑也. 有好才能而終不十分
快足於好心術者, 才能而已.

【해설】

유년기에는 견문을 넓혀야 한다. 이는 비단 직접 경험에 그치는
말이 아니다. 인간세의 가치 있는 수많은 경험을 최대한 배우고 익
혀야 하는 것이다. 문자에 이러한 인류의 지식 유산이 고스란히 담
겨 있다. 그래서 유년기에 문자를 좋아한다면 호걸이라 할 만하다.

소년기는 몸의 기운이 가장 왕성한 시기다. 오르고 뛰고 달려든
다. 그러한 때 자신을 숙이고 어른들을 공경할 줄 안다면 정말 호걸
이라 할만하다.

장년기는 사회적인 활동이 가장 활발할 때다. 사회는 수많은 개
인의 조합이며 관계의 그물망이다. 결코 홀로 경영할 수 없다. 많은
것을 나눌 줄 알아야 하고 받아들일 줄도 알아야 한다. 이러한 수많

은 교감 속에서 한결같이 사랑의 마음을 지닐 수 있다면 진정 호걸이라 할 만하다.

노년기는 몸을 쓰는 시기가 아니다. 몸의 쇠퇴와 함께 사회의 주도적 역할도 물려주고 인생의 지혜와 기술의 노하우를 전수할 때다. 이러한 때 제대로 된 사람을 지켜줄 줄 안다면 어찌 호걸이라 하지 않을 수 있겠는가?

호걸의 기준은 재능이 아니라 심술로 판단한다. 아무리 위대하고 뛰어난 능력이 있을지라도 바른 마음을 쓰지 못한다하면 결코 호걸이라 부를 수 없다.

10-4.

유년기의 7~8세 이전에는 견문이 미흡하면 희로애락이 들러붙어 병이 생긴다. 자애로운 어미가 보호해주어야 한다. 소년기의 24~25세 이전에는 용맹이 미흡하면 희로애락이 들러붙어 병이 생긴다. 지혜로운 아비와 능력 있는 형이 보호해주어야 한다. 장년기의 38~39세 이전에는 현명한 아우와 훌륭한 친구가 도와줄 수 있다. 노년기의 56~57세 이전에는 효성스런 아들과 손자가 붙들어드릴 수 있다.

幼年七八歲前, 聞見未及而喜怒哀樂膠着, 則成病也. 慈母, 宜保護之也.
少年二十四五歲前, 勇猛未及而喜怒哀樂膠着, 則成病也. 智父, 能兄,
宜保護之也. 壯年三十八九歲前, 則賢弟, 良朋可以助之也. 老年
五十六七歲前, 則孝子, 孝孫可以扶之也.

【해설】

동무는 희로애락이 눌러 붙는 것이 가장 중요한 발병 원인이라고 누차 강조했다. 본조에서는 나이와 희로애락의 상관성을 설명하고 있다. 인생의 때에 맞게 성장하지 못하면 희로애락의 폭발로 발병한다는 것이다.

이럴 때 누가 돌봐주어야 하는가? 누가 붙들어주어야 하는가? 유년기에는 엄마가 필요하다. 품어주어야 한다. 소년기에는 아버지나 형의 조언이 필요하다. 깨닫게 해줘야 한다. 장년기에는 훌륭한 동생이나 친구가 절실하다. 함께 공감하고 생각을 나누다보면 길이 보인다. 노년기에는 아들과 손자가 진정한 조력자가 될 수 있다. 참으로 삶의 연륜이 담긴 인생의 조언이다. 유소장로의 논의는 여기서 일단 일단락된다.

10-5.

좋은 사람이 사는 집에는 반드시 좋은 사람들이 모인다. 나쁜 사람이 사는 집에는 반드시 나쁜 사람들이 모인다. 좋은 사람들이 많이 몰리면 좋은 사람의 장기가 활발해진다. 나쁜 사람들이 많이 몰리면 나쁜 사람의 마음이 드세진다. 주색재권이 넘치는 집에는 나쁜 사람들이 많이 모여든다. 그러므로 그 집의 효자와 효부가 병을 얻는다.

善人之家, 善人必聚. 惡人之家, 惡人必聚. 善人多聚, 則善人之臟氣活動. 惡人多聚, 則惡人之心氣強旺. 酒色財權之家, 惡人多聚. 故其家孝男, 孝婦, 受病.

【해설】

참으로 무서운 이야기다. 동기상구同氣相求요 동수상류同水相流라. 선은 선을 부르고 악은 악을 부른다. 또한 근묵자흑近墨者黑이요 근적자적近赤者赤이라. 한 개인의 악이 한 개인에 머물지 않고 주변까지 악영향을 끼친다. 그래서 주색재권을 좇는 집에는 악인이 몰려들어 식솔이 병들어버린다고 말한다.

가정은 사회의 최소 단위다. 동무는 선악의 결과를 개인이 아니라 가정의 차원에서 말한다. 사실 나의 선행이 나에게 선업으로 돌아오는 경우는 흔하지 않다. 내가 착하게 살아도 인생은 불행할 수 있는 것이다.

이러한 문제는 동서의 공통된 고민이었다. 서양은 하늘에서 보상을 받고자 했으나 동양은 가정에서 보답을 얻고자 했다. 내 선행이 꼭 내가 아니라도 가족들에게 돌아간다고 믿었던 것이다. 그래서 선악의 문제를 개인이 아닌 가정의 차원에서 논하고 있다.

『주역』「문언전文言傳」에서도 "積善之家, 必有餘慶. 積不善之家, 必有餘殃"이라 하여 동일한 사고를 표방하고 있다.

10-6.

권력을 좋아하는 집은 붕당이 에워싼다. 그 집을 망치는 것은 바로 붕당이다. 재물을 좋아하는 집은 자손이 교만하고 어리석다. 그 집을 망치는 자는 바로 자손이다.

好權之家, 朋黨比周. 敗其家者, 朋黨也. 好貨之家, 子孫驕愚. 敗其家者, 子孫也.

권력을 좇는 집에는 권력을 좇는 자들이 몰려든다. 권력은 권력에 밀려 망하게 되어 있다. 재물을 좇는 집에는 자손들이 재물만 좇는다. 겉만 꾸미고 속이 비니 교만하고 어리석을 수밖에 없다. 결국 자손이 집안을 말아먹는다. 동무의 말이 아니어도 쉽게 수긍할 수 있는 세상사의 정칙이다.

10-7.

집안에 되는 일이 없으면 질병이 끊이지 않고 끝없이 다툼이 일어난다. 집안이 망하려 할 때 오직 명철한 자부와 효자가 있어야만 방법이 있다.

人家凡事不成, 疾病連綿, 善惡相持. 其家將敗之地, 惟明哲之慈父, 孝子處之, 有術也.

【해설】

질병은 세균에서 오는 것만이 아니다. 잘못된 식습관에서 오는 것만도 아니다. 되는 일이 없으면 희로애락이 폭발하여 질병이 끊이지 않는다. 인생이 풀려야 건강도 풀린다.

집안이 꼬이면 건강도 꼬인다. 네가 옳니 내가 옳니 분쟁도 끊이지 않는다. 이때 가장이 현명하게 결단하고 자식들이 머리 숙여 받들어야 방법이 생긴다. 이로써 가정에 대한 논의가 일단락된다.

10-8.

지나치면 수명이 준다. 게으르면 수명이 준다. 치우치면 수명이
준다. 욕심내면 수명이 준다.

嬌奢減壽. 懶怠減壽. 偏急減壽. 貪慾減壽.

【해설】

"교사嬌奢"는 뽐내고 꾸미는 것이다. 겉만 번지르르한 것을 말한
다. 교사, 나태, 편급, 탐욕은 모두 마음의 문제다. 마음의 죄인 것이
다. 감수減壽의 윤리라 부를 수 있다.

윤리의 문제를 건강의 문제와 바로 연결시켜 버린다는데 동무 사
유의 독특처가 있다. 우리가 윤리적이어야 하는 이유는 하늘의 명령
이기 때문도 아니요, 양심을 지키기 위해서도 아니요, 사회적인 약
속이라서가 아니라 건강하기 위해서라는 것이다.

『동의수세보원사상초본권』의 「병변」이 이 문장에서부터 시작하
고 있다는 사실 또한 주목해야 한다.(권6-1)

10-9.

사람됨이 지나치면 반드시 여색을 밝힌다. 사람됨이 게으르면
반드시 술이나 음식을 즐긴다. 사람됨이 치우치면 반드시 권세
를 다툰다. 사람됨이 욕심내면 반드시 재물에 목맨다.

爲人嬌奢, 必耽侈色. 爲人懶怠, 必嗜酒食. 爲人偏急, 必爭權勢. 爲人貪
慾, 必殉貨財.

【해설】

교사, 나태, 편급, 탐욕을 색, 주, 권, 재와 연결짓는다. 주색재권을 좇게 하므로 감수의 윤리가 될 수밖에 없다.

10-10.

검소하면 수명이 늘어난다. 부지런하면 수명이 늘어난다. 삼가면 수명이 늘어난다. 견문을 넓히면 수명이 늘어난다.

簡約得壽. 勤幹得壽. 警戒得壽. 聞見得壽.

【해설】

그러면 반대로 장수의 윤리에는 어떤 게 있을까? 역시 네 가지를 제시한다. 간약, 근간, 경계, 문견은 각각 교사, 나태, 편급, 탐욕의 반대말이다.

10-11.

사람됨이 검소하면 반드시 여색을 멀리한다. 사람됨이 부지런하면 반드시 술이나 음식을 정결하게 먹는다. 사람됨이 삼가면 반드시 권세를 피한다. 사람됨이 견문이 넓으면 반드시 재물에서 깨끗하다.

爲人簡約, 必遠侈色. 爲人勤幹, 必潔酒食. 爲人警戒, 必避權勢. 爲人聞見, 必淸貨財.

【해설】

장수의 윤리에서는 주색재권을 멀리한다. 그래서 수명을 늘릴 수
밖에 없는 것이다.

10-12.

거처가 황량한 것은 여색 때문이다. 몸가짐이 용렬한 것은 술
때문이다. 마음씀씀이가 번잡한 것은 권세 때문이다. 일처리가
혼란스러운 것은 재물 때문이다.

居處荒凉, 色之故也. 行身闒茸, 酒之故也. 用心煩亂, 權之故也. 事務錯
亂, 貨之故也.

【해설】

주색재권의 폐해를 고발한다. 동무의 독특한 세계관, 즉 사심신
물事心身物의 구조 속에 주색재권을 배치시키고 있다. 감수의 윤리
가 수명만 줄이는 것이 아니다. 세상을 통째로 말아먹고 있다.

10-13.

여성을 공경할 줄 알면 여색이 중도를 얻는다. 친구를 아낄 줄
알면 술이 밝은 덕을 얻는다. 현인을 숭상할 줄 알면 권세가 바
른 방법을 얻는다. 가난한 백성을 돌볼 줄 알면 재물이 온전한
공을 얻는다.

若敬淑女, 色得中道. 若愛良朋, 酒得明德. 若尙賢人, 權得正術. 若保窮

民. 貨得全功.

【해설】

인간사에 주색재권이 없을 수는 없다. 그러면 주색재권의 정도는 무엇일까? 여성을 존중하고 친구를 사랑하며 현인을 숭상하고 백성을 보호하는 것이다. 정말 가슴에 새길 명언이다.

10-14.

주색재권은 예부터 경계하며 사방을 에워싼 담장이라 부르고 지옥에 비유했다. 비단 일신의 수명뿐만 아니라 일가의 화복이 모두 여기 달려 있다. 세상의 화평과 혼란 역시 여기 달려 있다. 만약 한 나라의 주색재권이 어그러지지 않을 수 있다면 요순이나 주남, 소남의 세상과 가까울 것이다.

酒色財權, 自古所戒. 謂之四堵墻而比之牢獄. 非但一身壽夭. 一家禍福之所繫也. 天下治亂, 亦在於此. 若使一天下酒色財權無乖戾之氣, 則庶幾近於堯舜. 周召南之世矣.

【해설】

주색재권의 중요성을 다시 한번 강조한다. 주색재권은 개인의 생명은 물론 가정의 화목, 나아가 세계의 평화까지 붙들고 있다.

주남周南과 소남召南은 주공과 소공이 다스리던 남방의 제후국이다. 주공 단旦과 소공 석奭은 무왕의 아우들로 무왕을 도와 주周를 건국한 주역들이다. 덕치의 대명사로 쓰인다.

『시경』 국풍國風에는 주남과 소남이라는 편명이 있다. 공자는 아들에게 사람이 주남과 소남의 노래를 배우지 않으면 담벼락을 마주하고 있는 것과 같다고 훈계했다.(人而不爲周南, 召南, 其猶正牆面而立也與.『논어』「양화」10)

10-15.

사람이 간약, 근간, 경계, 견문의 네 가지를 다 갖추면 장수를 누린다. 간약, 근간, 경계나 견문, 경계, 근간의 세 가지를 갖추면 다음으로 장수를 누린다. 경계와 근간이 있으나 교사와 탐욕도 있거나 간약과 견문이 있으나 나태와 편급도 있어 두 가지를 갖추었을 경우, 공경의 마음이 있으면 장수하고 태만의 마음이 있으면 요절한다.

凡人簡約而勤幹, 警戒而聞見, 四材圓全者, 自然上壽. 簡約, 勤幹而警戒, 或聞見, 警戒而勤幹, 三材全者, 次壽. 嬌奢而勤幹, 警戒而貪慾, 或簡約而懶怠, 偏急而聞見, 二材全者, 恭敬則壽. 怠慢則夭.

【해설】

장수의 윤리를 얼마나 갖추었느냐에 따라 수명의 정도가 달라진다. 동무는 결코 체질식을 열심히 해야 장수한다고 말하지 않는다. 맨날 성질부리며 자기만 챙기고 탐욕만 내는 자가 체질식 열심히 한다고 무병장수할까?

오늘날의 체질의학이 체질식 의학이 되어가는 세태는 한번쯤 되돌아볼 필요가 있다. 중심이 바른 사람이라야 장수한다.

10-16.

사람의 마음이 공경스러우면 반드시 장수한다. 마음이 태만하면 반드시 요절한다. 삼가고 부지런하면 반드시 장수한다. 헛된 탐욕을 내면 반드시 요절한다.

주린 자의 장이 급히 음식을 얻으려 하면 장기가 탕진해버린다. 가난한 자의 뼈가 급히 재물을 얻으려 하면 골력이 고갈해버린다. 주리지만 주림을 편안히 여기면 장기가 사람을 지킬 수 있다. 가난하지만 가난을 편안히 여기면 골력이 사람을 바로 세울 수 있다. 그러므로 음식은 주림을 참고 배부르기를 탐하지 않는 것이 공경의 마음이다. 의복은 추위를 견디고 따뜻하기를 탐하지 않는 것이 공경의 마음이다. 근력은 부지런히 일하고 편히 쉬기를 탐하지 않는 것이 공경의 마음이다. 재물은 정직하게 받고 구차한 방법으로 탐하지 않는 것이 공경의 마음이다.

凡人恭敬, 則必壽. 怠慢, 則必夭. 謹勤, 則必壽. 虛貪, 則必夭.
飢者之腸急於得食, 則腸氣蕩矣. 貧者之骨急於得財, 則骨力竭矣. 飢而安飢, 則腸氣有守. 貧而安貧, 則骨力有立. 是故飮食, 以能忍飢而不貪飽爲恭敬. 衣服, 以能耐寒而不貪溫爲恭敬. 筋力, 以能勤勞而不貪安逸爲恭敬. 財物, 以能謹實而不貪苟得爲恭敬.

【해설】

음식은 가려먹는 것보다 줄여먹는 것이 더욱 중요하다. 동무는 배부르기를 탐하지 않는 마음이 장수로 향하는 공경의 마음이라 말한다! 먹으려는 마음으로 체질식을 시작한다면 실패할 가능성이 높다. 먹지 않으려는 마음을 가져야 비로소 성공한다. 절제의 삶이 바로 공경의 삶이고 건강의 길이다.

어떻게 먹어야 하는가? 어떻게 입어야 하는가? 어떻게 일해야 하는가? 어떻게 벌어야 하는가? 모두 인생에서 한번쯤 돌아보아야 할 숙제들이다.

10-17.

산골 사람이 견문이 없으면 화가 닥치고 요절한다. 도시 사람이 간약이 없으면 화가 닥치고 요절한다. 농사꾼이 근간이 없으면 화가 닥치고 요절한다. 지식인이 경계가 없으면 화가 닥치고 요절한다.

山谷之人, 沒聞見而禍夭. 市井之人, 沒簡約而禍夭. 農畝之人, 沒勤幹而禍夭. 讀書之人, 沒警戒而禍夭.

【해설】

장수의 윤리는 건강은 물론 행복과도 직결된다. 특히 각자의 처지에 따라 가장 중요한 윤리를 하나씩 배당한 점이 흥미롭다. 당신은 어디에 속하는가? 동일한 주제가 반복되면서 더 깊은 사유를 펼쳐내고 있다.

10-18.

산골 사람은 견문이 있어야 한다. 견문이 있으면 행복과 장수를 누린다. 도시 사람은 간약이 있어야 한다. 간약이 있으면 행복과 장수를 누린다. 농사꾼은 근간이 있어야 한다. 근간이 있으면 행복과 장수를 누린다. 지식인은 경계가 있어야 한다. 경계가 있으면 행복과 장수를 누린다.

山谷之人, 宜有聞見. 有聞見, 則福壽. 市井之人, 宜有簡約. 有簡約, 則福壽. 鄕野之人, 宜有勤幹. 有勤幹, 則福壽. 士林之人, 宜有警戒. 有警戒, 則福壽.

【해설】

앞 조를 긍정문으로 다시 쓰고 있다. 다시 한번 강조한다.

10-19.

산골 사람이 견문이 있으면 행복과 장수만 누리는 것이 아니다. 이 사람이 바로 산골의 호걸이다. 도시 사람이 간약이 있으면 행복과 장수만 누리는 것이 아니다. 이 사람이 바로 도시의 호걸이다. 농사꾼이 근간이 있으면 행복과 장수만 누리는 것이 아니다. 이 사람은 바로 지역의 호걸이다. 지식인이 경계가 있으면 행복과 장수만 누리는 것이 아니다. 이 사람은 바로 학계의 호걸이다.

山谷之人, 若有聞見, 非但福壽也. 此人, 卽山谷之傑也. 市井之人, 若有簡約, 非但福壽也. 此人, 卽市井之傑也. 鄕野之人, 若有勤幹, 非但福壽也. 此人, 卽鄕野之傑也. 士林之人, 若有警戒, 非但福壽也. 此人, 卽士林之傑也.

【해설】

같은 내용이 다시 반복된다. 행복과 장수에 호걸이라는 영예까지 얹어준다. 건강과 행복에 명예까지 모든 걸 다 가질 수 있다. 어찌 알고도 좇아가지 않을 수 있겠는가?

10-20.

혹자가 말한다. "농사꾼은 원래 힘을 쓰므로 가장 근간한 자입니다. 그런데 어찌 '근간이 없으면'이라 말씀하십니까? 지식인은 원래 책을 읽으므로 가장 경계하는 자입니다. 그런데 어찌 '경계가 없으면'이라 말씀을 하십니까?"

내가 논한다. "100이랑이나 되는 밭이 관리되지 않을까 근심하는 것이 농사꾼의 소임이다. 농사꾼을 지식인과 비교하면 진정 게으른 자라 할 수 있다. 지식인은 늘 책을 보다보니 마음에 항상 헛된 자만심 같은 것이 들어 있다. 그러나 농사꾼은 글을 알아보지 못하니 오히려 마음에 항상 좌우명을 새겨둔다. 지식인을 농사꾼과 견주어보면 진정 경계하지 않는 자라 할 수 있다. 만약 농사꾼이 글을 깨치는 데 성실하고 지식인이 힘을 쓰는 데 익숙하다면 타고난 재능이 더욱 조밀해지고 장기는 더욱 견고해질 것이다."

或曰 "農夫元來力作, 最是勤幹者也. 而何謂沒勤幹? 士人元來讀書, 最是警戒者也. 而何謂沒警戒耶?"

曰 "以百畝之不治爲己憂者, 農夫之任也. 農夫而比之士人, 則眞是懶怠者也. 士人頗讀書, 故心恒妄矜. 農夫目不識字, 故心恒佩銘. 士人而擬之農夫, 則眞不警戒者也. 若農夫謹於識字, 士人習於力作, 則才性調密, 臟氣堅固."

【해설】

동무는 일하는 자가 오히려 더 게으를 수 있고 글 읽는 자가 오히려 더 방탕할 수 있다는 역설을 말한다. 자만하는 마음이 끼어들기 때문이다. 실제로 산골짜기에 기거하는 촌부, 촌로가 글발 드높은 학자들보다 더욱 절제하고 경계하는 삶을 사는 현장을 어렵지 않게 목격할 수 있다.

몸 쓰는 자는 더욱 근면하고 글 읽는 데도 게으르지 말라. 글 읽는 자는 더욱 자성하고 몸 쓰는 데도 게으르지 말라. 재능이 더욱 출중해지고 건강까지 얻게 될 것이다. 동무는 이렇게 이야기한다.

10-21.

지나친 자의 마음은 일상생활을 하찮게 여기고 가정을 소홀히 하며 눈만 높아서 사회생활의 어려움에 대해 전혀 모른다. 먹고 살 방책도 없으면서 늘상 여색에만 빠져 생이 다하도록 뉘우칠 줄 모른다.

嬌奢者之心, 藐視閭閻生活, 輕易天下室家, 眼界驕豪, 全昧産業之艱難, 甚劣財力之方略, 每爲女色所陷, 終身不悔.

【해설】

교사자가 색을 밝힌다는 언급(10-9)에 관한 해설이다. "교사嬌奢"

의 마음이 끼치는 해악이 적나라하게 드러난다.

교사자는 겉멋만 들고 속이 텅 빈 사람이다. 항상 자신을 짜릿하
게 해줄 자극만 추구한다. 그래서 섹스에 빠져 쾌락을 좇는 삶에서
벗어나지 못한다.

10-22.

게으른 자의 마음은 매우 거칠고 사나워 하나하나 쌓아나갈 생
각은 하지 않고 매번 허황된 꿈만 꾼다. 그 마음이 부지런과는
거리가 멀어서 술의 나라로 도망가 일단 피하고 보자며 머리를
굴린다. 게으른 자는 술주정뱅이가 되지 않는 자가 없다. 술주
정뱅이를 보면 게으른 자의 마음이 거칠고 사납다는 사실을 분
명히 알 수 있다.

懶怠者之心, 極其麤猛, 不欲積功之寸累, 每有虛大之甕算. 盖其心, 甚
憚勤幹, 故欲逃其身於酒國, 以姑避勤幹之計也. 凡懶怠者, 無不縱酒,
但見縱酒者, 則必知其爲懶怠人心麤猛也.

【해설】

나태한 자는 술을 즐긴다는 언급(10-9)에 대한 해설이다. 술을 마
시면 앉아서 먹고 논다. 몸 쓸 일이 별로 없다. 그래서 게으른 사람
들은 술을 즐기는 것이다.

"옹산甕算"은 가난한 옹기장수가 옹기를 팔아 부자 될 꿈을 꾸며
좋아하다 그만 옹기를 깨뜨리는 바람에 다 허사가 됐다는 고사에서
유래했다. 허황된 꿈을 의미한다.

교사, 나태, 편급, 탐욕 중 유독 교사자와 나태한 자를 재론한 것은 주와 색의 폐해가 무엇보다 크기 때문이다.

10-23.

주색이 사람을 죽이므로 사람들이 한결같이 "주독으로 장이 메마르고 여색으로 정이 바닥난다"고 말한다. 그런데 이는 하나는 알고 둘은 모르는 것이다. 술에 빠진 자는 몸을 움직이기 싫어하면서 걱정이 산처럼 쌓인다. 색에 홀린 자는 여자에 과도하게 집착하면서 걱정이 칼처럼 찌른다. 천 갈래 만 갈래로 근심이 이는데 주독과 여색까지 겹치니 함께 공격하여 사람을 죽이는 것이다.

酒色之殺人者, 人皆曰"酒毒枯腸, 色勞竭精"云. 此知其一, 未知其二也. 縱酒者, 厭勤其身, 憂患如山. 惑色者, 深愛其女, 憂患如刀. 萬端心曲與酒毒, 色勞, 並力攻之而殺人也.

【해설】

주색의 해독을 설명한다. 사람들은 주색이 몸을 상하는 것은 잘 알지만 주색을 탐하는 마음이 또한 몸을 상한다는 것은 잘 알지 못한다. 주색에 휩쓸리는 마음의 근저에는 걱정이 휘몰아치고 근심이 회오리치고 있다. 그래서 주색이 가장 해롭다고 이야기하는 것이다.

10-24.

광기어린 아이는 반드시 음탕한 여자를 좋아하고 음탕한 여자는 또 광기어린 아이를 좋아한다. 우둔한 남편은 반드시 질투하는 아내를 좋아하고 질투하는 아내는 또 우둔한 남편을 좋아한다. 세상의 이치로 보아도 음탕한 여자는 확실히 광기어린 아이의 짝으로 적합하고 우둔한 남편 또한 질투하는 아내의 짝으로 마땅하다. 음탕한 여자와 질투하는 아내는 악한 자와 천한 자의 배필이 될 뿐 군자와 귀인의 배필이 되지는 못한다.

칠거지악 중 음탕한 여자는 내보내라, 질투하는 아내는 내보내라 하며 으뜸가는 악으로 꼽았으나 세상은 질투의 의미를 제대로 알지 못한다. 그저 아내가 첩들을 미워하고 시기하는 것으로만 여긴다. 귀인이 대를 잇는 것처럼 중요한 것이 없으므로 첩을 둔다는 자체에 대해서 아내가 미워하거나 시기해선 안 된다. 하지만 집안의 혼란이 여러 첩을 두는데서 기인하지 않은 적이 없으니 아내가 첩들의 요사스러운 짓들을 미워하고 시기하는 것은 오히려 현명한 덕이 될 것이다. 어찌 질투에 해당한다고 할 수 있겠는가?

『시』(주남周南 「도요桃夭」 편)에 "어리고 어린 복숭아나무야 그 잎 무성도 하여라. 시집가는 저 아가씨 그 집 화목케 하여라"라고 했다. "그 집 화목케 하여라"라는 말은 호현낙선하여 그렇게 한다는 뜻이다. 그 집을 화목케 하지 못하는 것은 투현질능해서 그런 것이다. 집안에 질병이 끊이지 않고 사람이 계속해서 죽어나가며 자손들이 어리석고 재산이 거덜나는 것이 우둔한 남편과 질투하는 아내의 투현질능에서 오지 않는 것이 없다.

狂童必愛淫女, 淫女亦愛狂童. 愚夫必愛妬婦, 妬婦亦愛愚夫. 以物理觀之, 則淫女斷合狂童之配也. 愚夫亦宜妬婦之匹也. 蓋淫女, 妬婦, 可以爲惡人, 賤人之配匹也. 不可以爲君子, 貴人之配匹也.

七去惡中淫去, 妬去爲首惡, 而世俗不知妬字之義, 但以憎疾衆妾爲言. 貴人之繼嗣最重, 則婦人必不可憎疾. 貴人之有妾而亂家之本, 未嘗不在於衆妾, 則婦人之憎疾衆妾之邪媚者, 猶爲婦人之賢德也. 何所當於妬字之義乎?

『詩』云 "桃之夭夭, 其葉蓁蓁, 之子于歸, 宜其家人." "宜其家人"者, 好賢樂善而宜於家人之謂也. 不宜其家人者, 妬賢嫉能而不宜於家人之謂也. 凡人家疾病連綿死亡相隨, 子孫愚蚩資産零落者, 莫非愚夫. 妬婦妬賢嫉能之所做出也.

【해설】

「광제설」은 개인의 문제와 함께 가정과 사회의 문제에도 관심을 갖는다. 결국 개인의 건강은 사회의 건강과 관련이 있기 때문이다.

본조는 남녀의 문제를 다룬다. 남자는 광狂, 우愚를, 여자는 음淫, 투妬를 경계하고 있다. 만약 우둔한 남편과 질투하는 아내가 만나면 집안이 풍비박산 난다. 건강과 재산을 잃고 생명까지 위협받게 될 것이라 말한다. 집안이 화목해야 가족이 건강하다!

그런데 당시 집안의 불화를 야기하는 가장 큰 문제는 처첩제였다. 조선시대는 처첩제를 동반한 일부일처제 사회다. 첩은 첩실妾室, 소실小室, 측실側室 등으로 불렸는데 모든 계층에 존재했다. 정약용(1762~1836) 역시 강진 유배시절의 고난을 한 여인의 도움으로 버텨내며 홍임弘任이란 딸을 갖기도 했다. 지위고하를 막론하고 매우 일반적인 현상이었다.

사대부들은 가문의 계승이라는 이유를 들어 처첩제를 옹호했지만 이로 인한 가정의 갈등은 곧잘 사회문제로 비화했다. 남성의 성적 욕망을 충족시키기 위한 위선적 제도라는 비판을 면키 어렵다.

동무는 당대의 처첩제를 "난가지본難家之本"이라 말하며 정면에서 비판한다. 그러나 제도 자체를 근원적으로 부정한 것은 아니다. 오직 후사를 위한 목적으로만 인정해야지 개인의 욕망이나 과시를 위해 존재해선 안 된다고 생각했다.

동무의 처첩 논의가 지금의 감각에선 매우 어색하지만 당시엔 교훈이 될 수도 있었을 것이다. 그리고 이야기는 호현낙선과 투현질능으로 이어진다.

10-25.

세상에 나쁜 것이 투현질능보다 더 심한 것이 없고 세상에 좋은 것이 호현낙선보다 더 큰 것이 없다. 투현질능하지 않으면서 나쁜 것은 그다지 나쁜 것이 아니다. 호현낙선하지 않으면서 좋은 것은 그다지 좋은 것이 아니다. 인간의 역사를 두루 살펴보아도 세상의 병폐가 모두 투현질능에서 나오고 세상의 구원은 모두 호현낙선에서 나온다. 그러므로 말한다. "투현질능은 세상의 심각한 병이며 호현낙선은 세상의 위대한 약이다."

天下之惡, 莫多於妬賢嫉能. 天下之善, 莫大於好賢樂善. 不妬賢嫉能而爲惡, 則惡必不多也. 不好賢樂善而爲善, 則善必不大也. 歷稽往牒, 天下之受病, 都出於妬賢嫉能. 天下之救病, 都出於好賢樂善. 故曰 "妬賢

嫉能, 天下之多病也. 好賢樂善, 天下之大藥也!"

【해설】

"투현질능妬賢疾能"은 현명하고 능력 있는 사람을 질투하는 것이다. "호현낙선好賢樂善"은 현명하고 능력 있는 사람을 기뻐하는 것이다.

동무는 앞 조에서 호현낙선하면 가정이 화목하고 투현질능하면 가정이 불화하다고 말했다. 그리고 이제는 호현낙선이 인간세의 덕목이라 강조한다. 세상이 화목하기 위해선 호현낙선해야 하는 것이다.

현명한 사람을 존경하고 능력 있는 사람을 존중하는 것이 너무나도 당연한 사회의 기본이건만 인류 역사를 통틀어 이 너무나도 당연한 기본이 지켜지는 사회가 거의 없었다. 투현질능의 사회에선 인물이 길러지기 어렵다.

사회가 반목하고 불화하면 개인이 불행해진다. 건강한 사회가 건강한 개인을 만든다. 투현질능보다 더 큰 악은 없고 호현낙선보다 더 큰 선은 없다. 호현낙선이야말로 세상을 구하는 가장 위대한 처방이다.

제11장 | 사상인 변증론

四象人辨證論

「사상인변증론」은 사상인 감별론이다. 여기서 "증證"은 좁은 의미에선 땀이나 맥 등의 신체 증상으로 이해할 수 있지만, 넓은 의미에선 체형이나 성격 등 신체의 일반 특성까지 포함한다고 볼 수 있다.

사상인 변증이란 생리적으로 드러나는 증상들을 변별해서 사상인을 감별한다는 뜻이다. 감별법을 끝으로 모든 논의를 마무리하고 있다. 체질감별법 없는 체질의학은 사상누각일 뿐이다. 창시자가 밝히는 체질 감별의 세계로 여러분을 초대한다.

11-1.

태소음양인은 지금의 안목으로 볼 때 한 마을이 1만 명이라 간주하고 대략 말하면 태음인은 5000명이다. 소양인은 3000명이다. 소음인은 2000명이다. 태양인은 그 수가 절대적으로 적어서 한 마을에 혹 서너 명 있기도 하고 10여 명 정도 될 뿐이다.

太少陰陽人以今時目見, 一縣萬人數大略論之, 則太陰人五千人也. 少陽人三千人也. 少陰人二千人也. 太陽人數絕少, 一縣中或三四人十餘人而已.

【해설】

태소음양인의 비율을 논한 유명한 문장이다. 태음인이 50퍼센트, 소양인이 30퍼센트, 소음인이 20퍼센트다. 태양인은 많아야 0.1퍼센트 정도다.

개초의 최대 수혜자는 태음인

「사상인변증론」에서 유일하게 개초한 문장이 바로 1조다. 1조만 고치고 다른 문장은 손대지 않았다. 의미심장한 일이다. 구본의 1조는 다음과 같다.

태소음양인은 지금의 안목으로 볼 때 북쪽 산골마을 1만 명을 기준으로 대략 말하면 소양인은 5000명이다. 태음인은 3000명이다. 소음인은 2000명이다. 태양인은 그 수가 절대적으로 적어서 한 마을에 혹 서너 명 있기도 하고 10여 명 정도 될 뿐이다.

남쪽 평야마을 1만 명을 기준으로 대략 말하면 소양인, 태음인은 각 4000명이다. 소음인은 2000명이다. 태양인은 역시 그 수가 절대적으로 적어서 한 마을에 혹 서너 명 있기도 하고 10여 명 정도 될 뿐이다.

太少陰陽人以今時目見, 北道山谷一縣萬人數大略論之, 則少陽人五千人也. 太陰人三千人也. 少陰人二千人也. 太陽人數絶少, 一縣中或三四人十餘人而已.

以南中原野一縣萬人數大略論之, 則少陽, 太陰人各四千人也. 少陰人二千人也. 太陽人數亦絶少, 一縣中或三四人十餘人而已.(구11-1)

동무는 먼저 지역에 따른 사상인 분포도를 연구했다. 산이 많은 북쪽과 들이 많은 남쪽으로 대략 나눴다. 산골짜기에는 소양인이 우세하고 평야지대에는 소양인과 태음인이 비등하다. 전반적으로 소양인 비율을 태음인보다 더 높게 본다.

그런데 신본에서는 지역적 특성을 무시하고 전체의 비율을 논한다. 가장 큰 특징은 태음인 비율이 소양인을 능가했다는 점이다. 소음인과 태양인의 비율은 신구본을 통틀어 변화가 없다.

태음인 수가 구본에서도 30~40퍼센트 정도다. 그리 적지 않다. 그런데 태음인에 대한 연구가 심화되면서 감별력도 더욱 높아진다. 숨어 있던 태음인들을 점점 더 찾아낸 것이다. 역시 신본의 최대 수

혜자는 태음인이다. 개초를 통해 병증론과 약리론 그리고 변증론까지 가장 많이 확충되었다.

참고로 필자의 한의원에 내원한 환자의 체질 분포도는 태음인 60퍼센트, 소양인 20퍼센트, 소음인 10퍼센트, 태양인 10퍼센트 정도라 말할 수 있다.

11-2.

태양인의 체형기상은 뇌추 부위의 일어서는 기세가 왕성하고 허리 주위의 바로 서는 기세가 취약하다. 소양인의 체형기상은 가슴의 안아 감는 기세가 왕성하고 엉덩이의 앉는 기세가 취약하다. 태음인의 체형기상은 허리 주위의 바로 서는 기세가 왕성하고 뇌추 부위의 일어서는 기세가 취약하다. 소음인의 체형기상은 엉덩이의 앉는 기세가 왕성하고 가슴 부위의 안아 감는 기세가 취약하다.

太陽人體形氣像, 腦顀之起勢盛壯而腰圍之立勢孤弱. 少陽人體形氣像, 胸襟之包勢盛壯而膀胱之坐勢孤弱. 太陰人體形氣像, 腰圍之立勢盛壯而腦顀之起勢孤弱. 少陰人體形氣像, 膀胱之坐勢盛壯而胸襟之包勢孤弱.

【해설】

사상인 비율에 이어 본격적인 사상인 감별법으로 들어간다. 동무가 제시한 첫 번째 감별법은 바로 체형기상이다.

체질진단법 첫 번째, 형상

"체형기상體形氣象"은 체형과 기상의 합성어다. 줄여서 형상이라 말하기도 한다. 형은 곧 뇌추, 흉금, 요위, 방광을 말한다. 구체적이다. 상은 기세, 포세, 입세, 좌세를 말한다. 추상적이다. 형상에는 단순히 형의 사이즈만 봐선 안 되고 상의 이미지를 함께 봐야 한다는 뜻이 담겨 있다. 체형의 기상을 읽는 것, 그것이 사상인 감별의 첫 번째다.

"뇌추腦顀"는 이마 위에서 어깨를 포함하는 영역으로 폐 부위다. 태양인은 어깨가 결코 죽지 않는다. 태양인의 거침없이 들이대는 힘이 어깨에 나타나 있다. 견봉肩峯이 솟았다고 표현하기도 한다.

"흉금胸襟"은 흉곽으로 위 부위다. 소양인은 가슴이 어깨 쪽으로 날개 펴듯 쫙 펼쳐진다. 넉넉하게 품을 수 있는 가슴을 갖고 있다. 흉금은 팔을 포함한 개념이다. 실제로 팔 힘도 세다.

"요위腰圍"는 허리둘레로 간 부위다. 태음인은 허리가 충실하다. 허리를 굳건하게 세워준다는 느낌이 든다. 소위 드럼통 체형이 많으나 잘록한 허리도 많다.

"방광膀胱"은 엉덩이로 신 부위다. 소음인의 엉덩이는 옹색하지 않다. 소양인은 앉아 있으면 엉덩이가 좁아 뒷모습이 역삼각형 같은 느낌이 들지만 소음인은 그렇지 않다.

체형으로 반드시 체질을 구분할 수 있다. 체형에는 울룩불룩 장기의 기능이 드러나기 때문이다.

체형기상은 몸매를 보는 방법이다. 얼굴은 빠진다. 동무에게 이목비구의 형상론은 없는 것이다. 이목비구의 신대륙을 개척한 사람이 김주다. 얼굴에도 체질의 특성이 강렬하게 나타나기 때문에 체질진단의 매우 유용한 근거가 된다. 『성리임상론』의 「체질통찰법」을 참고하라.

형상이란 복잡한 변수를 처리하는 과정이라 어려운 경우도 많다. 그래서 더더욱 스승의 인도가 중요하다.

11-3.

태양인의 성질은 소통에 뛰어나고 재간은 교우에 있다. 소양인의 성질은 강무에 뛰어나고 재간은 사무에 있다. 태음인의 성질은 성취에 뛰어나고 재간은 거처에 있다. 소음인의 성질은 단중에 뛰어나고 재간은 당여에 있다.

太陽人性質長於疏通, 而材幹能於交遇. 少陽人性質長於剛武, 而材幹能於事務. 太陰人性質長於成就, 而材幹能於居處. 少陰人性質長於端重, 而材幹能於黨與.

【해설】

동무가 제시한 두 번째 감별법은 성질재간이다. 사상인 감별법은 사실상 2조, 3조로 끝이다.

체질진단법 두 번째, 성질

"성질性質"은 성품을 의미한다. "재간材幹"은 재능을 의미한다. 사상인의 성품으로 소통, 강무, 성취, 단중을 말하고 재능으로 교우, 사무, 거처, 당여를 말한다. 사상인의 재능은 「확충론」에서 상론했다. 여기서는 성품에 대해서만 살펴보자.

"소통疏通"은 시원시원하다는 뜻이다. 태양인은 낯선 환경에서도 별 거리낌이 없다. 다들 쭈뼛거리는 사이 혼자 망설임이 없다.

"강무剛武"는 씩씩하다는 뜻이다. 소양인은 날래고 용감한 이미지가 강하다.

"성취成就"는 끝장을 본다는 뜻이다. 태음인이 한번 마음먹은 일은 끈질기게 밀고나가 마무리를 짓는다. 지구력이 강하다.

"단중端重"은 차분하다는 뜻이다. 소음인은 작정하면 그 누구보다 빈틈없고 꼼꼼하게 일을 처리한다. 완벽주의 성향이 많다.

사상인의 체형은 「장부론」과 연결되고 재능은 「성명론」과 이어진다. 「성명론」 「장부론」의 도식적인 체계가 엄연한 경험적 자료에 근거하고 있음을 깨닫게 한다.

11-4.

태양인의 체형은 원래 구분하기 어렵지 않다. 그러나 사람 수가 워낙 희소해서 가장 구분하기 어렵게 된 것이다. 그 체형은 뇌추 부위의 일어서는 기세가 강하고 왕성하다. 성질은 막힘이 없고 또 결단력이 있다. 병증은 열격, 반위와 해역인데 증상 자체는 쉽게 구분할 수 있지만 병이 중험해지기 전에는 별다른 전조 증상이 나타나지 않아 마치 병이 없는 건강인처럼 보인다는 문제가 있다. 그런데 소음인 노인도 열격증이 나타나는 경우가 있으므로 태양인으로 잘못 치료하지 말아야 한다.

太陽人體形元不難辨, 而人數稀罕, 故最爲難辨也. 其體形, 腦顀之起勢
強旺. 性質, 疏通又有果斷. 其病, 噎膈反胃, 解㑊證. 亦自易辨, 而病未
至重險之前別無大證, 完若無病壯健人也. 少陰人老人亦有噎證, 不可誤
作太陽人治.

【해설】

태양인을 예로 들어 체질진단의 요령을 정리하고 있다. 체형, 성
질과 함께 병증을 감별의 자료로 삼고 있다.

태양인 감별은 쉽다

태양인 감별법에 관한 동무의 첫마디는 태양인 체형은 구분하기
쉽다는 것이다. 머리에서 어깨로 이어지는 라인이 마치 M자처럼 위
로 치솟아 있다. 전혀 쳐지지 않는다. 기죽지 않은 어깨를 하고 거침
없이 들이대는 태양인을 보면 한 눈에 알아볼 수 있다는 말이다.

본조에서 언급한 태양인의 새로운 특성은 "과단果斷"이다. 과단
은 결단력이다. 태양인은 생각에서 행동으로 옮아가는 시간이 가장
빠르다. 생각과 동시에 말이 튀어나오고 몸이 움직인다. 그래서 우
물쭈물하는 게 없다. 행동에 거침이 없다.

병증 또한 체질진단의 자료가 될 수 있다고 말하지만 그 중요도
는 현저히 떨어진다. 열격이나 해역증으로 태양인을 찾고자 한다면
각주구검의 우를 면하기 어렵다.

열격은 한열이 발생하지 않는 구토병이다. 소음인은 구토병에 걸리면 심한 오한이 생기지만 태양인은 오한이나 발열이 없다고 했다. 즉 열격은 태양인병인 것이다.(9-2-9) 그런데 소음인 노인도 열격이 생긴다는 말은 정기가 쇠미한 노인의 경우 사기에 저항하는 힘이 미미해 오한이 나타나지 않을 수도 있다는 의미다. 그러니 태양인의 열격으로 오인할 수 있는 것이다.

11-5.

태양인 여성은 체형이 건장하더라도 간 부위가 작아 옆구리가 비좁다. 그래서 자궁의 자리가 부족해 생산을 못하는 경우가 많다. 동물의 경우로 추리해봐도 태양 체질의 암컷 소나 말이 체형은 건장해도 생산을 못하는 것과 마찬가지다.

太陽女體形壯實, 而肝小脇窄. 子宮不足, 故鮮能生産. 以六畜玩理, 而太陽牝牛馬體形壯實, 而亦鮮能生産者, 其理可推.

【해설】

태양인 여성의 임신에 관한 설명이다. 논란이 많은 조문이다.

태양인과 임신은 무관하다

간소협착肝小脇窄은 간이 붙어 있는 곳, 즉 옆구리(腰脇)가 좁다는 뜻이다.(2-7) 흉곽 자체가 아래로 좁고 길게 내려가 있어 옆구리도 좁다. 폐가 들어 있는 상부 흉곽은 넓고 위로 솟아 있으며 간이 들어 있는 하부 흉곽은 좁고 안으로 움츠러들어 있으니 정말 폐대간소라 하지 않을 수 없다.

그런데 동무의 결론이 암울하다. 아무리 건강한 태양인이라 할지라도 옆구리가 좁아 태생적으로 임신이 어렵다는 이야기를 하는 것이다. 다시 말해서 옆구리가 좁으면 태아의 거처가 협소하여 아이를 키울 수 없다는 뜻이다. 일견 타당한 것도 같으나 사실은 곤혹스러운 이야기다.

자궁은 중하초가 아니라 하초의 문제다. 하복이 따뜻하고 혈이 충실하면 자궁은 얼마든지 제 일을 감당할 수 있다. 그러면 혹 소양인이 임신이 어려운가 의문을 가져볼 수도 있지만 그렇지도 않다. 임신은 체질과 무관하다. 임신은 건강과 유관할 뿐이다.

초판본은 "선능생산鮮能生産"이라 했으나 한두정의 7판본엔 "불능생산不能生産"으로 되어 있다. 불능생산은 불가하다.

동물의 체질

동무는 자신의 주장을 동물의 세계에 비유해 합리화한다. 태양말, 태양소도 임신을 못한다는 것이다. 이 말인즉슨 동물도 사상의 구분이 존재한다는 의미다. 동무는 태양류는 모두 소통에 능하고 과단하며 간이 작아 옆구리가 좁고 임신이 어렵다고 생각했던 것이다.

동물의 체질은 수의학의 영역에서 중요한 의미가 있다. 인간의 질병 치료에 체질이 중요하듯 동물 역시 그러하기 때문이다. 과연 동물의 세계에도 체질이 존재하는가?

동물의 세계는 사상의 구분이 없다고 생각한다. 같은 종이면 같은 체질인 것이다. 각각의 동물에 직접 처방해보고 반응을 살펴보면 확인할 수 있지 않을까? 실제로 요청에 의해 몇 번 처방을 해본 적이 있지만 결론을 내리기엔 무리가 있다. 한약은 자연의 방법을 그대로 활용하는 것이다. 제대로 쓰면 동물에게도 기막힌 효과를 낼 수 있다.

11-6.

소양인의 체형은 상체가 왕성하고 하체가 허약하여 가슴은 건실하나 다리는 가볍다. 사납고 날래며 용감한데다 사람 수까지 많으므로 사상인 가운데 가장 구분하기 쉽다.

少陽人體形, 上盛下虛, 胸實足輕, 剽銳好勇, 而人數亦多, 四象人中最爲易辨.

【해설】

태양인에 이어 소양인의 감별법을 부연한다.

소양인 감별이 가장 쉽다

소양인의 체형은 전형적인 "상성하허上盛下虛"다. 상체가 발달하고 하체가 부실하다. 특히 가슴 부위가 잘 발달해 있다. 반면 엉덩이는 작고 다리는 짧다. 그래서 역삼각형 체형을 이룬다.

상성하허에는 성질의 특성도 내포되어 있다. 위로 기운이 성하니 가만 있지를 못하고 나서다 사납게 보이기도 하며 아래도 허해서 더욱 가만히 있질 못하고 나댄다. 그래서 끊임없이 일을 만들려고 한다. "표예호용剽銳好勇"은 늘 바쁘고 활동적인 소양인의 이미지를 나타낸다.

게다가 사람 수도 가장 많다. 여기서 말하는 "인수人數"는 구본을 기준으로 삼아야 한다. 소양인은 40퍼센트 내지 50퍼센트로 사상인 중 가장 많다고 생각했다.

겉으로 드러나는 체형에 활달한 성격, 그리고 높은 비율까지, 그래서 소양인 감별이 가장 쉽다고 말하고 있다.

11-7.

소양인이 간혹 자그마하고 차분하여 외모가 흡사 소음인 같은 경우가 있다. 이때 그 병세의 한열을 자세히 진찰해서 소음인으로 잘못 치료하지 말아야 한다.

少陽人或有短小靜雅, 外形恰似少陰人者. 觀其病勢寒熱, 仔細執證, 不可誤作少陰人治.

【해설】

소양인에 이어 소음인의 특징을 언급하고 있다. 소양인이 "표예호용剽銳好勇"이라면 소음인은 "단소정아短小靜雅"다. 단소는 자그마하다는 뜻이다. 정아는 차분하다는 뜻이다.

소음인은 차분하다

사람을 대할 때 일반적으로 얼굴을 위주로 상체가 먼저 눈에 들어온다. 그래서 흉곽이 건실한 소양인은 별로 아담한 느낌을 주지 못한다. 그런데 간혹 자그마한 소양인은 아담하고 차분한 느낌을 주기도 한다는 것이다. 작다는 느낌이 앞서서 건실한 흉곽이 묻히는 것이다.

이처럼 사상인을 감별할 땐 전체적인 분위기로 보지 말고 구체적인 형상으로 봐야 한다. 전체적인 이미지로 파악하려고 하면 오류가 많이 생긴다. 무수한 변수가 존재하지만 여전히 기준은 존재한다.

만약 그래도 애매하다면 건드려봐야 한다. 자극에 대한 반응을 살펴보면 숨은 성질을 간파할 수 있기 때문이다.

우리는 소음인의 단소는 염두에 둘 필요가 없다. 크다 작다는 체질과 무관하다. 동무 역시 소음인도 크고 건장한 사람이 많다고 했다.(11-9)

우리가 기억해야 할 것은 소음인의 정아다. 소양인이 상성하허인 반면 소음인은 전형적인 상허하성上虛下盛이다. 기운이 가장 아래에 내려가 있다. 차분할 수밖에 없다. 자극에 대한 민감도가 가장 더디다고 볼 수 있다. 실제 생각에서 행동까지 가장 오래 걸린다. 신중하다못해 우유부단하다는 말을 듣는다. 모두 정아靜雅의 측면이다.

만약 체형과 성질에서 답을 찾지 못하면 병증을 참조한다 했지만 병증은 체질감별의 가장 마지막 단계다. 즉 가장 비중이 낮은 방법이다. 체형과 성질에서 승부를 봐야 한다.

태음인과 소음인의 체형은 간혹 구분이 어려울 정도로 유사한 경우가 있다. 이때 병증을 살펴보면 반드시 구분할 수 있다. 태음인이 괜히 땀이 나면 건실한 것이다. 소음인이 괜히 땀이 나면 큰 병이다. 태음인이 피부가 탄탄하고 치밀하면 큰 병이다. 소음인이 피부가 탄탄하고 치밀하면 건실한 것이다. 태음인은 가슴의 정충증이 있다. 소음인은 손발의 문란증이 있다. 태음인은 눈꼬리가 위로 당겨지는 증이 있고 또 눈동자가 속으로 아린 증이 있다. 소음인은 이런 증상이 없다. 소음인은 평소 균일하게 호흡하다 간혹 한 번씩 크게 숨을 쉰다. 태음인은 이렇게 크게 한숨 쉬는 호흡이 없다. 태음인은 학질오한 중 찬물을 마실 수 있다. 소음인은 학질오한 중 찬물을 마실 수 없다.

태음인 맥은 장하고 긴하다. 소음인 맥은 완하고 약하다. 태음인 살은 단단하고 두껍다. 소음인 살은 얇고 여리다. 태음인의 용모는 행동이 의연하고 말투는 질서정연하고 공명정대하다. 소음인의 용모는 몸가짐이 자연스럽고 말투는 짧고 쉬우며 약간 꾸밈새가 있다.

太陰, 少陰人體形, 或略相彷彿, 難辨疑似. 而觀其病證, 則必無不辨. 太陰人虛汗, 則完實也. 少陰人虛汗, 則大病也. 太陰人陽剛堅密, 則大病也. 少陰人陽剛堅密, 則完實也. 太陰人有胸膈怔忡證也. 少陰人有手足悗亂證也. 太陰人有目眥上引證, 又有目睛內疼證也. 少陰人則無此證也. 少陰人平時呼吸平均, 而間有一太息呼吸也. 太陰人則無此太息呼吸也. 太陰人瘧疾惡寒中, 能飮冷水. 少陰人瘧疾惡寒中, 不飮冷水.

太陰人脈, 長而緊. 少陰人脈, 緩而弱. 太陰人肌肉, 堅實. 少陰人肌肉,

浮軟. 太陰人容貌詞氣, 起居有儀而修整正大. 少陰人容貌詞氣, 體任自
然而簡易小巧.

【해설】

다음은 태음인과 소음인의 비교다.

생리적 증을 살펴라

동무는 태양인과 소양인을 찾는 데 그리 어려움을 느끼지 않았
다. 체형과 성질을 통해 쉽게 판별했다. 그러나 태음인과 소음인은
그리 녹록치 않았던 모양이다. 생리적 증과 병리적 증을 총동원하
여 감별의 실마리를 찾아간다.

나는 임상에서 병리적 증은 무시한다. 그러나 생리적 증은 중시
한다. 맥과 기육, 용모사기에 관한 내용은 참고가 되기 때문이다. 체
형, 성질, 생리적 증까지 살피면 사실상 사상인 감별은 끝난다고 할
수 있다.

본문 중 "양강견밀陽剛堅密"은 무슨 말인지 알기 어렵다. 양陽이
무얼 말하는지 도통 알 수가 없기 때문이다. 흔히 피부로 보기도 하
고 혹 성기로 보기도 한다.

11-9.

소음인의 체형은 작고 왜소하다. 그러나 또 크고 건장한 자도

많다. 간혹 8~9척 장신도 있다. 태음인의 체형은 크고 건장하다. 그러나 또 6척 단신도 있다.

少陰人體形, 矮短而亦多有長大者. 或有八九尺長大者. 太陰人體形, 長大而亦或有六尺矮短者.

【해설】
앞 조에 이어 소음인과 태음인의 체격을 비교한다.

체격은 체질과 무관하다

소음인과 태음인의 대체적인 사이즈를 그려주고 있다. 소음인은 일반적으로 작다. 태음인은 일반적으로 크다. 그러나 반대의 경우도 많다. 그러니 단순히 체격으로 소음인과 태음인을 변별하긴 어렵다.

사상인은 동무의 입에서 처음 나온 언어다. 그러니 그 누구도 들어본 적 없는 사상인의 윤곽을 보여주기 위한 매우 초보적인 기술에 속한다. 사상인 감별에 활용할 순 없다. 체격과 체질은 무관하다는 의미로 새기면 충분하다.

11-10.

태음인은 항상 겁내는 마음이 있다. 겁내는 마음이 안정되면 몸의 상태가 편안해지고 마음 씀씀이가 깊어져서 제 길로 가게 된다. 겁내는 마음이 많아지면 불안한 마음에 사로잡혀 주변에 휩쓸려버리고 만다. 만약 겁내는 마음이 두려운 마음까지 이르면 큰 병, 즉 정충이 생긴다. 정충은 태음인의 중병이다.

太陰人恒有惻心. 惻心寧靜, 則居之安, 資之深, 而造於道也. 惻心益多, 則放心桎梏, 而物化之也. 若惻心至於怕心, 則大病作, 而怔忡也. 怔忡者, 太陰人病之重證也.

【해설】

다음으로 태소음양인의 항심恒心을 이야기한다. 먼저 태음인이다.

태음인은 겁낸다

태음인은 항상 겁내는 마음이 있다. 항상 있는 마음이라 항심이라 부른다. 태음인은 낯선 환경에 적응하는 데 시간이 오래 걸린다. 겁심 때문이다. 새로운 것에 겁을 잘 낸다. 인생은 새로움의 연속이니 늘 겁심이 있다고 해야겠다.

태음인이 겁심만 안정시킬 수 있다면 몸과 마음이 평온해져서 찬찬히 자신을 들여다보게 된다. 그런데 겁심이 심해지면 한없이 불안해지고 매우 예민한 상태가 된다. 점점 자극의 역치가 낮아져서 결국 이유 없이 가슴이 두근대는 정충이 생긴다. 정충은 극도로 불안한 상태. 처방을 논한다면 한자는 조위승청탕, 열자는 청심연자탕이 적당하겠다.

<u>11-11.</u>

소양인은 항상 걱정하는 마음이 있다. 걱정하는 마음이 안정되면 몸의 상태가 편안해지고 마음 씀씀이가 깊어져서 제 길로 가게 된다. 걱정하는 마음이 많아지면 불안한 마음에 사로잡혀 주변에 휩쓸려버리고 만다. 만약 걱정하는 마음이 무서운 마음까지 이르면 큰 병, 곧 건망이 생긴다. 건망은 소양인의 험병이다.

少陽人恒有懼心. 懼心寧靜, 則居之安資之深. 而造於道也. 懼心益多, 則放心桎梏, 而物化之也. 若懼心至於恐心, 則大病作而健忘也. 健忘者, 少陽人病之險證也.

【해설】

다음은 소양인이다. 소양인의 항심은 구심懼心, 즉 걱정하는 마음이다.

소양인은 걱정한다

소양인은 흉금의 포세包勢가 강해 이것저것 너무 품으려 한다. 그러니 남의 걱정까지 다 끌어와서 세상 근심이 끝이 없다. 이것이 본성에서 오는 타고난 문제임을 깨달아 미리 알고 주의한다면 몸과 마음이 안정된다.

그러나 걱정에 너무 사로잡히면 무서운 마음이 생긴다. 어차피 세상 근심은 다 감당하지 못하기 때문이다. 그러면 건망이 생길 수 있다. 뇌의 회로의 일부가 과열 끝에 불타버린 것이다.

사람은 누구나 몸이 아프면 밖에서 돌아와 안을 들여다보게 된다. 반성의 길을 걷게 된다. 어찌 자신의 책임은 외면하고 밖에서 답을 구하겠는가? 약만으로 해결하려는 노력은 의사에게는 유익하나 환자에게는 무익한 일이다.

11-12.

소음인은 항상 불안한 마음이 있다. 불안한 마음이 안정되면 비기가 살아난다. 태양인은 항상 급박한 마음이 있다. 급박한 마음이 안정되면 간혈이 조화롭게 된다.

少陰人恒有不安定之心. 不安定之心寧靜, 則脾氣卽活也. 太陽人恒有急迫之心. 急迫之心寧靜, 則肝血卽和也.

【해설】

마지막으로 소음인과 태양인의 항심을 함께 언급하고 있다.

소음인은 불안하고 태양인은 급박하다

소음인은 항상 불안한 마음이 있다. 이는 너무 치밀하게 생각하는 데서 온다. 소음인은 완벽주의적인 성향이 강하다. 그러나 현실이 인간의 생각대로 다 이루어지지 않는다. 완벽을 꿈꾸나 완벽의 실현이란 불가능하기에 마음이 늘 조마조마한 것이다.

그래서 소음인은 너무 미리 짐작하지 말아야 한다. 너무 전부 계획하지도 말아야 한다. 조금 서툴러도 되고 조금 틀려도 된다. 괜찮다. 그러면 불안한 마음을 벗어날 수 있다.

태양인은 급박한 마음이 있다. 소음인과 정반대다. 너무 마음이 앞서 간다. 그래서 좀체 뒤돌아볼 줄 모른다. 조금만 더 생각하고 조금만 더 늦게 움직이는 연습을 해야 한다. 너무 앞서나가지 말고 한걸음 물러서 지금 자리를 정리할 줄 알아야 한다. 그래야 몸이 상하지 않는다.

소음인의 마음에 불붙이기가 가장 어렵다. 그러나 한번 붙으면 오래도록 탄다. 반면 태양인의 마음은 금세 불이 붙는다. 금세 붙었다 금세 사그라들고 또 금세 붙는다.

항심은 사상인의 특징을 매우 적절하게 지적하고 있다. 사상인의 항심을 직접 목격한다면 사상인을 발견한 이제마의 감격이 조금은 이해될 것이다.

11-13.

소음인은 인후증이 있다. 매우 중하나 완만하게 진행되는 병이다. 완만하다 해서 등한시하여 방치해선 안 된다. 삼계팔물탕을 써야 한다. 간혹 노루간이나 금사주를 쓰기도 한다.

少陰人有咽喉證. 其病, 太重而爲緩病也. 不可等閒任置. 當用蔘桂八物湯, 或用獐肝, 金蛇酒.

【해설】

"인후증"은 인후부의 불편을 말한다. 그중 인후통은 태음병 음독증과 소음병에서 살펴보았다. 독삼관계이중탕을 쓴다고 했다.(6-3-11) 또 해가 가도 낫지 않은 오래된 인후통에 금사주를 쓴 사례도 있었다.(6-3-15) 본조에서는 만성화된 인후증은 거론한다.

삼계팔물탕은 정체를 알 수 없는 처방이다. 동무의 신정방에도, 한두정의 보유방에도 나오지 않는다. 「사상인변증론」이 구본의 내용인 만큼 처방 역시 구본의 범위에서 이해해야 한다. 삼계팔물탕은 승양팔물탕(구6-6-5)에서 인삼, 관계를 증량한 처방으로 짐작된다.

11-14.

태양인은 8~9일이나 대변을 못 보는 증상이 있다. 그러나 그다지 위태로운 증상은 아니다. 걱정할 필요는 없으나 약을 쓰지 않을 수도 없다. 미후등오가피탕을 써야한다.

太陽人有八九日大便不通證. 其病, 非殆證也. 不必疑惑, 而亦不可無藥. 當用獼猴藤五加皮湯.

【해설】

태양인의 건강한 변은 활변滑便이다. 수분을 많이 머금은 변을 굵게 많이 보는 것이 가장 좋다.(9-2-11) 그런데 대변을 꽤 오래 저장할 수도 있다. 그래서 8~9일이나 변을 보지 않아도 걱정 말라고 한다.

장의 건강을 가늠하는 척도는 사실 횟수에 있지 않다. 변의 모양이나 잔변감 등이 훨씬 중요하다. 가래떡 같이 길고 굵은 변을 시원하게 한 번에 보고 뒤가 묻지 않고 깨끗하게 마무리되는 변이 가장 좋다. 이런 변을 양껏 본다면 한 주에 한 번 본다고 해도 아무런 문제가 없다. 실제로 그런 분들이 가끔 있다.

동무가 본조에서 말하는 대변불통 역시 이런 맥락에서 이해해야
한다. 다 괜찮은데 횟수만 문제되는 상황이다. 이때 미후등오가피탕
을 추천했다.

그런데 미후등오가피탕 역시 오리무중의 처방이다. 미후등과 오
가피가 들어 있다는 것 외엔 전혀 짐작할 길이 없다. 태양인의 변비
에 미후등과 오가피를 중요하게 생각했다는 사실만은 분명하다.

태양인이 변이 시원찮으면 미후도식장탕이 좋다. 멈춰버린 위와
장이 다시 움직이면서 변을 밀어내기 시작한다. 밀가루 음식이나 유
제품, 육류 등이 지천으로 널린 현대사회에 장 때문에 고생하는 태
양인이 부지기수다.

만약 장이 안 좋은데 변도 1주일에 한번 본다면 미후도식장탕에
송화를 빼고 노근을 2돈, 오가피를 3돈으로 올려 써볼 수 있다. 그
리고 반드시 식이요법을 병행하는 것이 좋다.

11-15.

태양인이 소변을 시원하게 많이 보면 건실하고 병이 없는 것이
다. 태음인이 땀을 후련하게 흘리면 건실하고 병이 없는 것이다.
소양인이 대변을 잘 보면 건실하고 병이 없는 것이다. 소음인이
음식을 잘 소화시키면 건실하고 병이 없는 것이다.

太陽人小便旺多, 則完實而無病. 太陰人汗液通暢, 則完實而無病. 少陽
人大便善通, 則完實而無病. 少陰人飮食善化, 則完實而無病.

【해설】

사상인의 완실무병이다. 대표적인 건강증후를 들고 있다.

태양인은 소변, 소양인은 대변, 태음인은 땀, 소음인은 소화가 관건이다. 각각 취약한 장국의 기능을 드러내는 지표라 봤다. 소장은 소변으로, 대장은 대변으로, 위완은 땀으로, 위장은 소화로 그 기능을 나타낸다. 「장부론」의 구조와 일치한다.

11-16.

태양인이 열격이 있으면 위완 부위의 상초가 뻥 뚫려 횡하니 바람이 부는 것 같다. 태음인이 이질이 있으면 소장 부위의 중초가 꽉 막혀 안개가 자욱하게 낀 것 같다. 소양인은 대변이 막히면 가슴이 꼭 활활 타는 것 같다. 소음인은 설사하면 배꼽 아래가 꼭 얼음장처럼 차다. 태소음양인을 명확히 알고 아울러 병증까지 명확히 안다면 어떤 약을 응용할지 전혀 의심이 없을 것이다.

太陽人噎膈, 則胃脘之上焦散豁如風. 太陰人痢病, 則小腸之中焦窒塞如霧. 少陽人大便不通, 則胸膈必如烈火. 少陰人泄瀉不止, 則臍下必如氷冷. 明知其人而又明知其證, 則應用之藥必無可疑.

【해설】

사상인의 대표적인 병증을 하나씩 말한다. 태양인의 열격, 소양인의 대변불통, 태음인의 이질, 소음인의 설사다. 그런데 열격은 목에, 대변불통은 흉격에, 이질은 상복부, 설사는 하복부에 동반 증상이 나타난다.

태양인이 목에서 바람이 나는 것은 위완의 호산지기가 강해진 결과로 이해할 수 있다. 태음인의 상복부 갑갑증은 소장의 흡취지기가 태과해서일 것이다. 소양인이 가슴에 불이 나고 소음인이 아랫배에 냉기가 나오는 것은 각각 위장의 양열지기와 대장의 음한지기가 심해졌기 때문이다. 태소음양인의 병리를 대변하는 특징적인 양상을 수반하기에 특별히 거론한 것이다. 당연히 모든 병증으로 확대 해석할 순 없다.

"명지기인明知其人"은 체질을 정확히 아는 것이다. "명지기증明知其證"은 병증을 정확히 아는 것이다. 간혹 체질만 중시하고 질병에 대해선 무시하거나 무지한 경우가 있다. 체질을 아는 것과 질병을 아는 것은 별개의 문제다. 흔히 시작이 반이라고 하지만 시작은 시작일 뿐이다. 체질을 아는 것은 이제 시작일 뿐이다. 체질을 안 다음 질병을 파악해야 정확하게 약을 쓸 수 있다. 인人, 증證, 약藥, 하나도 놓쳐선 안 된다.

11-17.

사람의 외형과 용모를 자세히 살펴보라. 두 번 세 번 거듭 추측해보아도 의혹이 남으면 병증도 함께 참고하라. 분명하게 살펴 의심이 없은 후에야 약을 쓸 수 있다. 가장 조심할 부분이니 한 첩의 약이라도 잘못 투여해선 안 된다. 중병이나 험증에는 한 첩의 약이 사람을 죽일 수도 있다.

人物形容仔細商量. 再三推移如有迷惑, 則參互病證. 明見無疑然後. 可以用藥. 最不可輕忽. 而一貼藥誤投. 重病. 險證一貼藥, 必殺人.

【해설】

체질과 병증, 투약의 중요성을 다시 한번 강조한다. 이로써 사상인 변증에 관한 논의가 모두 마무리된다.

사상인 감별의 핵심은 단연 "'인물형용人物形容'이다. 생김새, 즉 형상인 것이다. 요리 보고 조리 보고 최대한 세밀하게 살피고 거듭 확인해보아야 한다. 그럼에도 의혹이 남아 있으면 병증도 함께 참조한다. 임상에서는 생리적 증을 살펴보면 된다.

동무는 약을 한 첩만 잘못 써도 사람을 죽인다고 잔뜩 겁을 줬으나 이는 상한병 같은 위급하거나 중한 병에 해당하는 말이다. 일반적으로 체질이 틀렸다 해도 약 몇 첩은 수일 내로 금방 회복된다. 몸은 기막히게 정교하기도 하지만 놀랍도록 유연하기도 하다. 투약의 반응을 정밀히 관찰하여 실수를 최소화하라는 메시지로 받으면 충분하다.

11-18.

화타가 말한다. "양생의 방법은 매일 조금씩 노동을 하는 것이다. 단 심하게 지치도록 해선 안 된다."

華佗曰 "養生之術, 每欲小勞, 但莫大疲."

【해설】

다음은 섭생법이다. 18조에서 21조까지 장수의 비밀을 이야기한다.

일반 섭생법 첫 번째, 운동

18조와 19조는 동무의 말이 아니다. 18조는 화타의 말이며, 19조는 어느 노인의 말이다. 타인의 입을 빌려 누구에게나 해당하는 보편적 섭생법을 이야기하고 있다.

가장 먼저 "소노小勞"다. 과로를 줄이라는 소극적 의미로 새길 수도 있지만 매일 일정량의 노동을 꾸준히 하라는 적극적인 의미로 해석하는 게 바람직하다. 나이가 들어도 조금씩 자신의 일을 맡아 하는 사람이 더 건강하다는 연구결과도 있다.

허준은 화타가 아니라 손진인孫眞人, 즉 손사막의 말로 인용했는데(동1-1/21) 손사막은 흐르는 물이 썩지 않고 문의 지도리가 좀먹지 않는 것은 끊임없이 움직이기 때문이라 설명한다.(夫流水不腐, 戶樞不蠹, 以其運動故也..)

적당한 노동은 적당한 운동으로 확장해서 이해할 수 있다. 적당량의 운동을 꾸준히 하는 사람이 건강하다는 것은 당연한 이야기일 것이다. 그런데 세상에 가장 어려운 것이 적당이다. 적당의 양에 표준이 있는 것이 아니기 때문이다.

적당의 기준은 결국 자신의 몸일 뿐이다. 각자의 수준에 맞춰 어느 한계 이상을 넘지 않는 중용의 미덕을 발휘해야 한다. 만약 특정 운동을 특정 시간 한 후 불편함이나 피로감을 느낀다면 과도했다고 판단할 수 있다. 시간을 줄여서 다시 시작해야 한다. 그러면 날이 갈수록 점점 운동 시간이 늘어난다. 만약 시간을 줄여도 계속 불편한 느낌이 있다면 종목을 바꾸어야 한다.

간혹 체질섭생표라는 걸 받아들고 유익한 운동이라며 무리하게 하시는 분들이 있다. 또다시 밖에서 답을 구하고 있는 안타까운 자화상이다. 체질섭생표는 이정표일 뿐이다. 항상 자신의 몸을 최종 선택의 기준으로 삼아야 한다.

11-19.

어떤 노인이 말했다. "1일 2회 식사하고 4~5회 하지는 말라. 또 식사를 마친 뒤 첨식을 말라. 이렇게 한다면 장수하지 못할 것이 없다."

有一老人曰 "人可日再食, 而不四五食也. 又不可既食後添食. 如此, 則必無不壽."

【해설】

두 번째 등장하는 섭생의 일반 원칙은 소식이다.

일반 섭생법 두 번째, 소식

여기. 한 노인이란 무병장수로 주변의 칭송을 받던 카랑카랑한 할아버지였을 것이다. 그 노인에게 동무가 장수의 비결을 묻자 이렇게 자신의 삶을 회고하고 있는 것이다.

"하루 두 끼만 정확히 챙겨 먹고 후식은 삼가라. 그러면 반드시 장수한다."

동무는 음식을 탐하지 않고 속을 비울 수 있는 것이 공경이라 했다.(10-16) 하루하루 공경의 삶을 살아내지 않고 결코 1일 2식을 실천할 수 없다. 삶이 수행이 되지 않으면 지킬 수 없다.

집 안에도 집 밖에도 음식이 넘쳐나는 시대. 인간의 욕심을 끝없이 조장하는 시대에 우리는 살고 있다. 1일 2식이야말로 탐욕의 시대에 절욕의 가장 현실적인 방법이 아닐 수 없다. 동무도 1일 2식이 식사의 정도라고 생각했다.

평소의 식사는 하루 두 번 아침 저녁으로 해야 장과 위가 번갈아 비고 차는 주기와 합치하여 표준이 된다.

平時飮食, 一日兩次於朝夕, 則腸胃盈虛之度數, 得其穀率.(구7-2-12)

동무는 『동의수세보원』에서 사상인 식이법에 대해선 말하지 않는다. 이미 사상인 식이법을 구비해놓았는데도 말이다. 식이 관련 섭생법으로 오직 1일 2식을 말할 뿐이다. 이것이 무엇을 의미할까? 우리는 무엇이 우선이고 무엇이 다음인지 깨달아야 한다.

절욕의 마음에서 과욕의 밥상이 차려질 수 없다. 검약의 마음에서 사치의 밥상이 나오지 않는다. 절식 없는 체질식은 욕망의 다른 이름일 뿐이다. 정확한 체질식도 중요하지만 올바른 식습관이 먼저다! 소식 일언이 체질식 일백언보다 훨씬 더 귀중하다.

11-20.

내가 보충하여 말한다. "태음인은 밖을 살펴 항상 겁내는 마음을 안정시켜야 한다. 소양인은 안을 살펴 항상 걱정하는 마음을 안정시켜야 한다. 태양인은 한걸음 물러나 항상 급박한 마음을 안정시켜야 한다. 소음인은 한 걸음 나아가 항상 불안정한 마음을 안정시켜야 한다. 이렇게 하면 장수하지 못할 것이 없다."

余足之曰 "太陰人察於外而恒寧靜惻心. 少陽人察於內而恒寧靜懼心. 太陽人退一步而恒寧靜急迫之心. 少陰人進一步而恒寧靜不安定之心. 如此, 則必無不壽."

【해설】

다음은 동무가 체질적 안목에서 제시하는 섭생법이다. 동무가 강조하는 사상인 섭생법은 역시 마음이다.

체질 섭생법 첫 번째, 항심

창시자가 강조하는 체질건강법 1순위는 식이법이 아니라 치심법이다. 『동의수세보원』의 일관된 체계가 건강법까지 꿰뚫고 있다.

태음-소양, 태양-소음의 짝은 동무의 이론에서 정情의 차원이다. (3-3 참조) 타고난 정의 자반自反을 통해 항심이 진정된다고 말한다.

11-21.

또 말한다. "태양인은 항상 노심과 애심을 경계하라. 소양인은 항상 애심과 노심을 경계하라. 태음인은 항상 낙심과 희심을 경계하라. 소음인은 항상 희심과 낙심을 경계하라. 이렇게 하면 장수하지 못할 것이 없다."

又曰 "太陽人恒戒怒心, 哀心. 少陽人恒戒哀心, 怒心. 太陰人恒戒樂心, 喜心. 少陰人恒戒喜心, 樂心. 如此, 則必無不壽."

【해설】

마지막으로 이야기하는 사상인 섭생법은 희로애락이다. 이로써 희로애락의 의학론이 모두 마무리된다.

체질 섭생법 두 번째, 성정

희로애락은 생명의 근본이며 질병의 근원이고 섭생의 요체다. 『동의수세보원』의 속살이 바로 희로애락이다.

적당히 운동하고 음식을 절제하며 희로애락을 주의하라! 동무가 일러준 섭생의 도는 전혀 어렵지 않다. 매우 간단하지만 매우 강력하다.

11-22.

위대한 순임금은 몸소 밭 갈고 씨 뿌리며 그릇을 굽고 고기를 잡으면서 그 방법을 주위에서 취해 기준으로 삼지 않은 것이 없었다. 공자께서 말씀하셨다. "세 명만 모여 가더라도 거기 반드

시 나의 스승이 있다."(『논어』「술이」21) 이로써 보건대 세상
사람들의 재능은 성인도 널리 배우고 깊이 물어가며 함께 한 것
이다. 그러므로 성인은 위대할 수 있었고 세상을 교화할 수 있
었다.

이처럼 태소음양인의 식견이나 재능은 각기 장점이 있다. 문체
나 필체, 활쏘기, 말타기, 노래, 춤이나 읍하면서 예를 취하는
자세부터 장기, 바둑, 자잘한 동작에 이르기까지 모든 일에 모
두 달라 전부 미묘한 차이가 있다. 대단하도다! 인간 재능의 무
궁함이여! 우주의 조화 안에 가득하도다.

大舜自畊, 稼, 陶, 漁, 無非取諸人以爲善. 夫子曰, "三人行, 必有我師."
以此觀之, 則天下衆人之才能, 聖人必博學, 審問而兼之, 故大而化也.
太少陰陽人識見才局, 各有所長. 文, 筆, 射, 御, 歌, 舞, 揖讓以至於博,
奕, 小技, 細 動作, 凡百做造面面不同, 皆異其妙. 儘乎! 衆人才能之
浩! 多於造化中也.

【해설】

인간 재능의 무한함을 예찬하며 사상인에 따른 차이를 이야기한다.

재능의 차이가 체질의 차이

동무는 「사단론」에서 성인의 재능과 일반인의 재능은 전혀 우열
이 없다고 말했다.(2-7) 인간에게는 무궁무진한 몸의 능력이 잠재해
있다. 그래서 성인도 주변의 평범한 사람들로부터 반드시 배우고 얻

을 게 있는 것이다. 본조는 순임금과 공자의 예를 들어 다시 한번 설명하고 그들이 성인이 될 수 있었던 이유가 바로 세상의 재능을 깊이 인정하고 널리 배웠기 때문이라고 강조한다.

동무는 욕망의 인간을 애처롭게 걱정하지만 동시에 재능의 인간을 위대하게 바라보고 있다. 인간에 대한 부정과 긍정이 공존한다. 욕심을 줄이고 재능을 키우는 것, 이것이 동무가 생각한 삶의 과정이다.

본조는 「사단론」의 논의에서 한걸음 더 나아간다. 인간의 재능이 태소음양인에 따라 서로 다르다는 것이다. 그 재능의 차이가 사상인의 개성을 이루고 있다. 백주조百做造, 면면부동面面不同. 그러므로 모든 일에 모두 다른 그 미묘한 차이를 짚어내는 것, 이것이 바로 체질진단이다.

「사상인변증론」의 마지막에 재능론을 다시 거론한 이유는 바로 체질진단의 다양함을 보여주기 위한 것이다. 체질의 흔적이 여기에만 있고 저기에는 없지 않다. 체질의 증거는 여기에도 있고 저기에도 있다. 항상 더 나은 가능성이 존재한다. 체질진단법은 미래에 열려 있다! 동무는 이 말이 하고 싶었을 것이다.

11-23.

『영추』라는 책에 태소음양인과 오행인에 관한 논의가 있다. 그러나 겉모습을 간략히 정리해놓았을 뿐 장기의 원리를 밝히진 못했다. 이처럼 태소음양인은 오래전부터 인식은 했지만 정밀한 연구에는 이르지 못했다.

『靈樞』書中有太少陰陽, 五行人論, 而略得外形, 未得臟理. 盖太少陰陽人早有古昔之見, 而未盡精究也.

【해설】

사상인론에 대한 고대의 흔적을 더듬으며 모든 논의가 마무리된다.

사상인은 나만의 주장이 아니다

"태소음양오행인론太少陰陽五行人論"은 태소음양인론과 오행인론을 말한다. 『영추』「통천通天」 편에는 태음지인太陰之人, 소음지인少陰之人, 태양지인太陽之人, 소양지인少陽之人, 음양화평지인陰陽和平之人에 대한 논의가 보이고「음양이십오인陰陽二十五人」 편에는 오행의 원리로 25인을 분류하고 있다.

이들 편에 대한 동무의 평가는 겉만 보고 속은 보지 못했다는 것이다. 동무가 생각하는 핵심은 장부의 원리, "장리臟理"였다. 장부론을 정립하지 못했기 때문에 피상적인 논의에 그쳤을 뿐 생리, 병리, 약리를 아우르는 정밀한 논의를 진행하지 못했다는 것이다.

동무는 장부를 기반으로 의학을 기술하는 데 상당한 노력을 기울였다. 체질 이론을 설명할 가장 근본적인 의학적 재료가 장부라고 생각했다.

본조의 의도는 고대의 음양오행인론을 폄하하는 데 있지 않다. 오히려 사상인의 존재를 먼저 증거한 귀중한 문헌으로 존중받아 마땅하다. 동무는 전혀 과거를 부정하는 사람이 아니다. 동무는 전통의 계승자요 확충자일 뿐이다.

11-24.

이 글은 계사년(1893) 7월 13일 시작했다. 밤낮을 생각하고 또 생각하며 잠시도 쉬지 않고 이듬해 갑오년(1894) 4월 13일 완성했다. 소음인론과 소양인론은 매우 자세히 기술했지만 태음인론과 태양인론은 소략하게 겨우 마무리했을 뿐이다. 아직 경험이 부족한데 이미 기력이 쇠잔해버려 어쩔 도리가 없다. 『예기』에 "책을 열어 미흡하면 생각하라"고 했는데, 태음인과 태양인도 생각해서 깨닫는다면 소략한들 무슨 손해가 있겠는가!

此書, 自癸巳七月十三日始作. 晝思夜度, 無頃刻休息, 至于翌年甲午四月十三日. 少陰, 少陽人論, 則略得詳備. 太陰, 太陽人論, 則僅成簡約. 盖經驗未遍, 而精力已憊故也. 『記』曰 "開而不達則思." 若太陰, 太陽人思而得之, 則亦何損乎簡約哉!

【해설】

사상인 변증론을 끝내고 쓴 집필 후기다. 그간의 소회를 간략히 이야기한다.

붓을 내려놓다

동무는 9개월에 걸쳐 『동의수세보원』의 집필에 혼신의 힘을 다했다. 잠시도 생각을 놓지 않았으며 잠시도 붓을 놓지 않았다. 이제 완성된 원고를 바라보며 절절한 마음에 희비가 교차한다. 태음인론과 태양인론을 생각하니 끝내 아쉬운 마음이 스쳐간다.

정력이비精力已憊! 이제 지쳤도다.

11-25.

인구 5~6만의 도시에 옹기장이가 한 명뿐이라면 그릇이 부족할 것이다. 인구가 500~600명의 시골이라도 의사가 한 명뿐이라면 사람을 살리기엔 부족할 것이다. 반드시 의학을 널리 밝혀 집집마다 치료법을 알고 사람마다 질병을 알아야 세상을 장수케 하고 근원을 보존할 수 있을 것이다.

萬室之邑, 一人陶, 則器不足也. 百家之村, 一人醫, 則活人不足也. 必廣明醫學, 家家知醫, 人人知病, 然後可以壽世保元.

【해설】

집필 후기가 이어진다.

수세보원의 꿈

『동의수세보원』은 어려운 책이다. 동무의 유학도, 동무의 의학도 결코 쉽지 않다. 그러나 동무는 이 책을 통해 온 세상이 건강해지는 꿈을 꿨다. 『동의수세보원』이 널리널리 알려지길 소망했다. 과연 동무의 꿈은 이루어질 수 있을까?

11-26.

갑오년 4월 13일 함흥의 이제마가 한남의 산중에서 글을 마치다.

光緒甲午四月十三日, 咸興李濟馬畢書于漢南山中.

【해설】

"한남산중漢南山中"은 지금 서울의 남산 자락이다. 남산의 품에서
『동의수세보원』은 탄생했다. 남산은 동무에게 계발enlightment과 휴
식refresh을 주었다.

이후 동무는 함흥으로 내려가 개초의 마지막 여정을 떠난다. "함
흥이제마咸興李濟馬"에서 고향에 대한 깊은 애향심을 읽을 수 있다.

11-27.

아! 동무공께선 갑오년(1894)에 글을 끝내신 후 을미년(1895)
에 함흥으로 하향하시어 경자년(1900)까지 원본을 고치셨다.
「성명론」부터 태음인의 여러 편은 각각 첨삭하셨으나 태양인론
이하 세 편은 미처 손을 대지 못하셨다. 그러므로 지금 수정되
지 못한 편들은 갑오년의 구본을 그대로 간행한다.

嗚呼! 公甲午畢書後, 乙未下鄕. 至于庚子, 因本改草. 自「性明論」至太陰
人諸論各有增刪, 而太陽人以下三論未有增刪. 故今以甲午舊本開刊.

【해설】

본조는 1901년 『동의수세보원』을 최초로 발행하면서 붙인 제자들의 출간 후기다. 동무의 글이 아니다. 참고를 위해 7판본을 간행한 한두정의 출간 후기도 함께 보자.

갑오년 글을 마치시고 을미년 하향하셔서 경자년까지 원본을 고치셨다. 「의원론」부터 태음인의 모든 편을 첨삭하셨고 나머지 편은 미처 손대지 못하셨다. 그래서 신구본을 참고하여 간행한다.

甲午畢書後, 乙未下鄕, 至于庚子, 因本改抄. 自「醫源論」至太陰人諸論, 各有增刪. 而其餘諸論, 未有增刪. 故幷依新舊本刊行.(『詳校懸吐東醫壽世保元』)

개초의 범위에 대한 상반된 언급이 보인다. 자세한 내용은 『이제마, 인간을 말하다』, 87~89쪽을 참조하기 바란다.

11-28.

대한광무 5년, 신축(1901) 6월, 함흥군 율동계가 최초로 출간하다.

문인 김영관, 한직연, 송현수, 한창연, 최겸용, 위준혁, 이섭원.

大韓光武五年辛丑六月日, 咸興郡栗洞契新刊.

門人, 金永寬, 韓稷淵, 宋賢秀, 韓昌淵, 崔謙鏞, 魏俊赫, 李燮垣.

【해설】

　스승이 돌아가신 후『동의수세보원』의 출간을 주도한 초대 제자의 명단이다. 이들이 모두 역사 속으로 사라져버리고 후학을 키워내지 못했다는 것, 이것이 사상의학의 비극인 동시에 축복이라고 생각한다.

부록 1 | 보유방

補遺方

「보유방」은 한두정이 7판본을 출간하며 본문에 빠진 처방을 부록으로 모아놓은 것이다. 참조를 위해 싣고 "부附"로 번호를 매겼다. 『동의수세보원』에 언급되지 않는 처방도 일부 보인다.

부-1.

계부곽진이중탕. 인삼, 백출, 백작약, 건강, 관계 각 2돈, 감초(구
운 것), 부자, 곽향, 사인, 진피 각 1돈, 대추 2개. 간혹 부자를
두 배로 쓰기도 한다.

桂附藿陳理中湯. 人蔘, 白朮, 白芍藥, 乾薑, 官桂各二錢, 甘草灸, 附子, 藿
香, 砂仁, 陳皮各一錢, 棗二枚. 或倍用附子.

【해설】

계부곽진이중탕은 태음병의 중증인 건곽란관격병의 임상례에서
언급했다. 하리청수하면서 배에 복수가 생긴 경우였다. 이때 인삼과
관계를 두배로 썼고 부자의 양도 늘렸다.(6-2-17)

소음병과 태음병의 위중에 쓴다는 「범론」의 내용(6-3-9)은 구본
그대로다. 계부곽진이중탕은 바로 구본의 처방인 것이다.(구6-6-15)
구본에서는 태음병(구6-2-13)과 황달(구6-2-27), 소음병(구6-2-48)과
장궐(구6-2-53) 등에 두루 활용했다.

부-2.

독삼관계이중탕. 인삼 5돈, 백출, 건강, 백작약, 관계 각 2돈, 진
피, 감초(구운 것) 각 1돈, 대추 2개. 본방에 부자를 2돈 추가하

면 독삼부자이중탕이라 부른다.

獨蔘官桂理中湯. 人蔘五錢, 白朮, 乾薑, 白芍藥, 官桂各二錢, 陳皮, 甘
草灸各一錢, 棗二枚. 本方加附子二錢, 名曰獨蔘附子理中湯.

【해설】

독삼관계이중탕은 「소음인범론」에 1회 나온다. 소음인의 인후통
에 썼다.(6-3-11) 독삼관계이중탕 역시 구본의 처방이다. 독삼이중탕
에 관계를 2돈 추가한 것이다.(구6-6-13) 태양병궐음증(구6-1-53)과
궐음증 토회吐蛔(구6-1-60)에 활용했다.

독삼관계이중탕에 부자 2돈을 추가하면 독삼부자이중탕이다. 계
부곽진이중탕과 더불어 소음병과 태음병의 위증에 썼다.(6-3-9)

부-3.

궁귀총소이중탕. 인삼, 백작약, 백출, 건강 각 2돈, 감초(구운
것), 부자, 천궁, 당귀, 계지, 자소엽 각 1돈, 총백 3줄기, 대추
2개.

芎歸葱蘇理中湯. 人蔘, 白芍藥, 白朮, 乾薑各二錢, 甘草灸, 附子, 川芎,
當歸, 桂枝, 紫蘇葉各一錢, 葱白三莖, 棗二枚.

【해설】

궁귀총소이중탕은 「소음인범론」에 1회 나온다. 소음인의 식소食
消에 썼다.(6-3-12) 역시 구본의 처방이다.(구6-6-14) 구본에서는 계
부곽진이중탕과 함께 태음병과 소음병에 두루 활용했다.

저령백호탕. 석고, 생지황 각 4돈, 형개, 우방자, 강활 각 1돈, 독
활, 현삼, 산치자, 인동등, 박하 각 5돈.

猪苓白虎湯. 石膏, 生地黃各四錢. 荊芥, 牛蒡子, 羌活各一錢, 獨活, 玄
蔘, 山梔子, 忍冬藤, 薄荷各五錢.

【해설】

저령백호탕은 신본에 나오지 않는다. 그리고 저령백호탕이라 했
지만 처방 중에 저령이 보이지 않는다. 실상인즉 한두정이 구본을
잘못 인용하여 뒤이어 등장하는 양독백호탕(구7-6-9)의 내용을 써
놓은 것이다. 오용이 없도록 주의해야 한다. 구본의 저령백호탕은
다음과 같다.

저령백호탕(구7-6-8)

석고, 생지황 각 4돈, 지모 2돈, 황백, 택사, 저령, 적복령 각 1돈

양명병 치료처방으로(구7-2-4, 8) 대소변불통에 쓴다.(구7-6-8)

갈근나복자탕. 갈근, 의이인 각 3돈, 맥문동 1돈 5푼, 나복자,
길경, 오미자, 황금, 마황, 석창포 각 1돈.

葛根蘿葍子湯. 葛根, 薏苡仁各三錢. 麥門冬一錢五分. 蘿葍子, 桔梗, 五
味子, 黃芩, 麻黃, 石菖蒲各一錢.

【해설】

갈근나복자탕은 표열증 설사의 치료처방이다.(8-2-27) 신구본을
통틀어 처방의 내용이 보이지 않는다. 오직 한두정의 보유방에만 존
재한다. 『초본권』에 동명의 처방이 있으나 구성과 주치증이 모두 다
르다.(권14-15) 한두정이 별도의 동무 처방집을 확보하고 있었으리라
짐작케 한다.

부-6.

사심탕. 황련(가루낸다). 매번 1돈 혹은 5푼을 복용한다. 따뜻
한 물에 개어 넘긴다.

瀉心湯. 黃連爲末. 每服一錢或五分. 溫水調下.

【해설】

동무는 반하사심탕, 생강사심탕, 감초사심탕 등은 언급했으나 사
심탕이란 처방은 말한 적이 없다. 처방의 내용을 보면 황련을 가루
내어 먹는 것이다. 동무는 황련 단미를 이질의 특효약으로 쓴 바 있
다.(보유25-1)

부-7.

독삼탕. 인삼 1냥에서 5, 6냥.
물에 끓여 찌꺼기는 버리고 새로 길어온 물에 담가두었다가 시
원해지면 복용한다. 효능을 이루다 말할 수 없다.

獨蔘湯. 人蔘一兩乃至五六兩. 水煎去滓. 安新汲水中取冷服. 功難盡述.

【해설】

독삼탕은 소음인 소아의 하리청수에 쓴 처방이다.(6-2-17) "신급수新汲水"는 새로 길어온 우물물을 말한다. 허준은 깨끗하고 아무것도 섞이지 않아 약 달이는 물로 적당하다고 했다.(동20-2/3)

인삼이 소음인 최고의 명약임은 틀림없다. 그러나 근자의 홍삼만능주의는 용납하기 어렵다.

부-8.

천금고. 산장 8냥. 수라, 계란(고로 만든 것), 대황, 연초, 차전초, 건우담, 홍당태 가루 각 4냥, 황단, 어유 약간.

절구로 찧어 부순 후 골고루 잘 섞어서 붙인다. 태음인의 모든 종기에 신효하다.

千金膏. 酸漿八兩. 水螺, 鷄卵膏, 大黃, 煙草, 車前草, 乾牛膽. 紅唐太末各四兩, 黃丹, 魚油少許.

以杵搗碎. 攪勻附之. 太陰人諸瘡神效.

【해설】

천금고는 태음인의 종기에 외용하는 연고다.『동무유고』에 나온다.(보유3-9) 처방의 효과는 "천금"에 비유되고 "신효"로 기술된다.

황단은 납과 석유황을 끓여 만든 것으로 독성이 있어 먹지 않는다.

연주창방. 소음인 내복약은 당귀, 천궁, 금사주고 소양인 내복
약은 강활, 생지황이다. 소음인의 외치약은 신석(생신석의 기운
이 조금이라도 남아 있으면 독이 된다), 유황(꿀에 개어 붙인다)
이고 소양인의 외치약은 경분, 하돈난이다.

연주창의 핵은 봄, 여름에 제거하는 것이 좋다. 먼저 종기 입구
에 뜸을 2, 3장 떠 피부를 열어젖힌 후 거핵약을 붙인다. 4, 5일
이 지나면 멍울이 곪아터져 입구가 벌어지게 되는데 합창약으
로는 태을고와 송진이 좋다. 먼저 내복약을 복용한 후 거핵약을
첩부한다.

連珠瘡方. 當歸, 川芎, 金蛇酒, 羌活, 生地黃. 信石少有生氣則有毒, 硫
黃和蜜附之, 輕粉, 河豚卵. 少陰少陽分看.

去核宜春夏. 而瘡口先灸二三壯, 後附去核藥. 以太乙膏, 松脂合瘡爲妙.
先用內服藥, 後貼去核藥.

【해설】

　연주창방은 『동무유고』에 나오는 연주창 내복약과 외치약을 정
리해놓은 것이다. 나는 소음, 소양을 구분하여 번역했다.

　동무는 연주창에 멍울을 제거하는 외용약을 쓰는 한편 반드시
내복약도 병행하라고 강조했다. 환자의 원기를 상하지 않게 하려는
배려다. "거핵약去核藥"이 곧 외용약을 말한다.(보유3-1)

　소음인 거핵약은 신석을 쓰며 가벼우면 유황을 쓰기도 한다. 소
양인의 거핵약은 경분을 쓰며 가벼우면 하돈란을 쓰기도 한다.

소음인 내복약은 당귀, 천궁을 쓴다. 소양인 내복약은 강활, 생지
황을 쓴다.

少陰人去核藥, 信石爲主. 而輕症, 則硫黃可也. 少陽人去核藥, 輕粉爲
主. 而輕症, 則河豚卵可也. 少陰人內服藥, 當歸, 川芎爲主也. 少陽人內
服藥, 羌活, 生地黃爲主也.(보유3-2)

외용약의 사용법은 『동무유고』에 자세하다. 태을고는 치료의 마
지막에 창구瘡口를 아물게 할 때 바르는 약으로, 소양인에게 제일 좋
으나 태음인이나 소음인이 써도 좋다고 했다.(보유3-7)

신석은 비상砒霜이다. 유독하여 반드시 수치를 거쳐야 한다.(동
22-4/24) 동무 역시 신석의 수치법을 매우 엄격히 설명하고 있다.(보
유3-7, 8)

부-10.

제창방. 소음인은 인삼, 유황, 소양인은 경분, 하돈난 가루, 태음
인은 수라, 지주를 쓴다.

태을고 위에 붙인다.

諸瘡方. 人蔘, 硫黃, 輕粉, 河豚卵幷末, 水螺, 蜘蛛. 少陰, 少陽, 太陰分
看.

點太乙膏上附之.

【해설】

체질에 따른 종기 외용약이다. 『동무유고』에 나온다.(보유3-9)

부록 2 | 식물류

食物類

「식물류」는 「보유방」에 포함되어 있다. 중요도를 감안하여 별도로 분장하되 조문 번호는 연속적으로 붙였다.

앞서 연주창의 약들과 마찬가지로 식물류 역시 『동무유고』에서 인용한 것이다.(보유 4-1, 2, 3, 4) 원문에는 "少陰人宜" "少陽人宜" 등의 제목이 각각 붙어 있다. 한두정은 "四象分看(略)"이라며 생략한다. 내가 다시 덧붙였다.

부-11.

소음인에게 유익한 음식

대추棗, 파葱, 마늘蒜, 후추椒, 고추蕃椒, 고사리蕨, 미나리芹, 꿀蜜, 엿飴, 소금鹽, 피마자기름蓖麻油, 감자藷, 메기장黍, 찹쌀粘米, 개고기犬, 닭고기鷄, 꿩고기雉, 명태明太, 정어리鰮魚.

少陰人宜. 棗, 葱, 蒜, 椒, 蕃椒, 蕨, 芹, 蜜, 飴, 鹽, 蓖麻油, 藷, 黍, 粘米, 犬, 鷄, 雉, 明太, 鰮魚.

【해설】

『동무유고』와 비교해보면 고추(蕃椒)가 추가되어 있음을 알 수 있다.

부-12.

소양인에게 유익한 음식

오이瓜屬, 배추菘, 참기름眞油, 보리麥, 차기장稷, 팥小豆, 녹두菉豆, 녹말묵靑泡, 돼지고기猪, 계란鷄卵, 광어鮃, 새우鰕, 게蟹, 가재石蟹, 굴石花, 해삼海蔘.

少陽人宜. 瓜屬, 菘, 眞油, 麥, 稷, 小豆, 菉豆, 靑泡, 猪, 鷄卵, 鮃, 鰕, 蟹, 石蟹, 石花, 海蔘.

【해설】

다음은 소양인이다. 『동무유고』와 비교해보면 밀(小麥)이 빠져 있다.

부-13.

태음인에게 유익한 음식

밤栗, 배梨, 능금檎, 가지茄, 무菁, 도라지桔, 설탕雪糖, 들기름荏油, 벼稻, 조粟, 율무薏, 콩大豆, 콩나물太菜, 두부豆泡, 술酒, 소고기牛, 고등어鯖, 청어靑魚, 명란明卵.

太陰人宜. 栗, 梨, 檎, 茄, 菁, 桔, 雪糖, 荏油, 稻, 粟, 薏, 大豆, 太菜, 豆泡, 酒, 牛, 鯖, 靑魚, 明卵.

【해설】

태음인이다. 『동무유고』와 비교하면 청어靑魚가 추가되어 있다.

부-14.

태양인에게 유익한 음식

감柿, 홍귤柑, 앵두櫻, 다래獼桃, 배추菘, 메밀국수麵, 조개류蛤屬.

太陽人宜. 柿, 柑, 櫻, 獼桃, 菘, 麵, 蛤屬.

【해설】

동무는 음식도 약물과 마찬가지로 사분하고 있다. 어떤 음식이든

오직 한 체질에 소속시키려고 노력했다. 다만 배추(菘)가 소양인과
태양인에게 동시에 나타난다.

오랜 시간이 흘렀다. 2013년 하반기부터 작업을 시작했으니 벌써 4년이 됐나보다. 집필하는 데 2년, 또 출간하는 데 2년이 걸렸다. 나름 곡절이 있었던 셈이다.

글을 쓰기로 작정하고도 처음에는 한동안 글이 써지질 않았다. 『동의수세보원』은 임상의학 전문서라 만만치가 않다. 하지만 거기 인생과 건강에 대한 혜지가 담겨 있기에 어떻게든 모든 국민이 한번쯤 읽어보게끔 만들고 싶었던 탓이다. 도대체 어디에 눈높이를 맞춰야 할지 감이 오질 않았다. 일단 냉랭한 설명투가 아닌 부드러운 경어체로 써나가니 비로소 풀리기 시작했다. 전공자도 참고가 되고 일반인도 도움이 되게 그렇게 글을 써나갔다. 나는 『동의수세보원』이 『논어』나 『맹자』에 견줄만한 우리의 경전이 되길 바란다.

그렇게 「성명론」을 해설하는 데 꼬박 한 달이 걸렸다. 스스로 부족함을 탓하지 않을 수 없었다. 유학에 전문적인 식견이 없는 문외한의 안목이라 졸견이 많음을 헤아려주시길 빈다. 「사단론」부터는 순항하는 듯했으나 덜컥 「의원론」에서 막히고 말았다. 전공이라 자부했건만 막상 글로 쓰기에는 가진 게 어설펐던 것이다. 1년이란 시간이 또 훌쩍 지나버렸다. 쌓여가는 분량을 보며 근심이 쌓여간 것도 이즈음이다. 사상인 병증약리론은 평소 숙지하고 있었기에 별다른 어려움은 없었다. 글쓰기를 모두 마친 후에 경어는 평어로 바꾸고 구어체는 다시 담박하게 다듬었다. 일부 내용은 덜어냈다.

글을 쓰면서 매일 방에 앉아 자료를 찾고 책을 뒤적거렸지만 마냥 괴롭거나 지루한 것만은 아니었다. 하나를 정리하면 또 하나의 과제가 끝없이 쌓여가는 와중에 정말 동무 교수님 문하에서 학업하는 학생 같다는 생각이 들기도 했다. 어떤 날은 동무공이 직접 나를 가르친다는 착각에 빠진 적도 있다. 돌이켜보면 하루하루 학문의 즐거움을 만끽한 행복한 시간이었다. 혹시 조금이라도 읽을 게 있다면 구석구석 찾아가며 정직하게 쌓아온 시간의 대가일 것이다. 나의 의로역정이 독자들에게 작은 불씨라도 된다면 더 이상 바랄 게 없겠다.

책을 완성하고는 오랜 숙제를 끝낸 듯 홀가분하기도 했지만 한편으론 걱정도 앞섰다. 도무지 이런 책을 선뜻 맡아줄 출판사가 없을 것만 같았기 때문이다. 그래서 글항아리에 대한 고마움이 크다. 여러모로 부족한 책 과감히 받아주시고 빛을 보게 해주신 강성민 대표님께 깊은 감사를 드린다. 무엇보다 사계의 호평을 받는 글항아리 동양고전 시리즈의 일원으로 엮어주심을 큰 영광으로 생각한다.

석·박사를 지도해주신 박성식 교수님께서는 원고를 꼼꼼히 읽어주시고 애정 어린 조언을 해주셨다. 글을 지어 이 정도라도 세상에 내놓을 수 있게 된 것은 모두 교수님의 덕이다. 임상의 안목은 모두 동양한의원 안준철 원장님께 전수받은 것이다. 본문 중 일일이 밝히지 못해서 송구스럽다. 그리고 늘 나의 부족함을 채워주고 격려해주는 아내 김아림에게 사랑의 마음을 전한다.

『동의수세보원』은 결국 희로애락론이고 상한론이다. 이 줄거리만 잘 붙들고 간다면 어려운 코스를 만나도 잘 넘어갈 수 있으리라. 글 쓰는 내내 어떻게 하면 쉽게 전달할까 생각해왔지만 지나고보니 둔학의 재능이 못내 부끄러울 뿐이다. 독자 여러분의 따끔한 질정을 바란다.

2018년 1월

고덕산 아래에서

정용재 삼가 씀

참고문헌

김영훈,『청강의감』, 성보사, 1995.

김용옥,『너와나의 한의학』, 통나무, 1993.

_____,『아름다움과 추함』, 통나무, 1991.

김주,『성리임상론』, 대성문화사, 1998.

김창민 등,『중약대사전』, 정담, 1999.

김형태,『동의수세보원강의』, 정담, 1999.

류주열,『동의사상의학강좌』, 대성의학사, 1996.

_____,『새로 쓴 사상의학』, 대성의학사, 2007.

성무이,『주해상한론십권』, 통나무, 1996.

신동원,『조선사람 허준』, 한계레신문사, 2001.

안준철,『사상의학 강의록』, 2004.

원덕필,『동의사상신편』, 문우사, 1929.

이장천,『동의약용광물학』, 의성당, 2009.

이창일,『사상의학, 몸의 철학 마음의 건강』, 책세상, 2003.

자크 브로스,『식물의 역사와 신화』, 갈라파고스, 2005.

홍순용 · 이을호,『사상의학원론』, 행림출판, 1989.

황도연,『방약합편』, 남산당, 1994.

황민우,『사상의학 강설(병증편)』, 군자출판사, 2012.

大塚敬節,『臨床應用傷寒論解說』, 創元社, 1986.

馬繼興,『神農本草經輯注』, 人民衛生出版社, 1995.

_____,『中醫文獻學』, 人民衛生出版社, 1990.

三木榮, 『朝鮮醫學史及疾病史』, 富士精版印刷株式會社, 1963.

王家葵, 『神農本草經研究』, 北京科學技術出版社, 2002.

李茂如 等, 『歷代史志書目著錄醫籍滙考』, 人民衛生出版社, 1994.

李順保, 『傷寒論板本大全』, 學苑出版社, 2000.

F. S. C. Northrop, *The Meeting of East and West*, Macmillan, 1946.

Joseph Needham, *Science and Civilisation in China*, Volume VI:1,
    Cambridge University Press, 1986.

_____, *Science and Civilisation in China*, Volume VI:6,
    Cambridge University Press, 2000.

동의수세보원
ⓒ 정용재

1판 1쇄   2018년 1월 8일
1판 3쇄   2023년 3월 27일

지은이   정용재
펴낸이   강성민
편집장   이은혜
마케팅   정민호 이숙재 박치우 한민아 이민경 박진희 정경주 정유선 김수인
브랜딩   함유지 함근아 박민재 김희숙 고보미 정승민
제작   강신은 김동욱 임현식

펴낸곳   (주)글항아리│출판등록 2009년 1월 19일 제406-2009-000002호
주소   10881 경기도 파주시 심학산로 10 3층
전자우편   bookpot@hanmail.net
전화번호   031-941-5159(편집부) 031-955-8869(마케팅)
팩스   031-955-2557

ISBN 978-89-6735-460-2 93150

geulhangari.com